Psychologie für die Schulpraxis

Diethelm Wahl · Franz E. Weinert
Günter L. Huber

Psychologie für die Schulpraxis

*Ein handlungsorientiertes Lehrbuch
für Lehrer*

Kösel-Verlag München

7. Auflage 2001

© 1984 by Kösel-Verlag GmbH & Co., München
Printed in Germany
Alle Rechte vorbehalten
Satz: Druckerei Schwarz GmbH, Eching b. München
Druck und Bindung: Grafik + Druck GmbH, München
Umschlag: Günther Oberhauser, München
ISBN 3-466-34094-2

Vorwort

Jeder Lehrer weiß, wie wichtig psychologische Einsichten für die Gestaltung eines erfolgreichen Unterrichts sind; fast jeder hat aber auch
schon erfahren, wie wenig ihm psychologisches Wissen bei der Lösung
schulischer Alltagsprobleme hilft. Also wäre die lehrbuchartige Darstellung der Psychologie für die Schulpraxis ein Widerspruch in sich?
Die Antwort auf diese Frage ist »ja« und »nein« zugleich! »Ja«, wenn
man die pädagogisch relevanten Wissensbestände der Psychologie systematisch darstellen würde und darauf vertrauen wollte, ihr Studium
könnte nicht nur das Wissen vermehren, sondern auch automatisch das
Handeln eines Lehrers verbessern. »Nein«, wenn man von vorneherein
unterstellt, daß sich psychologische Befunde, Methoden und Theorien
nicht einfach praktisch umsetzen, pädagogisch anwenden oder techno-
logisch nutzen lassen, sondern daß sie im Unterricht nur dann wirksam
werden können, wenn sie beim Lehrer als problemzentriertes Hinter-
grundwissen verfügbar, wenn sie als Fertigkeiten eingeübt und wenn sie
als Analyse- bzw. Planungskompetenzen verarbeitet sind. Es geht also
darum, Ergebnisse der Pädagogischen Psychologie nicht in fachwissen-
schaftlicher Systematik, sondern im Zusammenhang mit typischen Unterrichtsproblemen zu vermitteln; diagnostische Methoden und pädagogische Handlungsmöglichkeiten nicht blind zu trainieren, sondern
ihre bewußte und kontrollierte Erprobung durch den Lehrer anzuregen; Falldarstellungen nicht als Patentrezepte anzubieten, sondern als
Informations- und Anschauungsmaterial für eigene pädagogisch-psychologische Analysen und Reflexionen verwertbar zu machen. Mit diesen Aufzählungen sind Konzeption und Gestaltung unseres Lehrbuchs
schlagwortartig beschrieben.

Das Buch wendet sich an Lehrer und Lehrerstudenten, die wenigstens
über minimale schulpraktische Erfahrungen verfügen und die die Psychologie nicht als kanonisiertes Wissen lernen sollen, sondern sich mit
ihren Ergebnissen produktiv auseinandersetzen wollen. Wer sich lediglich auf eine Prüfung vorbereiten will, wird deshalb zweckmäßigerweise
eher zu einem klassischen Lehrbuch der Pädagogischen Psychologie
greifen, wer auf kurzfristige Verhaltensänderungen hofft, sollte lieber
eines der vielen im Handel erhältlichen Trainingsprogramme benutzen.
Wir können und wollen keine einfachen Problemlösungen und keine
schnellen Erfolge versprechen, sondern können nur Anregungen und

Hilfen für den Aufbau psychologischer Wissens- und Handlungskompetenzen anbieten. Das dürfte vor allem für jene Lehrer wichtig sein, die mit ihren Schülern Probleme haben oder deren Schüler mit ihnen Probleme haben. Es geht uns also um die Sensibilisierung für, die Lösung der und die Vermeidung einiger Lehrer- *und* Schülerprobleme.

Grundlegend dafür ist die theoretische Annahme, daß das Handeln des Lehrers im Unterricht durch subjektive Überzeugungen gesteuert und zu einem erheblichen Teil durch eingeschliffene Verhaltensweisen realisiert wird. Die Veränderung verzerrter subjektiver Überzeugungs- und Wahrnehmungssysteme, das Aufbrechen und Ersetzen ungünstiger Verhaltensroutinen und die Erschließung flexibler, bewußter, aber automatisierbarer pädagogischer Handlungsmöglichkeiten sind die allgemeinen Ziele unseres Lehrbuchs. Dabei muß vor voreiligem Optimismus gewarnt werden! Kein Lehrer (und kein Schüler) kann sich durch fremde oder eigene Anstrengung in seiner Persönlichkeit grundlegend verändern. Aber auch bescheidene Änderungen in den Einstellungen, Erwartungen und Verhaltensweisen sind nicht durch das Lesen eines Buches zu erreichen, sondern erfordern großes individuelles Bemühen und Engagement. Dabei soll dieses Buch helfen. Natürlich sind wir uns bewußt, daß mancher Leser manchen unserer Vorschläge als zu banal oder zu künstlich, als zu einfach oder zu aufwendig, als zu idealistisch oder zu technokratisch finden wird. Unser inhaltliches Auswahlkriterium ist es, im Einklang mit wissenschaftlichen Theorien praktikable Anregungen zu geben; Anregungen, die alle im Unterricht erprobt wurden und die sich zwar nicht unter allen, aber unter verschiedenen Bedingungen als nützlich erwiesen haben.

In den folgenden Kapiteln konzentrieren wir uns auf das Handeln von Lehrern und Schülern im Unterricht (vorwiegend in Grund- und Hauptschulen) und vernachlässigen dabei die Einflüsse der sozialen Umwelt, der Schulorganisation und der Lehrpläne weitgehend. Wir tun dies, obwohl wir diese Bedingungen für wichtig halten; wir glauben allerdings, daß sich die thematische Begrenzung unserer Darstellung durch die besondere Bedeutung und durch die psychologische Beeinflußbarkeit des Handelns von Lehrern und Schülern rechtfertigt.

Bei der Vorbereitung und Verwirklichung des Buchprojekts waren wir immer wieder auf Anregungen, Hilfen und Unterstützungen angewiesen. Wir haben deshalb viel und vielen zu danken. An erster Stelle den Lehrern und Schülern, die an den Versuchen und Projekten mitwirkten, über die im folgenden anonymisiert berichtet wird. Unser Dank gilt einer Projektgruppe des Deutschen Instituts für Fernstudien unter der Leitung von Frau Dr. Rotering-Steinberg, die uns bei der Erarbeitung des dem vorliegenden Buch zugrundeliegenden Fernstudienlehrgangs »Lehrerprobleme - Schülerprobleme« sehr kompetent unterstützt hat. Wir danken schließlich Frau Mariele Kremling, die das satzfertige Manuskript erstellte und dem Kösel-Verlag, der aus dem Manuskript ein Buch machte. Wir hoffen, daß dieses Buch möglichst vielen praktizierenden und studierenden Lehrern dabei helfen kann, ihren eigenen Unterricht besser zu analysieren, die Schüler unvoreingenommener wahrzunehmen und ihr pädagogisches Handeln in möglichst großer Übereinstimmung mit ihren Zielen zu verwirklichen. Dadurch entstehen zwar keine großen Schulreformen aber möglicherweise eine Schule der notwendigen kleinen Reformen.

D. Wahl
F.E. Weinert
G.L. Huber

Inhalt

11

12

A Veränderungsmöglichkeiten des pädagogischen Handelns von Lehrern

1. Schwierigkeiten des pädagogischen Handelns im Schulalltag

Ziel dieses einleitenden Kapitels ist es, auf der Basis psychologischer Theorien, empirischer Forschungsergebnisse und praktischer Erfahrung zu klären, welche Erwartungen ein Lehrer haben kann (und haben sollte), wenn es ihm darum geht, sich im Unterricht pädagogisch angemessen zu verhalten - und gegebenenfalls sein Handeln zu verändern. Dabei werden wir uns ganz intensiv mit der Frage befassen, durch welche psychischen Prozesse das Handeln von Lehrern eigentlich gesteuert ist. Eine solche Analyse hat den Sinn, genauer angeben zu können, was ein Lehrer alles unternehmen muß, um gezielt Veränderungen herbeiführen zu können. Die einzelnen Schritte nennen wir in diesem Buch und stellen auch notwendiges Wissen über schulische Konfliktsituationen, über diagnostische Fertigkeiten und über wirksame Handlungsmöglichkeiten bereit. Dabei muß gleich vorausgeschickt werden, daß dieses Wissen nur dann fruchtbar werden kann, wenn es auf ganz konkrete Situationen bezogen wird, in denen der Lehrer die diagnostischen Fertigkeiten anwendet und alternative Handlungsmöglichkeiten erprobt. Es ist also beabsichtigt, Veränderungen im schulischen Alltag anzuregen und Wege zu zeigen, wie diese zu erreichen sind. Dabei stellt sich gleich die Frage, ob Änderungen des Lehrerverhaltens überhaupt notwendig sind. Ist nicht unsere Schulen und der darin abgehaltene Unterricht gut genug? Sind nicht Mängel des Unterrichts und der Erziehung auch stark in schulischen Systembedingungen begründet? Ist nicht ein Großteil der Lehrer mit ihrem Handeln recht zufrieden? Über solche Fragen gehen im pädagogischen Bereich die Meinungen auseinander. Wir wollen deshalb auf die damit verbundenen Probleme ganz kurz eingehen.

a) Sind unsere Schulen alles in allem gesehen gut oder schlecht? In welcher Hinsicht und aufgrund welcher Maßstäbe »gut« oder »schlecht«, muß man dagegen fragen. Denkt man dabei in erster Linie an die Leistungen der Schüler (im Vergleich zu früheren Zeiten; im Verhältnis zu außerschulischen Anforderungen; unter Berücksichtigung schulischer Bildungsziele), an die Vermittlung von Wert- und Handlungsorientierungen, an die Vermeidung oder Beeinflussung von kindlichen Fehlentwicklungen (z.B. Extremformen der Ängstlichkeit, der Unsicherheit, der Aggressivität, des Egoismus, usw.), oder an den Grad der (durchschnittlichen oder individuellen) subjektiven Zufriedenheit der Schüler mit der Schule, um nur einige Beispiele zu nennen? Bei der Vielfalt der Bewertungskriterien, den gesellschaftlichen Differenzen über grundlegende ethische und pädagogische Zielsetzungen und der Unterschiedlichkeit der Schularten, Schulen und Schulklassen sind einheitliche Urteile natürlich nicht zu erwarten. Unabhängig davon gibt es jedoch eine allgemeine Übereinstimmung, daß alle erwähnten pädagogischen Ziele von erheblicher sozialer und individueller Bedeutung sind, und daß zu ihrer Verwirklichung permanente Anstrengungen notwendig erscheinen. Viele Lehrer werden dadurch motiviert, sich ständig um eine Verbesserung ihres pädagogischen Handelns zu bemühen.

b) Wie stark sind die Wirkungen und Wirksamkeiten des einzelnen Lehrers einzuschätzen? Sind Konflikte, Probleme und Schwierigkeiten in der konkreten Schulklasse eher auf Mängel im System der Schule zurückzuführen oder stärker durch die Handlungen des jeweiligen Lehrers bedingt? Trivialerweise belegen wissenschaftliche Untersuchungen, daß institutionelle und lehrerspezifische Einflüsse in sehr vernetzter Weise zusammenwirken (Treiber, Weinert & Groeben, 1982; Treiber, 1980). Im Kontext dieses Einleitungskapitels ist es wichtig, daß auch die Lehrer selbst ihre eigene Wirksamkeit im Vergleich zu den schulischen Systembedingungen sehr unterschiedlich einschätzen. Das belegt zum Beispiel eine Arbeit von Beisenherz und Feil (1982). Die Autoren werteten zwei verschiedene Quellen aus: ein Preisausschreiben des Bayerischen Rundfunks (tagebuchartige Darstellungen der Erfahrungen, Sorgen und Probleme von Lehrern) und einen Wettbewerb der Gewerkschaft Erziehung und Wissenschaft (Protokoll eines exemplarischen Tages im Leben eines Lehrers). Die beiden Teilnehmergruppen unterschieden sich deutlich voneinander: Während zum Beispiel beim Wettbewerb der Gewerkschaft Disziplinlosigkeiten im Klassenzimmer überwiegend auf institutionelle (»objektive«) Ursachen zurückgeführt wurden, überwogen beim Preisausschreiben des Bayerischen Rundfunks »subjektive« Erklärungsmuster, in denen die besondere Rolle des

Lehrers betont wurde. Natürlich dürften so unterschiedlich akzentuierte Ursachenzuschreibungen bei Disziplinschwierigkeiten nicht ohne Folgen für die Situationswahrnehmung, die Veränderungsmotivation und das pädagogische Handeln des einzelnen Lehrers sein. Dabei ist eigentlich offenkundig, daß rein subjektive Erklärungen die Rolle der institutionellen Rahmenbedingungen (Schulorganisation, Klassengröße, Zusammensetzung der Lerngruppen, Lehrplananforderungen, usw.) unterschätzen, während die ausschließliche Verlagerung der Verantwortlichkeit auf das Schulsystem zu einer Unterschätzung des pädagogischen Spielraums von Lehrern führen muß. Trotz dieser grundlegenden Einsicht werden wir uns in diesem Buch schwerpunktmäßig auf die Problemsituationen und Handlungsmöglichkeiten des einzelnen Lehrers konzentrieren. Dieser Aspekt ist zwar nur einer unter mehreren, bietet aber bei vielen Schulkonflikten und Schülerproblemen ein konkretes, wenn auch begrenztes Maß zugänglicher pädagogischer Gestaltungsmöglichkeiten. Diese Sichtweise gewinnt auch innerhalb der Erziehungswissenschaft neuerdings wieder an Bedeutung. Nachdem lange Zeit schulorganisatorische, curriculare und unterrichtstechnische Fragen im Vordergrund des Interesses standen, wird zur Zeit die Bedeutung des Lehrers wiederentdeckt (Eigler, 1983).

c) Welche pädagogischen Probleme nimmt der Lehrer im Schulalltag wahr? Jemand wird nur dann sein Handeln ändern wollen, wenn er Situationen als unbefriedigend erlebt, wenn er Schwierigkeiten hat, bestimmte Aufgaben zu lösen, oder wenn er die Entstehung von Problemen mit seinem eigenen Verhalten in Verbindung bringt. Diese allgemeine Regel gilt selbstverständlich auch für den Lehrer im Klassenzimmer; seine Veränderungsmotivation hängt davon ab, welche pädagogischen Probleme er wahrnimmt, welche Ursachen er dafür verantwortlich macht und welche Einflußmöglichkeiten er für sich selbst sieht. Damit stellt sich die Frage, wie zufrieden oder unzufrieden Lehrer mit ihrer schulischen Situation, mit ihrer Arbeit und mit den Ergebnissen ihres pädagogischen Handelns eigentlich sind. Wiederum sind die Befunde sehr unterschiedlich, je nachdem, wen man fragt, wie man fragt und wie man die Antworten auswertet. Immerhin zeigt sich, daß viele Lehrer mit ihrem Beruf durchaus zufrieden sind, daß aber die meisten häufig oder gelegentlich Schwierigkeiten im Unterricht zugeben, die ihrer Meinung nach vor allem durch problematische Verhaltensweisen der Schüler verursacht werden (Merz, 1979). Sehr schwer zu beurteilen ist aufgrund der vorliegenden Un-

17

tersuchungen, in welchem Ausmaß Lehrer ihr eigenes Verhalten als mitverantwortlich für die Entstehung und Aufrechterhaltung schulischer Probleme ansehen.

Zwar gibt es Hinweise darauf, daß Pädagogen mit ihrem Handeln in Konfliktsituationen unzufrieden sind, daß sie subjektiv für wertvoll erachtete Methoden nicht im erwünschten Ausmaß verwenden und daß sie sich für Verbesserungsmöglichkeiten ihres pädagogischen Verhaltens (z.b. durch Trainingsprogramme) interessieren; auf der anderen Seite gibt es aber auch Belege dafür, daß sich Lehrer nur begrenzt für die Erfolge und vor allem für die Mißerfolge ihrer Schüler verantwortlich fühlen, daß sie dazu tendieren, die Schuld an Schulkonflikten eher anderen als sich selbst zuzuschreiben und daß es vielen von ihnen offenbar schwerfällt, sich in die Perspektive der Schüler zu versetzen, um das Geschehen im Unterricht von diesem Standpunkt aus zu betrachten und zu beurteilen. Insofern muß es eine Aufgabe jeder »Psychologie für die Schulpraxis« sein, neben der Kompetenz auch die Sensibilität von Lehrern zu verbessern, um pädagogische Probleme in der Klasse und bei einzelnen Schülern überhaupt wahrzunehmen und um eine realistische Ursachenzuschreibung vorzunehmen.

Es wurde bereits darauf hingewiesen, daß das offenkundige Interesse vieler Lehrer an Programmen zur Verbesserung pädagogischer Handlungsmöglichkeiten als ein Indikator für das Vorhandensein persönlicher Veränderungsmotivationen angesehen werden kann. Erfahrungen mit dem Fernsehkolleg »Lehrerprobleme - Schülerprobleme« sprechen allerdings ebenso wie die Evaluation verschiedener pädagogisch-psychologischer Trainingsprojekte dafür, daß die hochgespannten Erwartungen vieler Teilnehmer häufig nicht erfüllt werden können. Auch andere Lehrer berichten immer wieder, daß es ihnen schwerfällt oder gar unmöglich ist, das eigene Verhalten in Richtung auf das von ihnen angestrebte Handeln zu verändern. Ob es sich darum handelt, den Unterricht nicht ungezählte Male durch wirkungslose Ermahnungen zu unterbrechen, sich nicht immer wieder vom Verhalten eines bestimmten Schülers provoziert zu fühlen, in Konfliktsituationen mit zu großem Stimmaufwand zu reagieren, erkannte Mängel in der persönlichen Unterrichtssprache abzubauen, bei Disziplinproblemen nicht ständig zwischen passivem Gewährenlassen und massivem Eingreifen hin- und herzupendeln, oder ob es darum geht, Unterrichtsvorbereitungen kontinuierlich zu verbessern, intensiver auf einzelne Schüler einzugehen, die Gruppenarbeit stärker zu fördern, in schwierigen Situationen zugleich gelassen und

18

konsequent zu handeln - häufig mangelt es nicht an den guten Absichten und gelegentlichen Versuchen zur Verhaltensänderung, sondern an erfolgreichen, dauerhaften Realisierungen. Wie sind diese gehäuften Mißerfolge bei der Veränderung des pädagogischen Handelns zu erklären? Wichtig sind vor allem drei Gründe:

- *Die Ziele sind zu hoch gesteckt.* Das Verhalten der Lehrer ist (besonders in kritischen Situationen) durch ihre gesamte Persönlichkeit, durch tiefverwurzelte Überzeugungen und Gewohnheiten, aber auch durch die Erwartungen und Reaktionen der Schüler häufig sehr stabil festgelegt und deshalb schwer beeinfluß- oder veränderbar. Wer immer und überall impulsiv reagiert, wird es kaum schaffen, sich selbst zu einem gelassenen, nachdenklichen Lehrer zu machen. Wer - aus welchen Gründen auch immer - in sozialen Beziehungen stets zu dominieren trachtet, abweichende Meinungen kaum ertragen kann und permanent bestrebt ist, möglichst alle Lebenssituationen durch eigenes Handeln zu kontrollieren, wird auf große innere Schwierigkeiten stoßen, wenn er sich vornimmt, einen besonders offenen, von ihm wenig gesteuerten, vorwiegend schülerzentrierten Unterricht zu halten. Solche Beispiele lassen sich beliebig vermehren. In allen Fällen sind die Ziele für die beabsichtigten Verhaltensänderungen zu anspruchsvoll, um (zusätzlich unter den Belastungen des schulischen Alltags) realistisch, d.h. erreichbar zu sein.

- *Man weiß, wie es geht, ohne es zu können.* Die Aus- und Weiterbildung von Lehrern stützt sich vorwiegend auf die Vermittlung von Informationen über guten Unterricht und über angemessenes Lehrerverhalten. Jeder weiß aber schon aus seiner Alltagserfahrung, wie groß der Unterschied zwischen Wissen und Können ist. Zwar sind (möglichst wissenschaftlich fundierte) Einsichten in pädagogische Sachverhalte und Zusammenhänge erforderlich, doch wird dieses Wissen nur dann handlungswirksam, wenn es die subjektiven Überzeugungen, Gedankengänge und Entscheidungsregeln in aktuellen pädagogischen Situationen verändert *und* wenn zugleich das damit korrespondierende Verhalten systematisch aufgebaut, eingeübt und stabilisiert wird. Veränderungen des pädagogischen Handelns sind also in jedem Fall mit erheblichen Mühen und Anstrengungen verbunden; weder reicht dafür der gute Wille aus, noch sind sie kurzfristig und leicht zu verwirklichen. Es genügt ja nicht, abstraktes Wissen zu erwerben oder spezielle Verhaltensweisen zu lernen, erforderlich sind vielmehr Veränderungen in der Wahrnehmung von Situationen,

Umstellungen in der gefühlsmäßigen Bewertung eigenen und fremden Verhaltens, Verbesserungen in der ständigen Diagnose des unterrichtlichen Geschehens und das Verfügen über effektive Handlungsmöglichkeiten, die flexibel genutzt werden können. Es geht also um Veränderungen des Verhaltens, die das gesamte pädagogische Handlungssystem betreffen, das zu einem erheblichen Teil unbewußt und automatisiert ist. Auf diese Zusammenhänge kommen wir im zweiten Abschnitt dieses Kapitels ausführlicher zurück.

- Man fängt begeistert an, gibt aber bald entmutigt auf. Für die Bewältigung des Alltags stützen wir uns zu einem erheblichen Teil auf Verhaltensroutinen, die hochgradig automatisiert sind und so Orientierungsschnelligkeit wie Handlungssicherheit im Fluß wechselnder Anforderungen gewährleisten. Selbst wenn diese Verhaltensroutinen ineffektiv sind (wie z.b. ständiges Ermahnen der Schüler) werden sie oft beibehalten und vermitteln dem Handelnden den gefühlsmäßigen Eindruck, die wechselnden Situationen kontrollieren zu können. Jeder Versuch, diese eingeschliffenen Handlungsroutinen zu verändern, bedeutet notwendigerweise subjektiv erlebte Ungewißheit, starke Belastungen durch bewußt gesteuerte Beobachtungen und Entscheidungen sowie Unsicherheit über die eintretenden Folgen des eigenen Handelns. Da das veränderte Lehrerverhalten wahrscheinlich auch im Widerspruch zu den bisherigen Erfahrungen und Erwartungen der Klasse steht, reagieren die Schüler möglicherweise am Anfang ebenfalls in einer für den Lehrer problematischen Weise. An solchen kritischen Punkten werden die Bemühungen um Veränderungen des unterrichtlichen Handelns häufig abgebrochen. Der aufwendige Erwerb »neuer« Orientierungs- und Handlungsmuster in völlig entlasteten Situationen (z.B. im Rahmen von Rollenspielen) und die behutsame Umstellung des eigenen Verhaltens im Klassenzimmer erscheint vielen Lehrern zu aufwendig.

Nun kann man natürlich fragen, welche Rolle die skizzierten Schwierigkeiten beim Aufbau oder bei der Veränderung pädagogischer Handlungsmuster überhaupt spielen. Natürlich gibt es Studenten der Pädagogik und praktizierende Lehrer, die durch die Qualität ihrer pädagogischen Einstellungen, durch die Angemessenheit ihrer handlungsleitenden Gedanken und durch ihr natürliches Unterrichtsgeschick weder Probleme mit den Schülern haben, noch bei ihnen welche verursachen. Für solche idealen Pädagogen haben wir dieses Buch nicht geschrieben; es wendet sich vielmehr an die vielen angehenden und praktizierenden Lehrer, die den Unterricht persönlich als schwierig erleben, und/oder deren Unterricht bei ihren Schülern zu Schwierigkeiten führt. Um auch in diesen Fällen den Aufbau eines sensiblen, kompetenten und reflexiven pädagogischen Handelns zu ermöglichen, ist es notwendig, sich auf eine psychologische Theorie zu stützen, die wissenschaftlich bewährt und praktisch brauchbar ist. Damit beschäftigt sich der folgende Abschnitt.

2. Wie wird Lehrerverhalten gesteuert?

Nachfolgend wollen wir versuchen, das unterrichtliche Handeln von Lehrern genauer zu analysieren, um herauszufinden, wie Lehrerhandeln gesteuert ist. Daraus lassen sich zwar nicht völlig eindeutige Ableitungen gewinnen, auf welchem Wege man Lehrerverhalten verändern kann[1], aber man hat ein theoretisches Rahmengerüst,mit dem bestimmte Vorschläge besser, hingegen andere schlechter verträglich sind. Was in den nachfolgenden Kapiteln inhaltlich ausgeführt ist, soll also keine beliebige Ansammlung psychologischen Wissens sein, sondern vielmehr ein nach theoretischen Gesichtspunkten ausgewähltes und geordnetes Wissen, das der Lehrer zur Verbesserung seines Handelns gezielt nützen kann. Die von uns zugrundegelegten theoretischen Erwägungen beziehen sich dabei nicht nur auf ein bestimmtes Menschenbild[2] und auf bestimmte angestrebte Ziele[3], sondern auch darauf, welche Faktoren das Handeln des Lehrers beeinflussen. Wenn wir dennoch in diesem Buch vorwiegend das Ziel verfolgen, Hilfen zu geben, wie Lehrer aktuelle schulische Belastungen vermindern können, so akzentuieren wir damit nur einen Aspekt notwendiger Veränderungen. Innerhalb dieses Aspektes ist uns besonders wichtig, daß der Lehrer nicht nur dann interveniert, wenn der Schüler, der Lehrer oder beide belastet sind, sondern daß er vielmehr präventiv anstrebt, daß Schwierigkeiten schon früh erkannt und möglichst transparent und kooperativ bewältigt werden. Damit werden auch Veränderungen außerhalb der Lehrer-Schüler-Interaktion unterstützt. Nachfolgend sollen vor allem die handlungstheoretischen Grundlagen etwas näher erläutert werden, weil sie zum Verständnis der nachfolgenden Kapitel beitragen.

Lehrerhandeln ist schwierig zu beschreiben, weil in einem komplizierten Prozeß unterschiedliche Faktoren zusammenwirken. Da sind auf der einen Seite sehr kurzlebige Einflüsse wie z.B. sich wandelnde Stimmungen und in der Situation auftauchende Gefühle des Ärgers

oder der Freude, der Zuversicht oder der Resignation; auf der anderen Seite sind da sehr stabile Einflüsse, die sich kaum zu ändern scheinen, wie z.b. bestimmte Persönlichkeitseigenschaften des Lehrers, seine grundlegenden Überzeugungen und Werthaltungen, seine generelle Einstellung zum Lehrerberuf und schließlich auch eingefahrene Routinen bei Unterrichtsplanung und -durchführung. Es wird uns nicht gelingen, einen Theorieentwurf vorzulegen, der alle diese Aspekte umfassend und entsprechend ihrem Einfluß integriert. Aber wir wollen versuchen, wenigstens einige wichtige Zusammenhänge aufzuzeigen. Dabei gehen wir von einem interessanten und zugleich deprimierenden Phänomen aus: Faßt man das Unterrichten und Erziehen in Schulen als professionelle Tätigkeiten auf, zu deren Erwerb eine spezielle Ausbildung erforderlich ist, so kann man zu der Überzeugung gelangen, Lehrerverhalten müsse schrittweise aufgebaut werden, bis am Ende der Ausbildung hochqualifizierte Berufsfähigkeiten und -fertigkeiten entstanden sind. Die u.a. dabei vermittelten psychologischen Theorien müßten sich nicht nur positiv bei der Analyse kritischer Situationen, sondern auch günstig beim Agieren selbst bemerkbar machen. Mit dieser Auffassung stehen aber viele Beobachtungen nicht in Einklang. Zum Beispiel kommt es immer wieder vor, daß Studenten der Anfangssemester, fast ohne Kenntnis von Berufswissen und vor allem ohne jede spezielle Einübung, Unterrichtsstunden halten, die erfahrenen Lehrern würdig wären. Umgekehrt scheinen viele Lehrer, obwohl sie eine wissenschaftliche Ausbildung mit Erfolg durchlaufen haben, beim Handeln im Klassenzimmer weder bei der Analyse von Situationen, noch bei der Auswahl der Handlungsmöglichkeiten auf diejenigen Theorien zurückzugreifen, die ihnen als spezifisches Berufswissen vermittelt wurden.
Diese widersprüchlichen Erfahrungen regten zu empirischen Untersuchungen an, bei denen geprüft wurde, wieso einerseits Lehranfänger spontan handlungsfähig erscheinen und andererseits erfahrene Lehrer darauf verzichten, auf wissenschaftliche Theorien zurückzugreifen. Verschiedenen Personengruppen wurden deshalb die gleichen Fallstudien zur Bearbeitung vorgelegt. Sie sollten durch die Art der Bearbeitung zeigen, auf welche Wissensbestände sie zurückgreifen. Untereinander verglichen wurden berufserfahrene Lehrer, Studenten des Prüfungssemesters, Studenten des ersten Semesters und 14-jährige Schüler (Wahl, 1976; Ginder, 1978). Schüler, Studenten und Lehrer sollten zu Schilderungen Stellung nehmen, bei denen sich im einen Fall ein Schüler körperlich aggressiv verhält, im anderen

22

Fall eine Schülerin bei hoher Intelligenz unzureichende Schulleistungen zeigt. Es waren jeweils Ursachenerklärungen zu finden, diagnostische Maßnahmen zu nennen und Handlungsmöglichkeiten vorzuschlagen. Den Hypothesen entsprechend hätten die 14-jährigen Schüler wesentlich trivialere Ursachenerklärungen, ungeeignetere diagnostische Maßnahmen und unzureichendere Handlungsmöglichkeiten angeben müssen als Studenten des Anfangssemesters; ein großer Zuwachs an günstigen Bearbeitungsstrategien hätte dann bei den Studenten des Prüfungssemesters auftreten müssen; schließlich hätte die Verbindung von Theorie und Berufserfahrung bei den Lehrern zu den positivsten Ergebnissen führen müssen. Es zeigte sich aber übereinstimmend, daß sich die Ursachenerklärungen, die diagnostischen Maßnahmen und die vorgeschlagenen Handlungsmöglichkeiten aller vier Gruppen kaum unterschieden! Dieses überraschende Ergebnis bestätigte sich auch in einer Nachuntersuchung, bei der mit Tiefeninterviews und Struktur-Lege-Technik Studenten der Anfangs- mit solchen der Prüfungssemester verglichen wurden (Stecher. 1983). Eine Erklärung dieses Phänomens geht dahin, daß Schüler, Studenten und Lehrer bei der spontanen Konfrontation mit kritischen Situationen ihr alltägliches psychologisches Wissen verwenden und nicht etwa wissenschaftlich-psychologisches Wissen. Das alltägliche psychologische Wissen hat nämlich den Vorzug, daß es über die eigene Erfahrung als Kind und Schüler sehr praxisnah und zum Teil wenig bewußt erworben wurde, so daß es als sofort verfügbare und völlig selbstverständliche Quelle für Erklären, Diagnostizieren und Verhalten wird. Die in der Berufsausbildung hinzugefügten wissenschaftlichen Theorien werden zwar »gelernt«, nicht aber zu verhaltenssteuernden Wissensbeständen umgeformt und deshalb auch nicht verwendet, obwohl sie bei den zitierten Untersuchungen von den Teilnehmern unschwer hätten aufgeschrieben werden können.

Unsere Vermutung ist also, daß das Verhalten von Lehrern durch psychologisches Alltagswissen oder »subjektive Theorien« gesteuert ist[4]. Man kann das psychologische Alltagswissen von Lehrern herauspräparieren und auch den Nachweis führen, daß subjektive Theorien eine wichtige (wenn auch nicht die einzige) Bedingung für das Handeln des Lehrers sind (vgl. Wahl, Schlee, Krauth & Mureck, 1983). Wir gehen davon aus, daß psychologisches Alltagswissen mitbedingt, wie Lehrer unterrichtliche Situationen wahrnehmen, welche Schritte zur genaueren Diagnose sie unternehmen und ob bzw. wie sie eingreifen. Vermutlich sind diese subjektiven Theorien sehr stabil und lassen sich nicht einfach dadurch verändern, daß man andere Theorien unverbunden daneben stellt. Vielmehr muß man vermuten, daß sich subjektive Theorien vorwiegend dort ändern, wo im Alltag andersartige Erfahrungen gemacht werden.

Stellt man sich das psychologische Alltagswissen von Lehrern als verhältnismäßig überdauernde, sehr komplexe und reichhaltige kognitive Struktur vor, so muß man sich fragen, wie im Einzelfall Wissen und Handeln verbunden werden. Es ist ja nicht möglich, bei jeder einzelnen Handlung jeweils das gesamte Alltagswissen auszufalten. Vielmehr werden nur bestimmte Teile davon aktiviert. Dabei ist grundsätzlich anzunehmen, daß bei Handlungen, die sich länger erstrecken, wie z.b. der Planung von Unterricht, Alltagswissen in größerem Umfang abgerufen werden kann, als wenn ganz spontan und ohne jede Vorbereitung reagiert werden muß. Schließlich wird bei Routinen oder Automatismen, die vielleicht früher einmal als Ergebnisse längerer Bewältigungsbemühungen entstanden sind, kaum noch etwas von »Theorien« zu finden sein. Der Bewußtheitsgrad ist hier so niedrig und der Ablauf so schnell, daß es sogar überzogen und unangemessen scheint, in Zusammenhang mit Routinen noch von subjektiven Theorien zu sprechen[5]. Auf jeden Fall wird deutlich, daß das erzieherische und unterrichtliche Handeln von Lehrern ganz unterschiedliche Charakteristika haben kann: es können z.b. zeitlich sehr langdauernde oder zeitlich sehr kurzdauernde Handlungen sein; die gefühlsmäßige Beteiligung kann sehr hoch oder auch sehr niedrig sein; das Handeln kann sehr stark oder sehr gering automatisiert sein; das Handeln kann eher auf die Wissensvermittlung oder eher auf dem Umgang mit Menschen bezogen sein; das Handeln kann aus einer sehr ausdifferenzierten Abfolge von Schritten bestehen oder es kann sehr einfach sein usw.[6]. Es ist bestimmt nicht einfach, in diese Vielfalt Übersicht und Ordnung zu bringen. Wir versuchen dies nachfolgend durch das Beschreiben dreier anschaulicher Handlungs-»Typen«, die wir auf einem durchgehenden Band zwischen hoch rationalem Problemlösen und stark automatisiertem Verhalten ansiedeln. Diese »Typen« markieren bestimmte Punkte, die für das später beschriebene Programm besonders wichtig sind, weil an ihnen beispielhaft gezeigt werden kann, wie Lehrerverhalten sich ändert. Der erste Punkt befindet sich außerhalb des Unterrichts und ist in der häuslichen Vorbereitung des Lehrers angesiedelt, in der er, im Idealfall, die Möglichkeit hat, Probleme ausreichend zu durchdenken und zu lösen. Der zweite Punkt befindet sich innerhalb des Unterrichtens und bezeichnet solche Handlungen des Lehrers, die er sich vorgenommen hat, um sie - beim Eintreffen bestimmter Ereignisse wie etwa störender Zwischenrufe, bestimmter Leistungsschwierigkeiten usw. - gezielt einsetzen zu können. Der dritte Punkt befindet sich ebenfalls innerhalb des Unterrichts und bezeichnet das spontane, ungeplante Handeln des Lehrers unter großem Druck, affektiver Beteiligung und starker Automatisierung.

a) Außerunterrichtliches Planungshandeln. Der Sachverhalt ist rasch umschrieben: einen oder mehrere Tage vor der Unterrichtsstunde definiert der Lehrer, entsprechend der Lehr- und Stoffpläne, wie er die Stunde inhaltlich füllt, er macht sich mit dem Unterrichtsgegenstand vertraut und überlegt, wie er ihn vermittelt. Der Handlungsdruck ist im Idealfall gering, das heißt: jeder Lehrer hat zumindest die Chance, sein Handeln ausführlich zu durchdenken, mögliche Folgen abzuschätzen, verschiedene Alternativen zu erwägen usw. Davon abzuheben ist der Realfall, bei dem oftmals - unter den Anforderungen des Alltags - der Unterrichtsvorbereitung nur wenig Zeit eingeräumt, der »Stoff« rasch durchgesehen (Was ist dran?) und meist routiniert angeordnet wird (vgl. Bromme, 1981). Die Möglichkeiten zum Erproben didaktischer Alternativen, zum gezielten Fördern einzelner Schüler und zum Vorbedenken möglicher Unterrichtsstörungen durch Unruhe oder provokatives Schülerverhalten werden nur selten genutzt. Dabei wäre dies durchaus ertragreich, da die begleitenden Gefühle nicht so stark sind, daß sie das Ausdenken neuer Planungen völlig verhindern. Zumindest ist es möglich, sich entweder zu beruhigen oder Zwischentätigkeiten einzuschieben, Gespräche zu führen usw., die es einem erlauben, aufkommende Gefühle zu verarbeiten, sich mit ihnen auseinanderzusetzen. Ebenso sind Routinen zwar vorhanden und entlasten das Vorbereiten, aber es ist unschwer möglich, davon abweichende Vorbereitungsstrategien zu entwickeln.

Geringer Handlungsdruck, milde Emotionen und leicht außer Kraft zu setzende Routinen kennzeichnen also das außerunterrichtliche Planungshandeln. Dem Lehrer kann damit hohe Reflexivität zugeschrieben werden, die es ihm erlaubt, ganz ausführlich und auch bewußt auf seine subjektiven Theorien, ebenso auf wissenschaftliche Theorien zurückzugreifen. Er kann sich wie ein »Problemlöser« verhalten, hat also die prinzipielle Möglichkeit, Situationen völlig neu zu durchdenken und Handlungen entsprechend der Situationsanalyse zu wählen. Damit sind die Änderungschancen insgesamt sehr hoch, sofern der Lehrer motiviert ist, gewisse Anstrengungen und Risiken

25

auf sich zu nehmen. Andererseits sind die Änderungschancen natürlich nicht unbegrenzt. Da ist einmal die verfügbare Zeit realistisch einzuschätzen, die eigene Flexibilität zu beachten, das Gesamt der eigenen Wertvorstellungen, Ziele und Persönlichkeitseigenschaften zu berücksichtigen. Trotzdem halten wir diesen Punkt für den günstigsten, um Veränderungen zu beginnen, da hier schulische Belastungssituationen durchdacht, diagnostische Fertigkeiten ausgewählt, Handlungsmöglichkeiten entwickelt und detailliert ausgearbeitet werden können. Anders gesagt: es ist möglich, Hypothesen über die Ursachen schulischer Schwierigkeiten zu bilden, diese Hypothesen zu prüfen; danach Hypothesen über günstige Bewältigungsschritte aufzustellen und nachfolgend zu prüfen. Durch dieses kontrollierte und reflexive Vorgehen kann das unterrichtliche Handeln nach und nach befriedigender gestaltet werden.

b) Vorgeplantes Agieren. Stellt ein Lehrer beim Fachunterricht fest, daß die Klasse auf seine gewohnten Methoden, mit denen er für die erforderliche Ruhe sorgt, nicht entsprechend reagiert, so kann er sich für die darauffolgende Stunde vornehmen, beim erneuten Aufkommen von Unruhe auf eine andere Weise einzugreifen. Er könnte z.b. seine eigenen Gefühle in einer Ich-Botschaft verbalisieren, eine Regel vorschlagen, ein Gespräch zur Lösung des Unruheproblems in Gang setzen oder die Schüler gezielt bei unruhigem Verhalten begrenzen und bei ruhigem Verhalten bekräftigen. Da jetzt, im Gegensatz zur Unterrichtsvorbereitung, die Interaktionspartner direkt anwesend sind, besteht deutlicher Handlungsdruck. Es ist dem Lehrer zwar noch möglich, sich während der Auffassung der Situation reflexiv zu verhalten, also genau darauf zu achten, wo die Unruhe beginnt, wie sie sich ausbreitet und ob Anzeichen vorhanden sind, daß sie weiter ansteigt oder sich von alleine wieder legt. Er kann auch in sich »hineinhören«, auf in ihm aufsteigende Gefühle des Ärgers, und spüren, wann die eigene Toleranzgrenze erreicht ist. Sobald er sich aber für ein Eingreifen entschieden hat, muß er auf vorüberlegte Handlungsmöglichkeiten zurückgreifen, weil es die Dynamik der Situation nicht erlaubt, das Für und Wider bestimmter Lehrerverhaltensweisen detailliert zu überlegen. Die begrenzte Entscheidungszeit, verbunden mit der Orientierung des Lehrers an vielfältigen Aufgaben (Stoffvermittlung, Klassenmanagement, Selbstkontrolle usw.), die er zu gleicher Zeit zu erfüllen hat, bedingen, daß die Kapazität zum Analysieren der Situation und zum Entwerfen von Handlungsmöglichkeiten begrenzt ist und die einzelnen Gedanken nicht sehr weit ausgeführt werden können. Dazu kommt, daß die Gefühle in stärkerem Maße verhaltensbestimmend werden als noch in der Vorbereitungsphase, z.B. Gefühle der Unsicherheit, des Bedrohtseins und des Ärgers. Das Gesamt der Gefühle kann dabei nicht nur förderlich für das Abrufen der vorgeplanten Handlung sein, sondern umgekehrt auch diese dadurch verhindern, daß der Lehrer in seine bisherigen Verhaltensmuster zurückfällt. Daraus folgt, daß einerseits die geplanten Handlungen rasch verfügbar und gut eingeübt, also gekonnt sein müssen; daß andererseits aber auch eine Kontrolle über die nicht erwünschten, bisherigen Verhaltensmuster ausgeübt werden muß, damit sich diese nicht verselbständigen. Das geplante Agieren ist damit eine Tätigkeit mit verschiedenen Anforderungen: genaues und differenziertes Wahrnehmen der Situation, innerliches Abstoppen unerwünschter Automatismen und bewußter Einsatz eines Alternativverhaltens.

Deutlicher Handlungsdruck, spürbare Emotionen und ein Konkurrieren unerwünschter Routinen mit dem geplanten Alternativverhalten kennzeichnen das vorgeplante Agieren. Die Reflexivität des Lehrers ist damit in gewissem Maße eingeschränkt. Zwar ist es ihm möglich, auf subjektive und wissenschaftliche Theorien zurückzugreifen, aber es können jeweils nur sehr kleine Bruchstücke abgerufen werden. Der Lehrer kann sich nur noch bedingt als »Problemlöser« verhalten, d.h. in der Situation selbst wird er kaum neue Lösungen finden können. Aber er kann Lösungen ausprobieren! Deswegen ist das vorgeplante Agieren ganz zentral für angestrebte Verhaltensänderungen: Lösungen, die man sich bei der Analyse der Belastungssituationen allein oder in der Lehrergruppe ausgedacht hat, können sich als mehr oder weniger tauglich erweisen. Ist der Lehrer genügend motiviert, besitzt er genügend Selbstvertrauen, um tatsächlich versuchsweise einmal anders zu agieren, und hat er dieses Verhalten so gut eingeübt, daß er es spontan und gekonnt einsetzen kann, findet er schließlich heraus, zu welchem Zeitpunkt in der Situationsentwicklung er das vorgeplante Verhalten am wirksamsten einsetzen kann, so hat er die drei wesentlichen Voraussetzungen für eine Verhaltensänderung erfüllt.

c) Rasches, ungeplantes Reagieren. Unterrichtliche Situationen wiederholen sich und ähneln sich in bestimmtem Maße, sie sind aber nicht völlig vorhersehbar. Deswegen nimmt das rasche und nichtvorplanbare Reagieren stets eine wichtige Rolle ein. Da kommt es oft vor, daß beim Unterrichtsgespräch ein Schüler eine abweichende

27

Antwort gibt, deren Aufgreifen einen Umweg im Gesprächsgang erfordern würde, deren Fruchtbarkeit nicht »abgeschätzt« werden kann; da macht eine Schülerin eine witzige Zwischenbemerkung, die die Lehrerin völlig überrascht und sie weiß nicht, ob sie mitlachen oder ermahnen soll. In beiden Fällen ist der Handlungsdruck recht stark und erfordert eine sofortige Entscheidung, auf das Schülerverhalten direkt einzugehen oder es zu ignorieren. Diese ist aber gar nicht einfach zu treffen. Denn einmal dauert die Situation nur relativ kurz an, es können ihr also wenig Informationen entnommen werden; zum anderen kann sich der Lehrer bei der Situationswahrnehmung nur selten analytisch verhalten, weil er nicht auf sie vorbereitet ist. Die Gefahr ist besonders hoch, daß Informationen einseitig gewichtet und Schülerverhaltensweisen unzutreffend aufgefaßt werden. Da die Entwicklung der Situation, wegen der Mehrfachorientierung an Schülern, Stoff und eigener Befindlichkeit nicht immer mit voller Aufmerksamkeit verfolgt werden kann, sind auch die Entscheidungen für Eingreifen bzw. Nichteingreifen oftmals schwierig. Schließlich bleibt keine Zeit, Handlungsalternativen nach Vorzügen und Nachteilen zu gewichten. So werden, wegen der Kapazitätsbegrenzungen menschlicher Informationsverarbeitung, alle diese Fragen durch rasche und generelle Einschätzungen beantwortet. Zuerst wird in einer stark durch Gefühle getönten Situationsauffassung das Geschehen grob typisiert, um es überhaupt verarbeitbar zu machen. Danach wird in einer meist blitzartig ablaufenden Handlungsauffassung eine Reaktion gewählt. Beide Vorgänge laufen dabei nur zum Teil bewußt ab; subjektiv erlebt man sich nicht als jemand, der überlegt agiert, sondern eher als jemand, der ganz spontan handelt. Untersucht man dieses »spontane« Handeln näher, so stößt man auf bestimmte »Prototypen« von Situationen (vgl. Eigler, 1983, S.15), die man auch als »Situations-Typen« bezeichnen kann (vgl. Wahl, Schlee, Krauth & Mureck, 1983, S.76ff.). Diese wiederum sind relativ stabil mit bestimmten Handlungsmustern oder »Reaktions-Typen« verbunden. Die Typisierungen und stabilen Verknüpfungen erlauben rasches Auffassen und Reagieren und geben dem Lehrer die erforderliche Handlungssicherheit. Wegen ihres nur teilbewußten, impliziten Charakters sind aber diese Situations-Reaktionsverknüpfungen Veränderungsbemühungen gegenüber recht resistent. Eben weil der Handlungsdruck hoch, die Gefühle stark und Wahrnehmung wie Verhalten automatisiert sind, ist ein reflexiver Rückgriff auf subjektive oder wissenschaftliche Theorien nicht möglich. Der Lehrer ist nicht »Problemlöser«, sondern ein routiniert Reagierender. Will man sich ändern, so muß man zuerst Automatismen, mit denen man unzufrieden ist, identifizieren, was z.b. mit den später beschriebenen diagnostischen Fertigkeiten geschehen kann. Außerhalb des Unterrichts sind dann sowohl alternative Reaktionen auszuwählen, als auch Möglichkeiten zur Unterbrechung der bisherigen Automatismen zu entwickeln. Sind beide so weit vorgeübt, daß sie rasch und gekonnt eingesetzt werden können, müssen sie zunächst in geplanten Situationen erprobt und auf ihre Tauglichkeit hin untersucht werden. Erweisen sie sich als günstig, sollten sie so lange weitergeübt werden, bis sie schließlich »spontan«, das heißt als neu erworbene Routine auch ungeplant einsetzbar sind. Das heißt: um Verhaltensänderungen zu erreichen, muß die Ebene des spontanen Reagierens verlassen und danach in einem voraussetzungsreichen Lernprozeß wieder aufgesucht werden, Erweisen sie sich als günstig, sollten sie so lange weitergeübt werden, bis sie schließlich »spontan«, das heißt als neu erworbene Routine auch ungeplant einsetzbar sind. Das heißt, um Verhaltensänderungen zu erreichen, muß die Ebene des spontanen Reagierens verlassen und danach in einem voraussetzungsreichen Lernprozeß wieder aufgesucht werden, wobei die Ebenen der außerunterrichtlichen Analyse und des vorgeplanten Agierens dienende Funktion einnehmen.

Aus diesen letzten Überlegungen wird deutlich, wie wir uns den Zusammenhang zwischen den handlungstheoretischen Überlegungen und den Umgang mit den nachfolgend gegebenen psychologischen Hilfen vorstellen.

3. Wie kann sich in der Schulklasse das Handeln des Lehrers ändern?

Das eben dargelegte handlungstheoretische Modell bezieht sich zentral auf den Lehrer und läßt andere Bedingungen weitgehend außer acht. Da der Lehrer aber nur eine Größe in einem Netzwerk sozialer Beziehungen ist, muß näher gezeigt werden, wie Änderungen in Gang kommen sollen. Der im Schuldienst tätige Lehrer fragt zurecht, wie er in denjenigen Klassen, die er im Augenblick unterrichtet, beginnen kann, Probleme zu bearbeiten. Es wirkt ja nicht nur der Lehrer auf die Schüler ein, sondern diese wirken wiederum ganz erheblich auf das Lehrerverhalten zurück. Lehrplananforderungen, begrenzte schulorganisatorische Möglichkeiten, Erwartungen von Eltern, Gewohnheiten von Kollegen, Anordnungen der Schulbehörden usw. bestimmen die komplexe Situation ebenfalls mit. Daraus lassen sich zwei Schlüsse ziehen: (1) Zeigt der Lehrer verändertes Verhalten, so wirkt er auf das soziale Netzwerk ein und setzt Prozesse in Gang, die nur zum Teil seiner Kontrolle unterliegen. Es kann also neben den angezielten erwünschten Folgen auch zu nicht angezielten, unerwünschten Nebenwirkungen kommen. (2) Langanhaltende Änderungen dieses komplexen Gefüges können in der Regel nicht durch einen einzigen Eingriff, sondern meist nur durch kontinuierliche Änderungsbemühungen erreicht werden, bei denen die erzielten erwünschten und unerwünschten Folgen genau registriert und als Hinweise für die Beibehaltung bzw. Modifizierung der Änderungsbemühungen genommen werden müssen. Dieses Vorgehen enthält folgende Teilschritte:

a) *Suche nach Alternativhypothesen*. Kein Lehrer kann alle Verhaltensweisen seiner Schüler wahrnehmen. Auf einige Verhaltensweisen achtet er bewußt oder unbewußt stärker als auf andere, manche Verhaltensweisen übersieht er völlig. Meistens fallen Schwierigkeiten oder Störungen auf, während man auf Verhaltensbereiche und Situationen nicht achtet, in denen keine Probleme auftreten. Weiter versucht man, Verhalten nicht lediglich zu registrieren, sondern sofort zu deuten. Man sucht einerseits nach Erklärungen, d.h. man führt die wahrgenommenen Verhaltensweisen auf ursächliche Bedingungen zurück, und man will andererseits mögliche Folgen dieses Verhaltens abschätzen. Auf dieser Grundlage konzipiert der Lehrer seine Handlungen, auf die wieder Schüler in der Regel mit Verhaltensweisen reagieren, die die Interpretationen des Lehrers bestätigen. So stabilisieren sich spezifische Wahrnehmungs-, Interpretations- und Handlungsmuster in Form von Kreisprozessen. Der erste Schritt im Prozeß der Veränderung des Lehrerhandelns muß sich daher auf Möglichkeiten richten, die gewohnten Deutungen durch alternative Hypothesen zu ergänzen. Dazu bietet die Beschäftigung mit Schulproblemen im spezifischen Kontext der Klasse die besten Gelegenheiten. In diesem Band werden ausgewählte Verfahren zur Suche nach Alternativhypothesen mit Anregungen für die Erprobung und Übung im Klassenzimmer dargestellt.

b) *Möglichkeiten der Hypothesenprüfung*. Andere Deutungen des Unterrichtsgeschehens als die bisher eingeschliffenen bilden die Basis für gezielte Veränderungen des pädagogischen Handelns. Welche der verschiedenen denkbaren Hypothesen aber erfaßt die Ursachen

30

eines Schulproblems mit größter Wahrscheinlichkeit? Für diese Entscheidung benötigt der Lehrer Möglichkeiten zur Hypothesenprüfung. Auch dafür kann kein einfaches Rezept gegeben werden, aber man kann unterschiedliche Überprüfungsformen beschreiben, die der Lehrer in seiner Klasse in ausgewählten Situationen zunächst erproben kann, so daß er die Bedeutung einzelner Ursachen für seine Schwierigkeiten kennenlernt.

c) *Erprobung alternativer Handlungsmöglichkeiten.* Schließlich bietet die Einbindung der Versuche zur Kompetenzerweiterung in die tägliche Unterrichtspraxis die Möglichkeit, alternative Handlungsformen auf die eigene Situation abgestimmt zu planen. Dabei empfiehlt es sich, die notwendigen Handlungsschritte ebenso detailliert festzulegen wie bei der didaktischen Vobereitung einer Unterrichtsstunde. Allerdings darf man nicht erwarten, daß die sorgfältige Planung den Erfolg bei der Anwendung garantiert. Besonders wenn der Lehrer für ihn und die Klasse völlig neuartige Handlungsmöglichkeiten konzipiert und er keine Gelegenheit zur Übung in anderen Klassen oder wenigstens in der Simulation schulischer Problemsituationen mit Kollegen hat, wird er im Klassenzimmer noch auf Schwierigkeiten stoßen. In dieser Situation ist es wichtig, nicht frustriert den ganzen Ansatz als ungeeignet aufzugeben, sondern in einem längeren Prozeß die Veränderungen des eigenen Handelns in der Klasse Schritt für Schritt einzuüben.

d) *Realistische Rückmeldungen.* Will der Lehrer realistische Rückmeldung über den Stand der eigenen Veränderung erhalten, so stellt sich oftmals das Problem, daß er nicht gleichzeitig mit den Belastungen ungewohnten Handelns in der Klasse zurechtkommen und sich und seine Schüler dabei differenziert beobachten kann. Günstige Möglichkeiten zur Sicherung der notwendigen Rückmeldung bieten deswegen technische Hilfsmittel (z.B. Tonbandaufnahmen), beobachtende Kollegen im Klassenzimmer oder das Gespräch mit den Schülern selbst. Die Einzelheiten werden in den folgenden Kapiteln dargestellt. Hier nur ein kurzes Beispiel:
Eine Lehrerin hatte in den ersten Wochen des neuen Schuljahres in einer Klasse des 5. Jahrgangs (Hauptschule) im Deutschunterricht das Problem, daß sie die zum Unterrichten erforderliche Ruhe nicht herstellen konnte. Beobachtungen durch einen Kollegen und die Auswertung von Tonbandaufzeichnungen ergaben, daß die Lehrerin zu Beginn jeder Stunde durchschnittlich alle zwei Minuten, am Ende

einer Stunde etwa jede halbe Minute eingreifen mußte. Dieses Eingreifen bestand darin, daß sie die Schüler immer wieder bat, ruhig zu
sein und dies auch begründete; z.b. damit:»Wenn ihr so laut seid,
könnt ihr nicht hören, was Klaus sagt!«. Allerdings gab es kaum Un-
terrichtsabschnitte, in denen tatsächlich alle Schüler einmal ruhig
waren. Auch lobte die Lehrerin kein einziges Mal die Klasse, wenn es
ruhiger wurde. Vielmehr setzte die Lehrerin den Unterricht schon
fort, wenn die Unruhe etwas abnahm, und wartete das Eintreten der
notwendigen Voraussetzung gar nicht ab. Von daher formulierten
Beobachter und Lehrerin die Hypothese: Die Unruhe in der Klasse
ist deshalb so groß, weil Phasen der Ruhe von der Lehrerin weder ab-
gewartet noch bekräftigt werden und der erwünschte Zustand für die
Schüler nicht deutlich genug ist. Als Handlungsalternative wurde
entsprechend der Hypothese ein abgestuftes Lehrerverhalten geplant, bei dem sich die Lehrerin zunächst an die ganz Klasse wandte,
dann abwartete, dann immer noch unruhige Schüler um Ruhe bat,
weiter beobachtete, Mahnungen wiederholte, bis sie schließlich die
Klasse für Ruhe bekräftigen konnte. Für die Erprobung im Unterricht wurde eine Tonbandaufnahme als Hilfsmittel der Rückmeldung
vorgesehen. Es zeigte sich, daß die Lehrerin sich zunächst nicht konsequent an den Verhaltensplan hielt, sondern nach einigen Minuten
in ihr bisheriges, gewohntes Verhalten zurückfiel. Beim zweiten Erproben gelang es der Lehrerin, den Verhaltensplan bis zur Mitte der
Deutschstunde auszuführen. Ein Vergleich der Tonbandaufzeich-
nung mit der früheren Aufnahme zeigt den Erfolg des Verhaltens-
plans. Bei der dritten Erprobung schaffte es die Lehrerin, den Verhaltensplan bis zum Ende der Stunde durchzuführen. Überraschen-
derweise kamen nach dem Unterricht einige Schüler von sich aus zur
Lehrerin und sagten:»Heute ist es ganz toll ruhig gewesen.«

e) Austausch unterschiedlicher Sichtweisen. Im Kontext der eigenen
Klasse ist der Lehrer nicht allein auf die Flexibilität seiner Wahrnehmung und seinen Einfallsreichtum bei der Interpretation der Beobachtungen angewiesen, wenn er alternative Hypothesen für Schulprobleme entwickeln will. Er ist schließlich nicht die einzige Person,
die tagtäglich mit Problemen in seiner Klasse in Berührung kommt:
Andere Kollegen unterrichten ebenfalls in seiner Klasse, die Eltern
seiner Schüler interpretieren die Handlungen ihrer Kinder und die
Lehrerhandlungen, und vor allen anderen verfügen seine Schüler
über Erwartungen und Bewertungen des Unterrichtsgeschehens, die
sie oft in überraschend differenzierte Interpretationen einbringen

können. Der Lehrer ist also nicht darauf angewiesen, durch Reflexion subjektiver Erfahrungen - wobei er sich auf wissenschaftliche Erklärungsansätze stützen kann - mehr oder weniger allein aus den Schwierigkeiten der Alltagspraxis zu finden. Ein vielversprechender, in der Praxis der Unterrichtsinnovation erprobter Weg (Elliot, 1976) besteht in der Verknüpfung der subjektiven Sichtweisen verschiedener Beteiligter an Unterrichtssituationen. Lehrer, Schüler und Beobachter können bei einem Änderungsprozeß unter realen Schulbedingungen ihre Erwartungen und Bewertungen aufeinander beziehen. Abgesehen von der langfristigen Auswirkung dieses Vorgehens auf die sozialen Beziehungen der Beteiligten ist die Wahrscheinlichkeit groß, im Überschneidungsfeld der unterschiedlichen Sichtweisen Ansätze für eine angemessene Veränderung der wechselseitigen Handlungen zu finden.

Es gibt allerdings eine ganze Reihe von Einflüssen und Bedingungen, die es erschweren, daß Änderungen in Gang kommen. Dazu gehören die folgenden fünf Probleme:

(1) Subjektive Sicherheit durch Routine. Sieht man von extremen Problemfällen ab, dann stehen die meisten Lehrer kritischen Situationen im Unterricht nicht hilflos gegenüber. Im Laufe ihrer Praxis haben sie sich Handlungsmuster zur Bewältigung von Schulproblemen angeeignet. Es fragt sich nur, ob diese Bewältigungsformen optimal sind. Da viele Lehrer darüber klagen, daß die gleichen Schwierigkeiten immer wieder auftreten, sind die pädagogischen Alltagsroutinen offenbar verbesserungsbedürftig. Viele Routinen, z.B. kurze Mahnungen, Drohungen bei Unterrichtsstörungen oder schriftliche Arbeitsaufträge bei mangelnder Mitarbeit, entlasten den Lehrer kurzfristig, tragen langfristig aber nicht zur Änderung der Situationen bei. Das Dilemma ist nur, daß einer wahrscheinlichen, jedoch nicht zu garantierenden längerfristigen Verbesserung der Klassensituation ganz sicher für den Lehrer subjektiv eine Verschlechterung gegenübersteht: Er muß die Sicherheit seiner Gewohnheiten aufgeben, deren Ergebnisse und Folgen er übersieht, und sich auf ein für ihn und die Klasse ungewohntes Handeln einlassen, von dessen Effekten er bestenfalls aufgrund theoretischer Begründungen überzeugt ist. Etwas wissen und etwas tun sind aber oft schwer zu integrierende Bereiche. Doyle und Ponder (1977) haben bei der Untersuchung über die Verwirklichung von Innovationsvorschlägen in der Schule festgestellt, daß Lehrer sich lieber für Handlungen mit unmittelbaren, kurzfristigen Konsequenzen entscheiden, auch wenn anderes

Handeln längerfristig größeren Nutzen möglich erscheinen läßt. Im Sinne des Sprichwortes vom Spatz in der Hand und der Taube auf dem Dach bevorzugen Lehrer offensichtlich mäßig erfolgreiche, kurzfristige Änderungen gegenüber Handlungen mit der Aussicht auf langfristigen Erfolg, die aber auch die Möglichkeit eines Fehlgriffs enthalten. Von diesen Überlegungen aus erscheint es zweckmäßig, wenn man eigene Veränderungen des Handelns im Klassenzimmer zunächst für Situationen anstrebt, für die man keine subjektiv verläßliche Routine zur Verfügung hat.

(2) Selbstaufmerksamkeit anstelle von Situationsaufmerksamkeit.
Gerade bei der Neueinführung von ungewohnten Handlungsformen käme es darauf an, aufmerksam die Situation zu kontrollieren, genau auf die Reaktionen der Schüler zu achten, rechtzeitig mögliche Modifikationen des geplanten Vorgehens einzuleiten. Die Theorie der Selbstaufmerksamkeit (Wicklund, 1975; Frey, Wicklund & Scheier, 1980; Wicklund & Frey, 1980) legt jedoch nahe, für die Erprobung eines neuartigen Verhaltens in einer größeren Gruppe gegenteilige Verhaltenstendenzen des Lehrers vorherzusagen. Sowohl der unstrukturierte Handlungskontext, wie er durch die Einführung neuartiger Handlungsweisen mit ungewissen Ergebnissen in der Klasse geschaffen wird, als auch die Situation, als einzelner einer Gruppe mit klar umrissenen Verhaltenserwartungen gegenüber zu stehen, denen man nun nicht entsprechen wird, lenken die Aufmerksamkeit von wichtigen Aspekten der Situation auf bestimmte Aspekte des Selbst. Und zwar achtet man unter solchen Bedingungen bevorzugt auf Aspekte des Selbst, die in dieser Situation dominant sind. Bei der Erprobung ungewohnten Verhaltens ist es sehr wahrscheinlich die eigene Kompetenz, der bevorzugt Aufmerksamkeit gewidmet wird. Die eigene Unsicherheit steht dann im Mittelpunkt. Eine andere vorherrschende Dimension enthält die pädagogischen Zielsetzungen des Lehrers (vgl. Kapitel B 1), z.B. das Bemühen um Selbstverantwortlichkeit der Schüler, dem direktive Eingriffe vordergründig zu widersprechen scheinen. Das Handeln wird im Zustand der Selbstaufmerksamkeit bestimmt durch die Tendenz, mögliche Diskrepanzen zwischen thematisierten Selbstaspekten und der momentanen Aktivität aufzulösen, mindestens aber so gering wie möglich zu halten. Innovationsversuche aufzugeben, rasch zu vertrauten Handlungsmustern zurückzukehren, ist eine häufig zu beobachtende Konsequenz; sie beseitigt die Diskrepanzen und beendet die Situation, die zur erhöhten Selbstaufmerksamkeit Anlaß gab.

34

Auch unter dieser Perspektive erscheint es daher besonders empfehlenswert, die Vorschläge dieses Bandes mit Kollegen zusammen zu
erarbeiten. Die Kleingruppe ermöglicht es, Handlungsformen unter
verschiedenen Sichtweisen zu diskutieren, alternative Konsequenzen vorherzusehen und in das eigene Vorgehen mit einzuplanen sowie schließlich die notwendigen Handlungsschritte in der Kollegengruppe ohne großes Risiko zu erproben und einzuüben. Zumindest
die Dimension der eigenen Kompetenz sollte dann in der Klassensituation nicht mehr die Aufmerksamkeit des Lehrers beherrschen.

(3) Handeln unter Zeitdruck. Während in Übungssituationen viel
Zeit zur Reflexion über ein Alltagsproblem verfügbar ist und bei
Schwierigkeiten jederzeit abgebrochen, eine Alternative diskutiert
oder ein neuer Versuch unternommen werden kann, ist der Lehrer in
seiner Klasse zu unmittelbarem Handeln gezwungen. So kommt es,
daß er unter dem Handlungsdruck der aktuellen Problemsituation
häufig eher auf die Erfahrungsbestände seiner subjektiven Theorien
zurückgreift als die weniger vertrauten Möglichkeiten neuer Anregungen und Vorschläge in die Praxis umzusetzen. Damit der Lehrer
eine Chance erhält, seine Handlungsmuster im Klassenzimmer ändern zu können, muß er seinen Handlungsspielraum erweitern. Dies
kann dadurch geschehen, daß er die bisherige Routine durch »inne-
res Sprechen« abstoppt und statt dessen eine alternative Verhaltensweise zeigt. Bei nicht unmittelbar zu treffenden Entscheidungen
kann der Lehrer auch einen »Handlungsaufschub« versuchen und
die gewonnene Zeit dazu nützen, Informationen einzuholen und
Handlungsfolgen abzuwägen. Dabei ist es günstig, wenn der Lehrer
den am Problem beteiligten Schülern transparent macht, warum er
dies tut und worin die erhofften positiven Auswirkungen für alle Beteiligten bestehen.

(4) Verunsicherung der Schüler. Nicht nur der Lehrer wird unsicher,
wenn er sich von einem Tag auf den anderen anders als gewohnt verhalten soll, auch die Schüler sind verunsichert, wenn ihre Erwartungen plötzlich nicht mehr zutreffen. Ungewohntes Verhalten des Lehrers gestattet ihnen zunächst keine sicheren Vorhersagen, wie die Situation sich weiter entwickeln wird und welche ihrer Handlungsmöglichkeiten zu angemessenen Ergebnissen führen werden. Wenn die
Schüler in dieser neuen Situation für sich keinen Handlungsspielraum mehr sehen, insbesondere wenn sie für sie bedeutungsvolle
Handlungsmöglichkeiten durch die noch nicht überschaubaren Maß-

nahmen des Lehrers bedroht sehen, steigt die Wahrscheinlichkeit für
»Reaktanz-Verhalten« (Brem, 1966; Wicklund & Brem, 1976) der
Schüler: Nach dem Motto »nun erst recht« versuchen sie dann, Änderungen zu verhindern und die für sie gewohnten Freiräume zu behaupten. Unter dieser Perspektive erhalten die Hinweise in diesem
Band besonderes Gewicht, schwierige Schulsituationen mit den Beteiligten - und das sind vor allem die Schüler - zusammen zu bearbeiten und möglichst kooperative Formen der Problemlösung zu vereinbaren.

(5) Einfluß der Schulklasse auf den Lehrer. Über die bereits genannten Wirkungen der Klassensituation hinaus ist der triviale Hinweis
noch wichtig, daß die Lehrer-Schüler-Interaktion keine »Einbahn-
straße« ist. Der Lehrer beeinflußt die Schüler, aber die Schüler haben auch erheblichen Einfluß auf den Lehrer, manchmal größeren
als man vermuten würde. Alltägliche Wechselwirkungen dieser Art
sind jedem schon aufgefallen. Eine Reihe überzeugender Untersuchungsergebnisse belegt die soziale Beeinflussung der Lehrer durch
Schüler (z.B. Metz, 1978; Copeland, 1979; Köttl & Saur, 1980).
Einige Forscher (Copeland, 1979; Doyle o.J.) stellen sogar die Frage ob man danach noch annehmen dürfe, daß der Lehrer die wichtigste Ursache für die Vorgänge im Klassenzimmer ist. Wie immer man
zu dieser Sichtweise Stellung bezieht, man sollte sich davon zur Überprüfung eigener Handlungsgewohnheiten anregen lassen: Wie weit
beeinflußt die Klasse das Lehrerhandeln? Die eigene Bereitschaft
zur Änderung der Situation kann dadurch entschieden gefördert
werden.

Gerade weil die Schüler eine enorm wichtige Einflußquelle für Vorgänge im Klassenzimmer sind, sollte man versuchen, Schüler so weit
wie möglich an den Änderungsprozessen zu beteiligen. Eine derartige »Beteiligung der Beteiligten« hat die größten Erfolgsaussichten,
- wenn man von Anfang an vermeiden kann, daß die Schüler miß-
trauisch gegenüber den für sie oft nicht ohne weiteres überschaubaren Absichten des Lehrers werden;
- wenn man Entscheidungen über einzelne Maßnahmen und neue
Regelungen in einer Weise herbeiführt, bei der alle für ihre Durchführung verantwortlich werden;
- wenn man auch bei den Schülern Motivation zur persönlichen Veränderung anregen kann.

Die besten Absichten des Lehrers, sorgfältige Situationsanalyse und ausgedehntes Training alternativer Verhaltensweisen mit Kollegen werden im Klassenzimmer wenig bewirken, wenn der Lehrer versäumt, seine Schüler von Anfang an mit in den Prozeß der Veränderung einzubeziehen. Natürlich sind hier nicht Ausnahmefälle angesprochen, in denen Unterrichtsprobleme durch den Lehrer allein verursacht werden, der sich vielleicht häufig beim Stundenbeginn verspätet, der Probearbeiten lange nicht korrigiert zurückgibt, der Versuche nicht sorgfältig genug vorbereitet usw. Bei Schulschwierigkeiten, die sich nur beheben lassen, wenn auch die Schüler ihr Verhalten ändern, darf man nicht erwarten, der Lehrer könne allein diese Änderungen herbeiführen, sofern er nur im Besitz einer magischen Formel wäre.

Manchem Leser mag die schlichte Empfehlung allerdings schon etwas gauklerisch vorkommen, Schulschwierigkeiten seien zu überwinden, indem man einfach alle an den Schwierigkeiten Beteiligten auch an der Auflösung partizipieren läßt. Die Empfehlung basiert auf durchaus rationalen Überlegungen und greifbaren Belegen für ihre Nützlichkeit. Zweifellos ist es am wenigsten zeitaufwendig, wenn der Lehrer, der eine Problemsituation analysiert, Hypothesen geprüft und erfolgversprechende Handlungsmöglichkeiten gefunden hat, diese Möglichkeiten nun der Klasse »verordnet«. Die Vorschläge ausführen und sich selbst dabei mitändern müssen jedoch nach wie vor die Schüler. Die Bereitschaft zur Ausführung von Änderungsentscheidungen des Lehrers wächst, wenn die Schüler wenigstens am Prozeß der Hypothesengewinnung und -prüfung beteiligt waren. Sie konnten dann zumindest ihre Sichtweisen, Vorbehalte und Vorlieben mit einbringen. Wenn ihnen allerdings der abschließende Vorschlag des Lehrers nicht einsichtig erscheint, werden sie sich bei seiner Ausführung auch nicht besonders engagieren. Es kommt also darauf an, die Klasse auch an den Entscheidungen über neue Handlungsmöglichkeiten zu beteiligen. Der Mehraufwand an Zeit für diesen Prozeß wird relativiert durch langfristige Zeitersparnisse, wenn nicht überhaupt durch den erst so erreichbaren Erfolg bei der Realisierung der neuen Verhaltensmuster in der Klasse. Bei einem solchen gemeinsamen Entscheidungsprozeß kommen möglicherweise auch Gefühle und Konflikte in der Klasse zum Ausdruck, die andernfalls die Übernahme eines Lehrervorschlags erschweren würden (Johnson & Johnson, 1975).

Es kommt darauf an, daß auch die Schüler einen Grad an Problembewußtsein erreichen, in dem sie Absichten zur Handlungsänderung aufbauen und persönliche Verantwortlichkeit für die Ergebnisse der beabsichtigten neuen Handlungsformen entwickeln können (vgl. Heckhausen, 1980, S.700).

In einem sehr erfolgreichen Programm hat DeCharms (1976) versucht, bei Lehrern und Schülern das Erleben von Selbstverantwortlichkeit zu fördern. Er ging dabei von der Überlegung aus, daß subjektive Erfahrung und Interpretation der Situation bestimmend für das Handeln einer Person sind. Zielgerichtetes und verantwortliches Handeln wird begünstigt, wenn eine Person sich als aktiv (im Gegensatz zu reaktiv) verstehen und sich selbst als Verursacher der Ergebnisse ihres Handelns (im Unterschied zu äußeren Ursachen) erleben kann. Zur vereinfachten Beschreibung hat DeCharms zwei gegensätzliche persönliche Erlebnisweisen unterschieden: Man kann sich als »Verursacher« (ORIGIN) oder als »Abhängiger« (PAWN, die Figur des Bauern im Schachspiel) erleben. Als »Verursacher« erlebt man die Ursachen des Verhaltens in sich selbst, als »Abhängiger« erlebt man sich von außen in seinen Verhaltensweisen bestimmt. Wichtig ist die Feststellung, daß man sich nicht immer und in jeder Situation durchgängig entweder als Verursacher oder als Abhängiger fühlt. Äußere Umstände können dazu führen, daß man sich stark zu bestimmtem Verhalten gezwungen fühlt oder aber mehr Spielraum für eigene Entscheidungen erlebt. Verursachungserleben geht einher mit Zielorientierung und Verantwortlichkeit für Handeln. Man kann dieses Erleben fördern, wenn man Personen ermöglicht,
- ihre eigenen Absichten genau zu überprüfen;
- sich selbst Ziele zu setzen;
- konkrete Maßnahmen zur Zielerreichung realistisch zu planen und
- Erfolg oder Mißerfolg bei Bemühungen um die gewählten Ziele auf das eigene Handeln zurückzuführen.

Ehe wir nun auf einige Möglichkeiten eingehen, mit denen man im üblichen Unterricht die Beteiligung von Schülern an schulischen Änderungen fördern kann, erscheint noch eine Warnung nötig: Schüler dabei zu unterstützen, sich als Verursacher von neuartigem Handeln zu erleben, kann nicht bedeuten, als Lehrer auf eigene Verantwortlichkeit und Steuerung zu verzichten. Im Gegenteil, je jünger und/ oder weniger vertraut die Kinder mit selbstverantwortlichem Handeln sind, desto notwendiger ist es für den Lehrer, der seine Schüler als »Verursacher« behandeln möchte, Unterrichtssituationen zu strukturieren, Regeln vorzuschlagen, manchmal auch Vorschriften zu geben, die den Schülern Handlungsspielräume für eigene Zielsetzung und Planung erst eröffnen. DeCharms (1976, S.211) betont, »Verzicht auf die Aufgabe der Situationsstrukturierung ist gleichbedeutend mit dem Aufgeben der Hauptverantwortlichkeit eines Lehrers«. Dies erscheint nur dann als Widerspruch zum Ziel der Beteiligung und Förderung von Verantwortlichkeit der Schüler, wenn man Prozeßmerkmale und Ziele der »Verursacher«-Förderung verwechselt. Am Anfang dieses Prozesses darf man nicht Erlebens- und Verhaltensweisen der Schüler voraussetzen, die man als Ergebnis vermitteln möchte.

In diesem Band gehen wir in einzelnen Kapiteln im Zusammenhang mit Fallbeschreibungen oder Darstellungen von Handlungsformen ausführlich auf verschiedene Möglichkeiten ein, mit denen man Schüler an Zielsetzung und Planung gemeinsamen Handelns im Klassenzimmer beteiligen kann. Vorab soll hier nur eine Übersicht der beschriebenen Möglichkeiten gegeben werden:
- Befragung der Schüler. Bereits bei der Situationsanalyse können Schüler beteiligt werden.
- Diagnostische Gespräche mit Schülern. Zur Gewinnung oder Prüfung von Hypothesen sind diagnostische Gespräche mit Schülern sehr wertvoll. Allerdings stellen sie Anforderungen an die Gesprächsführung, die für Lehrer nicht immer leicht zu erfüllen sind.
- Selbstbeobachtungsaufgaben für Schüler. Die Beteiligung am Änderungsprozeß und seinen Ergebnissen kann durch verschiedene Formen der Selbstbeobachtung der Schüler und gemeinsame Auswertung sehr gefördert werden.
- Kooperative Veränderungsmaßnahmen. In der neueren Entwicklung der pädagogischen Verhaltensmodifikation ist das Konzept der kooperativen Verhaltensmodifikation entwickelt worden, nach dem Lehrer und Klasse den gesamten Veränderungsprozeß gemeinsam planen, durchführen und bewerten.
Die bisher gemachten Vorschläge für das, was der Lehrer an Ideen und Anstrengungen »investieren« sollte, um Veränderungen in Gang zu setzen, sind recht vielfältig. Mancher Leser mag sich fragen, woher man denn im Alltag die Motivation und Ausdauer hernehmen solle, um derartige Bemühungen durchzuhalten. Hier empfehlen wir, Kleingruppen interessierter Kollegen zu bilden, in denen man sich wechselseitig ermutigen und unterstützen kann. Darüber hinaus bietet die Kleingruppe die Möglichkeit, Unterrichtsprobleme anzusprechen, für die der Lehrer nach seiner eigenen Einschätzung noch keine befriedigenden Handlungsmöglichkeiten zur Verfügung hat. Si-

39

cher fällt es manchmal schwer, Schulprobleme offen darzulegen. Man muß damit rechnen, daß die Gruppe die eigene Sichtweise teilweise in Frage stellt. Häufig wird sich herausstellen, daß die eigenen Informationen noch nicht ausreichen und durch diagnostische Maßnahmen ergänzt werden müssen. Die Gruppe kann bei den Überlegungen, welche Informationen eingeholt werden sollten, wertvolle Hilfe leisten. Ein nächster Schritt besteht darin, in der Gruppe Lösungsmöglichkeiten für die beschriebenen Probleme zu suchen. Dabei können sowohl zur Vorarbeit für die Erarbeitung von Lösungen als auch zur Kontrolle bei der Durchführung solcher Alternativen gegenseitige Unterrichtsbeobachtungen einen wesentlichen Bestandteil der Gruppenaktivitäten darstellen. Weiter wird es in der Regel eine große Erleichterung bedeuten, wenn die neuen, für den Lehrer noch ungewohnten Verhaltensweisen zuerst einmal in der Kleingruppe in simulierten Unterrichtssituationen, d.h. im Rollenspiel, ausprobiert und eingeübt werden können. Einer der Kollegen, der bei der Erprobung des gewünschten Verhaltens in der Arbeitsgruppe anwesend war, kann außerdem eine sehr gute »Hilfestellung« durch seine Anwesenheit später in der realen Unterrichtssituation bieten. Auch für die Planung und Durchführung der Erfolgskontrollen ihrer Änderungsmaßnahmen kann die Gruppe sehr hilfreich sein. Günstig ist es dafür, wenn ein Gruppenmitglied als Beobachter an dem Unterricht des Lehrers teilnimmt und Rückmeldung über die Effektivität der Bemühungen gibt. Als letzter Schritt sollte es nach der Durchführung eines in der Gruppe geplanten Handlungsprogramms zu einem ausführlichen Erfahrungsaustausch kommen. Davon kann nicht nur der Lehrer lernen, der selbst die neuen Handlungsmöglichkeiten erprobt hat, sondern auch die anderen Gruppenmitglieder, die an der Entwicklung der neuen Handlungsstrategie mitgearbeitet haben, können hier nützliche Sichtweisen erfahren.

4. Umrisse eines Programms zur Förderung des pädagogischen Handelns

Die in diesem Kapitel dargestellte theoretische Position und die damit verbundenen praktischen Erfahrungen sprechen dafür, daß Verbesserungen des Lehrerverhaltens nur erwartet werden können, wenn Veränderungen auf mehreren Ebenen erfolgen. Wenn in diesem Zusammenhang von »Verbesserung« gesprochen wird, so sind

damit vier Ziel- und Richtungsdimensionen bei der Veränderung des pädagogischen Handelns gemeint:
- es wird sensibler, d.h. der Lehrer nimmt die beabsichtigten Wirkungen und die unbeabsichtigten Nebenwirkungen seines Handelns differenzierter wahr und er verfügt zugleich über ein System von Indikatoren, um pädagogische Aufgaben und Probleme frühzeitig zu registrieren;
- es wird kompetenter, d.h. der Lehrer verfügt immer besser über vielfältige pädagogische Handlungsmöglichkeiten sowie über die erforderlichen diagnostischen Verfahren und Anwendungsregeln um zu entscheiden, ob, wann und wie er zur Erreichung seiner pädagogischen Ziele handeln sollte;
- es wird reflexiver, d.h. der Lehrer ist zunehmend in der Lage, vor, während oder nach dem Unterricht seine pädagogischen Ziele und Maßnahmen zu überdenken, zu begründen, gegeneinander abzuwägen und in Konfliktfällen möglichst rational (und das heißt auch: bewußt wertorientiert) zwischen verschiedenen Möglichkeiten zu entscheiden;
- es wird sicherer, d.h. der Lehrer kann im schulischen Alltag zunehmend stärker auf flexible und zieladaptive Handlungsroutinen zurückgreifen und wird damit von aufwendigen, bewußten Orientierungs- und Entscheidungsvorgängen entlastet. Um so anspruchsvolle Ziele zu erreichen, müssen in einem Programm zur Förderung pädagogischer Handlungsmöglichkeiten mehrere Komponenten möglichst gleichzeitig berücksichtigt werden:

a) Vermittlung pädagogisch relevanten Wissens. Wie wir gesehen haben, greift der Lehrer in unterrichtlichen Handlungssituationen permanent auf sein in subjektiven Theorien organisiertes Überzeugungswissen zurück. Ist diese Wissensbasis unzutreffend, muß es zu einer Fehlorientierung des pädagogischen Handelns kommen (z.B. bei psychologischen Annahmen über die Erb- oder Umweltdeterminiertheit von Schulleistungen, über die Beeinflußbarkeit aggressiven Verhaltens oder über die Entstehung von Ängsten). Die Vermittlung eines Grundkanons wissenschaftlich gesicherter Informationen ist deshalb von Wichtigkeit. Das kann prinzipiell auf zweierlei Weise geschehen: Theorie- oder begriffsorientiert, wie wir es in den einzelnen wissenschaftlichen Disziplinen gewöhnt sind, oder phänomenbezogen, also im Hinblick auf die zu erwartenden Anwendungssituationen. Da oft festgestellt wurde, daß Lehrer wissenschaftssystematisch erworbenes Wissen im schulischen Alltag kaum nutzen und besondere Schwierigkeiten bei der Enscheidung zwischen verschiedenen konkurrierenden Theorien haben, beschränken wir uns in den folgenden Kapiteln des Abschnittes B auf die Vermittlung einer sehr begrenzten Auswahl wissenschaftlicher Informationen in einer problem- und handlungsbezogenen Anordnung.

b) Veränderungen handlungsleitender Kognitionen. Um noch einmal daran zu erinnern: Wissenschaftliche Informationen werden nur dann handlungsleitend, wenn durch sie subjektive Ziel-Mittel-Überzeugungen, typische Ursachenzuschreibungen und gefühlsmäßige Verhaltensbewertungen verändert werden. Das läßt sich durch eine lehrbuchartige Darstellung nicht erreichen. Zwar bieten praktische Anregungen, konkrete Aufgabenstellungen und Beispielfälle in allen folgenden Kapiteln gewisse Hilfen bei der Umsetzung von abstraktem Wissen in wirksame Handlungsschemata an, doch muß der größte Teil dieser Arbeit vom einzelnen Leser (unter Umständen mit Hilfe eines Mentors oder einer Kollegengruppe) selbst geleistet werden. Wesentlich ist dabei, wie viele und welche praktischen Erfahrungen bei der tatsächlichen Nutzung des neu erworbenen Wissens gemacht und verarbeitet werden.

c) Erwerb reflexiver Methoden zur Analyse pädagogischer Problemsituationen. Für eine langfristige Verbesserung des pädagogischen Handelns ist es von Bedeutung, ob der Lehrer in der Lage ist, vor und nach einer belastenden Unterrichtssituation sein eigenes Handeln unter Berücksichtigung der jeweiligen Kontextbedingungen bewußt zu analysieren, um es künftig besser planen zu können. Um die dafür notwendigen Fähigkeiten und Fertigkeiten zu erwerben, eignet sich besonders das Studium von Fallbeispielen. Jedes Kapitel in Abschnitt B enthält deshalb den ausführlichen Bericht über ein authentisches Unterrichtsproblem mit zusätzlichen Hinweisen darauf, welche Überlegungen bei der Hypothesenbildung, beim diagnostischen Vorgehen und bei den pädagogischen Lösungsversuchen mit welcher Begründung eine Rolle spielten. Dadurch sollen Anregungen gegeben werden, selbständig eigene pädagogische Problemsituationen zu protokollieren, zu bearbeiten und daraus zu lernen.

d) Vermittlung spezifischer diagnostischer Fertigkeiten. Jeder Lehrer beobachtet mehr oder minder ständig das Verhalten seiner Schüler. Er registriert die Wirkungen seines eigenen Handelns und er bewertet das Erreichen oder Verfehlen seiner pädagogischen Zielvorstellungen. Er diagnostiziert also permanent und bedient sich dabei verschiedener, in der Regel nur gelegentlich eingesetzter Beobachtungs-, Gesprächs- und Testmethoden. In vielen Fällen erweisen sich solche Diagnosen als zu subjektiv, defizitär oder falsch. Um verbesserte Situationsdiagnosen durchführen zu können, um damit effektivere pädagogische Handlungsmöglichkeiten zu erschließen, ist es deshalb in manchen Fällen notwendig, die diagnostischen Methoden systematisch und professionell einzusetzen. Zu diesem Zweck werden in Abschnitt C verschiedene diagnostische Verfahren und ihre praktischen Anwendungsmöglichkeiten beschrieben und zum Einüben empfohlen.

e) Entwicklung flexibler pädagogischer Handlungsmöglichkeiten.
Letztendlich zeigen sich die erhöhte Sensibilität und Reflexivität des Lehrers darin, daß er Handlungsmöglichkeiten auswählt, mit denen die belastenden Situationen besser als zuvor bewältigt werden können. Diese Handlungsmöglichkeiten beziehen sich auf drei Bereiche: (1) der Lehrer ändert sich selbst; (2) der Lehrer wirkt auf den Schüler ein und (3) beide versuchen kooperativ eine Änderung. In diese drei Kapitel ist der letzte Abschnitt dieses Bandes unterteilt. Es werden jeweils theoretisch begründete und in der Praxis bewährte Handlungsmöglichkeiten vorgeschlagen. Ob diese allerdings im speziellen sozialen Kontext eines bestimmten Lehrers und seiner Klasse wirksam sind, kann nicht ohne Einschränkungen behauptet werden. Eben weil der Lehrer mit seiner hochindividuellen subjektiven Theorie auf eine Klasse trifft, die in ihrer Zusammensetzung unverwechselbar ist, wird sich jede Handlungsmöglichkeit in jedem sozialen Kontext unterschiedlich auswirken. Die genannten Handlungsmöglichkeiten sind also in der eigenen Klasse erst zu erproben, die Folgen sind genau zu beachten, gegebenenfalls sind die Handlungsmöglichkeiten situationsangemessen abzuwandeln.

Mit diesem Buch möchten wir Sie anregen, alltägliche schulische Probleme dadurch zu lösen, daß Sie sich als »Problemlöser« verstehen, Situationen analysieren, alternative Handlungsmöglichkeiten suchen und gezielt ausprobieren. Dies könnte ein Weg sein, um den Schulalltag sensibler, reflexiver und sicherer zu bewältigen.

Anmerkungen:

1 Eine logisch stringente Relation zwischen Grundlagenwissen und Technologie ist nicht möglich (vgl. Scheele, 1981, S.44), aber es ist dennoch sinnvoll, wissenschafts- und handlungstheoretische Überlegungen als Heuristik für die Konzeption von Lehrerausbildungsmaßnahmen zu verwenden, wie dies Hofer (1977) vorgeschlagen und begründet hat, sofern die Annahmenkerne von Theorie und Technologie vergleichbar sind.

2 Wir verstehen den Menschen als autonomes und reflexives Wesen, das durchaus in der Lage ist, Probleme durch bewußte Prozesse zu bewältigen, das aber andererseits durch in der Lebensgeschichte erworbene Gefühle und Routinen aktuell sehr stark gesteuert ist, so daß Bemühungen, nur einseitig auf Kognitionen, bzw. einseitig auf Emotionen oder einseitig auf Routinen einzuwirken, unserer Meinung nach wenig erfolgversprechend sind.

3 Lehrerhandeln darf nicht verkürzt als lediglich durch Interaktionsprozesse bedingt angesehen werden, sondern muß auch eng verflochten mit der schulisch-bürokratischen Organisationsstruktur und gesellschaftlichen Normen und Prozessen verstanden werden.

4 Subjektive Theorien sind handlungssteuernde, reflexive Kognitionsstrukturen, die sich auf menschliches Verhalten als Gegenstand beziehen und prinzipiell explizierbar sind. Vergleichbar zu wissenschaftlichen Theorien enthalten sie Daten, Hypothesen und Konstrukte (vgl. Groeben & Scheele, 1977; Dann, Humpert, Krause & Tennstädt, 1982).

5 An diesem Punkt wird deutlich, daß der Versuch, das Verhalten von Lehrern u.a. durch deren subjektive Theorien zu erklären, an eine bedeutsame Grenze kommt. Zwar ist es möglich, auch Routinen eine prinzipielle Rekonstruierbarkeit und Explizierbarkeit zu unterstellen, was in dem Postulat der »impliziten Argumentationsstruktur« (vgl. Groeben & Scheele, 1982) ausgesagt wird; es ist aber andererseits die Frage, ob es nicht sinnvoller ist, erklärungsstärkere, wenn auch andersartige Theorien zu verwenden, um einerseits stark automatisiertes, andererseits stark durch Emotionen bestimmtes Verhalten zu beschreiben.

6 Komplizierend kommt hinzu, daß jeder Handlung prinzipiell ein hierarchischer Aufbau zugeschrieben werden muß und zusätzlich die meisten Handlungen nicht für sich stehen, sondern mit anderen Handlungen verbunden sind oder parallel laufen, so daß auch noch Mehrfachhandeln berücksichtigt werden muß.

B Pädagogisch-psychologische Problemfelder im Klassenzimmer

1. Pädagogische Zielkonflikte: Unterrichtsziele und Lehrererwartungen

1.1 Welche Bedeutung haben pädagogische Zielsetzungen für das Alltagshandeln des Lehrers?

Auf den ersten Blick scheinen Unterrichtsziele nur von geringer Bedeutung für die Entwicklung, den Verlauf und die Überwindung schulischer Problemsituationen zu sein. Dieser Überzeugung sind auch viele Lehrer, die bei Befragungen immer wieder angeben, sich in erster Linie durch Disziplinkonflikte und verhaltensauffällige Schüler belastet zu fühlen. Im Vergleich dazu scheinen Unterrichtsziele nur eine untergeordnete und weit weniger problematische Rolle im Schulalltag zu spielen. Natürlich klagt fast jeder Lehrer gelegentlich über die in den Lehrplänen enthaltene Stofffülle und stellt von seinem pädagogischen Standpunkt aus die Sinnhaftigkeit mancher vorgeschriebener Unterrichtsziele in Frage. Diese Kritik verliert aber in der Regel an persönlicher Wichtigkeit, weil der einzelne Lehrer die Spielräume wahrnimmt, die der Lehrplan ausdrücklich einräumt.

Lehrplanziele treten, grob unterteilt, in zwei Formen auf, nämlich als
- fachlich-inhaltliche Ziele, die eine besondere Rolle bei der konkreten didaktischen Jahres-, Wochen- und Tagesplanung spielen;
- übergeordnete Erziehungsziele, die zugleich festlegen, wie der Lehrer mit seinen Schülern umgehen und in erziehungsschwierigen Situationen reagieren sollte.

Gerade bei der Verwirklichung übergeordneter Erziehungsziele gibt es manche Schwierigkeiten. So wird fast jeder Lehrer für sich beanspruchen, Schüler zur Mündigkeit, Selbstbestimmung oder Kooperation zu erziehen. Aber sicherlich gibt es eine ganze Reihe von Lehrern, die durch ihr konkretes Verhalten im Unterricht eher verhindern, daß sich Schüler in dieser Weise entwickeln. Dies hängt damit zusammen, daß beim Reagieren in unterrichtlichen Situationen sehr

45

rasch gehandelt werden muß, und der Zusammenhang zwischen dem aktuellen Tun und den übergeordneten Zielen gar nicht mehr überlegt werden kann. Vielmehr orientiert sich der Lehrer, wie jeder Erzieher, an jenen kurzfristigen Zielen, die er anstreben muß, um Herr der Situation zu bleiben; z.b. einen Schüler wegsetzen, einen Zwischenruf ignorieren, einen kreativen Schülerbeitrag übergehen usw. Deshalb kommt es nicht selten vor, daß Ziele miteinander konkurrieren, Handlungen den Zielen widersprechen, Ziele zeitweise "außer Kraft" gesetzt werden, das kurzfristige Anstreben eines Zieles die übergeordneten Absichten vereitelt usw. Es ist nun die Eigenart derartiger Zielkonflikte, daß sie wegen ihres meist unbewußten Charakters selten als Ursache für unterrichtliche Schwierigkeiten erkannt werden. Nachfolgend sollen deshalb einige Formen solcher unbewußter Zielkonflikte beschrieben werden:

a) Zwei sich widersprechende Ziele werden zur gleichen Zeit verfolgt. Wagner und Mitarbeiter (1980) haben solche Zielkonflikte im Schulalltag genauer untersucht, indem auf Videoband aufgezeichnete Unterrichtsstunden zunächst vom Lehrer kommentiert und daran anschließend im Hinblick auf mögliche Zielkonflikte ausgewertet wurden. Das folgende Beispiel ist diesem Forschungsprojekt entnommen.

Ein Lehrer, der hauptsächlich im fragend-erarbeitenden Stil unterrichtet, möchte immer alle Schüler aufrufen, die sich melden, um deren Motivation und Aktivität für den Unterricht zu erhalten oder zu steigern: Ziel 1.
Auf der anderen Seite möchte dieser Lehrer aber auch nicht vom Thema abkommen, weil er in einer Unterrichtsstunde ein vorgeplantes Pensum durchnehmen will: Ziel 2.
Beide Ziele schließen sich in gewisser Weise aus: Immer wenn alle Schüler, die sich melden, zu Wort kommen, ist ein Abweichen vom Thema unvermeidlich; wenn der Stoff »durchgezogen« werden soll, können nur solche Beiträge vom Lehrer aufgegriffen werden, die in seinen didaktischen Plan passen. Da der Lehrer eine derartige bewußte Analyse seiner Ziele bisher nicht durchgeführt hat, bleibt ihm dieser Zielkonflikt vorerst verborgen. Von Situation zu Situation entscheidet er, ob er Schüler aufruft bzw. wann er zur nächsten Frage übergeht.
Vom Beobachterstandpunkt aus zeigt sich ein sehr widersprüchliches

Lehrerverhalten: Der Lehrer erwartet, daß sich auf seine Fragen und Impulse möglichst viele Schüler melden. Er signalisiert diese Erwartungen teils nonverbal, teils verbal. Die Schüler entschlüsseln die Signale und melden sich in der doppelten Hoffnung, daß sie aufgerufen werden, und ihr Beitrag vom Lehrer auch aufgegriffen wird. Einige Schüler kommen auch tatsächlich an die Reihe und ihr Beitrag wird ins Unterrichtsgespräch einbezogen, andere Beiträge werden dagegen ohne einen für die Schüler ersichtlichen Grund übergangen, und ein großer Teil der Schüler, die sich melden, wird gar nicht erst aufgerufen. Die betroffenen Schüler erleben Enttäuschungen von der Art: »Warum soll ich mich immer melden, wenn ich so selten aufgerufen werde?« oder »Warum soll ich etwas sagen, wenn der Beitrag gar nicht beachtet wird?«. Die abnehmende Bereitschaft, sich zu melden, nimmt der Lehrer wahr und signalisiert daraufhin wiederum, daß möglichst viele Schüler mitarbeiten sollen. Das für die Schüler unbegreifliche Verhalten des Lehrers, zu Wortmeldungen einerseits zu ermuntern, diese dann aber andererseits immer wieder abzublocken, führt dazu, daß Schüler mit geringem Durchhaltevermögen als erste aus dem Unterrichtsgespräch »aussteigen«. Auch für den Lehrer wirkt sich dieser ungelöste Zielkonflikt sehr nachteilig aus: Auf der einen Seite kommt er durch die anfangs zahlreichen Meldungen vom Thema ab, sobald er aber stärker »lenkt«, läßt die Mitarbeit nach und die Unruhe wird stärker. Geht er als Reaktion darauf wieder mehr auf die Schüler ein, gefährdet er das Erreichen seines Stundenzieles. Am Ende solcher Unterrichtsstunden sind dann Lehrer und Schüler ziemlich unzufrieden. Natürlich gibt es für einen solchen Zielkonflikt kein einfaches Lösungsrezept. Wichtig ist, daß der Lehrer sich das Problem bewußt macht, daß er sich um einen vernünftigen Ausgleich zwischen den divergierenden Perspektiven bemüht und daß er die Schüler an der Lösung des Problems mitwirken läßt, damit sein Verhalten auf die Klasse nicht widersprüchlich wirkt und zu Enttäuschungen bei den nicht aufgerufenen Schülern führt.

b) Ziele werden vorübergehend aufgegeben, danach aber wieder verfolgt. Es gibt eine Reihe von Sachverhalten, die einen Lehrer dazu bewegen können, daß er ein von ihm verfolgtes Ziel, z.B. Schüler zur Selbständigkeit zu erziehen, vorübergehend aufgibt und ziemlich genau das Gegenteil von dem Verhalten zeigt, das er »eigentlich« an den Tag legen möchte. Aus der Beobachterperspektive erscheint dies als ein plötzlicher Umschlag des Verhaltens, als ein »Umkippen« in der Gesamtheit der pädagogischen Bemühungen.

Aus der Perspektive des Lehrers ist dies dagegen ein durchaus verständlicher Vorgang, den seine Interaktionspartner gut nachvollziehen könnten, wenn der Lehrer den Schülern seine internen Überlegungen mitteilen würde. Da dies in der Regel aber nicht geschieht, ist dieses »Umkippen« für die Schüler überraschend, unverständlich und verwirrend.

Ein Lehrer des 9. Hauptschuljahres versucht, seine Schüler im Deutschunterricht möglichst wenig zu reglementieren. So duldet er es, daß die Schüler ab und zu im Klassenzimmer umhergehen, sich während des Unterrichts auch einmal unterhalten, lustige Bemerkungen dazwischenrufen usw. Der Lehrer hofft, daß er auf diese Weise die Selbständigkeit der Schüler förder und daß die Schüler eine positive Beziehung zu ihm aufbauen. An manchen Tagen, oft in den Stunden nach der großen Pause, ist die Klasse ungewöhnlich munter, so daß es dem Lehrer mit der Zeit zu viel wird. Anfangs versucht er seinen aufkommenden Ärger noch zu unterdrücken und sich wie stets gewährend zu verhalten; danach ist seine Toleranzgrenze aber plötzlich überschritten: Infolgedessen greift er ohne für Schüler erkennbaren Übergang hart ein, ermahnt und erteilt Strafarbeiten. Die betroffenen Schüler wehren sich, da sie für ein Verhalten bestraft werden, das kurze Zeit zuvor noch geduldet wurde. Auf diese Weise wird die Beziehung zwischen Lehrer und Schülern stark belastet. Sobald der Lehrer seinen Ärger bewältigt hat, verfolgt er wieder sein ursprüngliches Ziel und duldet wiederum die gerade noch bestraften Verhaltensweisen.

Ärger, Gereiztheit, Bedrohtsein, wechselnde Stimmungen, Ausnahmesituationen usw. können dazu führen, daß Ziele vorübergehend aufgegeben und danach wieder verfolgt werden. Für den Außenstehenden werden diese Vorgänge erst dadurch verständlich, daß der Handelnde - hier der Lehrer - zu erkennen gibt, was in ihm vorgeht, d.h. was er gerade denkt und empfindet. Wird keine entsprechende Erklärung gegeben, muß das Verhalten des Lehrers für die Schüler unverständlich und inkonsequent erscheinen, was im Beispiel zu einer Belastung der Schüler-Lehrer-Beziehung führte, anstatt zur erhofften positiven Beziehung.

Bei solchen Zielkonflikten ist es notwendig, daß der Lehrer folgende Fragen zu klären versucht:

48

- Wann »kippe« ich in meinem Verhalten um?
- Wann handele ich entgegen meinen eigentlichen Absichten?
- Wann greife ich im Ärger zu Mitteln, die ich bei etwas mehr Überlegung nicht angewendet hätte?

Stellungnahmen von Schülern und eventuell von einem Kollegen, der den Unterricht beobachtet, können die eigene Analyse der Situation unterstützen. Sind die Zielkonflikte erkannt, können alternative Handlungsweisen geplant werden, wie etwa das Verbalisieren interner Vorgänge, das Unterbrechen affektgesteuerter Handlungen oder das vorbeugende Thematisieren des Zielkonfliktes.

c) *Kurzfristig erreichbare Ziele werden langfristig erstrebten Zielen vorgezogen.* Viele Lehrer neigen dazu, Wahrnehmung und Bewertung der Ergebnisse ihres pädagogischen Handelns so zu akzentuieren, daß kurzfristig erreichbare Ziele den erst längerfristig zu erreichenden vorgezogen werden. Dies erleichtert es, rasch Entscheidungen zu treffen, wodurch die Sicherheit des Lehrers trotz des im Unterricht herrschenden Handlungsdrucks erhalten bleibt. Auf der anderen Seite wird es dadurch für den Lehrer schwer, solche Ziele zu erreichen, die nicht durch unmittelbares Reagieren verwirklicht werden können. Dies trifft vor allem auf die Lösung von Lehrer-Schüler-Konflikten zu. Handlungsmöglichkeiten, die die Beziehung zwischen Lehrer und Schüler von Grund auf klären sollen, werden meist nur sehr zögernd ergriffen. Der hohe zeitliche Aufwand und der im Augenblick der Durchführung noch nicht abschätzbare Erfolg schrecken hiervon ab. Statt dessen wird lieber dann interveniert, wenn der Konflikt die Toleranzgrenze überschritten hat oder ein Eingreifen des Lehrers unumgänglich geworden ist. Dies hat zunächst den Vorteil, daß die Wirkungen des Lehrerverhaltens sofort sichtbar sind und der zeitliche Aufwand jeweils sehr gering ist. Eskalieren die Schwierigkeiten im Lauf des Schuljahres, so erfolgen die kurzfristigen Lösungsversuche zahlenmäßig häufiger, was dem Lehrer aber oft nicht auffällt, da er in der Regel seine Beobachtungen nicht zahlenmäßig festhält. So kommt es z.B. vor, daß der Geräuschpegel am Ende des Schuljahres höher ist als zu Beginn, Vorlieben und Abneigungen bestimmten Schülern gegenüber verfestigt und auffällige Schüler noch stärker auf abweichende Rollen festgelegt sind.

Die drei beschriebenen Zielkonflikte - Verfolgung widersprüchlicher Ziele, vorübergehendes Aufgeben von Zielen und die Bevorzugung kurzfristig erreichbarer Ziele - werden häufig nicht bewußt wahrgenommen und folglich auch nicht als Ursache für schulische Schwierigkeiten erkannt. Erst durch genaue Beobachtung der Lehrer-Schüler-Interaktion können diese Zusammenhänge aufgedeckt und analysiert sowie adäquate Lösungsmöglichkeiten geplant werden.

1.2 Wie werden aus Unterrichtszielen Erwartungen und Handlungen des Lehrers

Die Umsetzung von relativ allgemeinen Unterrichtszielen des Lehrers in konkrete Handlungen erfolgt über eine Vielzahl von konkreten Absichten und Erwartungen. Dies soll das folgende schematisch dargestellte Beispiel veranschaulichen.

Das Beispiel enthält nur sehr naheliegende instrumentelle Ziele, die selbstverständlich als Teil- oder Unterziele übergeordneter Zielsetzungen zu verstehen sind. Der Lehrer will z.B. die Persönlichkeitsentwicklung seiner Schüler fördern; er möchte deshalb zu ihrer Bildung beitragen; aus diesem Grunde will er den Mathematikstoff der 5. Klasse vermitteln; dazu will er einen neuen Stoff in einer bestimmten Stunde einführen; um das erwünschte Verständnis zu erreichen, möchte er die Aufmerksamkeit der Schüler auf diesen Stoff lenken; um das zu ermöglichen, will er die erforderliche Ruhe im Klassenzimmer herstellen oder aufrechterhalten.

Ziele unterscheiden sich von Erwartungen in zweifacher Weise:
- Ziele beziehen sich auf das, was erreicht werden soll (Soll-Wert); Erwartungen sind Annahmen darüber, was wahrscheinlich erreicht werden wird (Wird-Wert).
- Ziele sind unabhängig von den Methoden ihrer Erreichung; Erwartungen beziehen sich auch darauf, was durch eine bestimmte Maßnahme voraussichtlich erreicht oder nicht erreicht wird.

Erwartungen beeinflussen eigentlich nicht direkt das Handeln, sondern die Handlungsplanung: Erwartet ein Lehrer z.B., daß er nur durch eine strenge Ermahnung die konzentrierte Aufmerksamkeit der Schüler zurückgewinnen kann, so wird er - während er unterrichtet - planen, die Stoffdarbietung an einer geeigneten Stelle zu unterbrechen, um die Klasse oder einzelne Schüler zu ermahnen. Diese Phase der Handlungsplanung geht oft, aber nicht immer, unmittelbar

Situation (Ist-Wert)	Ziel (Soll-Wert)	Erwartung (Wird-Wert)	Handlung
1. Lehrer A. betritt die Klasse, die sehr unruhig ist.	Herstellung der Ruhe in der Klasse, um mit dem Unterricht beginnen zu können.	Die Klasse beruhigt sich ohne einen direkten Eingriff.	Lehrer A. steht still und konzentriert vor der Klasse.
2. Nachdem es im Klassenzimmer still geworden ist, merkt der Lehrer, daß Schüler X. irgend etwas liest.	Zurückgewinnung der Aufmerksamkeit des Schülers X.	Nur mit einer kräftigen Ermahnung wird X. das Lesen beenden und aufmerken.	A. ermahnt X. und droht mit einer Strafe.
3. Mathematikunterricht, leichte Aufgabe, einzelne Schüler rechnen an der Tafel.	Förderung durch Motivierung leistungsschwächerer Schüler.	Bei dieser leichten Aufgabe können auch die schwächeren Schüler L., M. und S. erfolgreich sein. Ein solcher Erfolg fördert ihr Selbstbewußtsein. → Sie werden dann engagierter mitarbeiten (und mich damit zufriedener machen). → Aber die guten Schüler werden sich in der Zwischenzeit langweilen und vielleicht stören. →	A. ruft L., M. und S. an die Tafel, um die Aufgabe unter seiner Anleitung zu rechnen. Er unterstützt sie dabei mit kleinen Hinweisen und lobt die Bewältigung von Zwischenschritten. → Den übrigen Kindern der Klasse stellt er die Aufgabe, die Lösung mit Hilfe eines schnelleren und eleganteren Rechengangs zu finden. Während er mit den schlechten Schülern rechnet, behält er die Klasse bei dieser Arbeit permanent im Auge.

in das äußerlich sichtbare Handeln des Lehrers über. Berücksichtigt
man unterschiedliche Situationen, Handlungen, Handlungsergebnisse und deren Folgen, so lassen sich einige typische Arten darauf be-
zogener Erwartungen unterscheiden:

*a) Was geschieht, wenn der Lehrer nichts tut? (Situations-Folge-Er-
wartungen)* Diese Erwartungen beziehen sich auf das, was geschieht,
wenn der Lehrer nicht handelt. In der Regel lassen sich nur Vermutungen anstellen, wie sich eine Situation weiterentwickelt und zu welchen Ergebnissen sie führt, wenn man selbst nicht tätig wird. Ein
Lehrer kann z.B. davon überzeugt sein, daß eine kleine Disziplinlo-
sigkeit im Klassenzimmer ohne sein Eingreifen schnell zu einer gravierenden Unterrichtsstörung führt; oder er vermutet, daß die Unaufmerksamkeit eines bestimmten Schülers auch ohne sein Eingreifen bald vorübergehen wird; oder er vermutet, daß ein Schüler von
sich aus fleißig ist, unabhängig davon, ob der Lehrer anwesend ist
oder nicht. Erwartungen werden aufgrund von Erfahrungen gebildet,
deren Zuverlässigkeit oft unklar ist, denn Erfahrungen sind nicht frei
von Wahrnehmungsverzerrungen und verleiten zu übermäßigen
Verallgemeinerungen. Stellen Sie sich bitte die Klasse vor, in der Sie
den meisten Unterricht geben. Dort werden Sie plötzlich für kurze
Zeit aus dem Klassenzimmer gerufen.
Überlegen Sie, welche Erwartungen Sie bezüglich des Verhaltens der
Klasse in dieser Zeit haben, und beantworten Sie dazu die folgenden
Fragen:
Vermuten Sie, daß es Schüler geben wird, die sich in dieser Situation
besonders undiszipliniert verhalten werden?
Vermuten Sie, daß es Schüler gibt, die sich trotz Ihrer Abwesenheit
intensiv weiter mit der Arbeit beschäftigen?

*b) Was geschieht, wenn der Lehrer etwas tut? (Handlungs-Ergebnis-
Erwartungen)* Das Handeln des Lehrers wird wesentlich gesteuert
von Erwartungen über das, was geschieht, wenn er handelt. Er stellt
Vermutungen darüber an, welche Ergebnisse eine bestimmte Handlung vielleicht auch im Vergleich zu anderen Handlungsmöglichkeiten haben wird: Ein Lehrer erwartet z.B., daß eine Ermahnung einen
bestimmten Schüler veranlaßt, nicht mehr zu stören; oder er kann erwarten, daß die gleiche Ermahnung einen anderen Schüler keineswegs dazu bringt, mit der Störung aufzuhören.

c) Welche weiteren Folgen sind damit verbunden, wenn der Lehrer

nichts tut oder wenn er etwas tut? (Ergebnis-Folge-Erwartungen).
Die Erwartungen des Lehrers richten sich nicht nur auf die unmittelbaren Situations- und Handlungsergebnisse, sondern auch auf die Folgen seines Eingreifens bzw. Nichteingreifens: Ein Lehrer kann z.B. vermuten, daß die Herstellung der Ruhe im Klassenzimmer durch strenges Ermahnen auch zu einer intensiven Mitarbeit der Schüler im Unterricht führt; oder er kann erwarten, daß ein von ihm vermitteltes kleines Erfolgserlebnis bei einem bestimmten Kind zu größerer Lernmotivation und Lernaktivität führen wird.
Die geistige Vorwegnahme und die gefühlsmäßige Bewertung möglicher Ergebnisse und Ergebnisfolgen, die durch eigenes Handeln oder Nichthandeln bewirkt werden, sind für die Motivation und das Verhalten des Lehrers von großer Bedeutung. Darin kommt nämlich zum Ausdruck, ob und wie jemand meint, ein bestimmtes Ziel oder Zwischenziel erreichen zu können.

Der Lehrer einer 6. Klasse stellt der Schülerin B. eine Frage. Sie schweigt einige Sekunden lang; der Lehrer ruft unverzüglich den Schüler L. auf und wiederholt die Frage. Auch L. schweigt einige Sekunden, worauf der Lehrer eine kleine Hilfe gibt, so daß L. eine richtige Antwort formulieren kann. Der Lehrer lobt L. dafür und schaut dabei tadelnd zur Schülerin B.
Versuchen Sie, die Erwartungen des Lehrers beiden Schülern gegenüber zu erschließen!

Die bisher beschriebenen Erwartungen sind vorwiegend auf die eigene Person des Lehrers, auf sein Handeln und dessen Wirksamkeit gerichtet. Solche Erwartungen werden natürlich stark durch vorausgegangene Erfahrungen, aber auch durch sehr allgemeine, subjektive Überzeugungen über die eigene Tüchtigkeit, Geschicklichkeit, Wirksamkeit und Durchsetzungsfähigkeit beeinflußt. Jeder kennt Lehrer, die von sich überzeugt sind, »in jeder Klasse zurechtzukommen«, »jeden beliebigen Schüler fördern zu können« und »mit jeder pädagogischen Schwierigkeit fertig zu werden«.

Andere Lehrer plagen sich dagegen mit großen Selbstzweifeln: Sie sind keineswegs sicher, ob sie sich in schwierigen Klassen behaupten können, ob sie den verschiedenen Schülern tatsächlich gerecht werden und ob sie manchen Unterrichtsproblemen gegenüber nicht vielleicht hilflos gegenüberstehen. Solche allgemeinen Erwartungshaltungen im Hinblick auf die eigenen Handlungsmöglichkeiten und die

53

eigene Tüchtigkeit können große und nur schwer abzubauende Hindernisse für einen erfolgreichen und subjektiv befriedigenden Unterricht darstellen.

Bei den meisten Lehrern sind allerdings die Erwartungen hinsichtlich ihrer pädagogischen Erfolgsaussichten von der subjektiven Einschätzung einzelner Schüler und bestimmter Schulklassen beeinflußt. Maßgeblich für die Umsetzung allgemeiner pädagogischer Ziele in das konkrete Unterrichtshandeln sind dann Erwartungen darüber, wie sich bestimmte Schüler oder Klassen im Unterricht verhalten, was sie zu leisten imstande sind, wieviel Lernangebote ihnen in einer bestimmten Zeitspanne zuzumuten sind, durch welche Mittel man sie am besten beeinflussen kann, welche Probleme sie bereiten können usw.

Diese handlungsleitenden Erwartungen sind aber nicht immer frei von Vorurteilen, Fehlschlüssen und falschen Beurteilungen. Da Lehrer sich auch entsprechend ihren Erwartungen verhalten, besteht die Gefahr, daß sich die betroffenen Schüler im Laufe der Zeit tatsächlich so verhalten oder entwickeln, wie es von ihnen erwartet wird. Eine solche sich selbst erfüllende Prophezeihung wird auch »Pygmalion-Effekt« genannt. Zu diesem Problemkreis führte Silberman (1969) eine empirische Untersuchung durch, bei der er zehn Lehrerinnen dritter Klassen sinngemäß folgende Fragen stellte:
- Stellen Sie sich vor, Sie müßten eine andere Klasse übernehmen und könnten aus Ihrer jetzigen Klasse einen Schüler mitnehmen. Wen würden Sie auswählen?
- Es gibt in jeder Klasse Schüler, für die man sich besonders verantwortlich fühlt. Man hat den Wunsch, sich mit diesen Schülern besonders intensiv pädagogisch beschäftigen zu können. Für welchen Schüler Ihrer Klasse haben Sie diesen Wunsch ganz besonders?
- Manchmal kommen Eltern unangemeldet in die Schule, um sich über ihr Kind zu erkundigen. Dabei zeigt sich, daß es Schüler in der Klasse gibt, über die man ohne spezielle Vorbereitung nur sehr wenig weiß. Auf welchen Ihrer Schüler trifft das für Sie zu?
- Stellen Sie sich vor, in Ihrer Schule würde eine weitere Parallelklasse gebildet und Sie könnten einen Schüler abgeben. Wen würden Sie auswählen?

Im Anschluß an die Befragung ließ Silberman den Unterricht der beteiligten Lehrerinnen 20 Stunden lang beobachten, um festzustellen, wie unterschiedlich sie sich gegenüber den benannten Schülern ver-

halten. Die Beobachtungen erlaubten folgende Typisierungen:
- »Zuneigungsschüler«: Sie erfüllten offenbar die Erwartungen der Lehrerinnen und befriedigten deren persönliche Bedürfnisse nach sozialer Verstärkung, ohne durch ihr Verhalten zu viel Lehrerenergie in Anspruch zu nehmen. Sie wurden stärker als andere Kinder gelobt, obwohl die Lehrerinnen sich ihnen nicht häufiger zuwandten als den Mitschülern.
- »Liegt-mir-am-Herzen-Schüler«: Sie stellten für die Lehrerinnen offenbar eine positiv erlebte Herausforderung dar. Sie widmeten ihnen mehr Zeit und Aufmerksamkeit als anderen, lobten sie häufig und registrierten sorgfältig ihre Verhaltens- und Leistungsfortschritte.
- »Nicht beachtete Schüler«: Sie wurden von den Lehrerinnen selten beachtet. Sie hatten wenig Kontakt mit ihnen. Man könnte auch sagen, sie wurden ignoriert.
- »Abgelehnte Schüler«: Die Lehrerinnen gingen subjektiv davon aus, daß diese Schüler unzuverlässig waren und zu weit gehende Anforderungen und Ansprüche an die Lehrkraft stellten. Sie wurden deshalb häufig kritisiert und konnten nichts rechtmachen.

Die Ergebnisse dieser empirischen Studie legen die Vermutung nahe, daß die Erwartungsbildung des Lehrers von besonders wahrgenommenen Eigenarten der Schüler beeinflußt wird: An erster Stelle sind die Leistungen und die daraus erschließbaren Fähigkeiten zu nennen. Vor allem am Anfang des Schuljahres scheinen sich Lehrer dabei stark an »oberflächlichen« Merkmalen zu orientieren, z.B. an der Gewandtheit des mündlichen Ausdrucks, der Mitarbeit im Unterricht, der Sauberkeit der Schrift usw. Demgegenüber fallen Originalität des Denkens, Tiefe des Verständnisses, Breite der Interessen usw. nur bei sehr herausragenden Leistungen auf. Neben den intellektuellen Leistungen beeinflußt das beobachtete soziale Verhalten der Schüler stark die Erwartungsbildung der Lehrer: Wie verhält sich das Kind gegenüber Mitschülern und Erwachsenen: zurückhaltend, aufdringlich, frech, aggressiv, kooperativ, freundlich usw.? Solche Bewertungen des sozialen Verhaltens scheinen zumindest in manchen Fällen die Erwartungen der Lehrer auch im Leistungsbereich zu beeinflussen. Noch stärkere Auswirkungen sind allerdings dann gegeben, wenn der Lehrer den Eindruck gewonnen hat, ein Schüler beansprucht zu viel von seiner Aufmerksamkeit und Energie. In diesem Fall entstehen offenbar recht globale Abneigungen, die sich in vielfältigen negativen Erwartungen niederschlagen.

In verallgemeinerter Form lassen sich die Entwicklung von Lehrererwartungen und deren Auswirkung nach Brophy/Good (1976) wie folgt beschreiben:

- Aufgrund von Informationen aus Schulakten, Vorwissen über einzelne Kinder und ersten Verhaltens- oder Leistungsbeobachtungen bilden sich Lehrer oft relativ früh im Verlauf eines Schuljahrs Erwartungen über die künftigen Leistungen, die Verhaltensweisen und die Persönlichkeitsentwicklung der einzelnen Schüler. Lehrer unterscheiden sich allerdings sehr darin, welche Bedeutung sie selbst diesem ersten Eindruck beimessen und wie sehr er ihre weitere Urteilsbildung beeinflußt.

- Mit der Bildung schülerspezifischer Erwartungen ist eine erwartungskonforme Behandlung der Schüler eng verknüpft: Zeigt ein Schüler, von dem man wenig erwartet, eine gute Leistung, so fragt sich der Lehrer meistens, ob Zufall, Glück oder fremde Hilfe im Spiel ist. Dementsprechend verhält er sich in der Regel. Versagt dagegen jemand, von dem besonders gute Leistungen erwartet werden, so gibt der Lehrer fast immer zu erkennen, daß er dies durch augenblickliches Pech, eine Unpäßlichkeit oder eine nur zufällig fehlende Übung bedingt sieht.

- Schüler verhalten sich nicht nur aufgrund relativ stabiler Persönlichkeitsmerkmale unterschiedlich, sondern auch deshalb, weil sie auf die im Lehrerverhalten zum Ausdruck kommenden spezifischen Erwartungen in besonderer Weise reagieren. Wenn sich die Kinder wenigstens zum Teil in Übereinstimmung mit den Lehrererwartungen verhalten, werden diese nicht mehr korrigiert, sondern noch verfestigt.

- So gleichen sich im Verlauf des Schuljahrs Lehrererwartungen und Schülerverhalten immer stärker einander an. Das kann daran liegen, daß die Erwartungen zutreffen oder im Verlauf der Zeit durch zusätzliche Erfahrungen immer zutreffender werden. Das ist nach neueren Untersuchungsergebnissen bei vielen Lehrern der Fall (Brophy,1983). Es kann aber auch sein, daß sich der Schüler den - ursprünglich unzutreffenden - Lehrererwartungen durch Änderung seines Verhaltens, seiner Motivation, seines Selbstbewußtseins und seiner Leistungen anpaßt. Lehrererwartungen und individuelles Schülerverhalten beeinflussen sich also wechselseitig. Durch diesen Prozeß werden die Erwartungen immer stabiler, eindeutiger und selbstgewisser; dies ist vor allem dann der Fall, wenn der Lehrer dazu neigt, die Ursachen des Schülerverhaltens und der Schülerleistungen auf nicht veränderbare Faktoren beim Schüler selbst zurückzuführen, z.B. Leistungsunterschiede in der Klasse ausschließlich auf angeborene Begabungsunterschiede; Verhaltensdifferenzen und vererbte Charaktereigenschaften; soziale Verhaltensstile auf stabile häusliche Erziehungseinflüsse usw.

Das Aufbrechen von Erwartungen, die zu pädagogischer Resignation des Lehrers oder zu stereotypen »Abstempelungen« von Schülern als »Versager«, »Störenfried«, »Faulpelz« usw. führen, wäre - gelänge es auch nur unter großen Anstrengungen und vielen Rückschlägen in kleinen Schritten - eine wesentliche Bedingung zur Lösung eines Teils der alltäglichen Schulprobleme.

Die Dringlichkeit dieser Forderung zeigt sich z.B. beim sogenannten »schlechten Schüler«. Viele von ihnen haben oft keine faire Chance, aus dem Teufelskreis von Leistungsversagen → stabiler Ursachenzuschreibung → Erwartungsbildung → darauf bezogenem Lehrerhandeln → verstärktem Leistungsversagen usw. herauszukommen. Um wirklich gefördert zu werden, brauchen gerade leistungsschwache Schüler Lehrangebote, die die Vorkenntnislücken und das unter Umständen verlangsamte Lerntempo dieser Kinder besonders berücksichtigen. Tatsächlich aber begegnen sie nicht selten Vorurteilen und negativen Erwartungshaltungen sowohl auf seiten des Lehrers wie der Mitschüler.

Haben sich stereotype Erwartungen erst einmal gebildet, besteht die Gefahr, daß durch eine verzerrte Wahrnehmung des Schülers, seines Handelns, seiner Motivation und seiner Entwicklungsmöglichkeiten auch die pädagogischen Ziele entsprechend »angepaßt« werden. Untersuchungsergebnisse von Hofer und Mitautoren (1979) sprechen für diese Vermutung. Sie stellten fest, daß Lehrer bei verschiedenen »Schülertypen« ganz unterschiedliche Ziele setzen. Bei Schülern, die sie für tüchtig und begabt halten (»Intelligenzlern«), konzentrieren sie sich auf die Leistungsförderung; sie beachten vor allem die Verbesserung der Sachkompetenz und der Verständnisleistungen. Mit anderen Worten: Lehrer entwickeln diesen Schülern gegenüber besonders anspruchsvolle Ziele im intellektuellen Bereich und tun offenbar von sich aus viel, damit diese Ziele auch tatsächlich erreicht werden.
Anders ist häufig die Einstellung gegenüber leistungsschwachen Schülern (»Klassenschwanz«). Lehrer sehen in der Regel keine allzu großen Möglichkeiten, die intellektuellen Fähigkeiten und die Schul-

leistungen dieser Kinder zu verbessern. So achten sie verstärkt auf das Arbeitsverhalten dieser Schüler, geben sich gelegentlich mit einem »angepaßten« Sozialverhalten zufrieden und bemühen sich um den Abbau von Schulängstlichkeit.

Bei fleißigen, aber nicht sehr leistungsstarken Schülern (»Arbeitern«) halten es Lehrer für besonders wichtig, sie durch relativ einfache Aufgaben zu bestätigen, zur Mitarbeit am Unterricht zu bewegen und gewisse Fähigkeiten zum kritischen Denken zu fördern. Schließlich neigen Lehrer dazu, bei besonders unruhigen und lebhaften Kindern (»Quirls«) ihre Hauptaufgabe darin zu sehen, die Vorlautheit abzubauen und das soziale Verhalten zu beeinflussen.

Die Untersuchungsergebnisse von Hofer u.a. zeigen nur einen sehr groben Zusammenhang zwischen der Typisierung von Schülern und den damit verbundenen unterschiedlichen pädagogischen Zielsetzungen. Viele Lehrer achten selbstverständlich auch bei guten Schülern auf ein kooperatives Sozialverhalten, registrieren bei leistungsschwachen Schülern die Lernfortschritte sehr genau und bemühen sich, unruhige Kinder intensiv am Unterricht zu beteiligen. Im übrigen ist es pädagogisch auch nicht falsch, schülerspezifische Akzente bei den Unterrichtszielen zu setzen. Auf diese Weise kann man der Individualität des einzelnen unter Umständen besser gerecht werden. Eine Gefahr ist dabei allerdings offenkundig: Schüler merken in der Regel sehr genau, was der Lehrer von ihnen erwartet, und reagieren entsprechend darauf. Es wäre deshalb eine sehr ungünstige Nebenwirkung individueller Zielsetzungen, wenn die guten Schüler sich immer mehr und ausschließlicher auf den Leistungsbereich konzentrieren, während Kinder mit schlechten Leistungen bevorzugt darauf achten, daß sie auf den Lehrer fleißig und brav wirken, und unruhige Schüler sich zunehmend stärker, unter Umständen sogar ausschließlich, mit ihrem eigenen Sozialverhalten beschäftigen.

Die Ergebnisse verschiedener empirischer Studien werden hier nicht referiert, um einen umfassenden Überblick über den Forschungsstand auf diesem Gebiet zu geben (vgl. dazu z.B. Weinert, Knopf & Storch, 1981), sondern um gegenüber eigenen Erwartungen zu sensibilisieren. Uns ist bewußt, daß eine solche Sensibilisierung nicht unproblematisch ist, da ein gewisses Maß an Sicherheit gegenüber den eigenen Erwartungen eine wichtige Voraussetzung für kompetentes Handeln darstellt. Es kann also nur darum gehen, die eigenen Erwartungen, die Prozesse der Erwartungsbildung und die Wirkungen erwartungsgeleiteten Handelns bewußt zu machen, um eventuell notwendige Korrekturen in dosierter Weise selbst vornehmen zu können.

Trainingsprogramme, in denen unter Anleitung verschiedene pädagogisch ungünstige Erwartungen verändert werden sollten, haben nur begrenzte Erfolge erzielt. Als nützlich erwiesen sich dabei
- die bewußte Hinlenkung der Aufmerksamkeit auf die eigenen Erwartungen,
- die permanente Rückmeldung von Handlungen und Handlungserfolgen und der ihnen zugrunde liegenden Erwartungen durch einen Beobachter,
- die Ermunterung zu erwartungsuntypischen Reaktionen auf seiten des Lehrers bei gleichzeitiger Beobachtung der Folgen bei den Schülern,
- die Sensibilisierung zu genauerer Registrierung von Varianten und Veränderungen im Verhalten und in den Leistungen bestimmter Schüler und
- die Korrektur ungünstiger Ursachenzuschreibungen bei Leistungsmängeln durch den Lehrer.

1.3 Fallbeispiel

Das folgende Fallbeispiel bietet eine gute Anschauungsmöglichkeit für die Unterschiede zwischen abstrakten pädagogischen Zielsetzungen und den konkreten, im Verhalten zum Ausdruck kommenden Absichten, Erwartungen und Bewertungen.

In dem Beispiel geht es um eine türkische Schülerin aus einer vierten Grundschulklasse, die von fast allen Mitschülern abgelehnt wird. Eine Aushilfslehrerin mit langjähriger Schulerfahrung hatte im Schuljahr 1980/81 die 4. Klasse einer ausgebauten Grundschule in einem Vorort einer größeren Stadt übernommen. In der Klasse befanden sich zu diesem Zeitpunkt 31 deutsche Kinder (19 Jungen, 12 Mädchen) und eine türkische Schülerin, die fast 12 Jahre alt war und eigentlich das 6. Schuljahr hätte besuchen müssen. Zwar fiel der Lehrerin, Frau A., in den ersten Wochen gelegentlich auf, daß die türkische Schülerin M. im Pausenhof allein stand, daß es im Klassenzimmer zwischen ihr und anderen Kindern keinen Kontakt gab und daß nacheinander zwei Mädchen baten, nicht neben der türkischen Schülerin sitzen zu müssen. Sie schenkte diesen Beobachtungen jedoch keine besondere Beachtung, bis etwa vier Wochen später die Mutter von M. in die Schule kam und sich darüber beklagte, daß die Tochter immer wieder auf dem Schulweg von Jungen der Klasse geschlagen werde und deshalb nicht mehr zur Schule gehen wolle. Frau A. bemühte sich in den folgenden Tagen, durch Gespräche in der Klasse den Konflikt zu lösen - ohne jeden Erfolg, wie sie mehrfach feststellen mußte. Sie wandte sich deshalb an einen ihr bekannten Mitarbeiter eines Psychologischen Instituts und bat um seine Hilfe.

Der im folgenden beschriebene Versuch, die türkische Schülerin stärker in die Klassengemeinschaft zu integrieren, darf selbstverständlich nicht als Patentrezept zur Lösung der Ausländerproblematik verstanden werden, sondern er soll zeigen, daß Erwartungsänderungen aufgrund einer genauen Problemanalyse die Voraussetzung für die Planung effektiver Handlungsprogramme und damit für die Erreichung bestimmter pädagogischer Ziele bilden.

a) Vorläufige Situationsanalyse
Für eine vorläufige Situationsanalyse ist es notwendig, den Konflikt aus unterschiedlichen Perspektiven zu betrachten.

Der Standpunkt des Beobachters: Bei einem angekündigten, mehrstündigen Besuch im Unterricht fällt dem Beobachter die arbeitsintensive Atmosphäre im Klassenzimmer sofort auf. Frau A. unterrichtet sehr engagiert; die Kinder arbeiten rege mit. Störungen sind relativ selten und werden sofort durch freundliche, aber bestimmte Ermahnungen unterbunden. Sowohl im Verlauf des straff geführten, darstellend-entwickelnden Lehrgesprächs als auch während der häufig eingestreuten Stillarbeit sind die Kontakte zwischen Lehrerin und Schülern durchwegs leistungsbezogen. Offenbar wird auf eine sorgfältige und aufwendige Heftführung besonders großer Wert gelegt. Soweit beobachtbar, haben die meisten Schüler, trotz der hohen Leistungsanforderungen, ein entspanntes Verhältnis zu Frau A. Vor dem Unterricht und zu Beginn der Pause stehen stets mehrere Kinder am Lehrerpult, zeigen irgendwelche mitgebrachten Sachen, erzählen Erlebnisse oder fragen etwas.

Die Schülerin M. ist ein mittelgroßes Mädchen, das sehr untersetzt ist und deutlich älter wirkt als die Mitschülerinnen. Sie ist unauffällig und ordentlich gekleidet. Fast während der gesamten mehrstündigen Beobachtungszeit sitzt sie still auf ihrem Platz (allein an einem Tisch), blickt beim Unterrichtsgespräch ununterbrochen die Lehrerin an und scheint auch bei der Stillarbeit konzentriert mitzumachen. Während des Vormittags kann kein einziger Blickkontakt mit einem Mitschüler registriert werden. Obwohl sich M. überhaupt nicht meldet, wird sie dreimal aufgerufen. Zweimal kann sie jeweils sehr leichte Fragen beantworten, wofür Frau A. sie demonstrativ lobt. Die Schülerin zeigt dabei keinerlei erkennbare Reaktion. Aus den mündlichen Antworten von M. läßt sich entnehmen, daß sie recht gut deutsch spricht. Sie drückt sich gewandt aus, und es unterläuft ihr nur ein kleiner grammatikalischer Fehler. Als sie auf eine - ebenfalls leichte - Frage keine Antwort geben kann, schweigt sie und schlägt die Augen nieder. Auf eine zusätzliche Hilfe von Frau A. reagiert sie nicht. Als alle Kinder zur Pause auf den Hof gehen, verläßt sie die Klasse als letzte und geht ohne Kontakt zu anderen hinter den Mitschülern her. Im Hof steht sie während der ganzen Zeit allein am Zaun. Beim Klingeln ist zu beobachten, daß zwei Jungen auf sie zurennen und ihr etwas aus der Hand schlagen. Dabei zeigt sie keine wahrnehmbare Reaktion.

Der Standpunkt der Schülerin M.: Am darauffolgenden Tage führt der Psychologe im Lehrerzimmer ein Gespräch mit der Schülerin M. Auf seine Fragen, wie es ihr in der Schule gefalle, ob sie gern in die Klasse gehe, ob ihr der Unterricht Spaß mache, antwortet sie jeweils leise mit »gut« oder »ja«. Dann entwickelt sich folgender Dialog: »Hast du eine Freundin oder einen Freund in der Klasse?«»*Nein.*« »Hättest du gern eine Freundin in der Klasse?«»*Nein.*«»Und mit wem spielst und redest du am liebsten?«»*Mit keinem.*«»Wenn dich morgen am Anfang der Pause jemand fragt, ob du mit ihm spielen willst, würdest du das gerne tun?«»*Nein.*«»Und warum nicht?«»*Ich habe keine Lust.*«»Ich habe letzthin in der Pause gesehen, daß dir zwei Jungen etwas aus der Hand geschlagen haben. Kannst du dich noch erinnern?«»*Ja.*«»Warum?«»*Weil ich ein Türke bin.*«»Woher weißt du das?«»*Meine Mutter sagt's.*«»Wirst du oft geschlagen?«*(etwas lebhafter)*»*Ja, jeden Tag auf dem Heimweg werde ich geschlagen und mit Wasser angeschüttet, manchmal auch mit Steinen beworfen.*«»Was machst du dann?«»*Ich laufe schnell heim und sag es meiner Mutter oder meinem Bruder.*«

Das Gespräch zeigt insgesamt, daß M. überhaupt keine Beziehungen zu Mitschülern oder Gleichaltrigen hat. Sie fühlt sich offenbar von al-

61

len Kindern, besonders von den Jungen der Klasse, verfolgt. Zu ändern ist das ihrer Meinung nach nicht. Allerdings hofft sie, daß ihr Bruder die Jungen, wenn sie es besonders schlimm treiben,»strafen« wird. In eine andere Klasse möchte sie nicht gehen, weil es»überall gleich« ist. Auch mit der Lehrerin glaubt sie gut auszukommen. Sie hält sie für streng und erwartet nicht, daß ihr Frau A. gegen die Mitschüler helfen könnte.

Der Standpunkt der Lehrerin: Für die Lehrerin stellt sich der Konflikt fast als ein moralisches Problem dar. Sie hält M.»für schlecht begabt«,»nicht sehr fleißig«, aber»willig« und»brav«. Die sehr schwachen Leistungen können nach Meinung von Frau A. nicht wesentlich gesteigert werden, so daß es unklar ist, ob M. am Ende der 4. Klasse versetzt werden kann. Beim Diktat hört sie nach den Beobachtungen der Lehrerin oft schon nach dem ersten Satz auf mitzuschreiben, obwohl sie im Rechtschreiben keineswegs ungenügende Leistungen aufweist:»Sie gibt zu schnell auf.« Das Verhalten des Mädchens ist nach dem Eindruck der Lehrerin unauffällig,»man bekommt so schlecht Kontakt zu ihr!« Sie beteiligt sich auch nie an den Spielen der Kinder. Auch im Turnunterricht verhält sie sich völlig passiv. Das abweisende und aggressive Verhalten der Mitschüler versucht Frau A. mit großem Nachdruck abzubauen. Sie ist offenbar tief betroffen darüber, daß ihre Appelle bisher keinen Erfolg hatten,»obwohl die Klasse sonst gut zu haben ist.«

Der Standpunkt von Mitschülern: In getrennten Gesprächen mit zwei Kindern der Klasse ergibt sich folgendes Bild: Keiner kann M. leiden,»weil sie nie mitspielt« und»immer schon eine große Dame sein möchte«. Sie wird nach Meinung eines Mädchens von der Lehrerin bevorzugt, bekommt immer besonders leichte Aufgaben und darf mit der Arbeit aufhören, wenn es ihr paßt. Außerdem ist M. hinterlistig, denn sie»petzt« alles ihrer Mutter. Niemand sitzt gern neben ihr, weil sie angeblich»immer so komisch riecht«. Beide Mädchen, die sozial sehr aufgeschlossen wirken, sagen übereinstimmend, daß sie sich nicht vorstellen können, M. jemals zur Freundin zu haben. Nach der vorläufigen Situationsanalyse stellt sich das Problem so dar: M. wird von allen Kindern der Klasse abgelehnt. Sie selbst unternimmt keinerlei Anstrengung, diesen Zustand zu ändern; es gibt auch wenig Anzeichen dafür, daß sie unter der Isolation besonders leidet. Wenn die Gefahr des Entdeckens gering ist, zeigen vor allem einige Jungen der Klasse offen aggressives Verhalten gegenüber M.

Appellative Ermahnungen und Aufforderungen von Frau A. haben
zu keiner Veränderung der sozialen Situation geführt.

b) Problembearbeitung

Nach Abschluß der vorläufigen Situationsanalyse wurde in einem
zweiten ausführlichen Gespräch mit der Lehrerin das weitere Vorgehen zur Bearbeitung des Konflikts geplant, das sich in vier Schritte
untergliedern läßt.

Einholen zusätzlicher Informationen. Um fundierte Hypothesen über
die Gründe für die soziale Ablehnung der türkischen Schülerin bilden zu können, schien es notwendig, einige zusätzliche Informationen zu beschaffen. Diese Aufgabe wurde vom Psychologen übernommen.
- Schulpsychologische Untersuchung von M.: Die Schülerin zeigte in
zwei Intelligenztests durchschnittliche, altersentsprechende Leistungen. Bei der Analyse der Schulleistungen ergaben sich ausreichende
bis durchschnittliche Vorkenntnisse im Lesen, in Mathematik und
Rechtschreiben. Eine weitere Förderung der Schülerin im Rahmen
der Grund- und später der Hauptschule müßte deshalb möglich sein.
- Gespräch mit der Mutter: Die Eltern, M. und drei ältere Geschwister wohnen schon seit sieben Jahren in Deutschland. Sie leben in
sehr beengten Wohnverhältnissen. Der Vater arbeitet in einer Bau-
firma, die Mutter putzt nachmittags bei der Stadtverwaltung. Zwei
ältere Töchter arbeiten in einer Fabrik und der Sohn besucht die 7.
Klasse der Hauptschule. Obwohl die Familie schon seit vielen Jahren
am selben Ort wohnt, hat sie keinerlei Kontakt zu deutschen Nachbarn, scheint ihn auch nicht zu vermissen und nicht zu wünschen. Da
die Familie plant, in einigen Jahren in die Türkei zurückzukehren,
scheint es der Mutter recht zu sein, daß die Tochter M. keine freundschaftlichen Beziehungen zu deutschen Kindern hat. Die Ablehnung
von M. durch ihre Mitschüler führt die Mutter auf feindselige Gefühle deutscher Kinder gegen Türken zurück.
Die Mutter legt insgesamt großen Wert darauf, daß ihre Tochter türkisch erzogen wird. Deshalb muß M. an vier Nachmittagen in der
Woche eine Koranschule besuchen, wo sie angeblich sehr gute Ergebnisse erzielt, die der Mutter offensichtlich wichtiger sind als die
Leistungen in der deutschen Schule.
- Spezielle Beobachtungen im Pausenhof und beim Turnen: Wie mit
dem Psychologen vereinbart, beobachtete die Lehrerin das Verhalten von M. in zwei Turnstunden und während dreier Pausen, die die

Kinder auf dem Schulhof verbrachten. Ihre Beobachtungen notierte Frau A. anschließend stichwortartig. Daraus ergab sich, daß die Schülerin in beiden Turnstunden keinen Kontakt zu Mitschülerinnen (sowohl der eigenen wie der Parallelklasse) hatte. Sie verhielt sich durchweg passiv. Insgesamt dreimal wurde sie bei der Einteilung in Spielgruppen als letzte gewählt, was von den beteiligten Gruppenmitgliedern mit Bemerkungen wie »Ach die!« kommentiert wurde. Anschließend stellte sie sich stets etwas abseits von den anderen auf. Als sie bei einer Gelegenheit (zufällig) den Ball auf den Rücken bekam, bat sie die Lehrerin, nicht mehr mitmachen zu müssen. Auf die Aufforderung, sich doch weiter zu beteiligen, erklärte M., daß ihr nicht gut sei. Auch die Beobachtungen während der Pausen ergaben stets das gleiche Bild: M. sonderte sich schon im Klassenzimmer von den anderen ab und stand stets allein auf dem Schulhof am gleichen Platz. Auch dort hatte sie während dieser Zeit keinen Kontakt mit deutschen oder anderen türkischen Kindern.

Zwei Vorfälle wurden speziell registriert: Einmal bildeten mehrere Mädchen eine Kette und schlängelten sich über den Schulhof. Als sie zum Zaun kamen, umkreisten sie M. Diese durchbrach die Kette und rannte zur Schulhaustür, wo sie in unmittelbarer Nähe der Lehrkräfte still auf das Klingelzeichen wartete und als erste ins Klassenzimmer ging. Zwei Tage später beobachtete Frau A., wie sich eine Gruppe von vier Jungen auffällig in der Nähe von M. aufhielt und miteinander tuschelte; plötzlich rannte einer der Schüler zu M., entriß ihr ein Brötchen und lief damit weg. M. rannte hinterher, und der Junge ließ das Brötchen fallen. Nach der Pause sprach Frau A. den Vorfall (in erregter Form, wie sie meinte) in der Klasse an. Das Mädchen schwieg dazu, und die betroffenen Jungen rechtfertigten sich damit, daß M.»immer so blöd ist, und weil sie immer sagt, der große Bruder würde uns verhauen«. Die Lehrerin verlangte von dem Jungen, daß er sich entschuldigt und M. am nächsten Tag ein Pausenbrötchen mitbringt. Sie kontrollierte aber nicht, ob das tatsächlich geschah.

- Ziele, Erwartungen und Methoden von Frau A. gegenüber M.:In dem bereits erwähnten Gespräch mit der Lehrerin bezeichnete sie es als Ziel einer erfolgreichen Konfliktlösung, daß M.»von allen freundlich angenommen wird«. Bezüglich eines eigenen Beitrags der Schülerin dazu hat die Lehrerin nur sehr geringe Erwartungen:»Sie ist so passiv«;»sie hat keinen Schwung«; »wenn sie ein deutsches Kind wäre, würde man sagen, sie ist eine Transuse«. Auch hinsichtlich der Schulleistungen erwartet sie keine Verbesserung: »Sie ist nicht unintelligent, aber sie kann die geforderten Leistungen nicht bringen«. Auf die Frage, warum sie M. so auffällig leichte Aufgaben im Unterricht stellt und sie so betont lobt, erwidert Frau A., daß sie M. wenigstens einige kleine Erfolgserlebnisse vermitteln wolle, damit es ihr in der Schule gefällt. Von den anderen Schülern erwartet die Lehrerin nicht, daß sie M. mögen, sondern nur, daß sie sie »respektieren«; »alles andere ist gegenüber einem Gastarbeiterkind gemein«. Den Mißerfolg ihrer bisherigen Bemühungen kann sie nicht erklären. Denn sie habe es der Klasse schon »im Guten und im Bösen« gesagt.

Bilden von Hypothesen. Im Gespräch mit Frau A. wurde bald Einigkeit darüber erzielt, daß für die Erstellung eines pädagogischen Handlungsplanes probeweise folgende Hypothesen zugrunde gelegt werden sollten:
- Die Ablehnung von M. wird durch fehlende gemeinsame Aktivitäten zumindest verstärkt.
- Auch das Verhalten der Lehrerin kann in den Augen der Mitschüler diskriminierend wirken.
- Ein Abbau der sozialen Barriere kann nicht lediglich über moralische Appelle erfolgen, sondern nur über mehr Gemeinsamkeit, größeres wechselseitiges Verständnis und den Aufbau bestimmter sozialer Verhaltensweisen bei M.

Entwicklung eines pädagogischen Handlungsplans. Die Planung der Problemlösung ging von folgender - von Lehrerin und Beobachter gemeinsam festgelegter - Zielbestimmung aus:
- Die aggressiven Handlungen gegen M. sollten vollständig abgebaut werden.
- Die soziale Ablehnung und Distanzierung sollte auf ein in Schulklassen übliches Maß reduziert werden.
- M. sollte von möglichst vielen Kindern akzeptiert werden und in wenigstens einer Kleingruppe integriert sein.
- Bei M. sollten einige notwendige soziale Einstellungen und Verhaltensweisen gegenüber den Mitschülern aufgebaut werden.
- Die Veränderungen im Verhalten gegen M. sollten bei den Mitschülern nicht opportunistisch motiviert sein (z.B. der Lehrerin zuliebe; wegen irgendwelchen Vergünstigungen).
Es war von Anfang an klar, daß bei der Art des Problems und der Vielfalt der gesetzten Ziele eine isolierte pädagogische Maßnahme

nicht in Frage kam. Aussichtsreicher erschien von vornherein ein mehrteiliges Handlungsprogramm. In enger Zusammenarbeit mit Frau A. wurde aufgrund der Hypothesen über die Verursachung des Konflikts folgendes Handlungsprogramm entworfen:
- Frau A. versucht, schrittweise ihr eigenes Verhalten gegenüber M. im Unterricht zu ändern. Angestrebt wird eine systematische Förderung der Schulleistungen, wobei die Bewertung der einzelnen Leistungen nicht durch Vergleiche mit anderen Schülern, sondern durch die Feststellung der jeweiligen Lernfortschritte von M. erfolgen muß. Ausgangspunkt dafür ist eine gründliche Vorkenntnisanalyse, die im Rahmen der schulpsychologischen Untersuchung erstellt worden war.
- Der soziale Konflikt soll im Unterricht thematisiert werden, und zwar im Anschluß an eine Stunde, die den Problemen von Gastarbeitern gewidmet ist.
- Zwei dafür geeignet erscheinende Mädchen sollen als Tutorinnen gewonnen werden, um die schulische Arbeit von M. zu unterstützen. M. soll nach Möglichkeit zwischen diesen beiden Schülerinnen an einem Tisch sitzen.
- Die Lehrerin soll mit M. ein Gespräch führen, um sie zu motivieren, an einem Programm zum Aufbau ihrer sozialen Kompetenz mitzuarbeiten.
- M., die sehr gut singen kann, soll dazu gewonnen werden, die Klasse mit Unterstützung der Lehrerin ein türkisches Lied zu lehren.
- In Spielstunden und während der Pause will sich die Lehrerin in Absprache mit einigen Kindern bemühen, M. in möglichst viele soziale Aktivitäten einzubeziehen.
Auf den ersten Blick mag dieses Programm umfangreich und aufwendig wirken. Es wurde aber von Anfang an berücksichtigt, daß das gesamte Programm für Frau A. im Rahmen ihrer pädagogischen Möglichkeiten tatsächlich durchführbar sein mußte. *Durchführung des Handlungsprogramms.* Das Programm wurde ausschließlich von Frau A. realisiert. Der Psychologe besuchte innerhalb der folgenden Wochen nur noch dreimal als Beobachter den Unterricht und führte zwei längere Gespräche mit der Lehrerin. Aus den Berichten von Frau A. und aus den zusätzlichen Beobachtungen läßt sich der Verlauf des pädagogischen Programms wie folgt beschreiben:
- Frau A. fiel es nach eigener Aussage schwer, ihr leistungsbezogenes Verhalten gegenüber M. zu verändern. Sie war angeregt worden, bei jedem Aufrufen der Schülerin anschließend einen Strich auf ein vor-

bereitetes Blatt zu machen und im Anschluß an die jeweilige Unterrichtssequenz (z.b. während der Stillarbeit) stichwortartig zu protokollieren, was sie fragte, wie die Antwort ausfiel, wie sie darauf reagierte und was sie bei der Schülerin becbachten konnte. Frau A. betonte in beiden Gesprächen, daß sie sich hierbei überfordert fühlte. Sie hatte den Eindruck, sich stark zu verkrampfen, sobald sie die Schülerin aufrief, und das Registrieren ihrer eigenen Reaktionen und jener der Schülerin empfand sie als umständlich und ohne besonderen Wert. Sie stellte deshalb die Registrierung ihrer Fragen nach drei Wochen ein. Wesentlich weniger Probleme hatte sie mit der täglichen Kommentierung der schriftlichen Arbeiten von M. und mit der wochenweisen Vorbereitung einiger individueller Arbeitsblätter für M. Der Beobachter gewann bei seinen drei Unterrichtsbesuchen den Eindruck, daß Frau A. die Schülerin adäquater verstärkte, ohne sie aufdringlich in die Lernaktivitäten der Klasse einzubeziehen.
- Im Rahmen des Unterrichts wurde das Thema »Gastarbeiter« behandelt. In einer der folgenden Stunden sollte dann der eigene soziale Konflikt in der Klasse thematisiert werden. Auf ausdrücklichen Wunsch von Frau A. war der Beobachter dabei nicht anwesend. Sie ließ zuerst die Schüler darüber sprechen, welche Vorteile des Zusammenleben von deutschen und ausländischen Kindern haben könnte. Dann ließ sie mögliche Probleme und Schwierigkeiten beschreiben. Anschließend durfte M. erzählen, wie sie sich das Verhalten der Kinder in der Klasse wünschen würde. Darauf folgte ein Rollenspiel, das sich ausdrücklich nicht auf die Situation in der Klasse bezog, aber eine ähnliche Thematik aufwies. Jeweils zwei Kinder spielten Gastarbeiterkinder und zwei Kinder deutsche Schüler. Während einer der Akteure etwas tat oder sagte, versuchte der andere zu erzählen, was ihm dabei durch den Kopf gegangen ist. Da diese Rollenspielform im Deutschunterricht schon häufiger praktiziert worden war, bereitete die Durchführung nach Auffassung der Lehrerin keine großen Schwierigkeiten. Sie hatte den Eindruck, daß alle Kinder, auch M., durch das Spiel darauf eingestimmt waren, an der Lösung des Konflikts mitzuwirken. Frau A. regte dazu an, konkrete Pläne für die Verbesserung der bestehenden Situationen zu entwikkeln. Nachdem einige deutsche Schüler zuerst sehr euphorisch waren und M. nach Hause einladen, mit ihr am Nachmittag spielen und ihr bei der Schularbeit helfen wollten, wurden einige konkrete Absichten festgelegt: völliges Unterlassen von Anrempeleien und Schlägen; gemeinsames Spiel im Schulhof mit einer Gruppe von drei Mädchen, die häufig zusammen spielen; andere Sitzordnung im Klassenzim-

mer; Unterstützung der Schularbeit von M. curch zwei Mädchen; M. erzählt gelegentlich türkische Geschichten und singt türkische Lieder; andere Schüler der Klasse erzählen M typische deutsche Geschichten.

- Besonders erfolgreich war nach dem Urteil von Frau A. die Mithilfe der zwei Schülerinnen bei den Schularbeiten von M. im Klassenzimmer. Nach einem ausführlichen Gespräch der Lehrerin mit den beiden Tutorinnen, die sich zu dieser Aufgabe auf Wunsch von Frau A. ausdrücklich bereiterklärt hatten, arbeiteten sie mit M. sehr behutsam, pädagogisch geschickt und über mehr als acht Wochen hinweg ausdauernd zusammen. In dieser Zeit verbesserten sich besonders die Mathematikleistungen und die Schrift von M. deutlich. Unter Anleitung der beiden Mädchen zeigte sie auch Fortschritte in der Heftführung, bei der Stillarbeit und den Hausaufgaben (die gegen Ende des Unterrichts mit ihr vorbesprochen wurden).

- Frau A. berichtete, daß sie in der Zeit insgesamt zwei längere Gespräche mit M. geführt habe. Sie versuchte ihr zu verdeutlichen, daß man von anderen nur akzeptiert wird, wenn man sich selbst um seine Mitschüler bemüht, also mit ihnen spricht, ihnen etwas von sich selbst erzählt, anderen hilft, sie bestätigt (darauf wurde besonderer Wert gelegt) usw.

- Gemeinsames Einüben eines türkischen Liedes mit einem türkischen und einem (von der Lehrerin erstellter) deutschen Text erwies sich nach dem Urteil von Frau A. als außerordentlich erfolgreich. Die Kinder machten begeistert mit und klatschten am Ende. Sie fragen seither beständig, wann ein neues Lied eingeführt wird, und M. hat sich auf Bitten der Kinder schon zweimal im Deutschunterricht bereitgefunden, türkische Märchen zu erzählen, während jeweils ein anderer Schüler deutsche Märchen zum besten gab. Diese Tätigkeiten wurden den Kindern gegenüber ausdrücklich als Möglichkeiten des besseren gegenseitigen Kennenlernens vorgestellt.

- Auch die Beteiligung von M. an den gemeinsamen Spielen einer Mädchengruppe zeigte Erfolge. Nachdem das Mädchen am Anfang völlig passiv war, ließ sich bald eine gewisse spontane Aktivität beobachten. Lehrerin und Beobachter stimmen allerdings darin überein, daß M. auch weiterhin einen extrem zurückhaltenden, verschlossenen und passiven Eindruck macht.

Insgesamt hatte die Lehrerin einen günstigen Eindruck vom Verlauf des Handlungsprogramms. Es gab allerdings zwei gravierende Rückschläge. Nach der Thematisierung des sozialen Konflikts im Unterricht hatten zwei Mädchen M. nachmittags zu sich nach Hause eingeladen; die Mutter von M. verbot ihr aber hinzugehen. Bei einem von der Lehrerin gewünschten Gespräch, in dem die Mutter über die pädagogischen Bemühungen informiert wurde, erklärte diese, daß sie enge Kontakte zu deutschen Kindern außerhalb der Schule nicht will, weil M. türkisch erzogen werden soll und später wieder in der Türkei leben muß. Die Mutter hatte aber keine Einwände gegen das schulische Programm. Die zweite Schwierigkeit ergab sich etwa eine Woche nach Beginn des Programms. Auf dem Nachhauseweg wurde M., wie einige andere Mädchen auch, von einem Jungen mit Wasser bespritzt. Am nächsten Morgen wartete der ältere Bruder von M. auf diesen Jungen und gab ihm mehrere Schläge auf den Kopf. Dieser Vorfall führte in der Klasse zu einer großen Erregung. Nach einer ausführlichen Erörterung zu Beginn des Unterrichts hatte Frau A. den Eindruck, daß es ihr gelungen war, die kritische Situation zu bewältigen, so daß der weitere Verlauf des Programms nicht beeinträchtigt wurde.

c) Ergebnisbewertung
Um den Konflikt nicht erneut zu dramatisieren, wurde von seiten des Psychologen auf Gespräche mit M. und anderen Schülern völlig verzichtet. Seine Beobachtungen (nach drei und nach sieben Wochen) im Unterricht und auf dem Schulhof zeigten, daß bei der Lösung des sozialen Problems begrenzte, aber erkennbare Fortschritte gemacht worden waren: M. spricht im Klassenzimmer und in der Pause mit anderen Mädchen und spielt mit ihnen. Sie verhält sich dabei zwar weiterhin passiv, wirkt aber nicht mehr völlig isoliert. Im Unterricht meldet sie sich jetzt gelegentlich, und sie gibt brauchbare Antworten auf schwierige Fragen. Dieser Eindruck wird von Frau A. bestätigt. Die Leistungen von M. hätten sich etwas verbessert; sie seien jetzt durchweg befriedigend und ausreichend aber nicht mehr mangelhaft oder ungenügend. Die Schülerin beteilige sich etwas stärker am Unterricht, und es bestünden einige soziale Kontakte zu Mitschülern, »die allerdings gepflegt werden müssen«. Im gesamten Zeitraum habe es keinerlei Klagen über aggressives Verhalten gegenüber M. mehr gegeben.
Das Fallbeispiel veranschaulicht, wie sehr die Realisierung pädagogischer Ziele von den bestehenden Erwartungen und den entsprechenden Verhaltensweisen des Lehrers (und der Mitschüler) abhängig ist: Der türkischen Schülerin eine im Grunde genommen diskriminierende Stellung einzuräumen und immer wieder an die Moral

der Mitschüler zu appellieren, führte zu keiner Lösung, sondern zu einer Fixierung des Konflikts. Erst die gezielte Einbeziehung von M. in soziale Aktivitäten, die von der Lehrerin angeregt und unterstützt wurden, brachte erkennbare Veränderungen in der sozialen Situation mit sich. Frau A. lag von Anfang an sehr daran, daß das pädagogische Handlungsprogramm keine typisch psychologischen Methoden enthalten sollte, sondern als Teil des Unterrichts verwirklicht werden konnte. Das war in diesem speziellen Fall möglich, weil die Ziele nicht zu hochgeschraubt waren und durch vergleichsweise einfache Mittel erreicht werden konnten. Keiner der Beteiligten mußte seine Persönlichkeit grundlegend verändern (was selbstverständlich auch nicht möglich ist, in manchen psychologischen Programmen aber vorausgesetzt wird), sondern lediglich einige umschriebene Verhaltensweisen in begrenztem Maße modifizieren. Ob die Verbesserung der sozialen Situation von M. in der Klasse stabil ist und ob sich positive Auswirkungen auf spätere, ähnlich gelagerte Konflikte ergeben, kann nur erhofft, nicht aber belegt werden.

2. Gestörter Unterricht:
Aggressives Verhalten und kollektive Störungen

Schulische Schwierigkeiten, Belastungen und Konflikte können dadurch entstehen, daß unbewußte Zielkonflikte zu inkonsequentem Lehrerverhalten führen, daß die Erwartungen des Lehrers unzutreffend sind, daß Schüler in Außenseiterpositionen gedrängt und durch starre Lehrererwartungen dort fixiert werden. Derartige Prozesse sind in verstärktem Maße zu erwarten, wenn Schüler aktiv den Unterrichtsverlauf stören und nicht nur, wie im Fallbeispiel der türkischen Schülerin M., die belastende Situation erdulden. Fühlt sich nämlich der Lehrer im Fortgang des Unterrichtens unterbrochen, so bedeutet das für ihn eine Erschwernis seiner Tätigkeit und er neigt in manchen Fällen dazu, sehr heftig und betroffen darauf zu reagieren. Fragt man Lehrer nach den wichtigsten Belastungsfaktoren, so werden häufig Störungen des Unterrichts an erster Stelle genannt. Dabei werden insbesondere aggressive Verhaltensweisen einzelner Schüler und mehr noch kollektive Störungen von Schülergruppen oder ganzen Klassen als bedrohlich empfunden. Das subjektive Erleben der Störung schwankt, je nach Dauer und Anzahl der Störungen, zwischen Ärger und Resignation. Gerade weil aggressives und provokatives Verhalten so belastend wirkt, möchten Lehrer wissen, wie derartiges Verhalten entsteht und was man dagegen tun kann. Als Antwort darauf kann man eine ganze Reihe miteinander konkurrierender Aggressionstheorien aufzählen, die wir kurz ausführen und bewerten wollen, um sie anschließend zu einem theoretischen Entwurf zusammenzufügen, durch den auch das Lehrerhandeln beim Umgang mit aggressiven Schülern verstehbar wird.

2.1 Körperliche Begleiterscheinungen aggressiven Verhaltens

Dieser theoretische Ansatz bezieht sich auf diejenigen körperlichen Vorgänge, die in Zusammenhang mit aggressivem Verhalten auftreten. Wie bei Angst die Atemfrequenz zunimmt, der Blutdruck steigt, das Herz schneller schlägt, sich die Muskeln anspannen und vermehrt Schweiß gebildet wird, so sind auch bei Ärger und Aggression körperliche Begleiterscheinungen beobachtbar. Während sich der Körper bei Angst auf eine Flucht einstellt, bereitet er sich bei aggressivem Verhalten auf einen Angriff vor. Auch hier fließt zunehmend Blut in die Skelettmuskulatur, Herzschlag, Blutdruck usw. erhöhen sich, so daß bei diesen Erscheinungen keine wesentlichen Unterschiede zur Angst bestehen. Dies mag verwundern, da beide Zustände vom Erleben her außerordentlich verschieden, zum Teil sogar entgegengesetzt sind. Wie später noch gezeigt wird, interpretiert der Mensch ähnliche körperliche Vorgänge einmal als »Angst« und einmal als »Wut« (vgl. Schachter & Singer, 1962; Verres & Sobez, 1980, S.149ff.). Fürntratt (1974) vermutet eine »Schaltung«, bei der Flucht und Angriff als Reaktionen auf eine Bedrohung ganz nahe beieinander liegen. Für solche »Schaltungen« werden oftmals bestimmte - stammesgeschichtlich ältere - Gehirnteile verantwortlich gemacht. Ein Teil der Wissenschaftler hat durch das Einpflanzen von Elektroden und Chemitroden z.B. bei Katzen, Affen und auch Menschen zu beweisen versucht, daß das Reizen bestimmter Gehirnzentren notwendig aggressives Verhalten hervorruft. Aus dem Gelingen derartiger, oft problematischer Versuche wurde dann vorschnell der Schluß gezogen, diese Gehirnteile seien die Ursache aggressiven Verhaltens. Damit wird nahegelegt, Aggressivität sei angeboren und durch Umwelteinflüsse kaum veränderbar. So schreibt z.b. Moyer (1976, S.38) den Satz: »Genau wie es wilde Katzen und wilde Affen gibt, gibt es auch wilde Menschen....«. Ärzte und Therapeuten haben aus derartigen Überlegungen heraus den Einsatz von Beruhigungsmitteln bei aggressiven Patienten gerechtfertigt und auch in manchen Fällen Gehirnoperationen.

In unserem Zusammenhang kann dieser theoretische Ansatz folgendermaßen bewertet werden: Aggressives Verhalten bringt zweifellos körperliche Begleiterscheinungen mit sich, insbesondere eine Steigerung des Aktivierungsniveaus. Diese Körperreaktionen sind spürbar und von jedermann erfahrbar. Ärger und Aggression werden - wie übrigens alle menschlichen Verhaltensweisen - im Zentralnervensystem verarbeitet. Beides heißt aber noch lange nicht, daß die Ursache aggressiven Verhaltens im biologischen Bereich liegt und durch Vererbung unveränderlich festgelegt ist. Ganz gewiß sind Menschen auch im Bereich aggressiven Verhaltens mit einem biologischen Erbe ausgestattet, das nicht abgestreift werden kann. Leitet uns dieses »Erbe« an, entgegen dem eigenen Willen aggressiv zu sein, oder steuert es nur die körperlichen Begleiterscheinungen aggressiven Verhaltens? Nach unserer Auffassung muß die Rolle der Situationswahrnehmung und Handlungsauswahl weitaus stärker gewichtet werden als die Rolle vererbter aggressiver Antriebe. Aus der Beobachtung, daß ähnliche körperliche Reaktionen ganz unterschiedlich erlebt werden, z.B. als »Angst«, »Ärger« usw., ziehen wir den Schluß, daß es hauptsächlich darauf ankommt, wie eine Person eine Situation aus ihrer momentanen Perspektive und auf dem Hintergrund ihrer eigenen Lerngeschichte beurteilt. Umgekehrt halten wir es für bedenklich, wenn man aus dem Vorliegen körperlicher Begleiterscheinungen folgert, aggressives Verhalten sei angeboren und damit gar nicht oder nur schwer beeinflußbar. Aggressives Handeln wird aus dieser Sicht einerseits unvermeidlich, andererseits entschuldbar. Die pädagogische Konsequenz wäre, sich mit aggressivem Verhalten abzufinden oder es auf medizinischem Wege zu verringern; beides halten wir für ungeeignete Lösungen.

2.2 Instinktgesteuerte Aggressionen

Da nach dem Zweiten Weltkrieg das Thema »Aggression« in Deutschland lange Zeit wenig bearbeitet wurde, gelang es Konrad Lorenz (1963), mit seinem Buch »Das sogenannte Böse« großes Aufsehen zu erregen. Darin versucht er, die lebenswichtigen Funktionen aggressiven Verhaltens zu beschreiben und zu zeigen, daß auch eine Aggression nichts »Böses« sein muß. Mit Beobachtungen an verschiedenen Tierarten führt er den Nachweis, daß sich aggressives Verhalten durch die beiden »großen Konstrukteure der Natur« - nämlich Erbänderung und Zuchtwahl - herausgebildet hat und demzufolge instinktgesteuert ist. Wie beim ersten theoretischen Ansatz, so ist auch hier aggressives Verhalten naturgegeben und wenig beeinflußbar: Lorenz hält es für unmöglich, aggressives Verhalten zu unterdrücken. Dieses wäre »...als wollte man dem Ansteigen des Dampfdruckes in einem dauernd geheizten Kessel dadurch begegnen, daß man am Sicherheitsventil die Verschlußfeder fester schraubt« (Lorenz, 1963, S.385). Er schlägt vor, den lebens- und arterhaltenden Aggressionsinstinkt in seiner jetzigen Form zu belassen und lediglich dafür zu sorgen, daß die Aggressionsenergie umgelenkt wird.

Die Kritik an der Beweisführung und den Schlußfolgerungen von Konrad Lorenz ist vielfältig (vgl. z.B. Schmidbauer, 1972). Sie kommt zum einen aus dem eigenen Lager der Verhaltensforscher, die zeigten, daß selbst die Beobachtungen an Tieren nur für bestimmte Tierarten gelten und nicht für alle, so daß einige der aufgestellten Behauptungen biologisch fraglich sind. Auch die zentrale Hypothese vom »dauernd geheizten Kessel«, also einem ständigen Fließen von Aggressionsenergie, die sich aufstaut und abgeführt werden muß, erwies sich als unhaltbar. Da der Mensch in der Lage ist, in allen denkbaren Situationen aggressiv zu sein, und dies auf die unterschiedlichste Weise, wird auch die These vom Instinkt hinfällig, der u.a. dadurch gekennzeichnet ist, daß er nur auf wenige, ganz spezielle Situationen anspricht und die aggressive Handlung in einer vorprogrammierten Weise ablaufen läßt. Trotzdem findet der Ansatz von Lorenz auch heute noch viel Anklang und erhebliche Zustimmung, weil er erlaubt, aggressives Verhalten auf angeborene Instinkte zurückzuführen. Damit kann das eigene Verhalten entschuldigt oder gerechtfertigt werden, die Notwendigkeit, sich selbst zu verändern, wird weitgehend hinfällig.

2.3 Aggression als Folge von Frustration

Schon 1939 wurde die These aufgestellt, eine Frustration führe immer zu irgendeiner Form von Aggression (vgl. Dollard, Doob, Miller, Mowrer & Sears, 1970, S.9). Innerhalb eines durch zahlreiche Zusatzhypothesen und Erweiterungen recht umfangreich gewordenen »Theoriegemischs« steht die zentrale Annahme, daß sich ein Mensch aggressiv verhält, wenn er an der Erreichung eines Ziels gehindert wird, d.h. wenn er eine Frustration erleidet. Ist es möglich, diese Aggression erfolgreich auszuüben, so sinkt die Aggressivität ab, weil man sie »ausgelebt« oder »abreagiert« hat, wie alltagssprachlich meist gesagt wird. Ist es nicht möglich, die Aggression gegen die Person zu richten, die frustrierend gewirkt hat, so kann sie sich auf andere Objekte bis hin zur Selbstaggression »verschieben«. Das Buch von Dollard u.a. ist voll von anschaulichen Belegen, angefangen von der »frustrierenden« Sozialisation in westlichen Industriegesellschaften bis hin zu äußerst kriegerischen Stämmen in Afrika.

Die Frustrations-Aggressions-Hypothese ist sehr einleuchtend und zum Teil unmittelbar mit der eigenen Erfahrung in Verbindung zu bringen. Darüber vergißt der Leser, daß von diesem Ansatz recht wenig übrigbleibt, wenn man ihn einer genauen Prüfung unterzieht. Die Ausgangshypothese, daß Frustration immer zu irgendeiner Form von Aggression führt, haben bereits Dollard und seine Mitarbeiter nicht ganz ernsthaft aufgestellt, da es ihnen hauptsächlich darum ging, die Hypothese so zu formulieren, daß sie überprüft werden kann. Die nachfolgende Forschung hätte aber deutlich machen müssen, unter welchen Bedingungen eine Frustration zu einer Aggression, zur Flucht, zum Resignieren, zur Apathie, zu körperlichen Beschwerden, zu rationalem Problemlösen usw. führt. Dies wurde nicht geleistet, so daß die Vertreter dieses Ansatzes lediglich aussagen können, daß auf eine Frustration in einigen Fällen eine Aggression folgt, in einigen Fällen Rückzug usw. Bedingungen und Häufigkeiten der entsprechenden Reaktionen können aber ebensowenig genannt werden, wie sich die These des »Auslebens« und »Abreagierens« von Aggressionen halten ließ. Die Frustrations-Aggressions-Hypothese findet bevorzugt im Alltag Anwendung, wenn sie - sozusagen als »abgesunkenes Kulturgut« - zur Rechtfertigung oder Erklärung für Verstimmtheit, Ärger oder aggressives Verhalten herangezogen wird. Dieser theoretische Ansatz wird bedenklich und gefährlich, wenn daraus die Schlußfolgerung abgeleitet wird, man dürfe Kinder und Jugendliche nicht frustrieren, ihnen also nichts verbieten, um sie nicht aggressiv zu machen. Es kann gezeigt werden, daß ein derartiges Erzieherverhalten gerade das Gegenteil bewirkt. Trotz aller Einwände und Kritik ist die Frustrations-Aggressions-Hypothese einer der bekanntesten und beliebtesten theoretischen Ansätze, weil sie sich mit den Alltagserfahrungen offenbar besser in Einklang bringen läßt als andere.

2.4 »Erfolgreiches« aggressives Verhalten

Die allgemeinen Aussagen der sogenannten »Lerntheorien« gelten auch für den speziellen Fall des Aufbaus und der Verminderung aggressiven Verhaltens: Ein bestimmtes Verhalten wird wahrscheinlicher, wenn seine Ausübung positive Konsequenzen nach sich zieht. Versteht es also z.b. ein Schüler, seine Mitschüler durch körperliche Gewalt dazu zu bringen, daß sie ihn als »Führer« anerkennen und seine Anweisungen befolgen, so sind dies für ihn positive Konsequenzen. Je häufiger der betreffende Schüler mit Erfolg aggressiv ist, desto mehr neigt er dazu, dieses Verhalten auch in Zukunft zu zeigen.

Damit deutet sich ein gewisser Widerspruch zu den letzten beiden theoretischen Ansätzen an, in dem das »Ausleben« aggressiver Verhaltensweisen zur Verminderung und nicht zur Steigerung der Aggressivität führen sollte. Ein Abbau aggressiven Verhaltens soll nach den Lerntheorien dann eintreten, wenn es keine positiven Konsequenzen nach sich zieht. Das kann einmal dadurch geschehen, daß aggressives Verhalten völlig ignoriert wird, so daß es wegen der Erfolglosigkeit »gelöscht« werden müßte; zum anderen kann das aggressive Verhalten negative Konsequenzen haben, so daß es aufgrund der damit verbundenen unangenehmen Empfindungen zu einer Vermeidung weiterer aggressiver Handlungen kommen müßte.

Die hier beschriebenen Thesen der Lerntheorien sind einfach und zum Teil gut überprüft. Aber sie reichen zur Beschreibung und Erklärung menschlichen Verhaltens nicht aus. Das liegt daran, daß Aussagen nur über drei Sachverhalte gemacht werden: über beobachtbare Situationen, über darauf folgende beobachtbare Reaktionen und schließlich über die beobachtbaren Konsequenzen, die den Reaktionen nachfolgen. Diese bewußt vorgenommene Beschränkung bringt den Vorteil mit sich, daß Psychologie vergleichbar den als »exakt« bezeichneten Naturwissenschaften betrieben werden kann. Als gewichtiger Nachteil muß erkauft werden, daß Gedanken und Gefühle, die im Menschen ablaufen, völlig außer Acht bleiben. Dabei ist leicht zu zeigen, daß
- die objektiv gleiche Situation von verschiedenen Personen ganz unterschiedlich wahrgenommen, bewertet und verarbeitet wird;
- die objektiv gleiche Reaktion einen ganz unterschiedlichen Sinn haben kann;

- die beobachtbare, objektiv gleich erscheinende Konsequenz, ganz unterschiedlich aufgefaßt wird.

Die Lerntheorien können also nicht ohne weiteres auf die Lehrer-Schüler-Interaktion übertragen werden und reichen deshalb zur Erklärung aggressiven Verhaltens nicht aus. Erweitert man sie allerdings um handlungssteuernde Gedanken und Gefühle, so kommt man den später beschriebenen und von uns bevorzugten Handlungstheorien schon sehr nahe.

2.5 Nachahmung aggressiven Verhaltens

Die sozial-kognitive Lerntheorie (vgl. Bandura, 1979a) erklärt den Erwerb aggressiven Verhaltens u.a. dadurch, daß ein Beobachter ein Verhalten wahrnimmt, speichert und zu einem späteren Zeitpunkt ausführt (vgl. Bandura, 1979b). Wenn also in einem Bericht der»Federal Communications Commission« festgestellt wird,»daß das durchschnittliche amerikanische Kind zwischen fünf und vierzehn Jahren am Fernsehen die Tötung von 13.000 Menschen sieht« (Lüscher, 1973, S.85), so wird damit deutlich, welches Nachahmungsangebot westliche Industriegesellschaften im Bereich aggressiven Verhaltens machen.

Die sozial-kognitive Lerntheorie enthält sehr umfangreiche Aussagen darüber, unter welchen Bedingungen das beobachtete aggressive Verhalten tatsächlich nachgeahmt und unter welchen Bedingungen auf eine Nachahmung verzichtet wird. Bei diesen Analysen werden innerlich ablaufende Prozesse, z.B. Erwartungen, Bewertungen, Überzeugungen, Ursachenzuschreibungen usw., in den Mittelpunkt gestellt. Damit erhält dieser Ansatz, der ursprünglich lediglich das Nachahmen beobachteter Verhaltensweisen erklären wollte, immer mehr Elemente einer umfassenden Theorie menschlichen Handelns. Die sozial-kognitive Lerntheorie kommt damit dem nachfolgend beschriebenen Handlungsmodell am nächsten.

2.6 Lehrerhandeln gegenüber aggressiven Schülern

Der nachfolgend beschriebene theoretische Ansatz faßt die Tätigkeit des Lehrers als»Handeln« auf, bei dem gedankliche Prozesse, gefühlsmäßige Abläufe und beobachtbares Verhalten wechselseitig aufeinander bezogen sind. Es dreht sich also um eine auf aggressives

Schülerverhalten bezogene, inhaltliche Präzisierung des in Kapitel A beschriebenen Reagierens von Lehrern. Die vermuteten Prozesse, die vielfältig miteinander verflochten sind, werden - der Anschaulichkeit wegen - in vier deutlich unterschiedene Stufen unterteilt:
- das spontane Wahrnehmen des Schülerverhaltens;
- das Empfinden des auffälligen Verhaltens als »aggressiv«;
- die Entscheidung darüber, ob der Lehrer eingreifen soll;
- die Auswahl einer geeigneten Maßnahme, falls sich der Lehrer zum Eingreifen entschließt.

a) *Wahrnehmung des Schülerverhaltens.* Aggressives Schülerverhalten ist - verglichen mit aufgabenbezogenem Verhalten - während des Unterrichtsablaufs verhältnismäßig selten. Da es in der Regel mit heftigen Bewegungen, z.B. Schlagen, Boxen, vom Stuhl ziehen u.a., einhergeht oder zumindest mit erhöhter Lautstärke, durch Schreie, Schmerzensausrufe, Beschimpfungen usw., fällt es allerdings auf und zieht die Aufmerksamkeit von Lehrer und Mitschülern in besonderem Maße auf sich. Aggressives Verhalten wird also während des ansonsten bewegungs- und geräuscharmen Unterrichts meist deutlich wahrgenommen. Dies trifft allerdings nicht zu, wenn der »Hintergrund« selbst sehr bewegt und laut ist, z.B. in Pausen, im Sportunterricht oder in Phasen großer Unruhe in der Klasse. In solchen Situationen fallen aggressive Verhaltensweisen wesentlich weniger auf. Die Einseitigkeit der Wahrnehmung wird von den Erfahrungen beeinflußt, die ein Lehrer mit einem bestimmten Schüler gemacht hat: Sind z.B. zahlreiche Konflikte vorausgegangen, so schaut der Lehrer bei Unruhe »automatisch« zu einem bestimmten Schüler und ist empfänglicher für solche Bewegungen und Bemerkungen, die in das negative »Bild« vom Schüler »passen«.
Die genannten Bedingungen führen dazu, daß das Schülerverhalten nicht so aufgenommen wird wie mit einer Filmkamera, sondern daß ein Teil der Verhaltensweisen übersehen, ein anderer Teil besonders sensibel wahrgenommen wird.

b) *Bewertung des Schülerverhaltens als »aggressiv«.* Erscheint dem Lehrer das Verhalten, das überhaupt in sein Wahrnehmungsfeld dringt, wenig intensiv, so klassifiziert er es z.B. als »Spiel«, »harmlose Unruhe« usw., insgesamt also als unwichtig oder unbedeutend. Ist der Schwellenwert im Hinblick auf eine bedeutsame faktische Schädigung aber überschritten, so wird die Situation nach dem Maß an rationaler Kontrolle bewertet, das dem Schüler zugeschrieben werden kann, sowie nach dessen Verantwortung. Dieser implizite Bewertungsvorgang läuft blitzschnell ab. Mit der zugeschriebenen Verantwortung entwickeln sich gleichzeitig Gefühle im Lehrer, die als »Verstimmtheit« oder »Ärger« beschrieben werden können. Würde man einen Lehrer genau in diesem Moment medizinisch untersuchen, so könnte man einen erhöhten Puls, schnellere Atmung, verstärkte Muskelanspannung, vermehrte Schweißabsonderung und einen erhöhten Blutdruck feststellen. In solchen Situationen spürt man häufig ein seltsames Gefühl in der Magengegend, das im Volksmund auch als »Wut im Bauch« bezeichnet wird, weil die Verdauungsorgane weniger und die Skelettmuskulatur mehr durchblutet sind. Die Gefühle sind um so heftiger, je stärker die Ziele des Lehrers bedroht sind. Belästigt ein Schüler lediglich einen Mitschüler, reagiert der Lehrer wahrscheinlich weniger stark gefühlsmäßig, als wenn der Unterricht unterbrochen wird. Die stärksten Ärgeraffekte werden ausgelöst, wenn der Lehrer den Eindruck hat, daß die schädigende Handlung des Schülers sich nicht nur gegen ihn als »Rolleninhaber«, sondern darüber hinaus gegen ihn als Person richtet.

Die als »Ärger« empfundene körperliche Erregung führt in vielen Fällen dazu, daß besonnenes Verhalten durch »Kurzschlußreaktionen« oder »Affekthandlungen« ersetzt wird. Die Erregung führt zu starr ablaufenden Verhaltensmustern (Berkowitz & Le Page, 1976; Verres & Sobez, 1980), so daß z.b. auf eine starke Bedrohung des Selbstwertgefühls (Frustration) impulsiv mit einem Gegenangriff geantwortet wird (Aggression). Körperliche Erregung und empfundener Ärger verleiten den Lehrer oftmals zu Verhaltensweisen, die er nicht zeigen würde, wenn er entspannt gewesen wäre und überlegt nach einer Handlungsmöglichkeit gesucht hätte.

Damit wird deutlich, daß bei hoher Erregung von Stufe 2 des Handlungsmodells zur Stufe 4 »gesprungen« wird, d.h. daß sofort nach einer Situationsbewertung eine wirksame Handlungsmöglichkeit ausgewählt wird. Die im Prinzip sehr ausführlichen und vielfältigen Bewertungen, Abwägungen und Entscheidungen werden bei der Affekthandlung derart vereinfacht und verkürzt, daß der Alltagsbegriff eines »Kurzschlusses« wohl das treffendste Bild ist.

Im Alltag ist jedem aus dem Umgang mit dem eigenen Partner vertraut, wie schnell und »ungewollt« bestimmte verletzende Bemerkungen ausgesprochen sind. Scheidungsanwälte berichten, daß auch außerordentlich kultivierte und beherrschte Personen handgreiflich werden, wenn sie sich von ihrem Partner in ihrem Selbstwertgefühl extrem bedroht sehen.

Sportler wissen, daß unfaire Attacken des Gegners zu sogenannten »Revanche-Fouls« führen, die oft einen Platzverweis nach sich ziehen und somit mehr die eigene Mannschaft schädigen als den Gegner; solche Überlegungen werden natürlich während des Revanche-Fouls nicht angestellt.

Die Situationsbewertung bei aggressivem Verhalten ist besonders anfällig für Verzerrungen und Einseitigkeiten, weil die körperliche Erregung meist ansteigt und alle nachfolgenden Entscheidungen durch den empfundenen Ärger häufig rasch ungeprüft getroffen werden, so daß es zu erheblichen Fehleinschätzungen der Situation kommen kann, die ihrerseits wieder (in den Stufen 3 und 4) zu ungeeigneten Handlungsmöglichkeiten führen können. Derartige »Kurzschlüsse« kann man nur dann vermindern, wenn die ansteigende Erregung in Grenzen gehalten wird, z.B. durch Selbstkontrollmaßnahmen, wie etwa einer Entspannungstechnik, so daß es dem Lehrer möglich wird, Fehleinschätzungen zu verringern und Affekthandlungen zu vermeiden.

c) Entscheidung über ein Ignorieren oder ein Eingreifen. Wird ein Schülerverhalten als »aggressiv« bewertet, so muß der Lehrer entscheiden, ob er eingreifen soll.
Diese Entscheidung ist oft eine derartige Selbstverständlichkeit, daß Lehrer bei nachträglichen Befragungen lediglich angeben können, es sei »klar gewesen, daß sie hier eingreifen mußten«; in der Situation selbst haben sie sich dazu meist nichts überlegt.

In der Regel sind bei aggressiven Verhaltensweisen von Schülern während des Unterrichts - aus der Sicht des Lehrers - wichtige Ziele gefährdet, z.B. eine ungestörte Lernsituation zu schaffen, vereinbarte Regeln einzuhalten, zu bestimmten sozialen Verhaltensweisen zu erziehen, die eigene Autorität aufrechtzuerhalten usw., so daß der Lehrer auf ein Eingreifen meist nicht verzichten will.
Wenn das aggressive Verhalten nur kurz andauert, keine weiteren negativen Auswirkungen auf die Klasse zu befürchten sind und wenn die Intensität so niedrig ist, daß das Verhalten innerhalb des Toleranzbereichs bleibt, wird in einigen Fällen auch nicht eingegriffen.

Viel schwieriger ist eine derartige Entscheidung im Sportunterricht:

Bei manchen kämpferischen Spielen ist die Grenze zwischen erwünschter und unerwünschter Aggressivität sehr schwer zu ziehen; ebenso auch in Pausen, bei Wanderungen oder bei Klassenfesten.

Hierbei treten zwei Probleme auf: Zum einen besteht eine gewisse Unsicherheit darüber, wieviel Aggressivität man hier dulden darf und wie weit der Lehrer zu einem Eingreifen verpflichtet ist; zum anderen gibt es ein bestimmtes Alltagswissen, das nahelegt, daß Schüler sich austoben und ihre Aggressionen »ausleben« sollen.

d) Auswahl einer wirksamen Handlungsmöglichkeit. Im Freizeitbereich wird aggressives Schülerverhalten oft geduldet in der fälschlichen Annahme, die Neigung zu künftigem aggressivem Verhalten würde sich durch Austoben und Ausleben verringern; tatsächlich erhöht sich die Aggressionsneigung eher durch Lernen und Erfolg und durch Nachahmungslernen. Während des Unterrichts wird auf aggressives Verhalten dagegen meist sehr heftig reagiert, wobei der Lehrer in der Regel aus einem nach »pädagogischer Härte« abgestuften Verhaltensrepertoire auswählt:

Nichtsprachliche Reaktionen:
- Blick zum Schüler, um zu signalisieren, daß man sein aggressives Verhalten bemerkt hat;
- Blick mit Stirnrunzeln usw. als »strafender Blick«, um zu signalisieren, daß man das aggressive Verhalten nicht duldet;
- Zeichen mit der Hand, um zu signalisieren, daß das aggressive Verhalten beendet werden soll;
- Verringerung der Distanz durch Hingehen zum Schüler, um zu signalisieren, daß man bei einer Fortsetzung des aggressiven Verhaltens zu raschem Eingreifen bereit ist usw.
Nichtsprachliche Reaktionen erfordern wenig Aufwand. Sie werden in der Regel bei geringfügigen Störungen angewendet und haben den Vorteil, daß der Unterricht nicht unterbrochen wird, sondern das aggressive Verhalten »nebenher« unterbunden werden kann.

Kurzfristige sprachliche Reaktionen:
- sachliche Aufforderung an den Schüler, sein Verhalten zu beenden;
- Ermahnen des Schülers;
- Androhung einer Strafe;
- den eigenen Ärger deutlich zum Ausdruck bringen;
- Strafen erteilen, z.B. durch Zusatzarbeiten, Nachsitzen, Eintrag ins Klassenbuch, vor die Tür stellen usw.

Auch kurzfristige sprachliche Reaktionen sind sehr gering im Aufwand und können ohne lange Unterbrechung des Unterrichts eingesetzt werden. Sie erbringen oftmals sofortige Erfolge, zumindest beenden die Schüler in der Regel für einen Augenblick ihr aggressives Verhalten. Ob die vom Lehrer erhofften längerfristigen Wirkungen eintreten, muß allerdings erheblich bezweifelt werden.

Kurzfristige körperliche Reaktionen:
- Einsatz von Körperkraft, z.B. um streitende Schüler zu trennen oder den »Täter« vom »Opfer« zu entfernen;
- Wegnehmen von Gegenständen, z.B. einen Ball, mit dem gerade geworfen wurde, ein Lineal, das zum Schlagen diente usw.;
- Zufügen schmerzhafter Maßnahmen durch Kneifen, Zwicken, am Ohr drehen, an den Haaren ziehen usw.;
- Austeilen eines Schlages usw.

Körperliche Reaktionen von Lehrern stellen bei den abgestuften pädagogischen Maßnahmen eine der letzten Handlungsmöglichkeiten dar. Es wird nicht gerne darüber gesprochen; nicht nur deshalb, weil körperliche Züchtigung untersagt ist, sondern weil damit auch eingestanden wird, daß alle anderen Maßnahmen nicht in der erhofften Weise gewirkt haben. Derartige Probleme behalten Lehrer verständlicherweise lieber für sich. Wer sie eingesteht, erfährt außerdem von Kollegen, die oftmals die gleichen Schwierigkeiten haben, eher Ablehnung als Verständnis.

Längerfristige Maßnahmen:
- ausführliches Sprechen mit dem aggressiven Schüler nach der Stunde zur Klärung der Ursachen und zur Vereinbarung einer Regelung;
- Gespräch mit den Eltern zur Abklärung der Ursachen und Abstimmung von Erziehungsmaßnahmen usw.

Längerfristige Maßnahmen werden von Lehrern weitaus sinnvoller eingestuft als kurzfristiges Eingreifen. Trotzdem werden diese Maßnahmen selten ergriffen oder in eher ungünstiger Weise verwirklicht: Gespräche mit Eltern können unter Umständen dazu führen, daß Lehrer und Eltern sich von Schuld freisprechen und hauptsächlich den auffälligen Schüler für das aggressive Verhalten verantwortlich machen. Deshalb ist es notwendig, Gespräche mit den Eltern - die ja sehr wichtig sind - mit denjenigen Gesprächstechniken zu führen, die beim »Konfliktgespräch« (vgl. Kapitel D) aufgeführt sind. Dies vermindert die Gefahr einer einseitigen Schuldzuschreibung.

Die Auflistung der Lehrerreaktionen auf aggressives Schülerverhalten ist keineswegs vollständig; es werden lediglich die häufigsten und üblichsten pädagogischen Maßnahmen aufgezählt. Dabei fällt zweierlei auf:

1. Geringer Aufwand und erhoffte hohe Wirksamkeit. Aggressives Verhalten stört den Unterrichtsverlauf. Es soll deshalb schnell und wirkungssicher beendet werden, damit der Unterricht wieder fortgesetzt werden kann. Das Leitziel besteht also darin, möglichst rasch auf die stoffliche Ebene zurückzukommen. Es ist nur ein untergeordnetes Ziel, die zur Aggression führenden Vorgänge näher zu erfassen bzw. die aggressionsauslösenden Bedingungen grundsätzlich beseitigen zu wollen. Die pädagogischen Maßnahmen sind demzufolge so angesetzt, daß sie das aggressive Verhalten rasch und wirksam für den Augenblick beenden. Eine langfristige und grundlegendere Verhaltensänderung des Schülers wird dabei zwar erhofft, aber nicht systematisch unterstützt. Letzteres ist nur möglich, wenn die Bewältigung aggressiven Verhaltens zum Leitziel und die stoffliche Vermittlung vorübergehend zum Nebenziel wird.

2. Auf Aggression folgt Aggression. Aggressives Verhalten während des Unterrichts wird vom Lehrer in der Regel mit abgestufter »pädagogischer Härte« beantwortet. Dahinter verbergen sich auch Erziehungsmaßnahmen, die durchaus als »aggressives« Lehrerverhalten bewertet werden können.

Machen Sie bitte einmal ein »Gedanken-Experiment«: Stellen Sie sich vor, der Schulrat hätte mit Ihnen eine Auseinandersetzung, bei der er im Unrecht und Sie selber im Recht sind. Um dies zu signalisieren würden Sie auf den obigen Maßnahmenkatalog zurückgreifen, indem sie ihn also strafend ansehen, ermahnen, vor die Tür stellen, zwicken, am Ohr ziehen usw.

Dieser nicht ganz ernst gemeinte Perspektivenwechsel macht deutlich, wie Erwachsene - ganz selbstverständlich - mit Kindern umgehen. Aus der Sicht des Nachahmungslernens ist außerdem interessant, daß aggressives Schülerverhalten häufig mit aggressivem Lehrerverhalten beantwortet wird: Die Schüler lernen also, daß es erfolgreich ist, dann aggressiv zu sein, wenn man es mit Personen zu tun hat, die einem unterstellt oder unterlegen sind. Sobald die Schüler selbst in der überlegenen Position sind, z.B. später als Eltern usw., werden sie wahrscheinlich aggressives Verhalten ihrer eigenen Kinder genauso beantworten, wie sie es selbst erfahren haben. Aus diesem Kreis herauszukommen ist auch für Sie als Lehrer sehr schwierig, da sich Ihre Eltern und Lehrer pädagogisch wahrscheinlich eher härter als milder verhalten haben. Weil auch in der ganzen Gesellschaft, z.B. in den Strafgesetzbüchern, starke Elemente der Vergeltung zu finden sind, ist es schwer, für andere Wege der Aggressionsbewältigung einzutreten.

Das eben beschriebene Handlungsmodell gilt in ähnlicher Weise auch für den Schüler: Auch der nimmt selektiv wahr (Stufe 1), bewertet bestimmtes Verhalten von Lehrern und Mitschülern als »aggressiv« oder in anderer Weise frustrierend (Stufe 2), entscheidet sich für ein Eingreifen oder Nichteingreifen (Stufe 3) und wählt eine erfolgversprechende Handlungsmöglichkeit aus (Stufe 4). Weil auch beim Schüler begleitende körperliche Prozesse und als »Ärger« zu interpretierende Gefühle zu beobachten sind, muß man in vielen Fällen von vergleichbaren »kurzschlüssigen« Handlungen ausgehen - wie dies schon beim Lehrerverhalten dargestellt worden ist. Bei der Entscheidung für eine Handlungsmöglichkeit wird also in zahlreichen Fällen gar nicht »ausgewählt«, sondern impulsiv reagiert. Diese spontanen Aggressionen werden in vielen Fällen erfolgreich sein, wenn vielleicht auch nur kurzfristig. Da die Schüler in ihren Handlungsmöglichkeiten relativ unfreier sind als Lehrer, richtet sich das aggressive Verhalten verhältnismäßig selten in direkter Weise gegen den Lehrer: Aufkommender Ärger wird oft unterdrückt und erst nach dem Unterricht in Form von herabsetzenden Bemerkungen und Witzen über den Lehrer verbalisiert. Dagegen sind aggressive Verhaltensweisen gegenüber Mitschülern auch während der Unterrichtsstunde zu beobachten. Außerhalb des Klassenzimmers erscheinen aggressive Handlungsmöglichkeiten allerdings besonders erfolgversprechend, weil zum einen die Kontrolle des Lehrers weitgehend entfällt und zum anderen bestimmte Ziele sehr rasch und wirksam mit aggressivem Verhalten erreicht werden können.

Natürlich ist aggressives Verhalten nicht nur durch die momentanen Umstände der Situation bestimmt. Es gibt eine Bereitschaft zu aggressivem Verhalten, die von Schüler zu Schüler und von Lehrer zu Lehrer unterschiedlich ist. Überdauernde Persönlichkeitsmerkmale zeigen sich z.B. darin, daß manche Personen generell eher friedliche Konfliktlösungen anstreben, andere »scharfe« Auseinandersetzungen bevorzugen. Unterstützt werden diese Tendenzen zur Herbeiführung oder Vermeidung aggressiver Situationen durch die in der Erziehung vermittelten Werte und Zielvorstellungen, wobei ein wichtiger Zusammenhang zwischen der Ausprägung aggressiver Neigungen und der moralischen Erziehung besteht. Interessant ist auch, wie stark kulturelle Unterschiede auf diesem Gebiet sind: Es gibt ungewöhnlich aggressive Volksstämme, wie etwa die Ashanti in Afrika (vgl. Dollard u.a., 1970), und umgekehrt Südseebewohner, bei denen aggressives Verhalten nur selten zu beobachten ist. Auch innerhalb unserer eigenen Gesellschaft, die verhältnismäßig starke Ausprägungen aggressiven Verhaltens aufweist, sind Unterschiede zwischen Bevölkerungsteilen beobachtbar, z.b. werden Mädchen eher zu angepaßtem und nachgiebigem Verhalten in Konfliktsituationen erzogen, Jungen dagegen eher zur aggressiven Durchsetzung. Man kann dies an den eigenen Gefühlen überprüfen: Viele Menschen haben eine Abneigung gegen nachgiebige, weiche, angepaßte, weinerliche Jungen; ebenso häufig werden selbstsichere oder aggressive Mädchen abgelehnt. Dagegen erfreuen sich die gegenteilig beschriebenen Geschlechterrollen gewisser Sympathien. Das Handlungsmodell muß also ergänzt werden durch eine von Person zu Person unterschiedliche überdauernde Bereitschaft zu aggressivem Verhalten.

Dem eben beschriebenen theoretischen Ansatz ist zu entnehmen, daß rasch ablaufende gedankliche und gefühlsmäßige Prozesse das Verhalten von Lehrern und Schülern bestimmen. Die hohe emotionale Beteiligung und die Schnelligkeit der Lehrer-Schüler-Interaktion führen dazu, daß wechselseitig verzerrt wahrgenommen, Schuld einseitig zugeschrieben und bestehende Konflikte sich durch unreflektierte Verhaltensweisen beider Seiten verschärfen. Diese Vorgänge finden wir in ganz augenfälliger Form im folgenden Fallbeispiel, in dem besonders die Bedeutung der Situationsauffassungen von Lehrern und Schülern akzentuiert ist.

2.7 Fallbeispiel: Eine »unkontrollierte« Klasse

a) Die Situation aus der Sicht der Lehrerin. Es handelt sich um die 3. Klasse einer Grundschule, die im Zentrum einer mittleren Großstadt liegt. Der Klasse steht ein geräumiges, helles Zimmer zur Verfügung; an den Wänden hängen selbstgefertigte Bilder und Bastelarbeiten. Mit nur 20 Schülern, zwölf Jungen und acht Mädchen im Alter von

84

acht bis zehn Jahren, ist diese Klasse eine der kleinsten an der Schule. Die Lehrerin, Frau L., unterrichtet seit Ende der großen Ferien in dieser Klasse. Im vorigen Schuljahr war sie an einer anderen Schule tätig, an der sie sich sehr wohl fühlte. Eine Versetzung hatte sie aus privaten Gründen beantragt.

Wir führen mit der Lehrerin zwei längere Gespräche, in der sie ihre schwierige Unterrichtsituation beschreibt. Ihre Berichte geben wir zusammengefaßt wieder. Das erste Gespräch beginnt Frau L. mit folgenden Äußerungen: »Ich bin total geschafft! Wenn sich in dieser Klasse nicht bald etwas ändert, brauche ich eine psychologische Behandlung«. Frau L. fühlt sich entmutigt und hat schon beinahe resigniert, weil die alltäglichen Unterrichtsschwierigkeiten schon seit Monaten andauern und eine Besserung der Situation nicht abzusehen ist.

Besonders beklagt sich Frau L. über die Jungen ihrer Klasse:
- Während des Unterrichts geht immer wieder einer der Jungen im Klassenzimmer umher und sucht Streit mit anderen Schülern.
- Manchmal werden während des Unterrichts Zettel weitergereicht, auf denen zu Kämpfen oder verschiedenen Provokationen aufgefordert wird.
- Fast täglich kommt es zu einer Rauferei im Unterricht, wobei die Schüler ihre Ermahnungen kaum beachten.

Die Mädchen der Klasse scheinen eher zur Mitarbeit bereit zu sein, doch werden sie von den Jungen dauernd abgelenkt. Manche Mädchen werden in die Schlägereien der Jungen hineingezogen oder sind das Ziel häufiger Angriffe, vor allem auf dem Schulweg und in den Pausen. Nach der großen Pause ist es im Klassenzimmer besonders unruhig: Streitigkeiten und Raufereien werden fortgeführt, Verfolgungsjagden finden statt, und manchmal rennen einzelne Schüler aus dem Klassenzimmer oder treffen erst verspätet ein.

Nach Ansicht der Lehrerin trägt ein Schüler in besonderem Maße zu der aggressiven Atmosphäre im Klassenzimmer bei: Fortwährend stört Rüdiger den Unterricht und verleitet auch andere Schüler zu undiszipliniertem Verhalten. Er geht im Klassenzimmer umher, hänselt andere, greift sie an oder fegt ihre Arbeitsmaterialien vom Tisch. Zwar ist er eher kleiner und schwächer als die Mitschüler, aber seine Provokationen führen regelmäßig zu Geschrei und Raufereien, wobei die Klasse die Kämpfenden auch noch anfeuert. Rüdiger gerät bei den Raufereien ganz außer sich, zieht aber meist den Kürzeren und weint am Schluß. An einen geregelten Unterrichtsablauf ist nach solchen Vorfällen nicht mehr zu denken. Insgesamt beteiligt sich Rüdiger kaum am Unterricht. Er vergißt Bücher und Hefte und redet ungehemmt drauflos, wann immer ihm etwas einfällt. Noch sind seine Leistungen durchschnittlich, es zeichnen sich aber bereits Verschlechterungen ab. Besonders häufig gerät Rüdiger mit Andreas in Streit. Dabei ist nicht immer eindeutig, wer die Rauferei provoziert hat. Auch Andreas beteiligt sich wenig am Unterricht. In der Pause verläßt er häufig mit anderen Schülern den Schulhof, um sich Süßigkeiten zu kaufen.

Über Rüdiger weiß Frau L. folgendes zu berichten: Seine Mutter arbeitet als Bardame und kümmert sich nicht um ihre Kinder. Der Vater ist vor einiger Zeit verstorben. Als Baby soll Rüdiger zusammen mit seinem älteren Bruder halb verhungert in ein Heim gebracht worden sein. Während sich der Bruder noch im Heim befindet, lebt Rüdiger inzwischen bei den Großeltern. Vor dem Großvater, den Frau L. als »Kasernenhoftyp« charakterisiert, hat Rüdiger große Angst. Seiner Großmutter tanzt er dagegen auf der Nase herum. Frau L. steht mit der Großmutter in regelmäßigem Kontakt. Diese ist verzweifelt, weil sie mit Rüdiger nicht fertig wird. Sie hofft auf den positiven Einfluß und die richtige Erziehung in der Schule. Der Lehrerin hat sie alle »Vollmachten« für notwendige Maßnahmen, einschließlich körperlicher Bestrafung, erteilt.

Auch der andere schwierige Schüler, Andreas, ist familiär stark belastet. Der Vater verbüßt zur Zeit eine Freiheitsstrafe, die Mutter muß für den Lebensunterhalt sorgen. Den Tag verbringt der Junge deshalb in einem Kinderhort. Die Mutter ist sehr ängstlich und überbesorgt.

Frau L. unternahm bereits etliche vergebliche Versuche, die Konflikte im Unterricht zu bewältigen:
- Eine Zeitlang erhielten schwierige Schüler besondere Zuwendung. Die Lehrerin gab sich viel mit ihnen ab und räumte ihnen kleine Sonderrechte ein.
- In gemeinsamen Gesprächen versuchte sie, an Vernunft und Einsicht dieser Schüler zu appellieren.
- Während des Unterrichts nahm sie Rüdiger häufig beseite, um ihm gut zuzureden.

86

- Gelegentlich schickte sie Rüdiger zu einer Kollegin in die Parallelklasse, wo er sich wohler fühlte und sich insgesamt »friedlicher« verhielt.

- Wenn Rüdiger in Wut geriet, hielt sie ihn so lange fest, bis er sich
beruhigt hatte, und führte ihn dann auf seinen Platz zurück.
Da es Frau L. auf diese Weise nicht gelang, die Klasse zu beruhigen,
gab sie die erfolglosen Bemühungen wieder auf.
Auf dem letzten Elternabend erhielt sie zudem Vorwürfe, daß sie
nicht hart genug durchgreife und zu sehr auf die »Störer« eingehe.
Die Eltern zeigten sich auch unzufrieden über den Leistungsstand
der Klasse und die unfreundlichen Beziehungen zwischen den Schülern. Aufgrund der Beschwerden der Eltern kündigte die Direktorin
Unterrichtsbesuche an.
Seither fühlt sich Frau L. unter starkem Druck. Sie sieht keine andere
Möglichkeit, als die Schüler anzuschreien, wenn diese miteinander
streiten oder raufen. In den Pausen bleibt sie nach Möglichkeit im
Klassenzimmer, um die schlimmsten Prügeleien zu verhindern. Ins-
gesamt fühlt sie sich sehr belastet und hilflos.

Frau L. erlebt, daß alle Maßnahmen, die sie ergreift, im Grunde
nichts bewirken. Zu den täglichen Belastungen im Unterricht kommen die Erwartungen und Forderungen der Eltern sowie der Schul-
leitung, die sie nicht erfüllen kann. Die Lehrerin wartet angstvoll-an-
gespannt auf die vielfältigen Unterrichtsstörungen, denen gegenüber
sie sich völlig hilflos fühlt. Versuche zur aktiven Beeinflussung der Situation bzw. die Suche nach Handlungsalternativen hat sie weitgehend aufgegeben.

Insgesamt bietet sich das von Seligman (1979) beschriebene Bild der
»gelernten Hilflosigkeit«: Dieser Zustand stellt sich Seligman zufol-
ge dann ein, wenn jemand den Eindruck gewinnt, daß es gleichgültig
ist, was er tut, weil er die Ereignisse in keiner Weise kontrollieren
kann und Mißerfolge sich unabhängig vom eigenen Handeln zwangsläufig einstellen. Entscheidend ist hierbei nicht, ob die betreffende
Person die Ereignisse in ihrer Umwelt tatsächlich nicht kontrollieren
kann, sondern nur ihre subjektive Erwartung. In unserem Fallbeispiel hält es die Lehrerin für wenig wahrscheinlich, daß sie in ihrer
Klasse jemals ungestört unterrichten kann; sie rechnet mit Störungen, die unabhängig von ihren pädagogischen Beeinflussungsversu-
chen sind. Bei solchen Erwartungen muß die eigene Situation aus-
weglos erscheinen. Dies führt dazu, daß immer weniger Versuche un-

ternommen werden, die erwünschten Ziele doch noch zu erreichen.
Der Verzicht auf aktives Handeln wiederum läßt Erfolgserlebnisse
immer unwahrscheinlicher werden. Auf diese Weise kann die betreffende Person nicht lernen, Schwierigkeiten zu bewältigen. Die beschriebene Situation löst starke Ängste aus und wird als äußerst pei-
nigend erlebt.

Unsere erste Vermutung über das Zustandekommen der Störungen
in der Klasse geht also dahin, daß Frau L. durch das Scheitern vieler
pädagogischer Maßnahmen »hilflos« geworden ist, das heißt die Motivation verloren hat, neue Anstrengungen zu unternehmen und alternative Lösungen zu erproben. Vielmehr »personifiziert« sie in einer recht einseitigen Situationsauffassng die Ursache der kollektiven
Störung in den beiden auffälligen Schülern Rüdiger und Andreas.
Dabei ist es durchaus ebenso plausibel, zu vermuten, daß z.B. die geringe Qualität des Unterrichts zu dem hohen Ausmaß an Störungen
führt oder daß Lehrerin wie Schüler keine klaren Verhaltensrichtli-
nien befolgen. Es erscheint deshalb sinnvoll, die Perspektive der
Lehrerin durch Verhaltensbeobachtungen im Klassenzimmer zu ergänzen, um danach auf breiterer Informationsbasis die Situation präziser analysieren zu können.

b) Die Situation aus Sicht des Beobachters. Die Klassensituation wird
mit Hilfe verschiedener Beobachtungsverfahren untersucht:
1. Unsystematische, teilnehmende Beobachtung;
2. systematische Beobachtungen in relevanten Situationen (BIRS);
3. Videoaufzeichnung einer Unterrichtsstunde, die anschließend gemeinsam mit der Lehrerin ausgewertet wird.

1. Unsystematische Beobachtungen. Die Anwesenheit des Beraters
als Beobachter in der Klasse ermöglicht diesem, eigene Eindrücke
von der Situation zu bekommen, die Schüler kennenzulernen usw.
Um nicht aufgrund zufälliger Vorkommnisse ein verzerrtes Bild von
der Klasse zu erhalten, begibt sich der Beobachter an drei verschiedenen Tagen jeweils für eine Unterrichtsstunde (in den Fächern
Deutsch und Mathematik) in die Klasse. Danach teilt er der Lehrerin
in einem längeren Gespräch seine Auffassung der Situation mit. Im
folgenden können nicht die gesamten Aufzeichnungen aus allen
Stunden wiedergegeben werden. Hier werden nur drei Aspekte dargestellt, die dem Beobachter besonders bedeutsam erscheinen:

- Was geht in der Klasse vor, wenn es »unruhig« wird?
- Was unternimmt Frau L., und was ereignet sich daraufhin?
- Welche Rolle spielt Rüdiger bei den Unterrichtsstörungen?

Die Darstellung beschränkt sich im folgenden auf einige typische Ereignisse.

Während die Lehrerin mit der Klasse eine Arbeitsaufgabe im Mathematikunterricht besprechen will, ist der überwiegende Teil der Schüler mit nicht-unterrichtsbezogenen Tätigkeiten beschäftigt:
- 6 Jungen unterhalten sich lautstark an ihren Plätzen.
- 4 Jungen sind sichtlich mit anderen Dingen beschäftigt: mit Werfen eines Papierflugzeugs, Falten einer Papiermütze, Wasserspielen am Waschbecken.
- 2 Jungen fallen zwar nicht besonders auf, lesen aber unter der Bank Comics.
- 2 Mädchen beteiligen sich aktiv am Unterricht: melden sich zu Wort, stellen Fragen, geben Antworten usw.
- 3 Mädchen scheinen dem Unterrichtsgeschehen zu folgen (soweit dies durch Beobachtung feststellbar ist), solange sie nicht durch Störungen abgelenkt werden.
- 3 Mädchen unterhalten sich miteinander oder beteiligen sich hin und wieder an den Aktionen der Jungen, z.b. am Wasserspritzen, Papierflugzeugwerfen usw.

Bei Unruhe ergreift die Lehrerin folgende Maßnahmen:
- Zunächst spricht sie immer lauter, schließlich ermahnt sie zur Ruhe. Dabei sagt sie z.B.: »Ihr müßt alle den Mund halten.«; »Ich möchte von niemandem sonst etwas hören.«; »Moment, es hat keinen Wert.«; »Man versteht kein Wort.« Diese Maßnahmen bleiben nahezu wirkungslos.
- Frau L. wendet gelegentlich eine mit den Schülern vereinbarte Regel an, wodurch Ruhe in der Klasse erzielt werden soll: Sie legt den linken Zeigefinger auf den Mund und zeigt mit gestrecktem rechten Arm nach oben. Einige Schüler ahmen diese Geste nach, reden dabei aber weiter. Die Lautstärke der Klasse bleibt nahezu unverändert.
- Schüler, die sich vom Platz entfernen oder gerade nicht auf den Unterricht achtgeben, werden besonders häufig aufgerufen.
- In der Deutschstunde bricht die Lehrerin die Besprechung eines Lesestücks wegen großer Unruhe ab und läßt das Stück statt dessen abschreiben. Dabei wird es vorübergehend ruhiger in der Klasse.
Bei der Beobachtung von Rüdiger fallen folgende Begebenheiten auf:

- Rüdiger tritt in allen Stunden dadurch hervor, daß er die Aufmerksamkeit der Mitschüler und der Lehrerin auf sich lenkt, indem er dazwischenruft, sich vom Stuhl fallen läßt, anderen Schülern etwas wegnimmt usw.

- Folgende Sequenz spielt sich in allen drei Beobachtungsstunden ab, wenn auch unterschiedlich intensiv und ausgedehnt: Rüdiger ist in körperlicher Auseinandersetzung mit anderen Schülern verwickelt, wobei er andere Schüler teils herausfordert, teils Objekt ihrer Aggressionen wird. Wenn die Rauferei nicht bald eingestellt wird, sondern sich sogar noch steigert, schickt Frau L. Rüdiger auf einen Einzelplatz in der letzten Bankreihe. Sobald Frau L. an die Tafel zurückkehrt, beginnen andere Schüler Rüdiger zu ärgern und ihn als »Affe«, »Rocker« oder »doof« zu bezeichnen. In anderen Fällen weisen die Mitschüler lautstark auf Rüdigers Verhalten hin, springen auf und versuchen ihn wieder »einzufangen«. Nach einer Jagd durch das ganze Klassenzimmer wird Rüdiger »gestellt«. Dabei schreit er wie am Spieß, auch wenn ihm weiter nichts geschieht.
- Bei einem dieser Vorfälle kommt es zu einer ernsthaften Prügelei, ehe Frau L. eingreifen kann. Als sie die Schüler schließlich gewaltsam zurückhält, packt Rüdiger weinend seine Tasche und verläßt das Klassenzimmer. Frau L. gibt der Klasse eine Schreibarbeit, geht dann hinaus und kommt nach kurzer Zeit mit Rüdiger zusammen zurück.

Diese Beobachtungen widerlegen die Vermutung, daß die kollektiven Störungen in dieser Klasse hauptsächlich von einem einzelnen Schüler verursacht werden. Rüdiger ist zwar häufig an Störungen beteiligt, ohne daß diese aber immer von ihm ausgehen. Berücksichtigt man alle nicht-unterrichtsbezogenen Schüleraktivitäten, so lassen sich bei nahezu allen Schülern wiederholt Unterrichtsstörungen beobachten. Im übrigen scheint die didaktische und methodische Gestaltung des Unterrichts wenig geeignet, die Aufmerksamkeit einer schwierigen Klasse für längere Zeitabschnitte zu fesseln bzw. die Schüler zur intensiven Mitarbeit anzuregen. Allerdings wäre es verfehlt, darin die einzige Ursache der Schwierigkeiten zu sehen. Berücksichtigt man die subjektiv belastete Situationsauffassung der Lehrerin, so liegt die Annahme nahe, daß sich ihre Hilflosigkeit der Klasse gegenüber auch auf die Unterrichtsgestaltung auswirkt.

2. Beobachtungen in relevanten Situationen (BIRS). Die Gespräche mit der Lehrerin ergeben, daß sie sich vor allem durch das Verhalten der Klasse während und nach der großen Pause stark belastet fühlt.

Während der Pause und in den ersten fünfzehn Minuten des Unterrichts nach der Pause werden deshalb systematische Beobachtungen durchgeführt. Es liegen Ergebnisse von drei Beobachtungen vor. Aufgrund der bisherigen Unterrichtshospitation werden für die Beobachtungen nur solche Jungen ausgewählt, von denen regelmäßig zahlreiche Unterrichtsstörungen ausgehen: Rüdiger, Kurt und Christian. Während der bisherigen Beobachtungen fiel Andreas, der von Frau L. neben Rüdiger als besonders problematisch benannt worden war, nicht durch ungewöhnlich häufiges oder schweres »Stören« auf.

Zum Vergleich der Ergebnisse wird von den übrigen Schülern ein weiterer nach dem Zufallsprinzip ausgesucht und ebenfalls beobachtet. Dieser Schüler heißt Mario. Die Fünf-Minuten-Abstände gewähren genügend Zeit für das Notieren der Beobachtungen. Als Beobachtungskategorien für das Verhalten in der Pause werden die in der linken Spalte der nachfolgenden Tabelle aufgezählten Verhaltensweisen festgelegt. Die Striche hinter den Namen geben an, wie oft ein Verhalten der jeweiligen Kategorie im gegebenen Zeitabschnitt registriert wird. Die folgende Aufstellung gibt die Beobachtungsergebnisse wieder:

Verhaltensweisen \ Zeit	5	10	15	20
Umherlaufen (allein oder mit anderen)	Christian / Rüdiger /	Rüdiger //	Rüdiger //	Kurt / Rüdiger // Mario /
Spielen mit anderen	Kurt / Mario //	Christian / Kurt / Rüdiger / Mario //	Kurt / Rüdiger / Mario ///	Christian / Kurt / Rüdiger / Mario //
Streiten (ohne Tätlichkeiten)	Christian / Kurt / Rüdiger / Mario /	Christian / Kurt //	Christian / Kurt /	Christian /
Raufen	Christian / Rüdiger /	Christian / Mario /	Christian // Kurt /	Kurt /

Die Beobachtungen machen deutlich, daß Rüdiger, wenn er nicht von Anfang an in Streitigkeiten verwickelt ist, allein spielt, sich zurückzieht oder sich bei den Mädchen aufhält. Christian und Kurt bilden auf dem Schulhof Cliquen um sich und provozieren dann regelmäßig andere Schüler, vor allem die Mädchen der Klasse, was zu etlichen Auseinandersetzungen führt. Häufig kommt es auch zu Streit und Raufereien zwischen den beiden Gruppen.

In den drei vorgesehenen fünfminütigen Beobachtungsabschnitten im Unterricht nach der Pause wird ausschließlich nicht-unterrichtsbezogenes Verhalten registriert. Die jeweiligen Kategorien sind in der folgenden Tabelle wieder in der linken Spalte eingetragen.

Verhaltensweisen \ Zeit	5	10	15
Einzeltätigkeiten (Lesen, Spielen mit Gegenständen etc.)		Kurt Mario	Mario
Reden mit anderen	Rüdiger / Mario //	Christoph / Kurt / Rüdiger // Mario //	Christian // Kurt // Rüdiger / Mario /
Umherlaufen	Mario /	Christian // Kurt / Rüdiger /	Christian / Rüdiger / Mario /
Tätlichkeiten	Christian /// Kurt /// Rüdiger /		Kurt / Rüdiger /

Die Beobachtungen ergeben, daß die Spannungen zwischen den Schülern unmittelbar nach der Pause ansteigen, wenn die Schüler wieder im Klassenzimmer zusammenkommen; es werden heimlich Schläge ausgetauscht oder offene Kämpfe ausgetragen. Die meisten Schüler der Klasse sind eher mit diesen Auseinandersetzungen als mit dem Unterricht beschäftigt.

3. Videoaufnahme einer Unterrichtsstunde. Frau L. willigt etwas zögernd ein, eine Videoaufnahme von der Unterrichtsstunde anfertigen zu lassen, da sie zunächst befürchtet, daß die Aufnahmen zu anderen Zwecken als der unmittelbaren Rückmeldung dienen könnten. Lehrer und Schüler stellen sich auf die neue Situation ein: Frau L. hat ihren Unterricht sehr gründlich vorbereitet; die Schüler sind durch die ungewohnte Kamera in ihrem Rücken leicht abgelenkt. Dennoch bestätigt der Mitschnitt die vorherigen Beobachtungen: Frau L. bittet in dieser Stunde 25 Mal um Ruhe, ermahnt 14 Mal Jungen (fünfmal Rüdiger) und ruft bis auf ein Mädchen nur Jungen auf. Ein Großteil der Schüler beschäftigt sich mit den Inhalten der Unterrichtsstunde. Insgesamt kommt es zu keinen großen Störungen, was wohl der ungewohnten Kamera zuzuschreiben ist. Frau L. ist unmittelbar nach der Videoaufnahme eher erleichtert, da es nicht zu größeren Rauereien oder Störungen gekommen sei.

c) *Die Situation aus Sicht der Schüler.* Mit Hilfe der folgenden drei Verfahren wird versucht, die Situation auch aus der Perspektive der Schüler zu erfassen:
1. direkte, schriftliche Befragung der Schüler,
2. Reporterspiel,
3. Einzel- und Gruppenbefragung.

1. Schriftliche Befragung. Aufgrund der vorausgegangenen Beobachtungen wird eine kurze Liste mit Fragen für eine strukturierte Schülerbefragung zusammengestellt, um eine Bestandsaufnahme der Schülermeinungen zu erhalten.

Bei der ersten Frage sollen die Schüler angeben, was sie in der Klasse stört. Die meisten Mädchen äußern sich dahingehend, daß die Jungen zu laut seien und sie nicht in Ruhe ließen. Zehn Schüler (5 Jungen und 5 Mädchen) behaupten, daß Rüdiger zu laut sei. Sie ärgern sich über ihn und fühlen sich von seinem Gerede gestört.

Die zweite Frage bezieht sich auf Vorschläge, was die Lehrerin anders machen sollte. Die Schüler zeigen sich insgesamt mit Frau L. recht zufrieden, sie wünschen sich aber bessere Noten und mehr Spiele im Unterricht. Einige Schüler geben an, Frau L. solle »lieb« sein. Etliche Schülerinnen schlagen vor, daß Frau L. Rüdiger und Andreas aus dem Klassenzimmer schicken sollen, wenn diese zu viel »Blödsinn« machen. Die Lehrerin solle den Mädchen beistehen, wenn die Jungen sie ärgern, und vor allem solle sie auch weniger Hausaufgaben geben.

Mit der dritten Frage wird zu Überlegungen aufgefordert, was die Schüler selbst anders machen könnten. Mädchen wie Jungen schlagen vor, mehr Strafarbeiten zu verteilen. Die meisten Jungen nennen keine eigenen Handlungsalternativen, sondern glauben, daß vor allem durch körperliche Strafen, z.b. durch Ohrfeigen, mehr Ruhe erzielt werden könne. Die Mädchen denken eher an eigene Verhaltensänderungen und geben an, sie müßten ruhiger und lieber sein.

Die vierte Frage stellt den Schülern verschiedene Verhaltensziele zur Auswahl, für deren Realisierung die Lehrerin sorgen sollte. Fast alle Mädchen und Jungen stimmen für die beiden folgenden Vorschläge:
- Die Lehrerin soll verhindern, daß zwei Schüler sich schlagen.
- Die Lehrerin soll für mehr Ruhe in der Klasse sorgen.

Mit der fünften Frage werden die Schüler aufgefordert, abschließend zu notieren, was ihrer Meinung nach sonst noch wichtig wäre. Die Vorschläge betreffen etliche Einzelheiten wie z.b. Strafarbeiten, Ausflüge, Strenge; einige Schüler haben gar keine Vorschläge.

2. Reporterspiel. Das Spiel wird in zwei Schritten durchgeführt. Zunächst notiert jeder Schüler auf einem Blatt Fragen zur Situation in der Klasse, die im Reporterspiel verwendet werden können. Danach werden nacheinander jeweils zwei Reporterteams (aus zwei oder drei Schülern bestehend) mit Kassettenrecorder und Mikrofon ausgerüstet. Die Teams stellen sich in zwei diagonal gegenüberliegenden Ekken des Klassenzimmers auf, die anderen Schüler spazieren »wie auf der Straße« an ihnen vorbei. Einzelne Mitschüler werden angehalten und aufgrund der vorher gesammelten Fragen interviewt.

Im folgenden geben wir eine Auswahl der im ersten Schritt gesammelten Fragen wieder (in Klammern steht die Anzahl der Schüler, die sinngemäß die gleiche Frage notiert haben):
»Warum ist Rüdiger böse?« (7)
»Warum schreibt Rüdiger nie mit?« (7)
»Warum ägern uns die Buben immer in der kleinen Pause?« (4)
»Warum redet Christel die ganze Stunde?« (3)
»Warum mischt sich Bernd immer ein?« (3)
»Warum ist es in unserer Klasse so laut?« (3)
»Warum streiten wir so viel?« (3)
»Warum schreit Andreas dazwischen?« (2)
»Warum ist Bernd so doof?« (5)

Fragen, durch die einzelne Kinder negativ bewertet werden, sind problematisch und müssen deshalb, sofern sie für das Reporterspiel überhaupt zugelassen werden, spätestens nach, besser aber noch vor dem Spiel besprochen werden. Zwar wissen diese Kinder häufig Bescheid darüber, daß sie in der Klasse wenig anerkannt sind, aber es ist doch ein Unterschied, ob z.b. die Bezeichnung »doof« nur bei Auseinandersetzungen fällt oder ob dieses Etikett »offiziell« vor der Lehrerin und der gesamten Klasse verwendet wird. Allerdings kann »doof« auch heißen, daß bestimmte Verhaltensweisen als schwer erträglich empfunden werden. Auch in unserem Fall stellt sich bei der Auswertung des Interviews mit diesen Fragestellungen heraus, daß sich die Mitschüler vor allem darüber ärgern, daß Bernd sich überall einmischen und die Führung an sich reißen möchte. Die Durchführung des Interviews wird mit einer Videokamera aufgezeichnet. Allerdings verläuft das Spiel so turbulent, daß die Tonqualität der Aufnahmen stark beeinträchtigt ist. Wir verzichten deshalb darauf, Interviewausschnitte wörtlich wiederzugeben.

3. Einzel- und Gruppenbefragung von Schülern. Die Einzelbefragung von 10 Schülern (5 Jungen und 5 Mädchen) verfolgt zwei Ziele. Zum einen sollen noch nicht bekannte Normen und Prozesse aufgedeckt und zum anderen die Bereitschaft der Schüler zu konkreten Verhaltensänderungen erfaßt werden. Die Gespräche finden während des Unterrichts statt. Jeweils ein oder zwei Schüler werden zur Besprechung der Fragebogenergebnisse in einen Nebenraum gebeten.

Alle Schüler, die wir auf diese Weise befragen, zeigen sich für mögliche Veränderungen in der Klasse aufgeschlossen. Sie erklären sich bereit, an der Vereinbarung verbindlicher Regeln für das Verhalten in der Klasse mitzuwirken. Die Schüler werden auch danach gefragt, mit wem sie bei der möglichen Bildung von Gruppen gern zusammensitzen würden. Auch Rüdiger zeigt sich prinzipiell kooperativ, obwohl er angibt, daß er sich in der Klasse überhaupt nicht wohl fühle und deshalb lieber in eine andere Klasse ginge.

d) Gemeinsame Suche nach Handlungsmöglichkeiten. Während eines zweiten, längeren Gesprächs mit Frau L. werden die Videoaufzeichnungen ihrer Unterrichtsstunde gemeinsam angesehen und die Ergebnisse der Schülerbefragung diskutiert: Die Videoaufzeichnung ist für Frau L. zunächst schockierend, da sie nun die Vorgänge im eigenen Unterricht aus der Position eines außenstehenden Beobachters verfolgen kann und auch mit ihrem eigenen Unterrichtsverhalten konfrontiert wird. Sie habe nach dieser Stunde gar nicht den Eindruck gehabt, daß die Klasse so unruhig gewesen sei; unmittelbar nach der Videoaufzeichnung habe sie im Gegenteil das Gefühl gehabt, die Stunde sei ganz gut verlaufen. Nun stelle sie aber fest, daß die meisten Schüler gar nicht auf sie achten und sich mit anderen Dingen beschäftigen. Sie höre ihren eigenen Mahnungen und Bitten zu und sehe deren Vergeblichkeit. Außerdem bemerkt Frau L., daß der Unterrichtsmitschnitt Szenen enthalte, in denen Rüdiger mehrmals ungetadelt Verhaltensweisen zeige, die nach Meinung von Frau L. bei anderen Schülern sofort Ermahnungen nach sich ziehen würden. Die Schülerfragebogen erscheinen Frau L. besonders aufschlußreich: Sie habe nicht erwartet, daß die Schüler eine so eindeutig stärkere Strukturierung des Unterrichts durch Regeln wünschen könnten; die Aufmerksamkeit von Frau L. war ganz auf die Störungen durch Rüdiger konzentriert. Nach der Zusammenfassung der Schülerantworten werden mit Frau L. drei grundlegende Möglichkeiten zur Veränderung der Klassensituation diskutiert:

1. Einführen von Verhaltensregeln. Aus Unterrichtsbeobachtungen und Befragungen der Schüler haben sich für diese Klasse drei wichtige Regeln ergeben:
- Die »Melderegel« fordert von jedem Schüler, der im Unterricht etwas sagen möchte, daß er sich meldet und wartet, bis er aufgerufen wird.
- Die »Sitzregel« fordert, daß jeder Schüler während des Unterrichts auf seinem Platz sitzenbleibt.
- Die »Gewaltlosigkeitsregel« verbietet jedem Schüler, einen Mitschüler zu schlagen oder zu stoßen.

2. Verändern der Sitzordnung. Momentan sitzen die Schüler in drei Reihen jeweils zu zweit an einem Tisch, also in der klassischen Sitzordnung des Frontalunterrichts. Alle Schüler können die Lehrerin gut sehen, müssen sich aber umdrehen oder hin- und herbeugen, wenn sie andere Schüler anschauen oder mit ihnen reden wollen. Dadurch ist die Kommunikationsrichtung weitgehend festgelegt: Alle regulären Unterrichtsprozesse laufen über die Lehrerin, und zwar in der Regel von der Lehrerin zu den Schülern; nur bei Lehrerfragen, auf die Schülerantworten folgen, kehrt sich die Richtung um. Auch wenn Schüler mit Unterrichtsbeiträgen auf Antworten anderer Schüler eingehen wollen, wirkt die Lehrerin als Vermittlerin der Kommunikation. Viele Verhaltensweisen, die die Lehrerin als störende Versuche von Schülern einordnet, Aufmerksamkeit auf sich zu lenken, dürften ihre Ursache in der Notwendigkeit haben, daß die Lehrerin tatsächlich zuerst auf einen Schüler aufmerksam werden muß, damit dieser das Wort erteilt bekommt. Alle Formen der Beteiligung am Unterricht - z.b. Kommentare, Einwände, alternative Vorschläge -, die nicht über die Lehrerin vermittelt werden,»stören« den geregelten Ablauf eines in dieser Weise lehrerzentrierten Unterrichts.

Wenn die Klasse dagegen in vier Gruppen zu je 5 Schülern gegliedert wird, können sich sehr viel mehr Kontakte und Möglichkeiten unterrichtsbezogener Beteiligung an den Ereignissen im Klassenzimmer zwischen den Schülern entwickeln; die Lehrerin wird entlastet. Dieser Vorschlag mag zunächst widersinnig erscheinen, da Gruppensitzordnungen allgemein mit vermehrter Unruhe im Klassenzimmer gleichgesetzt werden. Man muß jedoch zwischen einer produktiven und einer unproduktiv-störenden Unruhe unterscheiden. Die Möglichkeiten zu unterrichtsbezogener Kommunikation sind zweifellos in Fünfergruppen größer als in der Gesamtgruppe von 20 Schülern. Hinzu kommt der Vorteil, daß Schüler, die miteinander in engerem Kontakt stehen, viele der Kontrollaufgaben übernehmen können, die die Lehrerin für die ganze Klasse nicht zu leisten vermag. Untersuchungen haben gezeigt, daß ein einzelner Schüler eher dazu bereit ist, Verhaltensregeln einzuhalten, wenn er von den Mitschülern dazu ermuntert wird. So hat jeder Schüler die Möglichkeit, aktiv am Unterricht teilzunehmen, wobei störende Unterrichtsaktivitäten durch die wechselseitige Verhaltenskontrolle zurückgehen. In der Klasse sitzen Jungen und Mädchen bisher getrennt voneinander. Bei der Auflösung der starren Sitzordnung sollte man gleichzeitig auf eine nach Schülern und Schülerinnen gemischte Gruppenbildung achten, damit sich direkte Kontakte zwischen Jungen und Mädchen nicht nur auf die kurzen Pausenzeichen beschränken. Somit ist die Voraussetzung geschaffen, daß Jungen und Mädchen in dieser Klasse unbefangener miteinander umgehen lernen. Bei der Schülerbefragung wurden die drei genannten Regeln von den Schülern selbst nahezu einstimmig vorgeschlagen. Deshalb kann erwartet werden, daß sich die Schüler untereinander dazu anhalten, die Regeln zu befolgen, wenn die Voraussetzungen dafür durch eine geeignete Sitzordnung erst einmal geschaffen sind. Auch dann braucht man nicht zu befürchten, daß wechselseitige Kontrolle notwendig gleichbedeutend ist mit vermehrten Störungen im Klassenzimmer. Die Kommunikationsmöglichkeiten werden durch die vorgeschlagene neue Sitzordnung wechselseitig erweitert, da die Schüler an Gruppentischen auch nicht-verbal - vor allem mit Blickkontakten und Gesten - miteinander kommunizieren können. Die Frontalsitzordnung macht dagegen störende Aktionen notwendig, wenn Schüler andere an Regeln erinnern wollen.

3. Belohnung für regelorientiertes Verhalten. Als zusätzlichen Anreiz für einen festeren Zusammenhalt innerhalb der Gruppen und für das Einhalten der vereinbarten Regeln sollen Verstärkungen eingeführt werden, indem die ganze Gruppe für regelkonformes Verhalten ihrer Mitglieder Punkte erhalten kann. Gemäß einer vorherigen Absprache mit der Klasse kann eine bestimmte Anzahl von Punkten dann in Belohnungen eingetauscht werden. Dieses Vorgehen entspricht den Prinzipien der kooperativen Verhaltensmodifikation (Redlich & Schley, 1981).

Die Lehrerin registriert zunächst täglich während einer Stunde die Regelabweichungen in den Gruppen auf Beobachtungsblättern. Nach einer Auswertung am Ende des Unterrichts im Hinblick auf die Belohnungspunkte, die jede Gruppe erreicht hat, werden die Blätter für alle Schüler zugänglich aufgehängt. Über die täglich eingetragene Punktzahl erhalten die Gruppen eine Rückmeldung darüber, wie gut sie sich an den Regeln orientiert haben. Bei insgesamt vier Gruppen erhält die Schülergruppe mit den wenigsten Eintragungen auf dem Beobachtungsblatt, d.h. mit den wenigsten Regelabweichungen, vier Punkte; die folgende Gruppe, die etwas häufiger gestört hat, drei Punkte usw. Alle Gruppenmitglieder können so täglich die Position der eigenen Gruppe im Vergleich zu den anderen feststellen. Sie erkennen auch, welche Regeln sie schon gut eingehalten und mit welchen sie noch Schwierigkeiten haben. Bei der Registrierung und Punkteverteilung sollte die Klasse zunehmend mit einbezogen werden.

Bogen zur Registrierung von Regelabweichungen

Gruppe 1	Mo	Di	Mi	Do	Fr	Sa
Melderegel						
Sitzregel						
Gewaltlosigkeitsregel						
Tagessumme						
Belohnungspunkte						

98

Die Gruppen sollen anfangs täglich gegen Ende des Unterrichts, später am Ende der Woche, jeweils abhängig von ihrer erreichten Punktzahl belohnt werden und gemeinsam über den Verlauf diskutieren, so daß auch einzelne Gruppen, die bestimmte Schwierigkeiten bei der Einhaltung der Regeln haben, mit der Klasse Verhaltensvorschläge besprechen können.

Dieses Verfahren wirft einige Probleme auf: Das Ziel der Maßnahme besteht darin, kollektive Störungen zu beseitigen, Auseinandersetzungen und Streitereien zwischen den Schülern abzubauen sowie eine Orientierung an für alle verbindlichen Regeln aufzubauen. Langfristig wird mit Hilfe der Maßnahmen der kooperativen Verhaltensmodifikation auch eine positive Interaktion in der Klasse angestrebt. Der Rückmeldeplan scheint aber ganz offensichtlich eine Konkurrenz zwischen den Teilgruppen der Klasse anzuregen. Könnte dies im Widerspruch zu den angestrebten Zielen stehen und die Situation möglicherweise noch angespannter machen?

Beim ersten Schritt muß man beachten, daß die geplanten Maßnahmen die Kooperation zwischen den Mitgliedern jeder Gruppe fördern, so daß die Schüler z.b. versuchen, sich gegenseitig darin zu unterstützen, die vereinbarten Regeln einzuhalten. Parallel dazu erleben die Mitglieder jeder Gruppe auch eine wechselseitige Abhängigkeit im Hinblick auf das Ziel, nämlich die hohe Punktzahl, die sie nur gemeinsam erreichen können. Im Gegensatz zur individuellen Wettkampforientierung fördert diese Form der Konkurrenz gleichzeitig den Zusammenhalt in kleinen, für die einzelnen Schüler überschaubaren Gruppen.
Nach ersten Erfolgen, z.b. nach deutlicher Reduktion der Regelabweichungen, erhält dann die ganze Klasse gemeinsam Punkte für genau zu vereinbarende Regelbefolgungen.

Die Belohnungen der Schüler stellen ein weiteres Problem dar: Frau L. kann sich nicht genau vorstellen, was ihre Schüler als Belohnung werten. Sie nimmt sich deshalb vor, zunächst bei geeigneter Gelegenheit die Wirkung verschiedener Belohnungen auf die Klasse zu erproben. Grundsätzlich ist es empfehlenswert, Belohnungen mit den Schülern gemeinsam festzulegen. Eine Befragung der Klasse, welche Belohnungen sie gern hätte, erschien Frau L. zu offen, da sie nur unrealistische Vorschläge erwartete. Sie wollte sich deshalb vor Beginn gezielter Veränderungen eigene Gedanken machen.

Frau L. brachte bei der Diskussion der verschiedenen Möglichkeiten zunehmend Bedenken vor. Sie scheute vor gezielten Interventionen eher zurück, da sich in den ersten 14 Tagen, in denen Beobachtungen im Klassenzimmer und in der Pause durchgeführt worden waren, bereits positive Veränderungen der Klassensituation ergeben hatten. Der Beobachter hatte auch festgestellt, daß der Unterricht seiner Einschätzung nach inzwischen besser strukturiert sei als zu Beginn seiner Beobachtungen. Diese Veränderungen wollte Frau L. nicht durch zusätzliche Eingriffe aufs Spiel setzen. Der Problemdruck hatte etwas abgenommen, und Frau L. sah die Gefahr, daß die Klasse aufgrund der notwendigen Maßnahmen vielleicht in den alten Zustand zurückfalle. Außerdem machte sie nochmals ihre bereits geäußerten Bedenken geltend, daß in dieser Klasse keine Gruppenarbeit möglich sei. Es wurde eine Einigung dahingehend getroffen, die Schüler zunächst zu informieren und um ihre Meinung zu befragen. Die Realisierung des Vorhabens sollte erst nach den Weihnachtsferien, die kurz bevorstanden, beginnen. Frau L. wollte bis dahin darauf achten, wie die von den Schülern genannten drei Regeln eingehalten bzw. nicht eingehalten werden; außerdem beabsichtigte sie, besonders kritische Unterrichtssituationen schriftlich festzuhalten.

Frau L. informierte die Schüler über das Vorhaben, indem sie der Klasse die Ergebnisse und Auswertungen der Schülerbefragungsbogen mitteilte. Die Schüler erkannten in den Formulierungen der drei Regeln ihre eigenen Wünsche und hatten nichts gegen deren Einführung einzuwenden. Sie wollten noch am selben Schulvormittag auf die Einhaltung der Regeln achten.

Über den Vorschlag, einzelne Gruppen zu bilden, waren sie begeistert, da sie bereits in der zweiten Klasse positive Erfahrungen mit Gruppenarbeit gemacht hatten, was Frau L. bis dahin nicht wußte. Die Schüler wollten wissen, mit wem zusammen sie eine solche Gruppe bilden sollten; sie nannten kategorisch Vorlieben und Ablehnungen und Frau L. einigte sich mit ihnen ganz allgemein darauf, vier oder fünf gemischte Gruppen zu bilden und verschob das Problem der Gruppenzusammensetzung damit auf die Zeit nach den Weihnachtsferien. Bis dahin wollte sie gemeinsam mit dem Schülern Erfahrungen im Umgang mit den drei Regeln sammeln.

2.8 Abschließende Überlegungen

Das Fallbeispiel sollte konkretisieren, wie aggressives Verhalten entstehen kann. Nämlich dadurch, daß von Schülern ausgehende Störungen, die sich über längere Zeit erstrecken, von der Lehrerin in ganz individueller Weise aufgefaßt und beantwortet werden. Die »Personifizierung« der Störungen auf wenige Schüler und das übersensible Reagieren auf sie führen mit der Zeit dazu, daß die Schüler sich entsprechend den Lehrerreaktionen verhalten. Übernehmen auch noch viele Mitschüler die Meinung, nur wenige »Störer« seien die alleinige Ursache aggressiven Verhaltens, wie sich z.b. im Reporterspiel zeigt, so stabilisieren sich Ursachenzuschreibungen und Rollen. Aggression wird schließlich mit Gegenaggression beantwortet und es ist nicht zu erwarten, daß ganz von allein Änderungen eintreten. Da die Bedingungen für das momentane Auftreten der kollektiven Störungen im Handeln der Lehrerin ebenso zu suchen ist wie im Verhalten der Schüler, und darüber hinaus noch alle Beteiligten wechselseitig aufeinander einwirken, sind Maßnahmen zu entwickeln, die an verschiedenen Punkten gleichzeitig ansetzen. Da sollte einmal die Lehrerin versuchen, ihre Wahrnehmungen zu korrigieren und sich selbst in kritischen Situationen zu beruhigen, um Mut für neues Eingreifen zu schöpfen (vgl. Kapitel D 1 zu den Selbstkontrollmöglichkeiten für Lehrer). Zum anderen sollte die Beeinflussung der Schüler konsequenter geschehen, indem zu relativ frühen Zeitpunkten Störungen begrenzt und erwünschtes Verhalten bekräftigt wird (vgl. Kapitel D 2). Am erfolgreichsten dürfte schließlich das gemeinsame Bemühen von Lehrerin und Schülern sein, den Konflikt zu bearbeiten und die negativen Kreisprozesse zu unterbrechen (vgl. Kapitel D 3).

Aggressives Verhalten und kollektive Störungen werden aber trotz der genannten Handlungsmöglichkeiten immer ein belastendes Problem darstellen. Das liegt daran, daß sich Lehrer und Schüler stark persönlich angegriffen fühlen und entsprechend ihrer Gefühle zum Teil »kurzschlußartig« reagieren. Aber auch wenn aufkommender Ärger zu harten pädagogischen Maßnahmen verleitet oder das Scheitern vieler Bemühungen zu Hilflosigkeit führt, möchten wir dennoch dazu ermuntern, derartige Probleme zu analysieren, wie es das Fallbeispiel zeigte, und darauf aufbauend Handlungsmöglichkeiten zu suchen, mit denen ein Teil der Konflikte besser bewältigt werden kann als zuvor.

3. Beeinträchtigte Lehrer-Schüler-Beziehungen

Will man einige Ursachen für belastete Beziehungen zwischen Lehrern und Schülern skizzieren, so kann man - in direktem Anschluß an die Kapitel B 1 und B 2 - vermuten, daß Fehler in der gegenseitigen Wahrnehmung, unzutreffende Erwartungen und ungünstige Verhaltensweisen die Konflikte hervorrufen und stabilisieren. Dabei spielen die Alltagstheorien des Lehrers über seine Schüler, sowie die Alltagstheorien der Schüler über ihren Lehrer, eine erhebliche Rolle (vgl. Kapitel A). Wenn wir nachfolgend beeinträchtigte Lehrer-Schüler-Beziehungen aus dieser Sicht analysieren und erneut durch ein Handlungsmodell präzisieren, so muß einschränkend gesagt werden, daß dies nur eine von mehreren konkurrierenden Erklärungsmöglichkeiten ist. Lehrer-Schüler-Interaktionen lassen sich nicht nur durch subjektive Theorien und aktuell handlungssteuernde Gedanken und Gefühle erklären, sondern auch durch umfassende Bedingungen der Schule als sozialer Organisation und der in ihr festgeschriebenen Rollen; durch überdauernde Persönlichkeitsmerkmale der miteinander in Kontakt stehenden Lehrer und Schüler; durch allgemeine Ziele, die verfolgt und Werte, die angestrebt werden. Solche Bedingungen sind nur langfristig beeinflußbar. Dagegen bietet die handlungstheoretische Sichtweise den Vorteil, daß Bereiche entdeckt werden können, in denen auch kurzfristig Änderungen möglich sind. Allerdings ist das Ausmaß der Veränderungen durch die umfassenderen Bedingungen begrenzt.

3.1 Lehrererwartungen und Lehrerverhalten

Die folgenden Beobachtungen wurden im fünften Schuljahr einer Hauptschulklasse gemacht. Die Klassenlehrerin verfügte über langjährige Unterrichtserfahrung. Auf den ersten Blick ging sie mit allen 32 Schülern gleichermaßen freundlich um, erkundigte sich nach ihren Interessen und beteiligte sie häufig an Entscheidungsprozessen und Konfliktlösungen. Auf den zweiten Blick fiel aber auf, daß sich die Lehrerin in vergleichbaren Situationen unterschiedlich verhielt, je nachdem, um welchen Schüler es sich handelte. Zur genaueren Beobachtung wurden deshalb eine Schülerin und ein Schüler ausgewählt, die der Lehrerin beide problematisch erschienen:

Anke ist eine sehr leistungsschwache Schülerin mit großer Anhänglichkeit an die Lehrerin, aber wenig Kontakten zu ihren Mitschülern. Im Unterricht wirkt sie oft vollkommen abwesend. Insgesamt ist sie sehr ruhig.

Rainer ist leistungsmäßig besser als Anke. Der Lehrerin gegenüber verhält er sich eher abweisend. Zu den Mitschülern hat er in den Pausen regen Kontakt, während des Unterrichts spielt er fortwährend mit verschiedenen Gegenständen und scheint sich um Unterricht und Mitschüler kaum zu kümmern. Auffallend ist seine körperliche Unruhe: Er rutscht auf dem Stuhl hin und her, zupft an seinen Haaren, putzt sich die Fingernägel und beschäftigt sich ständig mit unterrichtsfremden Dingen.

Im folgenden soll dieses Beispiel eingehend analysiert werden. In vier typischen Unterrichtssituationen wurde die Lehrerin über längere Zeit hinweg beobachtet und ihre Verhaltensweisen Anke und Rainer gegenüber notiert. Die Beobachtungsergebnisse lassen sich folgendermaßen zusammenfassen:

Situation 1: Schüler nennt ein falsches Ergebnis. Anke und Rainer melden sich relativ selten zu Wort und werden auch selten aufgerufen. Wenn ein mündlicher Beitrag, den sie leisten, nicht richtig oder unvollständig ist, reagiert die Lehrerin auf beide Schüler unterschiedlich. Bei Anke
- gibt sie Zeit zum Nachdenken;
- formuliert sie die Frage um;
- weist sie noch einmal auf den Zusammenhang hin, in dem die Frage steht;
- gibt sie Lösungshilfen;
- wirken ihre Stimme, Mimik und Gestik aufmunternd.

Bei Rainer dagegen
- übergeht sie die Antwort und ruft einen anderen Schüler auf;
- fordert sie ihn auf, besser aufzupassen;
- drücken Stimme, Mimik und Gestik Ungeduld aus.

Situation 2: Schüler sind bei Einzelarbeit passiv. Die immer wieder in den Unterricht eingestreuten Phasen der Einzelarbeit werden von Anke und Rainer zum »Träumen« oder »Spielen« benutzt; passiv sitzen sie die zur Verfügung gestellte Zeit ab. In dieser Situation versucht die Lehrerin, Anke zu helfen, indem sie zu ihr hingeht, ihr die Aufgaben erklärt und manchmal sogar die einzelnen Schritte mit ihr bis zur Lösung durchgeht. Rainers passives Verhalten übergeht sie meistens; ganz selten fordert sie ihn kurz auf, endlich mit der Arbeit zu beginnen.

Situation 3: Schüler sind bei Gruppenarbeit passiv. In den Arbeitsgruppen, denen Anke und Rainer angehören, beklagen sich die Mitschüler immer wieder darüber, daß die beiden sich an der Arbeit kaum beteiligen. Wenn Beschwerden über Anke geäußert werden, bleibt die Lehrerin längere Zeit bei der entsprechenden Gruppe stehen und greift helfend in den Lösungsprozeß ein, wobei sie sich vor allem an Anke wendet. Auf Klagen über Rainer richtet sie meist nur eine kurze Ermahnung an ihn.

Situation 4: Schüler behindert durch Unaufmerksamkeit den Fortgang des Unterrichts. Beim Vergleich von Rechenergebnissen oder beim Lesen eines Lesestücks sind Anke und Rainer häufig so unaufmerksam, daß der Unterrichtsablauf kurz unterbrochen werden muß, sobald einer der beiden aufgerufen wird. Die Lehrerin hilft Anke in ruhigem Ton, die richtige Aufgabe bzw. richtige Zeile zu finden, während sie Rainer meist ungeduldig auffordert, besser aufzupassen.

Die beobachteten Verhaltensunterschiede der Lehrerin Rainer und Anke gegenüber sind sehr ausgeprägt und konstant: Während Anke ständige Hilfe und Unterstützung findet, wird Rainer eher übergangen und abweisend behandelt. Wie lassen sich solche Unterschiede erklären? Der beobachtbare Unterrichtsverlauf gibt darüber wenig Aufschluß. Wir müssen uns demnach fragen, welche inneren Prozesse bei der Lehrerin ablaufen, wenn sie auf vergleichbares Schülerverhalten auffallend unterschiedlich reagiert. Wir befragten deshalb die Lehrerin zu den vier Situation. Es ergab sich folgendes Bild: Wenn Anke ein falsches Ergebnis nennt, glaubt die Lehrerin, daß die richtige Lösung noch kommt, wenn nur genügend Zeit gelassen und eine gewisse Hilfestellung gegeben wird. Bei der Stillarbeit nimmt die Lehrerin an, daß Anke die Aufgaben nur mit zusätzlicher Unterstützung bewältigen kann. Ähnlich verhält es sich bei der Gruppenarbeit. Behindert Anke den Unterrichtsfortgang durch Nennen einer falschen Aufgabe oder durch Weiterlesen in der falschen Zeile, schließt die Lehrerin daraus, daß Anke in ihrer Aufmerksamkeit überfordert

ist, durch kleine Hinweise aber leicht wieder in das Unterrichtsgeschehen einbezogen werden kann. Demnach geht die Lehrerin von zwei Annahmen aus:
- Wenn Anke die gestellten Aufgaben nicht lösen kann, hält die Lehrerin sie für leistungswillig, aber überfordert.
- Die Lehrerin sieht günstige Erfolgsaussichten, wenn sie Anke besondere Unterstützung gewährt, um eine Aufgabe zu bewältigen. Diese Überlegungen motivieren die Lehrerin dazu, Anke stets freundlich zu behandeln und ihr bereitwillig zu helfen. Erwartungen und Handlungen der Lehrerin stimmen überein und sind gut nachzuvollziehen.

Wie sieht es nun bei Rainer aus? Wenn Rainer ein falsches Ergebnis nennt, ist die Lehrerin der Meinung, daß Rainer sich nicht bemüht, die richtige Lösung zu finden. Verhält er sich bei der Einzel- oder Gruppenarbeit passiv, glaubt sie, daß es zwecklos sei, ihn zur Mitarbeit aufzufordern. Nur wenn die Mitschüler sich über Rainer beklagen, ermahnt sie ihn kurz, um die anderen zu beruhigen. Behindert Rainer den Unterrichtsfortgang, weil er nicht aufgepaßt hat, führt sie dies auf »Faulheit« und »Interesselosigkeit« zurück, was sie ärgerlich stimmt, so daß die ungeduldig reagiert. Insgesamt ist die Lehrerin Rainer gegenüber ganz anders eingestellt als Anke gegenüber. Ihrer Meinung nach verweigert Rainer die Arbeit, wofür sie ihn selbst verantwortlich macht. Es erscheint ihr weder notwendig noch erfolgversprechend, ihm zusätzliche Hilfen zu geben. Sie ärgert sich über ihn, sieht aber keine Möglichkeit für wirksame pädagogische Maßnahmen. Deshalb ignoriert sie sein Verhalten so weit wie möglich und beschränkt sich auf kurze Aufforderungen und Ermahnungen. Die Handlungsweise der Lehrerin erscheint auch hier begründet und einleuchtend.

Offen bleibt allerdings, wie die Lehrerin dazu kommt, bei Anke andere Ursachen für das Verhalten und günstigere Erfolgsaussichten für zusätzliche Hilfen anzunehmen als bei Rainer. Frühere Erfahrungen der Lehrerin mit beiden Schülern haben wahrscheinlich gezeigt, daß sich Anke bereitwillig helfen läßt, während Rainer sich in entsprechenden Situationen eher abweisend verhält. Damit ist nicht gesagt, ob die günstigen bzw. ungünstigen Interaktionen ursprünglich von der Lehrerin oder von den Schülern ausgingen. Deutlich ist jedoch, daß sich bei Anke ein positiver Kreisprozeß der Lehrer-Schüler-Interaktion entwickelt hat, bei Rainer dagegen eher ein negativer.

Das Beispiel zeigt, wie sehr das Verhalten dieser Lehrerin im Unterricht von ihren spezifischen Einstellungen und Erwartungen bestimmten Schülern gegenüber abhängig ist. Eine solche Abhängigkeit besteht nicht nur in Einzelfällen, sondern wurde bereits in zahlreichen empirischen Untersuchungen nachgewiesen. Im folgenden soll eine dieser Untersuchungen ausführlich beschrieben werden.

Brophy und Good (1976) prüften in vier ersten Klassen, welche Zusammenhänge zwischen Erwartungen und Handlungsweisen der Lehrer im Unterricht bestehen. Jeder Lehrer sollte seine Schüler entsprechend ihren Leistungen in eine Rangreihe einstufen. Für die Unterrichtsbeobachtung wurden sechs Schüler mit hohen Rangplätzen und sechs Schüler mit niedrigen Rangplätzen ausgewählt, wobei sich sowohl in der leistungsstarken als auch in der leistungsschwachen Gruppe je drei Mädchen und drei Jungen befanden. Insgesamt wurden 48 Schüler beobachtet. Die Beobachtungen fanden an vier verschiedenen Tagen statt, jeweils während des ganzen Vormittags oder Nachmittags. In jeder Klasse waren zwei Beobachter tätig, die die Interaktionen zwischen dem Lehrer und den ausgewählten Schülern zahlenmäßig protokollierten. Dabei wurden 19 verschiedene Lehrerverhaltensweisen notiert. In vielen Bereichen ließen sich keine wesentlichen Verhaltensunterschiede leistungsstarken und leistungsschwachen Schülern gegenüber feststellen. Deutliche Unterschiede zeigten sich hauptsächlich in folgenden Punkten:
- Leistungsstarke Schüler wurden bei richtigen Antworten prozentual häufiger gelobt als leistungsschwache.
- Leistungsschwache Schüler wurden bei falschen Anworten prozentual häufiger getadelt als leistungsstarke.
- Gab ein leistungsstarker Schüler eine falsche Antwort, so wurde bei ihm prozentual häufiger die Frage wiederholt, die Frage umformuliert oder ein zusätzlicher Hinweis gegeben.
- Leistungsschwache Schüler erhielten prozentual seltener einen Hinweis darauf, ob ihre Antwort richtig oder falsch war, als leistungsstarke.

Die Ergebnisse dieser und vergleichbarer Studien überraschen auf den ersten Blick, denn sie verdeutlichen, daß Lehrer sich eher »unpädagogisch« verhalten: Anstatt den leistungsschwachen Schülern zusätzliche Unterstützung zu geben, ihre Kenntnislücken durch verschiedene Hinweise auszugleichen, sie zu ermutigen und zu bestätigen, die Frage umzuformulieren und mehr Zeit für die Antwort zu lassen, tun sie ziemlich genau das Gegenteil. Dagegen werden leistungsstarke Schüler unterstützt und gelobt; Fragen werden für sie umformuliert und ausreichend Zeit für die Beantwortung gegeben. Folglich dürfte es niemanden wundern, daß die leistungsstarken Schüler dabei immer besser und die leistungsschwachen immer schlechter werden!

Auf den zweiten Blick erscheinen diese Verhaltensunterschiede guten und schlechten Schülern gegenüber aber doch verständlich. Die meisten der angeführten Verhaltenweisen treten im erarbeitenden Unterrichtsgespräch auf, weil hier der Unterrichtsverlauf über Lehrerfragen und Schülerantworten gesteuert wird und die Erreichung der Lernziele von bestimmten Schülerbeiträgen abhängt. Aus inhaltlicher und didaktisch-methodischer Perspektive kommt es deshalb weniger auf die jeweiligen Bedürfnisse und Motive der aufgerufenen Schüler an, sondern in erster Linie auf das Vorankommen in der Vermittlung des Lerngegenstands. Da der Vermittlungsprozeß möglichst effektiv verlaufen soll, ist es notwendig, Störungen und Verzögerungen zu vermindern. Die von Brophy und Good (1976) gefundenen Verhaltensunterschiede werden also erklärbar, wenn man berücksichtigt, daß es nicht das einzige Ziel des Lehrers ist, angemessen auf den einzelnen Schüler zu reagieren, sondern daß die Lehrer-Schüler-Interaktion als Instrument eingesetzt wird, um die Unterrichtsinhalte zu vermitteln.

Die Lehrer-Schüler-Interaktion hat insbesondere beim Unterrichtsgespräch eine problematische Doppelfunktion: Sie ist einmal persönliche Interaktion zwischen zwei Partnern und somit danach zu beurteilen, wie rücksichtsvoll diese miteinander umgehen; sie ist zum anderen unpersönliches Instrument der Wissensvermittlung, das nach seiner Effektivität beurteilt wird. Beide Ziele widersprechen sich oftmals. So muß der Lehrer entscheiden, ob er bei der falschen Antwort eines Schülers Rücksicht auf dessen psychische Verfassung nimmt, ihm Zeit, Hilfe, Unterstützung und Zuwendung gibt, oder ob er sein Unterrichtsziel beibehält, ohne größere Abstriche zu machen, und folglich rasch einen anderen Schüler aufruft, um Zeit zu sparen und mögliche Umwege zu vermeiden.

Die Studien zur Lehrer-Schüler-Interaktion scheinen nahezulegen, daß Lehrer solche Konflikte häufig zugunsten des Vorankommens und zuungunsten des gerade aufgerufenen einzelnen Schülers lösen.

Dies wird auch durch eine Arbeit von Rosenthal (1975) bestätigt, der nach der Durchsicht von 242 Untersuchungen zur Lehrer-Schüler-Interaktion zu folgenden Ergebnissen kommt (bei denen es sich allerdings um verallgemeinerte Aussagen handelt, die individuelle Verhaltensunterschiede unberücksichtigt lassen):

- Lehrer bringen leistungsstarken Schülern mehr emotionale Wärme entgegen als leistungsschwachen. Sie zeigen mehr Freundlichkeit und Unterstützung bei guten als bei schlechten Schülern.
- Der Vermittlungsprozeß wird für leistungsstarke Schüler anspruchsvoller gestaltet als für leistungsschwache. Letztere erhalten leichteren Lehrstoff und mehr Gelegenheit für Wiederholungen.
- Bei leistungsstarken Schülern warten Lehrer länger auf eine Antwort und geben bei Mißerfolg mehr Hilfen als bei leistungsschwachen.
- Leistungsstarke Schüler erhalten nach einer richtigen Antwort häufiger positive Rückmeldung und erfahren bei einer falschen Antwort weniger Kritik als leistungsschwache Schüler.

Die eben beschriebenen Untersuchungen zeigen, daß Erwartungen und Lehrerverhalten eng zusammenhängen. Dabei müssen nicht immer gute Schüler ganz allgemein bevorzugt und schlechte Schüler ganz allgemein benachteiligt werden. Es kann auch sein, wie wir am Beispiel von Rainer und Anke sahen, daß zwischen zwei leistungsschwachen Schülern aufgrund unterschiedlicher Erwartungen erhebliche Verhaltensunterschiede gemacht werden. Wie nun Erwartungen und Verhalten des Lehrers im einzelnen zusammenhängen, zeigt das nachfolgend beschriebene Handlungsmodell.

3.2 Handlungsmodell zur Erklärung des Lehrerverhaltens

a) Wahrnehmung des Schülerverhaltens und unterrichtlicher Ereignisse durch den Lehrer. Wie schon in Kapitel B 2 dargestellt, hat der Lehrer während des Unterrichtens gleichzeitig mehrere Anforderungen zu erfüllen: Informationsvorgabe, didaktisch-methodische Entscheidungen, Aufrechterhalten der Schülermotivation, Steuerung und Beobachtung der schülerbezogenen Unterrichtsaktivitäten usw. Wegen dieser unterschiedlichen, parallel zu leistenden Aufgaben ist es dem Lehrer nicht möglich, alle Abläufe gleich intensiv zu verfolgen, und genauso unmöglich, alle im Klassenzimmer verteilten

Schüler ständig »im Auge zu behalten«. Dies muß zwangsläufig zu einer unvollkommenen, selektiven Unterrichtswahrnehmung führen. Es wäre allerdings ein großer Irrtum zu glauben, dieses Herausfiltern von Geschehnissen sei ein bewußter Vorgang und könne vom Lehrer ohne weiteres willentlich beeinflußt werden. Durch diese selektive Wahrnehmung »übersieht« der Lehrer - neutral ausgedrückt - manche unterrichtlichen Ereignisse, andere nimmt er übersensibel wahr. Die folgenden drei realen Beispiele sollen diesen Sachverhalt näher erläutern.

In einer 7. Klasse, Hauptschule, sitzen die 29 Schüler an fünf Gruppentischen verteilt im Klassenzimmer. Beim Frontalunterricht ist es meistens sehr unruhig. Auffällig ist, daß die Lehrerin bei zunehmender Unruhe fast immer die Schüler an einem ganz bestimmten Gruppentisch ermahnt, obwohl an jedem der anderen vier Tische auch Schüler sitzen, bei denen das nicht-unterrichtsbezogene Verhalten deutlich hervortritt. Aus der Sicht der Lehrerin sieht der Sachverhalt anders aus: Sie nimmt wahr, daß die Schüler am genannten Gruppentisch besonders stark stören. An den anderen Tischen sieht sie weitgehend unterrichtsbezogenes Arbeiten. Längere Beobachtungen in dieser Klasse machten deutlich, daß die Lehrerin störende Aktionen am besagten Tisch übersensibel registrierte, während sie das gleiche störende Verhalten an anderen Tischen gar nicht bemerkte. Die Folge war, daß sich die Beziehungen zwischen der Lehrerin und den ständig ermahnten Schülern zunehmend verschlechterten. Weitere Nachprüfungen ergaben, daß die übersensible Wahrnehmung vermutlich durch zwei, der Lehrerin nicht mehr bewußte Sachverhalte erklärbar war: Vor Monaten hatte die Lehrerin eine heftige Auseinandersetzung mit Manuela, einer sehr selbstsicheren Schülerin. Zusätzlich fühlte sie sich durch die eng zu Manuela haltende Schülergruppe ständig etwas verunsichert. Zum anderen waren die Schüler der besagten Gruppentische motorisch mehr auffällig, so daß die von diesem Tisch ausgehenden »Bewegungen« ausgeprägter erschienen als die von den anderen Tischgruppen.

In einer 6. Hauptschulklasse stellt ein Lehrer fest, daß er sich durch bestimmte Schüler ganz besonders stark gestört fühlt. Er kann sich das nicht erklären, da er »gegen diese Schüler nichts hat«. Durch die gemeinsame Teilnahme von Lehrer und Schülern an einem Training zur Verbesserung der Interaktion ist es möglich, an einem Nachmittag die Unterrichtssituation des Vormittags in einem Rollenspiel zu simulieren. Nach mehreren Durchführungen findet der Lehrer schließlich heraus, daß er die Stimmen einiger Schüler - nicht wegen deren Lautstärke, sondern wegen deren phonetischen Eigenarten - ganz besonders deutlich wahrnimmt, während er die Unterhaltung anderer Schüler, die »gedecktere« oder »angenehmere« Stimmen besitzen, kaum registriert.

In einer 5. Klasse, Hauptschule, fällt den Beobachtern auf, daß Sabine, eine leistungsmäßig durchschnittliche Schülerin, von der Klassenlehrerin und den praktizierenden Studenten besonders häufig aufgerufen wird, obwohl ihre Beiträge oft nicht weiterführen und sich immer viele Schüler gleichzeitig melden. Den Unterrichtenden fällt dagegen gar nicht auf, daß sie Sabine so häufig aufrufen. Nähere Untersuchungen mit Videoaufzeichnungen ergeben, daß Sabine, die direkt im Blickfeld des Lehrers sitzt, diesen die ganze Stunde sehr freundlich anschaut. Sobald sie eine Antwort zu wissen glaubt, schiebt sie sich deutlich mit großen, weit aufgerissenen Augen nach vorne, dieses Verhalten wirkt offenbar als Signal, sie (unbewußt) häufiger als andere Kinder aufzurufen. Beim Nachspielen solcher Szenen mit den Schülern fällt es der Lehrerin ebenso wie den praktizierenden Studenten schwer, auf diese Signale nicht zu reagieren, obwohl sie ihren »Aufforderungscharakter« kennen und sie die übrigen am Rollenspiel teilnehmenden Schüler gleich häufig aufrufen wollen.

Die drei Beispiele sollten zeigen, daß es sehr schwierig ist, die Art der Wahrnehmung unterrichtlicher Ereignisse zu rekonstruieren, weil die Wahrnehmung so rasch und selbstverständlich abläuft, daß der handelnde Lehrer kaum Auskünfte darüber geben kann, was er übersensibel wahrnimmt und was er übersieht, wobei mit »Übersehen« nicht das bewußte Ignorieren bestimmter Geschehnisse gemeint ist. Es ist nicht zu leisten, die eigene Selektivität der Wahrnehmung ohne Beobachter und ohne Hilfsmittel (wie Videoaufzeichnungen und Rollenspiel) herauszufinden. Ein derartiger Aufwand kann von einem einzigen Lehrer in der Regel nicht betrieben werden. Aber etwas anderes kann getan werden: Geht man davon aus, daß jeder von uns selektiv wahrnimmt und daß dadurch Störungen in der Lehrer-Schüler-Interaktion hervorgerufen oder verstärkt werden können, so kann man nach Maßnahmen suchen, um die einseitige und selektive Wahrnehmung zu verändern. Solche Maßnahmen müssen dabei gar nicht sehr aufwendig sein. So kann zum Beispiel das Wahrnehmungsfeld dadurch erweitert werden, daß ein in der Hand gehaltener Gegenstand den Betreffenden immer wieder daran erinnert, beim Beachten und Aufrufen der Schüler z.B. zwischen links und rechts, vorne und hinten, leistungsstärkeren und leistungsschwächeren Schülern abzuwechseln. Allein schon durch diese »Erinnerungshilfe« werden erstaunliche Veränderungen in der Wahrnehmung des Lehrers und positive Auswirkungen auf die Schüler erzielt.

b) Situationsbewertung durch den Lehrer. Diejenigen Verhaltensweisen der Schüler, die der Lehrer wahrnimmt, werden von ihm - meist ohne daß er sich dessen bewußt ist - bewertet. Da der Lehrer ständig solche Bewertungen vornimmt, laufen diese in der Regel sehr rasch ab. Die nachfolgend beschriebenen Bewertungsprozesse sind also weniger als ausführliche Überlegungen, sondern vielmehr als blitzartige Einschätzungen zu verstehen. Die vielfältigen im Unterricht auftretenden Situationen werden dabei nicht von Grund auf durchdacht, sondern einige wenige Eindrücke genügen, um sie einem bestimmten »Situationstyp« zuzuordnen. Jeder Lehrer hat dabei ein für ihn spezifisches »Raster«, das ihm im allgemeinen nicht voll bewußt ist, wenn er die Vielzahl einzelner Schülerverhaltensweisen solchen Situationstypen zuordnet. Manche Lehrer unterscheiden z.b. zwischen geringen Störungen des Unterrichtsverlaufs, starken Störungen, Aggressionen und Provokationen. Den Begriff »Provokation« hat der Lehrer für sich selbst an bestimmten Schülerverhaltensweisen festgemacht, beispielsweise offensives Zurschaustellen von Desinteresse oder massive Unterrichtsverweigerung. So läßt sich leicht erklären, daß zwei Lehrer, die sich darüber unterhalten, in welchen Situationen sie sich von Schülern provoziert fühlen, große Unterschiede in ihrer Bewertung feststellen: Das vorlaute Verhalten einer Schülerin wird z.b. vom einen als »Provokation«, vom anderen lediglich als »Störung des Unterrichtsverlaufs« gewertet. Bei einer derartigen Zuordnung handelt es sich also keineswegs um ein Spiel mit Begriffen, sondern um eine grundsätzliche Verschiedenheit in der Situationsauffassung und -bewertung.

Beispiel: Im Mathematikunterricht einer siebten Hauptschulklasse geht der Lehrer mit Aufgaben zur Flächenberechnung zügig voran. Carla, eine Schülerin, die stets durch eine sehr laute Stimme und wenig zurückhaltende Äußerungen auffällt, kann dem Rechentempo des Lehrers nicht folgen. Sie ruft dem Lehrer unüberhörbar zu: »Sie hüpfen wie ein Frosch an der Tafel herum! Da komme ich nicht mehr mit!«

Faßt der Lehrer diese Äußerung als Provokation auf, so wird dies bei ihm vermutlich eine intensive Gefühlsreaktion hervorrufen: Er sieht sich angegriffen, lächerlich gemacht oder kritisiert, was Ärger und Verstimmtheit bei ihm hervorruft. Dies wiederum führt mit hoher Wahrscheinlichkeit zu einer entsprechend verärgerten Reaktion. Faßt der Lehrer diese Äußerung dagegen als humorvollen Fingerzeig auf, er möge langsamer vorgehen, so sieht er sich zwar kritisiert, aber nicht verletzt, was eine wesentlich mildere Handlungsweise, vielleicht sogar ebenfalls eine humorvolle Bemerkung erwarten läßt.

Der Lehrer nimmt die Bemerkung der Schülerin in folgender Weise auf: Er fühlt sich zwar durch den Zuruf lächerlich gemacht und schlagartig unsicher, aber er ist nicht wütend auf Carla, weil er schon eine Reihe derartiger Situationen mit ihr erlebt hat und weiß, daß sie es »gar nicht so meint«. So bleibt er nach außen hin ruhig und erklärt noch einmal die letzten Schritte; innerlich beschäftigt ihn die Situation jeodch noch längere Zeit. Er nimmt sich deshalb vor, bei Gelegenheit mit ihr darüber zu reden. Bei einem überraschenden Besuch durch einige Schüler an einem der folgenden Nachmittage kommt Carla mit. Als er sie nun auf die Situation im Rechenunterricht anspricht, stellt er überrascht fest, daß Carla die Situation selbst und die von ihr benutzten Worte vollständig vergessen hat. Sie maß dieser Situation offenbar keine besondere Bedeutung bei und hatte sie vermutlich auch nicht als Provokation gemeint. Hätte der Lehrer bei seiner Situationsbewertung nicht Carla zugute gehalten, daß die Bemerkung anders zu verstehen sei als sie sich anhörte, so hätte er vermutlich sehr hart reagiert. Es läßt sich leicht ausmalen, daß sich Carla gegen die aus ihrer Sicht ungerechtfertigte Behandlung lautstark verteidigt hätte, wodurch die sich anbahnende positive Lehrer-Schüler-Beziehung erheblich beeinträchtigt worden wäre und sich bei einer Häufung derartiger Vorfälle eine gespannte Beziehung entwickeln könnte, wie sie Carla zu fast allen Lehrern unterhält.

Die Beispiele zeigen, daß die Situationswahrnehmung und -bewertung von Schülerverhaltensweisen häufig von nichtrationalen Momenten wie Verärgerung oder Angst stark mitbeeinflußt werden kann. Bei einer negativen, affektiven »Ausgangslage« erfolgt leicht eine in wesentlichen Teilen verzerrte und extrem verengte Informationsaufnahme. Die spontane und blitzartig folgende Bewertung wird insbesondere durch die Ursachen beeinflußt, die der Lehrer dem Schülerverhalten zuschreibt. Die Verärgerung ist dann enorm groß, wenn der Lehrer die Vermutung hat, daß der Schüler absichtlich das Ziel verfolgt, ihn zu ärgern, lächerlich zu machen und zu verletzen. Der Ärger ist dann geringer, wenn der Lehrer den Eindruck gewinnt, der Schüler sei nur unbeholfen in seiner Ausdrucksweise und sei ihm grundsätzlich wohlgesonnen.

Im Bereich des Leistungsverhaltens sahen wir an einem früheren Beispiel, daß sich die betreffende Lehrerin dann besonders ärgerte, wenn sie den Eindruck hatte, daß der Schüler absichtlich die Mitarbeit verweigerte. Ihre Zuschreibungen wie »faul« und »interesselos« drücken derartiges aus. Dagegen wurde das vergleichbare Verhalten einer anderen Schülerin von der Lehrerin viel milder bewertet, da sie die Schülerin für ihr Verhalten nicht negativ verantwortlich machte. Ihre Zuschreibungen »Anke braucht Hilfe«, »Anke kann es nicht allein« lassen dies erkennen.

Dabei ist es für den Lehrer im allgemeinen sehr schwierig herauszufinden, ob seine Ursachenerklärungen auch tatsächlich zutreffen. Im Regelfall erfolgen ja die einzelnen Lehrer-Schüler-Interaktionen sehr rasch aufeinander, und es wird selten der Versuch gemacht, diese Abfolge zu unterbrechen, um vom Interaktionspartner Auskünfte darüber einzuholen, wie ein bestimmtes Verhalten von ihm »zu verstehen« ist. Erschwerend kommt hinzu, daß gerade bei einer belasteten Lehrer-Schüler-Beziehung solche Auskünfte nicht offen gegeben werden. So ist es leicht erklärbar, daß gestörte Lehrer-Schüler-Beziehungen durch falsche Ursachenzuschreibungen entstehen können.

c) Entscheidung des Lehrers über die Notwendigkeit bzw. Nichtnotwendigkeit eines Eingreifens. Auch die Entscheidung des Lehrers, ob er eingreifen oder die weitere Situationsentwicklung abwarten soll, wird blitzartig gefällt. Der Lehrer bildet hierbei insbesondere Erwartungen darüber aus, wie die Situation verläuft, wenn er nicht eingreift. So greifen z.b. häufig Lehrer bei Rechen- oder Lesefehlern ihrer Schüler nicht sofort ein, weil sie erwarten, daß die Klasse den Fehler bemerkt und korrigiert. Ebenso zeigen die Untersuchungen zur Lehrer-Schüler-Interaktion, daß viele Lehrer bei fehlerhaften Beiträgen leistungsguter Schüler zunächst keine Korrektur geben, weil sie erwarten, daß der Schüler seinen Fehler von sich aus bemerkt und so noch selbst zur richtigen Lösung gelangt. Umgekehrt er-

scheint dem Lehrer ein Eingreifen dann unbedingt erforderlich, wenn er befürchtet, daß
- etwas Falsches gelernt wird,
- ein ordnungsgemäßer Unterrichtsablauf nicht mehr gewährleistet ist,
- seine persönliche Autorität auf dem Spiel steht.

Sein Eingreifen ist mit der Erwartung begründet, daß die Situation ohne sein Eingreifen bestehen bleibt bzw. sich gar noch verschlimmern könnte. Allerdings ist die Grenze, bis zu der ein Lehrer einen positiven Situationsverlauf erwartet, bzw. bis zu der er negative Auswirkungen toleriert (vgl. Peterson & Clark, 1978), von Lehrer zu Lehrer erheblich verschieden. Beispiel: Nach einem Tagesausflug mit dem Klassenlehrer kommen die Schüler am nächsten Morgen mit lauten Bemerkungen, aus denen zu entnehmen ist, daß der gestrige Ausflug eine große Enttäuschung war, zur ersten Schulstunde bei einem Fachlehrer ins Klassenzimmer. Weil er weiß, daß es beim morgendlichen Unterrichtsbeginn in dieser Klasse immer etwas lauter »zugeht«, sich die Stimmung aber sehr rasch wieder beruhigt, erwartet er, daß es heute auch so sein wird. Er stellt sich wie immer vor die Klasse und wartet ab, bis diese sich beruhigt hat. Er hält ein Eingreifen für nicht erforderlich. Als die Klasse nach einiger Zeit eher lauter als leiser geworden ist, ändern sich die Erwartungen des Lehrers. Er vermutet, daß die Aufregung über den mißglückten Ausflug so stark ist, daß es zu keinem geregelten Unterricht kommt, wenn er nicht alsbald eingreift. Dies tut er, aber er hat jetzt - nachdem die Schüler voll engagiert miteinander diskutieren - wesentlich mehr Mühe, als wenn er gleich zu Beginn der Stunde aktiv gehandelt hätte. Auch hier handelt es sich um einen subjektiven Entscheidungsprozeß, wobei die zugrundeliegenden Erwartungen des Lehrers gelegentlich auch unzutreffend sein können.

d) Auswahl wirksamer Handlungsmöglichkeiten. Die im Lehrer ablaufenden Prozesse der Situationsbewertung und das Abwägen des Eingreifens legen schon in gewissem Rahmen fest, welche Handlungsmöglichkeiten in Betracht kommen. Hat der Lehrer, wie in einem der vorigen Beispiele, Verständnis für die freche Bemerkung eines Schülers, so kommen eher humorvolle Erwiderungen, kurze Hinweise oder eine Aufforderung als Reaktion in Frage; fühlt sich der Lehrer dagegen provoziert, scheinen ihm eher Gegenangriffe oder Strafen angezeigt. Die Auswahl der im Moment günstigsten

Handlung richtet sich dabei nach den Zielen, die der Lehrer verfolgt, wobei hier weniger übergeordnete Ziele wie Mündigket und Selbständigkeit gemeint sind als die Verfolgung kurzfristiger Ziele wie die Aufrechterhaltung der Ordnung, der Motivation, des Unterrichtsflusses usw. Es ist dabei relativ selten, daß nur ein einziges Ziel mit einer Handlung verfolgt wird. Meistens müssen mehrere Ziele zugleich berücksichtigt werden, zum Beispiel: Der aufsässige Schüler soll zur Ruhe gebracht werden; die zuschauende Klasse soll merken, daß der Lehrer etwas derartiges nicht duldet; die zu vermittelnden Inhalte sollen durch die Unterbrechung möglichst wenig beeinträchtigt werden; die Selbstachtung des Lehrers soll erhalten bleiben usw. Gerade weil es der Lehrer mit vielen Personen zu tun hat und neben dem persönlichen Kontakt auch stoffliche und didaktisch-methodische Gesichtspunkte zu berücksichtigen sind und dies schließlich alles in Gebäuden stattfindet, in denen auch auf andere Personengruppen Rücksicht genommen werden soll, muß der Lehrer Kompromisse zwischen den Zielen schließen. Wenn es dabei nicht gelingt, alle angestrebten Ziele angemessen zu realisieren, dann werden einige den anderen über- bzw. untergeordnet. So sind einige Lehrer der Meinung, gute persönliche Beziehungen zu Schülern seien wichtig, noch wichtiger aber sei das Erreichen der lehrplanmäßigen Unterrichtsanforderungen. Zielkonflikte werden in diesem Fall dann so gelöst, daß der »Stoff« durchgenommen wird, ohne die vielleicht dringend anstehenden Beziehungsprobleme zwischen Lehrer und Schülern zu bearbeiten.

Die Auswahl der günstigsten Handlungsmöglichkeit richtet sich aber auch nach der Wirksamkeit der in Betracht gezogenen Handlungsmöglichkeit und nach den weiteren Folgen, die sie nach sich ziehen. In der kurzen Zeit, die dem Lehrer in der unterrichtlichen Interaktion zur Verfügung steht, können die Überlegungen zu den Zielen und die für die Zielerreichung wirksamen Handlungsmöglichkeiten natürlich nur äußerst kurz sein; in vielen Fällen sind sie auch automatisiert. So ist es auch hier möglich, daß die vom Lehrer erwarteten Wirkungen gar nicht eintreten. Beispiel: Eine Fachlehrerin unterrichtet in einer achten Hauptschulklasse Biologie. Während des Unterrichts erlebt sie die Schüler außerordentlich unruhig. Da die Lehrerin nur zwei Wochenstunden erteilt, neigt sie dazu, die Unruhe nicht grundsätzlich anzugehen, sondern versucht statt dessen, den vorgeschriebenen Stoff trotz der Unruhe zu vermitteln. Ihr Unterrichtsverhalten sieht dabei so aus, daß sie immer wieder um Ruhe bittet, danach aber im Stoff fortfährt. Ihr Verhalten erscheint ökonomisch: Die Eingriffe zur Regelung der Unruhe sind wenig aufwendig, es bleibt viel Zeit für die Stoffvermittlung. Die Erwartungen der Lehrerin über die Wirkungen ihrer Handlungen erweisen sich aber in zweifacher Hinsicht als unzutreffend: Einmal nimmt durch die kurzen Aufforderungen, wieder ruhig zu sein, die Unruhe nicht ab, sondern steigt während der ersten Schulwochen weiter an; zum anderen ist der Lernzuwachs der Schüler, wie die Leistungsmessungen ergeben, - vermutlich wegen der großen Unruhe - äußerst minimal.

Wie schon bei den Erwartungen über den Verlauf unterrichtlicher Situationen, so sind auch bei den Erwartungen über die Wirksamkeit von Handlungen Verzerrungen möglich, die u.a. daher kommen, daß der Lehrer im raschen Interaktionsablauf nur sehr unzureichend auf die Folgen bzw. auf die Wirksamkeit seines eigenen Handelns achten kann. An besonders wichtigen Stellen, wenn z.B. über längere Zeit eine gestörte Lehrer-Schüler-Beziehung durch die Maßnahmen des Lehrers nicht verbessert wird, ist es empfehlenswert, die Auswirkungen der eigenen Maßnahmen zu überprüfen. Hierzu können verschiedene diagnostische Fertigkeiten, z.B. Gespräche, Verhaltensbeobachtungen usw., eingesetzt werden. Als insgesamt für Beziehungskonflikte recht wirksame Handlungsmöglichkeit empfehlen wir, daß die am Konflikt beteiligten Personen die unterrichtliche Wissensvermittlung zurückstellen und ihre gestörte Beziehung zum Gegenstand des Gesprächs machen. Durch das Thematisieren von Konflikten wird es in vielen Fällen möglich, die Lehrer-Schüler-Beziehung zu verbessern, wodurch letztlich auch die Prozesse der Wissensvermittlung störungsfreier und damit erfolgreicher ablaufen sollten. Wie beim Lehrer so sind auch beim Schüler auf allen vier Prozeßstufen Einseitigkeiten und Verzerrungen möglich. Auch der Schüler kann sein Verhalten nur dann sinnvoll korrigieren, wenn er vom Lehrer bei der Konfliktthematisierung erfährt, wie sein Verhalten auf ihn wirkt, welche Absichten der Lehrer tatsächlich hatte usw. Damit läßt sich die Interaktion von Lehrern und Schülern als ein Aufeinandertreffen zweier einseitiger, oftmals verzerrter kognitiver und emotionaler Prozesse beschreiben. Treten Störungen auf, so können sie auf der einen oder auf beiden Seiten an einem oder mehreren dieser Prozesse festgemacht werden. Damit sind jetzt alle Voraussetzungen gegeben, um aufzeigen zu können, wie Kreisprozesse positiver und negativer Art in der Lehrer-Schüler-Interaktion in Gang kommen können.

3.3 Beispiele positiver und negativer Kreisprozesse in der Lehrer-Schüler-Interaktion

Daß Lehrer und Schüler sich wechselseitig beeinflussen, gehört zur Alltagserfahrung eines jeden Lehrers. Eine geradezu dramatische Entwicklung zeigt das folgende, häufig zitierte und viel diskutierte Beispiel. Rosenthal und Jacobson (1971) kamen - ausgehend von zahlreichen Untersuchungen aus Industrie, Medizin und Psychotherapie - zu der Überzeugung, daß Ereignisse, die man sicher erwartet, mit großer Wahrscheinlichkeit tatsächlich eintreten, selbst wenn die Erwartungen unbegründet oder falsch sind. Um dies nachzuweisen, führten sie eine Untersuchung durch, in der sie die Leistungserwartungen einiger Lehrer im Hinblick auf bestimmte Schüler veränderten, indem sie für diese erhebliche Leistungssteigerungen voraussagten. Dabei beriefen sie sich auf ihre wissenschaftliche Kompetenz; in Wahrheit wurden die Schüler aber nur nach Zufall ausgewählt. Der Effekt war erstaunlich: Sogar der Intelligenzquotient der ausgewählten Schüler erhöhte sich in relativ kurzer Zeit.

In späteren, ähnlich angelegten Untersuchungen anderer Wissenschaftler gelang es nicht mehr, solche Ergebnisse zu erzielen. Es konnten auch methodische Mängel in der Originalarbeit von Rosenthal und Jacobson nachgewiesen werden. Dennoch verdeutlichen die verschiedenen Untersuchungen zu diesem Thema, daß sich Erwartungen des Lehrers auf sein reales Verhalten auswirken und dadurch bestimmte Effekte bei den Schülern hervorrufen können, die seine Erwartungen bestätigen und ihn in seinem bisherigen pädagogischen Handeln bestärken usw. Ein solcher positiver Kreisprozeß ließe sich auch aus der Sicht des Schülers beschreiben: Der Schüler erwartet, daß der Lehrer seine Beiträge im Unterrichtsgespräch angemessen würdigt und trägt sie entsprechend selbstbewußt vor; der Lehrer reagiert darauf positiv, was zu vermehrten Anstrengungen des Schülers führt usw. Die Kreisprozesse in der Lehrer-Schüler-Interaktion bieten aber auch häufig Anlaß zu verzerrten Wahrnehmungen, falschen Interpretationen, gekränkten oder verärgerten Reaktionen, die die Beziehungen kurzfristig oder dauerhaft belasten können. Solche Interaktionen lassen sich untersuchen, wenn man Lehrer und Schüler nach dem Unterricht zur gleichen kritischen Situation befragt, um ihre jeweiligen Gedanken und Gefühle herauszufinden. Man erhält auf diese Weise »Momentaufnahmen«, aus denen abzulesen ist, wie Lehrer und Schüler »aneinander vorbei« handeln können.

Eine entsprechende Untersuchung führte Kopp (1980) durch. Sie befragte Lehrer und Schüler zu problematischen Situationen, die sie als Beobachterin im Klassenzimmer in der vorangegangenen Unterrichtsstunde auf Tonband aufgenommen hatte. Das Interview zielte darauf ab, bei Lehrern und Schülern die jeweils innerlich ablaufenden Prozesse zu erfahren. Dabei bemühte sich die Interviewerin, in einfacher Sprache zu sprechen und eine akzeptierende Atmosphäre zu schaffen, so daß die Schüler verstanden, um welche Auskünfte sie gebeten wurden und das Gespräch nicht als Belastung empfanden. Im Anschluß daran wurde der betreffende Lehrer befragt, der natürlich keinerlei Informationen über die Äußerungen seiner Schüler erhielt. Beide Gespräche wurden auf Band aufgezeichnet. Bei der Auswertung konnten nun die handlungssteuernden Prozesse des Lehrers den handlungssteuernden Prozessen des Schülers gegenübergestellt werden. Im folgenden soll ein Beispiel aus dieser Untersuchung wiedergegeben werden.

Im Mathematikunterricht zeichnet eine Schülerin eine Lösung an die Tafel, die Lösung ist richtig. Einige Schüler der Klasse rufen »falsch« dazwischen. Die Lehrerin erkennt, daß die Antwort richtig ist. Aus den Zwischenrufen entnimmt sie, daß einige Schüler die Aufgabe noch nicht voll verstanden haben. Die Lehrerin befürchtet, daß einige Schüler der Begründung der Lösung nicht mehr folgen, wenn sie jetzt gleich die Lösung der Schülerin bestätigt. Sie will aber erreichen, daß die Spannung erhalten bleibt und wählt eine Handlung aus, die offen läßt, ob die Lösung richtig ist, und dadurch zugleich der Klasse vermittelt, daß die Aufgabe noch einmal durchdacht werden muß. Deshalb sagt sie: »Jetzt wollen wir einmal sehen, ob Maria recht hat. Wir wissen das noch nicht genau. Wir denken uns zusammen die Lösung, die Maria vorgeschlagen hat, noch einmal durch.« Die Schülerin hält die von ihr an die Tafel gezeichnete Lösung für richtig. Die Äußerungen der Lehrerin machen sie aber unsicher: Sie überlegt, ob die Lösung falsch ist und zweifelt an sich, weil auch einige Mitschüler »falsch« gerufen haben. Sie zögert, ob sie etwas sagen soll, läßt es dann aber doch sein und geht langsam an ihren Platz zurück.

Die Situationsbewertung und die Handlungsauswahl der Lehrerin beziehen sich ausschließlich auf die Klasse. Ihr Ziel ist es, diejenigen Schüler zum Nachdenken zu bringen, die die Lösung noch nicht verstanden haben. Sie überlegt nicht, was in der Schülerin vorgeht. So gelangt sie zu einer Handlungsmöglichkeit, die didaktisch günstig sein mag, die Schülerin aber unsicher macht. Der beschriebene Interaktionsprozeß kann folgendermaßen veranschaulicht werden:

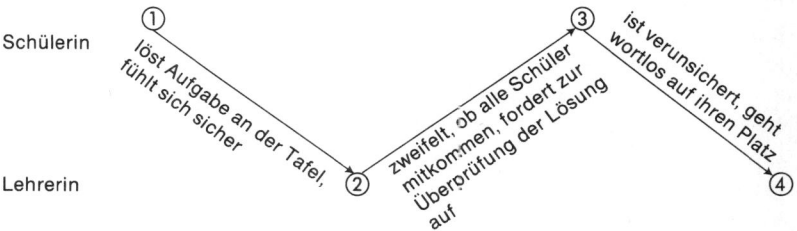

Nehmen wir einmal an, die Schülerin käme häufig in vergleichbare Situationen: Sicher wäre es ihr dann immer unangenehmer, an die Tafel zu gehen, weil sie fürchten müßte, lange im unklaren über ihre Lösung gelassen zu werden. Man kann weiter vermuten, daß mehrere solcher Erlebnisse dazu führen könnten, daß die Schülerin sich nicht mehr zu Wort melden mag und sich generell scheut, etwas vor der Klasse zu tun oder zu sagen. In diesem konkreten Fall kam es nicht so weit, da die Lehrerin die Unsicherheit der Schülerin bemerkte und sie für die Leistung an der Tafel lobte, nachdem sie noch einmal mit der Klasse die Lösung Schritt für Schritt durchgegangen war.

Im obigen Beispiel führte der ungünstige Interaktionsprozeß nur zu einer sehr kurzfristigen Belastung der Beziehung. Die nachfolgenden Beispiele sollen verdeutlichen, wie es zu schweren, langfristigen Belastungen der Lehrer-Schüler-Beziehungen kommen kann.

1. Beispiel: Gleich nach der zweiten Staatsprüfung wird ein Lehrer an eine Mittelpunktschule versetzt und soll dort ein achtes Schuljahr mit 35 Jungen und Mädchen übernehmen. Im Lehrerrat am letzten Samstag vor Schulbeginn stellen ihm seine neuen Kollegen die künftige Klasse vor: Es sei ganz schrecklich, dort zu unterrichten. Da in dieser Klasse kein Interesse und keine Motivation bestünden, helfe nur hartes Durchgreifen. Erschwerend komme hinzu, daß das Klassenzimmer sehr lang und schmal sei und der Lehrer keine gute Über-

119

sicht habe. So vorgewarnt kommt der junge Lehrer am Montag in die Klasse und findet tatsächlich einige Unruhe und einiges Durcheinander vor, das sich dann aber bessert, als die Schüler ihn bemerken. Nur an einem Tisch wird noch gelacht. Vier Schüler, mit dem Rücken zu ihm, hören einem fünften zu, der Witze erzählt. Der Lehrer hat noch deutlich die Worte seiner Kollegen im Ohr und setzt den Witzeerzähler kurzerhand vor die Tür. Danach beginn er vor der sehr still gewordenen Klasse seine erste Unterrichtsstunde. Welche inneren Prozesse spielen sich hier nun bei Lehrer und Schüler ab? Der Lehrer fühlt sich schon beim Betreten des Klassenzimmers unsicher, weil er befürchtet, diese Klasse nicht »in den Griff zu bekommen«. Dies um so mehr, als er im Jahr davor mit einer dritten Grundschulklasse viele Disziplinprobleme hatte. Er nimmt wahr, daß einige Schüler ihn gar nicht beachten, sondern weiterhin »Blödsinn machen«. Dies faßt er als Provokation auf und will den »Anführer« bestrafen, um allen Schülern zu zeigen, daß er sich nichts bieten lassen wird. Jörg, der Witzeerzähler, hat den Lehrer zwar gesehen, will aber die erst langsam abnehmende Unruhe noch dazu nutzen, einen weiteren Witz loszuwerden. Von der Maßnahme des Lehrers ist er völlig überrascht und findet sie sehr ungerecht. Es ist ihm unangenehm, vor die Tür gestellt zu werden. Zugleich ist er wütend auf den Lehrer. Er glaubt, daß dies eine übertriebene Bestrafung ist, vor allem deshalb, weil auch noch andere Schüler gesprochen haben.

In den folgenden Tagen versucht Jörg nun absichtlich, den Lehrer dadurch zu ärgern, daß er ab und zu »Blödsinn macht«, über den die Mitschüler lachen. Sehr wohl fühlt er sich dabei allerdings nicht, weil er mögliche Strafen fürchtet. Angesichts dieses Verhaltens fühlt sich der Lehrer recht hilflos: Mit Jörg wird er einfach nicht fertig. Ironische Herabsetzungen und Strafen bewirken immer nur kurzfristige Änderungen. Um ihn wenigstens in einem Fach »los zu sein«, kommt er schließlich auf den Einfall, den relativ leistungsschwachen Schüler, mit dem Einverständnis einer Kollegin, in den Englisch-A-Kurs zu schicken.

Jörg wiederum muß dies als Demütigung empfinden, weil er die erforderlichen Lernvoraussetzungen nicht hat und sich am Englischunterricht nicht mehr aktiv beteiligen kann. Sein Ärger über den Lehrer und seine Störungen im Unterricht nehmen noch zu. Im Laufe des Schuljahrs gewinnt der Lehrer eine immer bessere Einstellung zur Klasse, die sich insgesamt als gutwillig und einigermaßen fleißig erweist, so daß er sich wundert, warum die Berichte der Kollegen so negativ waren. Die Beziehung zu Jörg bleibt aber unverändert negativ. Beide, Lehrer und Schüler, erleben ihre Beziehung als gestört und empfinden es als sehr belastend, miteinander umgehen zu müssen. Der Konflikt zwischen Lehrer und Schüler bleibt bis zum Ende des Schuljahres unbearbeitet.

Frühere negative Unterrichtserfahrungen sowie gut gemeinte Warnungen von Kollgen führen einen Lehrer dazu, eher zufälliges Störverhalten eines einzelnen Schülers überzubewerten und unangemessen zu beantworten. Damit wird ein negativer Kreisprozeß in Gang gesetzt, der beide Seiten um so mehr belastet, als sich die Interaktionen des Lehrers mit der übrigen Klasse sehr positiv gestalten. Das Beispiel veranschaulicht auch ein schon früher beschriebenes Dilemma: Der Lehrer fühlt sich verpflichtet, für einen möglichst ungestörten Unterrichtsablauf zu sorgen, gerät dabei aber leicht in Gefahr, gegen Interessen und Bedürfnisse eines einzelnen Schülers, z.b. gegen sein Gerechtigkeitsempfinden, zu verstoßen.

2. Beispiel: Mitten im Schuljahr wird ein jüngerer Lehrer an eine andere Realschule versetzt. Er gibt dort Fachunterricht in Mathematik und Biologie. Damit er in diesen Fächern eingesetzt werden kann, sind Stundenplanänderungen notwendig. So gibt ein Kollege ein siebtes Schuljahr an ihn ab. Die Klasse, die ihren bisherigen Mathematiklehrer sehr gemocht hat, ist darüber enttäuscht. Sie empfängt den neuen Lehrer deshalb recht reserviert. Der bisherige Kollege stellt seiner Klasse den neuen Lehrer kurz vor und erteilt ihm - vor der Klasse - didaktische und methodische Ratschläge für die Gestaltung des Unterrichts. Diese Situation erlebt der neue Lehrer, der alle notwendigen Prüfungen erfolgreich abgelegt hat, als peinlich und beinahe demütigend. Er wagt aber nicht, die gut gemeinten, aber doch recht trivialen Ratschläge freundlich zurückzuweisen. Die Schüler bedauern, daß ihr netter Lehrer den Unterricht an einen anderen abtritt. Sie sind aber neugierig, wie der neue Lehrer ist. Da sie als Ausbildungsschule Studenten gewöhnt sind, halten sie den jungen Lehrer für einen Studenten, zumal der frühere Lehrer diesem erklärt, was er zu tun habe. Sie sind gewohnt, bei Studenten nicht so hart zu arbeiten und stellen sich auf eine wenig anstrengende Zeit ein.

Nachdem der bisherige Lehrer das Klassenzimmer verlassen hat, wird es sehr unruhig. Der neue Lehrer beginnt zu unterrichten; ein gewisses Maß an Unruhe bleibt aber, das sich in den nächsten Stunden noch steigert. Die Schüler fordern schließlich eine Diskussionsstunde pro Woche, um über aktuelle Themen, z.B. Drogen, Musik usw., zu sprechen. Der Lehrer gibt diesem Wunsch in der Hoffnung nach, daß die Schüler dann in den übrigen Stunden besser mitarbeiten. Als sich dieser Effekt nicht einstellt, schafft er die Diskussionsstunden wieder ab. Die Klasse revanchiert sich dafür mit vermehrter Unruhe, die der Lehrer zu überschreien versucht. Bis zum Ende des Schuljahres verläuft der Mathematikunterricht ziemlich chaotisch. Lehrer und Schüler sind am Ende froh, daß sie im kommenden Schuljahr nichts mehr miteinander zu tun haben.

Die Enttäuschung der Klasse über den Weggang ihres früheren Lehrers sowie der erste Eindruck mangelnder Kompetenz des neuen Lehrers führen dazu, daß der neue Lehrer abgelehnt und nicht ernstgenommen wird. Der Lehrer reagiert mit unangemessener Nachgiebigkeit, indem er auf die Forderungen der Schüler nach einer Diskussionsstunde pro Woche eingeht, so daß die Schüler den Mathematikunterricht erst recht als Freiraum für Unterhaltung und Jux auffassen. Daß es sich hier um einen negativen Kreisprozeß handelt und nicht um eine besonders »schwierige« Klasse oder einen besonders »unfähigen« Lehrer, zeigt sich darin, daß
- die Klasse im bisherigen Mathematikunterricht gut mitgearbeitet hat;
- der neue Lehrer in allen anderen Klassen, die er übernimmt, gut zurechtkommt, unter anderem in einem von vielen Kollegen als »schwierig« bezeichneten achten Schuljahr.

Da sich im Verlauf derartiger Kreisprozesse die gegenseitigen Erwartungen immer mehr stabilisieren und die Verhaltensweisen immer mehr einschleifen, ist es sehr schwierig, aus ihnen herauszukommen. Dazu kommt, daß bei negativen Kreisprozessen Gefühle wie Unsicherheit, Ärger und Resignation auf beiden Seiten eine Rolle spielen, so daß oft auch die Bereitschaft fehlt, überhaupt Anstrengungen zu unternehmen, um die Situation zu verändern. Es bedarf also einer erheblichen Motivation und gewisser Durchhaltefähigkeit, um hier Veränderungen einleiten zu können. Am günstigsten ist es dabei, wenn Lehrer und Schüler gemeinsam an einer Lösung arbeiten (vgl. Kapitel D 3). In der Regel wird dabei ein Konfliktgespräch zwischen dem Lehrer und dem einzelnen Schüler, der betreffenden Schülergruppe oder der ganzen Klasse stehen, je nachdem, wie viele

Personen in den Kreisprozeß einbezogen sind. Bei der Thematisierung des Konfliktes können beide Seiten ihre Sichtweise und ihre Gefühle artikulieren und sich darauf einigen, gemeinsam eine Lösung zu suchen. Diese kann darin bestehen, daß die Beteiligten genauer auf ihr eigenes Verhalten achten und es kontrollieren wollen, z.b. durch Selbstbeobachtungsbögen; daß die Beteiligten Regeln ausarbeiten, an die sie sich halten sollen; oder daß eine kooperative Verhaltensmodifikation angesetzt wird, bei der bestimmte Lehrer- und Schülerverhaltensweisen systematisch durch Selbst- und Fremdbekräftigung beeinflußt werden. Die genannten Maßnahmen erscheinen zum Teil aufwendig und es fragt sich, ob es nicht genügt, daß beide Seiten sich in einem Gespräch über die Kreisprozesse bewußt werden und sich allein dadurch schon anders verhalten können? Nach unseren Erfahrungen halten die Effekte von Konfliktgesprächen nur sehr kurz an. Die Bereitschaft, etwas zu verbessern, ist zwar geschaffen, aber die Reaktionen sind zum Teil dermaßen automatisiert, daß sie ohne gezielte Selbst- und Fremdkontrolle nur teilweise vermieden und durch günstigere Verhaltenweisen ersetzt werden können.

3.4 Fallbeispiel

Ein ausführliches Fallbeispiel soll zeigen, wie das, was »im Kopf des Lehrers vor sich geht«, zu unterschiedlichem Verhalten gegenüber verschiedenen Schülern führen kann. Es handelt sich dabei um keinen »dramatischen« Fall, sondern um alltägliche Reaktionen des Lehrers auf mündliche Schülerleistungen, wie sie ähnlich bei jedem Lehrer zu beobachten sind. Die Falldarstellung bezieht sich auf ein achtes Schuljahr der Hauptschule einer kleineren Stadt. In der Klasse, die der Lehrer im zweiten Jahr führt, sind 35 Schüler; 27 Jungen und 8 Mädchen. Der Lehrer fühlt sich relativ stark belastet, da er zum Teil fachfremden Unterricht erteilen muß, der ihn viel Vorbereitungszeit kostet. Trotzdem erklärt er sich bereit, einen Lehrerstudenten über einige Zeit hinweg als Beobachter an seinem Unterricht teilnehmen zu lassen und vorgeschlagene Handlungsmöglichkeiten zu erproben.

Zunächst soll geklärt werden, inwiefern der Lehrer im Unterrichtsgespräch auf vergleichbare Schülerleistungen unterschiedlich reagiert. Entsprechende Verhaltensweisen sollen durch Unterrichtsbeobachtungen zahlenmäßig erfaßt werden. Die Anwesenheit eines

Beobachters im Klassenzimmer verändert die Art und Weise, wie Lehrer und Schüler miteinander umgehen. Diese Veränderungen sind nicht so stark, daß eine von Grund auf veränderte Lehrer-Schüler-Interaktion zustande kommt, sondern sie sind nur graduell bemerkbar: So wirken die Schüler vorübergehend stärker angepaßt, und der Lehrer plant den Unterricht genauer vor. Der Beobachter ist in unserem Beispiel sowohl dem Lehrer als auch den Schülern bekannt, da er vor kurzem noch selbst Schüler des gleichen Schulzentrums war. (Dem Schulzentrum ist ein Gymnasium angegliedert.) Die Schüler sprechen den Beobachter gleich an und wollen wissen, was er machen will. Die Klasse ist deshalb lebendiger und unruhiger als gewöhnlich. Einige Schüler benehmen sich auffälliger als sonst. Diese Effekte verschwinden aber mit zunehmender Gewöhnung an den Beobachter. Der Lehrer bereitet sich gründlicher auf diejenigen Stunden vor, für die der Beobachter angekündigt ist. Während des Unterrichts legt er etwas mehr Wert als sonst darauf, die vorbereiteten Inhalte durchzunehmen und die geplanten Ziele zu erreichen. Themen, die nicht auf den jeweiligen Unterrichtsstoff bezogen sind, z.b. der nächste Schulausflug, werden weitgehend ausgeklammert. Außerdem achtet der Lehrer stärker darauf, daß sich die Klasse discipliniert verhält.

Der Beobachter lehnt sich an die Untersuchungen von Brophy und Good (1976) an und läßt sich vom Lehrer drei leistungshohe und drei leistungsniedrige Schüler nennen, um die Unterrichtsbeobachtungen auf die Interaktionen zwischen dem Lehrer und diesen sechs Schülern einzugrenzen. Beim Unterrichtsgespräch registriert er, welcher der sechs Schüler jeweils aufgerufen wird und wie der Lehrer auf die jeweilige Schülerantwort reagiert, wobei sein Verhalten folgenden Kategorien zugeordnet wird:
- Lob,
- Tadel,
- Übergehen (Ignorieren),
- Bestätigen der sachlichen Richtigkeit,
- Aufrufen eines anderen Schülers nach falscher Antwort,
- Nennen der Lösung nach falscher Antwort.

Die Lehrerverhaltensweisen sind für den Beobachter gut erkennbar und ohne Schwierigkeiten durch Strichlisten zahlenmäßig erfaßbar. Problematisch erscheint dagegen die Anzahl der zu berücksichtigenden Kategorien. Aus disem Grund werden die möglichen Lehrerverhaltensweisen in zwei Gruppen eingeteilt und jede getrennt beobachtet bzw. registriert: In der Hälfte der Beobachtungszeit werden die Verhaltensweisen »Aufrufen«, »Lob« und »Tadel« erfaßt, in der anderen Hälfte die übrigen Kategorien: »Übergehen«, »Bestätigung der Richtigkeit«, »Aufrufen eines anderen Schülers« und »Antwort selbst nennen«. Der Beobachtungsbogen für die erste Stunde sieht z.B. folgendermaßen aus:

Datum: 13.3.1981
Zeit: 7.45 – 8.30
Fach: Wirtschaftslehre

	L. ruft auf	L. lobt	L. tadelt
SCHÜLER			
A	××	–	–
B	×××	×	–
C	–	–	×××
X	×	–	×
Y	×××	–	××
Z	–	–	–

Insgesamt zeigen die verschiedenen Unterrichtsbeobachtungen, daß der Lehrer Lob und Tadel etwa gleichmäßig auf die leistungshohen (A, B, C) und die leistungsschwachen (X, Y, Z) Schüler verteilt. Verhaltensunterschiede gegenüber den beiden Gruppen zeigt er dagegen in den übrigen Bereichen: Er ruft leistungsstarke Schüler häufiger auf, bestätigt diesen häufiger die sachliche Richtigkeit der Antwort, ignoriert ihre Antworten seltener, nennt die Antwort seltener selbst und ruft bei einer falschen Antwort seltener einen anderen Schüler auf. Besonders interessant sind die Verhaltensunterschiede des Lehrers gegenüber drei der beobachteten sechs Schüler: Manuela, eine leistungsstarke Schülerin, wird besonders häufig aufgerufen, bestätigt und gelobt; Andreas, ebenfalls ein leistungsstarker Schüler, wird besonders häufig getadelt; Helga, eine leistungsschwache Schülerin, kommt selten zu Wort, und bei einer falschen Antwort von ihr wird rasch ein anderer Schüler aufgerufen. Die Fragestellung engt sich jetzt auf die Unterschiede im Lehrerverhalten gegenüber diesen drei Schülern ein. Es soll herausgefunden werden, was im »Kopf des Lehrers« vor sich geht, wenn er während eines Unterrichtsgesprächs Manuela, Andreas oder Helga aufruft und auf die jeweilige Antwort in spezifischer Weise reagiert.

Wenn ein Lehrer über ein Jahr in einer Klasse unterrichtet, kennt er die einzelnen Schüler so weit, daß er sich ein bestimmtes »Bild« von ihnen machen kann, wobei nicht nur verschiedene Kenntnisse eine wichtige Rolle spielen, sondern auch positive und negative Gefühle gegenüber den Schülern, die im Laufe der Zeit beim Lehrer entstanden sind. Gute Schülerleistungen, hohe Angepaßtheit usw. tragen dabei zur Entwicklung positiver Gefühle bei; zahlreiche Konfliktsituationen, unangepaßtes Verhalten usw. führen eher zu negativen Gefühlen. Durch langwierige »Kämpfe« mit einzelnen Schülern fühlen sich Lehrer im allgemeinen besonders belastet. Untersuchungsergebnisse (Bäuerle & Kury, 1978) weisen darauf hin, daß Lehrer vor allem solche Schüler mögen, die nachgiebig, gehemmt und ohne großes Selbstvertrauen sind, aggressive Jungen und selbstsichere, eher maskuline Mädchen dagegen häufig ablehnen.

Im Unterrichtsgeschehen hat das »Bild« des Lehrers, das er sich von einzelnen Schülern gemacht hat, großen Einfluß darauf, wie er deren Verhalten wahrnimmt und wie er selbst darauf reagiert. Deshalb soll auch in unserem Fallbeispiel geklärt werden, welche Vorstellungen und Meinungen sich der Lehrer von den drei genannten Schülern gebildet hat. Dazu wird mit dem Lehrer in verhältnismäßig entspannter Atmosphäre ein Gespräch geführt. Aufgrund dieses Gesprächs lassen sich die handlungssteuernden Gedanken und Gefühle des Lehrers folgendermaßen zusammenfassen:

a) Das »Bild« von Manuela: Manuela ist für den Lehrer das, was man eine »Musterschülerin« nennt. Er empfindet sie als Wohltat. Manuela ist pflichtbewußt und arbeitet gut mit. Ihre Leistungen sind für die Hauptschule eine Ausnahme: Ein Übergang in eine weiterführende Schule wäre angebracht. Manuela ist mit Abstand die beste Schülerin der Klasse und gehört zu einer Dreiergruppe von Mädchen, die insgesamt durch gute Leistungen und gute Mitarbeit auffallen. Manuela ist freundlich, leise, zurückhaltend; sie tritt aber auch für ihre Interessen ein. Bei den Mitschülern ist sie beliebt und wurde mit großer Mehrheit zur Klassensprecherin gewählt. Die Gefühle des Lehrers gegenüber Manuela sind sehr positiv. Eine Situation, in der er Manuela streng und unfreundlich behandeln würde, ist für ihn kaum denkbar.

b) Das »Bild« von Andreas: Auch Andreas ist leistungsstark; der Lehrer schreibt ihm hohe Intelligenz zu und hat den Eindruck, daß der Schüler in der Hauptschule unterfordert ist. Ein Wechsel ins Gymnasium scheiterte allerdings, vermutlich wegen seiner geringen Anstrengungsbereitschaft, so daß Andreas in die Hauptschule zurückkehren mußte. Im Unterrichtsgespräch und bei mündlichen Leistungen liefert Andreas sehr gute Beiträge, insbesondere in den Nebenfächern Geschichte, Gemeinschaftskunde und Erdkunde. Häufig fällt er aber auch unangenehm auf, indem er z.B. seine Beiträge in die Klasse ruft, ohne sich zu Wort zu melden. Dies stört den Lehrer vor allem deshalb, weil dadurch die anderen Schüler davon abgehalten werden, bestimmte Gedankengänge selbst nachzuvollziehen. Auch das Arbeitsverhalten von Andreas läßt zu wünschen übrig: Er schreibt so nachlässig, daß der Lehrer immer nachprüfen muß, ob Andreas die jeweiligen Aufgaben und Arbeitsaufträge wirklich erledigt hat. Der Lehrer hat den Eindruck, daß der Schüler den »Weg des geringsten Widerstands« geht und sich vor der Arbeit zu drücken versucht, wo immer dies möglich ist. Vor allem im Fach Mathematik strengt er sich nicht an, so daß seine Leistungen schlechter sind, als man von ihm erwarten sollte. Dagegen diskutiert Andreas sehr gern und läßt sich auch mit Vorliebe auf lange Auseinandersetzungen mit dem Lehrer ein. Mit anderen Schülern zusammen bildet er eine Clique, die häufig den Unterricht stört. Ermahnungen des Lehrers haben immer nur kurzfristig Erfolg. Die Gefühle des Lehrers gegenüber Andreas sind zwiespältig. Auf der einen Seite empfindet er es als angenehm, daß sich Andreas so rege am Unterrichtsgespräch beteiligt, daß er nichts unhinterfragt hinnimmt und viele brauchbare Beiträge liefert; auf der anderen Seite ärgert er sich manchmal darüber, daß Andreas sich nicht an die üblichen Regeln im Unterricht hält, daß er sich nicht genügend anstrengt, schludrig arbeitet und Auseinandersetzungen mit dem Lehrer sucht. Als unangenehm empfindet er es auch, daß Hinweise und Ermahnungen keine stabilen Verhaltensänderungen bei Andreas bewirken.

c) Das »Bild« von Helga: Helga ist eine leistungsschwache Schülerin, die schon seit zwei bis drei Jahren versetzungsgefährdet ist. Von selbst meldet sie sich im Unterricht fast nie; wenn sie aufgerufen wird, kommt relativ selten eine brauchbare oder gar weiterführende Antwort. Dabei ist es immer sehr schwierig, die übrigen Schüler zu bremsen, die die Antwort rascher geben können als Helga. Während des Unterrichts ist die Schülerin oft unaufmerksam und träumt vor sich hin. Im Unterricht schreibt sie zwar mit, erledigt ihre Hausaufgaben aber nur selten. Helga gehört zu einer Gruppe von drei Mädchen, die immer zusammen sind. Dieses Trio ist laut und lebendig in der Pause und im persönlichen Kontakt keineswegs schüchtern oder gehemmt. Im Unterricht dagegen ist insbesondere Helga sehr ruhig. Zwar empfindet der Lehrer Helga im persönlichen Umgang außerhalb des Unterrichts als recht angenehm und hat auch Verständnis für ihre Angst, etwas Falsches zu sagen, er ist aber sehr verstimmt darüber, daß sie eine derartig geringe Anstrengungsbereitschaft zeigt. Er versteht nicht, warum sie nicht für einfache Klassenarbeiten, z.b. in den Nebenfächern, lernt und daß sie ihre Hefteinträge auch dann nicht noch einmal ansieht, wenn sie weiß, daß sich die nächste Klassenarbeit darauf bezieht; er ist verärgert, daß Helga auch Mindestanforderungen nicht genügt.

Das »Bild«, das der Lehrer von jedem der drei Schüler hat, ist höchst unterschiedlich: Bei Andreas ist es recht zwiespältig, bei Helga zwar einheitlicher, aber auch negativer, bei Manuela ist es insgesamt sehr positiv. Die handlungssteuernden Gedanken und Gefühle des Lehrers sind durchaus verständlich, da sie die Summe seiner Erfahrungen mit diesen Schülern darstellen. Der Lehrer kann deshalb verhältnismäßig gut vorhersagen, wie sich die drei Schüler während des Unterrichtsgesprächs verhalten werden. Allerdings sind die handlungssteuernden Gedanken und Gefühle des Lehrers auch problematisch, denn die drei Schüler werden dadurch auf bestimmte Verhaltensweisen festgelegt und damit in ihren bisherigen Rollen fixiert. Ohne eine Änderung der gewohnten Lehrer-Schüler-Interaktion, die z.b. von einem Außenstehenden angeregt werden könnte, ergeben sich folgende Kreisprozesse:

Manuela bemerkt die bevorzugte Behandlung und nimmt auch die positive Gefühlseinstellung des Lehrers wahr; sie reagiert darauf mit anhaltender oder gar vermehrter Mitarbeit und Einsatzbereitschaft. Dies wiederum bestätigt das »Bild« des Lehrers von ihr usw.

Helga bemerkt, daß sie selten aufgerufen wird und daß ihr verhältnismäßig leichte Fragen gestellt werden. Sie nimmt wahr, daß der Lehrer rasch zu anderen Schülern übergeht, wenn sie zögert oder eine falsche Antwort gibt. Dies verstärkt ihr negatives Selbstbild und läßt sie noch mehr zögern, sich zu melden oder eine Antwort zu versuchen, wenn sie aufgerufen wird. Für vermehrte Anstrengungen sieht sie keinen Ansatzpunkt. Der Lehrer bemerkt dies, sein »Bild« bestätigt sich usw.

Bei Andreas ist noch nicht entschieden, in welche Richtung sich der Kreisprozeß bewegt. Zur Zeit halten sich bekräftigende Lehrerverhaltensweisen (z.b. Aufrufen, die Richtigkeit bestätigen) mit korrigierenden Lehrerverhaltensweisen (z.b. Aufforderung, Tadel) die Waage, so daß Andreas einerseits mündlich aktiv mitarbeitet, sich andererseits aber nicht an die üblichen Regeln im Unterricht hält. Hier besteht sowohl die Möglichkeit eines positiven Kreisprozesses (wie bei Manuela) als auch die eines negativen (wie bei Helga).

Will man eine Veränderung der bisherigen Lehrer-Schüler-Interaktion erreichen, so wird dies bei Andreas leichter sein als bei Helga und Manuela, bei denen die Kreisprozesse einförmiger verlaufen. Da bei Manuela keine Änderung erforderlich erscheint - die Interaktion ist nicht belastet, sondern im Gegentel wohltuend -, stellt vor allem eine Veränderung der Interaktion zwischen Lehrer und Helga ein schwieriges Problem dar. Eine Änderung wird nur dann gelingen, wenn
- sich die handlungssteuernden Gedanken und Gefühle des Lehrers Helga gegenüber ändern;
- Helga wahrnimmt, daß der Lehrer sich ihr gegenüber anders verhält, und sie darauf positiv reagiert.

Welchen Ansatzpunkt man wählt, ist dabei nicht grunsätzlich festgelegt: Der Lehrer kann versuchen, seine Gedanken und Gefühle zu verändern und danach auch sein konkretes Verhalten; er kann aber auch probeweise sein Verhalten ändern und darauf achten, welche Reaktionen er beim Schüler auslöst. Macht der Lehrer dabei positive Erfahrungen, ändert sich allmählich das »Bild«, das ja durch reale Erfahrungen entstanden ist und sich deshalb auch durch konkrete Erfahrungen korrigieren läßt. In unserem Fallbeispiel versucht der Beobachter, den Lehrer zu einer probeweisen Veränderung seines Verhaltens zu bewegen und die Reaktionen der Schüler darauf zu erfassen, um auf diese Weise möglichst länger anhaltende Änderungsprozesse einzuleiten. Der Lehrer erklärt sich mit diesem Vorgehen einverstanden.

Versuche, die Lehrer-Schüler-Interaktion zu verändern. Zuerst sprechen Lehrer und Beobachter über die Ergebnisse der Unterrichtsbeobachtungen, d.h. über die unterschiedlichen Häufigkeiten bestimmter Lehrerverhaltensweisen (Aufrufen, Lob, Tadel usw.) gegenüber leistungsstarken und leistungsschwachen Schülern. Dem Lehrer ist bewußt, daß er leistungshohe Schüler häufiger aufruft. Er benötigt brauchbare Schüleräußerungen, um in der Erarbeitung der Unterrichtsinhalte voranzukommen. Auf »gute« Schüler greift er bewußt zurück, wenn er unter Zeitdruck steht und noch ein Unterrichtsziel erreichen will. Trotzdem ist er betroffen, als er mit den zahlenmäßig erfaßten Beobachtungen konfrontiert wird, die zeigen, daß er leistungsstarke Schüler eineinhalbmal häufiger aufruft als leistungsschwache. Der Lehrer sieht sich hier in einem Dilemma: Einerseits möchte er den Stoffdruck verringern, um den Schülern besser gerecht zu werden und alle gleich oft aufrufen, andererseits weiß er nicht, wie er dies verwirklichen könnte. Überrascht ist der Lehrer über Beobachtungsergebnisse, die verdeutlichen, wie er sich im Unterrichtsgespräch gegenüber leistungsschwachen Schülern tatsächlich verhält: Er war der Meinung, gerade den »schlechten« Schülern die sachliche Richtigkeit ihrer Antworten zu bestätigen und sie zu loben, weil brauchbare Beiträge von ihnen seltener kommen und er sich deshalb um so mehr darüber freut. Da dies offensichtlich nicht der Fall ist, zeigt er sich sehr interessiert, daran zu arbeiten, daß sein tatsächliches Verhalten mit dem eigentlich beabsichtigten übereinstimmt.

Der Beobachter schlägt deshalb als zweiten Schritt vor, daß der Lehrer während des Unterrichts selbst kontrolliert, wie häufig er ihnen die sachliche Richtigkeit der Antwort bestätigt. Zur Selbstkontrolle führt der Lehrer eine Strichliste, in der die beiden Verhaltensweisen eingetragen sind, die er verändern möchte. Ein entsprechender Selbstkontrollbogen sieht folgendermaßen aus:

	Aufrufen	Die Richtigkeit bestätigen
leistungshöhere Schüler	////	///////
leistungsschwächere Schüler	/////////	//////

Dem Lehrer fällt es allerdings schwer, während des Unterrichts ständig an den Selbstkontrollbogen zu denken. Die Eintragungen werden auch dadurch erschwert, daß er nicht immer am Lehrertisch bleibt, wo der Selbstkontrollbogen liegt. Die Eintragungen sind deshalb nicht sehr genau. Trotz der angegebenen Schwierigkeiten bei der Selbstkontrolle im Unterricht stellt der Lehrer wichtige Änderungen bei sich fest. So sagt er sich häufig:»Nicht immer die gleichen Schüler aufrufen!« oder»Auch Schüler aufrufen, die sich nicht melden!« usw. Die Tatsache, daß auf dem Lehrertisch ein Selbstkontrollbogen liegt und daß ein Beobachter im Klassenzimmer anwesend ist, sowie der Wunsch, das eigene Verhalten in den genannten Bereichen zu verändern, führen dazu, daß der Lehrer genauer darauf achtet, wen er aufruft und wie er auf die Antworten reagiert. Dabei vergißt er oft für einige Zeit den Selbstkontrollbogen und erinnert sich erst dann wieder an sein Vorhaben, wenn er am Lehrertisch vorbeikommt. In manchen Situationen ist es für ihn schwierig, die Fragen so zu stellen, daß leistungsschwache Schüler sie beantworten können. Dies ist vor allem dann der Fall, wenn ein bestimmtes inhaltliches Ergebnis schlüssig erarbeitet werden soll. Beim Aufrufen verfolgt der Lehrer ein doppeltes Ziel: Die guten Schüler sollen sich weiterhin aktiv am Unterricht beteiligen, weshalb sie nicht vernachläsigt werden dürfen; die schwächeren sollen besser als bisher mitarbeiten und müssen deshalb mehr Beachtung finden.

Geht man davon aus, daß die Häufigkeit des Aufrufens insgesamt gleich bleibt, kann es leicht zu Zielkonflikten kommen. Die Gewichtung muß so erfolgen, daß leistungsstarke Schüler zwar etwas seltener, aber doch noch so häufig aufgerufen werden, daß ihre Lust zum Mitarbeiten nicht wesentlich sinkt; die »eingesparten« Aufrufe können den leistungsschwachen Schülern zugute kommen. Es hat sich gezeigt, daß die Schüler die sich verändernden Handlungsweisen des Lehrers durchaus bemerken und dadurch auch zu neuen Überlegungen angeregt werden. Darauf wird später noch genauer eingegangen.

Als dritten Schritt schlägt der Beobachter vor, die Lehrer-Schüler-Interaktion auch von der Schülerseite aus zu verändern. Von den 35 Schülern der Klasse erhalten immer sieben Schüler zur gleichen Zeit einen Selbstbeobachtungsbogen. Dadurch soll erreicht werden, daß ein solcher Bogen etwas Besonders bleibt und folglich auch sorgfältig ausgefüllt wird. Der Selbstbeobachtungsbogen wird von den Schülern gut verstanden und, wie ein Vergleich mit den Aufzeichnungen des Beobachters ergibt, sehr genau und zuverlässig ausgefüllt. Da alle Schüler im Laufe der Zeit mit dem Selbstbeobachtungsbogen arbeiten, kann vermieden werden, bestimmte Schüler - um die es eigentlich geht - in den Mittelpunkt des allgemeinen Interesses zu rükken, was bei den Mitschülern zu ungünstigen Reaktionen führen könnte. Die Selbstbeobachtungsbogen, die Andreas, Manuela und Helga in der gleichen Mathematikstunde ausfüllen, sehen folgendermaßen aus:

Manuela

Frage	Ich weiß die Antwort	Ich melde mich	Ich komme dran	Der Lehrer sagt mir, ob es richtig war
1	×	×	×	×
2	×	×		
3	×	×		
4	×	×		
5	×	×		
6	×	×		
7	×	×		
8	×	×		
9	×	×		
10	×	×	×	×
11	×	×		
12	×	×		
13				
14				
15				
16				
17				
18				
19				
20				

Andreas

Frage	Ich weiß die Antwort	Ich melde mich	Ich komme dran	Der Lehrer sagt mir, ob es richtig war
1	×			
2	×	×		
3	×	×		
4	×	×		
5	×	×		
6	×	×		
7	×	×		
8	×	×		
9	×	×		
10	×	×		
11	×	×		
12	×	×		
13	×	×	×	
14	×	×		
15	×			
16	×	×		
17	×	×	×	×
18	×			
19				
20				

Helga

Frage	Ich weiß die Antwort	Ich melde mich	Ich komme dran	Der Lehrer sagt mir, ob es richtig war
1	×	×	×	×
2	×	×	×	×
3				
4				
5				
6				
7				
8				
9				
10				
11				
12				
13				
14				
15				
16				
17				
18				
19				
20				

Die leistungsstarke Manuela meldet sich insgesamt zwölfmal, zweimal wird sie aufgerufen und erhält in beiden Fällen eine Richtigkeitsbestätigung. Der leistungsstarke, aber problematische Andreas wird erst bei der dreizehnten Meldung zum ersten Mal aufgerufen, erhält aber keine Richtigkeitsbestätigung. Bei der siebzehnten Meldung kommt er zum zweiten Mal an die Reihe und wird bestätigt. Die leistungsschwache Helga meldet sich nur zweimal. Sie wird in beiden Fällen aufgerufen und erhält jedesmal eine Richtigkeitsbestätigung.

132

Überprüft man die Selbstbeobachtungsbogen aller 35 Schüler, so ergibt sich ein Verhältnis von Melden und Aufgerufenwerden von durchschnittlich 3:1. Wertet man die Selbstbeobachtungsbogen leistungsstarker und leistungsschwacher Schüler getrennt aus, so zeigt sich, daß sich leistungsstarke Schüler vier- bis fünfmal melden müssen, um einmal zu Wort zu kommen; leistungsschwache Schüler dagegen nur ein- bis zweimal. In etwa 80% der Fälle bestätigt der Lehrer die Richtigkeit der Antwort und macht dabei keine Unterschiede zwischen den beiden Schülergruppen. Diese Zahlen zeigen, daß sich das Verhalten des Lehrers verhältnismäßig stark geändert hat. Er richtet seine Aufmerksamkeit zunehmend auf die schwachen Schüler, die fast immer zu Wort kommen, wenn sie sich melden und danach auch meist eine Richtigkeitsbestätigung erhalten.

Haben auch die Schüler diese Verhaltensänderung bemerkt? Wenn ja, wie stellen sie sich dazu? Eine Nachbefragung von Andreas und Helga erbringt folgende Ergebnisse:

Andreas hat sehr genau wahrgenommen, daß er weniger häufig aufgerufen wird. Er ist darüber erstaunt, weil er versucht hat, sich möglichst immer zu melden, anstatt den Beitrag in die Klasse zu rufen. Dies zeigt auch sein Selbstkontrollbogen. Andreas ist der Meinung, daß er bei Anwesenheit des Beobachters seltener aufgerufen wird, weil der Lehrer befürchtet, daß er die Gelegenheit wahrnimmt, um »Quatsch« zu machen.

Helga hat wahrgenommen, daß sie häufiger zu Wort kommt als bisher. Sie erklärt es sich dadurch, daß der Beobachter im Klassenzimmer eine Art Ausnahmesituation darstellt.

Beide Schüler glauben, das veränderte Lehrerverhalten würde wieder verschwinden, wobei sich Andreas nicht so sicher ist wie Helga.

Der Lehrer gibt in einer Nachbefragung an, daß er sein Verhalten zwar nicht grundlegend, in bescheidenem Maß aber doch wohl dauerhaft verändert habe. Er wolle sich weiterhin darum bemühen, Andreas ein wenig zurückzudrängen und Helga häufiger aufzurufen und mehr von ihr zu fordern. Er hofft, daß sie darauf positiv anspricht und etwas aktiver wird. In der Zwischenzeit hat ein neues Schuljahr begonnen, das durch die Teilung der Klasse günstigere Bedingungen für die Lehrer-Schüler-Interaktion geschaffen hat. Der Lehrer berichtet, daß Andreas jetzt häufiger zu Wort kommen kann, ohne eine Sonderrolle zu spielen, und daß Helga in der kleineren Klasse (18 statt 35 Schüler) eher wagt, sich zu melden und einen eigenen Beitrag zu leisten.

Folgerung: Die anfangs beobachteten Verhaltensunterschiede, die der Lehrer gegenüber Schülergruppen und einzelnen Schülern zeigte, ließen sich durch relativ einfache Maßnahmen verringern: Zum einen durch Selbstkontrollmaßnahmen des Lehrers, indem er sein eigenes Verhalten mit Hilfe einer Strichliste überprüfte, zum anderen durch Selbstkontrollbogen der Schüler, die ihre Aufmerksamkeit auf bestimmte Aspekte der Lehrer-Schüler-Interaktion lenkten und dem Lehrer wichtige Rückmeldungen boten. Das veränderte Verhalten des Lehrers bewirkte erste Änderungen der handlungssteuernden Gedanken und Gefühle sowohl bei ihm selbst als auch bei den Schülern, wie die Nachbefragungen ergaben. Einschränkend muß allerdings gesagt werden, daß dauerhafte Änderungen bei den Schülern erst eintreten, wenn sie die wahrgenommenen Verhaltensänderungen des Lehrers nicht nur auf die Anwesenheit des Beobachters im Klassenzimmer zurückführen. Günstiger wäre es deshalb, wenn Lehrer und Schüler über ihre Interaktionen sprechen und gemeinsam nach möglichen Lösungen suchen würden. Eine derartige Konfliktthematisierung könnte den Schülern verdeutlichen, daß der Lehrer an einer Verbesserung der Beziehungen wirklich interessiert ist. Daß aber auch schon bescheidene pädagogische Maßnahmen - wie in unserem Fallbeispiel - genügen können, die Lehrer-Schüler-Interaktion in der gewünschten Richtung zu verändern, dürfte insgesamt ermutigend wirken.

4. Problematische Schüler-Schüler-Beziehungen

Um problematische Beziehungen zwischen Schülern besser erfassen und geeignete pädagogische Maßnahmen finden zu können, gehen wir hier aus von allgemeinen Auswirkungen der Klasse auf das Erleben und Verhalten des einzelnen Schülers, betrachten die Klasse als Gruppe mit sozialen Strukturmerkmalen und untersuchen spezifische Bedingungen des Lernens im sozialen Verband der Klasse. Eine Erklärung von Erziehungsproblemen in Schulklassen bleibt natürlich unvollständig, wenn sie sich nur auf personale Voraussetzungen einzelner Schüler und schulische Sozialisationsbedingungen im wechselseitigen Zusammenhang beschränkt. Vorausgehende Erfahrungen der Schüler in sozialen Beziehungsgefügen, vor allem in der Familie, und die außerschulischen Sozialisationsbedingungen müssen mit berücksichtigt werden. Zum Verständnis schwieriger sozialer Situationen in der Klasse sind solche »Hintergrundinformationen« zwar sehr wichtig, allerdings kann man als Lehrer oder Lehrerin daran meist wenig ändern. Dagegen gibt es eine Reihe von Handlungsmöglichkeiten, mit denen sich *soziale Bedingungen in der Klasse* beeinflussen lassen.

4.1 Soziale Situationen im Unterricht

a) Handeln in Gegenwart anderer. Die Gegenwart anderer Personen bei eigenen Handlungen stellt noch keine intensive soziale Beziehung dar; trotzdem verändert sie das Verhalten. Die körperliche Anwesenheit anderer beeinflußt das Handeln nicht direkt, wohl aber die Erwartung, daß andere darüber urteilen und die Handlungsergebnisse bewerten. Es hat sich gezeigt, daß Verhaltensweisen, die man sicher beherrscht und/oder bevorzugt anwendet, durch die Anwesenheit anderer gefördert werden. Das heißt, das Publikum steigert in diesem Fall die Leistung. Wenn man ein Verhalten aber erst aufbauen bzw. lernen muß und sich dabei mit Schwierigkeiten auseinanderzusetzen hat, wird die Gegenwart anderer die individuelle Leistungsfähigkeit eher behindern. Auf die Schule übertragen, lassen diese Ergebnisse folgende Schlüsse zu: die hemmende Wirkung der Klasse auf einzelne Schüler ist dann besonders intensiv, wenn
- die Klasse diesen Schüler generell ablehnt, verlacht oder verspottet;
- ein Schüler durch seine Lernaktivität von einer möglichen (informellen) Klassennorm abweicht, d.h. wenn er befürchten muß, daß die Klasse ihn zum Beispiel als »Streber« einschätzt;
- ein Schüler eine Position vertreten, eine Lösung vorschlagen, eine Interpretation geben möchte usw., mit der er in der Klasse ziemlich allein stehen würde, auch wenn er selbst von seinem Standpunkt überzeugt ist;
- ein Schüler den Eindruck gewinnt, daß er die Mitschüler mit seinem Beitrag bzw. Anliegen aufhält, z.B. mit einer Bitte um Klärung eines Punktes, den er noch nicht verstanden hat, oder mit seinen Schwierigkeiten bei der Ausführung einer Handlung, z.B. beim Rechnen an der Tafel usw.

b) Handeln mit anderen zusammen. Bei dieser Handlungsform soll zwischen »nebeneinander« und »gemeinsam« arbeiten unterschieden werden.

135

Nebeneinander arbeiten. In der traditionellen Schulorganisation ist diese Arbeitssituation häufig anzutreffen: Beim Frontalunterricht, in Situationen der Einzelarbeit und vor allem bei Leistungsprüfungen sind die Arbeitssituationen so definiert, daß alle Schüler sich mit derselben Aufgabe beschäftigen, z.B. Zuhören, Mitdenken, Arbeitsauftrag ausführen, Diktat schreiben, Testfragen beantworten usw., ohne dabei mit den Mitschülern Kontakt aufzunehmen. Die häufigen Abweichungen von dieser Regel erlebt der Lehrer als »Störungen« dieser Unterrichtsform. Man kann davon ausgehen, daß es das abstrakt definierte »Nebeneinanderarbeiten« in realen Schulklassen nicht gibt. Unabhängiges Arbeiten wird zwar gefordert und gefördert, doch am Ende steht unausweichlich der soziale Vergleich. Wenn in dieser Situation auch nicht zwangsläufig immer Konkurrenz erlebt wird, so dürften die Effekte des »Nebeneinanderarbeitens« doch denen der Publikumssituation ähnlich sein. Leider weiß man nur wenig darüber, wie Schüler solche Situationen erleben.

Gemeinsam arbeiten. Da »Gemeinsamkeit« bei Handlungen sehr unterschiedliche Ausprägungen haben kann, wollen wir hier lediglich zwischen Bedingungen unterscheiden, durch die Schüler veranlaßt werden, miteinander oder gegeneinander zu arbeiten, wobei es dabei große Variationen der Arbeits- und der dazu notwendigen oder günstigen Beziehungsformen gibt: Bei der Gruppenarbeit können Schüler einerseits vor Aufgaben stehen, bei denen alle ihre individuellen Ziele verfolgen, indem sie z.B. einen Sachkundebeitrag anfertigen und dabei lediglich die von jedem Gruppenmitglied gesammelten Teilinformationen aufeinander abstimmen; die Gruppenaufgabe kann andererseits aber auch zu einem gemeinsamen Ergebnis führen, das nur zu erreichen ist, wenn alle zusammenarbeiten, z.B. beim Aufstellen eines Barrens im Sportunterricht oder bei der Aufführung eines Theaterstücks.

Bei Wettkampfsituationen ist die Spannbreite auch sehr groß: »Gegeneinander« arbeiten kann heißen, daß jeder Schüler für sich allein eine Aufgabe lösen soll, die allen gestellt worden ist, so daß sich die Schüler bei dem Versuch, den Wettkampf zu gewinnen, nicht gegenseitig in ihren Leistungen beeinträchtigen können. Diese Situation kommt z.B. dann vor, wenn Mathematikaufgaben mit der Zielsetzung bearbeitet werden, daß sich jeder gegenüber seiner vorausgehenden Leistung verbessern kann. Außerdem gibt es die üblichen Wettkämpfe, bei denen der Erfolg des einen Schülers oder der einen Partei notgedrungen den

Mißerfolg für andere bedeutet, d.h. deren Erfolg ausschließt oder vermindert. Viele Gruppenaktivitäten in der Schule und viele Gruppenspiele fordern gleichzeitig Zusammenarbeit - nämlich innerhalb der Gruppe oder Mannschaft - und Wettkampf - nämlich gegen die andere Gruppe. Die Notengebung kann zumindest für sehr leistungsorientierte Schüler einen Widerspruch zwischen dem »Miteinander« auf der einen Seite und dem »Gegeneinander« auf der anderen Seite schaffen, da bei der Benotung gleichzeitig eine Leistungsverteilung in der Klasse vorgenommen wird und damit jede höhere Leistung eines Schülers einen schlechteren Rangplatz für die anderen Schüler innerhalb dieser Verteilung bedeutet. In einer Klasse sind allerdings meist weder nur kooperations- noch ausschließlich konkurrenzorientierte Schüler; auch die Unterrichtssituationen und -aufgaben werden wahrscheinlich nicht immer nur die eine oder andere Orientierung in den Beziehungen der Schüler untereinander hervorrufen. Was passiert nun, wenn manche Schüler eine Lernsituation kooperativ, andere aber mit Wettkampfabsichten angehen? Oder wenn eine Arbeitssituation zur Zusammenarbeit auffordert, aber Konkurrenz begünstigt? Johnson und Johnson (1975) geben dazu folgende Zusammenfassung:
- Auch kooperative Personen treten in bestimmten Situationen in den Wettkampf ein.
- Die Konkurrenzorientierten gewinnen die Überzeugung, daß die anderen auch immer schon im Wettkampf gestanden haben.
- Die kooperativen Personen erfahren, daß ihr Verhalten von den Mitkonkurrenten bestimmt wird - nicht aber umgekehrt.

Man muß daraus die Folgerung ziehen, daß kooperationsfördernde Maßnahmen zur Verbesserung von Schüler-Schüler-Beziehungen nur dann die erwarteten Wirkungen haben und nicht gegenteilige Effekte auslösen werden, wenn der Lehrer dafür sorgen kann, daß der Wettkampf einzelner sich in diesen Situationen nicht einseitig auswirkt. Die Erprobung solcher Formen der Zusammenarbeit endet jedoch häufig mit Enttäuschungen, wenn die Beziehungen zwischen den Schülern bereits gestört sind. In vielen Klassen scheitert gemeinsames Arbeiten aus folgenden Gründen (vgl. Johnson & Bany, 1975):
- Fehlender Gruppenzusammenhalt: Bei Schwierigkeiten kommt es dann zu Parteienbildungen und Auseinandersetzungen in der Klasse. Der Unterricht und die sozialen Beziehungen in der Klasse werden in jedem Fall beeinträchtigt, ob nun wenige Schüler beteiligt sind oder verschiedene Cliquen: Die Mädchen bilden eine Partei gegen die Jungen oder umgekehrt.

- Nichteinhalten oder Nichtvereinbaren von klaren Verhaltensregeln: Untergruppen werden z.b. sehr laut, stören, beanspruchen alle Materialien für sich oder arbeiten nicht in der vereinbarten Schrittfolge, wenn sie Arbeitsaufträge erhalten, deren Ausführung diskutieren sowie Ergebnisse verbessern sollen usw.
- Wenn die Klasse bzw. eine größere Anzahl der Schüler störendes Verhalten einzelner oder von Teilgruppen durch ihre Reaktion »verstärkt« oder dadurch festigt: z.b. durch zustimmende Bemerkungen, Lachen, Beifall usw.

In solchen Fällen kann man allerdings nicht einfach kooperative Verhaltensformen vorgeben, sondern muß mit der Klasse die dafür notwendigen sozialen Fertigkeiten üben.

c) Handeln wie andere. In vielen Unterrichtssituationen arbeiten alle Schüler an derselben Aufgabe, bekommen dieselbe Frage gestellt, erleben ähnliche Schwierigkeiten usw.; diese Tatsache bietet gerade in heterogen zusammengesetzten, d.h. besonders im Hinblick auf das schulische Leistungsniveau sehr gemischten Klassen, vielen Schülern zahlreiche Gelegenheiten zum Lernen: Sie sehen und hören, welche Antworten die Mitschüler geben, welche Lösungswege vorgeschlagen und welche Ergebnisse gefunden werden, wie der Lehrer diese Beiträge bewertet und wie die Mitschüler darauf reagieren. Bandura (1979) hat diese wichtige und in vielen sozialen Situationen naheliegende Möglichkeit als »Lernen am Modell« bezeichnet: Man muß nicht alle Handlungen selbst ausführen und dabei erproben, ob sie in dieser oder jener Situation zweckmäßig sind; häufig genügt es, wenn man andere beobachten kann, um eine Vorstellung davon zu bekommen, wie und unter welchen Bedingungen Handlungsweisen angemessen ausgeführt werden können. Später kann man aus diesen Erfahrungen Nutzen ziehen und das eigene Handeln danach ausrichten, falls nun Bedingungen vorliegen, die dieses Handeln erforderlich erscheinen lassen.

Damit man von anderen lernen kann, muß man ihre Handlungen und die Situationen, in denen diese Handlungen vollzogen werden, aufmerksam verfolgen. Wenn Lehrer Modellernen einsetzen wollen, dann versuchen sie, die Situation möglichst klar und einfach zu gestalten sowie verbale Hinweise oder Anweisungen zu geben, worauf genau geachtet werden soll.
Wie aber steht es mit der Aufmerksamkeitssteuerung in Schüler-Schüler-Interaktionen: Worauf achten Schüler in sozialen Beziehungen, von

138

welchen Mitschülern eigenen sie sich soziale Verhaltensweisen, aber auch unterrichtsbezogenes Verhalten an? Es hat sich gezeigt, daß Schüler besonders jene Mitschüler beachten,
- die in der Klasse einen hohen sozialen Status genießen, beliebt sind, mit denen viele gerne zusammen sind oder sein möchten;
- die dem gleichen Geschlecht wie sie selbst angehören: Jungen ahmen also bevorzugt Jungen nach und Mädchen bevorzugt Mädchen;
- auf deren Handlungen wünchenswerte, positive Konsequenzen folgen: Wenn das »Modell« sich mit seinem Verhalten durchsetzen kann, vom Lehrer und/oder der Klasse anerkannt, besonders belohnt wird usw.;
- deren Handlungen zu unangenehmen Konsequenzen führen, besonders wenn eine Bestrafung erfolgt;
- die eine Ähnlichkeit im Hinblick auf das Alter, das Leistungsniveau (guter/schlechter Schüler; guter Mathematiker; gute Sportlerin usw.), die soziale Herkunft usw. aufweisen.

Man muß beachten, daß sowohl positive als auch negative Konsequenzen Bedingungen darstellen, die dazu führen, daß Mitschüler besonders aufmerksam beobachtet werden.
Es hat sich gezeigt, daß man tatsächlich aufmerksamer auf andere achtet, wenn deren Handlungen bemerkenswerte Folgen haben. Allerdings muß unterschieden werden zwischen dem Aneignen von Handlungen durch Beobachtung und dem Ausführen von Verhaltensweisen, wenn man selbst in ähnlichen Situationen ist wie das Modell. Wenn sich Schüler neue oder veränderte soziale Handlungsformen aneignen sollen, müssen Sie darauf achten, daß sich die Aufmerksamkeit auf Mitschüler richtet, die das gewünschte Verhalten ausführen. Außerdem müssen sich die Schüler diese Verhaltensweisen und die Umstände der Situation, in der die Handlungen ausgeführt wurden, merken können. Der Beobachter muß das im Gedächtnis gespeicherte Modellverhalten wieder abrufen können und über ausreichende Fähigkeiten verfügen, dieses auch tatsächlich auszuführen. Zur Nachahmung des Modellverhaltens kommt es im allgemeinen erst dann, wenn ein entsprechender Anreiz dazu besteht, d.h. wenn das Modell für sein Verhalten belohnt wird, so daß die Erwartung entsteht, bei der eigenen Ausführung des beobachteten Verhaltens ebenfalls eine positive Konsequenz zu erfahren. Die beobachteten positiven oder negativen Folgen des Modellverhaltens stellen somit eine wichtige Orientierungshilfe für die Planung eigener Aktivitäten dar.
Die Lehrerin einer 2. Klasse beklagte sich über den großen Anteil

»schwieriger« Kinder in ihrer Klasse, die immer wieder durch folgende, zwar nicht schwerwiegende, durch die Vielzahl aber doch sehr störende Verhaltensweisen auffielen: Die Kinder bekritzelten Arbeitsmaterial, hörten nicht zu, ließen Gegenstände zu Boden fallen, spielten geräuschvoll mit Bleistiften, redeten mit den Nachbarn, schaukelten mit dem Stuhl usw. Es wurde nun versucht, die Schüler-Schüler-Beziehungen in der Klasse so zu gestalten, daß diese Kinder Möglichkeiten erhielten, von anderen Mitschülern unterrichtsbezogene Verhaltensweisen zu übernehmen. Mit einer soziometrischen Befragung wurden zuerst die sozialen Beziehungen geklärt, indem die Lehrerin die Kinder befragte, mit wem sie zusammen in einer Tischgruppe sitzen möchten und mit wem nicht. Diesen Wünschen soweit wie möglich entsprechend, wurden die Vierertisch-Gruppen neu zusammengestellt. Jedes »Problem«-Kind wurde neben ein nachahmenswertes »Modell«-Kind seiner Wahl gesetzt, das seinerseits auch eine positive Beziehung zum anderen Kind geäußert hatte, zumindest aber keine Ablehnung. Sympathie und räumliche Nähe bildeten wichtige Voraussetzungen dafür, daß die erwünschten Verhaltensweisen beobachtet, nachgeahmt und nach einiger Zeit auch häufiger ausgeführt wurden. Zusätzlich lobte die Lehrerin die »Modelle« für ihr erwünschtes Verhalten und verbalisierte dabei auch präzise, wofür sie ihr Lob aussprach, z.B.: »Du hast deine Buntstifte schon weggeräumt, das ist aber rasch gegangen!«

d) Handeln wird durch andere direkt gesteuert. Soziale Beeinflussung kann in Schüler-Schüler-Beziehungen auch sehr konkret und direkt auftreten: Jeder Lehrer kennt das Phänomen des »Klassenkaspers«, also Kinder, die sich Aufmerksamkeit und soziale Zuwendung verschaffen, indem sie durch provozierte Zwischenfälle, Zwischenrufe, alberne Fragen oder Kommentare ihre Mitschüler zum Lachen bringen und den Lehrer zwingen, sich mit ihnen zu befassen, auch auf Kosten der Mißbilligung und Strafmaßnahmen von seiten des Lehrers. Mitschüler und Lehrer verstärken meist durch ihre Reaktionen das Verhalten des Klassenkaspers, d.h. die anderen »steuern« die Häufigkeit, mit der ein Mitschüler ein bestimmtes Verhalten, das er von sich aus produziert, im Schulalltag tatsächlich zeigt. Durch die zwischen den Schülern herrschenden sozialen Beziehungen wird aber auch oft die Richtung des Handelns beeinflußt. In etlichen Klassen bilden sich häufig gerade solche Verhaltensmuster heraus und werden durch die Reaktionen der Mitschüler noch verstärkt, die den Lehrer und seinen Unterricht stören. In der Regel liegt hier nicht ein Problem eines oder einiger Schüler vor, das durch die soziale Verstärkung aufrechterhalten wird, sondern dahinter verbergen sich meist umfassendere Schwierigkeiten zwischen Lehrer und Klasse. Es kann sich auch um Probleme handeln, die sich aus den eingeschränkten Möglichkeiten ergeben, die Schülern in der Schule zur Verfügung stehen, um ihre subjektiven Ansichten oder Bedürfnisse ausdrücken zu können oder zu dürfen. Es nützt meist nichts, wenn der Lehrer meint, die Störungen beseitigen zu können, indem er Maßnahmen ergreift, die einzelne Schüler betreffen.

Johnson und Bany (1975) haben eine Reihe problematischer Handlungssteuerungen von Schülern durch Schüler zusammengestellt:
- Störungen des Unterrichts durch einzelne Schüler, die den geplanten Ablauf ernsthaft in Frage stellen, finden häufig offene oder verdeckte Zustimmung durch große Teile der Klasse; häufig fühlen sich die restlichen Schüler unzufrieden und unter Druck, sehen aber selbst keine Möglichkeit, die Situation konstruktiv zu ändern.
- Zwischenbemerkungen, unsinnige oder alberne Beiträge, wiederholte Rückfragen zu Anweisungen und Informationen, die durchaus klar verständlich waren, treten häufig in Klassen auf, in denen die Schüler-Schüler-Beziehungen belastet bzw. eingeschränkt sind. Dieses Verhalten einzelner Schüler wird von der Klasse oder einem Teil der Mitschüler meist noch verstärkt, denn es führt zu einer Intensivierung der Beziehungen zwischen den Schülern - wenn auch nicht in der erwünschten Richtung.
- Konflikte zwischen Schülern und Lehrern, die z.B. auf wenig interessanten Unterrichtsstoff oder nicht motivierende Arbeitsaufgaben zurückzuführen sind, scheinen auf den ersten Blick nicht so gewichtig zu sein. Die Konsequenzen sind für den Lehrer dennoch häufig schwerwiegend, da es in solchen Situationen, vor allem in höheren Klassen, oft vorkommt, daß einige wenige Schüler engagiert über Nebensächlichkeiten und witzige Lösungsvorschläge diskutieren und die übrige Klasse diese »Diskussionen« zwar nicht aktiv, aber doch als willkommene Ablenkung von der eigentlichen Arbeit unterstützt und aufrechterhält, indem sie eine interessierte und durch Beifallskundgebungen deutlich vernehmbare Zuschauerschaft bildet. Gelegentlich werden auch Mitschüler, von denen die Klasse ablenkende Beiträge erwartet, direkt aufgefordert, ebenfalls etwas »zur Sache« beizutragen.

4.2 Die Schulklasse als Gruppe

Aufgrund der verschiedenartigen Beziehungs- und Interaktionsmöglichkeiten zwischen den Schülern bilden sich in Schulklassen spezifische Beziehungsstrukturen heraus, die zunächst wenig dauerhaft sind, sich in höheren Jahrgängen und längerem Zusammensein in der gleichen Klasse aber immer mehr verfestigen. Außerdem entstehen allmählich »Klassennormen«, d.h. gemeinsame Vorstellungen und Erwartungen der Schüler, welche Handlungen in welcher Situation »angemessen« sind und welche nicht. Die Schulklasse kann in vielen Aspekten als Gruppe betrachtet werden, abgesehen davon, daß die Mitglieder dieser Gruppe - die Schüler - sich nicht freiwillig zusammengeschlossen haben, um ein gemeinsames Ziel anzustreben. Eine Klasse entsteht vielmehr durch organisatorische Maßnahmen der Schulverwaltung, woraus sich Probleme ergeben, die allerdings auch in anderen Gruppen auftreten: Für die Organisation von Schulen sind bestimmte Formen des Umgangs miteinander, spezifische Beziehungsstrukturen sowie Normen günstig und wünschenswert; entsprechend sollen Lehrer ihre Klasse führen. Neben oder auch entgegen diesen formellen Strukturen und Schulnormen bestehen aber aufgrund der subjektiven Bedürfnisse und Ziele der Schüler auch informelle Gruppenstrukturen und -normen in der Klasse.

a) Soziale Strukturen in Schulklassen. Die wechselseitige Beeinflussung der Mitglieder untereinander ist ein wesentliches Merkmal von Gruppen. Durch gleichartige Anforderungen von seiten des Lehrers und wiederkehrende Handlungen der einzelnen Schüler werden bei Lehrern und Schülern rasch Vorstellungen darüber aufgebaut, was in bestimmten Situationen von den einzelnen Schülern in der Klasse zu erwarten ist. Solche Erwartungen bestimmen nicht nur das Handeln des Lehrers, sondern auch die sozialen Beziehungen der Schüler. Es erleichtert den Umgang miteinander, wenn mit einiger Gewißheit vorhergesehen werden kann, wie sich der andere verhält: Wenn man z.B. »weiß«, daß Werner immer wieder Arbeitsvorschläge ablehnt und seine Vorstellungen rechthaberisch verteidigt oder daß Maria gar nicht zuhört, wenn andere Vorschläge machen, dann wird man in der Interaktion mit diesen beiden keine Zeit auf logisches Argumentieren verschwenden. Umgekehrt bringen solche »Rollen«erwartungen von seiten der Mitschüler die Betroffenen in eine Situation, in der sie oft nur schwer oder gar nicht mehr anders handeln können, als von ihnen erwartet wird: Die erwartungsvollen Blicke etwa, die sich auf Karin richten, die schon oft die Einzelbeiträge ihrer Nachbarn zusammengefaßt hat, sind nonverbale Aufforderungen genug, daß sie wieder die Koordination in der Gruppe übernimmt. Erwartungen solcher Art stabilisieren und strukturieren vor allem die Sympathie- bzw. Freundschafts- sowie die Arbeitsbeziehungen in Schulklassen. Zwischen Leistung und sozialer Anerkennung besteht kein eindeutiger Ursache-Wirkungs-Zusammenhang, wohl aber ein Wechselwirkungsverhältnis (Petillon, 1980): Wer bei den Mitschülern beliebt ist, schätzt sich selbst positiver ein, hat mehr Sicherheit, erhält mehr positive Zuwendung, traut sich mehr zu und kann höhere Ansprüche an sich selbst stellen bzw. diese auch erfüllen; umgekehrt gilt, daß die erfolgreichen Schüler meist auch die beliebteren in der Klasse sind. Wie bereits ausgeführt, entstehen aus Verhaltensweisen, die einzelne Schüler in ähnlichen Situationen wiederholt zeigen, bei den anderen rasch feste Erwartungen, wie diese Schüler in solchen Situationen handeln werden oder sogar handeln sollten. Solche Erwartungen strukturieren die Schüler-Schüler-Beziehungen, quasi als Rollenzuschreibungen. Im Verhaltensbereich des Lehrers in der Schule treten typisch aufgabenbezogene, gruppenbezogene und störende Rollen als Elemente der Beziehungsstruktur auf. Berliner und Mitarbeiter (1972) haben häufige Rollen in Schüler-Schüler-Beziehungen zusammengestellt.

Aufgabenbezogene Rollen. Wenn eine Unterrichtsaufgabe gestellt wird, z.B. eine Textaufgabe lösen, eine Stoffsammlung anlegen, einen Quellentext diskutieren usw., spielen verschiedene Erwartungen eine Rolle, die sich auch auf die Arbeitsbeziehungen zwischen den Schülern auswirken können:
- Die Initiative ergreifen, Anregung geben.
- Nach Informationen suchen.
- Die anderen informieren.
- Meinungen oder Überzeugungen äußern.
- Orientierung geben.
- Koordinieren.

Gruppenbezogene Rollen. Manchen Schülern gelingt es durch ihr Verhalten besonders gut, befriedigende Beziehungen zwischen den Gruppenmitgliedern aufrechtzuerhalten oder herzustellen, auch wenn bei der gemeinsamen Aufgabenbearbeitung Meinungsverschiedenheiten, Schwierigkeiten, Enttäuschungen usw. auftreten. In der Klasse entwickeln sich Erwartungen, welcher Schüler für ein angenehmes Gruppenklima sorgen kann. Folgende Rollen sind in diesem Bereich festzustellen:

- Beteiligung der anderen unterstützen.
- Beteiligung der anderen in Gang setzen.
- Übereinstimmung oder Ausgleich herstellen.
- Kompromisse vorschlagen.
- Andere ermutigen.

Störende Rollen. Einige Schüler können den Zusammenhalt der Klasse durch ihre meist nicht unterrichtsbezogenen Aktivitäten belasten und somit auch die Leistungsmöglichkeiten der anderen beeinträchtigen:
- Aggressives Verhalten.
- Blockieren.
- Aufmerksamkeit erregen.
- Dominierendes Verhalten.
- Fehlende Kooperation.

b) Soziale Normen in Schulklassen. Neben den Erwartungen, wie sich die verschiedenen Schüler in der Klasse in Arbeits- und Freundschaftsbeziehungen verhalten werden, bilden sich im Umgang der Schüler miteinander bald allgemeine soziale Normen heraus, welches Verhalten in einer bestimmten Schulsituation »angemessen« ist.

In einer 4. Klasse erwarteten die Schüler von einigen Mitschülern, daß sie sich häufig melden und aktiv am Unterricht beteiligen, von anderen wurden keine Beiträge erwartet; die Klasse war im Gegenteil überrascht, wenn diese Schüler sich zu Wort meldeten. Allerdings mußte Bernd, der sich bei fast jeder Frage und Aufgabe meldete, gelegentlich Vorwürfe einstecken, er sei ein »Streber«; wenn er sich aber einmal nicht meldete, fielen hämische Bemerkungen, ob er heute einen schlechten Tag habe, gerade »auf der Leitung sitze« usw. Die Analyse dieses Beispiels zeigte: Völlig fehlende Wortmeldungen, aber auch mehr als fünf Meldungen werden negativ, sowie zwei bis vier Meldungen positiv bewertet: eine und fünf Meldungen werden noch toleriert.

Je weiter der Bereich positiver Bewertungen bzw. Toleranzgrenzen ist, desto unproblematischer sind die sozialen Beziehungen im Hinblick auf das »normierte« Verhalten. Je enger dagegen die Grenzen gezogen sind, außerhalb derer negative Reaktionen durch die anderen auf einen Schüler warten, desto »bedrohlicher« wird das Leben in dieser Gruppe. Im letzten Fall sind die sozialen Beziehungen durch Anpassungsbereitschaft und Abhängigkeit, besonders von einflußreichen Mitgliedern der Gruppe, gekennzeichnet. Ein besonderes Problem entsteht dadurch -

ähnlich wie bei den Rollen in der Klasse -, daß neben den formellen Normen in der Schule, die der Lehrer zu vertreten hat, auch informelle Normen bestehen. Diese beziehen sich nicht nur auf Verhaltensweisen, die über die »Schulnormen« hinausgehen, sondern es können auch konkurrierende Normen aufgestellt werden: Beim Wechsel des Unterrichtsraums kann z.b. eine ein- bis zweiminütige Verspätung - nach der informellen Norm - von den Mitschülern positiv bewertet werden, die nach der formellen Norm negativ einzuschätzen wäre. Eine weitere Schwierigkeit für Schüler-Schüler-Beziehungen entsteht, wenn in Untergruppen der Klasse unterschiedliche informelle Normen für den gleichen Verhaltensbereich bestehen, beispielsweise für die Beteiligung am Musikunterricht bei einer Fachlehrerin. Ohne Kenntnis solcher informellen Normen bleiben pädagogische Maßnahmen häufig wirkungslos, wenn sie nicht sogar gegenteilige Effekte erzielen.

Die Musiklehrerin beklagt sich beim Klassenlehrer, daß die Schüler bei einfachen Übungen, in denen kurze Musikstücke in eine andere Tonart übertragen werden sollen, nicht mitarbeiten; von wenigen, z.b. Thomas, abgesehen. Falls die informelle Norm in der Klasse besteht, bei dieser Lehrerin möglichst nie mitzuarbeien, und der Klassenlehrer die Situation so interpretiert, daß Thomas als »Beweis« dafür gilt, daß die Übungen keine unangemessene Beanspruchung darstellen und keineswegs musikalische Genialität voraussetzen, kann er diesen Schüler damit in Beziehungskonflikte bringen. Der Lehrer müßte statt dessen versuchen, bei der »Schülernorm« selbst anzusetzen.

4.3 Die Bedeutung von Schüler-Schüler-Beziehungen

Hier wird die Bedeutung positiver Schüler-Schüler-Beziehungen herausgestellt, die zwar im Alltag nicht auffallen, weil sie nicht stören, die aber die Grundlage der schulischen Lernarbeit sind und vor allem eine wichtige Bedingung für die gesunde persönliche Entwicklung des Schülers darstellen. Damit soll der Blick des Lehrers auf die sozialen Prozesse, die in Klassen immer ablaufen, gelenkt werden. Die sozialen Beziehungen der Schüler sind und bleiben Realität, von der Schüler und Lehrer ständig beeinflußt werden, auch wenn der Lehrer soziale Beziehungen nur unter Leistungsgesichtspunkten betrachtet: Dies kann der Fall sein, wenn es um die Sitzordnung bei der Gruppen- oder Partnerarbeit geht; oder wenn der Lehrer unterrichtsbezogene Interaktionen zwi-

145

schen den Schülern lieber vermeidet, weil er sich angesichts seiner geringen Stundenzahl in der Klasse, der großen Stofffülle oder der anspruchsvollen Zielsetzungen im Hinblick auf soziales Lernen überfordert fühlt.

Beziehungen zu Gleichaltrigen spielen in der Entwicklung bereits im Kindesalter, besonders aber vom Schuleinritt an, eine bedeutsame Rolle: Soziale Beziehungen sind nötig, um
- sich selbst im Vergleich (nicht nur im Leistungsbereich) mit anderen erfahren zu können,
- die eigene Wirkung auf andere kennenzulernen,
- Erwartungen der anderen an einen selbst herauszufinden,
- Rückhalt und Unterstützung zu erhalten.

Dabei werden die Gleichaltrigen zunehmend wichtiger, besonders in der Zeit des Übergangs vom Kindes- zum Erwachsenenalter: Die eigenen körperlichen Veränderungen, Wachstum und psychische Reifung bringen Unsicherheiten mit sich, die den Rückhalt von anderen, die in ähnlichen Schwierigkeiten stecken oder sie gerade überwunden haben, besonders hilfreich erscheinen lassen. Mit körperlichen, geistigen und emotionalen Veränderungen ergeben sich aber auch neue, sehr ungewohnte Formen des Erlebens und Handelns sowie Konsequenzen, die man vorher noch nicht sehen kann. Vertrauensvolle und verläßliche Beziehungen zu Gleichaltrigen bieten die notwendigen Gelegenheiten, eigene Möglichkeiten zu erproben und aus Erfolgen wie auch Fehlschlägen zu lernen. Dabei baut sich allmählich auch Selbständigkeit auf, die künftig benötigt wird, um die sozial-emotionale Abhängigkeit vom Elternhaus zu lösen und ein Leben in eigener Verantwortlichkeit führen zu können.

Coleman (1980) hat wichtige Ergebnisse zur Entwicklung sozialer Beziehungen im Kindes- und Jugendalter zusammengefaßt: Danach formen sich aufgrund des Umgangs miteinander in Schule und Freizeit häufig kleine, relativ geschlossene Cliquen. Diese halten vor allem gegen Außenstehende zusammen. Bis ins zwölfte und dreizehnte Lebensjahr sind die Jungen und Mädchen in solchen Cliquen getrennt, erst später bilden sich durch wechselseitige Beziehungen einzelner Mitglieder und durch gemeinsame Unternehmungen von Jungen- und Mädchencliquen allmählich Gruppierungen, in denen beide Geschlechter vertreten sind. In diesen Gruppen überwiegen soziale Unternehmungen, wie z.B. gemeinsame Radtouren, Zelten am Wochenende, Geburtstagspartys, Gartenfeste usw.

Die Mitglieder der Jungen- und Mädchencliquen können so, gestützt auf enge persönliche Beziehungen zu Angehörigen ihres eigenen Geschlechts, im Rahmen der größer angelegten Unternehmungen in überschaubaren, gut strukturierten, nicht bedrohlichen Situationen neue Verhaltensmuster der Interaktion mit Angehörigen des anderen Geschlechts erproben.

Das große Ausmaß, in dem Schüler bereit sind, auf die Erwartungen der Mitschüler einzugehen und sich der Klasse anzupassen, zeigt den wichtigen Beitrag, den Schüler-Schüler-Beziehungen zum Erwerb von Verhaltenssicherheit für Heranwachsende leisten. In den ersten beiden Schuljahren ist die Anpassung an das Verhalten der anderen noch relativ gering, steigt dann aber ständig an und erreicht etwa im 5. bis 7. Schuljahr einen Höhepunkt; danach nimmt die Anpassungsbereitschaft allmählich wieder ab. Das soziale Klima der Klasse dürfte also zu Beginn der Sekundarstufe I die größten positiven oder negativen Effekte haben, ebenso wie die Maßnahmen des Lehrers, die sich auf soziale Beziehungsstrukturen und gegebenenfalls auf ihre Veränderungen stützen.

Günstige Voraussetzungen für die Beeinflussung der Schüler-Schüler-Beziehungen in Klassen dieser Jahrgangsstufen liegen auch in der entwicklungsspezifischen Natur der sozialen Beziehungen: Freunde bzw. Freundinnen sind für Elf- bis Dreizehnjährige vor allen Dingen Personen, mit denen man etwas unternimmt, d.h. die enge Beziehung entsteht mehr aus gemeinsamen Aktionen als aus der Interaktion bzw. der wechselseitigen Beeinflussung. Dabei erfahren die Heranwachsenden langsam das, was dann später Freundschaftsbeziehungen der 14- bis 16jährigen charakterisiert, nämlich Verläßlichkeit und Vertrauenswürdigkeit der anderen oder die Sicherheit in persönlichen Beziehungen. Demzufolge belasten Furcht vor »Verrat«, Eifersüchteleien und Unsicherheiten die sozialen Beziehungen in diesem Entwicklungsabschnitt besonders stark. Erst später werden gemeinsame Persönlichkeitszüge, Interessen, Werthaltungen usw. sowie die Anregung durch die Unterschiedlichkeit der Anschauungen zum zentralen Thema von sozialen Beziehungen.

Soziale Konflikte und Spannungen stellen sich im allgemeinen bei Jungen und Mädchen etwas unterschiedlich dar:
Bei Jungen geht es hier meist um den Besitz von Gegenständen, Beschädigungen dieser Dinge, Freizeitaktivitäten; später auch um Bezie-

hungen zu Mädchen. Mädchen dagegen nennen als Ursache für Schwierigkeiten mit Freundinnen viel häufiger persönliche Zurückweisung oder Ausschluß aus engen, freundschaftlichen Beziehungen. Dieser Unterschied spiegelt sicher auch die gesellschaftlichen Erwartungen wider, wonach Jungen eher an Erfolg und Leistung, Mädchen eher an sozialen Werten gemessen werden. Außerdem nennen Jungen nicht so viele verschiedene Streitpunkte bzw. negative Themen in ihren Sozialbeziehungen wie Mädchen.

Johnson (1981) folgert für die Bedeutung von Schüler-Schüler-Beziehungen:

(1) Die sozialen Beziehungen zu den Gleichaltrigen beeinflussen die Erwartungen, die ein Schüler an sich selbst stellt und die Leistungen die er schließlich erzielt.

(2) Für die Entwicklung von Wertorientierungen und den Aufbau von Einstellungen spielen soziale Beziehungen besonders im Jugendalter eine wichtige Rolle.

(3) In den Beziehungen zu Gleichaltrigen lernen Schüler bedeutsame soziale Fertigkeiten, z.B. wie man soziale Kontakte herstellt und aufrechterhält.

(4) Die Gruppe der Gleichaltrigen ermöglicht es, mit aggressiven Impulsen umgehen zu lernen.

(5) Die Gleichaltrigen tragen Wesentliches zur Entwicklung der männlichen oder weiblichen Geschlechtsrolle bei.

(6) In den Beziehungen zu Gleichaltrigen lernt man, sich in andere Personen hineinzuversetzen (Perspektivenwechsel).

(7) Beziehungen zu den Altersgenossen beeinflussen die allgemeine Einstellung zur Schule.

(8) Schüler-Schüler-Beziehungen spielen auch für das Auftreten problematischer Verhaltensweisen eine wichtige Rolle, von Gewohnheiten des Rauchens und Alkoholmißbrauchs bis hin zur Anwendung von illegalen Drogen.

(9) Andauernde Schwierigkeiten einzelner Schüler in den Beziehungen zu Gleichaltrigen sollten als Signal behandelt werden, das darauf hinweist, daß diesen Schülern geholfen werden muß (die wechselseitige Abhängigkeit von sozialer Anerkennung, Selbstwert und emotionaler Sicherheit sowie Leistung wurde bereits ausgeführt).

Im zuletzt genannten Punkt darf nicht übersehen werden, daß die Betonung auf andauernden Schwierigkeiten liegt: Es wäre völlig abwegig, wenn man von einem Modell perfekter Harmonie im Klassenzimmer ausginge und jeden Konflikt als Unglück, persönliches Versagen oder als schädlich für das Zusammenleben ansehen würde. Das Ideal ständiger harmonischer Beziehungen in der Schulklasse ist - ebenso wie das häufig propagierte Ideal immerwährender Familienharmonie - unrealistisch und wenig hilfreich, da es wichtige soziale Erfahrungen und Lernmöglichkeiten behindert.

Konflikte gehören zum Zusammenleben; es kommt darauf an, wie man mit ihnen umgeht: Meinungsverschiedenheiten und Konflikte können für Gruppen durchaus konstruktiv sein, da ein wichtiger Vorteil für viele Tätigkeiten genau darin besteht, daß im Gruppenprozeß unterschiedliche Standpunkte und Kenntnisse aufeinander abgestimmt werden können und müssen. Dabei darf nicht nach scheinbaren »Lösungen« für Konflikte gesucht werden, sondern die Gruppe muß sich gemeinsam den Schwierigkeiten stellen, die einzelne Mitglieder miteinander haben. Sowohl Strategien der simplen Konfliktvermeidung, des Ausklammerns bestimmter Themen wie auch Strategien des vorschnellen Kompromisseschließens, meist auf Kosten einer Partei, die unzufrieden bleibt, lösen soziale Schwierigkeiten nicht auf, sondern verschieben sie nur.

4.4 Gestörte Schüler-Schüler-Beziehungen

Im Gegensatz zur weitreichenden Bedeutung sozialer Beziehung zwischen Schülern stehen die Kenntnisse, die Lehrer darüber haben, was außerhalb und vor allem auch innerhalb des Unterrichts zwischen den einzelnen Schülern tatsächlich abläuft. Lehrer erhalten selten Zugang zu der Art und Weise, wie Schüler im Unterricht ihre Rollen sehen, wie sie informelle Klassennormen befolgen oder verletzen oder wie sie sich wechselseitig beeinflussen. Offene Konflikte, die sich vielleicht in wechselseitigen Beschuldigungen, in Beleidigungen oder sogar Tätlichkeiten äußern, fallen ihnen natürlich auf und veranlassen sie zu Maßnahmen. Subtilere Hinweise auf gestörte soziale Beziehungen in der Klasse aber bleiben oft unerkannt. Diagnostische Hilfsmittel, die Beziehungsschwierigkeiten der Schüler rechtzeitig erkennen lassen, erscheinen daher besonders wichtig. Im unten folgenden Fallbeispiel wird daher als eine Möglichkeit die soziometrische Befragung dargestellt. Sie unterstützt insbesondere die Diagnose der folgenden häufigen sozialen Schwierigkeiten in Schulklassen, von denen einzelne Schüler, größere Gruppen oder die gesamte Klasse betroffen sind.

a) Außenseiter in der Klasse. Als häufigstes Problem in den sozialen Beziehungen in Schulklassen nennen Lehrer die Tatsache, daß einzelne Schüler und Schülerinnen nicht in die Klasse integriert werden, sondern in der sozialen Struktur der Klasse Randpositionen einnehmen. Außenseiter in der Klasse werden entweder vom Rest der Mitschüler ignoriert oder aber aktiv in ihre Randposition gedrängt. In soziometrischen Verfahren zur Erfassung der Beziehung zwischen Schülern (vgl. Abschnitt 4.2) erkennt man Außenseiter der erstgenannten Art daran, daß nur sehr wenige Mitschüler sie unter den positiven und negativen Wahlkriterien (z.B. »Wen möchtest du in deiner Arbeitsgruppe?« »Wen möchtest du nicht in deiner Arbeitsgruppe?«) nennen; sie bleiben überwiegend unbeachtet. Außenseiter der zweiten Art erhalten dagegen überdurchschnittlich viele Ablehnungen von ihren Mitschülern, in Extremfällen sogar nur negative Wahlen von fast allen Schülern der Klasse. Die Bewertungen gehen auseinander, welche Außenseiterposition für die betroffenen Schüler belastender und in ihrer weiteren Auswirkung schädlicher ist. Nach einer Sichtung der Literatur und aufgrund eigener empirischer Untersuchungen stellt Petillon (1978; 1980) für eher passiv isolierte Schüler, die Unbeachteten, wie für eher aktiv randständige Schüler, die »schwarzen Schafe« der Klasse, übereinstimmende Merkmale fest: Im Vergleich zu den Mitschülern neigen sie häufiger zu emotionalen Störungen; sie sind ängstlicher und gehemmter; sie haben weniger Selbstvertrauen; sie sind tendenziell abhängiger vom Lehrer, aber dominanter gegenüber den Schülern; sie werden vom Lehrer sehr negativ charakterisiert; sie machen mit ihren Mitschülern häufiger unangenehme Erfahrungen (z.B. Schadenfreude); sie sind häufiger Schulversager oder Klassenwiederholer.

Positive Gruppenkontakte sind einerseits eine wichtige Bedingung für die persönliche Entwicklung und die Leistungsentwicklung von Schülern, andererseits aber erhalten isolierte Schüler selten Gelegenheit gerade für die sozialen Erfahrungen, die ihnen die Außenseiterposition erleichtern und allmählich überwinden helfen könnten. Ihre Verhaltensmerkmale erschweren befriedigende soziale Beziehungen mit den Mitschülern. Den betroffenen Außenseitern fehlen nötige soziale Fertigkeiten, für die Mitschüler ist die Interaktion mit Außenseitern eher belastend als befriedigend, auch wegen der meist ablehnenden Stellung der Klasse zu solchen Kontakten. So kommen verhängnisvolle Kreisprozesse in Gang (vgl. Petillon, 1980), in denen Ablehnung und Isolation der Schüler in randständigen sozialen Positionen mit negativen Erwartungen der Mitschüler einhergeht; konkrete Erfahrungen der sozialen Ablehnung führen zur weiteren Verunsicherung, zu Angst vor Mißerfolgen, zum Vermeidungsverhalten und sozialem Rückzug oder zu aggressiven Einstellungen und Verhaltensweisen. Dies alles verstärkt nur die ablehnende Haltung der Mitschüler, wodurch die Randpositionen der Außenseiter sich weiter verfestigt. Wenn Außenseiter längerfristig keine soziale Unterstützung erfahren, stabilisieren sich in der Regel bei ihnen Verhaltenstendenzen, die eine Lösung der sozialen Problematik immer mehr erschweren (vgl. Selg, 1978): Außenseiter weisen die Schuld für Beziehungskonflikte den anderen zu, sie werten die subjektive Bedeutung der Klassensituation und ganz allgemein der Schule stark ab, sie suchen sich außerschulische Bezugsgruppen oder flüchten in Tagträume, sie erzwingen sich soziale Zuwendung, wenn auch negativer Art, durch Aggressionen.

Da pädagogische Maßnahmen häufig überwiegend nur auf die Außenseiter selbst gerichtet werden (z.B. Übertragung besonders verantwortlicher Aufgaben; Unterstützung zur Verbesserung der Schulleistungen; Eingliederung in Gruppenaktivitäten), erscheint der

Hinweis von Petillon (1980) wichtig, die Verhaltensmerkmale von Außenseitern nicht nur als Ursachen für ihre Isolation bzw. Zurückweisung anzusehen, sondern auch als Folgen in den beschriebenen Kreisprozessen. Es muß von daher auch überlegt werden, was in der Klasse verändert werden muß, damit mehr Möglichkeiten für positive soziale Kontakte entstehen.

b) Cliquenbildung. Durch soziale Abgrenzung gegenüber den anderen Schülern entstehen in vielen Klassen Schülercliquen als kleine, relativ selbständige soziale Untergruppen. Häufiger Anlaß zur Cliquenbildung sind Gemeinsamkeiten, die Cliquenmitglieder von den anderen Mitschülern unterscheiden, beispielsweise ähnliche soziale Herkunft, gleiche Wohngegend, Attraktivität einzelner »Stars« in der Klasse. Die Probleme der Cliquenbildung wiegen besonders schwer, wenn sich in Klassen mit Kindern ausländischer Arbeitnehmer Gruppierungen nach ethnischer Zugehörigkeit bilden. Die soziale Integration dieser Kinder wird dadurch fast unmöglich; denn Cliquen haben die Tendenz, die sozialen Beziehungen nach außen weitgehend einzuschränken, aktive Kontaktaufnahme von außen zurückzuweisen und sich auf soziale Interaktion innerhalb der kleinen Gruppierung zu beschränken. Die Häufigkeit der Interaktionen und die wechselseitige Zuneigung aber hängen in der Regel zusammen. Während also gegenseitige Zuneigung, positive emotionale Beziehungen in der Clique anwachsen, nehmen die gleichen Merkmale gegenüber dem Rest der Klasse ab. Dabei können sich cliquenspezifische Verhaltensgewohnheiten (z.B. Sprachstil, Gestik, Organisation der schulischen »Arbeitsteilung« usw.) herausbilden, die es »Außenstehenden« weiter erschweren, Zugang zur Clique zu finden. Umgekehrt machen es solche Gewohnheiten auch den Cliquenmitgliedern aufwendiger oder anstrengender, Kontakte nach »außen« herzustellen und aufrechtzuerhalten. Für den Lehrer kommt es darauf an, die Abkapselung kleiner Schülergruppen möglichst frühzeitig festzustellen, damit er einer Verfestigung der Untergruppierung entgegenwirken kann. Auch in diesem Fall problematischer Schüler-Schüler-Beziehungen ist es unerläßlich, die ganze Klasse an der Problemlösung zu beteiligen. Es wird dazu empfohlen, den Konflikt bzw. die möglichen Konflikte zwischen Klasse und Clique zu thematisieren, d.h. die Abkapselung einiger Schüler einerseits, die vielleicht bestehende Ablehnung dieser Gruppe durch die Klasse andererseits offen anzusprechen und gemeinsam nach Möglichkeiten zur Förderung von Kontakt und Kooperation zwischen allen Schülern zu suchen.

c) Fraktionsbildung in Klassen. Aus ähnlichen Gründen, aber mit rascher erkennbaren und meist dramatischeren Konsequenzen kommt es in manchen Klassen zu Fraktionsbildungen, die die ganze Klasse meistens in zwei Parteien spalten. In ihren sozialen Aktivitäten sind die Schüler dann fast ausschließlich mit der Sicherung von »innerparteilicher« Kommunikation und den inneren Beziehungen beschäftigt; gleichzeitig grenzen sie sich gegen die andere, konkurrierende oder sogar »feindliche« Gruppe ab. Diese Themen sind über längere Zeit so übergewichtig, daß auf Unterrichtsthemen zentrierte Interaktion sehr erschwert wird, Kooperation mit Mitgliedern der anderen Gruppierung bei der Bearbeitung von Unterrichtsaufgaben nahezu unmöglich wird. In der Regel weisen die Mitglieder beider Gruppierungen jeden Vorschlag des Lehrers zur Kooperation entschieden zurück oder unterlaufen durch Streit bis hin zu offener Aggression Gebote oder Unterrichtsarrangements, die sie zur Zusammenarbeit bewegen sollen. Alterstypisch findet man solche Beziehungskonflikte, wenn auch nicht immer in so extremen Ausprägungen, in Klassen des 5. und 6. Jahrgangs zwischen Jungen und Mädchen. Grundsätzlich gilt für die Diagnose des Problems und Maßnahmen zur Lösung, was zum Umgang mit dem Problem der Cliquenbildung schon vorgeschlagen wurde. Im folgenden Abschnitt wird ein Fallbeispiel genauer dargestellt, in der diese Art gestörter Schüler-Schüler-Beziehungen im Mittelpunkt steht.

4.5 Fallbeispiel

In diesem Beispiel, in dem alle Hinweise auf Personen und Ort verändert wurden, geht es um Schwierigkeiten in den Beziehungen zwischen den Schülern von zwei Teilgruppen der Klasse. Bei der Darstellung des Vorgehens in diesem Fall wird gezeigt, wie diagnostische Maßnahmen fließend in pädagogische Handlungsformen zur Veränderung der Klassensituation übergehen können.

a) Problemstellung. Auf einem Elternabend einer 6. Hauptschulklasse berichten einzelne Eltern besorgt über schon länger dauernde soziale Schwierigkeiten zwischen den Schülern. Aus den Diskussionsbeiträgen der Eltern geht hervor, daß sich seit etwa zwei Jahren sowohl Eltern als auch Lehrer immer wieder über zu aggressives, lautes, störendes Verhalten der Jungen in der Klasse beklagen. Nun kommen noch tätliche Angriffe auf einzelne Mädchen der Klasse hinzu, so daß die Mädchen insgesamt vor den Jungen der Klasse Angst zu haben scheinen. In Einzelfällen haben Mädchen sich ihren Eltern gegenüber schon verbal geweigert, weiter in diese Klasse zu gehen. In der Diskussion, an der auch Eltern mit pädagogischer Ausbildung beteiligt sind, werden bereits Erklärungen und Lösungsvorschläge für einen vermuteten generellen Konflikt zwischen Jungen und Mädchen in dieser Klasse entwickelt:

Erklärung:»Es handelt sich vor allem um einzelne Jungen in der Klasse, die sehr aggressiv sind.«
Lösungsvorschlag:»Man müßte mit den Eltern sprechen bzw. sie ermahnen, ihre Kinder zurechtzuweisen.«

Erklärung:»Es liegt auch an der Unfähigkeit der Lehrer, mit solchen Konflikten umzugehen; sie ergreifen einseitig Partei, bevorzugen die Mädchen und provozieren dadurch die Jungen.«
Lösungsvorschlag:»Die Lehrer müssen alle Kinder gleich behandeln. Außerdem sollen sie endlich ein Gespräch mit der Klasse über die Problematik führen.«

Erklärung:»Lehrer geben mit ihren vielen Strafen ein Modell für aggressives Verhalten.«
Lösungsvorschlag:»Das Problem sollte einmal in der Lehrerkonferenz angesprochen werden.«

Erklärung:»Die Mädchen sind zum Teil selbst schuld: Sie provozieren die Jungen durch ihr hilfloses Verhalten.«
Lösungsvorschlag:»Die Mädchen müssen lernen, sich zu wehren.«

Erklärung:»Der Fußball bringt die Kinder auseinander: Von Anfang an interessierten sich die Jungen fast ausschließlich für Fußball, und die Mädchen bleiben davon ausgeschlossen.«
Lösungsvorschlag:»Andere Interessen müssen gefördert werden, z.B. gemeinsames Basteln und dergleichen.«

Erklärung:»Lernpsychologisch verstanden, wird das aggressive Verhalten der Jungen durch die Aufmerksamkeit der Lehrer und durch die Bewunderung durch die anderen Schüler verstärkt.«
Lösungsvorschlag:»Das aggressive Verhalten tritt seltener auf, wenn es ignoriert und statt dessen erwünschtes Verhalten verstärkt wird.«

154

Erklärung:»Der Konflikt in der Klasse ist letztlich auf die gesellschaftlich bedingte Rollenverteilung zurückzuführen, wonach die Männer aktiv und aggressiv, die Frauen eher angepaßt und passiv sind.«

Lösungsvorschlag:»Man muß Verständnis für die Jungen und Mädchen aufbringen; ihre Rollenproblematik könnte z.b. in Form von Rollenspielen aufgearbeitet werden.«

Erklärung:»Es liegt auch an den Eltern: Sie sorgen für eine Fortsetzung des Problems, indem sie sich dauernd damit befassen. Wahrscheinlich werden die Schüler zu Hause dadurch zu weiteren Aktivitäten in der Schule angeregt.«

Lösungsvorschlag:»Die Eltern sollen sich weniger in die schulischen Probleme einmischen, sondern akzeptieren, daß es sich um einen Bereich ihrer Kinder handelt.«

Die Aneinanderreihung der Erklärungen und Lösungsvorschläge vermittelt kein klares Bild der Klassensituation, das gezielte pädagogische Handlungsmöglichkeiten nahelegen würde. Es wird eher deutlich, wie wichtig es ist, einzelne Hypothesen gründlich zu überprüfen. Der Klassenlehrer konnte, über die bisher wiedergegebenen sehr allgemeinen Annahmen zum Konflikt hinaus, genauere Hinweise geben, wie sich die Schwierigkeiten zwischen den Schülern konkret äußern:
- Ein Mädchen der Klasse wurde einige Male auf dem Nachhauseweg von mehreren Jungen bedroht und angegriffen. Dieser Vorfall ereignete sich nach einiger Zeit ähnlich auch bei einem zweiten Mädchen.
- Wiederholt wurde schon beobachtet, daß die Jungen Mädchen aus der Klasse nachäfften, sie an den Haaren zogen oder mit Wasser bespritzten.

Weiter ergab sich aus den Hinweisen des Lehrers, daß die Probleme regelmäßig von einigen besonders aggressiven Schülern ausgingen. Dabei handele es sich um leistungsschwache Schüler, die darüber hinaus durch schwierige Familiensituationen besonders belastet seien. Es wurde vereinbart, gezielte Beobachtungen durchzuführen. Die Schüler sollten bei einer Unterrichtsstunde mit Gruppenarbeit, bei der Diskussionsrunde in der Klasse sowie bei Aktivitäten außerhalb des Unterrichts (in Freizeitangeboten der Schule) beobachtet werden. Um weiter erschließen zu können, wie die betroffenen Schü-

155

ler der Klasse die Konflikte in ihren sozialen Beziehungen selbst erleben, wurden zwei Formen der Befragung vereinbart: Der Klassenlehrer wurde gebeten, eine soziometrische Befragung durchzuführen; mit einer kleinen, ausgewählten Gruppe von Jungen und Mädchen solle ein diagnostisches Gespräch geführt werden.

b) Diagnostisches Vorgehen. Die Beobachtungen während der Gruppenarbeit fanden in einer Doppelstunde im Fach Gemeinschaftskunde statt. Die Schüler werteten in dieser Unterrichtssituation einen Fragebogen aus, den sie selbst erstellt und bereits eingesetzt hatten. Es ging dabei um die Meinungen anderer Schüler über Spielplätze in der Schulumgebung. Die Klasse war in vier Arbeitsgruppen gegliedert, wobei es keine Zusammenarbeit zwischen Jungen und Mädchen gab. In allen Gruppen befanden sich entweder nur Mädchen oder nur Jungen. Auffällig war neben dem Geräuschniveau in der Klasse auch die motorische Unruhe. Dabei spielte wohl auch die mangelnde Strukturierung dieser Unterrichtssituation eine Rolle. Immer wieder mußte der Lehrer zusätzliche Informationen und Arbeitsanweisungen geben. Bei der Fragebogenauswertung entstand in den Gruppen für einzelne Schüler auch ein gewisser Leerlauf, so daß einzelne Gruppenmitglieder sich mit anderen Dingen zu beschäftigen begannen: Papiergeschosse flogen durch die Luft, es kam zu Verfolgungsjagden. Auffällige Aggressionen zwischen Jungen und Mädchen waren allerdings nicht erkennbar.

In der Pause zwischen den beiden Teilen der Doppelstunde entstand eine Rauferei mit der Parallelklasse. Gleich nach dem Pausenzeichen ertönte das Signal zum Kampf, die ganze Klasse formierte sich: Vorneweg Christoph mit erhobenem Arm und Pfeife, hinter ihm in Deckung die Klassenkameraden, sowohl Jungen als auch Mädchen. Einzelne Schüler der Parallelklasse wurden auf dem Gang eingefangen; einer wurde - beide Arme auf den Rücken gedreht - ins Klassenzimmer geschubst und auf den Boden geworfen. Die Auseinandersetzungen verliefen ziemlich grob, obwohl man den Eindruck hatte, daß es sich immer noch in erster Linie um ein Spiel handelte. Die Polarisierung zwischen Jungen und Mädchen in der Klasse schien nur in bestimmten Situationen aufzutreten. Es war im Gegenteil auch Integration zu beobachten; beispielsweise regte ein Schüler nach der Rauferei mit der Parallelklasse an, eine »Klassenbande« zu bilden. Dafür fanden sich sechzehn Interessenten, sowohl Jungen als auch Mädchen. Am Ende der Doppelstunde ermahnte der Lehrer die Schüler, ohne weitere Raufereien mit der anderen Klasse das Schulhaus zu verlassen und nach Hause zu gehen. Als er dafür Buhrufe erntete, sagte er sehr bestimmt:»Das wird nachher nicht weitergemacht! Heute findet nichts mehr statt!«Dann erklärte er, daß man sich auch bei Kämpfen an bestimmte Regeln halten müsse.

Beobachtungen während der Klassendiskussion. In einer Unterrichtsstunde, in der über aktuelle Probleme diskutiert werden sollte, wurde auf einem Beobachtungsbogen (siehe Kapitel C 2) festgehalten, ob und wie Jungen die Diskussionsbeiträge der Mädchen aufgriffen und umgekehrt. Das erste der beiden vorgeschlagenen Diskussionsthemen beschäftigte sich mit den Aufgaben des Klassensprechers. Die Klasse wirkte insgesamt sehr unruhig, eine Diskussion kam schwer zustande. Meist redeten mehrere Schüler gleichzeitig, riefen sich etwas zu oder sprachen zu ihren Nachbarn. Erschwerend kam hinzu, daß die Temperatur an diesem sommerlichen Tag im Klassenzimmer recht hoch war. Um die Unruhe zu begrenzen, forderte der Lehrer die Schüler auf, sich entsprechend der vereinbarten Unterrichtsregeln erst zu melden, ehe sie ihren Beitrag leisteten. Wer sich so verhielt, durfte den nachfolgenden Sprecher benennen. Dieses Verfahren brachte Ordung in die Diskussionsfolge. Allerdings zeigten sich deutliche Tendenzen, daß Mädchen, wenn sie das Wort hatten, nur wieder Mädchen aufriefen, ebenso wie umgekehrt Jungen überwiegend andere Jungen als nachfolgende Sprecher nannten. Dies wiederum führte zu häufigen Gesprächsunterbrechungen und Zwischenrufen durch Schüler und Schülerinnen, denen die Diskussionsverteilung wohl einseitig zu werden schien. Dabei mußte dann jedesmal der Lehrer wieder steuernd eingreifen. Die Diskussion verlief daher zunehmend unstrukturierter. Inhaltlich wurde die Beschäftigung mit den Aufgaben eines Klassensprechers bald auf die Forderung nach der Wahl eines neuen Sprechers in der eigenen Klasse verlagert. Anregungen des Lehrers, etwa die Frage nach wünschenswerten Verhaltensweisen des Klassensprechers, wurden nur mehr lustlos aufgegriffen. Die Diskussion wirkte bald unkonzentriert; störende Zwischenrufe wurden immer häufiger.

Beobachtungen außerhalb des Unterrichts. Das Freizeitangebot der Schule gab die Gelegenheit, Schüler der Klasse auch außerhalb des Unterrichts in größeren Gruppen zu beobachten. Eine Gruppe von sieben Schülern, vier Jungen und drei Mädchen, veranstaltete ein Tischtennisturnier. Die Regel war sehr einfach: Wer einen Fehler machte, mußte ausscheiden. Das Spiel wurde als Wettkampf verstan-

157

den, verlief aber in einer lockeren, unbeschwerten Atmosphäre. Alle Schüler hielten sich ausnahmslos an die Regeln. Von den besten Spielern wurde erwartet, daß sie auch die schwächeren zum Zuge kommen ließen. Deshalb wurde Jochen, der beste Spieler, wegen seiner »gefährlichen« Bälle den schwächeren Schülern gegenüber als »fies« bezeichnet. Aggressives Verhalten, insbesondere zwischen Jungen und Mädchen, war nicht zu beobachten, wenn man von wenigen verbalen Kraftausdrücken absieht. In dem rund zweistündigen Turnier gab es bis auf eine kurze Verfolgungsjagd zwischen einem Jungen und einem Mädchen lediglich einige wenige spielerische Raufereien, an der sich Jungen und Mädchen beteiligten. Allerdings mußten sämtliche Mädchen schon sehr früh aus dem Spiel ausscheiden. Beim Eisessen während einer Pause saßen Jungen und Mädchen an verschiedenen Tischen.

Soziometrische Befragung. Die Struktur der Beziehungen aus der Perspektive der Schüler selbst wurde zunächst mit Hilfe einer soziometrischen Befragung erfaßt. Dabei wurden die Schüler aufgefordert, ihre Vorlieben für bestimmte Schüler in der Klasse anzugeben und zu notieren, gegen wen sie eine Abneigung haben. Die Schüler erhielten dann dazu die Anweisung, Mitschüler aus ihrer Klasse nach bestimmten vorgegebenen Kriterien auszuwählen oder abzuwählen. Dieses Kriterium, die soziometrische Frage, muß natürlich auf den diagnostischen Zweck abgestimmt werden. Wenn man beispielsweise danach fragt, neben wem die Schüler am liebsten sitzen wollen, ist eher ein Leistungs- oder Kooperationsaspekt im Bereich der Schule angesprochen, während die Frage nach beliebten oder unbeliebten Teilnehmern an einer Geburtstagsparty eher die sozial-emotionalen Beziehungsstrukturen außerhalb der Schule anspricht. Die Informationen können übersichtlich mit Hilfe einer Soziomatrix dargestellt werden (siehe nachfolgendes Beispiel). Die graphische Darstellung der Beziehungen zwischen Schülern in Form eines Soziogramms kann sich, je nach Zahl der zugelassenen Wahlmöglichkeiten, sehr schwierig gestalten. In Anbetracht des Zeitaufwands erscheint es als häufig günstiger Kompromiß, nur Teilaspekte der Beziehungsstruktur graphisch zu veranschaulichen, z.B. die Beziehungen von einigen problematischen Schülern zu ihren Mitschülern. Ausführliche Informationen über mögliche Kriteriumsfragen, günstige Begrenzungen und Wahlmöglichkeiten, Auswertungsformen und Interpretationen finden sich in der Literatur zur Soziometrie; für die Anwendung in der Schulklasse wird besonders auf die Veröffentlichungen von Elbing (1975) und Höhn und Seidel (1976) hingewiesen. Im vorliegenden Fall wurde die Klasse für die soziometrische Befragung zu Überlegungen angeregt, wie sie sich die Sitzordnung vorstellen würde, wenn die Klasse in ein größeres Klassenzimmer käme, in dem die Schüler ständig in einer Gruppensitzordnung zusammenarbeiten könnten. Zwei Fragen sollte jeder Schüler durch Nennung von Namen seiner Mitschüler beantworten: »Wen wünsche ich mir als Nachbar?« »Wen wünsche ich mir auf keinen Fall als Nachbar?«

Der Lehrer machte darauf aufmerksam, daß die Anzahl möglicher Namensnennungen bei beiden Fragestellungen nicht begrenzt sei. Er wies außerdem ausdrücklich darauf hin, daß Mädchen auch Jungen als Nachbarn wählen könnten und umgekehrt. Zur Durchführung wurden vervielfältigte Bögen ausgeteilt, auf denen beide Fragen in großem Abstand aufgedruckt waren; in einer Kopfzeile war der eigene Name einzutragen.

In der Tabelle sind die gesamten positiven (+) und negativen (−) Wahlen zusammengefaßt. In den Spalten der Tabelle sind die Schüler als Wähler eingetragen, in den Zeilen als jeweils Gewählte. Man kann der Tabelle beispielsweise für Elmar als Wahlkandidaten (siehe Zeile 17, Gewählte) entnehmen, daß er nur Ablehnungen erhalten hat - von allen Mädchen und von etwas weniger als der Hälfte der Jungen! Er selbst ignoriert als Wähler (siehe Spalte 17) die Mädchen völlig, lehnt 6 Jungen ab und nennt Alf (Nr.14) und Günter (Nr.19) als mögliche Nachbarn. Insgesamt läßt ein Blick auf diese Tabelle rasch erkennen, daß zwischen Jungen und Mädchen in dieser Klasse erhebliche Vorbehalte bestehen müssen: Die Jungen in der Klasse werden von den Mädchen fast pauschal abgelehnt (siehe linker unterer Quadrant in der Tabelle). Die negativen Wahlen der Jungen gegenüber den Mädchen sind dagegen auf einige wenige Jungen beschränkt (siehe rechter oberer Quadrant). Einige Schüler erhalten besonders viele positive Wahlen und gleichzeitig sehr wenige Ablehnungen, so die Nummer 10 bei den Mädchen und die Schüler mit den Nummern 11 und 12 bei den Jungen. Sie haben »Star«-Rollen inne. In der Position von »Außenseitern«, auf die sich keine positive Wahl richtet, befinden sich bei den Mädchen die Schülerin Nr.2 und bei den Jungen der schon erwähnte Schüler Nr.17. Die geringe Zahl von positiven Wahlen im linken unteren und rechten oberen Quadranten zeigen an, daß Jungen und Mädchen nur wenige positive Beziehungen zueinander haben.

Wähler

Mädchen (Spalten 1–12) **Jungen** (Spalten 13–24)

Gewählte (Zeilen 1–24)

	1	2	3	4	5	6	7	8	9	10	11	12	13	14	15	16	17	18	19	20	21	22	23	24	erhaltene Wahlen	erhaltene Wahlen	Summe beider Wahlen
Andrea 1			+										−	−	−	−									4	5	9
Bianka 2	−										−		−									−			0	7	7
Claudia 3	+							+					−	−	−	−						−	+	+	5	6	11
Daniela 4	+			+	+			+				+	−	−	−	−		+				−	−	−	7	5	12
Ella 5													−	−	−	−									5	1	6
Frauke 6	+		+	+	+	+	+		−				−	−	−	−			+						5	5	10
Gabi 7	+	+	+	+	+	+	+		−	+			−	−	−	−			+						8	2	10
Heike 8					+	+	+						−	−	−	−		+					+		5	4	9
Iris 9	+	−			−	+	+			+			−	−	−	−									4	5	9
Jutta 10	+		−	+		+	+	+	+	+	+	+	−	−	−	−						−	+	+	10	2	12
Karin 11	−	−	−		−			−	+	+	+	+	−	−	−	−							−	−	3	4	7
Liane 12		−	+	+				−	+	+	+		−	−	−	−		−						−	4	7	11
Alf 13											+	+	−	−	+	+	+	+	+	+	−	+	+	+	11	2	13
Bernd 14	−	−	−	−						−	+				−	−	+	+	−	−	−	+	+	+	2	10	12
Christoph 15	−	−	−							−	+		+			+	−	−	−	+	+	+	+	+	7	5	12
David 16		−	−	−		−	−		−	−				−	+		−	−	+	−	−	+	−		3	9	12
Elmar 17	−	−	−	−						−			+	+	+	+			+	−	+	−	−	−	0	17	17
Fred 18	−	−	−	−			−		−	−			+	+	+	+	−	−	−	+	+	−	−	−	1	16	17
Günter 19									+	−			+	+	+		+	−		+	+	+	+	+	12	1	13
Hans 20					−				−	−			−	−	+	+	−	+	+		+		−	−	3	10	13
Hugo 21		−	−		−				−	−			−	−	+	+	−	+	−	+			−	−	3	10	13
Jochen 22			−	−				−	−				+	+	+	−	+	+	+			+			5	6	11
Kurt 23	−	−	−	−						−			+	+	+		+	+	+						6	10	16
Lutz 24			−	+	−				−				−	−	+	+	+	+	+	+					5	4	9
abgegebene pos. Wahlen	5	4	2	4	7	4	6	4	5	4	7	12	4	3	6	5	2	6	6	4	3	5	6				
abgegebene neg. Wahlen	4	6	11	5	6	3	4	8	9	4	8	5	3	20	3	8	6	6	5	5	3	9	6	12			
abgegebene Wahlen insg.	9	10	13	9	13	7	10	12	14	8	15	17	7	23	9	8	12	9	11	7	14	12	6	9			

Gespräch mit einer Gruppe von Schülern. Mit den drei Jungen und
drei Mädchen der Klasse, die bei der soziometrischen Befragung die
meisten Ablehnungen gegenüber andersgeschlechtlichen Mitschülern geäußert haben, fand während der Unterrichtszeit in einem un-
besetzten Raum neben dem Klassenzimmer ein Gespräch statt. Der
Gesprächsleiter bat die Schüler, mit ihren Stühlen einen Kreis zu bilden. Er erklärte, daß in diesem Gespräch die Beziehungen zwischen
den Schülern in der Klasse diskutiert werden sollten. Er regte an,
Vorschläge zur Verbesserung der Beziehungen zwischen den Schülern in der Klasse zu machen. Jochen äußerte spontan, daß die Mädchen bei den Spielen, welche die Jungen vorschlagen, mitmachen
sollten. Die Mädchen behaupteten dagegen, daß dies bereits der Fall
sei und nur wenige Mädchen nicht mitspielen würden. Die Problema-
tik zwischen Jungen und Mädchen wurde demnach sofort von den
Schülern angesprochen, ohne daß der Gesprächsleiter auf dieses
Thema hinweisen mußte. Hierzu ein kurzer Ausschnitt aus dem Pro-
tokoll des Gesprächs:
Ein Mädchen:»Viele Mädchen spielen mit.«
Ein Junge:»Wer macht denn mit.«
Claudia:»Ich zum Beispiel.«
Jochen:»Manchmal.«
Karin:»Manche machen viel mit, manche wenig.«
Jochen:»Vielleicht für fünf Minuten.«
Claudia:»Weil ihr immer anfangt zu bescheißen, dann machen wir
nicht mehr mit.«

Während der Diskussion war es immer wieder notwendig, auf die
Regel hinzuweisen, daß immer nur einer auf einmal reden sollte. Aus
der Sicht der Mädchen stellte sich das Beziehungsproblem so dar,
daß sie sich von den Jungen abgelehnt fühlten. Claudia meinte, daß
Mädchen auch manchmal mit den Jungen zusammen Dinge unternehmen möchten, z.B. »ein Lager bauen«, auch wenn sie dies vielleicht nicht so gut könnten. Die größten Konflikte entstehen nach ihrer Sichtweise durch die aggressiven Verhaltensweisen, die manche
Jungen den Mädchen gegenüber zeigten. Der Gesprächsleiter bat die
Jungen, sich in die Situation der Mädchen zu versetzen bzw. die Mädchen, die Perspektive der Jungen einzunehmen. Die Mädchen überlegten, daß sich die Jungen vielleicht genieren könnten, mit ihnen
Dinge zu unternehmen, die als reine Jungensache gelten. Außerdem
hätten die Jungen oft so wenig Geduld. Statt zu »motzen«, sollten sie
lieber manchmal sagen: »Kommt, wolt ihr das nicht probieren?«,

oder, wenn etwas nicht gleich auf Anhieb gelinge:»Das ist doch nicht so schlimm!«Die Jungen schrieben den Mädchen Eigenschaften wie »Schwäche« und »Unterlegenheit« zu und hielten ihnen angeblich typische Verhaltensweisen wie »schwätzen«, »petzen«, »über andere reden« vor. Ihre Vorschläge, wie sich die Mädchen verhalten sollten, war: Die Mädchen könnten sich absprechen, und das stärkste Mädchen sollte mit dem aggressivsten Jungen kämpfen bzw. drei Mädchen könnten gleichzeitig mit Fred kämpfen. Es fällt auf, daß es weder den Mädchen noch den Jungen gelang, sich in die Position des jeweils andersgeschlechtlichen Gesprächspartners einzufühlen. Die sechs an diesem Gespräch beteiligten Schüler und Schülerinnen zeigten zudem eine ausgeprägte Tendenz, den anderen die Schuld für den Konflikt zu geben. Vor allem Fred wurde oft genannt: Wenn er nicht wäre, würde alles ganz anders aussehen. Die Vorschläge in der Diskussion konzentrierten sich darauf, wie man diesem Mitschüler einen »Denkzettel« verpassen könnte.

Die Gesprächsrunde läßt den Jungen-Mädchen-Konflikt in der Klasse deutlich erkennen. Das Gespräch zeigte nicht nur, daß die Jungen die Mädchen provozieren und die Mädchen sich dafür auf ihre Weise »rächen«, sondern beide Seiten versuchen darüber hinaus, das eigene Verhalten zu rechtfertigen. Weil es Jungen wie Mädchen offenbar sehr schwer fiel, im Gespräch die Perspektive zu wechseln, blieben auch einzelne Lösungsvorschläge wenig hilfreich.

c) Urteilsbildung und Vorschlag pädagogischer Handlungsmöglichkeiten. Die verschiedenen eingesetzten diagnostischen Verfahren (Verhaltensbeobachtung, soziometrische Befragung, diagnostisches Gespräch) ergaben kein einheitliches Bild: Während sich der Konflikt zwischen Mädchen und Jungen in dieser Klasse in den Verhaltensbeobachtungen nicht nachweisen ließ, ergaben die soziometrischen Wahlen und das diagnostische Gespräch wichtige Hinweise auf verdeckt vorhandene Konflikte zwischen den Jungen und Mädchen. Die unterschiedlichen Ergebnisse lassen sich darauf zurückführen, daß die Schwierigkeiten in den sozialen Beziehungen zwischen Jungen und Mädchen in dieser Klasse bereits seit langer Zeit bestehen und der Lehrer schon vor der Datenerhebung versucht hat, die Beziehungen zwischen den Schülern und Schülerinnen seiner Klasse durch pädagogische Maßnahmen zu verbessern. Beispielsweise nutzte er den Schullandheimaufenthalt zu einer Reihe unstrukturierter Gespräche, versuchte bei der Vorbereitung des Klassenfestes Jungen und Mädchen zur gemeinsamen Erledigung wichtiger Aufgaben anzuregen und schließlich führte er schon mehrmals Rollenspiele durch, die das problematische soziale Verhalten in der Klasse allen bewußt machen und die Suche nach Lösungsmöglichkeiten fördern sollten. Im Unterricht traten daraufhin keine Schwierigkeiten mehr offen zu Tage. Die Polarisierung der soziometrischen Wahlen zeigt aber, daß die wechselseitigen Ablehnungen nach wie vor vorhanden sind. Feindseligkeiten konzentrieren sich auf Übergriffe einzelner Jungen gegen Mädchen; die Übergriffe überschreiten das altersentsprechende Maß so, daß sich die Mädchen teilweise bedroht und verfolgt fühlen. Es wurde im diagnostischen Gespräch deutlich, durch welche Verhaltensweisen Jungen und Mädchen sich gegenseitig enttäuschen und provozieren. Bei den Streitereien mit der Parallelklasse wurde deutlich, daß gemeinsames Handeln von Jungen und Mädchen in Richtung auf einen »Außenfeind« möglich war.

Eine Verbesserung der Beziehungen innerhalb der Klasse müßte bei den zwei miteinander verbundenen Problemen von Jungen und Mädchen ansetzen: Beiden Gruppen fällt es schwer, sich in die Sichtweise der jeweils anderen einzufühlen; beide haben ausgeprägte Tendenzen, die eigenen Verhaltensgewohnheiten zu beschönigen bzw. zu rechtfertigen. Dem Lehrer ist es durch seine bisherigen, auf die Schwierigkeiten gezielten Maßnahmen sowie allgemeine Begrenzung bei Disziplinproblemen offensichtlich gelungen, offene Konflikte zwischen Jungen und Mädchen im Unterricht abzubauen. Für das weitere Vorgehen erscheinen Gespräche über die wechselseitigen Ablehnungen und Diskussionen über Möglichkeiten zur Verbesserung der Beziehungen aus den schon genannten Gründen nicht ausreichend. Erstes Ziel für weiterreichende Veränderungen muß es sein, Schüler und Schülerinnen zum Perspektivenwechsel zu befähigen. Voraussetzung für Lösungen, mit denen die Konflikte zwischen den Jungen und Mädchen zur Zufriedenheit aller Beteiligten beigelegt werden können, ist es, daß sich Mädchen und Jungen zunächst einmal in die Lage der jeweils anderen Gruppe versetzen können. Damit wird dann auch unterbunden, daß weiter die »Schuld« an den Schwierigkeiten jweils allein den anderen zugeschrieben wird - und Lösungsmöglichkeiten für die Konflikte immer nur die anderen betreffen würden. Da die subjektive Perspektive das Handeln wesentlich bestimmt, können die Verhaltensweisen von Jungen und Mädchen erst dann konfliktfrei aufeinander abgestimmt werden, wenn die beiden Gruppen auch ihre Sichtweisen vergleichen und abstimmen können.

Für dieses Ziel hat sich die Methode des Rollenspiels bewährt, mit der der Lehrer in dieser Klasse selbst schon positive Erfahrungen gesammelt hat. Es wurde daher empfohlen, in Rollenspielen durch wechselseitige Übernahme der Mädchenrollen durch Jungen und umgekehrt die Fähigkeiten der Klasse zu einer differenzierteren Situationsauffassung zu fördern. In einem zweiten Schritt sollten dann im Rollenspiel Lösungsmöglichkeiten für Beziehungsprobleme zwischen Jungen und Mädchen erprobt und eingeübt werden. Um nicht die Bereitschaft und Möglichkeit der Schüler, sich auf andere Sichtweisen als die eigene einzulassen, durch zu große emotionale Beteiligung zu behindern, sollte nicht von aktuellen Konfliktsituationen in der Klasse, sondern von fremden Situationsschilderungen ausgegangen werden. Kapitel D 3 enthält eine ausführliche Darstellung der notwendigen Schritte bei Planung und Durchführung von Rollenspielen.

5. Mangelnde Mitarbeit im Unterricht

5.1 Vielfältige Ursachen mangelnder Mitarbeit

Über mangelnde Mitarbeit im Unterricht klagen viele Lehrer: Schüler erscheinen manchmal lustlos, unkonzentriert, unwillig. Hausarbeiten werden nicht oder nur unzureichend erledigt, Klassenarbeiten ungenügend vorbereitet. Während des Unterrichts wird die erforderliche Aufmerksamkeit nicht immer von allen Schülern aufgebracht. So kommt es, daß mangelnde Mitarbeit, in ihren sehr unterschiedlichen Erscheinungsformen, vom Lehrer als Erschwerung des Unterrichts aufgefaßt wird, auf die er teils ärgerlich, teils resignierend reagiert. Die Ursachen mangelnder Mitarbeit sind vielfältig. Sie können dem Schüler selbst zugeschrieben werden, der Anstrengungen zu meiden versucht oder kein Interesse am Unterrichtsinhalt hat; sie können dem Lehrer zugeschrieben werden, der den Unterricht wenig motivierend gestaltet; sie können der belasteten Beziehung zwischen Lehrer und Schülern zugeschrieben werden; sie können äußeren Umständen angelastet werden, wie z.B. vorangegangenen Pausen, bestimmten Tageszeiten; schließlich können auch organisatorische

Bedingungen zur Erklärung herangezogen werden wie die hohe Stundenzahl, die Schüler abzuleisten haben, des »Zerteilen« des Vormittags in 45-Minuten-Einheiten, der ständige Wechsel von Fächern, Inhalten und Lehrern usw. Die Vielfalt möglicher Ursachen macht es im Einzelfall schwer, zu entscheiden, warum ein ganz bestimmter Schüler mangelnde Mitarbeit zeigt. Ebenso schwer ist es dann, wirksame Handlungsmöglichkeiten zu finden. Dies zeigt das nachfolgende Beispiel:

Eine Lehrerin, die ein 9. Schuljahr einer Stadtschule führt, berichtet: »Es fällt mir zur Zeit sehr schwer, einen geregelten Unterricht zu halten. Ständig muß ich die Schüler zur Mitarbeit auffordern. Torsten fällt mir besonders auf. Er kommt oft zu spät, erfüllt seine Arbeiten sehr unordentlich und nimmt am Unterricht nur oberflächlich teil. Torsten muß es endlich lernen, sich im Unterricht besser auf den Stoff zu konzentrieren.« Torsten, 16 Jahre alt, bezeichnet Deutsch, Mathematik, Sport und Kunst als seine Lieblingsfächer. Eine minu-

Beispiel Torsten

Lehrer/in	Minute	Torsten
gibt Hinweise auf den Stundenverlauf	1	spielt mit einer Schnur
gibt Hinweise	2	blättert im Heft
erklärt Aufgabe	3	gähnt und streckt sich
erklärt Aufgabe	4	schaut umher
erklärt Aufgabe	5	schaut umher
gibt genauen Arbeitsauftrag	6	stellt Frage zur soeben erklärten Aufgabe
erklärt die Aufgabe für Torsten noch einmal	7	schaut zum Lehrer
erklärt die Aufgabe für Torsten	8	schaut zum Lehrer
gibt genauen Arbeitsauftrag	9	beginnt zu rechnen
gibt einzelnen Schülern Hilfen	10	rechnet
gibt Hilfen	11	schaut umher
gibt Hilfen	12	schaut umher
gibt Hilfen	13	schaut umher
gibt Hilfen	14	rechnet
gibt Hilfen	15	rechnet

tenweise freie Beobachtung (MFB) im von Torsten bevorzugten Fach Mathematik erbringt folgendes, charakteristisches Bild: Torsten ist zu Beginn der Stunde unaufmerksam. Trotzdem erfaßt er den entscheidenden Punkt: Die Lehrerin hat einen genauen Arbeitsauftrag gegeben. Natürlich versteht er diesen nicht genau, da ihm die Informationen der ersten fünf Minuten fehlen. Deshalb fragt er zurück. Die Lehrerin erklärt ihm die Aufgabe noch einmal und verstärkt damit seine mangelnde Aufmerksamkeit, denn Torsten kann sich sagen:»Wenn ich nicht aufgepaßt habe, erklärt es mir die Lehrerin noch einmal. Es ist also nicht schlimm, wenn ich nicht aufpasse.« Allerdings sieht die Lehrerin keine andere Alternative, auch wenn sie mit den Zusatzerklärungen eventuell Torstens Aufmerksamkeit ungünstig beeinflußt. Während der Erklärung paßt Torsten auf; er versteht, was er tun soll und beginnt zu arbeiten. Schon nach einer Minute unterbricht er, ist drei Minuten lang»woanders« und kehrt dann wieder zur Aufgabe zurück. Dies gilt auch für die folgende Zeit, in der er die Arbeit durch Putzen der Fingernägel, Umherschauen und Partnergespräche immer wieder unterbricht, um sie danach wieder aufzunehmen. Torsten versucht also, die mit Aufmerksamkeit und Arbeit verbundene Anstrengung zu meiden. Seine Ausdauer ist auch in seinem Lieblingsfach Mathematik nur kurz. Der sachbezogene Anreiz des Faches reicht offenbar nicht aus, um eine anhaltende Anstrengungsbereitschaft zu erzielen.

Beobachtungen über 90 Minuten hinweg bestätigen das Bild der ersten Viertelstunde: Torsten nimmt 44 Minuten am Unterricht inhaltlich teil, indem er rechnet, fragt, zum Lehrer oder ins Buch schaut usw.; 46 Minuten nimmt er inhaltlich nicht teil, sondern ist mit folgenden Aktivitäten beschäftigt: 17 Minuten schaut umher, gähnt, streckt sich; 9 Minuten nicht anwesend (kommt zu spät; geht auf die Toilette); 7 Minuten spricht mit seinem Nachbarn über nicht zum Unterricht gehörende Dinge; 6 Minuten spielt, putzt Fingernägel; 4 Minuten körperliche Aggression (schlägt Mitschüler); 3 Minuten geht im Klassenzimmer umher = 46 Minuten. Eine Reihe von Gesprächen mit Torsten, die im Rahmen einer umfassenden Erkundung seiner schulischen Situation geführt und auch dokumentiert wurden (Haussmann, 1980), ergaben folgendes Bild:

Perspektive von Torsten
Negative Selbsteinschätzung: Torsten sieht die eigenen Verhaltensprobleme sehr genau; dies macht ihn mutlos. Sein Selbstvertrauen ist gering:»Es klappt auch wieder gar nichts«, sagt er über sich selbst,

als er seine momentane Situation anspricht. Torsten glaubt nicht, daß sich an seinem Verhalten etwas ändern läßt. Den Vorschlag, mit ihm ein Konzentrationstraining durchzuführen, lehnt er zunächst ab. Später stimmt er dann zu und meint: »Ich mache dann mit, wenn ich auch noch nicht so recht glaube, daß es etwas nützt.«

Geringe Ausdauer: Torsten hält es nicht aus, lange zu sitzen und zu arbeiten.

Häusliche Probleme: Erhebliche häusliche Probleme belasten ihn so stark, daß er auch im Unterricht an sie denken muß.

Ungeklärte Berufsaussichten: Wegen eines Vorfalls mußte Torsten das Betriebspraktikum abbrechen; es ist fraglich, ob er eine Lehrstelle erhält. Auch deshalb sieht er eigentlich keinen Grund, sich anzustrengen.

Perspektive der Lehrerin

Ärger: Das unkonzentrierte und unselbständige Verhalten von Torsten belastet die Lehrerin sehr. Sie fühlt sich durch sein Aufstehen, seine Zwischenrufe und Clownereien sehr gestört.

Anteilnahme: Auf der anderen Seite ist die Lehrerin sehr darum bemüht, daß Torsten eine Lehrstelle erhält; sie ist aufgeschlossen für Hilfen aller Art und versucht, auch Dritte, z.B. eine örtliche Beratungsstelle, in die Problemlösung einzubeziehen.

Analysiert man aus der Perspektive des Beobachters das Verhalten von Torsten so erscheinen häusliche Probleme, ungeklärte Berufsaussichten und Spannungen zwischen Lehrerin und Torsten die wesentlichen Ursachen der mangelnden Mitarbeit zu sein. Wichtig für das Verhalten des Schülers ist aber auch, daß das angestrebte schulische Ziel - gute Zensuren - für ihn so weit entfernt ist, daß es auch bei großer Anstrengung nicht erreicht werden kann. Die Konsequenz besteht in einem Anstrengungsverzicht (Jopt, 1978): Immer wieder macht Torsten Versuche, seine Leistungen zu verbessern, angespornt durch die bevorstehende Berufsentscheidung. Bei neuerlichen Mißerfolgen bricht diese Anstrengungsbereitschaft aber wieder zusammen. Als Torsten im Beobachtungszeitraum im Mathematik-Test die Note fünf erhält, nimmt er den ganzen weiteren Vormittag inhaltlich nicht mehr am Unterricht teil, sondern zeigt unterrichtsfremde Aktivitäten. Zusätzliche Belastungen (häusliche Probleme, ungeklärte Berufsaussichten) untergraben die ab und zu beobachtbare Anstrengungsbereitschaft. Eine kurzfristige Lösung des Problems ist nicht möglich. Langfristig muß versucht werden, Torsten das Konzept eigener (schulischer) Fähigkeit über beobachtbare Lernfortschritte und Erfolge zu vermitteln, eventuell unterstützt durch ein Programm zum Aufbau positiver Arbeitsgewohnheiten.

5.2 Einige Merkmale geringer Anstrengungsbereitschaft

Offenbar ist ein wichtiger Faktor mangelnder Mitarbeit, daß Schüler entweder zu Anstrengungen bereit sind oder diese vermeiden wollen. Das Beispiel veranschaulicht, daß geringe Anstrengungsbereitschaft durch zahlreiche Faktoren bedingt sein kann, wobei die aufgelisteten Ursachen noch keineswegs vollständig sein müssen. Angesichts dieser Vielfalt erscheint es zunächst nicht angemessen, wenn wir nur eine dieser Ursachen herausgreifen und auf den folgenden Seiten ausführlich diskutieren. Bei näherem Hinsehen ist mit einer solchen Einengung aber ein nicht zu unterschätzender Vorteil verbunden: Sie können sich eingehend und gründlich mit einer sehr wichtigen Ursache für mangelnde Mitarbeit auseinandersetzen, die dargebotenen Informationen auf Ihre eigene Unterichtserfahrung beziehen und schließlich Maßnahmen für Ihren Unterricht daraus ableiten. Eine knappe Darstellung vielfacher Ursachen für geringe Antrengungsbereitschaft und die entsprechende Zuordnung zu einer großen Zahl von Handlungsmöglichkeiten erschien uns ein zu wenig gewinnbringendes Vorgehen. Bitte beachten Sie aber beim Lesen des folgenden Textes, daß das kognitive Motivationsmodell nur eine Erklärung für die mangelnde Anstrengungsbereitschaft des Schülers ist - wenn auch eine recht wichtige. Alle anderen Ursachenerklärungen, die Ihnen aus Ihrer Unterrichtserfahrung oder aus der Fachliteratur bekannt sind, sollen damit nicht als »unwichtig« bewertet werden, sondern sie werden nur aus Gründen der Übersichtlichkeit und der notwendigen Beschränkung der Informationen und Handlungsmöglichkeiten in diesem Abschnitt weggelassen. Wie unterscheiden sich nun Schüler mit hoher von Schülern mit geringer Anstrengungsbereitschaft? Bei der Erforschung von Leistungsmotiv und Lernmotivierung (vgl. z.B. Schmalt & Meyer, 1976) wurde der genannten Problemstellung nachgegangen. Es zeigten sich einige charakteristische Verhaltensunterschiede, die nachfolgend zusammengestellt sind.

Verhalten bei Problemen und Schwierigkeiten: Bei sehr schwierigen Tätigkeiten, schwer lösbaren Aufgaben und bei anderen Problemen

168

geben Schüler mit geringer Anstrengungsbereitschaft schon nach wenigen Versuchen auf.

Dagegen geben Schüler mit hoher Anstrengungsbereischaft nicht so rasch auf; sie haben die Erfahrung gemacht, daß sie auch schwierige Dinge bewältigen können und unternehmen daher eine ganze Reihe von Lösungsversuchen.

Im Motivfragebogen lauten die entsprechenden Fragen z.B.:
- »Wenn es darum geht, ein Problem zu lösen, bin ich meistens der letzte, der es aufgibt, daran herumzuknobeln.« (ja/nein)
- »Widerstände machen meine Entschlüsse nur noch fester.« (ja/nein)
- »Wenn ich eine schwierige Aufgabe zu lösen habe, strenge ich mich sehr an, weil ich weiß, daß ich dann Erfolg haben werde.« (ja/nein)

Haben Schüler bei schwierigen Aufgaben sehr häufig die Erfahrung gemacht, daß ihre Lösungsversuche erfolglos sind, so kann es vorkommen, daß diese Erfahrungen auch auf mittelschwere und leichte Aufgaben übertragen werden. Dies zeigt sich dann darin, daß die Schüler ganz allgemein lustlos sind und gar nicht erst versuchen, eine sehr einfache Aufgabe anzugehen. In solchen Fällen ist es ganz besonders schwierig, den ablaufenden Lernprozeß wieder umzukehren und den Schülern das Gefühl zu vermitteln, daß es sich wieder lohnt, an Aufgaben anstrengungsbereit heranzugehen.

Im Motivfragebogen ist dies so formuliert:
- »Vieles, was ich mir vorgenommen habe, führe ich nicht zu Ende.« (ja/nein)

Ausdauer: Schüler mit geringer Anstrengungsbereitschaft zeigen beim Bearbeiten längerer Aufgaben oder beim Durchführen umfangreicher Tätigkeiten wenig Ausdauer. Sie beginnen zwar mit der Aufgabe, unterbrechen diese dann aber bald aufgrund »innerer Ereignisse«, weil sie sich z.B. lustlos fühlen, müde sind usw., oder aufgrund äußerer Vorgänge, indem sie sich z.B. leicht ablenken lassen. Schüler mit hoher Anstrengungsbereitschaft zeigen große Ausdauer bei längeren Aufgaben und lassen sich kaum ablenken.

Aufmerksamkeit: In den Bereichen, in denen Aufmerksamkeit der willentlichen Kontrolle unterworfen ist, ergeben sich auch Zusammenhänge zwischen Anstrengungsbereitschaft und Aufmerksamkeit. Schüler mit geringer Anstrengungsbereitschaft können dem

Unterrichtsverlauf nur kurze Zeit aufmerksam folgen, da sie immer wieder abschweifen, umherschauen, sich mit Spielsachen beschäftigen usw.

Schüler mit hoher Anstrengungsbereitschaft haben längere Aufmerksamkeitsphasen; sie schauen länger zum Lehrer oder zur Tafel und beteiligen sich, sofern die Auftrittsangst nicht zu stark ist, auch häufiger aktiv an der Gesprächsführung.

Im Motivfragebogen lautet die entsprechende Formulierung:
-»Es passiert mir oft, daß ich gar nicht höre, wenn der Lehrer uns Aufgaben gegeben hat.« (stimmt/stimmt nicht)

nicht willentlich:

Gerade die Aufmerksamkeit ist allerdings nicht nur der willentlichen Kontrolle unterworfen: Oft hat man den festen Willen, sich zu konzentrieren. Doch es gelingt nicht, weil störende Gedankenketten die Aufmerksamkeit immer wieder beeinträchtigen und die sachbezogene Arbeit unterbrechen. Dies ist besonders dann der Fall, wenn man befürchtet, bei einer Aufgabe zu versagen, oder durch einschneidende häusliche Erlebnisse belastet ist.

5.3 Alltagstheorien über geringe Anstrengungsbereitschaft

Schüler, die Anstrengungen vermeiden, erzielen keine oder nur geringe Lernfortschritte. Lehrer messen den Erfolg ihres Unterrichts unter anderem aber daran, welchen Lernzuwachs sie bei Schülern erzielen. Demzufolge »gefährden« wenig anstrengungsbereite Schüler den Unterrichtserfolg des Lehrers. Das Durchkreuzen seiner Bemühungen erlebt der Lehrer häufig als Frustration bzw. Enttäuschung. Weidenmann (1978) analysiert die im Lehrer ablaufenden Prozesse folgendermaßen:

Lehrer:

- Intention: Der Lehrer hat die Absicht, die Lernarbeit so zu steuern, daß sie wie gewünscht erfolgt.
- Situationsdefinition: Der erwünschte Verlauf und der Erfolg der Lernarbeit sind bedroht, weil einige Schüler Anstrengungen vermeiden.
- Handlungsentwurf: Maßnahmen werden ergriffen, um die Schüler zur Mitarbeit zu bewegen.
- Handlungsergebnis: Die Maßnahmen haben nur kurzfristig Erfolg; langfristig wird das gewünschte Ergebnis nicht erreicht.

170

- Selbstbewertung des Lehrers: »Ich bringe es nicht fertig, die Lernarbeit wie gewünscht zu beeinflussen.«

Die durch zahlreiche Mißerfolge entstandene negative Selbstbewertung des Lehrers kann sich sowohl kognitiv als auch gefühlsmäßig stark auswirken. Der bereits mehrfach angesprochene Ärger über den Schüler ist vermutlich die erste emotionale Reaktion. Wenn ein Schüler seine mangelnde Anstrengungsbereitschaft häufiger zeigt, kann der in dieser Situation aufsteigende Ärger die Situationsauffassung des Lehrers beeinflussen, worauf sich wiederum aktive und oft zugleich aggressive Handlungsmöglichkeiten gegenüber dem Schüler ergeben können, z.B. Ermahnen, Strafen, Herabsetzen, Ironisieren, Bloßstellen usw. Tritt hierdurch keine Veränderung der Situation ein, kann der Ärger in Selbstaggressionen umschlagen, d.h. der Lehrer macht sich selbst Vorwürfe, setzt sich selbst herab usw. Ein zeitlich sehr langer und erfolgloser Umgang mit einem wenig anstrengungsbereiten Schüler führt dann schließlich zu einer dritten gefühlsmäßigen Reaktion: Der Lehrer ist niedergeschlagen, verbittert, resigniert und stellt seine Bemühungen ein. Die stark emotionale Ausprägung dieses Prozesses ist erstaunlich, wenn man einmal vergleicht, wie unterschiedlich Lehrer auf geringe Lernfortschritte von Schülern reagieren, die durch mangelnde Begabung bei großer beobachtbarer Anstrengung erklärbar sind.

Weiner (1976, S.241-247) stellt die Ergebnisse verschiedener Untersuchungen zusammen:
- Die eindeutig geringsten negativen Gefühlsreaktionen ergeben sich, wenn das Leistungsversagen von Schülern auf ihre mangelnde Begabung bei gleichzeitig vorhandener Anstrengung zurückgeführt wird. Geringe Begabung scheint der Kontrolle eines Schülers nicht zu unterliegen; deshalb kann man ihn dafür auch nicht verantwortlich machen. Der Lehrer braucht sich auch nicht darüber zu ärgern, sondern hat eher Mitleid mit dem wenig begabten Schüler oder zeigt zumindest Verständnis für ihn. Strengt sich der Schüler gleichzeitig noch an, wird es positiv bemerkt: Er tut alles, was in seinen Kräften steht.
- Die eindeutig stärksten negativen Affekte ergeben sich, wenn der Schüler bei vorhandener Begabung die Anstrengung meidet: Mangelnde Anstrengung scheint der Kontrolle des Schülers zu unterliegen, dafür kann man ihn verantwortlich machen; tut er nicht alles, was ihm möglich wäre, kann man sich darüber ärgern.

Für die »Alltagstheorien«, mit deren Hilfe zu geringe Anstrengungs-bereitschaft erklärt wird, ist also die Zuschreibung von Verantwort-lichkeit entscheidend: Während Begabung weitgehend als stabil und unveränderlich angesehen wird -»Dafür kann ein Schüler nichts« -, gilt Anstrengung als beeinflußbar bzw. als eine »Sache des Willens«, darüber scheint eine Person Kontrolle zu besitzen: »Will« sie nicht, trägt sie die Verantwortung selbst, denn es wird angenommen, daß der menschliche Wille nur von entsprechenden inneren Entschei-dungen abhängig ist. Auf diese scheinbar im Schüler ablaufenden Prozesse will der Lehrer Einfluß dadurch nehmen, daß er ihm »ins Gewissen redet«, an seine Vernunft appelliert, ihm die Tragweite und Konsequenzen seines Verhaltens deutlich zu machen versucht. Dahinter steht die Vermutung, Einsicht vermitteln zu müssen, damit sich der Schüler künftig mehr anstrengt; dies entspricht dem pädago-gischen Prinzip des »Begreifen-Lehrens« (Belschner, 1978).

Die dem Schüler zugeschriebene Verantwortung wirkt wiederum auf die Selbstbewertung des Lehrers zurück: Bei mangelnd begabten Schülern trifft den Lehrer keine »Schuld«; wohingegen er sich bei ge-ringer Anstrengungsbereitschaft eher verantwortlich fühlt, woraus folgende Fragen resultieren können:
Kann er den Schüler nicht motivieren?
Ist der Unterricht zu wenig abwechslungsreich?
Lehnt der Schüler den Lehrer als Person ab und weigert sich deshalb?
Will der Schüler mit seiner Bequemlichkeit den Lehrer provozieren?

Lernmotivierung scheint »machbar« zu sein. Über Abwechslung und mittlere Schwierigkeitsgrade, verwirklicht durch den Lehrer als »Unterrichtsgestalter« (vgl. z.B. Heckhausen, 1980), sollen die Schüler zu optimaler Lernmotivierung gelangen. Darin sind sich auch viele Fachdidaktiker und Schulpädagogen weitgehend einig: Ein guter Unterricht motiviert die Schüler, steigert ihre Mitarbeit und macht sie anstrengungsbereit; nicht motivierte und wenig an-strengungsbereite Schüler lassen auf »schlechten« Unterricht schlie-ßen und gehen damit »auf das Konto« des Lehrers.

Demzufolge sind solche und ähnliche Alltagstheorien über geringe Anstrengungsbereitschaft nicht nur Ursache für den gegenüber be-stimmten Schülern empfundenen Ärger des Lehrers und die sich dar-aus ergebenden Handlungsweisen, sondern auch für Selbstbeschuldigung, Selbstvorwürfe und die negative Einschätzung der eigenen Fähigkeit, »gut« unterrichten zu können. Schüler und Lehrer sind hierdurch stark belastet, und es ist deshalb wichtig nachzuprüfen, ob die Alltagstheorien über geringe Anstrengungsbereitschaft tatsächlich in dieser Form angemessen sind.

5.4 Ein kognitives Modell geringer Anstrengungsbereitschaft

Heckhausen und Rheinberg (1980) versuchen das Phänomen »Lernmotivierung im Unterricht« zu analysieren. Dazu unterteilen sie das alltägliche Handeln des Schülers in einzelne »Stationen«, die man leicht nachvollziehen kann:

Die Leistungsanforderung: Einem Schüler wird z.b. eine Frage gestellt, eine Aufgabe gegeben oder eine Klassenarbeit vorgelegt. Solche Situationen werden von verschiedenen Schülern ganz unterschiedlich aufgefaßt: Manche Schüler freuen sich, wenn sie ihr Können mündlich oder schriftlich unter Beweis stellen dürfen; für viele Schüler sind derartige Leistungssituationen aber von vornherein negativ, da sie mit Leistungsanforderungen immer Mißerfolge verbinden.
Entsprechende Erwartungen rühren von erlebten Mißerfolgen in vergleichbaren Situationen her. Bei vielen dieser Schüler haben sich diese Erlebnisse verallgemeinert, so daß sich einzelne Mißerfolge auf ein ganzes Fach, in extremen Fällen auf fast alle Fächer auswirken. Diese Mißerfolgsbefürchtungen können so übermächtig sein, daß sie die Wahrnehmung der Leistungssituation »verzerren«, indem z.B. bewältigbare Fragen und Aufgaben gar nicht mehr erkannt werden und das nachfolgende Handeln dadurch beeinträchtigt wird; der Schüler resigniert vorzeitig.

Handlungsmöglichkeiten: Der Schüler kann seine verschiedenen Handlungsmöglichkeiten in Gedanken durchgehen, sofern er nicht bereits resigniert hat:
- Er könnte sich vorsagen lassen oder abschreiben.
- Er könnte auch versuchen, sich intensiv vorzubereiten oder sich anzustrengen.
- Er könnte schließlich auch zu der Überzeugung kommen, daß er auch dann gut abschneidet, wenn er ohne Vorbereitung und ohne fremde Hilfe an die Aufgabe herangeht.

Ausschlaggebend für die Bewertung der Handlungsmöglichkeiten ist das Konzept eigener Fähigkeiten, bezogen auf eine bestimmte Form von Aufgaben (z.B. schriftlich oder mündlich), ein spezielles Fach, eine Fächergruppe, im Extremfall auf nahezu alle Fächer. Es gibt natürlich auch andere Gründe für mangelnde Anstrengung, z.b. das sogenannte »ökonomische« Arbeiten, bei dem Schüler mit möglichst wenig Aufwand zu einem Lernergebnis kommen wollen und deshalb meistens abschreiben, oder daß starke außerschulische Interessen bewirken, daß die schulische Lernarbeit bewußt an die zweite Stelle gesetzt wird.

Ausgehend vom Konzept eigener Fähigkeiten kann man zwei verschiedene Arten geringer Anstrengungsbereitschaft unterscheiden: (1) Wahrgenommene hohe eigene Fähigkeit, d.h. der Schüler besitzt ein Konzept hoher eigener Fähigkeiten: Er nimmt bei sich selbst eine »gute« Begabung wahr: Betrachtet er die Höhe der Leistungsanforderungen, kann er zu der Überzeugung kommen, daß er die Anforderungen leicht bewältigt. Er braucht sich dazu wenig oer gar nicht anzustrengen. Diese Anstrengungskalkulation kann allerdings in doppelter Hinsicht falsch sein. Zum einen könnte der Schwierigkeitsgrad der Aufgabe irrtümlich als niedrig wahrgenommen werden, so daß die fehlende Anstrengung zu Mißerfolg führen muß; zum anderen könnte das Konzept eigener Fähigkeiten unrealistisch hoch sein, so daß auch von daher der Mißerfolg vorprogrammiert ist. Wie bereits ausgeführt, sind Lehrer in solchen Fällen geringer Anstrengungsbereitschaft besonders ärgerlich.

(2) Wahrgenommene Unfähigkeit, d.h. der Schüler besitzt ein Konzept niedriger eigener Fähigkeiten: Betrachtet er die Höhe der Leistungsanforderungen, so mag es ihm unmöglich erscheinen - auch bei bestem Bemühen -, die Aufgabe zu bewältigen. Er verzichtet also auf die Anstrengung und versucht lediglich, die Aufgabe der äußeren Form nach bzw. oberflächlich und möglichst schnell zu erledigen, um weiteren Bestrafungen zu entgehen. Auch diese Anstrengungskalkulation kann in doppelter Hinsicht falsch sein. Zum einen könnte die Aufgabe fälschlich als zu schwierig angesehen werden, so daß der Erfolg bei entsprechender Anstrengung tatsächlich eingetreten wäre; zum anderen könnte das Konzept eigener Fähigkeiten unrealistisch niedrig sein, so daß auch hier immer wieder die Chance vertan wird, mögliche Erfolge zu verbuchen.

Bedeutung des Ergebnisses: Wenn dem Ergebnis einer Leistung keine besondere Bedeutung beigemessen wird, kann auch das zu geringer Anstrengungsbereitschaft führen. Allen Lehrern ist z.b. die Situation vertraut, wie Schüler sich verhalten, wenn die Zensuren eines Halbjahres oder Schuljahres bereits feststehen: Die Leistungsergebnisse haben dann keine Bedeutung mehr und fordern auch nicht zur Anstrengung heraus. Das gleiche Phänomen kann eintreten, wenn mehrere Klassenarbeiten bereits geschrieben sind und die kommenden Zensuren die Endnote weder nach oben noch nach unten entscheidend beeinflussen können. Im 9. Schuljahr der Hauptschule zeigen sich solche Effekte besonders stark, wenn das Abschlußzeugnis wegen der Stellensuche früh ausgestellt werden muß bzw. ein Schüler schon eine feste Lehrstelle hat.

Lehrer, die ihre Schüler vorrangig über die »Bedeutung der Ergebnisse«, d.h. über Zensuren, motiviert haben, dürfen sich nicht wundern, wenn die Anstrengungskalkulation sich verstärkt an diesen Ergebnissen ausrichtet und die Lernmotivierung fast den Wert Null erreicht, wenn die Ergebnisse feststehen bzw. ihre Bedeutung verloren haben. Lehrer fühlen sich in solchen Situationen meist hilflos, wobei die »Schuld« weniger bei ihnen, sondern eher in den schulpolitischen Voraussetzungen festzumachen wäre.

Neben den Zensuren gibt es aber noch weitere bedeutungsvolle Ergebnisse: So kann es für den Schüler wichtig sein, eine bestimmte handwerkliche Technik zu lernen, seine Tüchtigkeit in einem Ballspiel zu steigern, seine Sprachkenntnisse zu erweitern, ein Instrument spielen zu lernen, einen Taschenrechner zu bedienen usw. (vgl. Rheinberg, 1982, S.149ff und 233ff). Leider gibt es nicht viele schulische Lernsituationen dieser Art, die aufgrund der Anreize, die in der »Sache an sich liegen«, von Bedeutung für die Schüler sind und auch ohne Zensurendruck gerne und mit großer Anstrengungsbereitschaft betrieben werden.

Bedeutung der weiteren Folgen: An die Leistungsergebnisse sind bestimmte weitere Folgen geknüpft:
- Sowohl bei Mißerfolg als auch bei Erfolg können die Bewertungen von Eltern, Lehrern und Mitschülern entscheidende Anreize für hohe Anstrengungsbereitschaft sein, wenn sie gedanklich vorweggenommen werden;
- zu den weiteren Folgen der Leistungsergebnisse können z.B. die

175

Zuteilung zu einem Kurs, eine Versetzung, die Berufswahl usw. gerechnet werden;
- auch bevorstehende Auslandsaufenthalte, Schulfeiern oder Wettkämpfe können zu erhöhter Anstrengungsbereitschaft führen. Umgekehrt tritt geringe Anstrengungsbereitschaft auf, wenn keine positiven Folgen vorhanden sind oder ihr Eintreten unwahrscheinlich ist.

Heckhausen und Rheinberg haben nun versucht, die verschiedenen »Stationen« in eine Abfolge von Fragen zu fassen, die der Entscheidung zum Handeln zugrunde liegen (Heckhausen & Rheinberg, 1980, S.19).

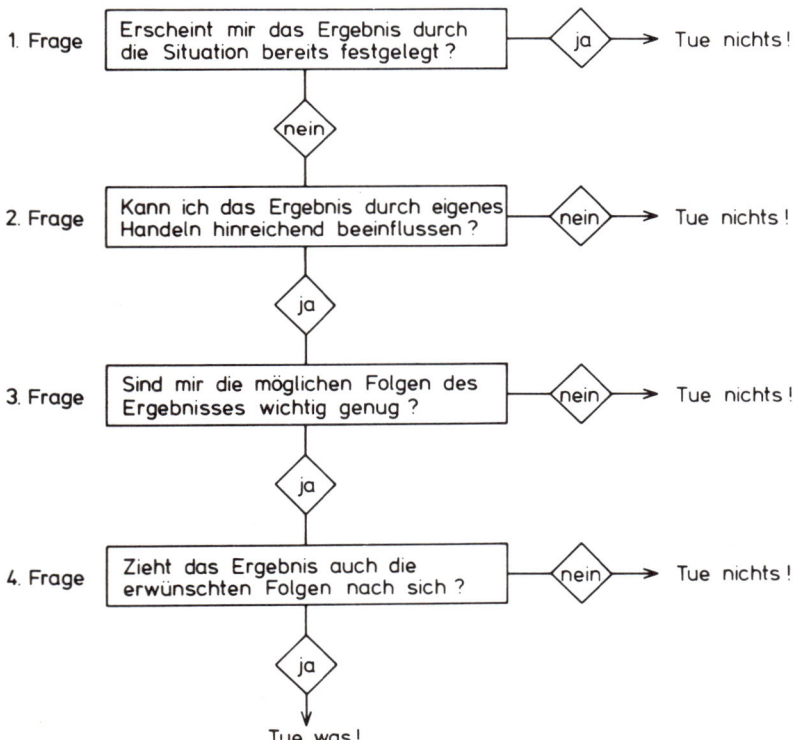

176

Die Beantwortung der ersten Frage ist sehr bedeutsam: Beurteilt ein Schüler die Situation dahingehend, daß das Ergebnis durch die Art der Leistungsanforderungen bereits festgelegt ist, so sieht er im einen Fall keine Notwendigkeit, sich anzustrengen, da er es leicht, ohne jede Mühe schaffen wird; im anderen Fall sieht er auch bei höchster Anstrengung keine Chance für einen Erfolg, wobei dieser Schüler sich subjektiv als hilflos empfinden wird, wahrscheinlich deprimiert ist und passiv bleibt.

Nur wenn das Ergebnis nicht festgelegt erscheint, wird die Frage gestellt, welche Handlungsmöglichkeiten Erfolg versprechen, d.h. bei der Anstrengungskalkulation spielen zwei Fragen eine wichtige Rolle:
- Wie schwer ist die Aufgabe?
- Wie hoch sind meine Fähigkeiten?

Geringe Anstrengungsbereitschaft folgt aus einem Mißverhältnis von Fähigkeit zu Schwierigkeit: Erscheint der Schwierigkeitsgrad sehr hoch, so daß er durch Anstrengung nicht mehr kompensierbar ist, wird vorsätzlich darauf verzichtet (Jopt, 1978). Nur wenn eine Chance gesehen wird, den Erfolg durch eigenes Handeln zu erreichen, werden Anstrengungen unternommen; zusätzlich müssen allerdings auch Anreize im Ergebnis vorhanden sein oder positive Konsequenzen damit verbunden werden. Erst nach diesen zahlreichen Voraussetzungen kommt es zur Anstrengung, zum »Tue was!«.

5.5 Grenzen des kognitiven Motivationsmodells

Das oben dargestellte Motivationsmodell gibt einige Anregungen für die Analyse geringer Anstrengungsbereitschaft. Aber bildet es die unterrichtliche Wirklichkeit auch angemessen ab? Ist Lernmotivierung ein derart logisches und bewußtes Geschehen, wie die gerade beschriebene Analyse es nahelegt? Ganz sicher nicht. In der Regel läuft das Motivationsgeschehen sehr schnell und eher unbewußt ab, da die Prozesse durch immer wiederkehrende Erfolgs- und Mißerfolgserfahrungen und durch die in der Schule täglich gestellten Leistungsanforderungen »automatisiert« worden sind. Oft kommt es auch vor, daß einzelne Faktoren, z.B. eine bestimmte positive oder negative Konsequenz, übergewichtet und andere völlig übersehen werden. Die Grenzen des Modells bestehen also zum einen darin, daß ein automatisiertes und nicht immer bewußtes Geschehen zu analytischen Zwecken ausdifferenziert und in logische Entscheidungsschritte gegliedert wird; zum anderen bildet das Modell die große Vielfalt von Gedanken und damit verbundenen Gefühlen nicht ab; dazu ist es zu einfach: In zahlreichen Untersuchungen zum Leistungsverhalten zeigt sich, daß viele Schüler und Studenten in ihrer Leistungsfähigkeit durch die eigenen Gedanken beeinträchtigt werden. Während die Aufgabe zu lösen oder die Antwort zu geben ist, denken sie darüber nach, ob sie die Aufgabe wohl schaffen werden, welche Folgen ein Versagen haben kann usw.; die Gedanken kreisen ständig um die eigene Fähigkeit, den Schwierigkeitsgrad der Aufgabe, die Folgen des Ergebnisses; Handlungsrechtfertigungen für Mißerfolge werden bereitgelegt. Dies alles lenkt die Aufmerksamkeit von der gestellten Aufgabe ab und gefährdet die erfolgreiche Lösung. Dies gilt insbesondere dann, wenn die selbst-bezogenen Gedanken sehr intensiv sind und nicht »gestoppt« werden können.

Daraus ergibt sich ein eigenartiger Widerspruch: Das Modell ist zu stark ausdifferenziert und zugleich zu einfach. Dieses Dilemma kann nur aufgelöst werden, indem man
- verschiedene Modelle für den gleichen Sachverhalt erstellt oder
- sich wie hier mit einem einzigen begnügt, dessen Grenzen aber bewußt wahrnimmt.

Unserer Ansicht nach leistet dieses kognitive Motivationsmodell für den Lehrer folgendes: Er sieht, daß geringe Anstrengungsbereitschaft keinesfalls mit bloßer Bequemlichkeit gleichgesetzt werden kann, sondern daß die Prozesse aller vier »Stationen« zusammenwirken und als Ergebnis ein »Tue nichts!« oder »Tue was!« bzw. ein »Tue mehr!« oder »Tue weniger!« hervorrufen.

Die bisherigen, vielfältigen Ursachenerklärungen können durch diese neue Perspektive ergänzt werden. Schuldzuschreibungen für mangelnde Mitarbeit können dadurch in manchen Fällen vom Schüler weggenommen und auf Wechselwirkungen zwischen Merkmalen der auch vom Lehrer gestalteten Unterrichtssituationen und individuellen Merkmalen des einzelnen Schülers verlagert werden. Damit verändern sich auch diejenigen Gefühle, die das Handeln des Lehrers begleiten.

5.6 Die Stabilität geringer Anstrengungsbereitschaft

Die vier »Stationen« des Entscheidungsprozesses und die dazugehörige Abfolge von Fragen legen die Vermutung nahe, daß der Prozeß zur Entscheidungsbildung jedesmal anders ablaufen und die Anstrengungsbereitschaft sich von Situation zu Situation ändern kann. Auf der einen Seite ist dies sicher richtig. So wirkt z.B. ein Schüler, der sich eben noch begeistert am Taschenrechner versuchte, in der darauffolgenden Geographiestunde völlig desinteressiert (vgl. die nachfolgende Falldarstellung). Auf der anderen Seite gibt es aber auch sehr stabile Elemente: Das Konzept eigener Fähigkeit wird schon sehr früh aufgebaut. In der Regel können mit dem dritten Lebensjahr - bei entsprechender Lernumwelt entsprechend früher oder später - Ergebnisse des Handelns auf die eigene Person bezogen werden; jede neue Erfahrung trägt zur Ausprägung solcher Einstellungen bei. Die Schulzeit hat eine entscheidende Bedeutung für die Entwicklung des Konzepts eigener Fähigkeiten: Für verschiedene Tätigkeitsbereiche bilden sich positive Konzepte heraus: »Das kann ich gut«; für andere Tätigkeitsbereiche entwickeln sich negative »Das kann ich nicht gut«. Durch sich wiederholende Erfahrungen stabilisieren sich diese Konzepte im Laufe der Zeit. Sie werden in der Person verankert und ein Teil dessen, wie die Person sich selbst und ihre Umwelt »sieht«; neue Erfahrungen wirken jetzt nur noch bedingt korrigierend. Informationen, die mit dem erworbenen Fähigkeitskonzept nicht vereinbar sind, werden durch Rechtfertigungen, verzerrte Ursachenerklärungen usw. weitgehend »neutralisiert«. Appelle, Moralpredigten, Hinweise und Ermahnungen bleiben deshalb meist in Form »weiterer Folgen« nur momentan wirksam. Das Fähigkeitskonzept selbst verändert sich dadurch nicht; es ändert sich nur dann, wenn
- eine neue Erfahrung so intensiv ist, daß sie durch Neutralisierung und Rechtfertigung nicht mehr aufgefangen werden kann; dies kann z.B. geschehen, wenn Klassen neu zusammengesetzt werden oder Schüler die Schule oder Schulart wechseln, da die neue Leistungsposition unter Umständen ihr Selbstbild insgesamt oder in einem bestimmten Fach ändern kann;
- eine neue Erfahrung über so lange Zeit erlebt wird, daß sie durch Neutralisierung und Rechtfertigung nicht mehr aufgefangen werden kann; dies ist der Grundgedanke bei den Trainingsprogrammen.

Eine weitere Schwierigkeit, geringe Anstrengungsbereitschaft zu

verändern, besteht darin, daß wiederholte und ähnlich ablaufende Anstrengungskalkulationen bestimmte Arbeitsgewohnheiten nach sich ziehen: Meidet ein Schüler z.B. Anstrengungen, so können sich die hierbei bevorzugten »Vermeidungstechniken« verfestigen. Bei Erwachsenen kommt es häufig vor, daß sie ihr Arbeitsverhalten verstandesmäßig ändern möchten und auch viele Versuche unternehmen, die Vermeidungstechniken (als Gewohnheiten) aber derart eingeschliffen sind, daß die Pläne immer wieder zunichte gemacht werden. In diesen Fällen hilft nur ein »schrittweises Umlernen«:
- die Vermeidungstechniken (z.B. Einschieben von Zwischentätigkeiten; aus dem Fenster sehen; Arbeitsplatz aufräumen usw.) müssen durch Stopp-Befehle, d.h. »Handlungsunterbrechungshilfen« unterbunden werden;
- das Arbeitsverhalten muß genau kontrolliert und für jede Zeiteinheit bekräftigt werden, z.B. mit Hilfe von Selbst- oder sozialer Bekräftigung; in der Anfangsphase eventuell auch mit Hilfe von materieller Bekräftigung.

Bei stärkeren Arbeitsstörungen ist die Selbstkontrolle nicht ausreichend, weil die Gewohnheiten schon das regelmäßige Beobachten bzw. Aufzeichnen verhindern. In solchen Fällen muß vorübergehend mit Fremdkontrolle gearbeitet werden, z.B. in einer Kleingruppe, bis das neue Verhalten sich so stabilisiert hat, daß die Selbstkontrolle für den weiterführenden Aufbau einer Verhaltensweise ausreicht.
Diese Aussagen gelten sinngemäß für Erwachsene wie für Schüler. Insgesamt zeigt sich bei praktischen Trainingskursen, daß viele Erwachsene die Stabilität der eigenen Vermeidungstechniken weitaus unterschätzen; denn auch sie besitzen die Alltagstheorie: »Ich kann mich anstrengen, wenn ich nur will!«

Neben dem relativ stabilen Konzept geringer oder hoher eigener Fähigkeiten und den eingeschliffenen Gewohnheiten der Arbeitsbewältigung oder Arbeitsvermeidung gibt es eine Reihe weiterer Ursachen, die die Anstrengungsbereitschaft von Schülern als verhältnismäßig gleichbleibend erscheinen lassen können. Da sind einmal überdauernde schulische und außerschulische Interessen, die der Schüler besitzt und die ihn dazu bringen, seine Kräfte dementsprechend einzuteilen. Da sind weiter positive oder belastete Beziehungen zwischen dem Schüler und dem das entsprechende Fach unterrichtenden Lehrer, die zur Steigerung oder Minderung der Mitarbeit führen können. Weitere überdauernde Bedingungen können in der Art und Weise liegen, wie der Lehrer die Unterrichtssituationen gestaltet und wie hoch die Anforderungen sind, die er stellt. Schließlich bleibt zu fragen, ob es nicht ganz allgemein stärker aktive und weniger aktive Schüler gibt, unabhängig davon, welche Interessen sie besitzen, welche Fächer unterrichtet werden oder wie hoch die Anforderungen sind. Alle diese Überlegungen zeigen, daß mangelnde Mitarbeit nicht nur als Verhaltensweise verstanden werden kann, die der Schüler mit »ein wenig gutem Willen« bei sich selbst sehr rasch verändern kann, sondern daß es sich um ein Zusammenwirken sehr verschiedenartiger, zum Teil recht stabiler Bedingungen handelt, die nur nach sorgfältiger Analyse und entsprechend langandauernden Bemühungen schrittweise verändert werden können. Der Lehrer sollte deshalb nicht bei den in ihm aufsteigenden Gefühlen des Ärgers oder der Resignation stehenbleiben, wenn er mit mangelnder Mitarbeit konfrontiert wird, sondern davon ausgehend Wege der genaueren Analyse (vgl. Kapitel C) und der Bewältigung (vgl. Kapitel D) suchen. Im nachfolgenden Fallbeispiel ist ein derartiges Vorgehen anschaulich skizziert.

5.7 Fallbeispiel

An einem realen Fall, bei dem nur die Namen der beteiligten Lehrer und Schüler verändert wurden, soll gezeigt werden, wie die Anstrengungsbereitschaft eines Schülers - in Abhängigkeit von seinen Fähigkeitskonzepten in verschiedenen Fächern - sehr schwankt. Diese Schwankungen werden aufgrund von Beobachtungen zahlenmäßig erfaßt, durch diagnostische Gespräche auf ihre Ursachen hin untersucht und durch Methoden der Selbstkontrolle (Selbstbeobachtungsbogen) und Fremdkontrolle (Vertrag zwischen Lehrerin und Schüler; Verstärkung) zu verringern versucht (dokumentiert in Brugger, 1980). An diesem Fallbeispiel wird das Erscheinungsbild geringer Anstrengungsbereitschaft deutlich sowie die oft »detektivische« Kleinarbeit, die bei Beobachtungen und diagnostischen Gesprächen geleistet werden muß.

In einem sehr kleinen Klassenzimmer einer Mittelpunktschule drängen sich die 36 Schüler einer siebten Klasse. Sie kommen aus verschiedenen Wohnorten und bilden von daher recht stabile kleine Gruppen; zwischen diesen Gruppen herrscht heftige Rivalität. Vor allem zwei Schüler wetteifern um besondere Beachtung und eine Sonderstellung in der Klasse. Beide versuchen ihren sozialen Rang mehr durch Körperkraft und Selbstdarstellung zu verbessern als durch gute Schulleistungen. Einer der beiden Schüler ist Gerhard. Seine Schulleistungen sind sehr unterschiedlich: In Fächern wie Geschichte und Erdkunde zeigt er hervorragende Leistungen; in den meisten anderen Fächern liegen seine Leistungen zwischen »befriedigend« und »ausreichend«; im Rechtschreiben sind seine Leistungen »ungenügend«. Nach Ansicht der Lehrerin gilt Gerhard auch bei seinen Klassenkameraden als »schlechter« Schüler. Ebenso uneinheitlich wie die Schulleistungen sind auch die Verhaltensweisen von Gerhard. Auf der einen Seite zeigt er eine hohe Anstrengungsbereitschaft, d.h. er beschäftigt sich intensiv mit einem Unterrichtsgegenstand, arbeitet rege mit und überschlägt sich fast vor Aktivität, wenn er sein Wissen loswerden will, indem er seine Beiträge in die Klasse ruft. Auf der anderen Seite hat er oft die Hausaufgaben nicht angefertigt, lacht laut dazwischen, macht provozierende Bemerkungen, setzt Mitschüler herab und geht im Klassenzimmer umher, um kleine Streitereien während des Unterrichts auszutragen. Oft »hängt« er lässig auf seinem Stuhl und bekundet dadurch sein geringes Interesse.

Zwischen Frau Thalmann, der Klassenlehrerin, und Gerhard besteht eine positive Beziehung: Das Vertrauen des Schülers in die Lehrerin ist so groß, daß er auch außerhalb der Schulzeit Kontakt zu ihr sucht. Die Lehrerin ihrerseits mag Gerhard ausgesprochen gern. Um so mehr ist sie immer wieder enttäuscht, daß diese wechselseitig positive Beziehung nicht ausreicht, um die Anstrengungsbereitschaft von Gerhard zu fördern. Nach jedem Gespräch mit Gerhard hofft sie auf eine Änderung seines Verhaltens. Diese Erwartung, die auf der bereits beschriebenen »Alltagstheorie« über zu geringe Anstrengungsbereitschaft beruht, erfüllt sich aber nicht, weil Gerhards Verhalten schon zur festen Gewohnheit geworden ist. Frau Thalmann ist durch das Ausbleiben der Veränderung teils verärgert, teils gekränkt. Gerade weil sie der Ansicht ist, daß sich Gerhards Verhalten aufgrund von Ermahnungen, gutem Zureden und gelegentlichen Strafen verändern müsse, fühlt sie sich für die bisherigen Mißerfolge verantwortlich und schreibt sich selbst folgende Mängel zu:
- methodische Schwierigkeiten, jeden einzelnen Schüler in der Unterrichtsarbeit zu fördern und aktiv einzubeziehen;
- fachliche Schwierigkeiten, Übungsstunden abwechslungsreich durchzuführen;
- pädagogische Schwierigkeiten, den störenden Geräuschpegel auf Dauer und nicht nur kurzfristig senken zu können.

182

Frau Thalmann ergreift ganz spontan verschiedene pädagogische Maßnahmen, sobald sie bei Gerhard Anzeichen geringer Anstrengungsbereitschaft bemerkt. Im allgemeinen wendet sie eine der drei folgenden Handlungsmöglichkeiten an, die den Unterrichtsverlauf kaum beeinträchtigen:

a) - Sie richtet ihren Blick direkt auf Gerhard, der die stumme Mitteilung enthalten soll:»Ich habe dein Verhalten bemerkt und dulde es nicht. Hör bitte sofort auf damit!«

b) - Die gleiche Funktion erfüllt das bloße Nennen des Namens»Gerhard!« Diese Handlungsweise ist deutlicher als der Blick.

c) - Die dritte Möglichkeit besteht darin, zu Gerhard kurz hinzugehen, wobei sie ihn entweder nur»mahnend« anschaut oder halblaut einige Worte zu ihm sagt. Diese drei Maßnahmen sind nicht nur sehr ökonomisch, sondern auch kurzfristig erfolgreich. Eine anhaltende Verhaltensänderung konnte aber nicht festgestellt werden, trotz der großen Zahl dieser Interventionen. Hin und wieder reagiert Frau Thalmann verärgert und heftig, wenn Gerhard seine geringe Anstrengungsbereitschaft besonders demonstrativ und provozierend zeigt. In solchen Situationen schickt sie den Schüler aus dem Klassenzimmer. Damit verfolgt sie zwei Absichten: Beseitigung der Störung und Bestrafung des Schülers. Allerdings gibt Frau Thalmann zu, daß der Ärger schnell vorbei sei und bei ihr dann eher ein Gefühl des Bedauerns auftrete; es tue ihr leid, einen Schüler vor die Tür stellen zu müssen, zu dem sie eine positive Beziehung habe. Auch befürchtet sie, daß dadurch ihr gutes Verhältnis zu Gerhard leiden könnte. Im Anschluß an solche Fälle versucht sie deshalb mit Gerhard zu sprechen.

Wie bei jedem Lehrer ergeben sich auch bei Frau Thalmann pädagogische Zielkonflikte: Einerseits möchte sie Störungen im Unterricht vermeiden, andererseits aber auch den positiven Kontakt zu Gerhard erhalten. Das Hinausschicken löst den Interessenkonflikt einseitig, weil zwar Ruhe hergestellt, der Kontakt aber gefährdet wird. Daher ist Frau Thalmann im nachhinein mit dieser Maßnahme stets unzufrieden, neigt bei Ärger dennoch immer wieder dazu. Offenbar versteht sie Gerhards provokatives Verweigern der Mitarbeit als Gefährdung der positiven Lehrer-Schüler-Beziehung, worüber sie gekränkt und verärgert ist, so daß bei ihr folgende Verhaltenskette in Gang gesetzt wird: Ärger - Hinausschicken - Bedauern - späteres Gespräch. *Verhaltenskette der Lehrerin*

Immer wieder versucht Frau Thalmann, in der kurzen Zeit zwischen

Unterrichtsende und Busabfahrt ein paar Worte mit Gerhard zu wechseln, ihn auf sein Verhalten anzusprechen und ihn zu einer Verhaltensänderung zu bewegen. Dabei hofft sie, daß Gerhard sein Fehlverhalten nicht nur einsieht, sondern es auch tatsächlich verändert. Gespräche dieser Art stellen keine »diagnostischen Gespräche« dar, die vorrangig dazu dienen, die Ursachen eines bestimmten Schülerverhaltens herauszufinden. Solche Gespräche, wie sie Frau Thalmann häufig mit Gerhard führt, sollen vorrangig dazu dienen, das Schülerverhalten direkt zu beeinflussen. Zwar beginnen sie oft mit einem »Warum hast du...«, aber kurz danach kommt der lenkend-belehrende Teil. Kurze direktive Gespräche sind oft wirkungsvoll, da Gerhard sich in der darauffolgenden Stunde oder am nächsten Tag oft tatsächlich um ein günstigeres Verhalten bemüht. Auf der anderen Seite führen diese Gespräche selten zu einer lang anhaltenden Änderung.

Ausgehend von diesen allgemeinen Eindrücken versucht die Lehrerin, Gerhard genauer zu beobachten. Um Gerhards schwankende Anstrengungsbereitschaft zu illustrieren, geben wir zwei der ausführlichen Stundenprotokolle wieder.

a) Gerhard strengt sich an. Im Fach Mathematik wird der Taschenrechner eingeführt. Obwohl es die fünfte Vormittagsstunde ist, zeigt sich Gerhard hellwach. Während der Lehrer noch das in der letzten Stunde erworbene Wissen abfragt (mündliche Lernzielkontrolle), betrachtet Gerhard schon interessiert den Taschenrechner. Der Lehrer diktiert die Überschrift, Gerhard schreibt. Schon auf die erste Lehrerfrage hin meldet er sich und gibt die richtige Antwort. Einem Mitschüler erklärt er bereitwillig etwas und schaut zur Sicherheit noch einmal in den Bedienungsanweisungen nach. Gerhard achtet darauf, was der Lehrer an die Tafel schreibt. Durch Zwischenrufe verbessert er die Antwort eines Schülers. Im weiteren Verlauf meldet er sich mehrfach, gibt die richtigen Antworten oder ruft sie in die Klasse. Dann vergleicht er seine Ergebnisse mit denen seiner Mitschüler. Als er dabei auch aufsteht und im Klassenzimmer umhergeht, um mit möglichst vielen Schülern zu vergleichen, wird er vom Lehrer ermahnt und aufgefordert, sich an seinen Platz zu setzen. Danach folgt eine Phase des Desinteresses: Gerhard schaut einige Zeit aus dem Fenster; gegen Ende der Stunde fängt er wieder an, Beiträge in die Klasse zu rufen.

184

Die Anstrengungsbereitschaft und Mitarbeit Gerhards in dieser Stunde sind vorbildlich. Zwar verstößt er gegen übliche Regeln, indem er dazwischenruft und umhergeht, die Auseinandersetzung mit dem Unterrichtsgegenstand ist aber sehr intensiv. Dies ist zunächst insofern erstaunlich, da Gerhard sich speziell im Fach Mathematik wenig zutraut, d.h. nur ein geringes Konzept eigener Fähigkeit besitzt. Auch seine Zensuren liegen zwischen »ausreichend« und »befriedigend«.

Offenbar gibt es aber bestimmte Unterrichtsgegenstände, die für manche Schüler einen inneren Anreiz haben. Es ist für Gerhard ein »bedeutungsvolles Ergebnis«, den Taschenrechner bedienen zu können. Vielleicht verspricht er sich auch »weitere Folgen«, nämlich künftig beim Rechnen Arbeit einzusparen. Trotzdem reichen diese Erklärungen für Gerhards rege Aktivität und die häufige Verbesserung der Mitschüler nicht aus. Er verhält sich teilweise wie ein Lehrer: Er erklärt, schlägt nach, verbessert. Wenn es um allgemeines Wissen geht, fühlt er sich seinen Mitschülern gegenüber haushoch überlegen. In seiner Sprache heißt das: »Die sind blöd!« Dieses (übersteigerte) auf Allgemeinwissen bezogene Fähigkeitskonzept macht das lehrerhafte Verhalten von Gerhard, das ansonsten vor allem in Geschichte und Geographie vorkommt, einigermaßen verständlich.

b) Gerhard zeigt geringe Anstrengungsbereitschaft. Ganz anders sieht Gerhards Verhalten im gleichen Fach aus, wenn ein Unterrichtsgegenstand behandelt wird, der für ihn nur geringen oder keinen inneren Anreiz hat und bei dem er sich den Mitschülern eher unter- als überlegen fühlt: Zu Beginn der Stunde unterhält sich Gerhard mit seinem Nachbarn, spielt unter der Bank, schaut aber auch ab und zu an die Tafel und zeichnet, schreibt und klebt etwas auf. Dem Unterricht folgt er im Verlauf der Stunde immer weniger. Er ordnet seine Mäppchen, macht mit einer Patrone einen dicken Klecks aufs Papier und beschäftigt sich einige Minuten damit. Danach räumt er seine Bank auf und spielt mit dem Taschenrechner. Zwischendruck geht er auch einmal in der Klasse umher und sucht sein Geo-Dreieck. Dann unterhält er sich über unterrichtsfremde Dinge mit seinem Nachbarn, spielt wieder unter der Bank, malt und erscheint oft abwesend.

Diese Gegenüberstellung beider Stundenprotokolle, die in kurzem zeitlichen Abstand gemacht wurden, zeigt die extremen Schwankungen in der Anstrengungsbereitschaft von Gerhard. Das aktive und engagierte Verhalten ist völlig verschwunden; geblieben ist nur das Ausführen mechanischer Tätigkeiten (Zeichnen, Schreiben, Kleben). Den Großteil der Zeit beschäftigt sich Gerhard mit Dingen, die den Unterricht zwar nicht stören, aber auch nichts mit ihm zu tun haben. Gerhard wendet seine Aufmerksamkeit immer nur kurze Zeit dem Unterrichtsverlauf zu. Immer wieder schweift er ab (kleckst, räumt auf, schaut ins Leere, spielt, malt usw.). Mit den Problemfragen, die der Lehrer stellt, setzt er sich gar nicht erst auseinander. Dies ist umso erstaunlicher, als er bei der Taschenrechner-Stunde gerade bei diesen Fragen am aktivsten war und seine Kompetenz beweisen wollte.

Für einen Lehrer sind derartige Schwankungen der Anstrengungsbereitschaft sehr verunsichernd, vor allem wenn er nicht weiß, welchen »Gesetzmäßigkeiten« diese Schwankungen unterworfen sind. Um diese herauszufinden und nicht nur auf Vermutungen angewiesen zu sein, wird Gerhard über 18 Unterrichtsstunden hinweg beobachtet. Dabei wird das Verfahren der »minutenweisen freien Beobachtung« (MFB) angewandt.

Insgesamt kann nach der Beobachtungszeit festgestellt werden: Während 56% der Unterrichtszeit wird Gerhards Verhalten als unterrichtsbezogen und aufmerksam beschrieben. Dabei lassen sich die verschiedenen Tätigkeiten wie folgt zusammenfassen: 15% Ausführung der erwünschten Aktivitäten: schreibt, liest, zeichnet. 13% aufmerksames Verfolgen des Unterrichts: schaut zum Lehrer, zur Tafel. 25% aktive Beteiligung am Unterricht: meldet sich, gibt Antworten, stellt Fragen, erklärt einem Mitschüler etwas, macht Zwischenrufe. 3% Sprechen über unterrichtsbezogene Sachverhalte während der Partnerarbeit.

Rund 44% der Unterrichtszeit zeigt Gerhard geringe Anstrengungsbereitschaft. Die Tätigkeiten werden wie folgt zusammengefaßt: 17% passive Unaufmerksamkeit: schaut aus dem Fenster, malt, schaut im Klassenzimmer umher, spielt, liest Comics, kratzt sich, ißt, legt sich auf die Bank. 14% aktive Unaufmerksamkeit: spricht mit Nachbarn über unterrichtsfremde Dinge, tauscht Briefe aus, macht sich über Antworten von Mitschülern lustig. 10% Provokation und Aggression: verbale Aggression, körperliche Aggression, Weigerungen. 3% Umhergehen im Klassenzimmer: sucht Gegenstände usw.

186

Betrachtet man das Verhältnis zwischen Anstrengungsbereitschaft und Anstrengungsvermeidung, so ist Gerhard keineswegs eine Ausnahme. Im Gesamt seiner Mitarbeit liegt Gerhard etwas unterhalb des Durchschnitts. Die über verschiedene Fächer ermittelten Werte verdecken aber gerade den interessantesten Sachverhalt: Die Anstrengungsbereitschaft variiert ganz stark von Fach zu Fach. Eine fachspezifische Auswertung deutet auf einen engen Zusammenhang zwischen Zeugnisnote und Anstrengungsbereitschaft hin, d.h. eine gute Note kann zu größerer Anstrengung motivieren, und erhöhte Anstrengungsbereitschaft kann sich günstig auf die Note auswirken.

Die Unterrichtsbeobachtungen beschränken sich bei Gerhard auf die vier Fächer Deutsch, Mathematik, Geschichte und Erdkunde. Zensuren und Anstrengungsbereitschaft in diesen Fächern lassen sich wie folgt in eine Rangreihe bringen:

beste Zensur	← Geschichte Erdkunde Mathematik Deutsch →	schlechteste Zensur
höchste Anstrengungsbereitschaft	← Geschichte Erdkunde Mathematik Deutsch →	geringste Anstrengungsbereitschaft

Wie die Beobachtungen in den einzelnen Fächern zeigen, ist die Anstrengungsbereitschaft im Fach Geschichte mehr als doppelt so hoch wie im Fach Deutsch. Die Zensuren tendieren in Geschichte zu »sehr gut«, in Deutsch sind sie, bedingt durch das »ungenügend« in Rechtschreiben, bei »mangelhaft«.

Bei der Erforschung der Lernmotivierung ging man lange Zeit von folgenden Annahmen aus:
- Bei hoher Fähigkeit kann die Anstrengung niedrig sein; das gewünschte Ergebnis wird trotzdem erreicht.
- Bei niedriger Fähigkeit kann das gewünschte Ergebnis erreicht werden, wenn die Anstrengung hoch ist. Demnach könnten Fähigkeit und Anstrengung einander bis zu einem gewissen Grad ersetzen. Für ein mittleres Leistungsniveau ergäbe sich dann ein doppelter »Schereneffekt«: Auf der einen Seite besteht große Anstrengung bei geringer Fähigkeit; auf der anderen geringe Anstrengung bei hoher Fähigkeit; in der Mitte wären beide Faktoren als durchschnittlich ausgeprägt zu denken. Bei einer Befragung (Jopt, 1978) wurden 389 Hauptschüler (7. und 8. Schuljahr) aufgefordert, Ursachenerklärun-

gen zu ihrer letzten Zeugnisnote in Mathematik anzugeben. Das »Scheren-Phänomen« ließ sich dabei nicht nachweisen. Von Ausnahmen abgesehen, scheinen Anstrengung und Fähigkeit eher parallel zu laufen. Daraus lassen sich folgende Zusammenhänge ableiten:
- Eine gute Zensur weist zugleich auf ein hohes Fähigkeitskonzept und auf große Anstrengungsbereitschaft hin.
- Bei einer schlechten Zensur sind Fähigkeitskonzept und Anstrengungsbereitschaft gleichermaßen niedrig.

Befragungen, die im nachhinein die Ursachen für bestimmte Zensuren oder andere Leistungsergebnisse klären sollen, sind immer problematisch, da der Nachweis fehlt, daß die angegebenen Faktoren tatsächlich entscheidenden Einfluß hatten (vgl. Wahl, 1982). Dennoch kann uns diese Untersuchung dazu dienen, Hypothesen über Gerhards Anstrengungsbereitschaft zu bilden, die dann durch »diagnostische Gespräche» überprüft werden sollen. Die Hypothesen lauten:»Je höher Gerhards Fähigkeitskonzept in einem bestimmten Fach ist, desto größer ist seine Anstrengungsbereitschaft im Unterricht. Je geringer sein Fähigkeitskonzept ist, desto stärker vermeidet er Anstrengungen.« Diese Hypothesen sollen sich nur auf Gerhard beziehen. Eine Verallgemeinerung, die alle Schüler mit schwankender Anstrengungsbereitschaft umfaßt, kann aus dem bisherigen Stand der Forschung nicht abgeleitet werden.

Die kurzen direktiven Gespräche, die Frau Thalmann bisher mit Gerhard führte, erwiesen sich als wenig effektiv. In»diagnostischen Gesprächen« versucht sie nun, die Ursachen für Gerhards schwankende Anstrengungsbereitschaft herauszufinden: Die ausführlichen Unterhaltungen beginnen bei einem gemeinsamen Mittagessen, bei dem die Lehrerin Beobachtungs- und Fragebogenergebnisse als Gesprächseinstieg wählt. Die diagnostischen Gespräche werden bei günstigen Gelegenheiten fortgesetzt, z. B. wenn Gerhard von sich aus die Lehrerin besucht. Aufgrund der positiven Lehrer-Schüler-Beziehung verlaufen die Gespräche entspannt, angstfrei und unbedrohlich. Deshalb ist es nicht nötig, das Gespräch mit dem Abbau gegenseitiger Abwehrhaltungen, z.B. durch das Ansprechen augenblicklicher Gefühle und Empfindungen, zu beginnen, sondern Frau Thalmann kann gleich Ziel und Zweck des geplanten Gesprächs angeben. Frau Thalmann bemüht sich, Gerhard zu Äußerungen über sich selbst zu ermuntern, ihm konzentriert zuzuhören und sich damit in seine Situation hineinzuversetzen. Andererseits fragt sie aber auch

188

gezielt nach, wenn ihr Gerhards Aussagen oder die vorliegenden Beobachtungsergebnisse erklärungsbedürftig erscheinen. Dabei stößt sie auf Grenzen, wenn Gerhard keine weiteren Erklärungen finden kann bzw. will. Im nachhinein empfindet Frau Thalmann diese Gespräche als sehr befriedigend und beurteilt sie als effektive Hilfe bei der Bearbeitung von Unterrichtsproblemen. Auch viele andere Lehrer haben schon positive Erfahrungen mit solchen Gesprächen gesammelt, so daß wir Sie ermuntern wollen, dieses wichtige diagnostische Verfahren ebenfalls anzuwenden.

Die Informationen aus diagnostischen Gesprächen können sehr reichhaltig und umfangreich sein. Um sie in übersichtlicher Form wiederzugeben, gehen wir in zwei Schritten vor:
(1) Zusammenfassung der Informationen zu den Beobachtungsergebnissen;
(2) Bewertung der zentralen Hypothesen über Gerhards Anstrengungsbereitschaft (s.o.).

(1) Zusammenfassung der Informationen zu den Beobachtungsergebnissen. Gerhards geringe Anstrengungsbereitschaft äußert sich in verschiedenen Tätigkeiten. Passive Unaufmerksamkeit tritt auf, wenn Gerhard den Unterricht als »langweilig« empfindet. Genaueres Befragen macht allerdings deutlich, daß er bestimmte Unterrichtsfächer insgesamt ablehnt, weil er sich dort wenig zutraut bzw. ein geringes Konzept seiner eigenen Fähigkeit besitzt. Die Lehrerin gewinnt zudem den Eindruck, daß passive Unaufmerksamkeit dann auftritt, wenn Gerhard körperlich müde ist. Wenn Gerhard Gegenstände sucht, verschafft er sich durch solche »Spaziergänge« eine kleine Abwechslung in dem als »langweilig« bezeichneten Unterricht. Ab und zu, so räumt er ein, trägt er nebenbei noch kleine Streitereien aus, die für den Beobachter nicht immer voll sichtbar sind (z.B. einen Mitschüler anstoßen).

Bei aktiver Unaufmerksamkeit macht sich Gerhard häufig über seine Mitschüler lustig. Er findet viele Antworten seiner Mitschüler »blöd«; zum Teil bezeichnet er auch die Personen selbst als »blöd«. Damit meint er, daß diese im Reden nicht so gewandt sind und nicht so viel wissen wie er; in diesen Fällen zeigt er also ein hohes Konzept eigener Fähigkeit. Genauer kann Gerhard den Begriff »blöd« nicht erläutern. Gerhards sprachliche und körperliche Aggressionen, die den Unterrichtsverlauf sehr beeinträchtigen, treten vor allem nach

zwei Ereignissen auf:
- nach Mißerfolgserlebnissen durch schlechte Leistungen, mangelhafte Zensuren oder falsche Antworten;
- nach Zurechtweisungen und Bestrafungen durch den Lehrer.

Konflikte mit dem Lehrer rufen bei Gerhard auch in solchen Fächern Aggressionen hervor, die er gern hat und in denen er sich auch viel zutraut: So verweigerte er in einer Erdkundestunde die Mitarbeit, stieß Mitschüler an und rief auf die Frage:»Was wissen wir noch?« die Antwort:»Gar nichts - saublöd!« in die Klasse; außerdem äffte er den Lehrer und die Schüler nach und gab ständig Kommentare ab wie»blöd«,»saublöd« und»Mist«.

Erhöhte Anstrengungsbereitschaft zeigt Gerhard dann, wenn er an einer Sache Interesse hat und weiß, daß er besonders beachtet wird. Auf das Problem angesprochen, daß er ständig zu Wort kommen wolle, dies wegen der 35 anderen Schüler aber nicht möglich sei, meint Gerhard, sein Wunsch sei voll berechtigt, da er ja viel mehr wisse als die anderen Schüler. Hier zeigt er also ein extrem hohes Konzept eigener Fähigkeit.

(2) Bewertung der zentralen Hypothesen über Gerhards Anstrengungsbereitschaft. Das diagnostische Gespräch ergab zunächst einmal mehrere Ursachen für geringe Anstrengungsbereitschaft, die bisher nicht diskutiert wurden: Müdigkeit, Zurechtweisung oder Strafe, Konflikte mit dem Lehrer usw. Ein Konzept geringer Fähigkeit ist also nicht die einzige Ursache für geringe Anstrengungsbereitschaft, was sicher auch niemand behaupten würde. Bei Gerhard spielt das Fähigkeitskonzept aber eine sehr wichtige Rolle, wie die folgenden Ausführungen zeigen. Ein hohes Fähigkeitskonzept besitzt Gerhard für die Fächer Geschichte, Erdkunde und bei Lesestücken im Fach Deutsch: Hier traut er sich viel zu und ist von seinem Wissen überzeugt. Für ihn steht nicht in Frage, daß er seinen Mitschülern in diesen Bereichen überlegen ist. Deshalb fühlt er sich zur Mitarbeit nicht nur aufgerufen, sondern geradezu verpflichtet, was auch in seinem lehrerhaften Verhalten zum Ausdruck kommt. Auf Bestätigungen seiner Antworten reagiert er mit erhöhter mündlicher Mitarbeit und »sprudelt geradezu über«. Das Fähigkeitskonzept ist zum Teil realitätsgerecht, weil er - nach Aussagen der Lehrer - viele gute Beiträge bringt und vor allem bei sozialkritischen Lesestücken den Sinn tatsächlich besser als viele Mitschüler erfaßt. Auf der anderen Seite

scheint das Fähigkeitskonzept in diesen Fächern schon »übersteigert« zu sein. In dieser Selbstüberschätzung und Abwertung der Mitschüler könnte Gerhards Wunsch nach einer führenden Rolle innerhalb der Klasse zum Ausdruck kommen.

In den Fächern Mathemathik und Deutsch (mit Ausnahme des Lesens) hat Gerhard dagegen ein ausgesprochen niedriges Fähigkeitskonzept. Hier traut er sich wenig zu und hat vor allem im Rechtschreiben völlig resigniert. Er gehört in beiden Fächern dem B-Kurs an. Das Vorhaben der Mutter, ihn auf die Realschule bzw. das Aufbaugymnasium zu schicken, scheiterte trotz hoher Intelligenz (gemessen durch eine Bildungsberatungsstelle) an den schlechten Schulleistungen und seiner auffällig geringen Anstrengungsbereitschaft. Das immer wieder erlebte Zurückbleiben hinter den Leistungserwartungen der Eltern, der gescheiterte Plan eines Schulwechsels, die Einstufung in die B-Kurse Mathematik und Deutsch und das Etikett »Legastheniker« haben Gerhards geringes Fähigkeitskonzept stabilisiert. So sieht er keine Möglichkeit mehr, seine Leistungen in Deutsch und Mathematik entscheidend durch erhöhte Anstrengungsbereitschaft zu verbessern. Der Unterricht ist »langweilig« für ihn, weil er sich nicht darstellen und sein Wissen nicht einbringen kann. So bleibt er passiv, führt nur Minimaltätigkeiten aus wie Schreiben und Zeichnen oder rückt sich durch verbale und körperliche Aggressivität in den (negativen) Mittelpunkt.

Durch Beobachtungen und vor allem mehrere diagnostische Gespräche konnte die Hypothese erhärtet werden, daß die geringe Anstrengungsbereitschaft Gerhards durch sein geringes Fähigkeitskonzept in den entsprechenden Fächern ursächlich bedingt ist. Natürlich gibt es noch andere Einflußfaktoren: Das geringe Fähigkeitskonzept erklärt nicht alle Verhaltensweisen. Von den Problemen Gerhards sollte nicht unbesehen auf jeden anderen Schüler geschlossen werden. Geringe Anstrengungsbereitschaft kann auf ganz unterschiedliche Weise zustande kommen. Nach Heckhausen und Rheinberg (1980, S.12) »ergeben sich im Extremfall so viele verschiedene Zustände der Lernmotivation in einer Unterrichtssituation, wie es Schüler in der Klasse gibt«! Die jeweils angemessene Erklärung geringer Anstrengungsbereitschaft muß also für den Einzelfall immer erst genau diagnostiziert werden, wozu vor allem Beobachtungsverfahren und diagnostische Gespräche geeignet sind.

Abschließend soll gezeigt werden, wie die konkrete Intervention aussah und welchen Erfolg sie erbrachte. Der Grundgedanke dieser Intervention ist lerntheoretischer Art: Die Techniken zur Anstrengungsvermeidung sind bei Gerhard im Laufe seiner acht Schuljahre zu festen Gewohnheiten geworden. Durch die Konsequenzen, die sie nach sich ziehen, werden sie weiter stabilisiert bzw. aufrechterhalten. Sorgt man jetzt umgekehrt dafür, daß die Bereitschaft zur Anstrengung positive Konsequenzen nach sich zieht, so wäre es denkbar, daß Gerhard auch in den Fächern Deutsch und Mathematik günstige Arbeitsgewohnheiten aufzubauen lernt. Langfristig müßten die günstigen Arbeitsgewohnheiten bessere Schulerfolge bewirken und damit das Fähigkeitskonzept schrittweise und ganz allmählich verbessern.

Entsprechend den Annahmen über Gerhards Anstrengungsbereitschaft müßte die Intervention in den Fächern Deutsch und Mathematik darauf abzielen, die Zeiten passiver Aufmerksamkeit zu verlängern, die aktive Beteiligung am Unterrichtsfortgang zu erhöhen und zugleich die auffälligen Formen der Unaufmerksamkeit (Sprechen, sich über Mitschüler lustig machen, Spaziergänge, Aggressionen) zu verringern. Frau Thalmann ist es zunächst aber wichtiger, die Verhaltensweisen von Gerhard, die sie im Unterricht am meisten stören, d.h. die ständigen Zwischenrufe und abfälligen Bemerkungen über die Mitschüler, zu verändern. Aus ihrer Sicht ist dies verständlich, da sie sich täglich mit Gerhards Verhalten auseinandersetzen muß. Auf die Hypothesen über Gerhards Anstrengungsbereitschaft bezogen, sind die inhaltlichen Zwischenrufe aber relativ belanglos und können sogar positiv als Form aktiver, wenn auch nicht regelgerechter Mitarbeit vermerkt werden. Auch das Herabsetzen der Mitschüler resultiert hauptsächlich aus einem überhöhten Fähigkeitskonzept, dessen Abbau insgesamt sicher weniger bedeutsam ist als der Aufbau eines positiven Selbstkonzepts in den Fächern Deutsch und Mathematik. Die Intervention kann hier nicht in allen Einzelheiten geschildert werden; das Vorgehen in vier Schritten wird deshalb nur kurz skizziert:

(1) Zielbestimmung. Frau Thalmann und Gerhard kommen im Anschluß an die diagnostischen Gespräche überein, die Verhaltensweisen »Beiträge dazwischenrufen, ohne sich gemeldet zu haben und aufgerufen worden zu sein« ebenso abzubauen wie »Auslachen und Herabsetzen von Antworten der Mitschüler bzw. Unterbrechen von Mitschülern«.

(2) Vertrag. Lehrer und Schüler schließen einen Vertrag, in dem sich die Lehrerin verpflichtet,
- von keinem Schüler mehr Zwischenrufe anzunehmen und
- Schüler, die Gerhard auslachen oder unterbrechen, darauf hinzuweisen, daß Gerhard dies auch nicht tut.

Umgekehrt verpflichtet sich Gerhard,
- sich zu melden, wenn er etwas sagen will und
- Mitschüler nicht auszulachen oder zu unterbrechen.

Als Zielbereich wird festgelegt, daß Gerhard sich mindestens in zwei Drittel aller Fälle, in denen die Möglichkeit besteht, das störende Verhalten zu zeigen, an die vereinbarten Regeln hält. Für das Erreichen dieses Ziels soll er eine selbstgewähle Belohnung (bespielte Musikkassette) erhalten.

(3) Kontrolle des Vertrags. Frau Thalmann und Gerhard arbeiten mit Selbstbeobachtungsbogen. In einer zweiwöchigen Versuchsphase üben beide ein, die Bogen auszufüllen. Danach folgt eine dreiwöchige Interventionsphase.

(4) Einbeziehen der Mitschüler. Die Mitschüler bemerken die intensive Beschäftigung mit Gerhard und sprechen dies an. Frau Thalmann versucht, die Klasse zur Mitarbeit zu gewinnen. Dazu muß aber zuerst der Eindruck beseitigt werden, Gerhard würde von Frau Thalmann »bevorzugt«. Die Klassensprecherin führt deshalb eine Strichliste und hält fest, wann Frau Thalmann Gerhard eine Sonderstellung einräumt, und weist die Lehrerin auf beobachtete »Verstöße« hin. Unter diesen Voraussetzungen ist die Klasse bereit, die Intervention zu akzeptieren.

Während der Versuchsphase fällt es sowohl der Lehrerin als auch dem Schüler sehr schwer, an das Ausfüllen des Selbstbeobachtungsbogen im Unterricht zu denken: Frau Thalmann ertappt sich in dieser Zeit auch immer wieder bei dem »Wunschdenken«, der Selbstbeobachtungsbogen allein müsse genügen, um eine vollständige Verhaltensänderung zu bewirken. Durch Unterrichtsausfall, Krankheit des Schülers, Herbstferien und Klassenarbeiten wird die kontinunierliche Durchführung der Intervention beeinträchtigt.

Beeinträchtigung

Die Ergebnisse der Intervention sind beim »Dazwischenrufen« sehr ermutigend: Der festgelegte Zielbereich wird nur an einem Tag verfehlt. Frau Thalmann hat den Eindruck, daß Gerhard gelernt hat, sich in dieser Beziehung wesentlich besser zu kontrollieren. Die Verhaltensweise »Mitschüler herabsetzen« tritt allerdings nach wie vor in ähnlichem Ausmaß auf. Diese Ergebnisse beziehen sich nur auf den Unterricht bei Frau Thalmann. Eine Transferwirkung auf andere Unterrichtsstunden ist nicht festzustellen. Trotzdem kommt es vereinzelt zu überraschenden Beobachtungen. Die Werklehrerin berichtet, daß Gerhard sich vor Beginn der Intervention stets vor dem Aufräumen gedrückt habe. Während der zweiten Versuchswoche beobachtete sie aber, wie Gerhard ohne Aufforderung begann, nach dem Werkunterricht aufzuräumen. Als positivstes Ergebnis bewertet Frau Thalmann die eigene, nicht ausdrücklich angestrebte Einstellungsänderung: Da sie die Ursachen für Gerhards geringe Anstrengungsbereitschaft erkannt hat und ihre Bemühungen zumindest teilweise erfolgreich sind, fühlt sie sich durch Gerhards Verhalten nicht mehr bedroht oder persönlich angegriffen. Ihre früheren Verteidigungs- und Selbstschutzmaßnahmen, insbesondere das »Vor-die-Türe-Schicken«, braucht sie nicht mehr einzusetzen, da ihr Ärger weitgehend geschwunden ist.

Auf der anderen Seite muß aber auch deutlich gesehen werden, daß das eigentliche Ziel, nämlich die Mitarbeit Gerhards schrittweise zu erhöhen, durch die geschilderte Intervention natürlich nicht angegangen worden ist. Die Lehrerin hat sich zunächst nur selbst entlastet und erreicht, daß der Unterricht störungsärmer verläuft. Jetzt müßten Schritte erfolgen, die einerseits das Fähigkeitskonzept Gerhards in denjenigen Fächern erhöhen, in denen er sich wenig zutraut, und die andererseits positive Lerngewohnheiten aufbauen. Günstig für das erste Ziel wären Motivänderungsprogramme, wie sie z.B. im Kapitel D 2 unter dem Stichwort »Der rote Punkt« genannt sind. Positive Arbeitsgewohnheiten könnten parallel dazu durch Formen der Fremdsteuerung (Verhaltensmodifikation) oder der Selbststeuerung (vgl. Kapitel D) aufgebaut werden. Die Voraussetzungen für das Gelingen sind gut, da die Beziehung zwischen Gerhard und Frau Thalmann positiv ist und vom Zeitpunkt der Fallbearbeitung (Beginn des 7. Schuljahres) an noch genügend Möglichkeiten bestehen, die Mitarbeit Gerhards langfristig, unter Umständen auch bis ins nächste Schuljahr hinein, zu beeinflussen. Klar bei dieser Aufzählung wird aber auch, daß es ein sehr aufwendiges, wenn auch lohnendes Unter-

fangen ist, die Ursachen mangelnder Mitarbeit genau zu diagnostizieren und Handlungsmöglichkeiten zu ergreifen, die langfristig die
Mitarbeit eines Schülers verbessern.

6. Schulstreß und Schülerängstlichkeit

6.1 Was bedeutet eigentlich »Streß«?

Jeder weiß aus eigener Erfahrung und persönlichem Erleben, was in
der Umgangssprache mit »Streß« gemeint ist. Wir reden von Streß,
wenn
- wir zu viele Informationen auf einmal verarbeiten oder zu viele
Dinge zugleich tun müssen, so daß wir nicht wissen, wo uns der Kopf
steht, was wir zuerst machen sollen, ob wir das alles überhaupt schaffen;
- zu lange Zeit um uns herum nichts geschieht, so daß wir meinen, die
Decke falle uns auf den Kopf, die Stille oder Langeweile sei nicht
mehr auszuhalten;
- ein gefährliches oder unkalkulierbares Ereignis unausweichlich auf
uns zukommt, dem wir uns stellen müssen, wobei die Gefahr besteht,
ähnlich wie das Kaninchen bewegungslos auf die Schlange zu starren;
- zu befürchten ist, daß wir eine wichtige Aufgabe nicht bewältigen
oder eine wesentliche Anforderung nicht erfüllen können;
- wir einen Verlust, ein Mißgeschick oder einen Schmerz erleben;
- wir uns oder anderen beweisen müssen, wie wir sind und was wir
können.

Diese Beispiele ließen sich beliebig vermehren; sie zeigen, wie allgemein und vielfältig das Wort Streß umgangssprachlich verwendet
wird. Immer handelt es sich dabei um Situationen, die - von außen
gestellte oder selbst gesetzte - Anforderungen enthalten, welche für
eine bestimmte Person entweder belastend sind oder als Überforderung empfunden werden. Dies ist allerdings immer noch eine sehr allgemeine Definition von Streß.

Stellen Sie sich vor, Sie werden eines Tages vom Schulrat gebeten, im
Rahmen einer Fortbildungsveranstaltung eine Unterrichtsstunde
vorzuführen. Als Gäste sollen Kollegen des jeweiligen Fachgebiets
und Seminarleiter teilnehmen.

Versetzen Sie sich gedanklich möglichst intensiv in diese Situation. Es ist nämlich so, daß eine objektiv gleiche Situation von verschiedenen Menschen sehr unterschiedlich erlebt wird. Die Schwierigkeit der situativen Anforderung und die persönliche Bedeutsamkeit, die der Situationsbewältigung zugemessen werden, beeinflussen sowohl die Wahrnehmung, ob die Situation positiv als Herausforderung oder negativ als Bedrohung bewertet wird, als auch das individuelle Handeln, das ängstlich-meidend oder zuversichtlich-aufsuchend sein kann. Außerdem spielt die subjektive Einschätzung der eigenen Fähigkeiten, ob man mit der gestellten Aufgabe fertig werden kann oder möglicherweise dabei versagen wird, eine wichtige Rolle.

Der amerikanische Psychologe Lazarus (1981), der wichtige Forschungen auf diesem Gebiet durchgeführt und ein wissenschaftliches Modell der Streßverarbeitung entwickelt hat, unterscheidet deshalb zwei Bewertungsvorgänge:
- eine erste blitzschnell erfolgende Einschätzung der Situation als »neutral«, »positiv-angenehm« oder »belastend-bedrohlich«;
- eine zweite Bewertung von bedrohlichen Situationen, bei der die subjektiven Einschätzungen der eigenen Handlungsmöglichkeiten und Problemlösungsfähigkeiten berücksichtigt werden, wobei nicht unbedingt entscheidend ist, ob tatsächlich ausreichende Kompetenzen zur Bewältigung der Situation vorhanden sind, sondern ausschließlich die subjektive Überzeugung über Gelingen bzw. Nicht-Gelingen gilt. Als Folge der zweiten Bewertung wird die Situation als Herausforderung (Lösung des Problems erscheint bei entsprechender Anstrengung und bei Einsatz aller Kräfte wahrscheinlich), als Bedrohung (Bewältigung der Situation erscheint als sehr ungewiß) oder als Schädigung (ein negativ bewertetes Ereignis ist bereits eingetreten; es kann nicht mehr verhindert werden) erlebt. Die beiden Bewertungsvorgänge erfolgen in der Regel fast gleichzeitig und sehr schnell. Außerdem handelt es sich dabei auch nicht um rationale Situationsanalysen und distanzierte Beurteilungen der eigenen Kompetenzen, sondern um kurzschlüssige Einschätzungen, bei denen ein gewisser Erregungszustand des gesamten Organismus, persönliche Überzeugungen und unkontrollierbare Gefühle zusammenwirken, z.B.

- gespannte, freudige Erregung bei einer Herausforderung;
- Angst bei Bedrohung;
- Niedergeschlagenheit, Traurigkeit bei Schädigung.

196

Man kann zwar davon ausgehen, daß jede potentiell belastende und bedrohliche Situation in dieser Form einzeln bewertet wird, doch zeigen sich bei einem Menschen über viele Situationen hinweg gewisse Übereinstimmungen. Ob man sich ganz allgemein oder in bestimmten Bereichen für leistungsfähig, attraktiv, sympathisch, moralisch usw. hält oder ob man daran zweifelt, hat von vornherein einen großen Einfluß darauf, wie viele und welche Situationen als Bedrohung, Herausforderung oder als problemlose Routine erlebt werden.

6.2 Ist "Schulstreß" wirklich nur ein Modewort?

In manchen Lebenserinnerungen und bei vielen Stammtischgesprächen erscheint die Schule der guten alten Zeit als eine provinzielle Idylle, eine Stätte der Bildung und der Muße oder als ein Ort harmlos-frecher Schülerstreiche. Zwar gibt es auch Berichte, die diesem Bild entspannter Harmonie entschieden widersprechen, doch wird die heutige Schule von vielen gerade vor dem Hintergrund einer verklärten und idealisierten Vergangenheit kritisiert. Wir wollen hier von solchen pauschalen, zweifelhaften Vergleichsmaßstäben völlig absehen und uns ganz auf die gegenwärtige Schulwirklichkeit konzentrieren.

In der öffentlichen und besonders in der veröffentlichten Meinung ist »Schulstreß« zu einem schillernden, vieldeutigen und dramatisierend gebrauchten Schlagwort geworden; den dahinter verborgenen Sachverhalt kann aber kaum jemand ernstlich bestreiten: Unsere Schulen sind für viele Kinder zu Orten schwerwiegender Belastungen, Bedrohungen und sogar Schädigungen geworden. Dafür gibt es eine Reihe von Gründen, auf die hier nur sehr kurz hingewiesen werden soll:

- Schulbesuch und Schulerfolg sind für fast jeden Heranwachsenden von größter Wichtigkeit. Seit in weiten gesellschaftlichen Bereichen nicht mehr in erster Linie die soziale Herkunft, sondern der erreichte Schulabschluß über Berufsausbildung, Verdienst, Lebensstandard usw. entscheidet, werden künftige Lebenswege und Lebensmöglichkeiten aufgrund von Schulerfolg oder -mißerfolg oft schon früh erschlossen oder versperrt.

- Das Wissen darüber hat das Bewußtsein vieler Eltern verändert und sie für alles sensibilisiert, was mit Schule, Schulerfolg und Schulversagen zusammenhängt. Sie vermitteln ihren Kindern vom ersten Schultag an - häufig auch schon lange vorher -, wie groß die Anforderungen sind, welche Lernanstrengungen und Leistungen sie erwarten und welche schlimmen Folgen es hat, im Unterricht zu versagen. Die Leistungserwartungen der Eltern werden im Laufe der Jahre oft ein bedeutsamer Teil des familiären und des schulischen Alltags. Die Kinder erleben immer wieder, was es heißt, diese Erwartungen zu erfüllen oder zu enttäuschen. Das Magazin »DER SPIEGEL« (12/ 1982) leitete kürzlich eine Titelgeschichte »Schularbeiten - Alptraum der Familie« mit dem Satz ein: »Die Schule zu Hause währt mitunter länger als der Unterricht, Eltern sind oft strenger als die Lehrer und geradezu versessen darauf, daß ihre Kinder zusätzlich büffeln - ganz nach der Weisheit, daß Übung den Meister macht.« Das Interesse, die Unterstützung und auch der Druck von seiten der Eltern können vor bedeutenden Entscheidungen in der schulischen Entwicklung extreme Ausmaße annehmen, z.B. bei der Einschulung, dem Übertritt in weiterführende Schulen, beim Überwechseln auf Sonderschulen, beim Sitzenbleiben und bei Schulabschlüssen. Den Kindern wird auf diese Weise die Sorge der Eltern über die langfristigen Auswirkungen alltäglicher Erfolge und Mißerfolge in der Schule eindrucksvoll vermittelt; der Unterricht kann dadurch zu einer Dauerbelastung werden.

- Auch die Schule mußte sich verständlicherweise ihrer veränderten gesellschaftlichen Rolle anpassen. Man spricht etwas bagatellisierend von »Verrechtlichung«, wenn zum Ausdruck kommen soll, daß die Schule bei der Vermittlung von Kenntnissen, der Durchführung von Prüfungen und bei der Leistungsbewertung eine ausreichende Vergleichbarkeit zwischen verschiedenen Klassen und Schulen gewährleisten muß. Der pädagogische Spielraum des Lehrers ist zwar immer noch groß; die zunehmende Außenkontrolle verändert den Unterricht jedoch nicht selten zu einer ständigen Bewährungssituation.

- Die von Eltern und Lehrern vermittelte und von der Mehrzahl der Schüler übernommene Überzeugung von der Wichtigkeit der Schule für den späteren Lebensweg ist eine der Ursachen, weshalb Schule so häufig zur Belastung wird. Der zweite Grund dafür liegt in der typischen Organisationsform schulischen Lernens und Lehrens. Wenn in einem Klassenzimmer 20 bis 40 Schüler gleichzeitig im selben Stoffgebiet mit einer übereinstimmenden Methode unterrichtet werden, hat scheinbar jeder einzelne die gleichen Lern- und Leistungschancen. Dieser Glaube stellt sich für viele Kinder bald als Illusion heraus. Unterschiedliche intellektuelle Lernvoraussetzungen und differierende häusliche Lernhilfen führen sehr schnell dazu, daß die einen bessere und die anderen schlechtere Lernfortschritte machen. Die Schüler sind ständig Vergleichen ausgesetzt, sowohl informell als auch bei Verwendung eines verbindlichen Maßstabs. Dies kann jeder Schüler immer wieder feststellen. Es wird also stets Schüler geben, die frühzeitig und langfristig die Erfahrung machen, langsamer zu lernen, weniger zu wissen, größere Schwierigkeiten zu haben und schlechtere Leistungen zu erzielen als andere. Aber auch Kinder, die weder zu den leistungsbesten noch zu den leistungsschwächsten einer Klasse gehören, erleben den Unterricht häufig als bedrohlich: Sie sind unsicher, welche Leistungen sie in einer bestimmten Situation erbringen können, wie gut sie abschneiden werden und ob sie nicht vielleicht doch versagen. Beide Varianten, nämlich sowohl die negative Gewißheit als auch die Unsicherheiten über die eigenen Leistungsmöglichkeiten, die auch bei sehr guten Schülern auftreten können, sind als Verursacher von Schulstreß anzusehen. Deren Wirkung wird von jenen Lehrern verstärkt, die hohe Leistungsanforderungen, häufige Leistungsvergleiche und damit verbundene Schülerbewertungen in den Mittelpunkt ihres Unterrichts stellen.

6.3 Belastung durch die Schule

Natürlich ist die physische und psychische Belastung der einzelnen Schüler außerordentlich verschieden; erstaunlich ist aber, wie viele Kinder und Eltern bei Befragungen übereinstimmend angeben, sich durch die Schule belastet zu fühlen. Lange Schulwege, beschwerliche Fahrten mit dem Schulbus, anstrengender Unterricht, umfangreiche Hausaufgaben und u.U. auch mannigfache außerschulische Pflichten können dazu führen, daß Schüler oft länger und härter arbeiten müssen als viele Erwachsene. Fend (1977) stellte zum Beispiel fest, daß die Aussage »In unserer Schule kommen viele oft nicht nach, alle Hausaufgaben zu machen«, je nach Schultyp sehr unterschiedlich beurteilt wird. Die Zustimmungen verteilen sich folgendermaßen: Realschüler 39,3%; Gymnasiasten 34,8%; Hauptschüler 27,1%; Gesamtschüler 24,6%.
Die Behauptung »Wenn wir nicht am Wochenende lernen, schaffen wir kaum, was von uns verlangt wird« findet folgende Zustimmung:

Realschüler 30,3%; Gymnasiasten 21,0%; Gesamtschüler 15,3%; Hauptschüler 11,4%.

Obwohl es auch beim gleichen Schultyp große Unterschiede zwischen den einzelnen Klassen gab, zeigte sich in der Untersuchung ziemlich durchgängig,»daß sich die Realschüler von allen Befragten am stärksten unter dem Zwang fühlten, mehr leisten zu müssen, als sie können« (Fend, 1977, S.121). Selbstverständlich ist der notwendige Aufwand an Zeit und Kraft zur Erledigung der Hausaufgaben nur ein Beispiel für die schulischen Belastungen eines Kindes. Die erforderlichen Anstrengungen, um im Unterricht mitzuarbeiten, um erhöhte Ansprüche der Eltern zu erfüllen, um gespannte soziale Beziehungen zu Lehrern oder Mitschülern zu ertragen, sind weitere Belastungsfaktoren, die zu Schulstreß führen können. In diesem Zusammenhang spielt die Erfüllung oder Nichterfüllung von Leistungsanforderungen und -erwartungen eine herausragende Rolle. Dabei kann man häufig die folgende typische Merkmalskonstellation einer belastenden Schulsituation beobachten:

- Schüler sind - häufig unter dem Einfluß übersteigerter Erwartungen der Eltern - sehr motiviert, um gute Schulleistungen zu erzielen, die damit verbundene Anerkennung zu erhalten und sich eventuell bestimmte Zukunftsaussichten zu erschließen.

- Eng damit verbunden sind nicht selten außergewöhnliche Anstrengungen innerhalb und außerhalb des Unterrichts, um den eigenen sowie den von außen herangetragenen Leistungsansprüchen zu genügen.

- Trotz dieses Aufwands - oft auch von seiten der Eltern - können die erhofften Leistungen und Noten nicht oder nur sehr knapp erreicht werden, was zu einer ständigen Quelle der Enttäuschung und Verunsicherung wird.

- Auf diese Weise entsteht ein Konflikt, in dem die Schule einerseits als Situation erfahren wird, welche die persönlichen Leistungen anspornt, zugleich aber auch als Ort wahrscheinlichen Versagens erlebt wird.

- Auf längere Sicht kann eine solche Konstellation die Entstehung massiver Schulängste, das Auftreten von Verhaltensauffälligkeiten und schließlich auch die Ausbildung körperlicher Überforderungssymptome bewirken.

Man kann gegenüber dieser Darstellung schulischer Überforderungen natürlich einwenden, daß solche Entwicklungsverläufe keineswegs für die Mehrzahl der Schüler typisch sind, auch wenn Kinderpsychiater und Schulpsychologen besorgt über viele ähnliche Fälle berichten. Alle Kinder nämlich, von denen mehr erwartet wird und die selbst mehr erstreben, als sie in der Schule bei ensprechender Anstrengung leisten können, müssen sich durch den Unterricht und seine Anforderungen überfordert und durch die erzielten Leistungen enttäuscht fühlen. Lehrer und Eltern können durch ihr Verhalten solche Belastungssituationen entspannen oder - oft unbeabsichtigt - verstärken. Um einem überforderten Schüler zu helfen, ist es in der Regel notwendig, verschiedene pädagogische Maßnahmen gleichzeitig zu ergreifen, wobei es weder allgemein gültige Erfahrungsregeln noch wissenschaftlich abgesegnete Patentrezepte gibt. Wesentlich ist vielmehr die gründliche und sensible Analyse des Einzelfalls.

Manche Hauptschullehrer berichten, daß sich solche Probleme in den oberen Klassen gelegentlich von selbst erledigen, und zwar auf eine unerwünschte Art und Weise: Viele, besonders leistungsschwächere Schüler, sind inzwischen völlig entmotiviert; sie haben keinerlei Leistungsehrgeiz mehr und fühlen sich durch schulische Anforderungen auch nicht mehr überfordert; sie erkennen keinen Zusammenhang mehr zwischen schulischen Erfolgen und Mißerfolgen auf der einen und späteren Berufs- und Lebensaussichten auf der anderen Seite. Unter diesen Umständen spielt das Problem der Leistungsüberforderung und der Schulangst keine erkennbare Rolle mehr. Wir können vermuten, daß dieser Sachverhalt sich als eine Folge des Mißverhältnisses von Zielsetzung, Anstrengung und Ertrag entwikkelt und seinen Grund in der Erfahrung hat, daß Schulerfolge subjektiv keine erkennbar wichtigen, langfristigen positiven oder negativen Auswirkungen haben.
Um solche Entwicklungen in den letzten Klassen der Hauptschule zu vermeiden, ist es notwendig, die Leistungsfreude der jüngeren Schüler zu erhalten, d.h. den Unterricht für jeden einzelnen zu einer Herausforderung, nicht aber zu einer Überforderung werden zu lassen.

6.4 Bedrohung durch die Schule

Die Übergänge zwischen Erlebnissen der Überforderung und Bedrohung sind fließend; eine klare Abgrenzung ist nicht möglich. Wir sprechen immer dann von erlebter Bedrohung, wenn mit der Gefahr des Nichterreichens von Zielen, des Versagens in Leistungssituationen und des Nichterfüllens von Erwartungen zugleich Befürchtungen verbunden sind, daß dadurch wesentliche Werte der eigenen Person beeinträchtigt werden (z.B. körperliche Unversehrtheit, sozialer Status, Zuneigung anderer, Selbstachtung usw.). Es sind also nicht die Überforderungssituationen, sondern die befürchteten Folgen, die bedrohlich wirken. Wir wissen aus Selbstzeugnissen von Schülern, aus empirischen Untersuchungen und aus klinischen Erfahrungen, daß solche Haltungen für eine beachtliche Zahl von Schülern typisch sind. Dieser Sachverhalt soll im folgenden an einigen kleinen (konstruierten) Beispielen verdeutlicht werden.

Handlungs- oder Leistungssituation	wahrscheinliches negatives Ergebnis	befürchtete Folgen durch andere	unmittelbare Folgen für sich selbst	befürchtete langfristige Folgen
Vorsingen vor der Klasse	falsches Singen	ausgelacht werden	Scham	Verlust an sozialem Status
Aufruf im mündlichen Unterricht	falsche Antwort	Kritik des Lehrers	Beschämung	negative Bewertung durch den Lehrer
Klassenarbeit	Fehler	schlechte Note	Ärger, Scham	Abwertung durch andere, Selbstzweifel
Rückgabe einer Arbeit	schlechte Note	Spott oder Mitleid der Klasse	Betroffenheit	Nichtversetzung; Verlust im sozialen Status
Zeugnisausgabe	schlechte Noten	Enttäuschung der Eltern	Scham, Angst	Liebesverlust

Die tabellarische Zusammenstellung von Situationen, die als bedrohlich erlebt werden können, darf nicht im Sinne einer uneingeschränkten Gültigkeit der dargestellten Zusammenhänge mißverstanden werden. Ob eine Situation als bedrohlich erlebt wird, hängt vielmehr von einer Reihe sehr spezifischer Bedingungen ab, zu deren Erfassung sich folgende Fragen anbieten:
- Welche Erfahrungen hat der einzelne Schüler in der Vergangenheit mit dieser Art von Situation gemacht?

Er kann bisher eher erfolgreich gewesen sein oder häufig versagt haben.

- Mit welchen Erwartungen geht der einzelne Schüler in eine solche Situation?

Das hängt nicht nur von den bisherigen Erfahrungen ab, sondern wird von stabilen persönlichen Überzeugungen über die eigenen Fähigkeiten und daraus abgeleitete Erfolgs- oder Mißerfolgsaussichten beeinflußt.

- Wie wird das Verhalten bei einem möglichen Mißerfolg von seiten des Lehrers und der Mitschüler eingeschätzt?

Vorstellbar sind Reaktionen wie Spott, Sarkasmus, Hänseleien, Demütigungen oder auch Verständnis, Unterstützung und Wohlwollen.

- Welche Erwartungen haben die Eltern oder andere Bezugspersonen und wie reagieren sie auf einen eventuellen Mißerfolg?

Damit sind nicht nur die offen gezeigten Verhaltensweisen gemeint (wie Bestrafen, Ermutigen usw.), sondern auch befürchtete "versteckte" Reaktionen wie geheime Enttäuschung, Traurigkeit, Zorn.

- Welche längerfristigen Folgen könnten bei einem Mißerfolg (schlechtes Zeugnis, Nichtversetzung) auftreten?

Gefährdung der Berufsaussichten, Verlust an sozialer Geltung und Zuneigung, Gefährdung des Selbstbewußtseins und der Selbstachtung sind als befürchtete Folgen denkbar. Dabei handelt es sich in der Regel nicht um klare, bewußt überlegte Folgen des Versagens, sondern eher um stark gefühlsbetonte und sprachlich nur schwer artikulierbare Einschätzungen.

Die bisherige Darstellung beschränkte sich auf einzelne Ereignisse, die von Schülern als bedrohlich erlebt werden. Selbstverständlich können solche Situationen auch sehr viel allgemeiner sein. Ein Lehrer kann durch sein Erscheinungsbild, sein Auftreten oder Verhalten auf bestimmte Schüler bedrohlich wirken. Dies beobachtet man besonders bei jüngeren Kindern, deren Lehrer sehr streng und überaus konsequent sind und häufig zu Spott und Herabsetzung einzelner Schüler vor der Klasse neigen und/oder eine Atmosphäre willkürlicher Machtausübung um sich verbreiten. Nicht nur Lehrer, sondern auch Mitschüler können als permanente Bedrohung erlebt werden. In psychologischen Beratungsstellen berichten Schüler gelegentlich, daß sie sich von Klassenkameraden körperlich oder psychisch stark bedroht fühlen und häufig das Opfer körperlicher Angriffe, sozialer

Unterdrückung und persönlicher Demütigung werden. Aber auch ein Unterrichtsfach kann eine starke Bedrohung sein. Neben Mathematik sind es besonders häufig die Fächer Sport und Musik, in denen sich Schüler mit geringerer Leistungsfähigkeit oft hilflos und überfordert fühlen. Werden die häufigen Mißerfolge auf diesen Gebieten mit öffentlichen Blamagen und persönlichen Selbstwerteinbußen verbunden, kann ein ganzes Fach bedrohlich wirken.

6.5 Auswirkungen der erlebten Bedrohung durch die Schule

Langfristig gesehen können massive Bedrohungs- und Mißerfolgserlebnisse in der Schule zu psychischen und physischen Schädigungen der Schüler führen. Das liegt nicht nur daran, daß der Unterricht für Kinder ein besonders wichtiger Lebensbereich ist, sondern auch daran, daß die Schule für viele Jahre des Lebens etwas absolut Unvermeidliches und Unentrinnbares darstellt. Hinzu kommt, daß eine ständige Bewertung von Leistungen stattfindet, die sich nicht nur auf das Lernverhalten und die Lernergebnisse beschränkt, sondern sich häufig auf die ganze Person des Schülers bezieht. Wie soll sich jemand positiv entwickeln können, wenn er - im Extremfall - über Jahre hinweg wahrnehmen muß und vermittelt bekommt, daß seine Leistungen schlechter sind als die der meisten anderen, seine Anstrengungen unnütz sind und seine Fähigkeiten nur als sehr gering eingeschätzt werden. Mögliche Auswirkungen solcher Erfahrungen werden im folgenden dargestellt.

a) Der Verlust an Überzeugung gegenüber den eigenen Fähigkeiten.
Es gehört zu den oft bestaunten und belächelten Eigenarten sehr kleiner Kinder, daß sie sich fast alles zutrauen. Eine Aufgabe der Schule besteht darin, den Schülern zu einer im großen und ganzen realistischen Einschätzung ihrer Kräfte, Fähigkeiten und Einflußmöglichkeiten zu verhelfen. Wie entwickeln sich aber Kinder, die immer wieder wahrnehmen müssen, daß sie trotz aller Bemühungen weniger können oder gelten als ihre Mitschüler? Muß darunter nicht langfristig das Selbstbewußtsein eigener Fähigkeiten und die subjektive Einschätzung eigener Kompetenzen leiden? Untersuchungen haben bestätigt, daß dies tatsächlich der Fall ist:

Kifer (1975) verglich das Selbstbild eigener Fähigkeiten bei erfolgreichen und erfolglosen Schülern. Er berücksichtigte dabei Kinder der 2., 4., 6. und 8. Klasse, die jeweils in allen vorausgegangenen

Schuljahren entweder zu den 20% besten oder zu den 20% schlechtesten Schülern der Klasse gehört hatten. Verglichen wurden also Kinder, die über eine unterschiedlich lange Zeitspanne hinweg konstant gute oder schlechte Schulleistungen erzielten. Kifer interessierte sich besonders für die Entwicklung des Selbstbewußtseins eigener Fähigkeiten. Die Ergebnisse lassen erkennen, daß das Selbstbild eigener Fähigkeiten bei guten Schülern im Verlauf der Schulzeit konstant hoch bleibt. Bei schlechten Schülern, die am Anfang der Schule ebenfalls ein hohes Selbstbild eigener Fähigkeit besitzen, geht diese Selbsteinschätzung mehr und mehr verloren und erreicht schließlich nach acht Jahren einen extrem tiefen Punkt, der sich als Überzeugung fehlender eigener Fähigkeiten umschreiben läßt. Zwischen Jungen und Mädchen ergeben sich bei diesem Entwicklungsverlauf keine Unterschiede. Parallel dazu zeigt sich auch, daß die Einschätzung der *Selbstverantwortlichkeit* für eigene intellektuelle Leistungen bei erfolgreichen Schülern im Verlauf der Schulzeit - besonders zwischen der 2. und 6. Klasse - ansteigt, während sie bei den erfolglosen Kindern konstant niedrig bleibt. Besonders in den ersten vier Schulklassen kann ein Absinken der Selbsteinschätzung eigener Fähigkeiten bei schlechten Schülern erheblich gemildert werden, wenn die Eltern von den Kindern als unterstützend und ermutigend wahrgenommen werden.

Die Untersuchungsergebnisse von Kifer bestätigen also die Erwartung, daß sich ständige Mißerfolge in der Schule nachhaltig und nachteilig auf die Persönlichkeitsentwicklung der Schüler auswirken. Der immer gegenwärtige Vergleichsmaßstab in der Klasse, die häufigen Beurteilungen durch den Lehrer und die Reaktionen von Bezugspersonen (Mitschüler, Lehrer und Eltern) können nicht ohne Einfluß bleiben. Natürlich reagieren Schüler auf gehäufte Mißerfolge nicht nur mit beeinträchtigtem Selbstbewußtsein oder im Extremfall mit einem völligen Verlust ihrer positiven Selbsteinschätzung. Ob und wie sie sich damit abfinden, zur Gruppe der schlechten Schüler zu gehören und als Versager zu gelten, hängt von vielen Bedingungen ab, die in der Person des Kindes und in seiner Umwelt liegen. Eine eindeutige, für alle Kinder geltende Entwicklungslinie gibt es nicht. Der Lehrer muß deshalb intensiv auf den Einzelfall eingehen, um pädagogisch helfen zu können. Dabei muß allerdings berücksichtigt werden, wie eingegrenzt sein Handlungsspielraum ist, wenn er extrem leistungsschwachen Schülern Lern- und Entwicklungsperspektiven im Unterricht erschließen möchte.

b) Erworbene Hilflosigkeit. Wer immer wieder erfährt, daß Anstrengungen nicht zu erwünschten Erfolgen führen, wird sich nach einiger Zeit nichts mehr zutrauen; er wird unter Umständen selbst dann nicht mehr aktiv handeln, wenn er bei entsprechender Anstrengung eine Aufgabe lösen oder eine schwierige Situation bewältigen könnte. Wann immer er sich entsprechenden Anforderungen gegenüber sieht, wird er Mißerfolg erwarten und sich entsprechend hilflos verhalten. Man spricht in einem solchen Fall von erworbener Hilflosigkeit. In der Psychologie ist das Phänomen der erworbenen Hilflosigkeit in den letzten Jahren intensiv untersucht worden. Besondere Anregungen gingen dabei von dem Buch von Seligman »Erlernte Hilflosigkeit« (1979) aus; in diesem Zusammenhang ist auch das Buch von Schwarzer »Streß, Angst und Hilflosigkeit« (1981) zu erwähnen. In stark verkürzter und vereinfachter Weise läßt sich das Modell der erworbenen Hilflosigkeit für unsere Zwecke folgendermaßen beschreiben:

- Ein Schüler kann wichtige Ziele, die im Leistungsbereich liegen können, aber nicht darauf begrenzt sein müssen, auch durch vermehrte Anstrengung nicht erreichen. So könnte er sich z.b. bemühen, die Anerkennung, Sympathie und Zuneigung der Mitschüler zu erwerben - allerdings ohne Erfolg.

- Der Schüler nimmt selbst wahr, daß es keine fest kalkulierbare Beziehung zwischen seinen Anstrengungen und den erwünschten Ergebnissen gibt. Die Situation erweist sich für ihn also subjektiv als nicht kontrollierbar und nicht beeinflußbar.

- Seine Reaktion auf die erlebte Unbeeinflußbarkeit einer wichtigen Situation hängt davon ab, wie er den fehlenden Zusammenhang zwischen seinen Bemühungen und den nicht eingetretenen erwünschten Ergebnissen erklärt. Drei Erklärungsmuster haben sich als besonders wichtig herausgestellt:
(1) Der Schüler macht sich selbst dafür verantwortlich: Mangel an Fähigkeiten, unattraktives Aussehen usw. (interne Ursachen), *oder:* Er macht andere Personen bzw. äußere Umstände dafür verantwortlich: mangelnde Kompetenz des Lehrers, Bösartigkeit der Mitschüler, Ungerechtigkeit der Noten, Zufall usw. (externe Ursachen).
(2) Er hält die Ursachen für stabil und sieht keine Änderungsmöglichkeiten: z.b. Begabung, äußeres Erscheinungsbild, soziale Her-

kunft (stabile Ursachen), *oder:* Er hält die Ursachen für veränderbar: momentane Müdigkeit, plötzliche Verstimmung usw. (3) Er glaubt, daß die Ursachen umfassend sind: z.b. Häßlichkeit, mangelnde Begabtheit, »Pechvogel« (globale Ursachen), *oder:* Er glaubt an punktuelle Ursachen wie nicht gelernte Vokabeln (bei Leistungsversagen), unreine Haut (bei sozialer Ablehnung) usw. (spezifische Ursachen).

Dabei ist nicht entscheidend, welche Ursachen tatsächlich den fehlenden Zusammenhang zwischen eigenem Handeln und mangelndem Erreichen der Handlungsziele bewirken; wichtig ist nur, an welche Ursachen jemand subjektiv glaubt.

- Je stärker die Unbeeinflußbarkeit einer Situation auf interne, stabile und globale Ursachen zurückgeführt wird, um so mehr sind die Erwartungen über den Erfolg eigener Anstrengungen beeinträchtigt. Ein Schüler, der Mißerfolge trotz großer Anstrengung auf »fehlende Begabung« zurückführt (interne, stabile und globale Ursachen), wird weniger bereit sein, sich intensiv um bessere Leistungen zu bemühen als ein Kind, das fest daran glaubt, die schlechten Leistungen seien durch fehlende Vorkenntnisse verursacht (interne, variable, spezifische Ursachen). Jemand, der sich die Ablehnung und Abwertung durch die Mitschüler mit seiner Zugehörigkeit zu einer bestimmten Nationalität erklärt (intern, stabil, global), wird - zumindest außerhalb des eigenen Heimatlands - kaum Möglichkeiten sehen, die soziale Diskriminierung durch eigene Initiative abzubauen.

- Die angegebenen Bedingungen - Erleben des fehlenden Zusammenhangs von eigenem Handeln und Zielerreichung; Erklärung der erlebten Nichtkontrollierbarkeit der Situation durch interne, stabile und globale Ursachen und damit zusammenhängende Erwartungen, daß sich an diesem Zustand auch künftig nichts ändern wird - stehen häufig hinter den Symptomen erworbener Hilflosigkeit: Entmotivierung, geringe Anstrengungsbereitschaft, Passivität, fehlende Aufgabenorientierung, geringes Selbstvertrauen, pessimistische Zukunftserwartungen, Unterlegenheitsgefühle, ineffektives Verhalten.

Die erworbene Hilflosigkeit muß nicht in alle Lebensbereiche hineinreichen. Sie kann auf bestimmte Fächer (z.b. Mathematik), Situationen (z.b. mündliche Prüfungen) oder Personen (z.b. einzelne Lehrer) begrenzt sein.

Um erlernte Hilflosigkeit wieder abzubauen, muß jemand die Beeinflußbarkeit einer Situation durch eigenes Handeln erleben - z.b. je mehr Anstrengung, desto mehr Erfolg -, und er muß diese positive Erfahrung auch sich selbst zuschreiben: den eigenen Fähigkeiten, der eigenen sozialen Attraktivität usw. Tatsächliche Erfolge und subjektive Erfolgserlebnisse sind also in der Schule notwendige Bedingungen für die pädagogische Behandlung erworbener Hilflosigkeit.

6.6 Ängstliches Verhalten und ängstliche Schüler

Die Schule stellt mit ihren Ansprüchen an die Leistungen und an das soziale Verhalten für Schüler eine tatsächliche oder vermeintliche Überforderung dar, die immer dann als bedrohlich erlebt wird, wenn dadurch das Selbstwertgefühl beeinträchtigt wird. Die betroffene Person reagiert auf diese Situation mit Angst, die chronisch werden kann, wenn Bedrohungen und Mißerfolge lange anhalten, sich oft wiederholen oder besonders schwerwiegend sind. Der Schüler wird in diesem Fall die Schulsituation als solche oder wesentliche Ausschnitte (z.b. Mathematikunterricht) als eine permanente Bedrohung wahrnehmen. Das ist häufig verbunden mit einer ausgeprägten Furcht vor Mißerfolg. So einheitlich und eindeutig dieses Bild auf den ersten Blick auch wirken mag, so vielgestaltig stellt es sich dar, wenn man es unter Berücksichtigung der individuellen Problematik betrachtet.

a) Wodurch wird Angst in der Schule ausgelöst? Jeder Schüler erlebt den Unterricht gelegentlich als bedrohlich und reagiert darauf mit Angst. So kennen alle Lehrer die hektisch-ängstliche Atmosphäre vor einer wichtigen Klassenarbeit. Einige Situationen wirken nur auf manche Schüler angstauslösend, während andere Kinder sie ohne besondere Furcht erleben und manche sogar positive Einstellungen dazu zeigen. Das folgende Schaubild gibt einen groben Überblick über angstauslösende Situationen in der Schule:

Warum und wovor können Schüler Angst haben?

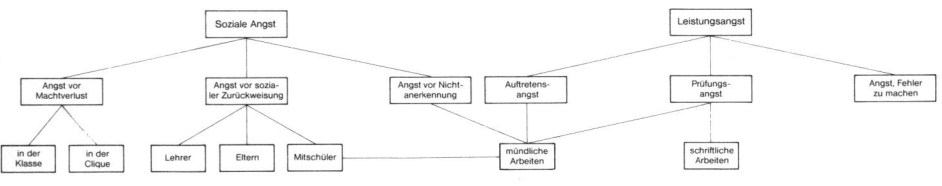

208

In dieser Übersicht fehlen die sogenannten existenziellen Ängste (z.B. vor dem Tod, vor Verletzungen, Krankheit, Schmerzen, Dunkelheit, vor dem Fliegen, einem Gewitter, vor Schlangen, Spinnen oder anderen Tieren). Berücksichtigt sind lediglich soziale Ängste und Leistungsängste, die unter den Bedingungen der Schule am häufigsten auftreten.

b) Wie äußert sich Angst im Erleben und Verhalten von Schülern? Jeder kennt Angstzustände aus eigener Erfahrung. Die folgende Aufstellung nennt Angstsymptome, die besonders häufig registriert werden:

Subjektives Erleben:
- pessimistische Leistungserwartungen;
- Gedanken kreisen um die Situation und um die eigene Person;
- Eindruck, sich nicht auf die Aufgabe konzentrieren zu können;
- Gefühle der Hilflosigkeit;
- Bedürfnis, der Situation zu entfliehen.

Äußeres Verhalten:
- aufgeregte Hektik oder starre Verkrampfung;
- »ziellose« Ersatzhandlungen, z.B. essen, mit jemandem Streit suchen usw.;
- unruhiger Wechsel zwischen verschiedenen Tätigkeiten.

Körperliche Symptome:
- Herzklopfen;
- Schweißausbruch;
- Blässe;
- zugeschnürter Hals;
- Magen- und Darmbeschwerden;
- heisere Stimme;
- Auftreten von Ticks.

Die Zusammenstellung zeigt, daß das Zustandsbild der Angst nicht einheitlich ist. Ein blasses oder ein gerötetes Gesicht, verkrampft-starres oder hektisch-aufgeregtes Verhalten, Gefühle der Hilflosigkeit oder der Aufgewühltheit, Tendenzen zu passivem Erleiden, fluchtartigem Vermeiden oder aktivem Damit-Fertigwerden können je nach Persönlichkeit des Schülers und der Art der bedrohlichen Situation gleichermaßen als Hinweise auf Angstzustände gelten. Hinzu kommt, daß der Betroffene selbst auf das unmittelbare Erleben der Angst reagiert und sich damit auseinandersetzt. Er kann sich dem gefühlsmäßigen Zustand offen hingeben, ihn vor anderen mit allen Mitteln verbergen wollen, die Angst zu überwinden oder zu unterdrükken versuchen sowie sich um eine sachliche Bewältigung der bedrohlichen Situation bemühen usw.

c) Wie wirkt sich Angst auf das Verhalten in Leistungssituationen aus?

Alltagserfahrungen und empirische Untersuchungen bestätigen übereinstimmend, daß sich starke Angst auf das leistungsbezogene Verhalten und auf die Leistungsergebnisse in der Regel ungünstig auswirkt. Wie ist das zu erklären? Drei Momente scheinen dabei eine besondere Rolle zu spielen:

- Im Zustand hochgradiger Angst fällt es schwer, sich auf die Aufgabe und deren Anforderungen zu konzentrieren. Die Aufmerksamkeit, das Denken und das Fühlen richten sich verstärkt auf die eigene Person. Besorgte Überlegungen, Selbstzweifel, unangenehme Empfindungen und oft vergebliche Versuche, damit fertig zu werden, beanspruchen einen großen Teil der verfügbaren Kräfte.

- Aufgeregtheit und Besorgtheit erschweren die kritische Analyse einer Aufgabe, das sorgfältige Prüfen von Hypothesen und die Beachtung wichtiger Details. Im Zustand der Angst neigt man dazu, auf einer relativ oberflächlichen Ebene nach Problemlösungen zu suchen. Ist die Aufgabe sehr einfach, so kann dies auch zum Erfolg führen. Handelt es sich aber um ein schwieriges oder kompliziertes Problem, so ist die Wahrscheinlichkeit des Scheiterns groß.

- Kleinere Mißerfolge, die häufig schon am Anfang einer Aufgabenlösung auftreten, können im Zustand der Angst nicht rational verarbeitet werden, sondern erhöhen die subjektiv erlebte Bedrohung und steigern die allgemeine Hektik. Auch die Bereitschaft, vorzeitig aufzugeben, nimmt zu. Selbstbeschuldigungen, Selbstmitleid und Selbstabwertung sind die Folge, die das Leistungsverhalten wiederum ungünstig beeinflussen.

Mäßig angstauslösende Situationen können die Leistung eines Schülers allerdings auch verbessern, sofern er
- relativ belastbar, d.h. nicht besonders ängstlich ist,
- sich gut vorbereitet hat und
- die gestellte Aufgabe als nicht allzu schwierig beurteilt.

Jeder kennt Menschen, die erst unter dem Druck einer bedrohlichen Situation angestrengt arbeiten, ihre Aufmerksamkeit auf die zu lösende Aufgabe konzentrieren und unter dieser Bedingung besonders gute Leistungen erzielen. Das darf allerdings kein Grund sein, Angst als Erziehungsmittel im Unterricht einzusetzen. Gerade solche Schüler, die unter allgemeiner Schulangst leiden, bleiben nämlich in bedrohlichen Unterrichtssituationen weit hinter ihren Leistungsmöglichkeiten zurück.

d) Der chronisch ängstliche Schüler. Bisher haben wir Angst als einen Zustand beschrieben, der in bedrohlichen Situationen entsteht, gefühlsmäßig als unangenehm erlebt wird und das Verhalten häufig ungünstig beeinflußt. Schüler unterscheiden sich allerdings sehr stark darin, in welchen Unterrichtssituationen bzw. in welchem Ausmaß sie Angst erleben. Wir unterscheiden deshalb niedrig- und hochängstliche Schüler. Charakteristisch für hochängstliche Schüler ist ihre Furcht vor Mißerfolg. Diese Schüler meiden nach Möglichkeit Leistungssituationen, weil sie Angst haben zu versagen. Oft setzen sie sich extrem niedrige Ziele, die sie praktisch nicht verfehlen können. Gelegentlich bevorzugen sie aber auch unrealistisch anspruchsvolle Ziele, die sie nur in der Phantasie erreichen können. Ihr Selbstbewußtsein ist im allgemeinen so beeinträchtigt, daß sie Mißerfolge immer wieder als »Beweis« ihrer Unfähigkeit ansehen, gelegentliche Erfolge dagegen eher auf Zufall, Glück oder Hilfe durch andere zurückführen. Solche Ursachenzuschreibungen rufen in Leistungssituationen oft Gefühle der Hilflosigkeit hervor. Hochängstliche Schüler schneiden bei Prüfungen und Schulleistungstests fast immer schlechter ab als weniger ängstliche, vor allem wenn ihnen wenig Gelegenheit geboten wird, sich gründlich vorzubereiten. Steht ausreichend Zeit für die Vorbereitung zur Verfügung, so wird sie allerdings nicht von allen ängstlichen Schülern genutzt. Manche verdrängen die bevorstehende Leistungssituation und vermeiden alles, was sie daran erinnern könnte. Ängstliche Schüler werden durch bestimmte Unterrichtsbedingungen besonders beeinträchtigt. Merkmale einer solchen angsterzeugenden Lernumwelt sind

- starker Leistungsdruck,
- betonte Konkurrenz zwischen den Schülern,
- unklare Leistungsanforderungen,
- willkürliche Bewertungen,
- eine unsystematische Organisation der Arbeit,

- eine kalte, abwertende Einstellung des Lehrers gegenüber den Schülern.

Ängstlichkeit ist ein relativ stabiles Persönlichkeitsmerkmal. Es kann sich auf fast alle Lebensbereiche eines Schülers erstrecken, vor allem auf jene Situationen, in denen persönliche Erfolge oder Mißerfolge deutlich werden. Schulangst im engeren Sinn liegt vor, wenn der gesamte schulische Bereich als bedrohlich erlebt wird. Häufig handelt es sich hier um eine Kombination aus Leistungsangst und sozialer Ängstlichkeit. Wie viele Schüler darunter leiden, läßt sich schwer beurteilen. Es ist auch eine Frage der Definition, wer als hoch- oder niedrigängstlich bezeichnet wird. Selbstverständlich kann chronische Ängstlichkeit auch auf ein bestimmtes Fach, einen besonders strengen Lehrer oder häufig wiederkehrende Bewertungssituationen mehr oder minder deutlich eingegrenzt sein.

6.7 Pädagogische Handlungsmöglichkeiten

Verschiedene Möglichkeiten des Abbaus von Angst werden in allgemeiner Form im Kapitel D beschrieben. Hier soll lediglich auf einige spezielle Gesichtspunkte kurz hingewiesen werden.

a) Möglichkeiten und Grenzen pädagogischer Maßnahmen. Um ängstlichen Kindern in ihrer seelischen Not zu helfen, verfügt der Lehrer über wichtige, aber begrenzte pädagogische Handlungsmöglichkeiten. Wenden wir uns zuerst den Grenzen seines Einflusses zu, um auf diesem Hintergrund die pädagogischen Möglichkeiten und die damit verbundene Verantwortung des Lehrers besser bestimmen zu können. Es sind vor allem vier Gründe, die die pädagogische Wirksamkeit des Lehrers gegenüber ängstlichen Schülern begrenzen:
- Individuelle Ängste werden oft schon im Kleinkindalter aufgebaut und durch unbewußt bleibende Mechanismen ausgelöst bzw. aufrechterhalten. Ängstlichkeit kann deshalb schon bei Kindern ein recht stabiles Persönlichkeitsmerkmal darstellen, das nicht leicht zu beeinflussen ist.
- Oft liegen Bedingungen, die die Ängstlichkeit eines Kindes verfestigen, außerhalb der Schule (vor allem im Elternhaus).
- Orientiert man sich nicht an einem utopischen, sondern an einem realistischen Schulmodell, so wird es immer Leistungsanforderungen

212

geben, die von einzelnen nicht erfüllt werden können. Ist dieses Leistungsversagen mit negativen Konsequenzen verbunden, so kann die begründete Furcht vor den Folgen des Versagens zu erhöhter Leistungsangst führen.
- Der Lehrer ist kein Therapeut, weder von seiner Ausbildung noch von seinen alltäglichen Aufgaben her. Bei schweren Formen von Ängstlichkeit ist der Lehrer deshalb auf die Unterstützung geschulter Fachleute angewiesen.

Die Darlegung der Grenzen pädagogischer Einflußnahme im Unterricht wäre allerdings eine einseitige Betrachtungsweise, wenn man nicht zugleich auch Notwendigkeit und Möglichkeiten der Förderung ängstlicher Kinder herausstellen würde:
- Bei vielen Kindern wirkt die Schule mit ihren Anforderungen und Prüfungen stark angstauslösend. Für Schüler mit generell hoher Ängstlichkeit bedeutet der Unterricht häufig eine Quelle von Bedrohungs- und Angsterlebnissen.
- Wissenschaftliche Untersuchungen belegen eindringlich, daß in unseren Schulen viele angstauslösende Faktoren wirksam sind, die pädagogisch weder notwendig noch sinnvoll erscheinen.
- Im Gegensatz zum Therapiezimmer und zur Erziehungsberatungsstelle ist die Schule ein wichtiger natürlicher Lebensraum des Kindes. Der Realitätsbezug ist deshalb bei jeder Verringerung der Ängstlichkeit in besonderem Maße gegeben.
- Pädagogische Bemühungen um den Abbau starker Ängste sind dann besonders aussichtsreich, wenn gleichzeitig ein Programm zum Aufbau eigener Kompetenzen und Kompetenzüberzeugungen durchgeführt wird. Die Schule bietet günstige Voraussetzungen für solche kombinierten Programme.

b) Welche Ziele kann ein pädagogisches Programm zum Abbau von Schulangst haben? Vielleicht findet mancher die in der Überschrift enthaltene Frage etwas unverständlich. scheint doch auf den ersten Blick der Abbau von Schulangst in jedem Fall ein begründetes pädagogisches Ziel zu sein. Die Probleme beginnen erst, wenn man sich etwas genauer damit beschäftigt. Soll jede Form von Schulangst vermindert werden? Auch die »kleine Angst«, die Schüler üblicherweise haben, wenn z.b.
- eine Aufgabe unerledigt blieb, obwohl genügend Zeit vorhanden war;
- ein Hefteintrag besonders schlampig angefertigt wurde;

- sich jemand nach eigenem Eindruck viel zu wenig auf eine Klassenarbeit vorbereitet hat?

Die meisten Lehrer sehen in solchen Fällen keinen Anlaß für pädagogische Maßnahmen, sondern betrachten die Angst als »natürlich«, vielleicht sogar als notwendig. Soll der Abbau von Schulangst ein Ziel sein, das unter allen Umständen anzustreben ist? Wir wissen, daß manche Schüler durch Angst eine deutliche, wenn auch pädagogisch fragwürdige Lernmotivation erfahren. Muß in Kauf genommen werden, daß mit der Verringerung der Schulangst die Lernmotivation und evtl. auch die Leistungen drastisch sinken, oder ist es in solchen Fällen notwendig, daß ein Programm zum Angstabbau zugleich den Aufbau anderer Formen der Leistungsmotivation einschließt? Aus Befragungen wissen wir, daß die meisten Lehrer der zuletzt genannten Auffassung zuneigen

Was aber heißt im Rahmen dieser Einschränkungen Abbau von Schulangst? Bei der Beantwortung dieser Frage müssen drei eng miteinander zusammenhängende Gesichtspunkte berücksichtigt werden.

- Die für Schüler bedrohlichen, angstauslösenden Merkmale des Unterrichts sollen so weit wie möglich reduziert werden. Das bedeutet:
1. Angst darf nicht ein Mittel zur Motivierung und Disziplinierung der Schüler sein.
2. Wenn Schüler aufgrund schlechter Erfahrungen kein Vertrauen in die Zuverlässigkeit, Gerechtigkeit und Hilfsbereitschaft des Lehrers haben, sind besondere Programme zum Angstabbau zwecklos.

- Starke individuelle Ängste müssen gezielt abgebaut werden. Kein Lehrer kann und soll alle Schüler gleich behandeln. Er wird stets im Rahmen seiner Möglichkeiten auf die Besonderheiten der einzelnen Schüler eingehen. Das ist bei ängstlichen Schülern besonders wichtig, weil kleine Gesten oft mehr helfen als die Durchführung eines besonderen Programms. Allerdings reichen diese pädagogischen Alltagsmittel nicht immer aus, um Schülern zu helfen, vor allem dann nicht, wenn
1. die Ängstlichkeit sehr stark und stabil ist,
2. der Lehrer selbst von einem Schüler als bedrohlich erlebt wird,
3. zusätzliche Belastungen durch das Verhältnis zu den Mitschülern bestehen.

214

In diesen Fällen kann es sich als notwendig erweisen, sich gezielt und systematisch um den Abbau von Ängsten zu bemühen.

- Da man realistischerweise nicht damit rechnen kann, ängstliche Kinder völlig angstfrei zu machen, sollte ein weiteres Ziel im Auge behalten werden: Verhaltensweisen zu vermitteln, um mit den eigenen Angstgefühlen besser fertig zu werden (sich auf bedrohliche Situationen richtig vorzubereiten; sich auch unter starker Gefühlsbelastung kurzzeitig konzentrieren zu können; eine Aufgabe so anzugehen, daß man Sicherheit gewinnen kann usw.).

c) Wie läßt sich ein angstreduzierender Unterricht verwirklichen? Auf die Bedeutung des Lehrers für die Entstehung von Schulangst, Leistungsfurcht und erlebter Hilflosigkeit, aber auch für die Förderung von Lernfreude, gesundem Selbstvertrauen und realistischer Erfolgszuversicht wurde schon mehrfach hingewiesen. Die folgenden Bedingungen für einen angstreduzierenden Unterricht sind nicht als Grundlage eines Trainingsprogramms im engeren Sinn gedacht, das auch wenig Aussicht auf Erfolg hätte. Es geht vielmehr darum, Lehrer für unerwünschte Nebenwirkungen ihres eigenen Unterrichts auf einige Schüler zu sensibilisieren sowie einige Anregungen für die Suche nach Änderungsmöglichkeiten und für die Erprobung bereits bewährter pädagogischer Handlungsformen zu geben.

1. Angst ist in gewisser Hinsicht das Gegenteil von Zuversicht und Vertrauen. Angstreduzierend wirken deshalb alle »vertrauensbildenden Maßnahmen« des Lehrers, also alle Handlungen, die das Vertrauen des Schülers zu sich selbst, zu seinen Fähigkeiten, zum Lehrer und zu den Mitschülern verstärken. Notwendige Voraussetzung dafür ist, Schülern das Gefühl zu vermitteln, daß sie den Absichten und Handlungen des Lehrers vertrauen können, von ihm als Person akzeptiert und respektiert werden und in kritischen Situationen von ihm Hilfe erbitten und erwarten können. Bei ängstlichen Schülern Vertrauen zu wecken ist nicht etwas, was sich durch ein Verhaltenstraining erlernen läßt, sondern das Ergebnis des täglichen Bemühens, als Person und als Lehrender in den Augen der Schüler zuverlässig, ehrlich und hilfsbereit zu sein. Dies mag etwas banal klingen, stellt aber nichtsdestoweniger die Grundlage aller Versuche dar, im Unterricht Angst abzubauen.

2. Eine vom Verhalten des Lehrers abhängige zweite Rahmenbedingung ist das Schulklima. Die dazu vorliegenden Forschungsergebnis-

se faßt Fend (1980, S. 372 f) wie folgt zusammen:»Bei hohen Selbständigkeitserwartungen, keinem zu hohen Leistungsdruck, einer vernünftigen Verwendung und Betonung von Disziplin, bei wenig restriktiver und strafender Kontrolle, bei der Gewährung von Entscheidungsspielräumen und bei einem hohen Engagement der Lehrerschaft sind Kontrollbewußtsein und Selbstakzeptierung hoch, Angst mäßig und Erfolgszuversicht hoch. Erwarten jedoch Lehrer wenig selbständiges Verhalten von ihren Schülern, halten sie Disziplin für außerordentlich wichtig und entscheidend, strafen sie Schüler häufig, gewähren sie wenige Spielräume für eigenständiges Entscheiden und sind gegenüber Schülern generell desinteressiert, dann sind auch ihre Schüler von Angst gekennzeichnet, die Erfolgszuversicht ist relativ niedrig und das Kontrollbewußtsein der Schülerschaft ist in Mitleidenschaft gezogen.«

3. Angst wird besonders durch ungewisse, undurchschaubare, unkalkulierbare Situationen ausgelöst. Soll Unterricht zur Verringerung der Angst beitragen, so dürfen Ziele, Anforderungen, Bewertungen und Sanktionen nicht plötzlich, unbegründet und unvorhersehbar verändert werden. Ein hinreichendes Maß an Klarheit, Geordnetheit und Durchschaubarkeit des Unterrichts vermittelt ängstlichen Kindern Sicherheit. Das gilt für die Stoffvermittlung, mehr aber noch für die Überprüfung der Lernfortschritte. Je präziser Arbeiten angekündigt werden, je genauer die Anforderungen bekannt und je besser die Vorbereitungsmöglichkeiten sind, um so stärker fühlen sich ängstliche Schüler entlastet.

4. Leistungsvergleiche zwischen Schülern belasten ängstliche Kinder besonders stark. Angstreduzierend wirken deshalb Bewertungen, die auch den Lernfortschritt des einzelnen zum Maßstab seiner Erfolge und Mißerfolge machen.

5. Ermutigung, Lob und Anerkennung sind die wichtigsten pädagogischen Einzelmaßnahmen, um ängstliche Kinder zu fördern. Es wäre allerdings falsch, inflationär alles zu loben, was der betreffende Schüler tut und leistet, unabhängig davon, wie leicht die Aufgabe ist, ob er sich angestrengt hat und von welcher Qualität die Ergebnisse sind. Erst durch die Bezugnahme auf wirkliche Leistungsfortschritte, auf die darin zum Ausdruck kommenden Fähigkeiten und auf den Ertrag eigener Anstrengung wird Lob zur Ermutigung, die die Zuversicht in die eigene Leistungstüchtigkeit fördert.

6. Fast bei jedem Schüler gibt es Gebiete, wo er viel kann, weiß oder großes Interesse zeigt. Diese Bereiche zum Ausgangspunkt der Wahrnehmung, Bewertung und Förderung des einzelnen zu machen, kann besonders ängstlichen und unsicheren Schülern helfen, motivationale Lernbarrieren zu überwinden.

7. So wichtig die Zusammenarbeit zwischen Lehrern und Eltern im allgemeinen ist, so problematisch kann sie werden, wenn das Kind weiß, daß alle seine Schwierigkeiten und Fehler in der Schule unverzüglich den Eltern mitgeteilt werden. Dies gilt im verstärkten Maße, wenn die Eltern vorwiegend oder gar ausschließlich über negative Ereignisse informiert werden.

Für die meisten Leser werden die gegebenen Anregungen plausibel und akzeptabel sein. Viele Lehrer glauben, daß sie sich so und nicht anders verhalten. Und doch haben unsere Beobachtungen in einer großen Zahl von Klassen gezeigt, daß es erhebliche Diskrepanzen gibt zwischen dem, was Lehrer tun wollen, was sie tatsächlich tun und wie die Schüler ihr Handeln erleben.

6.8 Fallbeispiel

Das folgende authentische Fallbeispiel, bei dem alle Personen- und Ortsnamen verändert wurden, zeigt die psychologische Analyse des ängstlichen Verhaltens einer Schülerin im Unterricht und die pädagogischen Bemühungen der Lehrerin, ihr bei der Lösung der damit verbundenen Probleme zu helfen. Die Schülerin heißt Brigitte, ist 12 Jahre alt und besucht die 6. Hauptschulklasse einer Kleinstadt. Die Klasse besteht aus 26 Schülern: 15 Jungen und 11 Mädchen. Die Klassenlehrerin, Frau E., ist 43 Jahre alt, verheiratet und Mutter von zwei Kindern. Bei Kollegen, Eltern und Schülern gilt sie übereinstimmend als eine besonders tüchtige, überaus strenge und konsequente Pädagogin.

a) Problemstellung. Frau E. unterrichtete seit ungefähr 15 Monaten in Brigittes Klasse, als sie von zwei Lehrerstudenten, die ein mehrwöchiges Praktikum ableisteten und bei ihr hospitierten, auf das extrem ängstliche Verhalten der Schülerin hingewiesen wurde. Den beiden war aufgefallen, daß sich Brigitte im Unterricht nie meldete, bei Klassenarbeiten und beim Lehrgespräch hochgradig nervös wirkte

und jeweils einen völlig verschreckten Eindruck machte, wenn Frau E. sie nur ansprach. Die Lehrerin hatte zwar seit längerem Brigittes schüchternes und scheues Verhalten bemerkt, diesen gelegentlichen Beobachtungen aber keine weitere Beachtung geschenkt, da die Schülerin mittelmäßige bis gute Leistungen erzielte, im Unterricht nicht besonders auffiel und offenbar zu einigen Mitschülerinnen gute soziale Kontakte unterhielt. Die Mitteilung der Lehrerstudenten veranlaßte Frau E., Brigitte in den folgenden Tagen genauer zu beobachten. Dabei stellte sie fest, daß sie das Ausmaß an Ängstlichkeit und Gehemmtheit der Schülerin bisher viel zu sehr bagatellisiert hatte. Zunächst wandte sie sich an eine befreundete Kollegin, Frau A., die ebenfalls viel Unterrichtserfahrung hatte, zu diesem Zeitpunkt aber nicht berufstätig war. Als Folge dieses Gesprächs ergab sich schließlich die Bitte an einen Psychologen, bei der Lösung der genannten Schwierigkeiten behilflich zu sein. In einer ersten gemeinsamen Besprechung mit ihm wurden folgende Hypothesen formuliert:
- Bei Brigitte handelt es sich um ein allgemein ängstliches Kind mit schüchternem Sozialverhalten, Furcht vor Mißerfolg in Leistungssituationen und Bedrohungserlebnissen im Umgang mit Autoritätspersonen.
- Starke Angst tritt auf, sobald sich Brigitte mit einer größeren Gruppe von Gleichaltrigen, mit Autoritätspersonen oder mit besonderen Leistungsanforderungen konfrontiert sieht.
- In solchen Belastungs- und Bedrohungssituationen wirkt Brigitte verkrampft, ihre Bewegungs-, Handlungs- und Denkabläufe sind beeinträchtigt, und ihre Leistungen fallen entsprechend schlechter aus als unter weniger angstauslösenden Bedingungen.
- Innerhalb kleiner Gruppen besonders vertrauter Menschen, z.B. bei der Zusammenarbeit mit einigen wenigen Mitschülerinnen, verhält sich Brigitte zwar auch verhältnismäßig zurückhaltend und still, wirkt aber sicherer und erweist sich als sehr lernmotiviert und leistungsfähig.

b) Diagnostisches Vorgehen.
Gespräch mit der Lehrerin: Frau E. berichtete, daß sie in der Woche vor dem vereinbarten Gespräch jede Gelegenheit genutzt hatte, Brigitte zu beobachten und mit ihr zu sprechen. Aufgrund einer Anregung hatte sie sich darüber täglich Notizen gemacht. Der Lehrerin fiel auf, daß sich Brigitte während der gesamten Beobachtungszeit nicht ein einziges Mal im Unterricht zu Wort meldete. Frau E. gewann den Eindruck, daß die Schülerin überaus nervös wurde, wenn

sie damit rechnen mußte, aufgerufen zu werden. Stellte Frau E. ihr vor der ganzen Klasse eine Frage, so verhielt sich Brigitte vergleichsweise stereotyp: Sie blickte schweigend zu Boden; Antworten gab sie erst nach mehrfacher Ermunterung mit leiser, kaum verstehbarer Stimme; machte sie einen Fehler oder versprach sie sich, so war sie nicht mehr zu bewegen weiterzusprechen. Die Lehrerin betonte, daß sie dieses Verhalten als Ausdruck extremer Schüchternheit ansehe, die »vermutlich schon als kleines Kind im Elternhaus aufgebaut wurde«. Was die engagierte Lehrerin besonders betroffen machte, war die Erfahrung, daß Brigitte jedesmal erschrak und deutliche Anzeichen von Ängstlichkeit zeigte, sobald sie sie direkt ansprach: Angst trat also nicht nur in besonders belastenden Leistungssituationen auf, sondern die Lehrerin selbst wirkte bereits angstauslösend.

Auf eine entsprechende Frage gab Frau E. zu erkennen, daß sie sich selbst für eine begeisterte, erfolgreiche und schülerzentrierte Lehrerin halte: Sie unternehme sehr viel mit den Kindern innerhalb wie außerhalb des Unterrichts, stelle hohe Leistungsansprüche und helfe Schülern mit schwächeren Leistungen besonders intensiv. Sie fühle sich von allen Kindern der Klasse akzeptiert und könne sich überhaupt nicht vorstellen, daß Brigitte sie nicht nur als streng, sondern als bedrohlich erlebe. Im Verlauf des Gesprächs fragte Frau E. mehrmals, ob es sich bei Brigitte um ein »nervöses Leiden« handeln könne, ob unter Umständen eine psychologische oder ärztliche Behandlung Brigittes angezeigt sei und ob man nicht unverzüglich die Eltern informieren müsse. Schließlich wurde vereinbart, daß Frau E. möglichst bald, d.h. unmittelbar nach Abschluß der geplanten diagnostischen Schritte, ein Gespräch mit Brigittes Mutter führen sollte. Abgeraten wurde Frau E. dagegen von Ihrer zunächst bekundeten Absicht, ihr Verhalten Brigitte gegenüber sofort und drastisch zu verändern und so oft wie möglich persönlichen Kontakt mit ihr aufzunehmen, um sie von der Grundlosigkeit ihrer Ängste zu überzeugen. Ein solches Vorgehen könnte nämlich völlig entgegengesetzte Wirkungen haben: Da die Auslösung von Ängsten nicht unter der Kontrolle rationaler Einsichten steht, sondern von erlernten, meist unbewußt bleibenden Mechanismen gesteuert wird, könne eine Intensivierung der Kontakte die Ängste der Schülerin noch verstärken, anstatt zur beabsichtigten Reduzierung beizutragen.

Minutenweise freie Beobachtung während des Unterrichts: Im Verlauf einer Woche nahm Frau A. an acht Unterrichtsstunden teil. Wäh-

rend dieser Zeit protokollierte sie insgesamt 160 Minuten lang (achtmal zwanzig Minuten) mit Hilfe eines Beobachtungsbogens Brigittes Verhalten, wobei sie auch das jeweils vorausgehende und nachfolgende Unterrichtsgeschehen berücksichtigte. Die Beobachtungen faßte Frau A. wie folgt zusammen:
- aufmerksame kontinuierliche Mitarbeit bei mündlichen und schriftlichen Aufgaben;
- durch jede Zuwendung der Lehrerin und durch Reaktionen anderer Schüler in ihrem Verhalten leicht irritierbar;
- deutliche Anzeichen von Unsicherheit und Verspannung;
- wirkt nur beim Kontakt mit einer Freundin aufgelockert.

Klassenarbeit in Mathematik. Die Arbeit wurde unmittelbar nach der großen Pause geschrieben. Die Mehrzahl der Schüler kam heftig agierend und aufgeregt aus der Pausenhalle zurück, Brigitte und ihre Freundin Karin gingen schweigend als letzte. Während es im Klassenzimmer auch nach dem Eintreten von Frau E. unruhig blieb, saßen die beiden Mädchen still auf ihrem Platz. Brigitte spitzte einen Bleistift und radierte auf dem Lineal. Sie hatte rote Flecken im Gesicht und auf dem Hals und wirkte verspannt-nervös. Nachdem die Arbeitsblätter ausgeteilt waren, schaute sie fast fünf Minuten starr auf ihre Unterlagen. Dabei fuhr sie sich mit der Hand in einer nervösen Bewegung ständig durch ihr Haar. Sie schrieb schließlich etwas auf ein Nebenblatt, wurde dann deutlich ruhiger und schrieb abwechselnd auf das Neben- und auf das Arbeitsblatt. Sie strich relativ viel durch. Nach etwa 20 Minuten wirkte ihre Arbeitshaltung sehr ruhig und konzentriert. Sie schaute allerdings vergleichsweise häufig auf die Uhr. Als die Lehrerin ankündigte, daß die Arbeitsblätter in acht Minuten abgegeben werden müßten, wurde Brigittes Verhalten hektisch: Sie drehte das Blatt mehrfach von der einen auf die andere Seite, schrieb immer wieder etwas auf das Schmierblatt, strich es wieder durch. Schließlich sagte sie etwas leise zu Karin. Als sie merkte, daß sie dabei von Frau E. beobachtet wurde, begann sie auf dem Nebenblatt hastig zu schreiben. Während der restlichen Zeit benutzte sie den Arbeitsbogen nicht mehr. Auf die erste Aufforderung hin gab sie ihn ab. Dann sprach sie leise und erregt mit Karin, stützte den Kopf in die Hände und bewegte sich fast zwei Minuten nicht mehr. Als die Lehrerin mit dem Unterricht fortfuhr, wirkte sie wieder ruhig und aufmerksam.

Musikunterricht. Frau E. hatte berichtet, daß Brigitte sehr gut und gern sang und von den Mitschülern wegen ihrer schönen Stimme bewundert wurde. Es fiel unmittelbar auf, daß sie beim Singen des ersten Liedes weit weniger gehemmt wirkte als im sonstigen Unterricht. Als sie mit drei anderen Mädchen vor die Klasse treten mußte, um ein neues Lied einzuüben, erschien sie zwar aufgeregt (»roter Kopf«) und etwas gehemmt, doch beruhigte sie sich sehr schnell; ihre Stimme wirkte innerhalb der Gruppe klar und kräftig. Bei einer Schwierigkeit bat die Lehrerin Brigitte, eine Passage noch einmal allein zu singen. Sie begann mit leiser, sehr schnell sicher werdender Stimme. Während der gesamten Musikstunde stabilisierte sich der Eindruck, daß Brigitte mit Freude, Sicherheit und einer gewissen Gelöstheit bei der Sache war. Anzeichen von Ängstlichkeit waren kaum festzustellen.

Angstfragebogen für Schüler (AFS): Vereinbarungsgemäß verteilte Frau A. am Ende eines Schultags, während einer kurzen Abwesenheit der Lehrerin, Angstfragebogen für Schüler (Wieczerkowski u.a., 1979). Zuvor hatte sie mit den Kindern den nachteiligen Einfluß großer Angst auf die Schulleistungen besprochen und die Bitte von Frau E. an sie um Mithilfe bei der Lösung des Problems erläutert. Sie bat die Kinder, die Fragen möglichst unverfälscht zu beantworten. (Der Fragebogen wird im Kapitel C 3 ausführlich beschrieben!) Brigitte erreichte extrem hohe Werte im Bereich der allgemeinen Ängstlichkeit und der Prüfungsangst. Sie gehört zu jenen Kindern, die die höchsten Angstwerte aufweisen. Im Verhältnis dazu erweist sich ihre »Schulunlust« nur als durchschnittlich.

Diagnostisches Gespräch mit Brigitte. Im Anschluß an die bereits erwähnte Musikstunde führte Frau A. ein etwa 40minütiges Gespräch mit Brigitte. Es war eingebettet in gemeinsame Vorbereitungen für das Einstudieren eines Kanons, der im Rahmen der Weihnachtsfeier gesungen werden sollte. Frau A. erstellte anschließend ein Stichwortprotokoll, dem folgende Auszüge entnommen sind:
- Brigitte leidet nach ihrem eigenen Eindruck in der Schule häufig unter starken Angstgefühlen. Sie fürchtet ständig, etwas falsch zu machen, schlechte Leistungen zu erzielen und die Lehrerin zu enttäuschen. Sie macht sich Sorgen, daß alle ihre Probleme und Mißerfolge im Unterricht von Frau E. den Eltern unverzüglich mitgeteilt werden, was bei anderen Schülern schon mehrfach geschehen ist.
- Brigitte fürchtet sich vor den meisten Jungen und einigen Mädchen der Klasse, die angeblich andere Kinder verspotten und »terrorisie-

ren«. Sie werden von Brigitte als laut, derb und gemein charakterisiert:»Den ganzen Tag wollen sie raufen«.
- Große Angst hat Brigitte auch vor der Lehrerin, die sie möglicherweise bewundert und zugleich fürchtet. Besonders belastet sie, daß
»man nichts wieder gutmachen kann, was einmal passiert ist«. Ihrer
Aussage nach geht sie »gern« zu Frau E. in die Schule, hält sie aber
für sehr streng. Sie freut sich offensichtlich über jedes Lob der Lehrerin, erklärt aber auf ausdrückliches Befragen, von sich aus nie persönlichen Kontakt mit ihr aufzunehmen.
- Am liebsten ist Brigitte mit ihrer Freundin Karin zusammen, inner-
und außerhalb der Schule. Gelegentlich treffen sie sich auch mit einigen anderen Mädchen der Klasse, um zu stricken, Platten zu hören
oder gemeinsam in eine konfessionelle Jugendgruppe zu gehen.
- In der Familie hat Brigitte ein besonders enges Verhältnis zur Mutter und zu einer ein Jahr jüngeren Schwester. Vor dem Vater hat sie
große Angst. Er schlägt sie zwar seit einigen Jahren nicht mehr,
schreit sie aber nach ihrem Eindruck bei jeder Kleinigkeit an. Mit ihren beiden älteren Brüdern, die zwei und vier Jahre älter sind als sie,
hat sie wenig Kontakt; sie kann sich auch nicht vorstellen, mit ihnen
irgend etwas gemeinsam zu unternehmen.

*c) Diagnostische Urteilsbildung und Erstellung eines pädagogischen
Handlungsplans.* Alle verfügbaren Informationen bestätigen den
Eindruck der hospitierenden Studenten. Bei Brigitte handelte es sich
um ein sehr ängstliches Kind, das sich durch viele Leistungs- und So-
zialsituationen bedroht fühlte. In der Schule fiel besonders ins Gewicht, daß sie
- der Lehrerin gegenüber ein allgemein ängstliches Verhalten zeigte;
- besonders darunter litt, wenn Eltern unverzüglich über alle Probleme, Schwierigkeiten und Mißerfolge im Unterricht informiert wurden;
- sich von der physischen Kraft, der Aggressivität und der Kritiklust
vieler Mitschüler, besonders einiger Jungen, abgestoßen und bedroht
fühlte;
- sich unter dem Einfluß der Angst im Unterricht weitgehend passiv
verhielt, sich nur wenig zutraute und dadurch wahrscheinlich in ihren
mündlichen wie schriftlichen Leistungen beeinträchtigt wurde.

Verschiedene Bedingungen ließen die Erfolgsaussichten pädagogischer Hilfen als recht günstig erscheinen:
- Brigitte ging nicht ungern zur Schule und erzielte trotz der genann-

ten Belastungen gute und befriedigende Leistungen.
- Das persönliche Verhältnis zur Lehrerin war zwar stark belastet, aber nicht eigentlich gestört.
- Es gab Situationen, z.B. im Musikunterricht oder in der Mädchengruppe, in denen Brigitte auch in der Schule relativ angstfrei, selbstbewußt und erfolgreich handeln konnte.
- Nach Meinung der Lehrerin war Brigittes Mutter sehr liebevoll, verständnisfähig und kooperationsbereit.

d) Pädagogische Maßnahmen. Viele werden jetzt einwenden, daß man vor der Planung pädagogischer Hilfen zuerst die Ursachen der Angst bei Brigitte kennen muß. Vielleicht werden manche dabei sofort an den strengen Vater denken, an mögliche Mißerfolgssituationen während der Grundschulzeit oder an andere plausible Entstehungsbedingungen der Angst. Ein solcher Versuch der Ursachenanalyse hätte jedoch wenig Aussicht auf Erfolg. Angst ist, wie bereits erwähnt, eine angeborene, biologisch wichtige Erlebnis- oder Verhaltenstendenz. Wodurch sie beim einzelnen Menschen ausgelöst wird, ist zwar erlernt, doch sind die damit verbundenen Lernvorgänge überaus verwickelt, reichen oft weit in die Kindheit zurück und bleiben im allgemeinen unbewußt. Glücklicherweise ist es aber nicht erforderlich, den Entwicklungsverlauf des ängstlichen Verhaltens zu klären, wenn man pädagogisch helfen will.

In unserem Fallbeispiel planten wir vier miteinander zusammenhängende pädagogische Maßnahmen:
- Abbau der Angst gegenüber der Lehrerin durch eine Serie kleiner, vertrauensbildender Schritte;
- Erweiterung des Bereichs zuversichtlicher Leistungserwartungen, vom Musikunterricht ausgehend auf andere Unterrichtsfächer;
- Thematisieren des Problembereichs Angst im Unterricht;
- Beratungsgespräch zwischen der Lehrerin und Brigittes Mutter.

In zwei ausführlichen Gesprächen mit Frau E. und Frau A. wurde vereinbart, daß die pädagogischen Bemühungen voll und ganz bei der Lehrerin liegen sollen. Das erschien deshalb möglich, weil sich gezeigt hatte, daß Frau E. auf Brigitte nicht durchgängig angstauslösend wirkte. Zugleich bot ein solches Vorgehen Vorteile, weil die natürliche Unterrichtssituation dadurch am wenisten verändert wurde. Insofern sollte sich die Mitwirkung von Frau A. auf gelegentliche Beobachtungen der weiteren Entwicklung beschränken. Alle Vorgehensweisen wurden mit der Lehrerin intensiv vorbesprochen; einzelne für Frau E. ungewohnte Verhaltenweisen wurden im Rollenspiel eingeübt. Frau E. arbeitete an dem pädagogischen Programm engagiert mit; die Hilfe für Brigitte lag ihr ebenso am Herzen wie ein allgemeiner Abbau der Angst in ihrem Unterricht. Sie betonte allerdings mehrfach, daß sie nicht bereit wäre, deswegen Abstriche an den Leistungsanforderungen zu machen.

Abbau der Angst gegenüber der Lehrerin. Im Zusammenhang mit der bereits erwähnten Weihnachtsfeier bereitete Brigitte zusammen mit Frau E. musikalische Darbietungen vor. Auf diese Weise ergaben sich vielfältige natürliche und sehr persönliche Kontakte zwischen Lehrerin und Schülerin. Ein erstes Gespräch fand nach dem Unterricht im Lehrerzimmer statt. Frau E. und Brigitte suchten zunächst gemeinsam geeignete Lieder und Instrumentalstücke für die Feier aus. Zu zweit sangen sie verschiedene Lieder, die Frau E. am Klavier begleitete. Am Ende bat die Lehrerin Brigitte, einige Vorbereitungsarbeiten für den nächsten Besprechungstermin zu übernehmen: mit Hilfe eines Tonbandes ein Lied einzustudieren und einen Liedtext abzuschreiben.

In den beiden folgenden Wochen fanden zwei weitere ähnliche Besprechungen statt; an der letzten nahmen neben Brigitte zusätzlich drei Jungen und drei Mädchen der Klasse teil. Die dabei geknüpften persönlichen Kontakte erweiterte Frau E. durch kurze Gespräche im Klassenzimmer vor und nach dem Unterricht und während der Pause. In den ersten Tagen beschränkten sich die Gesprächsinhalte auf die Weihnachtsfeier, gingen dann aber auch allmählich auf andere Themen über. Da Frau E. den Eindruck hatte, daß das Vertrauen der Schülerin ihr gegenüber schon während dieser kurzen Zeit deutlich zugenommen hatte, vereinbarten wir, daß die Lehrerin nunmehr auch im Unterricht immer häufiger an Brigittes Tisch treten sollte, um sie bei der Arbeit zu beobachten und ihr bei auftretenden Schwierigkeiten zu helfen. Dabei sollte sie darauf achten, ob Brigitte irgendwelche Anzeichen von Ängstlichkeit zeigt, und sich gegebenenfalls sofort wieder etwas entfernen. Schon nach drei Wochen war Frau E. der Überzeugung, daß sich Brigittes ängstliches Verhalten stark reduziert hatte, was sich u.a. auch darin äußerte, daß die Schülerin von sich aus häufiger Kontakt zu ihr suchte. Diesen Eindruck konnte Frau A. bestätigen, die in den folgenden Wochen einige gezielte Verhaltensbeobachtungen in der Klasse durchführte.

Aufbau zuversichtlicher Leistungserwartungen. Bei der Planung geeigneter pädagogischer Maßnahmen für den Aufbau zuversichtlicher Leistungserwartungen konnten wir von folgenden günstigen Voraussetzungen ausgehen:
- Brigitte erzielte im Unterricht durchwegs gute und befriedigende Leistungen.
- Sie schien im Musikunterricht relativ erfolgszuversichtlich und selbstsicher zu sein.
- Sie verhielt sich innerhalb der ihr vertrauten Kleingruppe am Arbeitstisch weniger ängstlich als vor der Klasse.

Gemeinsam mit Frau E. wurden folgende Handlungsschritte festgelegt:

- Im Musikunterricht sollte sich an Brigittes Gesangsdarbietungen ein kurzes Unterrichtsgespräch anschließen, bei dem die Lehrerin einige Fragen an sie zu richten hatte, von denen anzunehmen war, daß die Schülerin sie richtig beantworten konnte. Die stimulierende Wirkung von Erfolgserlebnissen auf das gesamte nachfolgende Verhalten sollte hierbei ausgenutzt werden. Frau E. berichtete über erstaunlich gute Erfahrungen mit dieser Methode über mehrere Wochen hinweg.

- Der Lehrerin wurde empfohlen, bei Stillarbeit häufiger zu einzelnen Arbeitstischen zu gehen und sich mit der jeweiligen Schülergruppe intensiv zu beschäftigen. Bei dieser Unterrichtsform konnte Brigitte in das Gespräch einbezogen werden, ohne sich durch die Aufmerksamkeit der ganzen Klasse belastet zu fühlen. Nach den Beobachtungen von Frau E. war Brigittes Beteiligung in solchen Kleingruppensituationen recht eifrig und relativ entspannt. Allerdings mußte sich die Lehrerin nach zwei Wochen verstärkt den Schülern anderer Tische zuwenden, weil einige Kinder sich heftig beschwert hatten, daß die Lehrerin Brigitte und ihre Freundinnen bevorzugen würde.

- Nach zwei Wochen hatte sich Brigittes Verhalten der Lehrerin gegenüber unter dem Einfluß der beschriebenen pädagogischen Maßnahmen so weit entspannt, daß mit ihr ein (selbstkontrolliertes) »Meldespiel« vereinbart werden konnte. Dazu erhielt sie für jede Woche eine Stundentafel, in die sie während jeder Unterrichtsstunde einen Strich einzutragen hatte, wenn sie sich zu Wort meldete, und durch ein Kreuz kennzeichnen sollte, wenn sie tatsächlich aufgerufen wurde. Auf Anregung von Frau E. faßte Brigitte den Vorsatz, sich pro Stunde wenigstens einmal zu melden. Wenn sie wenigstens zwanzig Striche pro Woche erreichte, durfte sie zur Belohnung in einer Freistunde mit der Lehrerin 15 Minuten lang am Klavier üben. Das war Brigittes großer Wunsch, weil sie gerade mit privatem Klavierunterricht begonnen hatte. Dieses Vorgehen bot zugleich eine Möglichkeit, das Vertrauensverhältnis noch weiter zu verbessern. Innerhalb der Klasse wurde diese Vergünstigung nicht als ungerecht wahrgenommen, weil alle Kinder akzeptierten, daß sich Brigitte an der Vorbereitung der Musikstunden und der Klassenfeier besonders intensiv beteiligt hatte. Das Programm wurde sieben Wochen lang durchgeführt. Brigittes Meldehäufigkeit lag in den ersten drei Wochen zwischen zwanzig und fünfundzwanzig - mit einer starken Zunahme am jeweils letzten Wochentag -, ab der vierten Woche variierte sie zwischen 43 und 61. Daß Brigittes Eintragungen korrekt waren, zeigte folgende Überprüfung: In insgesamt 10 Unterrichtsstunden achtete Frau E. ebenfalls darauf, wie oft sie die Schülerin aufrief. Beim Vergleich ergab sich keine einzige Fehleintragung auf Brigittes Selbstkontrollbogen. Nach Ablauf des angegebenen Zeitraums fand zwischen Lehrerin und Schülerin ein Gespräch statt, in dem vereinbart wurde, den erfolgreichen Versuch nunmehr abzuschließen, gelegentliche gemeinsame Klavierübungen aber beizubehalten.

Thematisierung der Angst im Unterricht. Die Besprechung des Themas »Angst« wurde von der Lehrerin vorgeschlagen. Zur Vorbereitung schrieben die Kinder zwei Aufsätze, für die von Anfang an keine Benotung vorgesehen war: »Wie ich einmal Angst hatte« und »Wovor ich in der Schule Angst habe«. Für die Unterrichtseinheit selbst wurden zwei Stunden verwendet. Behandelt wurden folgende Themen:

- Wovor Tiere und Menschen Angst haben.
- Wie Angst helfen und schaden kann.
- Muß man in der Schule Angst haben?

Frau E. berichtete anschließend, daß die Schüler von der gesamten Thematik sehr beeindruckt waren und intensiv mitarbeiteten. Be-

sonders bewegte sie das Problem der Schulangst. Die Lehrerin war überrascht, wie viele bedenkenswerte Überlegungen und Vorschläge dazu von den Kindern geäußert wurden. Unter dem Eindruck übereinstimmender Problemschilderungen wurden im Unterrichtsgespräch eine Reihe von Konsequenzen gezogen und als Regeln vereinbart:
- Klassenarbeiten sollten nicht nur eine Woche vorher angesagt werden, sondern die Lehrerin wollte auch so genau wie möglich angeben, wie sich die Schüler vorbereiten können.
- Vor jeder Klassenarbeit sollte gemeinsam ein Lied gesungen und einige Entspannungsübungen durchgeführt werden.
- Schlechte Ergebnisse sollten künftig nicht mehr sofort den Eltern mitgeteilt werden, sondern der einzelne Schüler sollte zuerst Gelegenheit erhalten, seine unbefriedigenden Leistungen durch zusätzliche Übungen zu verbessern.

Frau E. berichtete über zwei Klassenarbeiten, die nach den neuen Vereinbarungen geschrieben wurden. Nach ihrem Eindruck war die Hektik zu Beginn der Arbeit deutlich geringer als früher. Auch Brigitte wirkte nicht ganz so verkrampft, zeigte aber weiterhin deutliche Anzeichen erhöhter Ängstlichkeit. Auch vier Monate nach Abschluß der Unterrichtseinheit beurteilte die Lehrerin die weiterhin berücksichtigten Regeln beim Schreiben von Klassenarbeiten uneingeschränkt als positiv. Die Leistungen seien ihrer Meinung nach eher gestiegen, und die Arbeitsatmosphäre sei deutlich besser geworden.

Beratungsgespräch mit der Mutter. Schon zu Beginn der pädagogischen Maßnahmen bat Frau E. Brigittes Mutter unauffällig zu einem Gespräch. Dabei stellte sich heraus, daß die Eltern, besonders die Mutter, sehr besorgt um ihre Tochter waren. Brigitte äußerte zu Hause ständig große Angst vor der Schule, weinte häufig, aß vor Klassenarbeiten oder befürchteten mündlichen Prüfungen kaum etwas, lernte oft noch nachts im Bett und hatte außer zum Klavierspielen zu nichts mehr Lust. Die Vorschläge und Absichten der Lehrerin wurden deshalb von Brigittes Mutter uneingeschränkt begrüßt. Sie versprach auch, die pädagogischen Bemühungen der Lehrerin dadurch zu unterstützen, daß sie darauf verzichtete, Brigitte ständig nach Ereignissen in der Schule auszufragen. Dadurch sollte eine Entdramatisierung der schulischen Situation erreicht werden. Ob dies gelungen ist, wissen wir nicht. Viele Eltern folgen zwar den Ratschlägen der Lehrer und sprechen ihre Probleme und Erwartungen den

Kindern gegenüber nicht mehr direkt aus, sie verhalten sich dann aber so, daß die Kinder die »stummen Sorgen« der Eltern deutlich spüren. Brigittes Mutter erwähnte u.a., daß es ihr gelungen sei, auch ihren Mann dazu zu bewegen, weniger streng mit der Tochter umzugehen. Außerdem berichtete sie von vielen Beispielen ängstlichen, gelegentlich fast depressiven Verhaltens ihrer Tochter, so daß Frau E. sie auf die Möglichkeit hinwies, eine Erziehungsberatungsstelle aufzusuchen. Auf diesen Vorschlag ging Brigittes Mutter allerdings nicht ein. In den folgenden vier Monaten telefonierte sie zweimal mit der Lehrerin und teilte ihr dabei mit, daß sich Brigittes Einstellung zur Schule, insbesondere auch zu Frau E., erfreulich verändert habe.

e) Zusammenfassung. Im Fallbeispiel wurde über ein kombiniertes, in den Unterricht eingebautes Programm zum Abbau starker Ängste berichtet. Bei den massiven Angsterlebnissen einer Schülerin war ein solches Vorgehen nur möglich, weil sehr günstige Voraussetzungen gegeben waren:
- Die Lehrerin war bereit und in der Lage, wesentliche Aufgaben innerhalb des Programms zu übernehmen.
- Die persönlichen Beziehungen zwischen Schülerin und Lehrerin waren zwar gestört, aber nicht zerstört.
- Es gab im Unterricht für die Schülerin einen vergleichsweise angstfreien Bereich, in dem sie sehr erfolgreich und von allen anerkannt war.
- Im Verhältnis zu den schulischen Anforderungen und im Vergleich zu den Mitschülern war die Leistungsfähigkeit der Schülerin relativ gut.
- Die Schülerin hatte Freundinnen in der Klasse, mit denen zusammen sie gern arbeitete und spielte.
- Das Zusammenwirken von Lehrerin und Schülerin bei der gemeinsamen Vorbereitung der Weihnachtsfeier und das damit verbundene gemeinsame Musizieren boten eine günstige Möglichkeit, das Vertrauen der Schülerin zur Lehrerin aufzubauen oder wiederherzustellen.

Daß diese vertrauensbildenden Maßnahmen glückten, war zweifellos der Schlüssel für den Erfolg des gesamten Programms. Alle anderen Methoden bildeten lediglich Ergänzungen. Fehlen in einem konkreten Fall derartig günstige Bedingungen, so ist es sehr viel schwieriger, ängstlichen Kindern in der Schule wirklich zu helfen. Häufig wird es dann zweckmäßig sein, die Hilfe eines Beratungslehrers, eines Schulpsychologen oder einer Erziehungsberatungsstelle in Anspruch zu nehmen.

7. Leistungsschwierigkeiten und Schulversagen

Zu den alltäglichen Erfahrungen von Lehrern zählt, daß manche Schüler wesentlich weniger leisten, als man aufgrund ihrer offenkundigen intellektuellen Fähigkeiten von ihnen erwartet. Es gibt Kinder, deren schlechte Schulleistungen erheblich verbessert werden können, wenn es gelingt, sie stärker zu motivieren oder ihnen bei der Überwindung bestimmter Lernschwierigkeiten zu helfen. In der pädagogischen Literatur werden solche grundsätzlich behebbaren Diskrepanzen zwischen Intelligenz und Schulleistung durch eindringliche Beispiele belegt. Andererseits gehört es ebenfalls zu den schulischen Alltagserfahrungen von Lehrern, daß es Schüler gibt, die die Lernziele trotz aller Bemühungen des Lehrers nicht erreichen. Diese Schüler sind den Anforderungen des Unterrichts offenbar nicht gewachsen. Dafür werden unterschiedliche Gründe angeführt; häufig werden der »Selektionscharakter« der Schule verantwortlich gemacht, die »überfrachteten, praxisfernen Curricula«, »unfähige Pädagogen« oder »mangelnde Begabung und fehlende Anstrengung seitens der Schüler«. Solche einfachen Erklärungen werden dem Problem schlechter Schulleistungen aber selten gerecht. Vor allem bieten sie kaum Ansatzpunkte für konkrete, rasche Hilfestellung für die betroffenen Schüler.

Die Berichte von Lehrern über Diskrepanzen zwischen erkennbaren intellektuellen Fähigkeiten und den tatsächlich erreichten Leistungen mancher Schüler führten schon vor Jahrzehnten zu einem Forschungsprogramm, an dem in vielen Ländern intensiv gearbeitet wurde. Es geht dabei um theoretische Analysen und um die praktische Überwindung erwartungswidrig schlechter Schulleistungen. Was aber bedeutet »schlecht« im Zusammenhang mit Schulleistungen? Welche Rolle spielt die individuelle Ausprägung von Begabung für den Lernerfolg in der Schule? Und was heißt, Schulleistungen seien »erwartungswidrig« schlecht? Diesen Fragen wollen wir im folgenden nachgehen und die Ansatzpunkte für pädagogisches Handeln diskutieren, die sich aus möglichen Antworten ergeben.

7.1 Wann sind Schulleistungen »schlecht«?

Zur Beantwortung dieser Frage kann man darauf verweisen, daß die Bewertung einer Leistung als »schlecht« oder »gut« immer im Hinblick auf bestimmte andere Leistungen erfolgt, die als Grundlage eines Vergleichs herangezogen werden. Die Leistungsbewertung setzt eine Bezugsnorm voraus. Ohne genaue Angabe dieser Bezugsnorm selbst sagen die Urteile »schlecht« oder »gut« wenig aus. In einem Fall kann die Leistungsbewertung, wie sie durch eine bestimmte Schulnote ausgedrückt wird, als relativ »gut« in einem anderen Fall bei gleicher Note als relativ »schlecht« angesehen werde. Vor allem aber kann die gleiche Leistung einmal durch eine »gute« Note bewertet werden, bei Anwendung einer anderen Bezugsnorm aber durch eine eher »schlechte« Note. Man kann mehrere Arten solcher Normen oder Bezugssysteme unterscheiden:

- Man kann die aktuelle Leistung eines Schülers mit seinen eigenen früheren Leistungen vergleichen. Bei der Anwendung dieser individuellen Bezugsnorm bewertet man die individuellen Leistungsänderungen.
- Am häufigsten werden in Schulen soziale Bezugsnormen angewandt, bei denen die Bewertung einer individuellen Leistung sich an der durchschnittlichen Leistung in der Klasse oder einer bestimmten Schülergruppe orientiert.
- Eine wichtige Rolle spielen sachliche Bezugsnormen, bei deren Verwendung Schulleistungen anhand vorgegebener Kriterien bewertet werden. Allerdings kann die Festsetzung der entscheidenden Kriterien von Lehrer zu Lehrer stark variieren.

In der Schule gibt es weder *eine* objektive Leistungsmessung noch *einen* absoluten Gütemaßstab. Meist werden mehrere Bezugssysteme verwendet. Die in Noten ausgedrückten Bewertungen spielen für Schüler eine große Rolle, da sie trotz aller damit verbundenen Unsicherheiten und Probleme als verbindliche Maßgaben zur Bestimmung des Leistungsniveaus angesehen werden. Verbindlichkeit können solche Angaben jedoch nur im Hinblick auf das jeweils zugrundeliegende Bezugssystem beanspruchen. Schulversagen erscheint unter diesem Gesichtspunkt als allgemeines Abweichen der Leistungen eines Schülers von den Leistungserwartungen, mit denen Lehrer und Eltern diese vergleichen.

7.2 Wie hängen Schulleistungen und Begabung zusammen?

In den Erklärungskonzepten des Lehrers spielt »mangelnde Begabung« eine vorrangige, wenn auch etwas geringere Rolle als »mangelnde Anstrengungsbereitschaft«. Lehrer nehmen Begabungsmängel vor allem dann gern an, wenn der leistungsschwache Schüler »fleißig« und angepaßt erscheint. Die Bedeutung der Begabung soll und kann nicht in Abrede gestellt werden. Doch ist bei dieser Ursachenzuschreibung Vorsicht geboten, da die Gefahr eines Zirkelschlusses besteht: Begabung gilt als stabiles Persönlichkeitsmerkmal, das durch schulische Maßnahmen nur wenig zu beeinflussen ist. Wenn die Leistungen eines schlechten Schülers durch pädagogische Maßnahmen nicht nachhaltig verbessert werden können, schließt man auf Begabungsmängel und verzichtet auf weitere Hilfen, die doch keinen Erfolg versprechen. Bleiben dann die Schulschwierigkeiten - wie kaum anders zu erwarten - bestehen, scheint dies die Hypothese der mangelnden Begabung zu bestätigen.

a) Was spricht für den engen Zusammenhang von Leistung und Begabung? In der pädagogischen Alltagsdiskussion wird der Begriff der Begabung häufig und selbstverständlich verwendet. Was jeweils unter Begabung verstanden wird, ist allerdings keineswegs eindeutig oder wissenschaftlich abgesichert. Auch in der wissenschaftlichen Literatur werden unterschiedliche Standpunkte vertreten:
- Begabung wird mit Intelligenz gleichgesetzt.
- Begabung bezieht sich auf allgemeinere und umfassendere Fähigkeiten als Intelligenz.
- Intelligenz erscheint als übergeordneter Begriff.

Welchen Begriff wir auch bevorzugen: Wenn wir annehmen, daß Leistung das Ergebnis der Begabung bzw. Intelligenz ist und dann aus der Leistung auf diese Begabung bzw. Intelligenz schließen, erliegen wir einem Zirkelschluß. Tatsächlich stellen wir nur bestimmte Arbeitsergebnisse eines Schülers fest und erlauben uns aufgrund dessen ein generelles Urteil darüber, wozu dieser Schüler grundsätzlich befähigt ist. Diese Schwierigkeit bleibt bestehen, auch wenn wir Differenzierungen vornehmen und zwischen allgemeiner Lernbefähigung und spezifischen Einzelfähigkeiten unterscheiden. Guthke (1977) schlägt vor, allgemeine Lernfähigkeit als System von Einzelfähigkeiten, z.B. intellektuellen, musischen, sportlichen, technischen und sozialen Fähigkeiten aufzufassen. Dies hat den Vorteil, daß wir bei Leistungsschwierigkeiten keine generell mangelnde Lernfähigkeit unterstellen müssen.

Diese Begabungskonzeption darf allerdings nicht mit der durch Tests gemessenen Intelligenz gleichgesetzt werden, da diese Tests zwar einige wichtige intellektuelle Faktoren (z.b. verbale Fähigkeiten, räumliche Vorstellung, logisches Denken) erfassen, Schulleistungen damit aber nicht hinreichend erklären können. Über Erfolg oder Mißerfolg in der Schule entscheiden weitere Fähigkeiten, z.B. Aufmerksamkeit, Ausdauer, Leistungsmotivation, kommunikative und Kooperationsfähigkeiten. Zu berücksichtigen wären ferner: Geschicklichkeit bei der Einteilung der verfügbaren Lernkapazität, insbesondere bei der Zeiteinteilung, sowie das Verfügen über allgemeine Arbeitstechniken. Durch diese Aufzählung wird das Alltagskonzept der Begabung relativiert, das an eine generelle, stabile und im wesentlichen intellektuelle Kapazität denken läßt.

Empirische Untersuchungen über den Zusammenhang von Lernfähigkeit und Schulleistungen berücksichtigen die vielfältigen Bedingungen des individuellen Leistungsverhaltens im allgemeinen nur wenig. Meist werden nur die Ergebnisse von Intelligenztests in Beziehung zu Schulleistungen (Zeugnisnoten oder Ergebnisse von Schulleistungstests) gesetzt. Wie zu vermuten, lassen sich regelmäßig gewisse Zusammenhänge nachweisen, die durch einen Korrelationskoeffizienten ausgedrückt werden. (Dieser liegt in der Regel zwischen r = 0.40 und r = 0.60, d.h. der Koeffizient drückt einen Zusammenhang von Schulleistung und Intelligenz auf mittlerem Niveau aus.)

b) Was spricht gegen den engen Zusammenhang von Leistung und Begabung? Die festgestellten Zusammenhänge zwischen Schulleistung und Intelligenzquotient weisen darauf hin, daß ein Großteil der beobachteten Leistungsunterschiede durch andere Ursachen als durch unterschiedliche intellektuelle Kapazität zu erklären ist. Der Intelligenzquotient sagt nichts darüber aus, welche Merkmale und Verhaltensweisen eines Schülers zusammenwirken, um ein bestimmtes Testergebnis zu erzielen. Die Meßwerte drücken nur zusammenfassend aus, wie gut oder schlecht der Schüler relativ zu den Gleichaltrigen z.B. sprachliche, räumliche oder rechnerische Probleme löst. Unterschiede in der Aufmerksamkeitssteuerung, den angewandten Denkstrategien, der Wahrnehmung und Einschätzung des Testmaterials gehen in das globale Intelligenzmaß ein, ihr Einfluß läßt sich aber nicht abschätzen. Bei Schulleistungen spielen insbesondere auch nicht-intellektuelle Voraussetzungen wie Ausmaß der Ängstlichkeit, Leistungsmotivation, spezifische Interessen und Arbeitsgewohnheiten (vgl. Hanke u.a., 1978; Sander, 1981) eine wichtige Rolle sowie Bedingungen, die außerhalb der Person des Schülers liegen, z.B. Einflüsse der Familie, der häuslichen Lernsituation und - nicht zu vergessen - die Gestaltung des Unterrichts sowie die sozialen Beziehungen in der Klasse. Diese Aufzählung verdeutlicht, weshalb Messungen der allgemeinen Lernfähigkeit nur einen verhältnismäßig kleinen Beitrag zur Aufklärung von Leistungsunterschieden liefern können. Diese Feststellung muß allerdings auch wieder relativiert werden: Wenn man bei Schülern mit besonders niedriger und besonders hoher Intelligenz nach dem Zusammenhang von Intelligenz und Schulleistung fragt, werden verhältnismäßig selten große Abweichungen zwischen tatsächlichem Leistungsniveau und dem aufgrund der allgemeinen Begabung erwarteten Niveau festgestellt, d.h. unterhalb (bzw. oberhalb) eines bestimmten »Schwellenwerts« der Begabung wird man nur mit geringer Wahrscheinlichkeit ein hohes (bzw. niedriges) Schulleistungsniveau beobachten. Im mittleren Bereich der Intelligenzwerte dagegen findet man große Variationen der Schulleistung. Insgesamt, d.h. für alle Schüler, kann deshalb von einem mittleren Zusammenhang von Intelligenz und Schulleistung gesprochen werden.

Die Verwendung des Begabungs- bzw. Intelligenzbegriffs legt die Annahme der Stabilität und Unveränderlichkeit nahe: Ein Schüler ist »von Natur aus« begabt oder unbegabt.
Empirische Untersuchungen haben dagegen immer wieder gezeigt, daß sowohl die Ansicht, Begabungen seien angeboren und damit unveränderlich, als auch die Vorstellung, Begabungen könnten durch die Umwelt beliebig vermittelt werden, unzutreffend sind. Vererbte Anlagen sind zwar Voraussetzung für den Erwerb vieler Verhaltensweisen, ohne Anregung durch die Umwelt bleiben diese Möglichkeiten aber unentwickelt und unerkannt. Gleiche Anlagen werden demnach durch unterschiedliche Umwelten verschiedenartig gefördert oder vernachlässigt. Andererseits wirkt sich die gleiche Lernsituation auf verschieden veranlagte Schüler sehr unterschiedlich aus.

Ein Leistungsergebnis läßt weder allein auf die Anlagen des Schülers noch auf die Qualität der Lernsituation schließen. Im Prinzip trifft dies auch auf die Ergebnisse von Testverfahren zu, die darauf abzielen, die allgemeine Lernfähigkeit zu erfassen (vgl. Simons, 1976).

Wenn man die Möglichkeiten eines Schülers abschätzen möchte, genügt es nicht, sich nur an den tatsächlich erbrachten Leistungen und an den durch Testverfahren gemessenen Intelligenzwerten zu orientieren; wichtiger ist es, daß man zu bestimmen versucht, in welchem Ausmaß die Leistungen eines Schülers durch neue Erfahrungen verändert werden können.

c) *Ergebnisse einer Schuluntersuchung.* Simons u.a. (1975) berücksichtigten bei der Untersuchung des Zusammenhangs von Leistung und Intelligenz auch den Schwierigkeitsgrad der gestellten Aufgaben. Im folgenden wird dieser Versuch genauer beschrieben.

In 12 vierten Klassen wurde bei ungefähr 300 Schülern ein Intelligenztest durchgeführt und die Leistungen in Mathematik mit Hilfe von 73 Einzelaufgaben erfaßt, die von einfachen Additionen bis zu schwierigen Divisionen reichten. Die Aufgaben wurden nach ihrer Schwierigkeit in vier Gruppen eingeteilt, wobei sich die schwierigsten Aufgaben auf die Lernziele der vierten Klasse, die anderen drei Aufgabengruppen auf früher vermittelte, einfachere Rechenverfahren bezogen. Es zeigte sich, daß der Zusammenhang zwischen Schulleistung und allgemeiner Intelligenz um so niedriger war, je schwieriger die Aufgaben waren: Intelligenz und Leistungsergebnisse wiesen auf dem untersten Schwierigkeitsniveau einen mittleren Zusammenhang auf ($r = 0.49$), während Intelligenz und Leistungen auf dem Zielniveau nur noch einen geringeren Zusammenhang ($r = 0.40$) zeigten. Wesentlich enger ($r = 0.62$) war dagegen der Zusammenhang zwischen den Leistungsergebnissen der einfachsten und denen der schwierigsten Stufe. Dies bedeutet: Die Leistungsunterschiede auf dem Zielniveau lassen sich besser durch spezielle Vorkenntnisse der Schüler erklären als durch ihre (Test-)Intelligenz.

Die Autoren verglichen außerdem Schulklassen mit durchschnittlich gleichem Intelligenzniveau, aber deutlichen Unterschieden in den Rechenleistungen.
Wie zu vermuten war, zeigten die Klassen mit durchschnittlich besseren Rechenleistungen auf dem Zielniveau auch bessere Leistungen bei den Aufgaben geringeren Schwierigkeitsgrades. Auffällig war,

daß in den leistungsschwächeren Klassen der Zusammenhang zwischen allgemeiner Intelligenz und Rechenleistung größer (r = 0.60) als in den leistungsstärkeren (r = 0.34) war.

Die Autoren fassen ihre Befunde wie folgt zusammen: Je weiter ein Lehrgang in einem bestimmten Fach fortschreitet, desto wichtiger werden spezifische Vorkenntnisse für die nachfolgenden Lernprozesse. Allgemeine Intelligenz macht sich zu Beginn eines Lehrgangs deutlicher bemerkbar als gegen Ende des Lernprozesses. Allerdings spielt auch die Gestaltung des Unterrichts eine Rolle. Wenn die notwendigen Vorkenntnisse im Unterricht nicht ausreichend vermittelt werden, hängen die nachfolgenden Leistungen stärker von der allgemeinen Intelligenz der Schüler ab als bei einem besser organisierten Unterricht. Mit anderen Worten: Schlechter Unterricht benachteiligt vor allem die weniger lernbefähigten Schüler.

Bloom (1973) stellte fest, daß in der Grundschule die benötigte Lernzeit zwischen den besten und schlechtesten Schülern im Verhältnis 1 zu 3 (manchmal sogar 1 zu 5) variiert, d.h. daß in einer Klasse einige Schüler für die Aneignung bestimmter Inhalte im Vergleich zu anderen die drei- bis fünffache Zeit benötigen: Braucht ein Schüler beispielsweise 10 Minuten für die Bewältigung einer Lernaufgabe, so wird das gleiche Ziel von anderen erst nach 30 bis 50 Minuten erreicht. Eine solche Variationsbreite der Lernzeit ist aber innerhalb der Organisationsstruktur der Schule bzw. bei der üblichen Regelung des Stundenablaufs nicht vorgesehen. Dies hat schwerwiegende Konsequenzen: Die Lernzeit, die als durchschnittlich notwendiger Aufwand veranschlagt wird, bricht für eine Reihe von Schülern den Lernprozeß »unterwegs« zum Ziel ab. Je nachdem, wie weit der Schüler gekommen ist, bleibt sogar fraglich, ob die in dieser Zeit geleistete Lernarbeit als minimaler Lernfortschritt zu werten ist oder sich nicht letztlich eher als vergeudete Zeit und Mühe herausstellt, da der Schüler nicht nur wenig, sondern im Hinblick auf das zu erreichende Lernziel so gut wie nichts gelernt hat. Vergegenwärtigt man sich, daß sich eine individuelle Lerngeschichte in dieser Weise abspielen kann, so wird verständlich, daß Interesse und Lernmotivation schwinden und Leistungsdefizite bis hin zum generellen Schulversagen die Folge einer solchen Entwicklung sein können.

Für den Lernerfolg ist nicht nur entscheidend, wieviel Unterrichtszeit dem einzelnen Schüler zur Erarbeitung bestimmter Inhalte zur

Verfügung steht, sondern auch wie diese verfügbare Zeit tatsächlich genutzt wird. Die Zeit kann recht unterschiedlich genutzt werden, je nachdem, wie konzentriert sich der Schüler der jeweiligen Aufgabe zuwendet, welches Interesse er entwickelt und wie hilfreich die gegebenen Anregungen und Hinweise für ihn sind. Gute Schüler werden sich z.b. bei der eigenständigen Erarbeitung einer Problemlösung aktiver verhalten und die verfügbare Zeit besser nutzen als leistungsschwache Schüler, die mehrere Arbeitsschritte ohne Rückmeldung wahrscheinlich nicht leisten können.

Zeitbedingte Leistungsdefizite entstehen also dadurch, daß Schülern mit ungünstigen Lernvoraussetzungen (z.b. im Sprachverständnis, in Denk- und Gedächtnisleistungen) nur so viel Lernzeit zur Verfügung gestellt wird, wie die Klasse im Durchschnitt benötigt. Als Konsequenz ergibt sich ein permanenter Mangel an Lernzeit für diese Schüler. Die Kumulation von unvollständigen Lernaktivitäten führt zu immer größeren Leistungsdefiziten. Die Qualität des Unterrichts spielt dabei eine besondere Rolle. Schlechter Unterricht, bei dem nur wenig Zeit für aktives Lernen bleibt und kaum Gelegenheit besteht, das Gelernte anzuwenden oder zu wiederholen, benachteiligt vor allem schwächere Schüler. Außer mehr Lernzeit benötigen solche Schüler vermehrte Anleitung und Unterstützung, um die Lernzeit ihren Fähigkeiten entsprechend optimal zu nutzen.

7.3 Wann sind Lernschwierigkeiten »erwartungswidrig«?

Immer dann, wenn ein Schüler wesentlich schlechtere Schulleistungen erzielt als alle anderen Schüler mit vergleichbaren Intelligenztestwerten, spricht man von dieser speziellen Form einer Lernschwierigkeit.

In vielen Fällen fand man bei Kindern mit erheblichen Unterschieden zwischen Intelligenz und Schulleistungen besondere Motivationsprobleme, persönliche Schwierigkeiten, ungünstige Familiensituationen oder extrem eingeschränkte Interessen. Das führte schließlich zu einem Stereotyp des Schülers mit erwartungswidrig schlechten Schulleistungen. Kunkel u.a. (1971) fassen das in der Literatur vorherrschende »Eigenschaftsbild« folgendermaßen zusammen: »In seinem Arbeitsverhalten sind Konzentrationsmängel, fehlendes Durchhaltevermögen und damit verbunden die Unfähigkeit zur Setzung langfristiger Ziele, unrealistische Vorgehensweisen und vor allem ein geringes Maß an Motivation und Ehrgeiz im geistigen

Bereich auffällig und weitgehend als das Leistungsdefizit verursachend anzusehen. Es mangelt ihm an Initiative, eine begonnene Arbeit zu vollenden und sich dafür verantwortlich zu fühlen. Seine Handlungsinteressen sind stärker als seine geistigen Interessen; infolgedessen ist er intellektuell wenig anstrengungsbereit und empfindet die Schulsituation als unangenehm....« (S.88f).

Vielleicht werden manche Leser jetzt den Eindruck haben, daß sie Schüler kennen, auf die eine solche Beschreibung genau zutrifft. Vor einer solchen voreiligen Schlußfolgerung muß dringend gewarnt werde. Neuere Studien haben nämlich gezeigt, daß das Phänomen erwartungswidriger Schulleistung vielfältiger und komplizierter ist, als in derartigen, stereotypen Charakterisierungen leistungsschwacher Schüler zum Ausdruck kommt. Es wurde bereits darauf hingewiesen, daß Unterschiede in der allgemeinen Intelligenz nicht mehr als ein Viertel der Schulleistungsunterschiede erklären können. Trotzdem begnügt man sich bei der Diagnose erwartungswidriger Schulleistungen damit, ausschließlich aufgrund des durchschnittlichen Zusammenhangs zwischen Intelligenz und Lernleistung individuelle Abweichungen festzustellen und diese als erwartungswidrig zu bezeichnen. Unberücksichtigt bleibt dabei, daß auch fachspezifische Fähigkeiten, Vorkenntnisse, die Unterrichtsqualität und zusätzliche Lernhilfen erheblichen Einfluß auf die Schulleistungen haben. Berücksichtigt man zusätzlich, daß weder Intelligenz noch Schulleistungen völlig objektiv erfaßt werden können, so wird die Problematik dieses Vorgehens noch deutlicher. Es ist deshalb nicht erstaunlich, daß das Konzept der erwartungswidrigen Schulleistung in den letzten Jahren heftig kritisiert wurde, weil es auf einer völlig unzulänglichen theoretischen und methodischen Basis dazu beiträgt, einen Teil der Schüler mit schlechten Leistungen in sehr negativer Weise zu typisieren. So berechtigt diese Kritik ist, so notwendig und dringlich auch die Warnung vor einer pauschalen Abstempelung einzelner Schüler ist, so wenig wird damit ein offenkundiges Problem des schulischen Alltags gelöst. Es gibt nämlich tatsächlich schlechte Leistungen sowohl bei Schülern mit sehr niedriger Intelligenz als auch mit vergleichsweise guten intellektuellen Fähigkeiten. Sollte dieser Unterschied für die pädagogische Betreuung und Förderung lernschwacher Schüler tatsächlich keine Rolle spielen?

Man weiß ziemlich sicher, daß Intelligenzunterschiede bei Kindern im Schulalter relativ stabil sind und durch schulische Förderungsmaßnahmen nur wenig beeinflußt werden können. Demgegenüber erweisen sich - gleiche intellektuelle Fähigkeiten vorausgesetzt -

Vorkenntnisse, Lernmotivationen und -gewohnheiten zwar nicht als leicht, aber als leichter beeinflußbar.

Aus diesem Grund scheint es vernünftig, das herkömmliche statistische Konzept erwartungswidriger Schulleistungen aufzugeben, zugleich aber der Tatsache besondere Beachtung zu schenken, daß schlechte Schulleistungen sehr unterschiedliche Ursachen haben können.

Die Tatsache, daß es sich als sehr problematisch erwiesen hat, aus dem durchschnittlichen Zusammenhang zwischen Intelligenz und Schulerfolg spezifische Erwartungen an die Leistungen einzelner Schüler abzuleiten und jede bedeutsame Abweichung davon als »erwartungswidrig« zu bezeichnen, spricht nicht gegen die Notwendigkeit, schlechte Schulleistungen und die ihnen zugrunde liegenden Fähigkeiten möglichst genau zu diagnostizieren. Dabei spielt im schulischen Alltag nicht nur die selbstverständliche Annahme eine Rolle, daß gescheitere Kinder Dinge lernen können, die weniger Gescheite nicht zu lernen in der Lage sind, sondern es gibt auch eine Reihe anderer Erwartungen, die sehr verbreitet sind.

Wenn wir uns im folgenden mit diesen Erwartungen kritisch auseinandersetzen, so heißt das nicht von vornherein, daß sie in der Regel unrealistisch oder gar falsch sind. Wir wollen vielmehr auf die Notwendigkeit hinweisen, daß solche Annahmen und Erwartungen im Einzelfall lediglich als Hypothesen zu betrachten sind, die durch geeignete diagnostische Verfahren möglichst gründlich überprüft werden müssen. Es geht also nicht darum, die spezifischen Erwartungen des Lehrers gegenüber den Leistungen der einzelnen Schüler in Frage zu stellen oder generell abzubauen. Das ist psychologisch gar nicht möglich. Worauf es ankommt, ist die Förderung der Bereitschaft des Lehrers zur selbstkritischen Einschätzung der eigenen Erwartungen und der ihnen zugrunde liegenden Erklärungen für die Entstehung schlechter Schulleistungen bei einzelnen Schülern.

Wer in einem Fach gut ist, muß auch in anderen Fächern gut sein. Kurt L., Schüler einer 4. Grundschulklasse, erzielte in fast allen Fächern, insbesondere in Mathematik, gute und sehr gute Leistungen. Nur im Lesen und Rechtschreiben gehörte er trotz großer Anstrengungen zu den schlechtesten Schülern der Klasse. Diese Schwierigkeiten bestanden schon seit dem 1. Schuljahr. Als die Grundschullehrerin in der 4. Klasse von den Eltern wegen eines möglichen Wechsels von Kurt auf das Gymnasium angesprochen wurde, rät sie spontan von diesem Schritt ab.

Die Lehrerin von Kurt fühlte sich aber sehr unsicher und bat deshalb in Einverständnis mit den Eltern einen Psychologen um zusätzlichen Rat. Bei der schulpsychologischen Untersuchung bestätigte sich das von der Lehrerin berichtete Leistungsbild. Kurt machte selbst in Diktaten mit stark reduziertem Schwierigkeitsgrad überdurchschnittlich viele Fehler. Sie betrafen besonders die Groß- und Kleinschreibung, die Verdoppelung von Konsonanten, die Dehnung und alle wenig geläufigen Wörter. Auch die Leseleistungen entsprachen bei weitem nicht dem durchschnittlichen Stand der 4. Klasse. Kurt las jeden unvertrauten Text stockend, betonte falsch, machte viele Fehler und mußte bei längeren Worten oft mehrfach ansetzen. In einem Intelligenztest erzielte der Junge einen erheblich über dem Durchschnitt seiner Altersgruppe liegenden Gesamtwert, zeigte allerdings Schwächen im Bereich einzelner Fähigkeiten, von denen angenommen werden mußte, daß sie den Erwerb des Lesens und Rechtschreibens beeinflussen. Unter diesen Umständen wurde den Eltern geraten, die Entscheidung über den Besuch einer weiterführenden Schule um zwei Jahre zurückzustellen. Außerdem wurden mit der Mutter an Hand von Beispielen Möglichkeiten einer gezielten Nachhilfe und einer systematischen Übung des Lesens und Rechtschreibens besprochen. Es ließ sich zu dem Zeitpunkt nicht mit Sicherheit sagen, ob die sehr ausgeprägten Schwächen im Lesen und Rechtschreiben in den nächsten Jahren so weit abgebaut werden könnten, daß ein erfolgversprechender Besuch des Gymnasiums oder der Realschule zu erwarten wäre.

In diesem Beispiel wird über umschriebene Lernschwierigkeiten im Lesen und Rechtschreiben berichtet. Das damit charakterisierte Erscheinungsbild bezeichnet man häufig als »Legasthenie«. Dieser Begriff ist allerdings in den letzten Jahren innerhalb der pädagogischen Öffentlichkeit sehr problematisiert worden. Während die einen bestreiten, daß es ein solches Phänomen überhaupt gibt, behaupten andere, daß es sich dabei um eines der schwerwiegendsten Probleme unserer Schule - und hier vor allem der Grundschule - handelt. Versucht man die verfügbaren wissenschaftlichen Ergebnisse und den Stand der pädagogisch-psychologischen Diskussion kritisch zusammenzufassen, so ergibt sich folgendes Bild.

- Für eine relativ große Anzahl von Kindern ist der Erwerb des Lesens und/oder des Rechtschreibens mit ungewöhnlich großen Schwierigkeien verbunden. Diese Lernprobleme können die Situation eines Kindes in der Grundschule so sehr belasten, daß sich daraus Leistungsängste, Schulunlust und andere Verhaltensstörungen entwickeln.

- Lese- und Rechtschreibschwierigkeiten kommen bei Kindern mit niedriger Intelligenz und durchgängig schlechten Schulleistungen besonders häufig vor. Es gibt jedoch darüber hinaus eine beachtliche Anzahl von Schülern, die trotz guter Intelligenz und mindestens befriedigender sonstiger Schulleistungen isolierte Probleme beim Erlernen des Lesens und/oder des Rechtschreibens haben. Diese zuletzt genannte Gruppe stand bisher (zu Unrecht, wie viele meinen!) fast allein im Mittelpunkt des psychologischen und pädagogischen Interesses. Man muß sich in diesem Zusammenhang stets bewußt machen, daß Intelligenz nicht (wie z.b. Körpergröße oder Körpergewicht) etwas ist, was man einfach messen kann. Intelligenztests erfassen immer nur Leistungen, die es erlauben, begründete Rückschlüsse auf das Vorhandensein und den Ausprägungsgrad bestimmter Denk- und Lernfähigkeiten zu machen. Intelligenz kann also nicht direkt beobachtet, sondern muß aus beobachteten Leistungen stets erschlossen werden. Daraus ergeben sich viele Fehlermöglichkeiten. Zusätzlich ist zu berücksichtigen, daß es sich bei der Intelligenz nicht um eine einzige, einheitliche Begabung handelt, sondern um ein zusammenhängendes System sehr unterschiedlicher Denkfähigkeiten, die bei einem Schüler sehr verschieden gut ausgeprägt sein können.

- Obwohl in den letzten Jahren erfreuliche Fortschritte bei der Erforschung dieser Lernschwierigkeien gemacht wurde, ist es in der Regel nicht möglich, die Ursachen der Probleme im Einzelfall zuverlässig zu bestimmen.

- Aus diesem Grund können Trainings- und Förderungsprogramme nicht von spezifischen Ursachen ausgehen, sondern müssen sich auf die Behandlung der Symptome beschränken. Mit dieser Vorgehensweise konnten allerdings beachtliche Erfolge erzielt werden. Positive Auswirkungen von Förderungsprogrammen wurden interessanterweise bei Kindern mit niedriger wie mit hoher Intelligenz beobachtet. Systematiche Programme zur Überwindung von Lese- und Rechtschreibschwierigkeiten sind also bei allen Kindern aussichtsreich, die unter entsprechenden Schwierigkeiten leiden. Das gilt nicht nur für die untersten Klassen der Grundschule, in denen die grundlegenden Fertigkeiten des Lesens und Rechtschreibens vermittelt werden, sondern auch für höhere Schülerjahrgänge, denn Kinder mit gravierenden Lese- und Rechtschreibschwierigkeiten leiden unter dieser Schwäche häufig während langer Perioden ihres Schulbesuchs.

Besonders wichtig erscheint in diesem Zusammenhang der Hinweis, daß es aufgrund der verfügbaren wissenschaftlichen Erkenntnisse und der zugänglichen praktischen Erfahrungen weder möglich noch zweckmäßig ist, nur eine Teilgruppe von Schülern als »Legastheniker« abzugrenzen (z.B. durch typische Arten und/oder eine besonders große Anzahl von Fehlern beim Lesen und Rechtschreiben bei mindestens durchschnittlicher Intelligenz und wenigstens befriedigenden Leistungen in den anderen Schulfächern). Für die Hervorhebung einer solchen Gruppe lassen sich keine einheitlichen Fehlersymptome, keine übereinstimmenden Ursachen und keine speziell erfolgversprechenden Therapieprogramme nachweisen (Scheerer-Neumann, 1979; Valtin, Jung & Scheerer-Neumann, 1981; Kossow, 1972).

Relativ sinnlos ist auch die Frage, wieviele Legastheniker es eigentlich gibt. Je nachdem, bei welcher Stärke von Lese- und Rechtschreibschwierigkeiten man die Grenze zieht und ob eine gute Intelligenz als zusätzliches Kriterium gilt, wird man notwendigerweise zu völlig unterschiedlichen Zahlenangaben kommen. Das belegt auch eine (leider nicht repräsentative) Befragung von Lehrern, die von Schmidt (1979) durchgeführt wurde. Die Angaben über die Zahl der Legastheniker schwanken zwischen unter 5% bis über 30% der Schüler. Die Mehrzahl der Befragten war sich subjektiv aber hinreichend sicher, eine Ursache für besonders große Lese-Rechtschreibschwierigkeiten nennen zu können: 47% vermuten frühkindliche Hirnschäden, 29% geben der Ganzheitsmethode die Schuld, 12% verweisen auf ungünstige Milieubedingungen und 12% der Befragten geben andere Gründe an. Selbstverständlich können diese Ursachen bei der Entstehung von Lese- und Rechtschreibschwierigkeiten im Einzelfall eine ausschlaggebende, eine wichtige oder nur eine zusätzliche Rolle spielen. Die von den befragten Lehrern hervorgehobenen Faktoren konnten aber wissenschaftlich nicht als generell wirkende Ursachen bestätigt werden.

Kehren wir nach diesen kurzen Hinweisen auf das Legasthenieproblem zur Thematik dieses Abschnitts zurück. Wir finden also nicht nur ein generelles Leistungsversagen, das in der Mehrzahl der Schulfächer zum Ausdruck kommt, sondern wir beobachten relativ häufig auch fachspezifische Lernschwierigkeiten. Das gilt nicht nur für Lesen und Rechtschreiben, sondern - in der Öffentlichkeit weit weniger beachtet - z.b. auch für Mathematik und für den Erwerb von Fremdsprachen. In diesen Fällen können spezifische Fähigkeitsmängel, fehlendes Interesse, ungünstige Lernbedingungen, aber auch ein schlechter Unterricht eine ursächliche Rolle spielen, wobei sich verschiedene Ursachen in ihrer Wirkung wechselseitig verstärken können. In den meisten Fällen ist es unmöglich, solche Ursachen und Ursachenkomplexe genau zu diagnostizieren. Glücklicherweise ist das auch nicht erforderlich, um pädagogisch helfen zu können. Meistens genügt nämlich die genaue Erfassung der Lernprobleme, der Leistungsschwierigkeiten und der Kenntnislücken, um ein darauf bezogenes erfolgversprechendes Förderungsprogramm entwerfen zu können.

Wer einmal gut ist, bleibt gut. Diese Erwartung ist zweifellos realistisch. Durch nichts lassen sich nämlich künftige Schulleistungen so gut vorhersagen wie durch vergangene Schulleistungen im gleichen Fach. Das erscheint durchaus plausibel: Gute Leistungen sind im allgemeinen ein zuverlässiger Hinweis dafür, daß ein Schüler über ausreichende Fähigkeiten verfügt. Fähigkeiten aber verschlechtern sich im Verlauf der Kindheit nicht, sondern sie erweisen sich beim Vergleich zwischen verschiedenen Schülern als sehr stabil; bezogen auf den einzelnen Schüler verbessern sie sich sogar, weil er im Zuge der Entwicklung neue Denkmöglichkeiten aufbaut und reichhaltigeres Wissen erwirbt. Insofern ist es nur selbstverständlich, daß plötzlich und allmählich abfallende Leistungen ein Signal sind, dem man möglichst genau nachgehen sollte. Im Gegensatz zu den im vorstehenden Abschnitt beschriebenen fachspezifischen Leistungsschwierigkeiten nützt es bei einem plötzlichen Leistungsrückgang wenig, an den Symptomen zu kurieren. Es ist notwendig, die Ursachen herauszufinden, um pädagogisch überhaupt helfen zu können.

Brigitte, 13 Jahre alt und Schülerin einer Realschule, hatte in den vorausgegangenen Schuljahren in allen Fächern vorwiegend gute, häufig sehr gute und nur gelegentlich befriedigende Leistungen erzielt. Ihr Lieblingsfach war Mathematik. Sie galt bei allen Lehrern als eine ruhige, gewissenhafte, fleißige und begabte Schülerin. Nach den Sommerferien merkte zuerst Frau U., die als Klassenlehrerin

Deutsch und Englisch unterrichtete, deutliche Veränderungen im Verhalten des Mädchens: Es wirkte unruhig, war oft unaufmerksam und hatte gelegentlich keine oder »schlampige« Hausaufgaben gemacht; sie beteiligte sich kaum mehr am Unterricht und verschlechterte sich in den ersten Klassenarbeiten im Vergleich zum vorhergegangenen Schuljahr um zwei Notenstufen in Deutsch (Aufsatz) und um eine Note in Englisch (Übersetzung). Frau U. bat Brigitte zu sich, um mit ihr die auffälligen Verhaltens- und Leistungsveränderungen zu besprechen. Die Lehrerin berichtete später, daß diese Begegnung mit der Schülerin sehr unbefriedigend verlaufen sei. Sie war bis zu diesem Zeitpunkt überzeugt, zu Brigitte eine gute und vertrauensvolle persönliche Beziehung zu haben, doch das Mädchen wirkte während des Gesprächs verstockt, unwillig und abweisend. Als sich Frau U. daraufhin bei anderen Lehrkräften nach dem Verhalten von Brigitte erkundigte, berichteten diese über ähnliche Erfahrungen. Frau U. setzte sich deshalb mit den Eltern in Verbindung. Auch diese - beide sind als Grundschullehrer berufstätig - hatten in letzter Zeit Veränderungen im Verhalten ihrer Tochter wahrgenommen, diese aber als vorübergehende Erscheinungen der beginnenden Pubertät gedeutet und ihnen deshalb keine besondere Beachtung geschenkt. Man verständigte sich darauf, mit Brigitte in nächster Zeit besonders behutsam umzugehen, und im übrigen erst einmal abzuwarten. In den folgenden Monaten wurde das Mädchen aber immer verschlossener und unaufmerksamer, und ihre Leistungen sanken verstärkt ab. Die Noten in Deutsch und Englisch waren jetzt durchweg knapp ausreichend. Auf Vorschlag von Frau U. setzten sich die Eltern deshalb mit einem ihnen bekannten Psychologen in Verbindung, der mit Brigitte mehrere ausführliche Gespräche führte. Nach langem Zögern berichtete die Schülerin, daß sie inzwischen einen festen Freund habe, der im gleichen Haus wie sie wohne und die vorletzte Klasse des Gymnasiums besuche. Zwischen den beiden kam es relativ häufig - ohne jedes Wissen der Eltern - zu sexuellen Kontakten. Brigitte litt offenbar unter Schuldgefühlen, hatte eine fast panische Angst vor einer Schwangerschaft und fürchtete zugleich, daß die Eltern ihre Freundschaft entdecken und verbieten könnten. Das Mädchen war schließlich damit einverstanden, daß der Psychologe die Eltern informierte. Nachdem er die Probleme von Brigitte mit den Eltern ausführlich erörtert hatte, sprach die Mutter mit ihrer Tochter und bemühte sich dabei um Verständnis für sie, ohne jedoch den eigenen Erziehungsstandpunkt zu verleugnen. In diesem Gespräch konnte eine Verständigung über die künftige Gestaltung der Freundschaft erreicht werden. Nach Auskunft der Klassenlehrerin und der Mutter beruhigte sich danach das Verhalten des Mädchens, ohne daß die Leistungen in den folgenden Monaten ihre ursprüngliche Güte wieder erreichten. Es wird hier darauf verzichtet, im einzelnen anzugeben, worauf sich die Eltern mit ihrer Tochter geeinigt haben, denn bei solchen Fragen kann es keine allgemeinen Regeln oder gar Patentrezepte geben. Eine derartige Vereinbarung ist nur dann tragfähig, wenn alle Beteiligten sie akzeptieren können, ohne ihre eigenen Überzeugungen, Prinzipien und Erwartungen völlig aufgeben zu müssen.

Dieses Fallbeispiel läßt erkennen, daß Leistungsabfälle sehr unterschiedliche Ursachen und Hintergründe haben können. Wir wollen im folgenden einige häufig auftretende Gründe kurz erwähnen.

- Persönliche Probleme, Schwierigkeiten in der Familie sowie der Verlust einer Bezugsperson wirken sich oft auf das Verhalten im Unterricht und auf die Schulleistungen in negativer Weise aus. Die einzelnen Gründe dafür können sehr vielgestalt sein: aktuelle Konflikte mit Eltern, Geschwistern, Freunden oder Lehrern, Krankheit oder Tod eines nahen Angehörigen, kritische Auseinandersetzungen mit dem eigenen Selbstbild usw. Gehäuft treten solche Probleme und Krisen während der Vorpubertät und der Pubertät auf. Es handelt sich dabei in der Regel um vorübergehende Beunruhigungen, die keiner besonderen psychologischen Behandlung, sondern lediglich eines besonderen Verständnisses von seiten der Eltern und Lehrer bedürfen. In manchen Fällen sind es allerdings so schwerwiegende Krisen, daß sie ohne Hilfe anderer nicht überwunden werden können. Hierbei kann der Lehrer (in sehr begrenzter Weise) nur in enger Zusammenarbeit mit den Eltern unterstützend wirken.

- Die Ausbildung neuer Interessen, das Hineinwachsen in andere Bezugsgruppen und das Engagement für eine Idee können ebenfalls dazu führen, daß die Schule für einzelne Schüler plötzlich völlig unwichtig wird, daß Aufmerksamkeit und Zeit durch andere Dinge beansprucht werden und daß es zu einer anhaltenden Vernachlässigung der schulischen Aufgaben kommt. Auch in solchen Fällen wird der Lehrer nur in enger Verbindung mit den Eltern helfen können. Eine verstärkte tägliche Kontrolle der Lernaktivitäten und der Schulleistungen kann (allerdings nur auf der Basis einer positiven Lehrer-

Schüler-Beziehung) eine geeignete Unterstützung sein, um zu starke Leistungseinbußen zu vermeiden.

- Bei plötzlich auftretenden Leistungsschwierigkeiten kann auch eine nicht erkannte Krankheit als Ursache von Konzentrationsbeeinträchtigungen, hochgradiger Ermüdung und geringer Anstrengungsbereitschaft wirksam sein. Im Falle starker Leistungsschwankungen oder abrupter Leistungsabfälle ohne erkennbare Ursachen sollte den Eltern empfohlen werden, einen Arzt zu konsultieren.

- Vor allem bei langsam verlaufenden Leistungsverschlechterungen muß man im Gegensatz zu den bisher besprochenen Ursachen auch an die Möglichkeit denken, daß ein Schüler trotz schwacher Begabung jahrelang durch großen Fleiß und intensive häusliche Unterstützung erfolgreich war, aber mit zunehmenden Leistungsanforderungen bei größter Anstrengung von einem bestimmten Zeitpunkt an nicht mehr Schritt halten kann. Solche Schwierigkeiten beobachtet man nicht selten beim Übertritt in weiterführende Schulen, wobei allerdings Anpassungsprobleme durch neue Formen der Unterrichtsorganisation und durch veränderte didaktische Handlungsmuster der Lehrer ebenfalls eine wichtige Rolle spielen können! In solchen Fällen kommt es darauf an, langfristige und schwerwiegende Überforderungen der Schüler zu vermeiden und die Eltern - unter Umständen im Zusammenwirken mit einem Schulpsychologen - über die Eignungen und Fähigkeiten ihres Kindes in realistischer Weise zu informieren und ihnen eine entsprechende Schullaufbahn zu empfehlen.

Wer in einem Intelligenztest gute Ergebnisse aufweist, muß auch überdurchschnittliche Schulleistungen erzielen. Diese Überzeugung wurde bereits als zentrale Fragestellung der wissenschaftlichen Beschäftigung mit erwartungswidrig schlechten Schulleistungen diskutiert und kritisiert. Dabei konnte auf der einen Seite demonstriert werden, daß Intelligenztestwerte im Einzelfall keine sehr zuverlässige Vorhersage von Schulleistungen erlauben; auf der anderen Seite zeigte sich aber, daß gut begabte Schüler mit schlechten Schulleistungen andere pädagogische Hilfen benötigen als intellektuell wenig begabte Kinder. Man muß deshalb im Einzelfall die Schulleistungen und die Leistungsprobleme analysieren und gleichzeitig wenistens eine grobe Diagnose der intellektuellen Fähigkeiten vornehmen, um mit Aussicht auf Erfolg pädagogisch handeln zu können. Das Vorgehen wird im Fallbeispiel "Bruno" gezeigt. In vielen Fällen, in denen der Lehrer eine schwerwiegende Diskrepanz zwischen Intelligenz- und Schulleistungen vermutet, wird es allerdings notwendig sein, im Einvernehmen mit den Eltern einen Beratungslehrer oder einen Schulpsychologen um fachkundige Unterstützung zu bitten.

7.4 Stabile schlechte Schulleistungen

Wenn Schüler über lange Zeit und in vielen Leistungsbereichen im Vergleich zu ihren Mitschülern nur schwache Leistungen erzielen, ist es für Lehrer - und meist auch für Eltern - naheliegend, die Ursachen in der Person des Schülers zu suchen: Wenn die anderen Schüler der Klasse bei den gleichen Anforderungen und Unterrichtsmethoden gute oder wenigstens durchschnittliche Leistungen erzielen, wird das Leistungsversagen nicht auf äußere Bedingungen, sondern auf Eigenschaften und Verhalten des betreffenden Schülers zurückgeführt. In vielen Fällen ist das zweifellos eine richtige Ursachenzuschreibung. Auf der anderen Seite fließen Wissen und Vorstellungen über Ursachen von guten und schlechten Schulleistungen, die Lehrer im Lauf ihrer Lerngeschichte als Schüler, in ihrer Ausbildung und Lehrerfahrung gesammelt haben, in die Auseinandersetzung mit den Leistungen ihrer Schüler ein. Wesentlich ist, daß aus solchen teilweise sehr subjektiven Erklärungskonzepten auch Handlungskonsequenzen abgeleitet werden. Pädagogische Maßnahmen resultieren unter diesem Gesichtspunkt weniger aus der Tatsache einer schlechten Note als aus der ihr zugeschriebenen Ursache. Besonders auf permanent leistungsschwache Schüler wirken sich solche Erklärungen, die Ursachen in die Person des Schülers verlegen, sehr nachteilig aus. Gelegentliches und vorübergehendes Leistungsversagen wird dagegen ganz anders beurteilt: Wer nur gelegentlich einmal versagt, hat vielleicht mit der geprüften Aufgabenart noch Schwierigkeiten, ist durch irgendwelche häuslichen Bedingungen oder eine Erkrankung in der Leistungsfähigkeit beeinträchtigt, hat sich nicht ausreichend vorbereitet - vielleicht gab es eine spannende Fernsehsendung -, oder er hat nur einen »schlechten Tag« bzw. »Pech« gehabt. Alle diese zugeschriebenen Ursachen für Leistungsversagen stellen variable, vorübergehende Bedingungen dar. Einige der möglichen Erklärungen beziehen sich auf die Person des Schülers, andere auf seine Umgebung. Solche Leistungseinbrüche scheinen relativ leicht behebbar zu sein. Lehrer fühlen sich in solchen Fällen oft geradezu herausgefordert, die »eigentlichen« Fähigkeiten des Schülers anzusprechen und deutlich zu machen. Anders verhält es sich, wenn das Leistungsversagen durch relativ stabile Persönlichkeitsmerkmale des Schülers erklärt wird, die scheinbar nur wenig zu beeinflussen sind.

Stabile Persönlichkeitsmerkmale werden aber vor allem für permanentes und generelles Leistungsversagen verantwortlich gemacht. Elfriede Höhn (1980) hat in einer inzwischen klassischen Untersuchung die Situation des erfolglosen Schülers beschrieben. Ihre Befunde sind bis heute - zumindest der Tendenz nach - immer wieder bestätigt worden. In Höhns Untersuchung wurden 35 Lehrer gebeten, mündlich und in freier Form ihre drei leistungsschwächsten Schüler zu »schildern«. Da nicht alle Lehrkräfte drei Schüler ihrer Klasse als permanente Schulversager angeben konnten, kamen insgesamt nur 90 Protokolle zusammen. Bei der Auswertung der Protokolle wurden die Kategorien herangezogen, die die Lehrkräfte selbst zur Schilderung ihrer Schüler angewandt hatten. Dabei wurden jedes Merkmal und jeder Umstand, die im Zusammenhang mit schwachen Schulleistungen angeführt wurden, in jedem Protokoll nur einmal gezählt, auch wenn ähnliche Formulierungen mehrmals auftauchten.

Als wichtigstes Ergebnis stellte sich heraus, daß Lehrer leistungsschwache Schüler sehr oft als »faul« beschrieben: Das permanente Leistungsversagen wurde nicht in erster Linie darauf zurückgeführt, daß diese Schüler nicht »können», sondern darauf, daß sie nicht »wollen«. Leistungsschwachen Schülern wurde in 49% der Fälle fehlender Arbeitseinsatz nachgesagt: Begabungsmängel wurden in 44% der Fälle angeführt. In zahlreichen Beschreibungen wurden die Merkmale »Faulheit« und »Dummheit« kombiniert.

Nach Ansicht der befragten Lehrer spielten Arbeitseinsatz und/oder Begabung nur bei 15 der insgesamt 90 Schüler keine ursächliche Rolle. Der Typ des begabten, aber faulen Schulversagers wurde achtmal beschrieben, der Typ des unbegabten, aber fleißigen Versagers siebenmal. Bei 18 Schilderungen stellten die Lehrer leistungsschwache Schüler als unbegabt und nicht anstrengungsbereit dar. In 18 Fällen wurde mangelnde Anstrengung - ohne Hinweis auf Begabungsmängel - als Ursache der Leistungsprobleme angegeben. Bei 15 Schülern betonten die Lehrer die fehlende Begabung, ohne etwas über die Anstrengungsbereitschaft (im positiven oder negativen Sinn) auszusagen.

Nur vier Schilderungen waren neutral gehalten, d.h. sie enthielten keine Wertung der Person des leistungsschwachen Schülers. Ungefähr zwei Drittel aller Schilderungen ließen überwiegend negativ-abwertende, zum Teil deutlich aggressive Einstellungen erkennen. Etwa ein Drittel der Schilderungen brachte auch Verständnis, Nachsicht oder Mitleid zum Ausdruck. Die befragten Lehrer waren den Leistungsversagern gegenüber aber keineswegs generell nur negativ oder nur positiv eingestellt, so daß man nicht unterstellen kann, die Beurteilungen spiegelten ausschließlich Persönlichkeitsmerkmale der Lehrer wider.

Die Ergebnisse zahlreicher Untersuchungen zeigen: Leistungsschwache Schüler, von denen man annimmt, daß sie aufgrund ihrer Begabung mehr leisten könnten, wenn sie sich nur anstrengten, wirken auf Lehrer besonders frustrierend. Lehrer können sich geradezu provoziert fühlen, wenn solche Schüler gelegentlich bessere Leistungen erbringen, denn damit scheint »bewiesen« zu sein, daß die Schüler »könnten«, wenn sie »wollten«. Dies führt leicht zu weiteren negativen Annahmen über die Persönlichkeit dieser Schüler; Höhn stellt dies auch eindrucksvoll dar: Ihnen wird nicht nur Unaufmerksamkeit zugeschrieben, sondern es werden auch moralische Mängel, z.B. Lügenhaftigkeit, Unehrlichkeit, Frechheit u.ä. unterstellt. Wenn Lehrer Leistungsversagen auf mangelnde Anstrengungsbereitschaft zurückführen, fühlen sie sich zu besonderen pädagogischen Maßnahmen herausgefordert und reagieren verärgert, wenn diese ohne Erfolg bleiben.

Anders erleben Lehrer die wenig begabten, aber anstrengungsbereiten Schulversager. Diesen Schülern gegenüber zeigen Lehrer eher Verständnis oder sogar Mitleid. Sie sehen sie als Opfer von Herkunft und Milieu oder - vor allem in weiterführenden Schulen - als Opfer des übersteigerten Ehrgeizes der Eltern. Für den Lehrer stellen diese Schüler selten eine Herausforderung dar: Er bemüht sich um guten Unterricht, die Schüler strengen sich an und trotzdem versagen sie - zusätzliche Mühen scheinen weder zumutbar noch erfolgversprechend zu sein.

Schüler dagegen, die ihre mangelnde Begabung nicht durch vermehrte Anstrengung auszugleichen versuchen, werden fast ausschließlich negativ beurteilt. Wer sich nicht anstrengt, verdient offenbar wenig Mitgefühl und Verständnis. Treten dann auch noch Disziplinprobleme auf, so kommen die meisten Lehrer zu einer völlig ablehnenden Haltung. Höhn berichtet von der Aufzählung folgender »typischer« Schülermerkmale:»Faul, frech, geltungsbedürftig, unaufmerksam, unordentlich, schlechte soziale Einpassung, moralische Fehler und Milieubelastung...«.

Ein charakteristisches Urteil über eine 14jährige leistungsschwache Hauptschülerin belegt dies deutlich:»..C. ist mittelmäßig bis schwach begabt. Sie ist völlig desinteressiert am Unterricht, deshalb ist auch keinerlei Aufmerksamkeit festzustellen. Von schulischen Mißerfolgen scheint sie seelisch überhaupt nicht berührt zu werden... Die Uninteressiertheit am Schulischen ist schon aus den äußerst nachlässig hingeworfenen Schriftzügen ersichtlich...« (Höhn, 1980, S.60).

Wo soll ein Lehrer mit seinen Bemühungen bei solchen Schülern noch ansetzen?
Wichtig erscheint uns, solche Beurteilungen - gerade auch bei eigenen Schülern - als das zu erkennen, was sie tatsächlich sind: subjektive Ursachenzuschreibungen, wie sie sich aus dem psychologichen Alltagswissen des Lehrers ergeben. Wenn es gelingt, diese Sichtweise zu relativieren, eröffnen sich möglicherweise angemessenere pädagogische Maßnahmen. Folgende Fragen können weiterführen:
- Welche Rolle spielt »Begabung« beim Zustandekommen von Schulleistungen?
- Welche anderen Erklärungen für permanentes Leistungsversagen gibt es?
- Wie hängen zurückgezogen-desinteressiertes bzw. aggressiv-ablehnendes Verhalten leistungsschwacher Schüler mit deren Lernschwierigkeiten zusammen?

Schulleistungen führen Lehrer in erster Linie auf Schülermerkmale zurück, wobei Begabung (allgemeine Intelligenz, spezielle Fähigkeiten) und Anstrengung (Ausdauer, Fleiß, Interesse) mit Abstand am höchsten bewertet werden. Daneben spielen auch andere Persönlichkeitsmerkmale (z.B. Ängstlichkeit, Selbstsicherheit) und momentane körperlich-seelische Befindlichkeiten (z.B. Krankheit, Müdigkeit, Ärger) eine Rolle. Neben diesen personenbezogenen, internen Merkmalen werden als externe Komponenten das außerschulische Milieu (z.B. Elternhaus, Freundesgruppe) und als letztes schließlich schulische Bedingungen (z.B. Klassengröße, Unterrichtsorganisation) angeführt. Lehrer sehen also die Ursachen für das Zustandekommen von schlechten Leistungen vorrangig in Schülermerkmalen. Dies ist insofern nicht verwunderlich, als sie ihr Augenmerk im Schulalltag unmittelbar auf die Schüler und deren leistungsbezogenes Verhalten richten.

Befragt man Schüler, worauf sie ihre Noten zurückführen, so erhält man Ursachenzuschreibungen, die sich von denen der Lehrer deutlich unterscheiden. Keck (1977) hat im Rahmen ihrer zweiten Dienstprüfung für das Lehramt eine vergleichende Untersuchung vorgelegt, die diese Annahme bestätigt. Am deutlichsten sind die Unterschiede in der Einschätzung, welchen Anteil die Begabung eines Schülers am Zustandekommen seiner Leistungen hat. Schüler führen Zensuren seltener auf Begabung zurück als Lehrer. Dagegen sehen Schüler wie Lehrer in der Anstrengung den bedeutendsten Verursachungsfaktor, die Schüler sogar in noch höherem Maß als die Lehrer. Deutliche Unterschiede der Ursachenzuschreibung für Leistungsergebnisse zeigen sich zwischen Lehrern und Schülern auch bei der Einschätzung schulischer Faktoren: Während Lehrer die Einflüsse der Lernsituation (z.B. ihr eigenes Unterrichtsverhalten oder das Verhalten der Klasse) auf das Leistungsergebnis eines einzelnen Schülers eher gering einschätzen, messen die Schüler diesen Bedingungen größeres Gewicht bei, dem Klasseneinfluß sogar doppelt soviel wie die Lehrer.
Die Befunde in Höhns Untersuchung stimmen damit weitgehend überein.

Höhn ließ 1000 Schüler zwischen 10 und 17 Jahren (aus Hauptschule, Realschule und Gymnasium) einen Aufsatz über ein mehrere Minuten lang als Diapositiv gezeigtes Bild schreiben, das einem gängigen Testverfahren entnommen wurde und ein offensichtlich bedrücktes Kind - je nach Geschlecht der Befragten einen Jungen oder ein Mädchen - zeigte. Dazu gab sie folgende Instruktionen: »Das ist ein schlechter Schüler (bzw. eine schlechte Schülerin). Ihr sollt eine Geschichte dazu erfinden, in der vorkommt, was auf dem Bild los ist, was vorher war und wie es wohl weitergehen wird.«

Die Auswertung ergab, daß die Schüler in erster Linie mangelnde Anstrengung (63%) als Ursache für Schulversagen nannten, gefolgt von Unaufmerksamkeit im Unterricht (31%). Diese beiden Merkmale wiederum wurden häufig mit außerschulischen Interessen der

Schulversager begründet (33%). Geringe Begabung wurde nur in 12% der Schilderungen angeführt, aber auch in diesen Fällen wurde zusätzlich geringe Anstrengungsbereitschaft zur Erklärung des Leistungsversagens herangezogen: Wenn ein Schüler schon weniger intelligent ist, müßte er eben fleißiger sein, besonders bei den Hausaufgaben. Lediglich ältere Schüler in weiterführenden Schulen schätzten die Rolle der Begabung als wichtiger ein.

Die Untersuchungsergebnisse brauchen nicht weiter differenziert zu werden. Sie belegen, wie Ursachenzuschreibungen im Alltag - nicht nur in der Schule - erfolgen: Leistungsergebnisse werden so erklärt, daß keine Bedrohung der Selbsteinschätzung entsteht. So neigen Lehrer dazu, Leistungsverbesserungen als Ergebnisse ihres Unterrichts anzusehen; bei Leistungsverschlechterungen nehmen sie dagegen eher Ursachen an, die in der Person des betreffenden Schülers liegen. Lehrer und Schüler sind gleicher Meinung hinsichtlich der Beurteilung persönlicher Anstrengungen als Ursachenfaktor für Zensuren, beide Seiten halten damit aber auch ihr Selbstbild aufrecht. Mangelnde Anstrengung eines Schülers stellt das Unterrichtskonzept des Lehrers meist nicht in Frage:»Der Schüler könnte, wenn er nur wollte.« Schüler können ihre positive Selbsteinschätzung trotz schlechter Noten beibehalten, wenn sie sich sagen:»Ich könnte schon, aber ich will nicht.«

7.5 Konsequenzen schlechter Schulleistungen

a) Perspektive der Schüler. Permanent schlechte Leistungen bleiben bei Schülern langfristig nicht ohne Folgen für das Konzept eigener Fähigkeiten. Dies wurde auch durch Untersuchungen von Kifer (1975, vgl. Kapitel B 6) belegt. Das Konzept eigener Fähigkeiten wirkt sich wiederum auf die Lern- und Anstrengungsbereitschaft aus: Je geringer die Fähigkeiten eingeschätzt werden, desto weniger sinnvoll erscheint es, sich anzustrengen. Dagegen bleibt das Selbstkonzept der eigenen Leistungsfähigkeit bei Schülern, die Erfolg erleben, während ihrer Schulzeit konstant, selbst dann, wenn hin und wieder schlechtere Ergebnisse erzielt werden.

In Höhns Untersuchung wurden die Konsequenzen des Schulversagens aus der Sicht der Schüler sehr differenziert erfaßt. Die befragten Schüler gaben an, daß Schulversager aufgrund ihrer permanent schlechten Leistungen vor allem bedrückt und traurig sind. An zwei-

251

ter Stelle wurde Angst als Reaktion auf Leistungsversagen genannt. Schreck, Scham und Verzweiflung aufgrund schlechter Noten sowie Tendenzen zur Selbstisolation wurden nur in 6 bis 10% der Beschreibungen erwähnt. Ein gutes Drittel der Schüler nahm an, daß Schulversager durch Mißerfolgserlebnisse »in sich gehen« und sich bessern. Mehr als die Hälfte der Schüler dagegen erwartete, daß der schlechte Schüler durch fortgesetzte Versagenserlebnisse entweder gleichgültig gegenüber schulischem Erfolg wird oder aber Trotz- und Ausweichreaktionen zeigt. Als typische Verhaltensweisen wurden vor allen Dingen Abschreiben, Erfinden von Ausreden, Belügen der Eltern, Verstecken von Probearbeiten und Zeugnissen genannt. Die Schüler, die über die weitere Entwicklung des schlechten Schülers Angaben machten, beschrieben also sowohl günstige als auch ungünstige Entwicklungsverläufe.

Nur wenige Schüler gingen in ihren Aufsätzen darauf ein, wie sich die Mitschüler dem Schulversager gegenüber verhalten. In 15% der Aufsätze war von ziemlich massiver Ablehnung der leistungsschwachen Schüler die Rede. Es wurde beschrieben, wie die Mitschüler den Schulversager verspotten oder auslachen und dieser in der sozialen Rangordnung nach unten rückt; in einzelnen Fällen wurden sogar Aggressionen der Mitschüler angegeben. Nur aus 3% aller Aufsätze war zu entnehmen, daß die Mitschüler verständnisvoll auf den Schulversager eingehen.

Fast alle Aufsätze berichteten darüber, was der Lehrer bei Leistungsversagen tut: Lehrer tadeln demnach vor allem, benachrichtigen die Eltern und verhängen Schulstrafen. Die Hälfte aller erwähnten Lehrerreaktionen ließ sich diesem Verhaltensmuster zuordnen. Höhn nimmt an, daß die Schüler damit weniger die Realität der Schule beschrieben, sondern vielmehr darstellten, wie Lehrer sich ihrer Meinung nach Schulversagern gegenüber verhalten sollten. Nur in 4% der Aufsätze kamen Ermutigungen und Trost dem leistungsschwachen Schüler gegenüber vor. Diese Erwartungen an den Lehrer spiegeln die subjektiven Ursachenzuschreibungen für Leistungsversagen wider: Wer sich nur anstrengen müßte, um bessere Noten zu erhalten, aber aus Faulheit ständig versagt, hat den Anspruch auf Mitgefühl verwirkt.

Nach den Berichten der Schüler sparen auch die Eltern nicht mit Tadeln, Vorwürfen und sogar körperlichen Strafen für permanent schlechte Schulleistungen. Strenge Maßnahmen der Eltern wurden offensichtlich für gerechtfertigt angesehen, denn der Schulversager muß schließlich zu mehr Anstrengung angehalten werden. An weiteren Reaktionen der Eltern wurde genannt: Trauer, Ermahnungen, Verbote und nur in 8% der Fälle auch Trost und Hilfe. Gleichgültigkeit der Eltern gegenüber dem schulischen Leistungsversagen wurde in keinem Fall berichtet.

Insgesamt drückt sich in den Aussagen der Schüler eine positive Wertschätzung schulischer Leistung aus, allerdings mit schwerwiegenden Folgen für Mitschüler, die auf Dauer keine wünschenswerten Schulleistungen erbringen. Dabei schreiben Schüler ihren leistungsschwachen Mitschülern jedoch nicht durchweg negative Persönlichkeitsmerkmale zu, die das Schulversagen nach Ansicht der meisten Lehrer mitverursachen. In vielen Aufsätzen wird eine Wechselwirkung zwischen Leistungsversagen und auffälligem Verhalten im Unterricht angenommen. Viele Schüler durchschauen demnach, daß die von den Lehrern beklagten unangenehmen Persönlichkeitsmerkmale des Schulversagers auch die Folge seiner permanenten Mißerfolgserlebnisse sein können.

b) Konsequenzen für das Handeln des Lehrers. In Fällen stabiler schlechter Schulleistungen erscheint es zweckmäßig, die Fiktion des für alle Schüler verbindlichen Klassenziels sowie das Erreichen des gleichen Leistungsstands am Ende eines Schuljahres aufzugeben, und nach Möglichkeiten zu suchen, wie das Anforderungsniveau herabgesetzt werden kann. Man darf aber keine Besserung der Situation erhoffen, wenn im Unterricht weiter nichts geschieht, außer daß von leistungsschwachen Schülern »weniger verlangt« wird.

Förder- und Nachhilfeunterricht. Wenn die üblichen Leistungsdifferenzierungen im Unterricht nicht ausreichen, bieten sich Nachhilfe bzw. Förderung in bestimmten Stoffen innerhalb oder außerhalb der Schulorganisation als kompensatorische und/oder remediale Förderungsmöglichkeiten an. Erfolgversprechend sind solche Maßnahmen nur, wenn die Lücken bzw. Fähigkeitsmängel eines Schülers auch im Hinblick auf ein herabgesetztes Zielniveau nicht zu groß sind. Die besondere Stärke von Nachhilfemaßnahmen liegt in der Möglichkeit, ganz spezifische Förderung aufgrund einer gründlichen Diagnostik bieten zu können. Spezielle Schwierigkeiten eines Schülers können im Klassenverband oder in Leistungskursen mit größerer Schülerzahl nur selten hinreichend berücksichtigt werden.

Nichts ist für generell leistungsschwache Schüler bei Förderungsmaßnahmen wichtiger als Erfolgserlebnisse. Andererseits sind gerade diese Schüler wegen mangelnder Voraussetzungen und aufgrund ihrer Mißerfolgserwartungen häufiger als andere in der Gefahr, Leistungsversagen zu erleben. Im Förder- oder Nachhilfeunterricht sollte daher jeder Schüler individuelle Aufgaben bekommen, so daß die Ergebnisse nur mit früheren eigenen Lösungen, nicht aber mit denen der anderen Schüler verglichen werden können. Da aber Leistung gefördert werden muß, wenn der Lernfortschritt gefördert werden soll, lassen sich Mißerfolge nicht völlig ausschließen, wobei es wichtig ist, diese dann gegenüber den erfolgreich bewältigten Anforderungen zu relativieren

Wiederholung einer Klasse. Das Wiederholen einer Klasse, oder »Sitzenbleiben« scheint die Maßnahme der Wahl zu sein, mit der die Schule auf generelles Leistungsversagen in schwierigen Fällen reagiert. Untersuchungen haben gezeigt, daß in Gymnasialklassen mehr als die Hälfte aller Schüler irgendwann einmal von der Sorge geplagt wird, das Klassenziel nicht zu erreichen und ein Schuljahr wiederholen zu müssen. Tatsächlich werden natürlich wesentlich weniger Schüler von dieser Maßnahme betroffen. Neuere Zahlen (vgl. Schwarzer, 1980) zeigen, daß im Jahre 1976 zwischen 1,3% der Hauptschüler und 6,5% der Gymnasialschüler nicht versetzt worden sind. In absoluten Zahlen waren es allerdings Zehntausende von Schülern, die ein Schuljahr wiederholen mußten. Dabei läßt sich über die Jahre hinweg eine absteigende Tendenz beobachten, d.h. gegenüber früheren Jahren hat sich die Bedrohung des Sitzenbleibens für Schüler objektiv vermindert. Diese rückläufige Entwicklung kann man angesichts des »Nutzens« dieser Maßnahme nur begrüßen: In vielen Untersuchungen hat sich gezeigt, daß die Klassenwiederholung längerfristig nicht die erhofften Erfolge erbrachte. Zielinski (1980) hat Gründe dafür zusammengestellt, aus deren Umkehrung sich gleichzeitig Hinweise ergeben, in welchen Fällen des allgemeinen Leistungsversagens eine Nichtversetzung zweckmäßig sein kann.

Zielinski (1980) stellt fest, daß sich die Möglichkeiten zum Wiederholen von Inhalten und zum Ausgleich von spezifischen Mängeln bei der Klassenwiederholung charakteristisch von Möglichkeiten anderer Förderungsmaßnahmen für Leistungsschwache (z.B. vom zielerreichenden Lernen) unterscheiden:

254

- Wenn ein Schüler eine Klasse wiederholen muß, erhält er ein zusätzliches Jahr, die Lernaufgaben zu bewältigen, bei denen er im abgelaufenen Schuljahr gescheitert ist. Gleichzeitig muß er aber auch jene Fächer wiederholen, in denen er keine oder vielleicht nur wenige Lernschwierigkeiten hatte.
- Klassenwiederholungen bilden meistens den Höhepunkt einer »Versagerkarriere«, d.h. der betroffene Schüler war meist durch erhebliche Kenntnis- und Fähigkeitsmängel, die sich ständig vergrößerten, über mehrere Jahre beeinträchtigt. Wenn er ein Schuljahr wiederholt, sind die Lücken meist schon so groß, daß sie durch das Angebot und die Anforderungen dieser Klassenstufe nicht mehr ausgeglichen werden können.
- Im Wiederholungsjahr ändert sich an den allgemeinen Lernbedingungen üblicherweise nicht viel. Der Schüler erhält nochmal die gleichen Lehrbücher, teilweise sogar identische Aufgaben, nur von anderen Lehrern dargeboten. Besondere Unterrichtsdifferenzierungen, vor allem nach einem der oben skizzierten Modelle, sind für Wiederholungsschüler normalerweise nicht vorgesehen.
- Lernmotivation und Lerngewohnheiten können durch die Wiederholung einer Klasse negativ beeinflußt werden, wenn man an die Auswirkungen der nach wie vor bestehenden Überforderung in kritischen Fächern und die geringen Anforderungen in den anderen Fächern denkt. Einerseits ist der Schüler überzeugt, in den Schulfächern, die nicht zu seinem Versagen führten, weder etwas Neues zu erfahren noch sich dort anstrengen zu müssen; andererseits erlebt er in den für ihn schwierigen Leistungsbereichen nach wie vor Mißerfolge.
- Schließlich sind noch die sozialen Probleme bei dem Wechsel der Bezugsgruppe, mögliche Hänseleien durch ehemalige Mitschüler, Umstellungen auf neue Lehrer usw. zu berücksichtigen.

Die Nichtversetzung kann nur empfohlen werden, wenn im Wiederholungsjahr sichergestellt ist, daß die hier aufgeführten Kritikpunkte nicht zutreffen. Generell sollte die Maßnahme der Klassenwiederholung möglichst frühzeitig in Erwägung gezogen werden, nicht erst, wenn es zu spät ist.
Unproblematisch, und meist von Schülern und ihren Eltern auch von sich aus angestrebt, ist eine Klassenwiederholung dann, wenn Mängel durch Unfälle, längere Krankheiten usw. entstehen, die im regulären Schuljahr nicht mehr behoben werden können.

Wechsel der Schulart. Als einschneidendste Maßnahme kann in schwerwiegenden Fällen des Leistungsversagens ein Wechsel auf eine andere Schulart in Erwägung gezogen werden. Da es für die Umschulung je nach Schulart und Bundesland zahlreiche und unterschiedliche Verwaltungsregelungen gibt, kann hier nicht differenziert auf die Möglichkeiten zur Realisierung dieser Maßnahme eingegangen werden. Wir möchten jedoch eindringlich darauf hinweisen, daß von der Umschulung nicht nur der leistungsschwache Schüler, sondern auch seine Eltern stark betroffen sind. Häufig haben die Eltern damit sogar größere Probleme als ihr Kind, da ihre Hoffnungen, Bildungserwartungen, Einstellungen zu dem Kind usw. durch die anstehende Maßnahme in Frage gestellt werden können. Einer Empfehlung zum Wechsel der Schulart muß daher, sofern es nicht in den Bestimmungen ohnehin vorgesehen ist, in jedem Fall eine ausführliche Beratung der Eltern vorausgehen. Eine Grundlage dafür bietet die eingehende Diagnose der Gesamtsituation des Schülers. Die Beratung sollte sich nicht nur darauf beschränken, den Eltern die Notwendigkeit und den Nutzen der Umschulung verständlich zu machen, es muß vielmehr gemeinsam mit den Eltern überlegt werden, welche Schwierigkeiten dabei für das Kind auftreten können und wodurch die Eltern zusätzliche Probleme abwenden könnten. Der Lehrer trägt bei einer Entscheidung für den Wechsel der Schulart ein erhebliches Maß an Verantwortung.

Diese Vorbehalte müssen allerdings differenziert werden: Einerseits sollte die Möglichkeit zur pädagogischen Förderung leistungsschwacher Schüler wirklich ausgeschöpft werden, ehe man den Wechsel der Schulart empfiehlt, d.h. eine schulartspezifische Anpassung des Anforderungs- bzw. Zielniveaus an die Voraussetzungen des leistungsschwachen Schülers sollte die letzte Möglichkeit darstellen, ihn in der Schule weiter sinnvoll unterrichten und fördern zu können. Andererseits muß man aber berücksichtigen, welche negativen Konsequenzen sich aus permanenter Überforderung und fortdauernden Mißerfolgserlebnissen für den leistungsschwachen Schüler ergeben: Denken Sie etwa an Schüler, die aufgrund von Bildungserwartungen, Ehrgeiz, aber auch undifferenziertem Verantwortungsgefühl ihrer Eltern in entscheidenden Abschnitten der persönlichen Entwicklung jahrelanges Versagen, Hoffen, Enttäuschungen, Verzweifeln, Resignation an weiterführenden Schulen erleben.

7.6 Fallbeispiel »Bruno«

Im folgenden wird über einen Versuch berichtet, die Leistungsschwierigkeiten eines Schülers durch verschiedene pädagogische
Maßnahmen abzubauen (alle Personen und Ortsnamen sind verändert). Dabei arbeiteten ein Lehrer, ein Nachhilfelehrer und ein Psychologe zusammen. Ziel der Darstellung dieses Fallbeispiels ist, den
notwendigen Zusammenhang zwischen einer gründlichen Problemanalyse, einem differenzierten diagnostischen Vorgehen und der begründeten Auswahl pädagogischer Handlungsmöglichkeiten aufzuzeigen.

Auf den ersten Blick scheint es sich bei Bruno um ein Kind mit
schlechten Schulleistungen und sehr unterdurchschnittlicher Begabung zu handeln. Im Verlauf der Falldarstellung wird jedoch deutlich
werden, daß dieser erste Eindruck korrigiert werden muß.

a) Problemstellung. Bruno, 13 Jahre alt, besucht die 1. Klasse einer
bayerischen Realschule. Der Vater ist im höheren Justizdienst beschäftigt, die Mutter - ausgebildete Gymnasiallehrerin für Deutsch
und Latein - ist zur Zeit nicht berufstätig. Zwei ältere Geschwister
besuchen sehr erfolgreich das Gymnasium.

Auch Bruno soll nach der Grundschule auf ein Gymnasium wechseln; seine Leistungen in der 4. Klasse sind jedoch so uneinheitlich
und zum Teil schlecht, daß sich die Eltern auf Empfehlung der Lehrerin entschließen, Bruno erst nach der 6. Hauptschulklasse auf eine
weiterführende Schule zu schicken. Wie der Vater im Verlauf eines
Gesprächs berichtet, haben sich allerdings die Leistungen des Jungen
während der zwei Hauptschuljahre nur unwesentlich verbessert, obwohl die Mutter täglich mit Bruno arbeitet. Es ist deshalb nur unter
großen Mühen möglich, den Wechsel auf die Realschule zu vollzie-
hen. Die Hoffnung, Bruno nach der 6. Hauptschulklasse in ein musi-
sches Gymnasium zu schicken, müssen die Eltern aufgeben.

Auch in der Realschule gibt es von Anfang an Schwierigkeiten. Gelegentliche gute Leistungen im mündlichen Unterricht werden durch
mehrere sehr schlechte Ergebnisse in Englisch- und Mathematikar-
beiten, zum Teil auch im Deutschen und in Sachfächern relativiert.
Kurz nach dem Haljahreszeugnis informiert der Klassenlehrer die
Eltern, daß die Versetzung von Bruno in die nächste Klasse ernsthaft
gefährdet sei. Der Vater bittet deshalb um eine psychologische Un-

tersuchung seines Sohnes. Er will vor allem wissen, ob es eventuell notwendig ist, Bruno wieder in die Hauptschule umzuschulen, ob eine Klassenwiederholung zweckmäßig sein könnte oder ob es Möglichkeiten gibt, die Leistungen des Jungen kurzfristig zu verbessern.

b) Vorläufige Problemanalyse. Um einen ersten Einblick in die Lern- und Leistungsprobleme von Bruno zu gewinnen und das weitere diagnostische Vorgehen planen zu können, führt der Psychologe ausführliche Gespräche mit den Eltern und dem Jungen. Durch Vermittlung des Vaters ergibt sich auch die Gelegenheit einer Unterhaltung mit dem jetzigen Klassenlehrer, der Bruno zugleich in Englisch und Mathematik unterrichtet, sowie die Möglichkeit eines längeren Gesprächs mit dem Hauptschullehrer, der den größten Teil des Unterrichts in der 5. und 6. Klasse gegeben hat.

Problemsicht der Lehrer. Die beiden Lehrer aus der Hauptschule und der Realschule beurteilen das Verhalten, die Fähigkeiten und die Leistungen von Bruno so übereinstimmend, daß die Inhalte beider Gespräche im folgenden zusammengefaßt wiedergegeben werden können.

Auffällig aus der Sicht der Lehrer ist das impulsive, oft hektische, gelegentlich chaotisch anmutende Verhalten Brunos in der Schule. Der Junge sucht den Kontakt zu seinen Lehrern und Mitschülern, ist im Klassenzimmer sehr betriebsam, beteiligt sich intensiv am Unterricht, wirkt jedoch in vielen Situationen unkontrolliert, so daß sich manche Mitschüler von ihm geradezu belästigt fühlen und dies auch gegenüber den Lehrern zum Ausdruck bringen. Die mündlichen Beiträge von Bruno im Unterricht sind nach Meinung beider Lehrkräfte gelegentlich »intelligent und interessiert«, nicht selten aber auch voreilig, ungenau und vom eigentlichen Thema wegführend. In den schriftlichen Arbeiten macht Bruno viele »Leichtsinns- und Flüchtigkeitsfehler«, die Heftführung ist nach dem Urteil der Lehrer »schlampig« und die Schrift nur schwer lesbar. Die Leistungen werden von beiden Lehrern insgesamt als unausgeglichen, mit einer deutlichen Tendenz zu »mangelhaft« bewertet. Beide betonen, daß Bruno in der Schule sehr gutwillig ist, gern zusätzliche Aufgaben und Pflichten übernimmt, im praktischen Bereich recht anstellig wirkt, sich für viele Dinge interessiert und eigentlich nicht unintelligent erscheint. Aus der Perspektive der Lehrer sind die schlechten Schulleistungen eher auf Konzentrationsschwierigkeiten als auf Begabungsmängel zurückzuführen. Allerdings sieht vor allem der Hauptschullehrer nach vielen fehlgeschlagenen Versuchen nur geringe Aussichten, Bruno pädagogisch zu helfen.

Problemsicht der Eltern. Beide Eltern wirken während des mehrstündigen Gesprächs mit dem Psychologen sehr verspannt, unterbrechen sich oft gegenseitig und zweifeln jeweils die Darstellungen und Deutungen des anderen an. Sie berichten übereinstimmend, daß Bruno ihr »Sorgenkind« sei, während sie mit den drei und fünf Jahre älteren Brüdern »keinerlei Probleme« hätten. Das Schwergewicht der schulischen Betreuung von Bruno liegt seit Jahren ganz auf seiten der Mutter. Sie arbeitet mit ihm täglich mehrere Stunden, überwacht die Hausaufgaben, kontrolliert die Geigenstunden des Jugendlichen sowie die dafür erforderlichen Übungen und hält einen sehr engen Kontakt zur Schule. Sie ist offenbar über Brunos Leben umfassend informiert, engagiert sich persönlich ungewöhnlich stark für die schulische Betreuung des Jungen und wirkt im Hinblick auf die vielen Mißerfolge überaus nervös und deprimiert.

Während des Gesprächs stellt sich heraus, daß Bruno häufig täglich vier bis sechs Stunden zusätzliche Schularbeiten erledigen muß; auch an Samtagen und Sonntagen ist das die Regel. Die Mutter berichtet, daß Bruno sehr langsam und ohne eigene Initiative arbeitet, sich häufig ablenken läßt und »nichts tut, wenn er nicht überwacht wird«. Um z.B. 10 englische Vokabeln zu lernen, benötigt er üblicherweise zwei Stunden und könne sie 30 Minuten später schon nicht mehr. »Hat er einen guten Tag, schafft er das gleiche Pensum in 15 Minuten mühelos.« Sie ist fest davon überzeugt, daß er ohne ihre ständigen Aufforderungen, Überwachungen und Kontrollen keiner seiner schulischen Pflichten erfüllen würde. Diese Situation besteht praktisch seit Beginn der Grundschulzeit, hat sich im Verlauf der 4., 5. und 6. Klasse verstärkt und hält zur Zeit unvermindert an. Nachdem er die Kontrollen und Belastungen jahrelang offenbar gutwillig und ohne erkennbaren Widerspruch auf sich genommen hat, gibt es in den letzten Monaten, nach dem Eindruck der Mutter, häufig zum Teil sehr heftige Auseinandersetzungen. Freizeit bleibt Bruno nur wenig, obwohl er an seinem Fahrrad, dem Moped des älteren Bruders und an handwerklichen Arbeiten sehr interessiert ist. Bücher, Heftchen, Zeitungen und ähnliches liest er nicht.

Aus der Kindheit von Bruno erzählen die Eltern, daß er im dritten Lebensjahr eine schwere Diphterieerkrankung hat, wochenlang - von der Mutter gepflegt - im Bett liegt und danach zum Teil das Sprechen »neu erlernen« muß. Nach Auskunft des Arztes sei möglicherweise ein leichter Herzfehler zurückgeblieben, der allerdings keine besondere Gefährdung und keine Einschränkung der Aktivitäten von Bruno mit sich bringe. Zwei neurologische Untersuchungen ergeben keinerlei auffällige Befunde.

Die Eltern beobachten, daß Bruno schon im Vorschulalter im Vergleich zu ihren beiden anderen Kindern weniger ausdauernd und intensiv spielt. Er sucht stets in erster Linie soziale Kontakte und wird Zeit seines Lebens - nach Meinung des Vaters - von der Mutter »zu stark überwacht und gegängelt«. Bereits in der ersten Volksschulklasse hat Bruno Lern- und Leistungsschwierigkeiten, besonders im Lesen, die durch Nachhilfe der Eltern nicht vollständig ausgeglichen werden können. Obwohl die häuslichen Anstrengungen im Verlauf der Grundschulzeit verstärkt werden, müssen die Eltern - wie sie offen zugeben - zu ihrer größten Enttäuschung akzeptieren, daß der erwünschte Wechsel auf das Gymnasium nicht zu realisieren ist. Nachdem sie nunmehr auch den Realschulabschluß gefährdet sehen, fühlen sich beide Eltern nach ihren eigenen Worten völlig unsicher und ratlos.

Problemsicht des Schülers. Das Gespräch des Psychologen mit Bruno verläuft in einer sehr aufgelockerten Atmosphäre. Der Junge geht sofort auf den Gesprächspartner ein, erkundigt sich nach den Gründen für einzelne Fragen und scheint auch keine Probleme zu haben, ausführlich über seine schulischen Mißerfolge zu sprechen. Dabei betont er immer wieder, wie optimistisch er seine weiteren Aussichten der Realschule einschätzt, daß es nur einiger zusätzlicher Anstrengungen bedürfe, um bessere Leistungen zu erzielen, wie gern er in die Schule gehe und daß ihn die viele zusätzliche Arbeit daheim in keiner Weise belaste. Sein Wunsch sei es, auf der Realschule zu bleiben und nach Möglichkeit später vielleicht doch wie seine Brüder auf ein Gymnasium zu wechseln. Die schlechten Leistungen der letzten Monate erklärt er mit viel Pech, Leichtsinn und nicht genügender eigener Anstrengung. Seine sozialen Beziehungen zu den Lehrern und Mitschülern charakterisiert er als gut; die Tatsache, daß er sehr wenig persönlichen Kontakt zu seinen beiden älteren Brüdern hat, mache ihm nichts aus, und mit seinen Eltern verstehe er sich sehr gut. Nur die Mutter habe in den letzten Wochen an allem, was er mache, etwas auszusetzen, so daß er davon »manchmal ganz verrückt« werde. Am

Ende der Unterhaltung fragt Bruno fast beflissen, wann er wiederkommen dürfe, denn seine Eltern hätten ihm gesagt, daß er »getestet« werden solle.

Erste Orientierung. In den vier berichteten Gesprächen zeigen sich trotz unterschiedlicher Perspektiven der Gesprächspartner nur wenige Widersprüche, aber viele übereinstimmende Situationsbeschreibungen. Bei der Planung der weiteren Untersuchung müssen verschiedene Möglichkeiten ins Auge gefaßt werden:

- Sollte man zuerst durch weitere intensive Gespräche mit den Eltern und mit Bruno die Entwicklung in der frühen Kindheit genauer zu erfassen versuchen?
- Könnte es nützlich sein, das Verhalten von Bruno in Leistungssituationen durch Beobachtungen im Klassenzimmer und während der gemeinsamen Schularbeiten mit der Mutter genauer zu analysieren?
- Müßte man sich nicht möglichst frühzeitig ein genaues Bild der Schulleistungen, der Leistungsfähigkeiten und der Leistungsmängel des Jungen verschaffen?

So interessant die erste genannte Möglichkeit auch erscheinen mag, so wenig Klarheit ist von diesem methodischen Vorgehen zu erwarten: Man wird vermutlich eine Vielzahl von Informationen erhalten, die sich plausibel in das bereits gewonnene Bild einfügen, ohne daß es möglich wäre, sie innerhalb der verfügbaren Zeit und der vorhandenen Informationsquellen kritisch zu überprüfen, und ohne daß erwartet werden könnte, aus diesen Hinweisen direkte Schlußfolgerungen auf aussichtsreiche pädagogische Hilfen ableiten zu können. Die zweite erwähnte Vorgehensweise verspricht wichtige Einsichten in das Verhalten von Bruno und dessen Abhängigkeit von spezifischen Umgebungsbedingungen. Da sich Beobachtungen im Rahmen der Realschule überhaupt nicht und bei der häuslichen Arbeit nur schwer realisieren lassen, wird der dritten Möglichkeit der Vorzug gegeben.

c) Diagnostisches Vorgehen. Das Ziel der weiteren Untersuchungen besteht darin, den aktuellen Wissensstand, die Schulleistungsdefizite und Vorkenntnislücken von Bruno genau zu erfassen. Außerdem soll ein möglichst realistisches und differenziertes Bild über seine intellektuellen Fähigkeiten gewonnen werden. Die dritte Aufgabe besteht in der Analyse des Arbeits- und Lernverhaltens.

Analyse der Schulleistungen. Will man sich ein Urteil über die Aussichten pädagogischer Förderungsmaßnahmen bilden, so muß man sich zuerst einen gründlichen Eindruck über die verfügbaren Schulleistungen und die vorhandenen Schulleistungsdefizite verschaffen. Zu diesem Zweck werden von den beiden sehr kooperativen Lehrkräften möglichst viele Klassenarbeien erbeten, die in der 5. und 6. Hauptschulklasse sowie in der ersten Klasse der Realschule in den einzelnen Hauptfächern geschrieben wurden (oder werden). Eine Auswahl der in diesen Arbeiten enthaltenen Aufgaben muß Bruno dann bearbeiten. Auf diese Weise erhält der Psychologe ein differenziertes Bild des aktuellen Leistungsstandes - und zwar nicht nur über den Lehrstoff der jetzigen Klasse, sondern auch über die Lerninhalte der vorausgegangenen Schuljahre.

Die Schulleistungsuntersuchung erbringt folgende Ergebnisse: Insbesondere in Mathematik und Englisch sind die Leistungen von Bruno außerordentlich heterogen. Er beherrscht zum Teil sehr seltene Vokabeln, kann aber einfachste Wörter nicht übersetzen; er stellt sich bei der Lösung von Textaufgaben gelegentlich sehr geschickt und findig an, hat aber Schwierigkeien mit simplen Rechenoperationen (z.B. beim Bruchrechnen) und verfügt nicht »automatisiert« über die Grundrechnungsarten. Auch sein Sachwissen ist sehr uneinheitlich. Die Rechtschreibung ist bei vertrauten Wörtern zufriedenstellend, bei unvertrauten Wörtern werden sehr viele und zum Teil unverständliche Fehler gemacht. Auch in Aufsätzen erbringt er schwankende Leistungen. Von drei Berichten und Erlebnisschilderungen werden zwei von einem erfahrenen Lehrer als befriedigend und einer als völlig mangelhaft eingestuft.

Eine zusammenfassende Übersicht über die Schulleistungen zeigt viele Kenntnis- und Vorkenntnislücken, so daß der Erwerb neuen Wissens außerordentlich erschwert sein muß. Auf der anderen Seite enthält das Leistungsprofil auch Hinweise auf einige sehr befriedigende, zum Teil überraschend gute Kenntnisse.

Analyse der intellektuellen Fähigkeiten. Diesem Teil der Untersuchung muß bei der geschilderten Leistungsproblematik besondere Bedeutung zugemessen werden. Geklärt werden soll vor allem, ob die Leistungen und Leistungsschwierigkeiten auf mangelnde Begabung zurückzuführen oder trotz ausreichender bis guter Fähigkeiten entstanden sind. Aus diesem Grund werden drei verschiedene Intelligenztestverfahren verwendet: Der Kognitive-Fähigkeits-Test (KFT) »vermittelt Informationen über das Sprachverständnis, sprachgebundenes Denken, arithmetisches Denken, Rechenfähigkeiten, anschauungsgebundenes Denken, konstruktive Fähigkeiten und das kognitive Gesamtleistungsniveau eines Schülers« (Heller u.a., 1976, S.6). Das Leistungsprüfsystem (LPS) von Horn (1962) gibt eine Reihe zusätzlicher Informationen für die Bildungsberatung. Der Grundintelligenztest (CFT2) von Cattell und Weiss (1972) schließlich ist ein sprachfreies Verfahren zur Diagnose der durch Schulbildung wenig beeinflußbaren »grundlegenden geistigen Leistungsfähigkeit«.

Die in den drei Testverfahren erzielten Ergebnisse müssen als Ausdruck einer vergleichsweise hohen Intelligenz angesehen werden, deren Niveau im deutlichen Gegensatz zu den schlechten Schulleistungen steht. In allen Tests erweist sich der jeweilige Gesamtwert als weit über dem Durchschnitt liegend: Im CFT2 erreicht Bruno einen Intelligenzquotienten von 141 (Durchschnitt der Altersgruppe: 100), im LPS erzielen weniger als 7% der Kinder dieser Altersstufe bessere Werte als Bruno, und im KFT ist das Gesamtergebnis zwar etwas niedriger, jedoch immer noch besser als der Durchschnitt vergleichbarer Realschüler und Gymnasiasten. Die überdurchschnittlich hohen Gesamtwerte im Intelligenztest dürfen allerdings nicht davon ablenken, daß die einzelnen Fähigkeiten Brunos nicht gleichermaßen gut sind. Am besten sind bei ihm konstruktive Fähigkeiten, anschauungsgebundenes Denken und technische Begabung ausgeprägt. Leichte Mängel zeigen sich demgegenüber bei Aufgaben, die starke Konzentration erfordern und die unmittelbar mit schulischem Wissen zusammenhängen.

Analyse des Arbeitsverhaltens. Schon die Beobachtungen bei der Bearbeitung der Intelligenztestaufgaben vermitteln den Eindruck eines ständigen Wechsels zwischen sehr zügigem, konzentrierten und einfallsreichen Vorgehen auf der einen und Perioden verstärkter Ablenkung mit schleppenden Aufgabenlösungen und vielen Fehlern auf der anderen Seite. Dieses Bild bestätigt sich auch in den Ergebnissen einiger anderer Testverfahren: Bei einer Aufgabe, die das Durchstreichen bestimmter Buchstaben nach festgelegten Regeln erfordert (d2), erzielt er einmal ein knapp durchschnittliches Ergebnis, erreicht aber bei anderer Gelegenheit ein Resultat, das denkbar schlecht ist. Auch beim Konzentrations-Leistungs-Test (KLT) liegen die Leistungen Brunos weit unter dem Durchschnitt. Bei diesem Verfahren müssen Serien einfacher Rechenaufgaben so schnell und so genau wie möglich gerechnet werden. Zum Beispiel:

a) $8 + 9 - 2$ b) $3 + 6 - 8$
   $5 - 4 + 3$ $9 + 1 + 7$

Die obere und die untere Zeile jeder Aufgabe sind jeweils getrennt im Kopf auszurechnen. Ist der Wert der oberen Zeile kleiner als der der unteren, sind die beiden Zeilen zusammenzuzählen; ist der Wert der oberen Zeile größer als der der unteren, so ist die untere von der oberen abzuziehen.

Bei diesem Test löst Bruno nur sehr wenige Aufgaben und die Lösungen sind in der Mehrzahl fehlerhaft. Schließlich muß Bruno aus dem Schultest »Verständiges Lesen« einige Geschichten zusammenhängend durchlesen und anschließend aufgrund der darin enthaltenen Informtionen bestimmte Fragen beantworten. Auch bei diesem Test erzielt Bruno sehr schlechte Ergebnisse. Dieses zuletzt erwähnte Resultat verdeutlicht vor allem, wie unaufmerksam, flüchtig und ungenau Bruno Informationen aufnimmt, verarbeitet und speichert.

Zwischenüberlegungen. Wichtigstes Ergebnis der diagnostischen Untersuchungen ist der offenkundige Unterschied zwischen den guten intellektuellen Fähigkeiten und den schlechten Schulleistungen. Zwar erweist sich der Kenntnisbereich als nicht ganz so schwach wie ursprünglich angenommen, doch wird zugleich einsichtig, daß der Erwerb neuer Lernstoffe aufgrund der vielen fehlenden Vorkenntnisse und als Folge der sehr unstetigen Arbeitshaltung auf größte Schwierigkeiten stoßen muß.

Auf einer oberflächlichen Ebene ist das unkonzentrierte und sprunghafte Lernverhalten sicher eine Ursache der mangelnden Umsetzung intellektueller Fähigkeiten in schulische Leistungen. Etwas tiefgründiger betrachtet, könnte die totale Betreuung, Überwachung und Kontrolle der Schularbeiten durch die Mutter möglicherweise eine Rolle bei der Entwicklung dieses Verhaltens gespielt haben: Bruno fühlt sich im Grunde genommen weder für die Erledigung der Aufgaben noch für seine eigenen Leistungen hinreichend verantwortlich. Inwieweit dieser Mutter-Sohn-Beziehung persönliche Probleme der

Eltern - insbesondere der Mutter - zugrunde liegen, läßt sich zwar vermuten, kann aber aufgrund der verfügbaren Informationen nicht völlig geklärt werden.

Alle Untersuchungsbefunde sind mit dem Vater von Bruno und mit dem Hauptschullehrer noch einmal besprochen worden, um zusätzliche Informationen zu erhalten. (In diesem Zusammenhang sollte darauf hingewiesen werden, daß neben den erwähnten diagnostischen Methoden eine Reihe anderer psychologischer Verfahren eingesetzt wurden, auf die hier nicht weiter eingegangen wird.)

d) Pädagogische Empfehlungen. In einem Beratungsgespräch mit den Eltern wird nachdrücklich betont, daß die aus den diagnostischen Daten ableitbaren psychologischen Schlußfolgerungen noch immer sehr ungesichert sind und daß sie sich nur auf den Leistungsbereich beziehen und nicht auf die gesamte Persönlichkeitsentwicklung Brunos erstrecken. Alle empfohlenen pädagogischen Maßnahmen sind also als Versuche anzusehen, deren Wirkungen und Nebenwirkungen ständig beobachtet werden müssen, um rechtzeitig Korrekturen oder Ergänzungen vornehmen zu können. Im einzelnen werden folgende pädagogische Handlungsmöglichkeiten mit den Eltern erörtert:

- Obwohl mehr als drei Monate vor dem Abschluß des Schuljahres noch immer gewisse Aussichten bestehen, daß Bruno das Klassenziel erreicht, sollte eine Wiederholung der ersten Realschulklasse schon jetzt erwogen und bewußt als Möglichkeit zur Schließung vorhandener Kenntnislücken akzeptiert werden. Eine Klassenwiederholung ist immer dann - und nur dann - eine aussichtsreiche pädagogische Maßnahme, wenn aufgrund der intellektuellen Voraussetzungen eines Schülers, der Begrenztheit der Kenntnislücken und der verfügbaren zusätzlichen Lernhilfen eine realistische Möglichkeit besteht, innerhalb dieses Jahres Leistungsschwierigkeiten abzubauen oder sogar zu überwinden. Diese Voraussetzungen scheinen bei Bruno in gewissem Maße gegeben zu sein.

- Da es sich die Familie Brunos wirtschaftlich leisten kann, wird empfohlen, einen psychologisch interessierten Referendar als Nachhilfelehrer zu engagieren. Die Mutter sollte sich für längere Zeit vollständig von der Überwachung und Betreuung der Schularbeiten zurückziehen und für Bruno in erster Linie während der Freizeit und beim

Musizieren da sein. Die Mutter erklärt zwar mit großem Nachdruck, wie sehr sie sich eine solche Veränderung wünscht, doch bleiben erhebliche Zweifel, ob eine so gravierende Umstellung (nicht nur im Zeitbudget, sondern auch in der gesamten Einstellung) kurzfristig überhaupt möglich ist.

- Mit dem Nachhilfelehrer, der an vier Nachmittagen in der Woche je 2 1/2 Stunden mit Bruno arbeiten soll, werden in einem Vorgespräch vier vordringliche Aufgaben erörtert:
1. Unterstützung bei den Hausaufgaben.
2. Schließung wichtiger Vorkenntnislücken. Dafür soll aufgrund der Klassenarbeiten aus drei Schülerjährgängen ein realistischer Plan entworfen werden.
3. Langsame Übernahme von Verantwortung für die eigenen Schulaufgaben und Schulleistungen durch Bruno. Dafür wird ein einfaches Verfahren der Verhaltensmodifikation mit interessanten Freizeitbeschäftigungen als Bekräftigung empfohlen.
4. Während des nachmittäglichen Unterrichts soll der Nachhilfelehrer kleine Konzentrations- und Aufmerksamkeitsübungen mit Bruno durchführen. Die Zeitspannen müssen allmählich von etwa 30 Sekunden konzentrierter, möglichst fehlerfreie Anstrengung bis auf mehrere Minuten gesteigert werden.

- Den Eltern wird empfohlen, einen erfahrenen Erziehungsberater zu konsultieren, um möglicherweise tieferliegende Probleme und Konflikte bei Bruno und vielleicht auch auf seiten der Eltern zu identifizieren und möglicherweise zu behandeln.

e) Nachbemerkung. Die Eltern sind den Empfehlungen weitgehend gefolgt. Bruno wiederholt nunmehr die erste Klasse der Realschule. Nach vier Wochen des neuen Schuljahres läßt sich über erzielte Leistungsverbesserungen noch nichts sagen. Sehr gut haben sich nach dem Urteil aller Beteiligten bisher Nachhilfeunterricht und Nachhilfelehrer bewährt. Es besteht allerdings der begründete Eindruck, daß Brunos Mutter insgeheim weiter alle schulischen Ereignisse und Aufgaben überwacht und sich aus dieser totalen Identifikation mit täglicher Arbeit noch nicht lösen kann. Eine Erziehungsberatungsstelle ist bisher nicht konsultiert worden. Auf eine entsprechende Rückfrage meinen beide Eltern, daß sie erst einmal beobachten wollen, wie die weitere Entwicklung von Bruno verläuft.

7.7 Fallbeispiel »Christa«

Um zu vermeiden, daß die im Fallbeispiel »Bruno« gegebenen pädagogischen Empfehlungen in unzulässiger Weise verallgemeinert werden, wollen wir uns noch einmal kurz einem anderen Fall schulischer Lernschwierigkeiten zuwenden: Es handelt sich dabei um Christa, Tochter eines Universitätsprofessors, die trotz schwerwiegender Bedenken der Grundschullehrerin auf Wunsch der Eltern auf das Gymnasium wechselte und dort von Beginn an größte Leistungsprobleme hatte.

Christa hatte nach Auskunft der Eltern von Anfang an Schwierigkeiten in der Schule. Das Erlernen des Lesens, Schreibens und Rechnens bereitete ihr erhebliche Probleme. Nur ihr großer Fleiß, verbunden mit intensiver häuslicher Nachhilfe durch die Mutter, führten während der Grundschuljahre zu durchweg befriedigenden Leistungen. Die ältere Schwester von Christa besuchte mit gutem Erfolg ein Gymnasium. Auch Christa sollte nach der 4. Klasse auf ein neusprachliches Gymnasium wechseln. Als die Lehrerin gegenüber diesem Wunsch der Eltern Bedenken äußerte und erkennen ließ, daß sie keine positive Übertrittsempfehlung aussprechen könne, versuchte Christas Vater sie mit dem Argument zu überzeugen, es handle sich wahrscheinlich nur um vorübergehende Leistungsprobleme, die in der Situation des verwöhnten jüngsten Kindes begründet seien. Die kompetente Unterstützung durch die Eltern werde sicher einen erfolgreichen Besuch der höheren Schule ermöglichen. Die Grundschullehrerin ließ sich schließlich überreden, und Christa wechselte ohne Aufnahmeprüfung auf das Gymnasium. Dort hatte sie vom ersten Tag an in Mathematik, Englisch und Deutsch große Schwierigkeiten, obwohl sie daheim mehrere Stunden täglich zusätzlich arbeitete. Als sich die Leistungen im Verlauf des Schuljahres immer mehr verschlechterten und Christa Anzeichen einer deutlichen Überforderung zeigte, bat ihr Vater einen Psychologen um Hilfe.

Die Untersuchung von Christa ergab große Schulleistungsmängel und eine deutlich unter dem Durchschnitt der Altersgruppe liegende Intelligenz mit besonders niedrigen Werten im logischen Denken und im sprachlichen Bereich. Aufgrund dieser und einer Reihe anderer Befunde mußte den Eltern dringend empfohlen werden, Christa möglichst unverzüglich in die Hauptschule umzuschulen. Es gelang nur mit Mühe, die Eltern von der Notwendigkeit dieses Schrittes zu überzeugen. Sie fürchteten, Christa werde ihnen später Vorwürfe wegen der im Vergleich zur älteren Schwester schlechteren Schulbildung machen. Gleichzeitig wurde angeregt, daß die Mutter Christa auch in der Hauptschule bei den Schularbeiten weiterhin unterstütze und dabei für eine zunehmend größer werdende Selbständigkeit des Kindes bei der Erledigung seiner Arbeiten sorge. Außerdem sollten die Eltern darauf achten, bei Christa »nicht-akademische« Interessen im Hinblick auf eine spätere Berufswahl zu fördern.

Die Parallelität der schulischen Situation von Bruno und Christa ist offenkundig: Beide erzielen in einer weiterführenden Schule sehr schlechte Leistungen, die Versetzung in die nächste Klasse ist gefährdet, die Lernschwierigkeiten lassen sich auch durch extreme zusätzliche Anstrengung der Kinder und durch intensive Nachhilfe nicht beseitigen. In beiden Fällen wird eine psychologische Beratung erbeten und ein ähnliches diagnostisches Untersuchungsprogramm durchgeführt. Bei beiden Schülern zeigen sich große Mängel in der Erfüllung der aktuellen Schulleistungsanforderungen und erhebliche Vorkenntnislücken aus früheren Schuljahren. Hiermit enden die Übereinstimmungen zwischen den beiden Fallbeispielen.

Im Vergleich zu Bruno ergibt die Untersuchung der intellektuellen Fähigkeiten von Christa ein völlig anderes Bild:

- Christa bemüht sich bei Denkaufgaben, die für ihre Altersstufe als leicht bis mittelschwer einzustufen sind, mit großer Sorgfalt und Ausdauer um eine Lösung - in der Regel allerdings ohne Erfolg. Hilfestellungen durch andere kann sie kaum verwerten.
Ganz im Gegensatz zu Bruno, der solche Denkaufgaben häufig spontan oder mit leichter Unterstützung durch andere relativ erfolgreich lösen kann.

- In Übereinstimmung mit dieser Beobachtung erzielt Christa in mehreren Intelligenztests unterdurchschnittliche Gesamtleistungen. Besonders niedrige Werte weist sie im logischen Denken und bei Aufgaben auf, die sprachliches Verständnis erfordern. Ihre Fähigkeiten liegen im Niveau eindeutig unter dem für erfolgreiche Gymnasiasten der gleichen Altersstufe.
Demgegenüber sind die meisten Testwerte von Bruno besser als die durchschnittlichen Werte seiner Altersgruppe.

- Während der gesamten psychologischen Untersuchung ergeben sich bei Christa keinerlei Hinweise auf verfügbare Lernfähigkeiten, die bisher nicht in entsprechende Schulleistungen umgesetzt werden konnten. Das aber ist bei Bruno der Fall.

- Schließlich werden bei Christa Verhaltensauffälligkeiten registriert (nächtliches Einnässen, häufige Magenbeschwerden, starke Anzeichen von Schulangst), die es notwendig erscheinen lassen, die permanente Überforderungssituation des Mädchens möglichst umgehend zu beenden. Auch solche Verhaltensprobleme sind bei Bruno - zumindestens oberflächlich betrachtet - nicht erkennbar.

Aufgrund dieser Unterschiede wird den Eltern von Christa ein möglichst baldiger Wechsel in die Hauptschule empfohlen (während bei Bruno die Wiederholung der Klasse und ein systematischer Nachhilfeunterricht als aussichtsreich angesehen werden). Die Eltern des Mädchens folgen - wie bereits erwähnt - dieser Empfehlung nur zögernd und unter großen Bedenken.

Inzwischen besucht Christa seit mehr als 1 ½ Jahren die Hauptschule, 7. Klasse. Nach Auskunft des Vaters erzielt sie durchgehend mittelmäßige Leistungen, die Verhaltensprobleme und körperlichen Auffälligkeiten sind mit Ausnahme einer chronischen Gastritis abgeklungen. In den Schularbeiten wird Christa weiterhin regelmäßig von er Mutter unterstützt. Die Eltern überlegen zur Zeit, ob sie Christa nach Abschluß der Hauptschule in einer privaten weiterführenden Schule anmelden sollten.

Aufgrund des Vergleichs der beiden Fallbeispiele sollte auf keinen Fall der Eindruck entstehen, die Entscheidung über zweckmäßige pädagogische Maßnahmen könnte ausschließlich oder wenigstens vorwiegend aus den Resultaten der Intelligenztestverfahren abgeleitet werden. Solche Tests liefern, wie alle anderen diagnostischen Methoden, stets nur begrenzt aussagefähige Einzelhinweise, die durch andere Informationsquellen (z.B. Beobachtungen) überprüft und zu einem Gesamtbild zusammengefaßt werden müssen.

Ein erhebliches Maß an Unsicherheit über den Erfolg der empfohlenen pädagogischen Maßnahmen bleibt also bestehen. So gibt es zum gegenwärtigen Zeitpunkt noch keine Klarheit darüber, ob die Kombination von Klassenwiederholung und gezielter Nachhilfe bei Bruno zu dem erwünschten Erfolg führen wird oder ob es notwendig werden könnte, auch bei ihm eine Rücküberweisung in die Hauptschule zu überlegen. Die ständige Überprüfung der Auswirkungen (auf die Schulleistung!) und der Nebenwirkungen der in die Wege geleiteten pädagogischen Maßnahmen (z. B. auftretende Verhaltensprobleme) ist also auch dann unbedingt notwendig, wenn die psychologische Diagnose sehr sorgfältig erfolgt.

Diese Forderung gilt für alle schulpsychologischen Untersuchungen: Es genügt nicht, lediglich zu einem bestimmten Zeitpunkt die Leistungen und Leistungsprobleme zu überprüfen; notwendig und wichtig ist vor allem die Erfassung der Leistungsveränderungen im Verlauf einer längeren Zeitspanne, was man nur durch regelmäßige Beobachtungen und durch wiederholte Diagnosen erreichen kann.

C Psychologische Diagnosen als Grundlagen pädagogischen Handelns

1. Erste Schritte bei der Diagnose von Problemsituationen

1.1 Alltägliches Diagnostizieren

Menschliches Handeln kann als eine ständige Abfolge von Diagnosen und eine darauf aufbauende Auswahl von Handlungsmöglichkeiten verstanden werden. Beide Phasen können dabei sehr eng miteinander verflochten sein, wie etwa beim raschen Reagieren des Lehrers im Unterricht (vgl. Kapitel A), wo Situationen schnell aufgefaßt und beantwortet werden müssen. Diagnostizieren und Handlungsauswahl können aber auch weit auseinanderliegen, z.b. wenn der Lehrer beim Korrigieren von Klassenarbeiten Leistungsrückstände einzelner Schüler feststellt und in den darauffolgenden Wochen immer wieder spezielle Fördermaßnahmen vorsieht. Im allgemeinen macht sich ein Lehrer aber selten Gedanken darüber, ob er sich nun eher in der Phase des Diagnostizierens oder in der Phase der Handlungsauswahl befindet. Vielmehr erscheint ihm beides untrennbar miteinander verbunden. Für eine große Zahl unterrichtlicher Situationen ist diese Sichtweise in der Tat angemessen, weil der Lehrer sicher und kompetent handelt, so daß derartige Bewußtmachungsprozesse eher schädlich als nützlich wären. Etliche Situationen weisen aber demgegenüber folgende Eigenschaften auf: obwohl der Lehrer sich über längere Zeit bemüht, bleiben die Schwierigkeiten bestehen. Dabei kann es sich sowohl um Leistungsrückstände einzelner Schüler handeln, als auch um gestörte Beziehungen unter Schülern oder zwischen Lehrer und Schülern. Offenbar reichen das alltägliche Diagnostizieren und die darauf aufbauende Auswahl von Handlungsmöglichkeiten nicht aus, um nachhaltige Verbesserungen der Situation zu erreichen. Deswegen kann es vorteilhaft sein, daß der Lehrer die bisherige Sichtweise der Schwierigkeiten systematisch durch das Einholen zusätzlicher Informationen ergänzt. Dabei verfügt er schon ganz selbstverständlich über eine Reihe diagnostischer Verfahren: er kann Karteiblätter oder Akten durchsehen, Leistungen beurteilen, Gespräche führen, Beobachtungen machen usw. Es bedarf also nicht eines völligen »Umlernens«, sondern lediglich einer Verbesserung und Ergänzung der schon vorhandenen diagnostischen Fertigkeiten. Umgekehrt wäre es aber auch gefährlich zu glauben, das bisherige diagnostische Repertoire könne ungeprüft beibehalten werden. Wie wir in den Abschnitten 3.2 und 3.6 noch zeigen werden, sind Leistungsbeurteilungen, Gespräche und Beobachtungen recht anfällig für Fehlerquellen, so daß gewisse Systematisierungen und Korrekturen vermutlich bei fast allen Lehrern notwendig sind. Es erscheint deshalb sinnvoll, sich vorweg einige Gedanken über alltägliches Diagnostizieren zu machen, bevor wir uns den methodisch kontrollierten Diagnosemöglichkeiten zuwenden. Die Voraussetzungen, Vorgänge und Folgen alltäglichen Diagnostizierens beschreibt das Schema von Rheinberg (1978), das im folgenden wiedergegeben und genauer erläutert werden soll. Das Schema ist wie folgt aufgebaut: Die Stufen 1, 2 und 3 bezeichnen die Art und Weise, wie der Lehrer wahrnimmt und wie er sich verhält; die Stufen 4 und 5 beziehen sich auf den Schüler, dessen Wahrnehmung und dessen Verhalten; die sechste Stufe führt wieder zum Lehrer zurück und weist auf mögliche Kreisprozesse hin:

Stufe

0	„Objektives" Schülerverhalten und seine Ergebnisse.

1	Lehrer nimmt das Verhalten und die Verhaltensergebnisse des Schülers wahr.
2	Lehrer schließt auf „Dahinterliegendes", oft auf Schülereigenschaften.
3	Schlüsse haben Auswirkungen auf Erwartungen und Verhalten des Lehrers.

4	Schüler nimmt das Lehrerverhalten wahr und interpretiert es.
5	Aus der Wahrnehmung und Interpretation des Lehrerverhaltens resultieren Änderungen auf seiten des Schülers.

6	Lehrer überprüft anhand des Schülerverhaltens seine Erwartungen und bestätigt (oder modifiziert) sie, so daß die subjektive Wahrnehmung des Schülerverhaltens stabilisiert werden kann.

Stufe 0: »*Objektives*« *Schülerverhalten und seine Ergebnisse.* Grundlage des alltäglichen Diagnostizierens durch den Lehrer ist das »objektive« Schülerverhalten, wie es etwa durch eine Filmkamera erfaßbar wäre. Dazu gehören alle prinzipiell beobachtbaren Verhaltensweisen, wie z.B. Verhalten auf dem Schulhof, bei der Einzelarbeit, während und nach der Rückgabe einer Klassenarbeit, beim Unter-

272

richtsgespräch, in der Freizeit, im Verein, zu Hause. Diese »objektiven« Gegebenheiten stellen die Datenquelle dar, der der Lehrer in subjektiver Weise seine Informationen entnimmt.

Stufe 1: Lehrer nimmt das Verhalten und die Verhaltensergebnisse des Schülers wahr. Kein Lehrer ist in der Lage, die ungezählten Verhaltensweisen der Schüler einer Klasse wahrzunehmen. Er achtet unbewußt auf einige Verhaltensweisen und vernachlässigt oder übersieht andere. Was der Lehrer im einzelnen beobachtet, hängt eng mit seinen eigenen Zielen und Absichten zusammen. Verhalten der Schüler, das im Einklang mit oder im Widerspruch zu diesen subjektiven Interessen des Lehrers steht, hat eine größere Chance, wahrgenommen zu werden, als scheinbar neutrales Verhalten, das aber möglicherweise für den Schüler besonders wichtig ist.

Stufe 2: Lehrer schließt auf »Dahinterliegendes«. Verhalten wird nicht neutral registriert, sondern in der Regel unmittelbar interpretiert. Lehrer handeln demnach wie alle Menschen im Alltag: Sie versuchen, sich das wahrgenommene Handeln des anderen sofort zu erklären und gleichzeitig die Folgen dieses Verhaltens für sich selbst abzuschätzen. Beispiel: Eine Lehrerin wird im Pausenhof während eines Gesprächs mit Kollegen plötzlich von einem Schüler angerempelt und fast umgeworfen. Sie reagiert darauf, indem sie den vermeintlichen Übeltäter sofort packt, ihn anschreit und eine Bestrafung ankündigt. Auf die nachträgliche Frage eines Kollegen, warum sie gar so heftig und streng war, gibt sie folgende Antworten: »Viele Schüler benehmen sich auf dem Schulhof sowieso wie wild; sie sind durchweg rücksichtslos und unachtsam. Manche wollen den Lehrer durch aggressives Verhalten absichtlich provozieren. Außerdem hätte der Schüler mich zu Boden werfen können. Man darf sich im übrigen nicht alles bieten lassen, weil solche Flegel sonst glauben, sie könnten einem künftig auf dem Kopf herumtanzen.«

Es ist sehr unwahrscheinlich, daß der betroffenen Lehrerin alle diese (nachträglich geäußerten) Gedanken tatsächlich blitzartig durch den Kopf schossen, bevor sie auf die vermeintliche Provokation reagierte. Wahrscheinlicher ist es, daß sie den Schüler so hart bestrafte, weil sie ihn unmittelbar für schuldig hielt (Leichtfertigkeit oder Absicht?) und weil sie um ihre künftige Autorität fürchtete. Mit Sicherheit hatte sie allerdings nicht geprüft, ob der Schüler z.B. lediglich gestolpert war oder ob ihn ein anderer gestoßen hatte usw.

Stufe 3: Subjektive Erklärungen haben Auswirkungen auf Erwartungen und Verhalten des Lehrers. Das alltägliche Handeln des Lehrers wird also nicht durch genaue Beobachtungen von Sachverhalten und durch eine sorgfältige Analyse der Ursachen und Umstände gesteuert, sondern erfolgt spontan auf der Basis eingeschliffener Erklärungen des Verhaltens und der kurzschlüssigen Kalkulation möglicher Folgen. Vor allem die Zuschreibung von typischen Verhaltens- und Leistungsursachen beeinflußt - wie wir bereits gesehen haben - auch den Aufbau von Erwartungen über das künftige Verhalten einzelner Schüler oder ganzer Klassen.

Stufe 4: Schüler nimmt das Lehrerverhalten wahr und interpretiert es. Der Schüler nimmt das Verhalten des Lehrers wahr. Auch er registriert selbstverständlich nicht wie eine neutrale Filmkamera, was der Lehrer tut, sondern interpretiert aufgrund seiner Überzeugungen und Erfahrungen, warum der Lehrer dies wohl tut. Wird er z.B. ungerechtfertigterweise wegen Schwätzens ermahnt (obwohl ein Nachbarschüler sich unterhalten hat), so vermutet er wahrscheinlich nicht, daß der Lehrer sich lediglich bei einer flüchtigen Beobachtung geirrt hat, sondern er unterstellt z.B., daß immer nur er gerügt wird, weil der Lehrer ihn sowieso nicht leiden kann, weil er nur ihm alles Böse zutraut oder weil er immer der Sündenbock in der Klasse sein muß.

Stufe 5: Aus der Wahrnehmung und Interpretation des Lehrerverhaltens resultieren Verhaltensänderungen auf seiten des Schülers. Dementsprechend ist das weitere Verhalten des Schülers. Oft sind Schüler gar nicht in der Lage, einen Irrtum aufzuklären, einen Sachverhalt richtigzustellen, sich selbst ins rechte Licht zu setzen, sondern spielen fortan, mehr oder minder freiwillig, die Rolle, von der sie meinen, daß sie ihnen vom Lehrer oder den Mitschülern »aufgezwungen« wird. Sie verhalten sich also unbewußt so, wie sie glauben, daß andere sie sehen. Ihr Handeln oder ihre Leistungen gleichen sich damit immer mehr den (unbegründeten oder nur teilweise gerechtfertigten) Beurteilungen, Erwartungen und Verhaltensweisen des Lehrers an.

Stufe 6: Lehrer überprüft anhand des Schülerverhaltens seine Erwartungen und bestätigt (oder modifiziert) sie, so daß die subjektive Wahrnehmung des Schülerverhaltens stabilisiert wird. Auf diese Weise erfahren viele Lehrer immer wieder, daß sich ihre Erwartungen bestätigen. Sie interpretieren dies zum Teil fälschlicherweise als positiv erlebtes Ergebnis ihrer guten Menschenkenntnis (»Ich hab' immer gewußt, daß...«; »Gleich vom ersten Tag an merkte ich daß....«). Das Bild bestimmter Schüler vereindeutigt sich für diese Lehrer, situative Verhaltensunterschiede verlieren dann bei der Beobachtung an Wert; die Schüler bleiben für den Betrachter immer dieselben.

Natürlich müssen die Folgen alltäglichen Diagnostizierens keineswegs immer negativ sein. Ebenso kann ein positives Vorurteil des Lehrers einen Schüler anregen, ermutigen, herausfordern, unterstützen, so daß eine Entwicklung eingeleitet und gefördert wird, die bei einer »objektiven« Wahrnehmung des Schülerverhaltens oder seiner Leistungen eher unwahrscheinlich gewesen wäre. Zusammengefaßt ergeben sich drei Feststellungen:
(1) Diagnostik ist nicht etwas, was geschulte Lehrer gelegentlich einsetzen, sondern findet als alltägliche und völlig selbstverständliche Aufnahme und Verarbeitung von Informationen statt. Der unterrichtende Lehrer ist also stets auch ein diagnostizierender Lehrer.
(2) Innerhalb des alltäglichen Diagnostizierens kann es zu verzerrten Wahrnehmungen fremden und eigenen Verhaltens und zu falschen Schlußfolgerungen kommen, die zum Teil unerwünschte pädagogische Folgen haben können.
(3) In solchen Fällen und generell in allen pädagogischen Problemsituationen sollten einseitige, ungenaue, vorurteilsbehaftete Wahrnehmungen und Beurteilungen revidiert werden. Das unreflektierte, unsystematische, alltägliche Diagnostizieren sollte deshalb durch bewußt und systematisch eingesetzte diagnostische Fertigkeiten ergänzt und damit verbessert werden. Geschieht dies nicht, können sich Kreisprozesse verschiedener Art einstellen, die unter Umständen die unterrichtlichen Schwierigkeiten stabilisieren.

1.2 Diagnostizieren als Teil pädagogischer Problemlösungen

Faßt man schulische Schwierigkeiten als Sachverhalte auf, die sich durch das routinierte, alltägliche Verhalten des Lehrers nicht bewältigen lassen, so bedarf es eines nicht-alltäglichen, also besonderen Vorgehens, um doch noch zum Erfolg zu kommen. »Nicht-alltäglich« bezieht sich dabei auf verschiedene Sachverhalte:
(1) Wenn eine schulische Schwierigkeit bedeutsam oder belastend ist, dann verdient sie besondere Aufmerksamkeit und rechtfertigt besondere Anstrengungen.

(2) Anstelle des spontanen Reagierens sollte sich der Lehrer als »Problemlöser« verstehen, der die Schwierigkeit genau analysiert und erst danach eine Handlungsmöglichkeit auswählt. Das bedeutet, daß der Lehrer eine nicht-alltägliche Strategie anwendet, bei der vielfältige Hypothesen zuerst gebildet werden.

(3) Zum Prüfen von Hypothesen stützt sich der Lehrer nicht nur auf das ihm verfügbare alltägliche Diagnostizieren, sondern er erweitert es bewußt durch Methoden der Verhaltensbeobachtung (Kapitel C 2), Befragungs- und Gesprächsmethoden (Kapitel C 3), Methoden der Leistungsbeurteilung (Kapitel C 4) und Methoden der Selbstdiagnose für Schüler und Lehrer (Kapitel C 5 und C 6).

(4) Sind mögliche Bedingungen der unterrichtlichen Schwierigkeit näher bekannt, sollen - auf ebenso reflexive Art wie bei der Diagnose - Handlungsmöglichkeiten bewußt gegeneinander abgewogen und auf die individuelle Situation abgestimmt werden.

Die Gegenüberstellung der Begriffe »alltäglich« und »nicht-alltäglich« deutet an, daß ein derartiges Vorgehen recht aufwendig und anspruchsvoll ist. Es braucht deshalb nur an wenigen Stellen angewendet werden; in allen übrigen Bereichen muß sich der Lehrer auf alltägliches Diagnostizieren und spontanes Reagieren stützen. Wir wollen an einem Beispiel zeigen, wie sich ein Lehrer als »Problemlöser« betätigt und dabei Schritt für Schritt ein Problem bewältigen kann. Dabei soll die Rolle systematischen Diagnostizierens und die Bedeutung einer überlegten Auswahl von Handlungsmöglichkeiten besonders hervorgehoben werden.

Ein Lehrer, 25 Jahre alt, unterrichtet als Klassenlehrer eine 5. Hauptschulklasse. Bei Unterrichtsbesuchen bietet sich dem angekündigten Beobachter folgendes Bild: Gleich zu Unterrichtsbeginn herrscht hohe Lautstärke, die der Lehrer mit erhobener Stimme zu übertönen versucht. An den Unterrichtsgesprächen, die der Lehrer mit Fragen und Impulsen steuert, nimmt nur ein kleiner Teil der Schüler aktiv teil. Die meisten Schüler unterhalten sich, spielen mit Federmäppchen oder Plastikautos. Gespräche des Beobachters mit den Schülern ergeben, daß auch diese unter der Unruhe leiden, nicht genau wissen, wie sie sich verhalten sollen und unzufrieden damit sind, daß sie selten etwas in Einzelarbeit tun dürfen. Den Lehrer selbst beurteilen sie hingegen insgesamt eher positiv, loben vor allem sein freundliches Verhalten, schränken aber ein, daß er manchmal recht streng sei. Der Lehrer erzählt dem Beobachter, daß er vom Unterricht immer recht erschöpft nach Hause kommt, daß er unzufrieden damit ist, daß er nicht alle Schüler beim Unterrichtsgespräch aktivieren kann und daß er darunter leidet, daß er trotz verschiedener Bemühungen die erforderliche Ruhe beim Unterrichtsgespräch nicht herzustellen vermag. Hilflosigkeit, Selbstvorwürfe und Erschöpfung auf seiten des Lehrers, Unzufriedenheit, Langeweile und geringer Lernzuwachs auf seiten der Schüler weisen auf bedeutsame Schwierigkeiten hin, die besondere Anstrengungen gerechtfertigt erscheinen lassen. Der Lehrer, der sich als »Problemlöser« betätigen will, erhofft sich von seinen Bemühungen, künftig nach dem Unterricht weniger erschöpft zu sein, mit einzelnen Schülern besser auszukommen, die Unruhe mindern und die Schüler mehr motivieren zu können. Gemeinsam mit dem Beobachter versucht er, vielfältige Hypothesen zu bilden, diese zu prüfen und danach Handlungsmöglichkeiten auszuwählen und auszuprobieren. Dabei werden folgende Schritte unternommen:

Schritt 1: Subjektive Situationsschilderungen. Gerade bei diesem emotional zwar sehr stark erlebten, den Ursachen nach aber weitgehend verdeckten Konflikt, ist es besonders wichtig, daß die Akteure sich die ablaufenden Prozesse bewußt machen. Dies kann durch schriftliche oder mündliche Schilderungen geschehen. Das »Übersetzen« der Erlebnisse in Sprache bringt dabei eine gewisse Distanzierung und Objektivierung mit sich. Erreicht wird dies dadurch, daß Lehrer und Schüler, getrennt voneinander, dem Beobachter ihre Sichtweise der Geschehnisse berichten. Der Vergleich von Lehrer- und Schülerperspektiven kann zur Bildung verschiedener, zunächst noch unscharfer Hypothesen führen. In unserem Fall zeigt sich, daß beide Seiten stark unter der Unruhe leiden und motiviert sind, eine Änderung dieses unbefriedigenden Zustandes zu erreichen. Mögliche Ursachen zeichnen sich dahingehend ab, daß
(1) der Lehrer sich teils nachgiebig verhält und Unruhe duldet, teils aber - für die Schüler überraschend - recht streng durchgreift. Die Schüler wissen jetzt nicht mehr so genau, welches Verhalten erlaubt und welches verboten ist;
(2) das vom Lehrer bevorzugte Unterrichtsgespräch, das er als didaktisch hochwertigste Unterrichtsform ansieht, von den Schülern weniger geschätzt wird als z.b. Aufgaben, bei denen sie in Einzel- oder Partnerarbeit alle »etwas tun« dürfen;
(3) die Strafmaßnahmen des Lehrers sich meist auf bestimmte Schüler richten, was sowohl an deren auffälligem Verhalten, als auch an

Einseitigkeiten der Lehrerwahrnehmung liegen kann; (4) schließlich das »Strafsystem« des Lehrers, die Namen der auffälligen Schüler an die Tafel zu schreiben und bei wiederholtem Notieren Strafarbeiten auszugeben, von den Schülern stark abgelehnt wird.

Da man davon ausgehen muß, daß Lehrer wie Schüler die Situation einseitig und verzerrt wahrnehmen, kann keineswegs schon jetzt nach Lösungsmöglichkeiten gesucht werden. Vielmehr müssen erst genauere und möglichst wenig verzerrte Daten beschafft werden, um präzisere Hypothesen bilden zu können.

Schritt 2: Das Einnehmen der Beobachterperspektive. In unserem Fall war dies sehr einfach, da ein Beobachter zur Verfügung stand, was im Schulalltag eher die Ausnahme ist. Der Beobachter zeichnete nicht nur einige Unterrichtsstunden auf Tonband auf, sondern notierte in Deutsch- und Mathematikstunden jede Minute das Verhalten des Lehrers und je eines ausgewählten Schülers, um auf Abhängigkeiten zwischen Lehrer- und Schülerverhalten zu stoßen (vgl. die minutenweise freie Beobachtung MFB in Kapitel C 2). Dabei zeigten sich folgende Ergebnisse:

(1) Der Lärmpegel in der Klasse ist insgesamt sehr hoch, auch wenn man berücksichtigt, daß in Tonbandaufnahmen die Unruhe stets störender erscheint, als sie es in Wirklichkeit ist.

(2) Die Schüler arbeiten völlig unterschiedlich mit. Die Anteile unterrichtsbezogenen Verhaltens liegen in Deutsch bei 19% für den unaufmerksamsten und 68% für die aufmerksamsten Schüler, in Mathematik entsprechend zwischen 22% und 73%.

(3) Phasen der Einzelarbeit werden von nahezu allen Schülern zu unterrichtsbezogenen Tätigkeiten - im Gegensatz zu Gesprächsphasen - genutzt.

(4) Unruhe und nicht-unterrichtsbezogenes Verhalten sind jeweils zu Beginn der Unterrichtsstunde geringer als gegen Ende.

Aus diesen Ergebnissen läßt sich schließen, daß offenbar erhebliche Zusammenhänge zwischen Unterrichtsform und Unruhe bestehen: Unterrichtsgespräche führen zu großer Unruhe und wenig Mitarbeit; Einzelarbeit führt zu geringer Unruhe und guter Mitarbeit. Die Verhaltensunterschiede bei den Unterrichtsgesprächen sind groß: manche Schüler arbeiten gut mit, etliche »schalten völlig ab«; bei Einzelarbeit sind die Verhaltensunterschiede hingegen recht gering, da fast alle Schüler gut mitarbeiten. Da ein Großteil des Unterrichts aus Unterrichtsgesprächen besteht, die bei großer Unruhe durchgeführt werden, nimmt die Unruhe während der Stunde eher zu als ab. Soll-ten diese Schlüsse richtig sein, so müßten die anderen Ursachen eher sekundärer Art sein, also Folgen der Bevorzugung von Unterrichts-gesprächen. Das heißt: daß der Lehrer zwischen Dulden und Strafen »kippt«, daß sich seine Strafmaßnahmen auf bestimmte Schüler rich-ten und daß er ein ungeliebtes Strafsystem benützt, läßt sich nur dar-aus erklären, daß er unter allen Umständen das Unterrichtsgespräch beibehalten will, dabei aber immer unmutiger und ärgerlicher wird.

Schritt 3: Prüfen der Hypothese. Ist die Hypothese über das Zustan-dekommen der Schwierigkeit so präzise formuliert, kann sie näher geprüft werden. Vorteilhaft für Lehrer und Beobachter ist dabei, daß sie nicht mehr auf vielfältige Sachverhalte achten müssen, sondern sich auf ganz wenige Verhaltensweisen beschränken können. Die Hypothese hat zwei Teile, die geprüft werden müssen. Der erste Teil bezieht sich auf die gewählte Unterrichtsform als genereller Ursache, der zweite Teil darauf, daß mit zunehmender Dauer des Unterrichts-gesprächs der Lehrer immer ärgerlicher wird und zu Strafen neigt, wobei er bestimmte Schüler besonders häufig ermahnt oder bestraft. Da die Verhaltensunterschiede der Schüler zwischen Unterrichtsge-spräch und Einzelarbeit durch die Beobachtungen schon hinreichend belegt sind, braucht jetzt nur noch geprüft werden, was sich »im Leh-rer« während anhaltender Unruhe abspielt, welche Maßnahmen er ergreift und wie die Schüler darauf reagieren. Für die sich »im Leh-rer« abspielenden Vorgänge wird ein einfacher Selbstbeobachtungs-bogen gewählt (vgl. Kapitel C 6 »Selbstdiagnose des Lehrers«). Der Lehrer wird gebeten, immer dann einen Strich auf einen auf dem Pult liegenden Zettel zu machen, wenn er starke unangenehme Gefühle während des Unterrichtsgesprächs empfindet, also z.B. Ärger, Un-zufriedenheit oder Hilflosigkeit. Parallel dazu soll der Beobachter darauf achten, wie sich der Lehrer verhält, nachdem er sich vom Pult wieder zur Klasse wendet. Es zeigen sich zwei Ergebnisse:
(1) Der Lehrer berichtet, daß er das Notieren seiner unangenehmen Gefühle als sehr hilfreich empfunden hat, da ihm nie zuvor bewußt gewesen sei, wie viel er sich in jeder Stunde habe ärgern müssen. Al-lerdings habe er auch manchmal »im Eifer« versäumt, die Striche zu notieren.
(2) Der Beobachter stellt fest, daß der Lehrer zu Beginn der jeweili-gen Unterrichtsstunde im Anschluß an das Notieren des Ärgers mit erhobener Stimme, demonstrativem Warten mit verschränkten Ar-men oder durch ein »Bitte, jetzt wieder zuhören!« reagiert. Gegen

Ende der Unterrichtsstunde werden dann nicht nur die Ärger-Notizen häufiger, sondern der Lehrer reagiert auch vermehrt mit Ermahnungen, kleinen ironischen Herabsetzungen und teilweise mit Strafen, wobei bestimmte Schüler besonders häufig angesprochen werden. Die Klasse selbst reagiert auf das »Umkippen« des Lehrers von Dulden zu Strafen keineswegs mit der erhofften Ruhe, sondern nimmt kurz nach den Eingriffen wieder Seitengespräche und Nebentätigkeiten auf. Lehrer und Beobachter versuchen am Ende dieser diagnostischen Phase alle festgehaltenen Beobachtungen zusammenzutragen und in einen Bedingungszusammenhang zu bringen. Übereinstimmend einigen sich beide auf folgende Rekonstruktion der Abläufe im Unterricht: »Das vom Lehrer als didaktisches Mittel bevorzugte Unterrichtsgespräch motiviert nur wenige Schüler zur Mitarbeit und führt dazu, daß viele Schüler nichtunterrichtsbezogene Tätigkeiten ergreifen. Der Lehrer duldet dies zuerst, greift dann aber später stark ein. Das »Umkippen« des Lehrers vermindert aber die Unruhe nicht, sondern trägt eher zu deren Steigerung bei. Der Zustand ist für Lehrer und Schüler unbefriedigend.« (Im vorliegenden Fall handelt es sich um ein Beispiel. Nicht immer sind Unterrichtsgespräche die Quelle von Störungen. Auch bei Einzel- und Partnerarbeit können Disziplinprobleme verstärkt auftreten. Es kommt also darauf an, in jedem Einzelfall das jeweilige Problem zu identifizieren und zu analysieren.)

Schritt 4: Zielbestimmung. Die erste Hälfte des Problems ist gelöst: herkommend von allgemeinen Vermutungen, angeregt durch subjektive Situationsschilderungen und anschließendem Perspektivenwechsel, wurde durch Verhaltensbeobachtungen eine zweiteilige Hypothese eingegrenzt, die sich durch kombinierte Selbst- und Fremdbeobachtung bestätigen ließ. Nun gehen Lehrer und Beobachter an die zweite Hälte des Problems: es sind Handlungsmöglichkeiten ausfindig zu machen, durch die die Schwierigkeiten verringert werden können. Dabei ist zuerst einmal abzuklären, welche Ziele der Lehrer erreichen möchte. (In günstigen Fällen erfolgt die Zielbestimmung in Kooperation mit allen Personen, die direkt an der Schwierigkeit beteiligt sind.) In unserem Fall legten Lehrer und Beobachter nach eingehender Diskussion folgende Ziele fest: Der Umfang der Unterrichtsgespräche soll vermindert werden (Ziel 1) zugunsten der Vermehrung von Einzel- und Partnerarbeit (Ziel 2). Für die verbleibenden Phasen des Unterrichtsgespräches sollen die Schüler dann aber auch ruhig und aufmerksam sein (Ziel 3), der Lehrer auf der anderen Seite aufkommende Unruhe weder dulden (Ziel 4) noch übertönen (Ziel 5), sondern freundlich aber bestimmt versuchen, die Unruhe zu begrenzen (Ziel 6).

Schritt 5: Suche nach geeigneten Handlungsmöglichkeiten. Die Ziele 1 und 2 erfordern didaktische Änderungen, die der Lehrer bei der Unterrichtsplanung vornehmen kann. Etwas schwieriger ist es, die Lehrer-Schüler-Interaktion während des Unterrichtsgesprächs zu verändern, da es sich ja um eingeschliffene Verhaltensweisen beider Seiten handelt. Wie in Kapitel D dieses Buches ausführlich begründet, eignen sich hier Vereinbarungen zwischen Lehrer und Schülern, bei denen Regeln festgelegt werden (Maßnahme zu Ziel 3), Stop-Befehle zum Unterbrechen ungünstiger Automatismen (Maßnahme zu den Zielen 4 und 5) sowie das konsequente Herstellen eines erwünschten Zustandes durch bestimmtes »Begrenzen« und freundliches »Bekräftigen« (Maßnahmen zu Ziel 6). Entscheidend bei der Auswahl von Handlungsmöglichkeiten ist einmal, daß der Lehrer sie durchführen kann, ohne daß er kräftemäßig zu sehr überfordert ist oder die Maßnahme in zu starkem Kontrast zu seiner Persönlichkeit steht; zum anderen sollte die gewählte Handlungsmöglichkeit logisch schlüssig auf die erstellte Diagnose zugeschnitten sein. In unserem Fallbeispiel bereitete die geänderte Unterrichtsgestaltung dem Lehrer ebensowenig Schwierigkeiten wie das Vereinbaren von Regeln, weil er von seinem Studium her mit beidem vertraut war. Schwieriger war es für ihn hingegen, die bisherigen Automatismen zu stoppen und statt dessen zu begrenzen und zu bekräftigen.

Schritt 6: Erfolgskontrolle. Letztendlich entscheidet über die Angemessenheit der Diagnose, der Zielbestimmung und der Handlungsauswahl der tatsächliche Erfolg im Unterrichtsalltag. Dieser ist erneut mit den beschriebenen diagnostischen Techniken prüfbar, also z.B. durch Schilderungen der veränderten Situation, Perspektivenwechsel, Verhaltensbeobachtung, Selbstdiagnosen usw. In manchen Fällen verändert sich die Situation wirklich sehr stark, so daß ganz einfache Maßnahmen genügen. In unserem Fall war dies in den ersten beiden Wochen so. Die Lautstärke war deutlich geringer, die Mitarbeit wesentlich besser, Lehrer und Schüler zufriedener. Zunehmend war aber beobachtbar, daß die Selbstkontrolle des Lehrers nicht ausreichte, um die alten Automatismen zu stoppen, so daß mit der Zeit eine Annäherung an den früheren Zustand erfolgte. Jetzt ist es erforderlich, Hypothesen über das Scheitern einzelner Maßnahmen zu bilden und andere Maßnahmen auszuwählen, was wiederum durch eine Abfolge von Diagnose und Handlungsauswahl geleistet werden kann. In unserem Fall kam es aber nicht mehr so weit, da die ersten Interventionen wenigstens ein Stück weit geholfen hatten und der Lehrer nach den Sommerferien eine andere Klasse übernahm.

Das Fallbeispiel sollte zeigen, wie schulische Schwierigkeiten als Probleme aufgefaßt werden können, die durch Strategien des Hypothesenbildens und Hypothesenprüfens gelöst werden können. Der Lehrer als »Problemlöser« setzt dabei diagnostische Fertigkeiten zu einer ersten, ganz allgemeinen Problemanalyse ein, bildet zunächst vielfältige Hyothesen, um anschließend nacheinander ungeeignete Hypothesen auszuscheiden. Sowohl bei der Bildung wie bei der Prüfung der Hypothesen spielt die Diagnostik eine zentrale Rolle. Interessant ist, wie einzelne diagnostische Maßnahmen das Gesamtbild der Schwierigkeit immer mehr abrunden, bis schließlich der Erkenntnisstand es erlaubt, Handlungsmöglichkeiten gezielt auszuwählen. Erfolgskontrolle bzw. das Weiterbestehen des Problems erfordern dann erneut den Einsatz diagnostischer Fertigkeiten. Bevor nun in den Kapiteln C 2 bis C 6 detaillierte diagnostische Fertigkeiten vorgestellt werden, soll hier gezeigt werden, wie einfach und wenig aufwendig die ersten Bemühungen bei einer allgemeinen Analyse des Problems sein können.

1.3 Zwei einfache Hilfen
bei der Analyse unterrichtlicher Probleme

Damit die Hypothesenbildung nicht vorzeitig verengt wird und wichtige Bedingungsfaktoren nicht vorschnell ausgeklammert werden, kommt es darauf an, die Schwierigkeit in ihrer ganzen Breite und Vielfältigkeit zu erfassen. Wie schon im Fallbeispiel gezeigt, können zwei schlichte Maßnahmen hilfreich sein:
- subjektive Situationsschilderungen stellen den ersten Versuch dar, das Problem zu objektivieren;
- mit einem Perspektivenwechsel oder einer Konfrontation der Perspektiven können die Ziele und Empfindungen der am Problem beteiligten Personen erkannt werden.
Beide Maßnahmen zusammen regen zu zahlreichen und meist recht verschiedenartigen Vermutungen über das Zustandekommen der Schwierigkeit an.

a) Die subjektive Situationsschilderung. Die am Konflikt beteiligten
Parteien versuchen, mündlich oder schriftlich, eine Situationsschil-
derung aus ihrer persönlichen Sicht zu geben, wobei sie folgende
Merkmale berücksichtigen:
- Der allgemeine Rahmen der Situation soll angegeben werden, insbesondere diejenigen Situationsmerkmale, die zum Verständnis der
Unterrichtsschwierigkeiten beitragen, z.B. »die Schüler arbeiten in
Gruppen«, »es ist die Stunde nach der großen Pause« usw. Informationen, die für das spezifische Problem unwesentlich sind, können
dagegen entfallen.
- Die Beschreibung soll sich genau an der Reihenfolge der problematischen Lehrer- und Schülerverhaltensweisen orientieren und möglichst präzise Angaben über Art und Häufigkeit des Verhaltens machen.
- Die Situationsschilderung soll sich eng an das tatsächlich Beobachtbare halten. Interpretationen des beobachteten Verhaltens sollten
möglichst vermieden oder in Klammern hinzugefügt werden.

8.Schuljahr, 5.Stunde, Geometrie: Der Lehrer schreibt eine Aufgabe
an die Tafel, während das Klingelzeichen zum Ende der Stunde er-
tönt. Mehrere Schüler legen das Schreibzeug weg und lehnen sich zurück. Zwei Schüler packen ihre Taschen. Karl sagt (ironisch, herab-
lassend) zum Lehrer: »Sie können wohl nie genug kriegen?« Die
Klasse lacht laut. Der Lehrer dreht sich um und sagt (aggressiv): »Jeder schreibt diese Aufgabe ab und löst sie als Hausaufgabe!« Einige
Schüler schreiben die Aufgabe ab, drei Schüler stehen auf und verlassen das Klassenzimmer. Der Lehrer ruft hinterher »Halt!« Die Schüler reagieren nicht. Darauf sagt der Lehrer (resignierend): »Geht
halt in Gottes Namen!« Die Klasse verläßt den Klassenraum.

Die Situationsschilderung erfüllt die oben angegebenen Kriterien.
Mehrere Situationsschilderungen dieser Art können dazu dienen,
den Konflikt zwischen dem Mathematiklehrer und diesem 8. Schuljahr, der sich ständig verschärft, zu präzisieren und Hypothesen über
Lehrer- und Schülerverhalten zu bilden. Dagegen würde die folgende Schilderung einer Lehrerin weder den allgemeinen Rahmen genau wiedergeben noch das Verhalten in zeitlicher Reihenfolge beschreiben. Es fehlen auch genaue Angaben über die Häufigkeit und
den zeitlichen Umfang des Verhaltens. Ebenso sind Interpretationen
nicht gekennzeichnet.

Die Lehrerin berichtet:»In meinem 4. Grundschuljahr fallen drei Jungen durch übertriebenes Geltungsbewußtsein auf: Sie übernehmen oft die Rolle des Kaspers, warten nie, bis sie drankommen, können sich an die Spielregeln im Klassenverband nicht halten und wollen immer und überall zuerst und zuvorderst sein. Wenn sie ihr Ziel, die Aufmerksamkeit des Lehrers und der Schüler zu erhalten, nicht erreichen, sind sie schnell beleidigt. Diese Schüler stellen für den Unterricht und die Klasse eine Belastung dar, wenn auch oft - zumindest bei zweien - einige Beiträge durchaus positiv sind. Besonders auffallend ist dieses Verhalten auch bei Lehrproben von Studierenden, wo die beiden Schüler dieses Verhalten nach allen Richtungen auskosten.«

Schilderungen, die wir im Alltag über unterrichtliche Konflikte geben, sind von der Art, wie die Lehrerin sie hier vorgebracht hat. Als Leser oder Hörer hat man sofort einen unmittelbaren Eindruck vom Geschehen und fragt sich gleich, wie man auf diese drei Jungen reagieren könnte. Dadurch wird verdeckt, daß die Ursachen dieses Verhaltens unter Umständen gar nicht allein bei den drei Schülern liegen, sondern vielleicht auch andere Faktoren relevant sind, die bei der Lösung des Konflikts unbedingt mitberücksichtigt werden müssen. Trotzdem können solche Alltagsschilderungen an Wert gewinnen, wenn man sie durch Situationsschilderungen ergänzt, die die oben angegebenen Kriterien erfüllen, d.h. in der Beobachtungssprache abgefaßt sind. In diesem Beispiel wäre es erforderlich, eine ganze Reihe genauer Situationsschilderungen zu geben, um den tatsächlichen Ablauf der Lehrer-Schüler-Interaktion, die Häufigkeit des Verhaltens der Schüler usw. rekonstruieren zu können. Daraus ließen sich dann Hypothesen über das Zustandekommen des Problems gewinnen.

Die subjektive Situationsschilderung eignet sich zum Einstieg in die Problembearbeitung gut, weil sie einerseits mit wenig Aufwand zu erstellen ist, andererseits aber dem Lehrer beim Aufschreiben die Problemsituation bewußter wird als zuvor. Dadurch wird es ihm leichter möglich, verschiedene Hypothesen über das Zustandekommen des Konfliktes, insbesondere über seine eigene Rolle hierbei, zu bilden. Allerdings sollte der Lehrer weitere Schritte zur Problemanalyse und -diagnose ergreifen, da er sich ja beim Niederschreiben der subjektiven Situationsschilderung ganz auf die eigenen, unkorrigierten Wahrnehmungen verläßt, die Problemsituation also sehr subjektiv schildert. Besonders empfehlenswert ist es, direkt an die subjektive Situationsschilderung einen Perspektivenwechsel anzuschließen, weil dadurch die Hypothesenbildung zusätzlich angeregt wird.

b) *Der Perspektivenwechsel.* Unterrichtliche Konflikte zeichnen sich dadurch aus, daß Lehrer und Schüler die Situation ganz unterschiedlich wahrnehmen und beurteilen. Da die jeweilige Perspektive das Handeln wesentlich bedingt, sind die Handlungsweisen der »Konfliktparteien« so wenig aufeinander abgestimmt, daß die schwierige Situation kaum adäquat bewältigt werden kann. Um die Voraussetzungen für eine Konfliktlösung zu schaffen, mit der später alle Betroffenen einigermaßen zufrieden sind, ist es wichtig, sich zunächst einmal in die Lage aller am Problem beteiligten Personen zu versetzen. Dies hat den Vorteil, daß die »Schuld« nicht vorschnell nur an einer »Konfliktpartei« festgemacht wird, und die verschiedenen Lösungsmöglichkeiten, die grundsätzlich in jeder Situation vorhanden sind, nicht von vornherein unangemessen eingeschränkt werden. Aus verschiedenen Gründen ist ein solcher Perspektivenwechsel manchmal schwierig:
- Bestimmte Informationen über die anderen Personen, insbesondere über ihre Gefühle, Stimmungen, Empfindungen usw., fehlen und können nur vermutet werden.
- Durch die mit dem Konflikt verbundene Belastung kann die Fähigkeit oder Bereitschaft, andere Sichtweisen zu verstehen, erheblich beeinträchtigt sein.

Beispiel: Während der Schüler Peter im Deutschunterricht des 5. Schuljahres Hauptschule an der Tafel versagt, löst sein Nachbar Andreas anschließend das Problem richtig und wird von der Lehrerin mit »Sehr gut, Andreas!« gelobt. Dieser geht (stolz) an seinen Platz zurück und fängt an, sich selbst zu loben und Peters Leistungen herabzusetzen. Es kommt zu einem immer lauter werdenden Wortgefecht, das schließlich von Lehrer und Klasse (störend) bemerkt wird.

Vermutungen zur Perspektive von Andreas könnten sein:
Er ist stolz auf seine Leistung.
Er möchte für seine Leistung bestätigt werden.
Er möchte bessere Leistungen erbringen als sein Nachbar.
Er möchte seinen Nachbarn kränken, herabsetzen.
Er möchte das Gefühl der Überlegenheit auskosten.

Er möchte eine Auseinandersetzung provozieren.
Er möchte die Aufmerksamkeit aller ihm benachbarten Schüler erreichen.
Er möchte, daß die Lehrerin sich weiter mit ihm befaßt.
usw.

Vermutungen zur Perspektive von Peter könnten sein:
Er ist neidisch auf die gute Leistung von Andreas.
Er ist empört über die Herabsetzungen.
Er ist wütend.
Er fühlt sich angegriffen.
Er verteidigt sich.
Er ist enttäuscht von der eigenen Leistung.
usw.

Vermutungen zur Perspektive der Lehrerin könnten sein:
Sie fühlt sich gestört.
Sie ist verärgert über den Zwischenfall.
Sie ist überrascht, weil sie mit den Auseinandersetzungen der beiden Schüler nicht gerechnet hat.
Sie hat Mitleid mit dem »erfolglosen« Schüler.
Sie ist enttäuscht über das unsoziale Verhalten von Andreas.
Sie will die Störung so rasch wie möglich beenden.
Sie will den »erfolglosen« Schüler trösten.
usw.

Vermutungen zur Perspektive der Klasse könnten sein:
Sie fühlt sich gestört.
Sie ist froh über die Unterbrechung.
Sie ergreift Partei für einen der beiden Schüler.
Sie ist an der Auseinandersetzung nicht interessiert.
Sie empfindet Mitleid für den »erfolglosen« Schüler.
Sie empfindet Schadenfreude über das Versagen des Schülers.
usw.

Für jede der im Beispiel genannten vier Perspektiven (Andreas, Peter, Lehrerin, Klasse) sind verschiedene Vermutungen darüber denkbar, was den Handelnden durch den Kopf geht, was sie empfinden usw. Einige dieser Vermutungen sind besonders wahrscheinlich, aber ohne weitere diagnostische Maßnahmen ist nicht verläßlich zu entscheiden, ob sie auch zutreffen. Der Hypothesencharakter der einzelnen Vermutungen macht es notwendig, Informationen zur Hypothesenprüfung einzuholen. Bevor dies geschieht ist es aber sinnvoll, die beim Perspektivenwechsel erarbeiteten Vermutungen daraufhin durchzusehen, an welchen Punkten sich die Perspektiven nicht decken, die Handelnden also unterschiedliche Ziele anstreben. Eine derartige inhaltliche Analyse präzisiert die gegensätzlichen Auffassungen und führt in vielen Fällen zu besonders fruchtbaren Hypothesen.

Beispiel: In einem 9. Schuljahr sitzen die Schüler im Geschichtsunterricht in Gruppen. In einer der Gruppen geht es immer sehr lebhaft zu. Im Mittelpunkt steht oftmals eine lautstarke Schülerin, die - sehr witzige - Bemerkungen zu Stoff, Schülerbeiträgen oder über den Lehrer macht. Die anderen Schüler der Gruppe lachen darüber. Wenn der Geschichtslehrer versucht, diese Schülerin zu ermahnen oder zu bestrafen, ergreift die Gruppe Partei für sie, so daß sich in der Regel eine längere Auseinandersetzung ergibt und der Unterricht dadurch unterbrochen ist. Die Schüler haben sich bisher geweigert, auf andere Gruppen verteilt bzw. auseinandergesetzt zu werden.

In diesem Beispiel deckte der Perspektivenwechsel folgenden Konflikt auf: Ziel des Geschichtslehrers ist es, den vorgeplanten Stoff ohne Unterbrechung durchzunehmen; Ziel der Schülerin dagegen, soziale Anerkennung durch Gruppe und Klasse zu erhalten. Solange beide nur ihre eigenen Ziele beharrlich verfolgen, bleibt der Konflikt bestehen: Der Lehrer versucht, immer stärker zu unterbinden und das Strafmaß zu steigern; die Schülerin muß sich angesichts dieser Sanktionen immer stärker der Solidarität der Gruppe versichern und sich immer auffälliger verhalten.

Werden subjektive Situationsschilderungen und Perspektivenwechsel nach den eben beschriebenen Vorschlägen durchgeführt, ergeben sich vielfältige Ideen für das weitere diagnostische Vorgehen. Der Arbeitsaufwand ist gering, denn das Problem ist rasch berichtet oder aufgeschrieben, der Perspektivenwechsel schnell vollzogen. Aufgrund der dabei gewonnenen Erkenntnisse neigen allerdings manche Lehrer dazu, die Diagnose abzubrechen, noch ehe sie richtig begonnen hat, um gleich nach Handlungsmöglichkeiten zu suchen. Dies ist verständlich, wenn man bedenkt, daß jedem Lehrer daran gelegen ist, unterrichtliche Schwierigkeiten möglichst umgehend aus der Welt zu schaffen. Umgekehrt ist aber zu vermuten, daß Situationsschilderung und Perspektivenwechsel noch derart subjektiv gefärbt sind, daß treffsichere Diagnosen nicht gestellt und wirksame Handlungsmöglichkeiten nicht gefunden werden können. Wir schlagen deshalb vor, die beiden Verfahren als einfache Hilfen zu verstehen, ein Problem näher zu betrachten, um überhaupt unter den in den nachfolgenden Kapiteln beschriebenen diagnostischen Fertigkeiten sinnvoll auswählen zu können.

2. Verschiedene Methoden der Verhaltensbeobachtung

2.1 Wozu dienen Verhaltensbeobachtungen?

Durch die in Kapitel C 1 geschilderte allgemeine Analyse des Problems (z.B. durch subjektive Situationsschilderungen und Perspektivenwechsel) hat der Lehrer verschiedenartige Vermutungen über das Zustandekommen der Schwierigkeiten gebildet, aber er hat diese noch nicht mit der schulischen Realität direkt konfrontiert. Deswegen zielen die folgenden Schritte im »Problemlöseprozess« darauf ab, Auseinandersetzungen mit den real ablaufenden Geschehnissen herbeizuführen. Die Fragestellungen können sich dabei entweder darauf richten, welche Gedanken und Gefühle das Handeln des Schülers steuern. Als diagnostische Maßnahmen sind dann Befragungs- und Gesprächsmethoden angezeigt, wie sie in Kapitel C 3 beschrieben werden. Oder es ist nicht genau bekannt, wie Lehrer und Schüler in den schwierigen Situationen miteinander umgehen. Wenn also gefragt ist, wie häufig, wie lange oder in welcher Intensität Lehrer und Schüler bestimmte Verhaltensweisen zeigen, dann sind Methoden der Verhaltensbeobachtung nützlich. Dabei können zwei verschiedene Zwecke erfüllt werden:
(1) Durch Beobachten des Geschehens können weitere Hypothesen gebildet werden. Dazu eigenen sich solche Techniken, bei denen ein breites Spektrum an Verhaltensweisen registriert wird, wie etwa die minutenweise freie Beobachtung (MFB).
(2) Es können Hypothesen geprüft werden. Dazu eigenen sich Methoden, bei denen Verhaltensweisen genau aufgezählt (Strichlisten) oder Schülerreaktionen in ausgewählten Situationen genau beobachtet (BIRS) werden.
In den meisten Fällen erbringen Verhaltensbeobachtungen einen deutlichen Zuwachs an Informationen und Einsichten. Dies liegt ein-

mal daran, daß der Beobachter sich voll auf die Geschehnisse konzentrieren kann und nicht, wie beim alltäglichen Diagnostizieren, durch vielfältige Anforderungen des Unterrichtens und Erziehens gebunden ist. Er nimmt also wesentlich aufmerksamer und ungestörter wahr. Diese andersartige Rolle erlaubt ihm auch, Notizen zu machen. Auch hierdurch ergeben sich Prozesse der Objektivierung und Distanzierung, so daß der Beobachter aus einer anderen Perspektive wahrnimmt als der unterrichtende Lehrer. Diese Aussagen treffen auch dann, jedoch in abgeschwächter Form, zu, wenn sich der Lehrer während des Unterrichtens von seinen Informations- und Erziehungsaufgaben entlastet, um z.B. bei einer eigens dazu angesetzten Einzel- oder Gruppenarbeit darauf zu achten, wie sich ein bestimmter Schüler oder eine bestimmte Gruppe verhält. Verglichen mit den alltäglichen Wahrnehmungen liefert also die Verhaltensbeobachtung ein weniger verzerrtes, objektiveres Bild, erlaubt es, Vorurteile zu korrigieren und zum Teil auch Verhaltensweisen stichwortartig oder gar zahlenmäßig festzuhalten. Das bedeutet letztendlich: die unterrichtliche Schwierigkeit wird realitätsgerechter erfaßt! Dieser erhebliche Vorteil muß jedoch mit einem zusätzlichen Aufwand erkauft werden. Entweder muß sich der Lehrer immer wieder von seinen Aufgaben entlasten, um während der Unterrichtsstunde beobachten zu können, oder er muß eine geeignete Person als Beobachter gewinnen. Im ersten Fall muß der Lehrer didaktisch sehr überlegt vorgehen, damit er nicht durch Zwischenfragen der Schüler oder Störungen von seinen Beobachtungen abgehalten wird. Im zweiten Fall muß er einen Kollegen, Referendar oder Praktikanten bitten, die Beobachtungen durchzuführen. Dabei muß er nicht nur persönliche Hemmungen überwinden, sondern auch die organisatorischen Voraussetzungen schaffen. Beide Hindernisse führen dazu, daß Fremdbeobachter nur sehr selten zur Diagnose hinzugezogen werden. Deswegen ist es immer eine schwierige Entscheidung, »Nutzen und Kosten« von Verhaltensbeobachtungen gegeneinander abzuwägen. Wir haben deshalb von vornherein darauf verzichtet, Beobachtungsmethoden aufzuführen, die in Genauigkeit und Umfang wissenschaftlichen Anforderungen genügen. Uns kommt es darauf an, wenig aufwendige, praktikable und zugleich aufschlußreiche Beobachtungsverfahren für die Hand des Lehrers zu entwerfen, um die Wahrscheinlichkeit zu erhöhen, daß diese Formen im Schulalltag auch eingesetzt werden.

2.2 Hypothesenbildung mit Methoden der Verhaltensbeobachtung

Im Gegensatz zu später geschilderten Methoden erlaubt die Verhaltensbeobachtung nur Aufschlüsse über direkt sichtbares Verhalten, nicht aber über handlungssteuernde Gedanken und Gefühle. Das sichtbare Verhalten kann dabei, wie es etwa die Lerntheorien tun, in drei Kategorien unterteilt werden:
- in diejenigen Bedingungen, die dem Problemverhalten direkt vorausgehen; man bezeichnet sie als »Signalreize« oder auch Situation;
- in das Problemverhalten selbst, auch als »Reaktion« bezeichnet;
- in diejenigen Bedingungen oder Ereignisse, die dem Problemverhalten nachfolgen; man bezeichnet sie auch als »Konsequenzen«.

Bedingungen, die einem Verhalten vorausgehen, haben die Eigenschaft, daß sie dieses Verhalten hervorrufen können. Beobachtet man deshalb das Aufeinanderfolgen von Situationen und Reaktionen, so kann man verschiedene Hypothesen darüber bilden, welche Bedingungen einer Situation zu welchen Reaktionen führen. Solche Bedingungen oder »Signalreize« können zum Teil unbewußt wirken, also allein durch ihr Auftreten automatische, eingeschliffene Reaktionen auslösen. Erklärt etwa ein Lehrer eine Aufgabe und fügt dann hinzu: »Jetzt rechne ich noch eine Aufgabe vor und hinterher machen wir dann Gruppenarbeit«, so kann es vorkommen, daß viele Schüler sich sofort zu den Mitschülern drehen und mit der Gruppenarbeit beginnen. Sie haben auf ein Signalwort reagiert. Erfahrene Lehrer wissen dies und versuchen bewußt, in bestimmten Unterrichtssituationen irreführende Signalwörter zu vermeiden. Weitere situative Bedingungen, die Verhalten hervorrufen können, sind z.b. bestimmte Sozialformen wie erarbeitendes Unterrichtsgespräch, Gruppen-, Partner- oder Einzelarbeit, das Bevorzugen oder Benachteiligen eines bestimmten Schülers, bestimmte Aufforderungen usw. Um noch nicht erkannte Zusammenhänge zwischen Situation und Reaktion herauszufinden, hat es sich bewährt, kontinuierlich über eine Unterrichtsstunde hinweg Notizen zu machen. Von der allgemeinen Problemanalyse sollten schon bestimmte Vermutungen darüber vorliegen, welche Verhaltensweisen man als »Situation« und welche man als »Reaktion« kategorisieren möchte. Geht es um Abhängigkeiten zwischen Lehrer- und Schülerverhalten, kann z.b. das Lehrerverhalten als »Situation« und das Schülerverhalten als »Reaktion« versuchsweise definiert werden. Mit einer größeren Zahl von Aufzeichnungen hofft man, bestimmte Zusammenhänge zu entdecken, z.B. daß ein Schüler nach Tadel in der Aufmerksamkeit nachläßt, daß ein anderer Schüler bei Frontalunterricht besonders gut mitarbeitet, daß ein dritter Schüler bei Beiträgen seiner Mitschüler nicht aufpaßt, wohl aber bei allen Arbeitsanweisungen usw. Will man hingegen die Interaktion zwischen zwei Schülern untersuchen, so kann man das Verhalten des ersten Schülers versuchsweise als »Situation« und das des zweiten Schülers als »Reaktion« bezeichnen und herausfinden, wie der eine Schüler auf aggressives, freundliches, desinteressiertes und kooperatives Verhalten des anderen Schülers reagiert. Da im Verhaltensfluß »Signalreize« und »Reaktionen« ständig aufeinander folgen und zum Teil auch recht verdeckt sind, ist eine kontinuierliche Beobachtung erforderlich, die nur ein Fremdbeobachter leisten kann. Dieser erhält die Aufgabe, in zwei Spalten Aufzeichnungen zu machen: in der Situationsspalte wird das als auslösend vermutete Ereignis notiert, in der Reaktionsspalte die entsprechende Folge. Um den Beobachter nicht zu überfordern, wird ein Zeitrhythmus vorgegeben. Es hat sich bewährt, pro Minute nur je eine Eintragung in die Situations- und Reaktionsspalte zu machen, dies gibt pro Unterrichtsstunde 90 Notizen. Weil die sonstige Art der Beobachtung freigestellt ist, bezeichnen wir diese Verfahren als »minutenweise freie Beobachtung« und kürzen entsprechend als MFB ab. Langjährige Erprobungen haben ergeben, daß es auch von ungeschulten Beobachtern gut leistbar ist, pro Minute zwei Eintragungen zu machen; bei entsprechender Vertrautheit mit dem Verfahren können auch alle 30 Sekunden zwei Eintragungen gemacht werden. Weitere Verkürzungen der Beobachtungsintervalle haben sich aber als nicht praktikabel erwiesen. Dazu ein Beispiel:

Bei einem Schüler des 3. Grundschuljahres soll herausgefunden werden, welches Lehrerverhalten der Schüler Martin, der als »unkonzentriert« gilt, mit unterrichtsbezogenem Verhalten beantwortet. Aus der durchgeführten minutenweisen freien Beobachtung soll ein Ausschnitt wiedergegeben werden:

Situationsspalte		Reaktionsspalte:
Verhalten des Lehrers	Nr. der Minute	Verhalten des Schülers M.
notiert Schülerantworten an der Tafel	21	spielt mit Filzstiften
steht an der Tafel, ermahnt	22	schaut zum Lehrer
notiert S.antwort an Tafel	23	spielt
notiert S.antwort an Tafel	24	spielt
stellt Frage	25	schaut zum Lehrer
erteilt Strafarbeit	26	schaut zum Lehrer
stellt Frage	27	ruft Antwort in die Klasse
sagt zu M., er dürfe gleich etwas sagen	28	ruft, er müsse etwas sagen
ruft M. auf	29	M. gibt Antwort
ruft andere Schüler auf	30	spielt
notiert S.antworten	31	spielt

Als zahlenmäßiges Ergebnis zeigte sich nach dieser Stunde, daß Martin bei 15 Notizen malt, bei 10 Notizen spielt, bei 6 Notizen zum Lehrer schaut, bei 5 Notizen mit dem Nachbarn spricht usw. Wenn der Lehrer fragt, ermahnt oder bestraft, zeigt Martin unterrichtsbezogenes Verhalten; wenn der Lehrer andere Schüler aufruft oder an die Tafel schreibt, zeigt Martin kein unterrichtsbezogenes Verhalten. Mit solchen Daten können die sich aus den subjektiven Situationsschilderungen ergebenden Perspektiven korrigiert und Hypothesen über die Verursachung der Konflikte gebildet werden.

Bei der MFB ist nicht exakt festgelegt, was genau in die Situations- und Reaktionsspalte geschrieben wird. Festgelegt ist nur der Zeitrhythmus (z.b. minutenweise); die einzelnen Beobachtungen sind frei zu machen. Notiert werden kann deshalb die hauptsächliche Tätigkeit des Lehrers bzw. Schülers im Beobachtungsintervall; ebenso ist es aber auch möglich, herausgehobene, wenn auch nur sekundenlange Verhaltensweisen zu notieren (z.b. schlägt Mitschüler, ruft Beitrag in die Klasse usw.). Daraus folgt zugleich, daß eine minutenweise freie Beobachtung dort sinnvoll ist, wo noch wenig Informationen über die Interaktionen im Klassenzimmer vorliegen. Sind die Hypothesen schon so spezifiziert, daß es nur noch darum geht, bestimmte Verhaltensweisen zahlenmäßig zu erfassen (z.b. Häufigkeit der Meldungen, Zwischenrufe, Herabsetzungen usw.), sind Strichlisten der MFB vorzuziehen. Auf der anderen Seite fordert die MFB die Aufmerksamkeit des Beobachters erheblich, so daß innerhalb einer Unterrichtsstunde in der Regel nicht mehr als zwei Personen (z.b. Schüler A und Schüler B; oder Lehrer und ein Schüler) beobachtet werden können. Völlig ausgeschlosen ist es, daß der Beobachter während der Unterrichtsstunde seine Beobachtungspersonen wechselt, das heißt in die Reaktionsspalte z.b. Notizen zu verschiedenen Schülern macht. Die Notizen sind dann nicht mehr auswertbar. Die Auswertung der gemachten Notizen kann sowohl nach Inhalten als auch nach Häufigkeiten erfolgen. Bei der inhaltlichen Auswertung wird versucht, die Abfolgen von Situationen und Reaktionen nach Regelhaftigkeiten interpretierend durchzusehen, um daraufhin bestimmte Hypothesen zu bilden und später mit anderen Verfahren genauer zu prüfen. Bei der zahlenmäßigen Auswertung können die gleichartigen Notizen ausgezählt und miteinander verglichen werden. Dies kann erste, wenn auch noch ungenaue Anhaltspunkte über das Ausmaß bestimmter Lehrer- und Schülerverhaltensweisen geben.

Aus all diesen Beschreibungen geht hervor, daß die minutenweise freie Beobachtung lediglich zu Beginn der Diagnosephase ihren Platz hat. Sie liefert erste Eindrücke zur Lehrer-Schüler- oder Schüler-Schüler-Interaktion und übertrifft dabei in der Beobachtungsgüte weit die bloße, ungelenkte Gelegenheitsbeobachtung. Sie bildet deshalb einen sinnvollen Übergang von der recht subjektiven Problemanalyse zur exakteren Verhaltensbeobachtung. In der Regel reicht es aus, eine oder zwei Unterrichtsstunden mit der MFB zu beobachten und dann zu anderen Diagnosemöglichkeiten überzugehen.

Entsprechend der eingangs erwähnten Abfolge von Situation, Reaktion und Konsequenz kann der zweispaltige Beobachtungsbogen um die Spalte »Konsequenzen« erweitert werden. Dies ist immer dann sinnvoll, wenn Hypothesen darüber gebildet werden sollen, wie nachfolgende Bedingungen ein Verhalten aufrechterhalten oder sogar in der Häufigkeit zunehmen lassen. Dazu ein Beispiel: Geli besucht das 6. Schuljahr der Hauptschule. Aus Sicht der Lehrerin ist Geli die Ursache dafür, daß die Gruppenarbeit der betreffenden

Tischgruppe beeinträchtigt wird. Eine minutenweise freie Beobachtung ergibt, daß folgende Verhaltensweisen bei Geli besonders auffällig und häufig sind: sie schreit laut, ist mit Mitschülerinnen in Streit verwickelt, schlägt Mitschüler, wirft Gegenstände im Klassenzimmer umher und teilt Fußtritte an Mitschüler aus. Derart aggressive Verhaltensweisen treten pro Unterrichtsstunde zwei-, drei- oder viermal auf. Die Beobachterin versucht nun (vgl. Vogt, 1980), durch aufmerksames Zuschauen, die dem aggressiven Verhalten vorausgehenden Situationen und die dem Verhalten folgenden Konsequenzen zu identifizieren; dazu notiert sie sich einige Stichworte:

Situation	Verhalten	Konsequenz
Die Lehrerin gibt eine Arbeitsanweisung. Der Tischnachbar von Geli spricht aber noch.	Geli schlägt dem Tischnachbar mit dem Lineal auf den Kopf.	Der Tischnachbar wehrt sich nicht.
	Geli ruft: „Sei jetzt endlich einmal ruhig!"	Der Tischnachbar ist ruhig und paßt auf.

Geli fühlt sich in ihrer Aufmerksamkeit beeinträchtigt oder gestört (Situation). Sie reagiert darauf körperlich und sprachlich aggressiv (Verhalten). Sie erlebt positive Konsequenzen: Ihre Handlungsweise hat doppelten Erfolg, weil sich der Mitschüler die Aggression gefallen läßt und nicht mehr redet.

Situation	Verhalten	Konsequenz
Bei einer Gruppenarbeit reden die Schüler an Gelis Tisch laut durcheinander. Geli gibt auch einen Beitrag. Niemand beachtet den Beitrag.	Geli wirft das Buch auf den Tisch.	
	Geli schlägt einer Mitschülerin mit der Hand auf den Rücken.	Die Mitschülerin wehrt sich nicht.
	Geli ruft: „Halte jetzt endlich deinen Mund!"	Die Gruppe redet weiter und beachtet Geli nicht.

Geli fühlt sich nicht beachtet (Situation). Sie reagiert darauf aggressiv, indem sie mit Gegenständen wirft, schlägt und schimpft (Verhalten). Sie erlebt positive und negative Konsequenzen: Zwar wehrt sich die Mitschülerin nicht (positive Konsequenzen), aber Geli wird trotz ihrer Maßnahmen von der Gruppe nicht beachtet (negative Konsequenz: Die Aggression erweist sich als wirkungslos).

294

Situation	Verhalten	Konsequenz
Geli gibt einen Beitrag bei der Gruppenarbeit. Niemand beachtet den Beitrag.	Geli schlägt mit der Faust auf den Tisch. Geli schreit ihre Mitschülerinnen an.	Lehrerin kommt hinzu und beendet den Streit mit einer Ermahnung.

Geli fühlt sich nicht beachtet (Situation). Sie reagiert darauf aggressiv, sprachlich und körperlich (Verhalten). Daraufhin erlebt sie negative Konsequenzen in Form einer Ermahnung durch die Lehrerin; wobei diese Ermahnung bei vielschichtiger Betrachtung auch positiv empfunden werden könnte, da sie auch Aufmerksamkeit und Zuwendung von seiten der Lehrerin beinhaltet. Überblickt man eine größere Anzahl einzelner Beobachtungen nach dem Muster »Situation - Verhalten - Konsequenz«, so zeigt sich, daß das aggressive Verhalten von Geli oftmals zum Erfolg führt, da es von den Mitschülern meist geduldet wird. Der kurzfristige Erfolg wird vermutlich dazu führen, daß die Mitschüler Geli langfristig ablehnen. So entfernt sie sich wahrscheinlich von dem eigentlichen Ziel der Aggressionen, nämlich Beachtung und Anerkennung zu erhalten. Durch Interpretation der Aufzeichnungen wird es also möglich, Hypothesen darüber zu bilden, welche Bedingungen oder Situationen ein Verhalten hervorrufen und welche Konsequenzen es stabilisieren. Durch andere diagnostische Verfahren können dann wichtige Hypothesen näher geprüft werden. Dazu schlagen wir nachfolgend zwei Beobachtungstechniken vor.

2.3 Hypothesenprüfung mit Methoden der Verhaltensbeobachtung

a) Erstellen von Strichlisten. Strichlisten sind dann geeignet, wenn Verhaltensweisen in ihrer Häufigkeit erfaßt werden sollen. Die Hypothesenbildung muß dabei schon so weit vorangetrieben sein, daß klar ist, welche Ausschnitte aus der Lehrer-Schüler-Interaktion beobachtet werden sollen. Die Beobachtung ist jetzt nicht mehr »frei«, sondern stark eingegrenzt auf wenige, genau definierte Verhaltensweisen von Lehrer und/oder Schülern. Damit ist die Präzision des Beobachtungsverfahrens zwar deutlich höher als bei der MFB, aber es werden auch viele Bedingungen außer acht gelassen. Entscheidend ist also, daß sich der Lehrer als »Problemlöser« einen entscheidenden Erkenntniszuwachs vom Einsatz der Strichliste verspricht. Geht es um sehr selten auftretende, gut wahrnehmbare Ereignisse, kann der Lehrer selbst die Aufgabe der Registrierung übernehmen; handelt es sich dagegen um häufige oder verdeckte Verhaltensweisen, so ist ein Fremdbeobachter erforderlich. Dazu ein Beispiel: In einem fünften Schuljahr der Hauptschule kommt der Klassenlehrer mit seiner Klasse nicht zurecht. Er fühlt sich nicht voll akzeptiert, spürt Interesselosigkeit der Schüler, leidet unter der großen Unruhe und ist unglücklich über die geringen Leistungen. Die Problemanalyse führt zu der Vermutung, daß die Lehrer-Schüler-Beziehung dadurch gestört ist, daß der Lehrer sehr empfindlich auf minimale Unruhe, Leistungsverweigerungen usw. reagiert und die Schüler diese Überempfindlichkeit als belastend erleben, sich oft zu Unrecht gemaßregelt fühlen und den Lehrer wahrscheinlich deshalb nicht besonders mögen. Diese Vermutung wird geäußert, als der Lehrer in der Arbeitsgruppe sein Leid klagt und auf Nachfragen seiner Kollegen genauer beschreibt, was ihm zu schaffen macht. Die Kollegen sehen sich spontan in der Perspektive der Schüler und teilen ihm mit, daß sie vermuten, er habe sehr hohe Maßstäbe und reagiere schon recht barsch auf Dinge, die sie selbst in ihrem Unterricht für belanglos halten. Der Lehrer, der sich selbst vorher nicht so gesehen hat, ist interessiert daran, durch einen Fremdbeobachter genaueren Aufschluß über sein Verhalten zu bekommen. Die Fremdbeobachtung wird folgendermaßen geplant: Da außer den Berichten des Klassenlehrers nicht viel über das tatsächliche Geschehen im Unterricht bekannt ist, wird vereinbart, daß der Fremdbeobachter zuerst eine Stunde lang minutenweise freie Beobachtungen (MFB) durchführen solle. In einem zweiten Schritt sollen dann mit dem Lehrer zusammen einzelne Verhaltensweisen ausgegliedert und diese zahlenmäßig erfaßt werden. Aufgrund der minutenweisen freien Beobachtung zeigt sich, daß der Lehrer, der in dieser Rechenstunde viel schriftlich erarbeiten läßt, besonders auffällig auf zwei Schülerverhaltensweisen reagiert: Schüler, die einen Rechenfehler machen, werden herabgesetzt oder am Ohr gezogen; Schüler, die unruhig auf dem Stuhl sitzen, werden ermahnt oder herabgesetzt. Im übrigen hat der Beobachter den Eindruck, daß es sich um eine insgesamt recht unauffällige Klasse handelt.

Lehrer und Beobachter vereinbaren, die beiden genannten Verhaltensweisen herauszugreifen und zahlenmäßig zu erfassen. Der Beobachter soll also künftig nur noch solche Lehrer-Schüler-Interaktionen beobachten, in denen

(1) ein Schüler große motorische Unruhe zeigt;
(2) ein Schüler einen Fehler macht.

Beide Situationen sind noch recht ungenau beschrieben, deshalb wird die motorische Unruhe definiert als »Schüler schaukelt deutlich sichtbar auf dem Stuhl«, und der Fehler wird präzisiert mit »Schüler macht beim Vorrechnen an der Tafel einen deutlich erkennbaren Rechenfehler«.

Die Lehrerverhaltensweisen werden ebenso genau beschrieben: Der Beobachter will unterscheiden zwischen
(1) »körperlichen Maßnahmen des Lehrers«, wie z.b. am Ohr ziehen, an den Haaren zupfen, mit der Hand in die Seite klopfen, den Stuhl packen und auf den Boden setzen usw.;
(2) »Aufforderungen« z.b. »Setz dich ordentlich hin!«, »Sitze bitte ruhig!«, »Hör auf zu schaukeln!«;
(3) »Herabsetzungen«: z.b. »Trottel«, »Quatsch«, »Unsinn« usw.

Daraus ergibt sich folgendes Beobachtungsschema für den Fremdbeobachter (es werden zwei gut unterscheidbare Verhaltensweisen der Schüler ausgewählt):

Schüler-verhalten Lehrer-verhalten	deutlich sichtbares Schaukeln mit dem Stuhl	Rechenfehler beim Vorrechnen an der Tafel
körperliche Maßnahme		
Aufforderung		
Herabsetzung		

Bei der ersten Beobachtung stellte der Beobachter zweierlei fest:
(1) Die Verhaltensweisen sind eindeutig erkennbar, er hat keine Probleme beim Zählen;
(2) etwas ganz Wichtiges fehlt: Der Lehrer reagiert nicht auf jede dieser beiden Situationen negativ, oft ignoriert er auch das Schülerverhalten, in manchen Fällen ist er auch freundlich.
Das Beobachtungssystem wird deshalb ergänzt durch »Ignorieren« (Lehrer greift nicht ein) und »freundlicher Hinweis« (z.B. »Schau.... hier hast du einen kleinen Fehler gemacht«; »Sei so nett und versuche, eine wenig ruhiger zu sitzen« usw.).

Das veränderte Beobachtungssystem sieht folgendermaßen aus:

297

Das veränderte Beobachtungssystem sieht folgendermaßen aus:

Schüler- verhalten Lehrer- verhalten	deutlich sichtbares Schaukeln mit dem Stuhl	Rechenfehler beim Vorrechnen an der Tafel
körperliche Maßnahme		
Aufforderung		
Herabsetzung		
Ignorieren		
freundlicher Hinweis		

Bei der zweiten Beobachtung stellt der Fremdbeobachter fest, daß alle Verhaltensweisen gut einzuordnen sind; er kann dem Lehrer am Ende der Stunde einen Überblick über dessen Verhalten geben. Der Lehrer ist sehr betroffen über das hohe Ausmaß an Herabsetzungen und körperlichen Maßnahmen seinen Schülern gegenüber - vor allem im Verhältnis zu den freundlichen Reaktionen. Dem Beobachter ist noch etwas anderes aufgefallen: Der Lehrer macht vor allem in diesen Situationen erhebliche Unterschiede zwischen den verschiedenen Schülern, da ein kleiner Teil der Schüler freundlich behandelt wird, ein relativ großer Teil mit Ignorieren und Aufforderungen und vier Schüler mit Herabsetzungen und körperlichen Maßnahmen.

Das zahlenmäßige Festhalten einiger Ausschnitte der Lehrer-Schüler-Interaktion erweist sich insofern als fruchtbar, als der Lehrer das hohe Ausmaß eigener negativer Verhaltensweisen erkennt und sich auch Anhaltspunkte dafür ergeben, daß Schüler sehr unterschiedlich von ihm behandelt werden. Im weiteren Verlauf dieses Fallbeispiels wird mit der nachfolgend beschriebenen Methode (BIRS) dies noch genauer bestätigt, so daß anschließend Handlungsmöglichkeiten ausgewählt werden können.

Das Fallbeispiel sollte verschiedene Dinge zeigen, die beim Umgang mit Strichlisten wichtig sind:
(1) Fremdbeobachtung muß als ein Prozeß verstanden werden, in dessen Verlauf sich die erste Version des Beobachtungsbogens zunehmend durch die Beobachtungspraxis verändern kann.
(2) Bei Strichlisten kommt es darauf an, daß die Verhaltensweisen eindeutig definiert sind, damit der Beobachter keine Zuordnungsprobleme hat. Eine Beobachtungsspalte sollte dabei nicht nur durch

einen treffenden Begriff, sondern möglichst noch durch einige typische Beispiele beschrieben werden.

(3) Der Beobachtungsbogen selbst soll einfach und übersichtlich sein, also möglichst wenige Zeilen und Spalten enthalten.

(4) Der zeitliche Aufwand für diese Art der Femdbeobachtung ist erträglich: zusammen mit der MFB war der Beobachter insgesamt vier Unterrichtsstunden anwesend.

b) Beobachtung in relevanten Situationen (BIRS). Die Beobachtung in relevanten Situationen (BIRS) ist ein besonders ökonomisches Beobachtungsverfahren zum Prüfen von Hypothesen. Grundgedanke ist, solche Situationen ausfindig zu machen, die besonders wichtig und informativ erscheinen. Der Lehrer kann sich dann von der Unterrichtstätigkeit entlasten und über einen bestimmten Zeitraum hinweg (z.B. wenige Minuten), ganz gezielt auf bestimmte Verhaltensweisen eines oder mehrerer Schüler achten. Solche Situationen ergeben sich etwa in Pausen, bei Einzel-, Partner- oder Gruppenarbeit, bei Spielsituationen im Sportunterricht, wenn Schüler an der Tafel etwas vorrechnen, ein Referat vortragen usw. Gelingt es dem Lehrer, sich genügend von seinen didaktischen und pädagogischen Aufgaben über die kurze Beobachtungszeit hin zu entlasten, so kann er auf einen Fremdbeobachter verzichten. Natürlich ist es günstig, wenn die Beobachtungstätigkeit selbst so einfach wie möglich beschaffen ist. Hierzu zählen etwa das Notieren weniger Stichworte, das Führen einer Strichliste usw. Wichtigste Voraussetzung für eine gelungene Beobachtung in relevanten Situationen ist die vorausgehende Phase der Hypothesenbildung. Durch Problemanalyse und minutenweise freie Beobachtung sollte der fragliche Verhaltensbereich so eng eingegrenzt sein, daß es dem Lehrer leicht fällt, eine derartige Situation herzustellen, wobei er auch Vorstellungen darüber besitzen muß, welche Schülerverhaltensweisen für oder gegen die Hypothese sprechen. Liegt das Problemverhalten z.B. im Bereich mangelnder Mitarbeit, so könnte etwa das Verhalten des Schülers direkt nach dem Erteilen einer Arbeitsanweisung oder während einer längeren Gruppenarbeit relevant sein. Im Bereich ängstlichen Verhaltens könnte es der Vergleich von Verhaltensweisen im Rollenspiel mit dem Verhalten beim freien Malen oder Zeichnen sein. Bei aggressivem Verhalten könnten es Pausensituationen, Situationen beim Betreten oder Verlassen des Klassenzimmers oder Konkurrenzsituationen sein. Ein besonderer Vorteil der BIRS ist es, daß der Lehrer, in einer Art kleinem »Experiment«, unterschiedliche Bedingungen aktiv schaffen und nachprüfen kann, ob sich das Schülerverhalten entsprechend den Vermutungen ändert. Nachfolgend soll an einem Beispiel gezeigt werden, wie eine BIRS sich nach und nach hypothesengeleitet entwickelt:

Wir haben den Lehrer K. einer 5. Klasse gebeten, eine systematische Verhaltensbeobachtung durchzuführen. Für die Beobachtung wählte er den sehr leistungsschwachen Schüler W. aus, um Hypothesen darüber bilden zu können, wie sich die schlechten Schulleistungen auf W. auswirken. Da Herr K. keine Unterstützung durch einen Kollegen (oder einen pädagogischen Assistenten) beanspruchen konnte, wurde ihm geraten, die Beobachtungen nur dann durchzuführen, wenn er sich im Unterricht einigermaßen entlastet fühlte, z.b. bei Gruppenarbeit, bei Stillarbeit, in der Pause usw. Er sollte sich außerdem darum bemühen, daß der betroffene Schüler die gezielte Beobachtung nicht bemerkte. Zunächst wandte Herr K. die minutenweise freie Beobachtung (MFB) an: In jeder Minute notierte er auf einem Beobachtungsbogen die dominante Tätigkeit des Schülers und den jeweiligen Kontext (z.b. Arbeitsauftrag, Verhalten von Mitschülern, unmittelbar vorausgehende und nachfolgende Ereignisse, die mit dem Verhalten im Zusammenhang stehen könnten usw.). Der folgende Auszug wurde einem Protokoll entnommen, das während einer Gruppenarbeit angefertigt wurde, bei der W. mit zwei anderen am Tisch sitzenden Schülern zusammenarbeitete.

Verhalten des Schülers	Nr. der Minute	Kontext
schaut ohne erkennbare Tätigkeit auf sein Arbeitsblatt	3	die beiden anderen Schüler suchen mit leiser Stimme nach geeigneten Worten
schaut zum Nachbarn und schreibt ein Wort ab	4	s. o.
nimmt das Blatt des Nachbarn und schreibt Wörter ab	5	suchen jetzt nur noch Worte mit aa
s. o.	6	s. o.
benennt das Wort „Gans"	7	suchen Worte mit a
sitzt ohne erkennbare Tätigkeit am Tisch und spielt mit dem Stift	18	die beiden anderen Schüler korrigieren wechselseitig ihr Arbeitsblatt
gibt sein Arbeitsblatt dem Nachbarn	19	schauen gemeinsam auf das Arbeitsblatt von W.
korrigiert einen Fehler, den der Nachbar angestrichen hat	20	weisen W. auf Fehler hin

Die Notizen verdeutlichen, daß W. sich während der Gruppenarbeit vorwiegend passiv verhält und sein Arbeitsblatt ausschließlich mit Hilfe der beiden anderen Gruppenmitglieder ausfüllt.

Für die weiteren systematischen Beobachtungen wurde ein anderes Verfahren gewählt: die Beobachtung in relevanten Situationen (BIRS). Herr K. wählte drei verschiedene Situationen aus und machte sich die folgenden Notizen:

(1) Einzelarbeit mit einfachen Übungsaufgaben in Mathematik: W. beschäftigte sich zwei Minuten mit den Aufgaben, hörte dann auf und starrte ins Leere. Kurz vor Ablauf der Beobachtungszeit (sechs Minuten) begann er ein Gespräch mit seinen Tischnachbarn. (Insgesamt hatte er zwei Aufgaben gelöst, davon eine falsch. Die Durchschnittsleistung der Klasse betrug acht richtige Lösungen.)

(2) Einzelarbeit mit einer schwierigen Übungsaufgabe in Mathematik: W. schaute am Anfang nur wenige Sekunden auf die Aufgabe und blätterte dann während der gesamten folgenden vier Minuten in seinem Lesebuch.

(3) Stilles Lesen eines Textes aus dem Lesebuch, der anschließend nacherzählt und besprochen werden sollte: W. schaute offenbar interessiert auf den Text und schien zu lesen; nach drei Minuten blickte er im Klassenzimmer umher. (Im anschließenden Klassengespräch konnte er nur den ersten Absatz wiedergeben; zu darauf bezogenen Zwischenfragen gab er zweimal eine falsche Antwort.)

Diese systematischen Beobachtungen weisen darauf hin, daß W. weder in der Einzel- noch in der Gruppenarbeit ausreichende Lernaktivitäten zeigt. Man könnte vermuten, daß W. intensiver arbeitet, wenn
- die Aufgaben auf sein Leistungsniveau abgestimmt sind,
- kurzfristige Kontrollen vorgenommen werden und
- er ein Erfolgserlebnis hatte.

Diese Hypothesen ließen sich durch weitere systematische Beobachtungen prüfen. Bevor wir auf die Hypothesenprüfung näher eingehen, wollen wir aber noch einige Regeln für die Gestaltung von systematischen Beobachtungen zur Hypothesenbildung formulieren:

- Alle Beobachtungen dienen pädagogischen Zielen. Insofern sollte die Auswahl der Beobachtungssituationen, der jeweiligen Beobachtungstechnik und der Art der Protokollierung von den spezifischen Fragestellungen des Lehrers abgeleitet werden.

- Ebenso wichtig ist die Vermeidung vorschneller Deutungen des beobachteten Schülerverhaltens.

- Bei der systematischen Beobachtung sollte sich der Lehrer zurückhalten, auch wenn ihm dies nicht immer leichtfallen mag, und nur dann auf das Verhalten des beobachteten Schülers einwirken, wenn dies unbedingt erforderlich ist.

- Die Protokollierung sollte auf einer vorher vorbereiteten Zeitleiste so kurz wie möglich sein, eine spätere genauere Beschreibung des Schülerverhaltens auf jeden Fall aber noch zulassen.

- In der Regel werden einem Lehrer nur wenige systematisch gesammelte Beobachtungsdaten zur Verfügung stehen. Er sollte deshalb gelegentlich die Zuverlässigkeit seiner Beobachtungen überprüfen, indem er die betroffenen Schüler zur Selbstbeobachtung anregt und deren Ergebnisse mit den eigenen vergleicht oder indem er - soweit möglich - wenigstens in sehr problematischen Fällen Kollegen um Unterstützung bei der Beobachtung bittet (zusätzliche Beobachtungen durch eine andere Person sind fast unverzichtbar, wenn es darum geht, das Verhalten eines Schülers in Abhängigkeit vom Lehrerverhalten zu analysieren).

Bevor bei Schulschwierigkeiten oder bei Unterrichtskonflikten pädagogische Maßnahmen ergriffen werden, empfiehlt es sich, die aufgrund erster Beobachtungen gebildeten Hypothesen systematisch zu prüfen. Entscheidend dafür ist die gründliche Auswahl von Beobachtungssituationen, die eine solche Überprüfung tatsächlich gestatten.

Im vorhergehenden Abschnitt wurde über das Verhalten des Schülers W. eine Reihe von Hypothesen gebildet, unter welchen spezifischen Bedingungen er möglicherweise verstärkte Lernaktivitäten zeigt. Vermutet wurde u.a., daß er intensiver arbeitet, wenn die Lernaufgabe auf sein Leistungsniveau abgestimmt ist, wenn kurzfristige Kontrollen vorgesehen werden und wenn Erfolgserlebnisse vorangegangen sind.

Um die erste Annahme zu prüfen, entwarf der Lehrer für die Stillarbeit im Mathematikunterricht auf Anregung eines Psychologen drei verschiedene Arbeitsblätter, von denen jeweils eine Hälfte in einer Stillarbeitsphase bearbeitet werden mußte. Aufgrund einer Vorkenntnisanalyse enthielten die Arbeitsblätter Aufgaben, die für W. entweder zu leicht waren oder zu schwer sein mußten und solche, die auf sein Leistungsniveau abgestimmt waren. Innerhalb der folgenden 14 Tage wurden beide Hälften der drei Arbeitsbogen von allen Schülern der Klasse, also auch von W., bearbeitet. Gleichzeitig beobachtete der Lehrer das Verhalten von W. während der Stillarbeit. Dabei stellte er fest, daß W. intensiver bei den leichteren Aufgaben arbeitete, während er bei den mittelschweren und schweren Arbeitsblättern wenig Aktivität zeigte. Dementsprechend waren auch, im Gegensatz zur formulierten Hypothese, die Leistungen von W.: Mittelschwere und schwere Arbeitsblätter unterschieden sich nicht; es war keine einzige Aufgabe richtig gelöst. Auf der anderen Seite war das Arbeitsblatt mit den leichten Aufgaben fast vollständig ausgefüllt und, abgesehen von zwei Fehlern, waren alle Aufgaben richtig gelöst.

Für die Prüfung der zweiten Vermutung gab Lehrer K. zwei Arbeitsblätter mit Rechtschreibaufgaben aus. In beiden Fällen mußten zu vorgegebenen Worten analoge Beispiele gesucht werden. In einem Fall hatten alle Schüler zehn Minuten Zeit, im anderen Fall bat er W., nach jeweils zwei gefundenen Worten den Finger zu heben, worauf der in der Nähe stehende Lehrer an der bearbeiteten Stelle des Blattes ein Zeichen machte.

Während W. innerhalb von 10 Minuten ohne Zwischenkontrolle nur vier Wörter aufschrieb, schaffte er im anderen Fall elf Wörter.

Um schließlich zu überprüfen, ob W. auf Erfolgserlebnisse mit verstärkten Lernanstrengungen reagiert, wäre es notwendig gewesen, unterschiedliche Leistungen von W. in verschiedener Weise zu verstärken, seine jeweiligen Reaktionen zu registrieren und auf anschließende Leistungsveränderungen zu achten.

Eine solche systematische Beobachtung fand Lehrer W. aber zu aufwendig. Er hätte sich dadurch von anderen Unterrichtsverpflichtungen zu stark abgelenkt gefühlt.

Die Prüfung der letzten Hypothese ist auch deshalb schwierig, weil es dafür notwendig ist festzustellen, welche Leistungen der Schüler selbst wichtig bzw. weniger wichtig sind; u.a. hängt dies vom Fach, vom erlebten Schwierigkeitsgrad der Aufgaben und der Arbeitssituation (allein oder in der Gruppe) ab. Entscheidend ist weiterhin, daß der Schüler eine vom Lehrer gegebene Verstärkung auch tatsächlich als solche empfindet.

Es ist nicht einfach, Aufgaben und Leistungen zu definieren, bei denen man die Auswirkungen von Erfolgserlebnissen überprüfen kann. Die Schwierigkeiten sind also offenkundig. Kein Lehrer ist in der Lage, solche systematischen Beobachtungen vollständig durchzuführen. Sie sind in diesem Umfang zur Beschaffung von Informationen für die Lösung pädagogischer Probleme auch nicht erforderlich. Die Aufzählung der vielfältigen Möglichkeiten, eine Hypothese über die positiven Auswirkungen von Erfolgserlebnissen zu prüfen, erfolgt andererseits nicht, um sie zu entmutigen; demonstriert werden soll vielmehr, daß es gefährlich sein könnte, nach einer einzigen Wahrnehmung oder nur wenigen Beobachtungen generell festzustellen, das Verhalten eines Schülers werde durch Erfolg oder Mißerfolg nicht beeinflußt. Naheliegender ist in einem solchen Fall die Vermutung, daß bei Verwendung anderer Situationen und Kriterien zur Prüfung der Hypothese unter Umständen andere Resultate erzielt worden wären. Will man neue pädagogische Handlungsmöglichkeiten erschließen, kommt es aber gerade darauf an.

Für die systematische Beobachtung zur Prüfung von Hypothesen gelten also die folgenden Regeln:

- Die formulierte Hypothese sollte in unmittelbarem Zusammenhang mit pädagogischen Zielsetzungen stehen.

- Da die hypothesenprüfende Beobachtung in erster Linie der Erschließung besserer pädagogischer Handlungsmöglichkeiten dient, gibt es einen kontinuierlichen Übergang von der probeweisen Überprüfung bestimmter Maßnahmen bis zum kontrollierten Einsatz eben dieser Maßnahmen. Man sollte sich deshalb nicht allzu lange damit aufhalten, bestimmte Hypothesen zu prüfen, sondern nach ersten Erfahrungen dazu übergehen, die pädagogischen Handlungsmöglichkeiten tatsächlich einzusetzen und ihre Wirkung ständig kritisch zu überprüfen.

- Die Beobachtungen sollten sich auf jenes Schülerverhalten konzentrieren, anhand dessen die Hypothese geprüft werden soll.

- Bei der hypothesenprüfenden Beobachtung kommt der Variation von Bedingungen besondere Bedeutung zu. In unseren Beispielen wurden die Aufgabenschwierigkeit und die zeitliche Abfolge der Leistungskontrolle variiert.

- Der hypothesenprüfenden Beobachtung kommt besondere Bedeutung zu, wenn es darum geht, Urteile über Schüler zu fällen, die langfristige Auswirkungen haben können (z.B. Sitzenbleiben, Aufnahme in die Sonderschule, Wechsel auf eine weiterführende Schule usw.).

2.4 Wie reagieren Lehrer und Schüler, wenn sie beobachtet werden?

Wie alle diagnostischen Verfahren, so ruft auch die Verhaltensbeobachtung bestimmte Effekte bei Lehrern und Schülern hervor. Ist ein Fremdbeobachter im Klassenzimmer, so befindet sich der Lehrer unter Bewertungsdruck, weil er weiß, daß bestimmte Verhaltensweisen ganz genau protokolliert werden. Er befürchtet, anschließend kritisiert zu werden, oder Schuld zugewiesen zu bekommen. Auch Schüler können sich, wenn sie ihr eigenes Verhalten als problematisch empfinden, durch den Fremdbeobachter bedroht oder mindestens kontrolliert sehen. Deswegen ist es wichtig, die Schüler darüber zu informieren, was der Beobachter genau tut und was anschließend mit den Daten gemacht wird. Dabei ist es günstig, den Schülern mitzuteilen, daß im Anschluß an die Verhaltensbeobachtung unter ihrer Mitwirkung eine Lösung gesucht wird (vgl. Kapitel D 3). Dies gilt auch dann, wenn kein Fremdbeobachter im Klassenzimmer ist, sondern der Lehrer selbst beobachtet. Schüler kennen die Verhaltensweisen ihrer Lehrer recht genau und es dürfte schwer möglich sein, ihnen völlig zu verbergen, daß gezielte Beobachtungen gemacht werden. Vielmehr sollten das unterrichtliche Problem und die diagnostischen Maßnahmen so weit wie irgend sinnvoll transparent gemacht werden. Allerdings werden dadurch Beobachtungseffekte nicht grundsätzlich vermieden. Das Bewußtsein, beobachtet zu werden, ruft in jedem Fall Tendenzen hervor, sich möglichst günstig darzustellen. Dies gilt natürlich auch dann, wenn man sich selbst beobachtet. Ist jedoch eine gewisse Gewöhnungszeit vergangen, so sind selbst die Ergebnisse von Ton- oder Videoaufzeichnungen durchaus brauchbar und erlauben gute Rückschlüsse auf diejenigen Interaktionen, die sich ohne Anwesenheit von Beobachtern ergeben. Allerdings zeigt sich immer wieder, daß die Anwesenheit mehr als eines Beobachters und die Verwendung sehr aufwendiger Techniken doch die Beobachtungsergebnisse stärker als gewünscht beeinflußt. Diese Fälle werden aber im Schulalltag selten sein, so daß man insgesamt davon ausgehen kann, daß trotz der Reaktion der Beteiligten auf die Beobachtung zutreffende Informationen über das Geschehen im Klassenzimmer gewonnen werden können.

3. Diagnostische Befragungs- und Gesprächsmethoden

Das Verhalten eines Schülers, zumindest bestimmte Verhaltensmerkmale, und die Umstände, unter denen das Verhalten auftritt, kann man mit den im vorausgehenden Abschnitt beschriebenen Beobachtungsmethoden registrieren. Wenn für die Problemstellung wichtige Verhaltensweisen, z.B. das Sich-Melden oder das Zwischenrufen im Unterricht gefunden sind, können sich die Schüler auch selbst daran beteiligen, Häufigkeit oder Dauer solcher Verhaltensweisen zu erfassen. Dadurch kann der Lehrer sich auf die Steuerung des Unterrichtsablaufs konzentrieren, erhält aber trotzdem wichtige Informationen zu einem Unterrichtsproblem, und zwar von den betroffenen Schülern selbst. In manchen schwierigen Schulsituationen reicht es für die Handlungsentscheidungen des Lehrers aber nicht aus, nur Häufigkeit oder Dauer oder auch noch die äußeren Bedingungen problematischer Verhaltensweisen zu erfahren. Zu wichtigen Hypothesen wird der Lehrer häufig erst angeregt, wenn er Zugang zu den subjektiven Sichtweisen der Schüler erhält. Die Schüler können zwar beispielsweise auf einem Selbstbeobachtungsbogen registrieren, wie oft sie während einer Stunde bei ihren Mitschülern Auskunft und Hilfe für die Lösung der vorgegebenen Arbeitsaufgaben gesucht haben; die Häufigkeit und die Verteilung dieses Verhaltens kann wohl etwas über Selbständigkeit und Anstrengungsbereitschaft der Klasse aussagen - aber mit diesen Informationen kann man noch nicht erklären, warum manche Schüler sich unselbständig oder wenig anstrengungsbereit verhalten. Zur Erklärung muß man nicht nur die äußerlich beobachtbaren Verhaltensweisen, sondern auch die innere Erlebniswelt der Schüler berücksichtigen können. Der Lehrer benötigt beispielsweise Informationen darüber,
- wie Schüler sich selbst wahrnehmen und bewerten;
- wie sie ihre Leistungsmöglichkeiten einschätzen;

- worauf sie ihre Erfolge und Mißerfolge zurückführen;
- was ihnen durch den Kopf geht, wenn eine Prüfung bevorsteht usw.

Solche Informationen muß man von den Schülern selbst zu erhalten versuchen. Als diagnostische Vorgehensweisen bieten sich dazu verschiedene Formen der Befragung an. Man kann sich standardisierter Fragebogen, selbst entwickelter Frageverfahren oder des unmittelbaren Gesprächs bedienen.

3.1 Standardisierte Fragebogen

Fragebogen für Schüler dienen zur Erfassung wichtiger innerer Zustände und Vorgänge, z.B. zur Erfassung von Ängstlichkeit, von Anstrengungsvermeidung, von Interessen, von Kompetenzüberzeugungen, von Bereitschaft und Möglichkeit zur Selbststeuerung. Fragebogen eignen sich gut, um einen groben Überblick über die Ausprägung eines bestimmten Erlebnisbereichs, z.B. das Ausmaß der Ängstlichkeit einer ganzen Klasse zu gewinnen. Man kann mit Fragebogen meist in relativ kurzer Zeit (15-20 Minuten) Informationen von allen Schülern einer Klasse zu einem kritischen Erlebnisbereich einholen. Da bei standardisierten Fragebogen zudem Normtabellen vorliegen, kann der Lehrer abschätzen, wie die Schüler seiner Klasse einzustufen sind. Das erlaubt ihm, seine eigene Wahrnehmung damit zu vergleichen und gegebenenfalls zu korrigieren.

Für die spezifische Diagnostik bei einzelnen Schülern eignen sich Fragebogen nur zur Formulierung von Hypothesen, nicht aber zu deren Prüfung. Einzelne Antworten der Schüler im Fragebogen lassen sich dabei als Orientierungshilfe verwenden. Nachdem die Schüler den Fragebogen bearbeitet haben, kann sich der Lehrer in einem diagnostischen Gespräch einige Aussagen von einzelnen Schülern näher erläutern lassen. Auf diese Weise kann die recht schwierige Anfangsphase des Gesprächs unbedrohlich und für alle interessanter gestaltet werden.

Diesen Vorteilen stehen aber wichtige Nachteile gegenüber, die bei der Interpretation der Ergebnisse von Fragebogen unbedingt zu beachten sind:
Meist sind die einzelnen Fragen leicht zu durchschauen, so daß auch schon sehr junge Schüler ihre Antworten bewußt manipulieren können. Wenn die Schüler aufgrund der eindeutigen Formulierung

307

durchschauen, was der Fragebogen messen soll und sie sich darauf einstellen, ist der Informationswert des Ergebnisses nicht sehr hoch. Bei manchen Befragungsthemen z.b. in Angstfragebogen, ergeben sich für Mädchen und Jungen tendenziell unterschiedliche Ergebnisse. Es wäre in solchen Fällen zu einfach, hier einen angeborenen Unterschied anzunehmen. Vieles spricht dafür, daß es sich mit der weiblichen oder der männlichen Geschlechtsrolle in unserer Kultur besser vereinbaren läßt, Antworten in einer bestimmten Richtung zu geben. Dies müßte im Einzelfall, beispielweise bei der Interpretation eines hohen Angstwertes bei einem Mädchen, berücksichtigt werden.

Beispiel für einen Fragebogen: In der Angstforschung werden standardisierte Fragebogen sehr häufig verwendet, und auch bei der praktischen Angstdiagnose erfreuen sie sich großer Beliebtheit. Wir beschreiben daher kurz den »Angstfragebogen für Schüler«, das im deutschen Sprachgebiet wahrscheinlich am häufigsten benutzte Verfahren. Der Schüler hat dabei auf 50 vorgegebene Feststellungen jeweils mit »stimmt« oder »stimmt nicht« zu antworten. Diese Feststellungen gehören zu vier verschiedenen Bereichen des Fragebogens oder »Skalen«:

Prüfungsangst (PA)
Mit dieser Skala sollen spezielle Erlebnisse der Hilflosigkeit in Prüfungssituationen und Angst vor Leistungsversagen erfaßt werden. Dadurch können Schüler identifiziert werden, die besonders starke Angst vor Klassenarbeiten und schlechten Noten haben, vor und in Prüfungen aufgeregt sind und deswegen viele Fehler machen. Zur Veranschaulichung werden im folgenden einige Fragen exemplarisch ausgewählt:
- »Ich habe Angst davor, daß überraschend eine Klassenarbeit geschrieben wird.«
- »Wenn mein Name fällt, habe ich sofort ein beklemmendes Gefühl.«
- »Wenn geprüft wird, bekomme ich jedesmal ein komisches Gefühl im Magen.«

Manifeste Angst (MA)
Die fünfzehn Feststellungen dieser Skala enthalten allgemeine Angstsymptome, z.B. Herzklopfen, Nervosität, Einschlaf- und Konzentrationsstörungen, Hinweise auf eine generelle Furchtsamkeit und Aussagen über ein reduziertes Selbstvertrauen. Erfaßt werden

sollen damit Kinder, die nicht nur vor Prüfungen Angst haben, sondern in einem sehr allgemeinen Sinn ängstlich sind. Zur Veranschaulichung wieder einige Beispiele:
- »Ich habe öfter starkes Herzklopfen.«
- »Ich werde oft ganz nervös.«
- »Ich mache mir zuviel Sorgen.«

Schulunlust (SU)
Diagnostiziert werden soll mit dieser Skala die Unlust von Schülern gegenüber der Schule, die innere Abwehr gegenüber dem Unterricht und die fehlende Lernmotivation. Diese Schulunlust kann, muß aber keineswegs zusammen mit Prüfungsangst oder manifester Angst auftreten. Dazu einige typische Beispiele:
- »Schon der Gedanke an die Schule macht mich morgens oft mißmutig.«
- »Oft bin ich im Unterricht schlecht gelaunt.«
- »Es gibt in der Schule eigentlich nur wenige Dinge, die einem wirklich Spaß machen.«

Soziale Unerwünschtheit (SE)
Durch diese Fragen will man erfahren, ob ein Schüler sich so darzustellen versucht, wie es sozial erwünscht ist, ob er Angst gegenüber Verletzungen sozialer Normen hat und ob er dazu neigt, sich in bestimmten Situationen zu verstellen. Erreicht jemand bei diesen zehn Fragen hohe Werte, so kann man den Ergebnissen der anderen Skalen nur wenig Vertrauen schenken, weil die Gefahr groß ist, daß die Antworten des Schülers bewußt oder unbewußt verfälscht sind. Wir kommen auf diesen Punkt noch einmal zurück. Einige Beispiele dieser Skala:
- »Ich sage immer die Wahrheit.«
- »Ich bin immer nett zu anderen.«
- »Ich bin nie schlecht gelaunt.«

Die Auswertung des Fragebogens ist sehr einfach. Mit Hilfe einer Schablone werden die vier Skalenwerte für jeden einzelnen Schüler ermittelt. Im Falleispiel von Kapitel B 6 ergab sich z.B. für Brigitte das folgende Bild:

PA	MA	SU	SE
14	15	4	1

Um diese Werte besser mit den von anderen Schülern erreichten vergleichen zu können, werden sie mit Hilfe einer Tabelle in Prozentrangnormen ausgedrückt.
Der Prozentrangplatz drückt jeweils den Prozentsatz der Fälle aus, der unterhalb des betreffenden Wertes liegt. Im Fallbeispiel entsprechen Brigittes Skalenwerte folgenden Prozentrangplätzen:

PA	MA	SU	SE
97%	100%	65%	30%

Diese Werte bedeuten:
- 97% aller Kinder haben weniger Prüfungsangst als Brigitte, nur 3% weisen höhere Werte auf.
- Fast alle Kinder haben geringere manifeste Angst, praktisch niemand erzielt höhere Werte.
- 65% der Schüler zeigen weniger Schulunlust, 35% dagegen mehr.
- 30% zeigen eine geringere Tendenz, ihre Antworten nach sozialer Erwünschtheit zu geben, 70% lassen eine stärkere Tendenz in dieser Richtung erkennen. Insgesamt erweist sich Brigitte nach diesen Ergebnissen als extrem ängstlich.

Über die grundsätzlichen Möglichkeiten und Probleme von Fragebogen hinaus ist bei Angstfragebogen zu berücksichtigen, daß es Menschen gibt, die alle Gedanken an bedrohliche Situationen und an ihre eigenen Angsterlebnisse verdrängen. Darauf wurde in Kapiel B 6 schon hingewiesen. Solchen Menschen wird es kaum gelingen, sich in der relativ entspannten Atmosphäre beim Ausfüllen des Fragebogens vorzustellen, was sie im Zustand der Bedrohung und Angst tatsächlich erleben und wie sie darauf reagieren. Standardisierte Angstfragebogen eignen sich also nur, um einen groben Überblick über das Ausmaß an Ängstlichkeit bei den Schülern einer Klasse zu gewinnen. Zu genaueren Diagnosen sind einerseits Verhaltensbeobachtungen, andererseits weiterführende diagnostische Gespräche erforderlich. Was über Angstfragebogen gesagt wurde, gilt auch für Fragebogen zur Erfassung des Selbstbildes, zur Diagnose von Kompetenzüberzeugungen, zur Feststellung erlernter Hilflosigkeit, zur Lernmotivation usw.

3.2 Wenig strukturierte Befragungsverfahren

Einige Nachteile schriftlicher Befragungsverfahren lassen sich vermindern, wenn man den Schülern gegenüber standardisierten Fragebogen weiterreichende Möglichkeiten einräumt, ihre subjektive mindern, wenn man den Schülern gegenüber standardisierten Fragebogen weiterrechende Möglichkeiten einräumt, ihre subjektive Sichtweise auszudrücken. Von den Gedanken, die sich Schüler zu den vorgegebenen Aussagen in einem standardisierten Fragebogen machen, bleiben ja für den Lehrer nur Kreuzchen oder Zahlen übrig, die er dann zu einem Gesamtwert zusammenfassen kann. Was wirklich in den Köpfen der Schüler vorgeht, wenn sie sich mit einer problematischen Schulsituation auseinandersetzen, ist über die vorgesehenen Antwortmöglichkeiten des Fragebogens hinaus nicht zu identifizieren. Wenn es für die Erklärung von Schulschwierigkeiten aber darauf ankommt, rasch einen Überblick über die Sichtweise der Klasse zu erhalten, oder wenn man erfahren möchte, welche Handlungsmöglichkeiten der Klasse in einer schwierigen Situation angemessen erscheinen, sollte man sich weniger strukturierter Befragungsverfahren bedienen. Bei solchen Verfahren werden entweder sehr weite Fragestellungen vorgegeben oder zu einer Reihe enger Fragen zusätzlich die Möglichkeit eigener Meinungsäußerungen geboten. Beide Formen der Befragung können auch im gleichen Verfahren kombiniert werden. Eine weitergehende Möglichkeit besteht darin, die Fragen von den Schülern der Klasse zunächst selbst formulieren und anschließend beantworten zu lassen. Natürlich gelten die grundsätzlichen Einschränkungen, auf die oben bei Fragebogen aufmerksam gemacht wurde, auch für weniger strukturierte Befragungsverfahren. Es erscheint deshalb recht günstig und empfehlenswert, solche Verfahren nicht als einzige Quelle diagnostischer Informationen zu verwenden, sondern sie als Ausgangspunkt für ein weiterführendes Gespräch mit der Klasse oder mit einzelnen Schüler zu benutzen (siehe unten: Diagnostisches Gespräch).

a) Unstrukturierte Schülerbefragung. Schriftliche Befragungen haben den Vorzug, daß sich die Informationen rasch erheben und auswerten lassen. Als Beispiel für eine relativ unstrukturierte Befragung ist im folgenden ein Bogen abgedruckt, der in einer Klasse verwendet wurde, in der kollektive Störungen auftraten. In diesem Bogen werden offene Fragen mit einigen geschlossenen gemischt. Außerdem enthält der Bogen weiterführende Fragen, die über die Situationsanalyse hinaus zur Beschäftigung mit möglichen Lösungen anregen.

Fragen zur Situation in der Klasse

1. Was mich an unserer Klasse stört:

....

....

2. Was sollte der Lehrer/die Lehrerin anders machen?

....

....

3. Was könnten wir selbst anders machen?

....

....

4. Kreuze an, was deine Lehrerin/dein Lehrer tun sollte:

Sie/er sollte	nein	ja
bei Schwierigkeiten in der Klasse strenger sein		
bei Schwierigkeiten in der Klasse nicht so streng sein		
öfter Strafarbeiten geben, wenn jemand immer wieder stört		
mehr mit uns reden, wenn Schwierigkeiten in der Klasse auftreten		
verbieten, daß einzelne Schüler während des Unterrichts herumlaufen		
verhindern, daß zwei sich schlagen		
für mehr Ruhe in der Klasse sorgen		

5. Was wäre deiner Meinung nach noch wichtig?

....

....

....

Ehe der Lehrer einen Bogen wie diesen zur Beantwortung vorlegt, muß er eine verständliche Erklärung abgeben, was damit erreicht werden soll. Es empfiehlt sich, diese Erklärung möglichst offen zu halten; beispielsweise kann der Lehrer den Schülern verständlich machen, daß er das Unterrichtsgeschehen gerne auch aus ihrer Sicht kennenlernen möchte, um danach gemeinsam mit ihnen nach Verbesserungsmöglichkeiten zu suchen. Besonders wenn Schwierigkeiten zwischen Lehrer und Schülern vorliegen, kann später mit Hilfe der Befragungsergebnisse der Konflikt genauer angesprochen werden, als das ohne dieses Hilfsmittel möglich wäre.

b) Befragung durch die Schüler selbst. Zur genauen Diagnose schwieriger Situationen ist es günstig, die am Konflikt beteiligten Schüler mit einzubeziehen. Dadurch können sie schon von Anfang an für notwendige Verhaltensänderngen sensibilisiert werden. Das "Reporterspiel" hat sich in solchen Fällen bewährt. Allerdings sollte zwischen einem aktuellen Konflikt und dem Spiel eine Phase der Beruhigung liegen.

Vorgehen beim Reporterspiel
(1) Die Schüler sammeln in einem ersten Schritt individuell Fragen, die sie im Zusammenhang mit den Schwierigkeiten in der Klasse haben. Es empfiehlt sich hier, die Fragen nicht vorzustrukturieren, sondern Raum für kreative und unpopuläre Fragen zu lassen. In einer Klasse, in der es Probleme mit den Hausaufgaben gab, fragte ein Schüler beispielsweise einen anderen:»Warum hast du überhaupt deine Hausaufgaben gemacht?«. Fragen dieser Art erscheinen vielleicht provokativ; man sollte aber bedenken, wie nahe gerade solche Fragen den Bedürfnissen und dem Erleben der Schüler kommen und daß es ja darum geht, diese sonst eher verborgenen, unausgesprochenen Meinungen der Schüler zu erkunden. Im einzelnen empfiehlt sich folgendes Vorgehen:

(1) Sammeln von Fragen: In einer gemeinsamen Diskussion werden Fragenschwerpunkte, auf die sich die Reporterteams weitgehend stützen können, herausgehoben.
(2) Befragung: Ausgestattet mit Tonband oder Kassettenrecorder werden nun einzelne Schüler entweder an ihrem Platz oder - wenn wir den Klassenraum als»Marktplatz« betrachten - wie herumlaufende Passanten interviewt.
(3) Sammeln der Antworten: Anschließend fassen sowohl die Reporterteams als auch die interviewten Mitschüler ihre Erfahrungen und Eindrücke in Kleingruppen kurz schriftlich zusammen. Für die Reporter wären z.b. folgende Punkte wichtig:
- Was ist uns insgesamt aufgefallen?
- In welche Richtung gingen die Antworten?
- Welche repräsentativen Bandausschnitte wollen wir vorspielen?
- Gab es bei der Durchführung Probleme? Wenn ja, welche?
- Wie könnten wir diese in Zukunft vermeiden bzw. selbst bewältigen?
Für die Interviewten könnten folgende Leitfragen wichtig sein:
- Was ist uns insgesamt aufgefallen?
- Hatten wir Schwierigkeiten bei der Beantwortung der Fragen?
- Welche waren dies?
- Konnten wir so antworten, wie wir wollten?

(4) Diskussion der Ergebnisse: Nun berichten die Reporter der Klasse. Dazu lesen sie ihre Interviewnotizen vor oder spielen typische Tonbandmitschnitte ab. In die folgende Diskussion bringen dann die Interviewten ihre eigenen Erfahrungen ein. So bekommt der Lehrer in relativ kurzer Zeit recht gründliche Informationen über die Perspektive der Klasse; diese Problematisierung kann einen wesentlichen Grundstein zur Veränderung des Problems darstellen, wobei das Verfahren nicht im akuten Konfliktfall eingesetzt werden sollte.

Der Wert dieses Befragungsverfahrens hängt von der Qualität der Fragestellungen ab. Auf die gemeinsame Diskussion der Frageschwerpunkte der Reporter im ersten Schritt muß daher ausreichend Zeit und Sorgfalt verwendet werden. Auf unklare Fragen erhalten die Reporter von ihren Mitschülern auch unpräzise Antworten, die später nur geringe Anreize für eine Diskussion bieten können.

3.3 Das diagnostische Gespräch

Lehrer bemühen sich in Konfliktfällen häufig, mit den Schülern zu sprechen. Solche Gespräche zeigen jedoch häufig einen eigenartigen Doppelcharakter:
- Der Lehrer ist bemüht, auf irgendeine Art herauszufinden, welche Ursachen dem Problem zugrundeliegen. Üblicherweise beginnen solche Gespräche mit »Warum....?« oder »Was ist los mit dir?«
- Gleichzeitig will der Lehrer Einfluß nehmen: Er bewertet, macht Vorschläge, »redet ins Gewissen«, setzt Grenzen usw.

Weil auf ein kurzes Fragen nach dem »Warum« meist ein langes Einflußnehmen erfolgt, das für den Schüler natürlich sehr unangenehm ist, verhält dieser sich in einer solchen Situation von vornherein meist passiv, abwehrend und wortkarg. Er deckt seine Motive nicht auf, um für Vorwürfe möglichst wenig Angriffsfläche zu bieten.
Umgekehrt ist der Lehrer unbefriedigt, wenn auf sein Nachfragen »nichts kommt« und er nicht viel besser Bescheid weiß als zuvor. Für beide Seiten sind derartige Gesprächsverläufe also wenig ergiebig. Wir schlagen deshalb eine ganz andere Art der Gesprächsführung vor:

Diagnostische Phase: Durch ein verständnisvolles und unbedrohlichs

314

Gespräch versucht der Lehrer herauszufinden, wodurch das Problem bedingt ist.

Handlungsphase: Erst danach werden mögliche Lösungswege zusammengestellt, bewertet und die brauchbarste Lösung erprobt.

Eine derartige Trennung mag auf den ersten Blick überflüssig und aufwendig erscheinen. Sie hat sich aber weit besser bewährt als die mit »Doppelcharakter« geführten Gespräche. Die Begründung hierfür finden Sie in den folgenden Ausführungen. Das diagnostische Gespräch ist dabei eindeutig der ersten Phase zuzuordnen, da z.b. herausgefunden werden soll, wodurch die geringe Anstrengung eines Schülers bedingt ist. Alle anderen Gesprächszwecke sind deshalb eher störend als förderlich. Eine Abgrenzung des diagnostischen Gesprächs von anderen - ähnlich erscheinenden - Gesprächsformen soll diesen Unterschied verdeutlichen.

a) Abgrenzung des diagnostischen Gesprächs
- Ein diagnostisches Gespräch ist kein Verhör.
Der Zweck eines Verhörs besteht darin, »Schuld« an Personen oder Umständen festzumachen. Diese Schuldzuschreibungen ziehen negative Selbstbewertungen und/oder intensive Rechtfertigungen nach sich; außerdem sind in der Regel auch Sanktionen damit verbunden, es gibt Angeklagte und Richter. Schulische Gesprächssituationen sehen oft ähnlich aus. Durch diese Art der Gesprächsführung entsteht manchmal der Eindruck, auf seiten des Schülers sei die gesamte Schuld und auf seiten des Lehrers keine.
- Ein diagnostisches Gespräch ist keine Beichte.
Zwar ist der Zuhörer bei der Beichte verständnisvoll und verurteilt nicht, aber Schuld wird trotzdem einseitig zugeschrieben: Der Beichtende gesteht seine Versäumnisse und Vergehen ein, der Zuhörer nimmt die Geständnisse entgegen. Von dieser asymmetrischen bzw. ungleichen Rollenverteilung aus fällt es schwer, angemessene Lösungen zu finden.

- Ein diagnostisches Gespräch ist keine Belehrung.
Zweck der Belehrung ist es, den Schüler auf bestimmte Regeln des schulischen Zusammenlebens hinzuweisen, ihm zu verdeutlichen, daß er diese Regeln nicht einhält, und ihm klar zu machen, welche positive Bedeutung derartige Regeln haben. Die Belehrung kann Hinweise auf die Folgen der Regelverstöße enthalten, die in der Hoffnung gegeben werden, der Schüler möge »einsehen« oder »be-

greifen«, daß er sich und anderen mit seinem Verhalten schadet. Auch hier ist eine ausgeprägte Ungleichheit vorhanden.

- Ein diagnostisches Gespräch ist keine Anklage.

Vorwürfe, Kritik, Anschuldigungen oder Herabsetzungen sorgen ganz bestimmt dafür, daß der Schüler sich verteidigt oder aber schweigt, keinesfalls jedoch bereit ist, Informationen über seine Gedanken und Gefühle zu geben. Ebenso wie bei Verhör und Belehrung, ist der Lehrer auch bei der Anklage in der übergeordneten Position und zugleich ohne Mitschuld. Beides macht es schwer, wirksame Lösungen zu finden.

Eine als diagnostisches Gespräch gedachte Lehrer-Schüler-Interaktion, die sich in dieser Form so abgespielt hat, soll als Beispiel für mißglückte Gespräche dienen und noch einmal verdeutlichen, wie sich ein diagnostisches Gespräch nicht entwickeln soll.

Gesprächsverlauf	Kommentar
Lehrer:»Was meinst du denn selbst zu deinem Verhalten in dieser Stunde?« (In der Stunde hat sich der Schüler aggressiv und auffällig verhalten.)	Dem Schüler ist klar, daß der Lehrer sein Verhalten nicht billigen kann. Die Frage des Lehrers legt ihm nahe, sein eigenes Verhalten zu kritisieren. Die Lehrerfrage läßt die Antwort also nur scheinbar offen.
Schüler: Zuckt mit den Achseln, schweigt	Der Schüler möchte sich verständlicherweise nicht kritisieren. Er wagt es andererseits auch nicht, sein Verhalten zu verteidigen. So sagt er lieber nichts.
Lehrer:»An was könnte dies deiner Meinung nach liegen?«	Die Lehrerfrage geht vom Verhalten weg und zu den Ursachen hin. Die Ursachenerklärung selbst ist in der Richtung nicht vorgeschrieben. Die zweite Frage läßt mehr Spielraum als die erste.
Schüler:»Ich weiß auch nicht so recht! Das mit der Kommaregel interessiert mich nicht so, wie wenn ich etwas über andere Länder erfahre und dann ist es mir langweilig.	Der Schüler ist sehr vorsichtig in seiner Aussage, schränkt sie zuerst ein und gibt dann mit »Langeweile« einen Grund an, der die Schuld dem Stoff und indirekt auch dem Lehrer zuschreibt.
Lehrer:»Ich kann mir schon vorstellen, daß dies nicht so interessant ist, wie wenn du etwas über Afrika erfährst.«	Der Lehrer reagiert auf diese Schuldzuschreibung *nicht* mit Rechtfertigung, sondern verständnisvoll.

316

Gesprächsverlauf	Kommentar
Lehrer:»Auch wenn du die Komma-regeln nicht so interessant findest wie Geschichte, braucht das aber noch lange nicht heißen, daß du deshalb Roland laufend während der Stunde boxt!«	Hier bricht der eher diagnostische Teil ab, und es beginnt die Phase einer Einfluß-nahme, die sich zwischen Belehrung und Anklage bewegt. Dem Schüler wird ein Vorwurf gemacht.
Schüler:»Der ist ja auch frech!«	Der Schüler fühlt sich angegriffen und verteidigt sich, indem er Roland die Schuld zuschiebt. Seine Bereitschaft zum offenen Auskunftgeben ist verschwunden. Jetzt geht es nur noch um Rechtfertigungen.
Lehrer:»Dann war die Sabine auch frech, weil du ihr eine reingeboxt hast?« (Sabine ist eine Schülerin, die sehr selten aggressiv ist. Sie war nicht »frech« gegenüber dem betreffenden Schüler.)	Der Lehrer bemerkt, daß die Rechtfer-tigung des Schülers unlogisch ist und macht ihn auf die Widersprüche in der Argumentation aufmerksam. Das Ge-spräch hat jetzt Eigenschaften von An-klage und Verhör.
Schüler:»Es hat mich gereizt, Sabine eine reinzuhauen.«	Der Schüler sieht die Lücke in der eigenen Argumentation und führt deshalb einen neuen Grund ein. Es ist zweifelhaft, daß dies der tatsächliche Grund ist; aber darum geht es jetzt nicht mehr. Es geht nur noch darum, aus der Situation so gut wie möglich herauszukommen.
Lehrer:»Tatsache ist, daß andere durch dein Verhalten ziemlich gestört werden — oder was meinst du?«	Der Lehrer bricht die unfruchtbar gewor-dene Suche nach den Ursachen ab und geht zur Belehrung über.
Schüler:»Das kann schon sein.«	Der Schüler gesteht teilweise seine Schuld ein, indem er auf das fordernde »oder was meinst du?« nachgebend reagiert.
Lehrer:»Vor allem ärgern sich die andern über dich und du brauchst dich nicht zu wundern, wenn sie nicht gut auf dich zu sprechen sind!«	Der Lehrer zeigt jetzt in Form der Beleh-rung die Konsequenzen auf, die das Verhalten des Schülers nach sich zieht
Schüler:»Die sind doch alle blöd!«	Der Schüler fühlt sich sehr stark durch die Lehreräußerung angegriffen und verteidigt sich durch eine Entwertung der Mitschüler.

Gesprächsverlauf	Kommentar
Lehrer:»Aber manchmal wäre es doch gut, wenn ihr alle besser miteinander auskommen würdet?« Schüler:»Mmh!« (Zuckt mit den Achseln.) Lehrer:»Meinst du nicht, daß es dir beim nächsten Mal, wenn es dir wieder langweilig ist, gelingen könnte, die anderen nicht zu stören?« Schüler: (kurze Pause)»Ich weiß nicht, vielleicht schon!«	Der Lehrer bricht die Belehrung ab und nennt ein positives Ziel, das jeder Schüler akzeptieren kann. Der Schüler stimmt dem Ziel zu, schränkt aber seine Zustimmung durch Achselzucken wieder auf ein Mindestmaß ein. Der Lehrer richtet einen sehr freundlich formulierten Wunsch an den Schüler und benutzt dessen Ursachenerklärung (Langeweile). Er zeigt hier sehr viel Entgegenkommen und ist nicht mehr ganz so direkt wie im Mittelteil des Gesprächs. Durch das Entgegenkommen des Lehrers gibt der Schüler einen Teil seines Widerstandes auf und zeigt sich begrenzt kompromißbereit. Er ist froh, daß das Gespräch nicht unangenehmere Folgen hat, und stellt in Aussicht, vielleicht sein Verhalten zu verändern.

Dieser Dialog, der sich in dieser Form abgespielt hat und nicht verändert wurde, ist - gemessen an den alltäglichen Gesprächen zwischen Lehrern und Schülern - keineswegs ein krasses Beispiel. Er enthält vielmehr einige positive Ansätze, z.b. Verständnisäußerungen, Eingehen auf Ursachenerklärungen des Schülers, freundliches Formulieren eines Wunsches usw., und weist auf eine insgesamt positive Lehrer-Schüler-Beziehung hin. Trotzdem wird beim aufmerksamen Lesen deutlich, daß das Gespräch an vielen Stellen ungünstig verläuft und wesentlich ergiebiger und unbedrohlicher hätte geführt werden können. Nachfolgend soll deshalb gezeigt werden, unter welchen Voraussetzungen ein diagnostisches Gespräch gelingen kann und wie es geführt werden sollte.

 b) Gesprächshemmende und gesprächsfördernde Bedingungen und Voraussetzungen.
Diagnostische Gespräche sind immer dann erforderlich, wenn der Schüler, der Lehrer oder beide ein Problem haben. Lehrer und Schüler gehen also belastet in das diagnostische Gespräch; beide haben negative Erfahrungen miteinander gemacht und sind zunächst alles andere als offen, verständnisvoll oder gesprächsfreudig.

Gefühle des Schülers: Wird der Schüler zu einem Gespräch gebeten, so werden in ihm frühere Erfahrungen wach, da er die unangenehmen Momente solcher Gespräche kennt und Angst vor ihnen hat. Auf der anderen Seite ist er sich häufig auch darüber klar, daß sein Verhalten nicht mit den schulischen Erfordernissen übereinstimmt. Das macht ihn schuldbewußt und führt zu einer realistischen Angst davor, daß sein Verhalten negative Konsequenzen nach sich ziehen wird. Seine Überlegungen vor dem Gespräch sind wahrscheinlich strategischer Art: Wie kann ich erreichen, daß das unangenehme Gespräch möglichst rasch vorübergeht? Wie kann ich die zu erwartenden negativen Konsequenzen mildern oder vermeiden? Aus diesen Überlegungen folgt ein weitgehendes Verweigern von Auskünften: Statt Informationen zu geben, wird er sein Verhalten beschönigen oder zu rechtfertigen versuchen, wodurch die negativen Konsequenzen möglichst gemindert werden sollen.

Gefühle des Lehrers: Der Lehrer hat in der zurückliegenden Zeit möglicherweise erfahren müssen, daß seine spontanen Reaktionen, z.B. Hinweise, Aufforderungen, Blicke, Ermahnungen oder Strafen, bei diesem Schüler nicht den erwünschten Erfolg bewirkt haben. Er nimmt sich vor, das Problem langfristig anzugehen, da er vor allem zwei Gefühlsreaktionen loswerden möchte: Seinen täglichen Ärger mit dem Schüler und seine Hilflosigkeit, die beide aus dem Scheitern seiner spontanen Maßnahmen entstanden sind. Vor dem Gespräch ist der Lehrer einerseits bereit, einen Neuanfang zu machen und vieles zu vergessen, auf der anderen Seite sind Ärger und/oder Hilflosigkeitsempfindungen oft recht stark und machen es ihm unmöglich, unvoreingenommen in das Gespräch zu gehen.

Die beschriebenen Gefühle von Lehrer und Schüler sind nicht nur ihren Worten zu entnehmen, sondern auch ihrem Gesichtsausdruck, den Körperhaltungen und der Stimme bzw. dem Tonfall. Der eine signalisiert dem anderen, was er empfindet. Dies führt dazu, daß der Schüler seine Auskünfte so verzerrt, daß sie dem Lehrer möglichst akzeptabel erscheinen. Auf der anderen Seite kann der Lehrer die Auskünfte des Schülers nur durch die »Brille« seiner momentanen Gefühle wahrnehmen, wodurch wiederum eine einseitige Gewichtung der Informationen entstehen kann. Wenn sich der Lehrer seiner gesprächshemmenden »emotionalen Aufladung« und der zu erwartenden Verteidigungshaltung des Schülers bewußt ist, sollte es ihm leichter fallen, die drei genannten Bedingungen in der Gesprächssituation zu verwirklichen:

Grundsätzliche Bereitschaft. Der Lehrer sollte, trotz der oben genannten Gefühlslage, den Wunsch und die Bereitschaft haben, den Schüler zu verstehen, ohne ihn sogleich beeinflussen zu wollen. Verstehen heißt hier nicht, dem Schüler alles zu verzeihen. Vielmehr ist damit gemeint, daß der Lehrer durch das Gespräch besser erkennt, wie das Problemverhalten zustande kommt. Erst wenn er dies erklären und nachvollziehen kann, ergeben sich daraus Überlegungen für Lösungsmöglichkeiten (vgl. Bommert, 1977).

Eine unbedrohliche Gesprächssituation schaffen. Wegen der beiderseitig negativen Gefühlslage ist die Situation bei Gesprächsbeginn in jedem Fall gespannt und angstauslösend. Mit Ich-Botschaften und Verständnisäußerungen kann der Lehrer diese Anspannung ansprechen und lockern. Durch klares Nennen des Gesprächsziels und durch Hinweise darauf, daß das Gespräch keine negativen Folgen haben wird, kann die Angst gemindert werden. Aufmunternde Blickkontakte, Wartenkönnen und das Vermeiden von Kritik während des Gesprächsverlaufs können eine Atmosphäre schaffen, in der der Schüler es wagt, Auskünfte über sein Problemverhalten zu geben (vgl. Bommert, 1977).

Einfühlendes Verstehen. Jede Person sieht die sie umgebende soziale Welt auf ihre eigene, unverwechselbare Weise. Jemanden verstehen lernen heißt, die Art und Weise herausfinden, wie er die Realität wahrnimmt. Dieser »innere Bezugsrahmen« muß gefunden und nachvollzogen werden. Dies gilt besonders dann, wenn die Wahrnehmungen einer Person sehr stark verzerrt und realitätsfremd sind. Übertragen z.B. auf das Problem geringer Anstrengungsbereitschaft bedeutet dies, daß der Lehrer »nachkonstruieren« muß, wie der Schüler die schulischen Anforderungen sieht, wie er den Schwierigkeitsgrad von Aufgaben erlebt, wie er die eigenen Fähigkeiten zu deren Bewältigung einschätzt usw. Das einfühlende Verstehen ist die wichtigste der drei Bedingungen und zugleich dasjenige Kennzeichen nicht-direktiver Gespräche, das am besten erforscht und abgesichert ist. Der Lehrer zeigt einfühlendes Verstehen, wenn er Gefühle, Wünsche, Interessen und Gedanken des Schülers anspricht, sie in eigenen Worten ausdrückt und den Schüler auf diese Weise dazu anregt, seine Auskünfte genauer und vollständiger zu geben.

Wie diese drei Bedingungen in realisierbare Verhaltensweisen des

Lehrers umgesetzt werden können, soll in den folgenden Abschnitten gezeigt werden.

c) *Hinweise zur praktischen Durchführung des diagnostischen Gesprächs*

- *Beachtung räumlich-zeitlicher Umstände.* Es scheint banal und ist doch sehr bedeutsam für ein diagnostisches Gespräch, daß sich Lehrer und Schüler genügend Zeit dafür nehmen und nicht von vornherein durch Busabfahrtszeiten oder andere Termine unter Druck stehen. Ebenso sollte durch die Wahl des Ortes gewährleistet sein, daß nicht andere Personen das Gespräch durch Hereinkommen, Telefonate usw. unterbrechen.

- *Thematisieren der Anspannung.* Die Gefühle von Lehrer und Schüler sollten nicht unterschlagen oder überspielt, sondern zum ersten Gegenstand des Gesprächs gemacht werden. Beim oben geschilderten Gesprächsbeispiel war der Lehrer zu Beginn über das aggressive und unaufmerksame Verhalten des Schülers einerseits sehr verärgert und empört, andererseits aber auch unsicher, ob er nicht selbst einen Teil dieses Verhaltens durch die Unterrichtsgestaltung mitverschuldet hatte. Der Schüler trat mit sehr unangenehmen Gefühlen in das Gespräch ein, hatte Angst vor Vorwürfen und vor negativen Konsequenzen. Am besten beginnt der Lehrer mit einer Verständnisäußerung für die Gefühle des Schülers, da ein Verbalisieren der eigenen Gefühle wie z.B. Ärger, Empörung und Unsicherheit leicht als Vorwurf vom Schüler mißverstanden werden könnte.

Folgende Verständnisäußerungen erscheinen in der oben genannten Situation akzeptabel:
- »Es ist dir jetzt vermutlich sehr unangenehm, dazubleiben und mit mir sprechen zu müssen.«
- »Du hast jetzt ein wenig Angst, daß ich dir Vorwürfe mache wegen deines Verhaltens in der Stunde.«
- »Du hast vermutlich Angst davor, daß ich wegen der letzten Stunde böse bin und dir jetzt eine Strafe gebe.«

An eine (besser mehrere) dieser Verständnisäußerungen sollten sich dann eine oder mehrere Ich-Botschaften anschließen, damit der Schüler sieht, daß es auch für den Lehrer schwierig ist, ein derartiges Gespräch zu führen. Folgende Äußerungen könnten die Perspektive

321

des Lehrers in für den Schüler akzeptabler, nicht verletzender Form wiedergeben:

-»Auch für mich ist es im Moment etwas unangenehm, mit dir über die letzte Stunde zu sprechen, weil ich auf der einen Seite noch verärgert bin, auf der anderen Seite nicht weiß, ob ich nicht auch mit zu deinem Verhalten beigetragen habe.«

-»Für mich ist es auch schwierig, mit dir zu sprechen. Ich bin im Moment sehr angespannt und frage mich, ob ich nicht auch dazu beitrage, daß ich dich heute so unaufmerksam erlebt habe.«

-»Ich merke, daß es mir momentan auch schwerfällt, jetzt gleich nach der Stunde mit dir zu sprechen, weil ich meinen Ärger noch spüre.«

- *Nennen des Gesprächsziels.* Damit der Schüler bereits zu Beginn des Gesprächs weiß, daß es nicht die Absicht des Lehrers ist, ihn zu belehren oder zu ermahnen, sondern daß er mit ihm nach Ursachen des Problems suchen will, muß dies gleich mitgeteilt werden. Dadurch werden Mißverständnisse vermieden und zugleich die Chancen erhöht, daß der Schüler bereitwillig und offen Auskunft gibt. Wichtig ist ebenfalls, dem Schüler die geplante Vorgehensweise zu verdeutlichen: Im ersten Schritt die Suche nach den Ursachen, daran anschließend im zweiten Schritt das Finden von Lösungen, wozu weitere Gespräche notwendig sein werden. Damit ist auch für den Schüler klar, daß langsam und überlegt vorgegangen wird und am Ende des ersten Gesprächs wahrscheinlich noch keine Lösung gefunden ist.

- *Zeigen von Verständnis.* Der Lehrer sollte dem Schüler mit aufmunternder Mimik und Gestik, Blickkontakt, Lächeln, Nicken usw. konzentriert zuhören. Gesprächspausen, die anfangs sehr häufig auftreten können, müssen ertragen werden. Die wichtigste Verhaltensweise des Lehrers ist das Verbalisieren der Gefühle und Aussagen des Schülers. Einschränkend muß hier gesagt werden, daß es für einen Lehrer umso schwieriger ist, diese erwünschten Verhaltensweisen zu zeigen, je mehr er sich im Konflikt mit einem Schüler persönlich getroffen und angegriffen fühlt. In einem solchen Fall sollte er versuchen, wenn schon nicht freundlich-akzeptierend, so doch möglichst sachlich zu reagieren. Unter Verbalisieren versteht man
- das Wiederholen des Gesagten in eigenen Worten,
- das Auswählen der wichtigsten Inhalte und
- das Erkennen bzw. Ansprechen der Gefühle, die der andere in der Situation erlebt(e).

Der Lehrer sollte also das vom Schüler Gesagte so verdeutlichen, daß sich der Schüler einerseits richtig wiedergegeben fühlt und andererseits angeregt wird, weitere Auskünfte zu geben. Dazu ein kurzes Beispiel, bei dem unterschiedliche Lehreräußerungen mit den vorher dargestellten Kategorien beurteilt werden sollen: Während die Schüler des 7. Schuljahrs in kleinen Gruppen die Einzelheiten zum Klassenfest besprechen, sitzt Monika ganz abseits und starrt vor sich auf die Bank. Der Lehrer spricht sie nach dem Unterricht auf dieses Verhalten an. Monika sagt während dieses Gesprächs unter anderem: »Ich bin erst ein halbes Jahr in dieser Schule. Ich habe noch kaum jemanden in der Klasse, der mit mir befreundet ist.« Monika fühlt sich in der Klasse nicht wohl. Sie hat es schwer, Anschluß zu finden. Ihre »Botschaft« lautet: »Ich habe keine Freunde, ich gehöre nicht dazu, ich bin Außenseiter.« Ihre Erklärung »Ich bin erst ein halbes Jahr hier« gibt wahrscheinlich nicht den einzigen Grund an. Zu vermuten ist vielmehr, daß die Klasse Monika nicht akzeptieren wollte oder Monika von sich aus wenig Kontakte hergestellt hat bzw. nicht herstellen konnte. Wenn der Lehrer nun antwortet: »Das liegt an dir. Du solltest dich mehr um Freunde bemühen!«, dann belehrt er Monika oder macht ihr sogar einen Vorwurf, der zwar einen möglichen Grund für Monikas Rolle angibt, aber ihre Botschaft und ihre Gefühle überhaupt nicht trifft. Akzeptierender wäre eine Äußerung wie: »Ach so! Dann mußt du einfach ein wenig geduldig sein. Schau mal, die Inge zum Beispiel was ist mit der? Sie ist doch ganz nett zu dir!« Hier greift der Lehrer Monikas vorgeschobenen Grund auf mit der Bemerkung »Sei geduldig«; dann aber macht er einen direktiven Lösungsvorschlag. Gefühle und Botschaften werden kaum getroffen. Die Belehrung wird nicht vermieden. Positiver zu werten ist eine Verbalisierung: »Du fühlst dich unter deinen Mitschülern noch nicht wohl!«

Allerdings ist diese Äußerung recht allgemein gehalten und trifft die Botschaft Monikas nicht exakt. Ganz genau werden Gefühle und Botschaft der Schülerin dagegen in folgender Äußerung angesprochen: »In dieser Klasse ist es schwer für dich, Freunde zu finden!«

Verbalisieren ist eine Methode der Gesprächsführung, die man erlernen kann. Wer diese Gesprächstechnik erlernen will, sollte möglichst viel üben. Günstig ist es dabei, Mitglied einer Kleingruppe zu sein, in der alle Teilnehmer Interesse haben, das Verbalisieren einzuüben. Man setzt sich in einer Gruppe zu drei Personen zusammen und ver-

323

einbart ein Thema, bei dem das persönliche Erleben eine bedeutsame Rolle spielt, z.B. »Ich mache mir Gedanken über einen bestimmten Schüler.«; »Was mir im Unterricht gerade etwas Schwierigkeiten macht...«; »Ein positives Erlebnis mit einem Schüler...«; »Was mich im Moment ärgert...«; usw.

Übungsform und äußerer Ablauf:

1. Schritt: Der erste Teilnehmer erzählt zu seinem ausgewählten Thema. Nach zwei bis drei Sätzen macht er bewußt eine kurze Pause.

2. Schritt: Der zweite Teilnehmer versucht nun, die Aussagen des ersten in eigenen Worten kurz zu verbalisieren. Dabei sollte er insbesondere auf die angesprochenen Empfindungen eingehen.

3. Schritt: Der erste Teilnehmer meldet nun knapp zurück (»ja«, »nein« o.ä.), ob er sich richtig verstanden fühlt und fährt dann in seiner Problemschilderung fort.
Der dritte Teilnehmer (Beobachter) achtet währenddessen darauf, daß der erste Teilnehmer Pausen macht, damit es nicht zu schwierig wird, das Gesagte zu behalten. Auf einem Beobachtungsbogen kreuzt er zusätzlich an, wie der zweite Teilnehmer (Gesprächsleiter) sich verhalten hat.

4. Schritt: Nach etwa fünf Minuten wird das Gespräch unterbrochen. Der Beobachter legt den Beobachtungsbogen vor und erläutert seine Ankreuzungen. Der Gesprächsleiter nimmt Stellung dazu und nennt seine eigenen Wahrnehmungen. Der Auskunftgeber beschreibt, wie das Verbalisieren auf ihn gewirkt hat, wo er sich verstanden fühlte usw.

5. Schritt: Nach dieser Auswertung wechseln die Rollen. Die Übungszeit sollte jeweils ca. fünf Minuten betragen; es sollte immer eine Auswertungsphase stattfinden.

6. Schritt: Die Rollen werden nun nochmals gewechselt; wiederum fünf Minuten Übungszeit mit anschließender Auswertung und Gesamtdiskussion der Verhaltensfortschritte.

Nach unseren Erfahrungen können mehrere dieser Übungen dazu führen, daß deutliche Fortschritte bei den trainierenden Lehrern festzustellen sind. Hilfreich ist es ebenfalls, auch im außerschulischen Alltag das Verbalisieren zu erproben. Es ist nicht möglich, das eigene Gesprächsverhalten nur durch das Lesen dieses Textes zu verändern. Das eigene Sprechen ist derart automatisiert, daß es allein durch »Trockenübungen« nicht genügend beeinflußt werden kann.

- *Vermeiden von frühem Nachfragen.* In nahezu allen Veröffentlichungen über Gesprächsführung der oben beschriebenen Art gilt es als Fehler, den Auskunftgebenden durch direktes Nachfragen zum Sprechen zu bringen, wobei wir diese Position nicht in diesem strengen Sinn handhaben wollen. In der Praxis hat sich folgende Abfolge bewährt, die wir empfehlen möchten:

Zu Beginn des Gesprächs sollte der Lehrer nicht fragen, sondern lediglich Gefühle und Botschaften des Schülers verbalisieren. Er sollte auch die zahlreichen Gesprächspausen ertragen und den Schüler langsam Vertrauen gewinnen lassen. Gegen Ende des ausführlichen Gesprächs kann der Lehrer dann durchaus zu denjenigen Punkten Fragen stellen, die ihm durch die Auskünfte des Schülers nicht deutlich geworden sind. Hierbei ist allerdings Vorsicht geboten: Lehrer sind Experten im Fragenstellen! Das Stellen von Fragen ist so eingeschliffen, daß die meisten Lehrer schon nach zwei oder drei Verbalisierungen mit ihrem Nachfragen beginnen. Damit wird der Effekt der kurzen Verbalisierung sofort wieder aufgehoben und die Verhörsituation hergestellt. Entscheidend ist also, daß das Verbalisieren zeitlich gesehen den größten Raum einnimmt und das Nachfragen lediglich am Ende des Gesprächs zur Abklärung dient.

d) Schlußbemerkung. Die hier beschriebenen Bedingungen und Schritte der Gesprächsführung sollte man nicht nur auf die besondere Situation eines zu diesem speziellen Zweck herbeigeführten diagnostischen Gesprächs beschränkt sehen. Wenn der Lehrer darauf achtet, beiderseitige Anspannung zu thematisieren, das Gesprächsziel zu nennen, während des Gesprächs Verständnis zu äußern, dann werden auch alltägliche Gespräche so verlaufen, daß Schüler es wagen können, dem Lehrer Einblick in ihr persönliches Erleben zu geben. Auf diese Weise kann der Lehrer in geeigneten Zeiten vor Unterrichtsbeginn, beim Stundenwechsel, in den Pausen häufige persönliche Kontakte zu seinen Schülern aufbauen. In Klassen, in denen solche persönlichen Kontakte die Regel sind, ist es weniger wahrscheinlich, daß man eigene diagnostische Gespräche ansetzen muß, um Hintergründe problematischer Situationen in der Klasse aufzuklären. Wenn dennoch ein umfassenderes Gespräch nötig wird, sind weniger Anfangsschwierigkeiten zu überwinden als in Klassen, in denen die Kommunikation zwischen Lehrern und Schülern auf die üblichen Unterrichtsgespräche beschränkt ist.

Auch im Gespräch mit Eltern sind die hier beschriebenen grundlegenden Gesprächstechniken bedeutsam. Gerade für das Elterngespräch erscheint es wichtig, daran zu erinnern, daß der Lehrer solche Gespräche in der Regel herbeiführt, um die Sichtweise der Eltern kennenzulernen, um Informationen über schwierige Schüler aus der Sicht der Familienangehörigen zu erhalten, nicht um lediglich seine eigene Sichtweise mitzuteilen. Wenn sich der Lehrer auch in solchen Gesprächen an die allgemeinen Gesprächsregeln hält, wird es ihm nicht schwerfallen, die Unterhaltung mit den Eltern nicht nur mit Hilfe eigener Fragen zu strukturieren, die aus den eigenen, vorgefaßten Annahmen abgeleitet sind. Die beiden häufigsten einschränkenden Annahmen bestehen darin, daß Lehrer die Eltern von vorneherein als Ursache der kindlichen Schwierigkeiten ansehen bzw. daß sie die Schwierigkeiten eines Kindes ausschließlich in dessen Person begründet sehen. Die Eltern werden dann häufig nach der »objektiven Geschichte« der Schwierigkeiten des Kindes befragt: »Ist der Junge zu Hause auch unkonzentriert?« Solche stark lenkenden Formen der Gesprächsführung zwingen die Eltern, auf die Ansichten des Lehrers einzugehen, sich möglicherweise gegen diese Ansichten zur Wehr zu setzen, während der Lehrer das Gespräch mit den Eltern eigentlich deshalb herbeigeführt hat, um deren eigenen Standpunkt und deren eigene Erfahrungen kennenzulernen.

4. Beurteilung von Leistungen, Leistungsunterschieden und Leistungsvoraussetzungen

4.1 Diagnostik der Schulleistungen

Jeder Lehrer beurteilt ständig die Leistungen seiner Schüler, und zwar nicht nur, wenn er mündliche oder schriftliche Prüfungen durchführt, sondern während des gesamten Unterrichts. Jede Frage, jede Antwort, jede Aufgabenlösung und jede Lernschwierigkeit eines Schülers, die vom Lehrer registriert wird, beeinflußt sein Urteil

über die Leistungstüchtigkeit und Leistungsfähigkeit dieses Kindes. So wichtig und unersetzbar dieses alltägliche Diagnostizieren der Schulleistungen für die permanente Anpassung des Unterrichts an die Lernmöglichkeiten der Schüler ist, so zufällig, subjektiv und ungenau muß ein solches Vorgehen bleiben, würde es nicht planmäßig durch systematische Diagnosen ergänzt. Dem Lehrer stehen dafür im wesentlichen vier Möglichkeiten zur Verfügung, die im folgenden dargestellt werden. Bei allen Verfahren tritt das gemeinsame Problem auf, daß die Beurteilung der erfaßten Leistung eines Schülers ganz unterschiedlich ausfallen kann, je nach dem Bewertungsmaßstab, den der Lehrer verwendet. Im Kapitel B 7 wurde schon darauf hingewiesen, daß man sich bei der Bewertung von Leistungen auf verschiedene Normen beziehen kann. Es wurden dort drei Bezugsnormen unterschieden:
- Individuelle Bezugsnorm,
- soziale Bezugsnorm,
- sachliche Bezugsnorm.

Bei der Beurteilung von Leistungen und der Diagnose von Leistungsunterschieden wie Leistungsdefiziten müssen diese Bezugsnormen mit berücksichtigt werden. Folgende Verfahren werden in Schulen zur Erhebung der Leistungen benutzt:

a) Konventionelle Klassenarbeiten. Fast jeder Lehrer läßt regelmäßig Klassenarbeiten schreiben, in denen Aufgaben aus einem (zeitlich und inhaltlich) begrenzten Gebiet des behandelten Lehrstoffes von den Schülern bearbeitet werden müssen. Die Ergebnisse dieser Arbeiten sind in den meisten Klassen die wichtigste Grundlage der Leistungsbewertung und Benotung. In der Aufgabenstellung und in der Ergebnisbeurteilung gibt es allerdings auch auf gleichen Fachgebieten große Unterschiede zwischen den einzelnen Lehrern.

Wegen der großen Bedeutung der Klassenarbeiten für die Leistungsbeurteilung sollte sich jeder Lehrer vertiefte Einsichten in seine eigene Praxis verschaffen, indem er gelegentlich experimentiert (Variationen im Umfang der Klassenarbeiten, im Schwierigkeitsgrad der Aufgaben, in der Art der Aufgabenstellung, im verwendeten Beurteilungsmaßstab).

In den letzten zwei Jahrzehnten sind konventionelle Klassenarbeiten in der Pädagogik und in der Öffentlichkeit heftig kritisiert worden (z.B. Ingenkamp, 1971). Man verweist dabei gern auf empirische Untersuchungsergebnisse, die belegen, daß vergleichbare Leistungen in verschiedenen Klassen und durch verschiedene Lehrer zum Teil extrem unterschiedlich bewertet werden. Gelegentlich sprach man sogar davon, daß die Zensurengebung mit Hilfe der üblichen Klassenarbeiten der Zufälligkeit eines Würfelspiels entspreche. Das sind natürlich Übertreibungen aufgrund unzulässiger Verallgemeinerungen aus Einzelfällen. Ein realistisches Bild ist etwas komplizierter:

- Durch Klassenarbeiten gelingt es den meisten Lehrern, sich ein relativ zuverlässiges Urteil über die Leistungsunterschiede der Schüler ihrer Klassen zu verschaffen.
- Klassenarbeiten gestatten keine objektive Leistungsbeurteilung über verschiedene Schulklassen und Lehrer hinweg.

Aus dem zuletzt genannten Befund ergibt sich ein schwerwiegendes Problem: Wenn wir von Lern- und Leistungsschwierigkeiten sprechen, so meinen wir damit das Verfehlen von bestimmten Anforderungen, die durch den jeweiligen Lehrplan und durch den einzelnen Lehrer festgelgt werden. Ein Schüler, der im Gymnasium versagt, könnte unter Umständen mit der gleichen Leistung in der Hauptschule eine durchaus befriedigende Bewertung erhalten. Dieser Vergleich ist natürlich trivial und unproblematisch. Schwieriger ist es, wenn Leistungen in der gleichen Schulart in verschiedenen Klassen unterschiedlich bewertet werden. Wie verschiedene empirische Untersuchungen bestätigen, ist das leider oft der Fall. Um nicht mißverstanden zu werden: Bei diesen Bewertungsdifferenzen handelt es sich nicht um beliebige und willkürliche Abweichungen der einzelnen Lehrer von einem »wahren Wert«. Extreme Differenzen werden durch Lehrpläne und Lehrbücher im allgemeinen vermieden. Was bleibt, sind Unterschiede zwischen den Lehrern in den konkreten Schwierigkeitsanforderungen und Beurteilungsmaßstäben.

Um die eigenen Anforderungen und Maßstäbe genauer kennenzulernen und um sie gegebenenfalls auch korrigieren zu können, empfiehlt es sich, mit Kollegen derselben Schule oder am selben Ort gelegentlich Klassenarbeiten auszutauschen und Leistungsbeurteilungen zu diskutieren. Eine weitere Möglichkeit, die eigenen Standardsetzungen kennenzulernen, besteht in der Verwendung von Schulleistungstests.

b) Schulleistungstests. Darunter versteht man Testverfahren für bestimmte Schulfächer und Klassenstufen, die unter Berücksichtigung der Lehrplananforderungen konstruiert und an einer großen Zahl von Schülern aus möglichst vielen Klassen »geeicht« wurden.

Ein typisches Beispiel dafür ist der »Allgemeine Schulleistungstest für 4. Klassen« (AST4; vgl. Fippinger, 1978). Er erfaßt folgende Leistungsbereiche:

- Leseverständnis: Der Schüler liest eine Geschichte im Zusammenhang und beantwortet anschließend Fragen, die sich auf deren Inhalt beziehen.
- Sprachverständnis: Es handelt sich um eine Reihe von Einzelaufgaben, in denen z.b. Satzzeichen eingefügt, grammatische Fehler erkannt, Wortfamilien identifiziert, sprachliche Gegensätze herausgefunden und nicht zueinander passende Wörter erfaßt werden müssen.
- Sachkunde: Es müssen 20 Aufgaben aus dem biologischen, geographischen und physikalischen Lernbereich gelöst werden.
- Mathematik: Zu bearbeiten sind 40 Aufgaben, durch die Zahl- und Mengenverständnis, Rechenfertigkeit und die Lösung kleiner mathematischer Probleme überprüft werden.
- Rechtschreiben: Es müssen einzelne Fehler identifiziert werden.

An einer Stichprobe von mehr als 1700 Schülern aus 4. Klassen der Bundesrepublik wurden zwischen 1975 und 1977 verschiedene Normwerte für diesen Test ermittelt. Jeder Lehrer, der diesen oder einen anderen Schulleistungstest anwenden will, muß sich an Hand des jeweiligen Beiheftes gründlich mit der Ermittlung und der Interpretation dieser Normwerte beschäftigen. Wir wollen hier als Beispiel lediglich die sogenannten Prozentrangplätze erwähnen: Sie geben für jedes von einem Schüler erzielte Testergebnis an, wieviel Prozent aller Schüler (der Eichstichprobe) schlechtere Leistungen erzielt haben. Entspricht also das Ergebnis eines Kindes einem (in einer Tabelle nachschlagbaren) Prozentrangplatz von 5, so weiß man mit einer gewissen Wahrscheinlichkeit, daß nur 5% aller Schüler gleiche oder schlechtere, 95% der Viertkläßler aber bessere Leistungen erzielen. Dieses Beispiel veranschaulicht den besonderen Nutzen von Schulleistungstests. Die Leistungen der eigenen Klasse und einzelner Schüler können mit den Durchschnittsleistungen großer Schülergruppen aus vielen Klassen verglichen werden. Der Lehrer gewinnt auf diese Weise zusätzliche Orientierungsgesichtspunkte.

Es darf allerdings nicht verschwiegen werden, daß dieser Nutzen von Schulleistungstests begrenzt oder sogar stark gemindert wird, wenn
- sich die Lehrplananforderunen in einem Bundesland seit der Eichung des Tests verändert haben;
- der in der Klasse vermittelte Lehrstoff vom allgemeinen Lehrplan mehr oder minder stark abweicht.

Da diese Einschränkungen relativ häufig gelten, können Schulleistungstests gegenwärtig nicht die Hauptinformationsquelle für die Beurteilung der Schulleistungen sein, sondern immer nur (gelegentlich wichtige) ergänzende Hinweise liefern. Abgesehen davon, gibt es keineswegs für alle Fächer, Lernbereiche, Klassenstufen und Schularten geeignete Schulleistungstests im Handel.

c) Informelle lehrzielorientierte Tests. In den letzten Jahren ist von manchen Wissenschaftlern empfohlen worden, Lehrer sollten im Hinblick auf die von ihnen angestrebten Lernziele und unter Berücksichtigung des tatsächlich vermittelten Lehrstoffs selbst informelle Tests konstruieren. Zielinski (1976) beschreibt, wie dabei im einzelnen vorzugehen ist. Diese Verfahren sind jedoch für die Schulpraxis im allgemeinen viel zu aufwendig, und der vom Lehrer zu leistende Aufwand steht in einem ungünstigen Verhältnis zu den zusätzlichen Informationen, die man aus diesen Testverfahren gewinnen kann. Wir verzichten deshalb hier auf eine ausführliche Darstellung dieser Form der Schulleistungsprüfung.

d) Strukturanalyse der Schulleistungen. Klassenarbeiten, Schulleistungstests und auch informelle lehrzielorientierte Tests liefern lediglich ausschnitthafte »Momentaufnahmen« des individuellen Leistungsstands. Muß jedoch darüber entschieden werden, ob ein Schüler eine Klasse wiederholen soll, ein Schulwechsel notwendig ist, ein pädagogisches Förderungsprogramm aussichtsreich erscheint oder ob den Eltern empfohlen werden soll, einem Schüler Nachhilfeunterricht zu geben, so ist eine sehr viel gründlichere und umfassendere Analyse der Schulleistungen erforderlich. Erst wenn man weiß, wie umfangreich die Kenntnislücken und wie groß die Lernprobleme sind, können geeignete pädagogische Handlungsmöglichkeiten überlegt werden. Um die mit der strukturellen Diagnose von Schulleistungen verbundenen Arbeiten des Lehrers in Grenzen zu halten, empfehlen wir ein schrittweises Vorgehen:

(1) Orientierung über die Breite der Leistungsmängel. Um feststellen zu können, in wie vielen Fächern und Fachgebieten ein Schüler Leistungsmängel aufweist, müssen innerhalb eines begrenzten Zeitraums Klassenarbeiten über den aktuellen Leistungsstand in möglichst allen wichtigen Fachgebieten geschrieben werden. Unterrichten mehrere Lehrer in einer Klasse, so sollten die diagnostischen Einzelinformationen vom Klassenlehrer gesammelt und zu einem Gesamtbild verbunden werden. Welche Aussichten Förderungsprogramme oder Nachhilfeunterricht haben, hängt zum Teil auch davon ab, wie stark man sich auf begrenzte Leistungsschwierigkeiten konzentrieren kann oder ob es notwendig ist, Leistungsprobleme in vielen Gebieten zu überwinden.

(2) Orientierung über die Schwere der Leistungsmängel. Um ermitteln zu können, wie schwerwiegend die Leistungsmängel bei einem Schüler sind, müssen die Abweichungen des tatsächlichen Leistungsstandes vom erwarteten bewertet werden. Das kann in zweifacher Weise geschehen: Zum einen legt man aufgrund des verbindlichen Lehrplans vor der Klassenarbeit fest, was ein Schüler eigentlich können muß, welche Leistungen er also im einzelnen zu erzielen hat, damit gesagt werden kann, daß er die wichtigen Lernziele erreicht hat. Man sollte gleichzeitig definieren, bei welchen Aufgabenlösungen und Fehlerzahlen eine Leistung gerade noch als ausreichend angesehen werden kann. Dies ist natürlich immer nur im Hinblick auf bestimmte Schwierigkeitsgrade der Aufgaben möglich. Deshalb gibt es auch keinen objektiven Maßstab dafür, wie schwierig zum Beispiel ein bestimmtes Aufsatzthema, eine fremdsprachliche Nacherzählung oder eine mathematische Textaufgabe sein sollte und tatsächlich ist. Da es unmittelbar einsichtig ist, daß die Leistungen - und damit auch das Leistungsversagen - von der Schwierigkeit der gestellten Aufgaben abhängen, ist es erforderlich, wenigstens annäherungsweise eine Übereinstimmung zwischen angestrebtem und in Klassenarbeiten realisiertem Schwierigkeitsgrad der Anforderungen zu erreichen. Das sorgfältige Überlegen der damit verbundenen Fragen ist umso wichtiger, je schwerwiegender die Konsequenzen einer schlechten Leistung für einzelne Schüler sind. Eine Klasse z.B. wiederholen zu müssen, weil die Aufgaben bei zwei bis drei Klassenarbeiten mehr oder minder zufällig etwas schwieriger als üblich und der Bewertungsmaßstab etwas strenger als sonst waren, ist pädagogisch nicht zu verantworten.

Als zweite zusätzliche Methode der Bewertung von Klassenarbeiten bietet sich der soziale Vergleich an. Auf diese Weise kann man erfahren, wie groß der Leistungsabstand eines Schülers oder einer Gruppe von Schülern vom Durchschnitt der Klasse ist. Diese Information erscheint deshalb wichtig, weil der Lehrer seinen Unterricht unbewußt an den durchschnittlichen Lernfortschritten der Klasse orientiert. Sind die Leistungsabweichungen eines Schülers oder einiger Kinder im Verhältnis zum Klassendurchschnitt sehr groß, so wird es für die Betroffenen schwierig sein, dem weiteren Unterricht überhaupt zu folgen.

Durch die Kombination des lehrplanorientierten und des sozialen Maßstabs bei der Leistungsbewertung kann man den Schweregrad der Lernschwierigkeiten am besten abschätzen. Erzielen Schüler in einer sehr gut geförderten Klasse im Vergleich zu den Mitschülern nur schlechte Ergebnisse, entsprechen diese Leistungen aber noch den Anforderungen des Lehrplans, so darf man nicht von Leistungsschwierigkeiten im engeren Sinne sprechen. Schlechte Noten, Klassenwiederholung oder gar Wechsel der Schulart als Folge einer Leistungsbewertung, die ausschließlich auf der Basis des sozialen Maßstabes beruht, ist pädagogisch ebenfalls nicht zu legitimieren.

(3) Orientierung über die Tiefe der Leistungsmängel. Für die Beurteilung der Aussichten eines Schülers, seine Leistungsmängel wenigstens zum Teil abbauen zu können, genügt es nicht, lediglich Informationen über das Erreichen oder Nichterreichen der gerade aktuellen Lernziele zu besitzen. Entscheidend ist vielmehr, wie weit die Kenntnislücken in die vorausgegangenen Schuljahre zurückreichen. Es ist erstaunlich, wie selten solche Informationen bei Entscheidungen über die Behandlung von Lernschwierigkeiten im schulischen Alltag zur Verfügung stehen, obwohl sie vom einzelnen Lehrer vergleichsweise leicht zu beschaffen sind.

Nun stellt sich die Frage, wie der Lehrer zu Aufgabenstellungen kommt, um individuelle Kenntnislücken zu bestimmen. Wollte man die damit umrissene Aufgabe sehr gründlich erfüllen, so müßte für eine Vielzahl aktueller Lernziele jeweils eine möglichst umfassende Systematik aller dafür relevanten Vorkenntnisse erstellt werden. Das würde in manchen Fächern (z.B. in Deutsch) nicht nur große methodische Schwierigkeiten bereiten, es müßte auch jeden Lehrer zeitlich und arbeitsmäßig überfordern.

Wir empfehlen deshalb ein vergleichsweise einfaches Vorgehen: Man besorgt sich von Kollegen (oder aus den eigenen Akten) eine möglichst große Anzahl von Aufgaben aus tatsächlich gestellten Klassenarbeiten von etwa zwei bis vier Schülerjahrgängen, die unmittelbar vor der Klassenstufe liegen, die der lernschwache Schüler gerade besucht. Diese Aufgaben läßt man auch von den Mitschülern bearbeiten. Die Bearbeitung der Aufgaben durch die Mitschüler ist deshalb unbedingt erforderlich, weil die meisten Lehrer unterschätzen, wieviel Wissen aus früheren Schuljahren auch von guten Schülern vergessen wird. Wichtig für die Beurteilung leistungsschwacher Schüler sind also vor allem jene Kenntnislücken, die die durchschnittlich leistungsfähigen Schüler nicht aufweisen. Anschließend werden die Aufgaben entsprechend den Standards jener Klassenstufe, für die sie eigentlich gedacht sind, bewertet. Auf diese Weise erfährt man schnell und zuverlässig, wie weit die Leistungsmängel zurückreichen, d.h. wie tief verwurzelt die Vorkenntnislücken sind. Diese Methode läßt sich praktisch in jedem Unterrichtsfach anwenden.

Markiert man bei den einzelnen Arbeiten der verschiedenen Klassenstufen zusätzlich noch jene Aufgaben, von denen plausiblerweise angenommen werden kann, daß die zu ihrer Lösung notwendigen Kenntnisse für den weiteren Lernfortschritt besonders wichtig sind, so gewinnt man einen sehr differenzierten Einblick in das Wissenssystem eines Schülers und in die darin enthaltenen Lücken oder Mängel.

(4) Orientierung über Verbesserungsmöglichkeiten der Leistungsmängel. Mit Hilfe der bisher erwähnten drei Schritte lassen sich Informationen beschaffen, die ausschließlich beschreiben, was ein Schüler weiß und was nicht. Will man die Aussichten unterschiedlicher pädagogischer Maßnahmen abschätzen, so muß man zusätzlich in Erfahrung bringen, wie leicht oder schwer sich die Leistungsmängel beim einzelnen Schüler beheben lassen, wenn von den untersten Vorkenntnislücken ausgegangen wird.

Viele Lehrer sind über das Scheitern ihrer Förderungsbemühungen bei Lernschwierigkeiten enttäuscht, die sich in der Regel ausschließlich auf die aktuellen unterrichtlichen Leistunsprobleme richten. Wie aber sollte ein leistungsschwaches Kind Fortschritte machen, wenn ihm fundamentale Vorkenntnisse fehlen, um vom zusätzlichen Förderungsunterricht überhaupt profitieren zu können: Ein noch so in-

333

tensives Üben des Bruchrechnens wird z.B. kaum zum erwünschten Erfolg führen, wenn die Grundrechnungsarten nicht völlig beherrscht werden! Hier liegt eine der großen Schwierigkeiten jedes Förderunterrichts, der nicht auf den individuellen Lernvoraussetzungen und auf diagnostizierten Vorkenntnislücken aufbaut. Um zu prüfen, in welchem Ausmaß und mit welcher Wahrscheinlichkeit Leistungsverbesserungen überhaupt möglich sind, müssen dem einzelnen Schüler vorkenntnisspezifische Lernaufgaben gestellt werden, die er (eventuell unter Mithilfe des Lehrers, eines Mitschülers oder der Eltern) zu bewältigen hat. Nur aus dem systematischen Vergleich zwischen Kenntnislücken und erreichbarem Lernfortschritt läßt sich die »Zone der nächsten Entwicklung« abschätzen, und nur auf dieser Basis ist es möglich, pädagogische Maßnahmen in begründeter Weise zu planen oder den Eltern Empfehlungen für notwendige Bildungsentscheidungen zu geben.

Die umfassende Diagnose der individuellen Schulleistungen ist eine notwendige Voraussetzung, um lernschwierigen Kindern kompetent helfen zu können. Dabei geht es nicht nur um die Überprüfung der im aktuellen Unterricht gerade anstehenden Lernziele, sondern um eine möglichst differenzierte Analyse der gesamten Wissensstruktur. Auf diese Weise kann man erfahren, auf welchen Ebenen die Vorkenntnislücken eigentlich liegen. Je breiter, schwerer, tiefer und unbeeinflußbarer die Leistungsmängel eines Schülers sind, umso geringer erscheinen die Möglichkeiten eines Lehrers, auch bei gutem Willen und großem Engagement im Rahmen seines Unterrichts wirkungsvoll helfen zu können. Bei eng begrenzten Leistungsmängeln sind die pädagogischen Handlungsmöglichkeiten des einzelnen Lehrers relativ groß.

Die schwierigste Frage ist zweifellos die nach den individuellen Verbesserungsmöglichkeiten. Sie berührt nämlich die Gründe des Leistungsversagens. Eine brauchbare Methode zur Beantwortung dieser Frage ist stets der praktische Versuch, mit entsprechender Hilfestellung Leistungsverbesserungen auf der untersten Ebene der Kenntnislücken zu erreichen. Das ist häufig nur dann möglich, wenn man auf die kompetente Mitarbeit der Eltern zurückgreifen kann oder wenn in einer Schule oder in einem Schulsystem irgendeine Art des Förderunterrichts institutionalisiert ist. Unter solchen günstigen Voraussetzungen verspricht »Probieren« einen größeren Informationsgewinn als »Studieren«. In den meisten Fällen wird es jedoch notwendig sein, anstelle dieses Vorgehens zusätzlich Hypothesen über die Ursachen des Leistungsversagens zu bilden und diese so gut wie möglich zu überprüfen. Das erfordert fast immer eine Diagnose der individuellen Denk- und Lernfähigkeiten und eine genaue Beobachtung des Arbeitsverhaltens in und außerhalb der Schule.

4.2 Diagnose intellektueller Fähigkeiten

Die wissenschaftliche Psychologie hat in den vergangenen achtzig Jahren eine große Zahl von Testverfahren entwickelt, um den Entwicklungsstand der intellektuellen Fähigkeiten bei Kindern und Jugendlichen zu überprüfen. Die Auswertung dieser Tests und die Interpretation der Testergebnisse erfordern weitreichendes theoretisches Wissen (aus den Bereichen der Intelligenzforschung, der Testtheorie, der Statistik und der differentiellen Psychologie), gründliche Einarbeitung in das einzelne Verfahren und praktische diagnostische Erfahrungen. Die meisten Lehrer werden über diese Voraussetzungen ohne psychologische Zusatzausbildung nicht verfügen und deshalb immer dann, wenn eine Fähigkeitsdiagnose bei einem lernschwachen Schüler notwendig erscheint, die Hilfe eines Schulpsychologen oder eines Beratungslehrers in Anspruch nehmen. In einigen Bundesländern ist es Lehrern aufgrund von Ministerialerlassen ausdrücklich nicht erlaubt, Intelligenztests im Unterricht zu verwenden. Aus diesen Gründen verzichten wir auf die Darstellung einzelner Intelligenztestverfahren.

Einfach zu handhabende Tests, die »für die Hand des Lehrers« entworfen wurden, erlauben keine zuverlässige und gültige Erfassung der intellektuellen Fähigkeiten eines Menschen. Aus solchen Testverfahren gewonnene Informationen sind häufig unzulänglich oder falsch. Sie können deshalb auch keine solide Grundlage für pädagogisch-psychologische Schlußfolgerungen sein. Das gilt ganz besonders für einfach klingende Testwerte wie für den sogenannten »Intelligenzquotienten«, dessen unkritische Verwendung zu vielerlei Mißverständnissen und Fehlurteilen führen kann.

4.3 Diagnose des Arbeitsverhaltens

Der Arbeitsstil eines Schülers ist sowohl für die Entstehung wie für die Überwindung von Lernschwierigkeiten von größter Bedeutung. Diese Feststellung muß in zweifacher Hinsicht gesehen werden:
- Lernschwierigkeiten können wegen eines ungünstigen oder trotz eines günstigen Arbeitsverhaltens entstehen.

335

- Lernschwierigkeiten können wegen eines ungünstigen oder trotz eines günstigen Arbeitsverhaltens nicht überwunden werden.

Stellt sich bei der diagnostischen Untersuchung heraus, daß ein Schüler üblicherweise sehr konzentriert arbeitet und trotzdem schlechte Schulleistungen erzielt, so wird man an Fähigkeitsmängel als mögliche Ursache denken müssen. Zeigt sich andererseits, daß Schulleistungsschwierigkeiten mit einem ungünstigen Arbeitsstil kombiniert sind, so sollte versucht werden, zuerst das Lernverhalten positiv zu beeinflussen, um zu prüfen, ob sich dadurch auch die Leistungen verbessern. Wie erwähnt (vgl. Kapitel B 7) ist es im Bereich der Leistungsschwierigkeiten kaum möglich, einzelne Ursachen zu isolieren, weil sich die Einflußfaktoren im Verlauf der Zeit oft wechselseitig »aufschaukeln«. Trotz dieser Einschränkung spricht vieles dafür, daß stabile Fähigkeitsmängel durch pädagogisch-psychologische Förderungsmaßnahmen schwerer zu beeinflussen sind als z.b. das Arbeitsverhalten oder umschriebene Kenntnislücken.

Zur Diagnose des Arbeitsverhaltens bietet sich wiederum ein schrittweises Vorgehen an:

a) Wieviel Arbeitszeit wird überhaupt aufgewendet? Angemessenes Arbeitsverhalten hängt entscheidend davon ab, wieviel Zeit für die Erledigung einer Aufgabe zur Verfügung steht. Starker Zeitdruck beeinträchtigt meist die Qualität einer Arbeit. Der Lehrer muß sich also selbst kontrollieren, wie er den Zeitbedarf der Schüler für die Bewältigung einer Aufgabe festlegt, vor allem für Arbeitsphasen, in denen sich die Schüler selbständig in Einzel- und Gruppenarbeit mit einem Lerngegenstand auseinandersetzen müssen. Aufgrund ihrer Erfahrung können Lehrer meist recht gut abschätzen, wieviel Zeit im Durchschnitt anzusetzen ist, damit etwa 70 bis 80% der Schüler mit der gestellten Aufgabe fertig werden.
Von Schülern, die nie ganz fertig werden, weiß man allerdings nur selten, wieviel Zeit sie eigentlich bräuchten, um eine Aufgabe erfolgreich zu beenden. Der Lehrer kann einzelnen Schülern im Unterricht natürlich nicht beliebig viel Zeit zur Bearbeitung von Aufgaben gewähren, er sollte aber folgende negative Konsequenzen des »Nie-fertig-Werdens« bedenken:

- Welche Erwartungen entwickelt ein Schüler unter diesen Umständen?

- Da er sowieso nie fertig wird, ist es auch gleichgültig, wie schnell er arbeitet. Warum sollte er also besonders rasch arbeiten?

Das unangemessene Arbeitsverhalten wird also aufrecht erhalten oder verschlechtert sich sogar. Durch zusätzlich zur Verfügung gestellte Zeit wird nicht automatisch eine Leistungsverbesserung eintreten. Erst wenn gewährleistet ist, daß der Schüler diese Zeit auch entsprechend nutzt, ist eine Bedingung für die Wirksamkeit pädagogischer Maßnahmen erfüllt. Mit Arbeitszeit ist die Zeit gemeint, die ein Kind in- und außerhalb der Schule damit verbringt, sich mit unterrichtsbezogenen Lernzielen und -inhalten zu beschäftigen. Als diagnostische Methode eignen sich einfache Befragungen und Anleitungen zur Führung eines Zeittagebuchs während einiger Tage. Die Angaben des Schülers können durch Informationen der Eltern überprüft werden. Es ist jedoch darauf hinzuweisen, daß eine exakte und kontrollierte Erfassung des Zeitbudgets bei Schülern in der Regel nicht erforderlich ist.

b) *Wer kontrolliert die Arbeitszeit?* Die Klärung dieser Frage ist vor allem für die häuslichen Arbeiten der Schüler wichtig: Handelt es sich bei der Festlegung und Einhaltung der Arbeitszeit um feste Gewohnheiten des Schülers, um tägliche neue Entscheidungen, die einmal so und einmal anders ausfallen, oder um Arbeitszeit, die von den Eltern bestimmt und kontrolliert wird? Man kann sich auch hier auf Auskünfte des Schülers und seiner Eltern bei der Beschaffung der notwendigen Informationen stützen.

c) *Wieviel Zeit wird während der Arbeitszeit tatsächlich gearbeitet?* Es liegen Untersuchungen vor, in denen die aktive Lernzeit von Schülern im Unterricht mit der tatsächlich verfügbaren Zeit verglichen wird. Die Ergebnisse dieser Studien belegen die außerordentlich großen Unterschiede, die in der aktiven Nutzung der Arbeitszeit zwischen verschiedenen Schulklassen, bei unterschiedlichen Lehrern und bei einzelnen Schülern bestehen. Als diagnostische Verfahren eignen sich besonders die subjektive Schätzung der aktiven Arbeitszeit und deren Vergleich mit Beobachtungen dieser Arbeitszeit durch den Lehrer während bestimmter Zeitstichproben.

d) *Wie konzentriert wird gearbeitet?* Jeder weiß aus eigener Erfahrung, daß die Konzentration bei der Arbeit sehr unterschiedlich sein kann, je nachdem wie stark man motiviert ist, ob einen die Tätigkeit

337

interessiert, das Arbeitsergebnis wichtig ist und ob es eine Kontrolle der Arbeit durch andere gibt. Trotz großer Schwankungen der Konzentrationsleistung desselben Individuums lassen sich Menschen danach unterscheiden, ob sie im Durchschnitt konzentrierter oder weniger konzentriert arbeiten als andere. Um die Konzentrationsfähigkeit, d.h. stets auch den subjektiven Widerstand gegen Zerstreutheit und Ablenkung, zu diagnostizieren, gibt es verschiedene Testverfahren. Bei diesen Verfahren wird meistens die Lösung einer Serie von leichten bis mittelschweren Routineaufgaben während einer längeren Zeitspanne verlangt. Ausgewertet werden die Anzahl der bearbeiteten Aufgaben, die Fehlerzahl und die Schwankungsbreite der Quantität und Qualität der Konzentrationsleistung über eine gewisse Zeit hinweg.

Typisches Beispiel eines solchen Verfahrens ist der Konzentrations-Leistungs-Test (KLT) von Düker und Lienert (1949): »Die wichtigste Aufgabe des Tests besteht in der Erfassung der individuellen Konzentrationsfähigkeit als eines relativ selbständigen Persönlichkeitsmerkmals.« (S.15; vgl. auch Kap. B 7, Abschnitt 6). Um die Testaufgaben richtig zu lösen, müssen mehrere einfache Rechenoperationen durchgeführt, Zwischenergebnisse gespeichert und aufgrund einer festen Regel eine abschließende Operation ausgewählt werden, deren Anwendung das Resultat ergibt. Die Lösung der Aufgabe erfordert also konzentrierte Arbeit, obwohl die Teilleistungen bereits im Verlauf der Grundschule verfügbar und automatisiert sind. Die Instruktion verlangt, möglichst viele Aufgaben fehlerlos zu rechnen. Die Bearbeitungszeit beträgt 30 Minuten. Ausgewertet werden die Zahl der bearbeiteten Aufgaben (Leistungsmenge) und die Zahl der richtigen Lösungen (Leistungsgüte). Normwerte gibt es für Schüler von der 4. Grundschulklasse an, und zwar getrennt für Jungen und Mädchen.

Bevor pädagogische Schlußfolgerungen gezogen werden können, sollten die Testergebnisse stets durch ergänzende Beobachtungen des Lernverhaltens im Unterricht überprüft werden. Auf diese Weise erfährt man, ob die Konzentration bei der Arbeit generell beeinträchtigt ist oder ob es sich um Konzentrationsschwankungen handelt, die von der Art und Attraktivität der Aufgabenstellung sowie vom Ausmaß der Lehrerkontrolle beeinflußt sind.

e) Wie effektiv wird während der Arbeitszeit gearbeitet? Dieser Aspekt des Arbeitsverhaltens ist wesentlich schwerer zu diagnosti-

338

zieren als die in den ersten vier Schritten berücksichtigten Merkmale. Es geht nämlich um folgende Fragen:
- Wird die Aufmerksamkeit jeweils auf die wesentlichen Teile einer Aufgabe gerichtet oder nicht?
- Erfolgt eine Anpassung des Arbeitsstils an wechselnde Schwierigkeitsgrade von Aufgaben?
- Wie verhält sich jemand, wenn bei der Lösung einer Aufgabe Schwierigkeiten auftreten?

Im Grunde genommen geht es bei diesen Fragen gar nicht mehr um das Arbeitsverhalten im engeren Sinn, sondern um die Qualität der Bearbeitung von Aufgaben. Wie effektiv das geschieht, hängt nicht nur und nicht einmal in erster Linie von der Ausdauer, der Intensität und der Anpassungsfähigkeit des Arbeitsverhaltens ab, sondern auch und sogar weit mehr von der Verfügbarkeit notwendiger Fähigkeiten und Kenntnisse für die Lösung der Aufgaben.

Die Diagnose erfordert vom Lehrer eine intensive Beschäftigung mit dem betroffenen Schüler. Dabei stehen folgende Möglichkeiten zur Verfügung:

- Es muß festgestellt werden, in welchen Arbeitsschritten ein Schüler eine bestimmte Aufgabenstellung zu lösen versucht. Eine Verhaltensbeobachtung kann die gewünschten Informationen bei Aufgaben liefern, bei denen der Lösungsprozeß durch zahlreiche äußerlich sichtbare Verhaltenweisen zustandekommt, z.B. beim Aufbau eines Landschaftsmodells im Sandkasten, bei der Durchführung eines naturwissenschaftlichen Versuchs, bei der zeichnerischen Lösung einer Geometrieaufgabe usw.
Wenn es aber bei Aufgaben darum geht, »im Kopf« verfügbare Wissensbestände und Lösungsprinzipien zu aktivieren, auf ihre Brauchbarkeit zu überprüfen, probeweise anzuwenden und die Zwischenergebnisse zu bewerten, ist für den Lehrer oft nur ein Schüler zu beobachten, der mit seinem Bleistift vor einem Aufgabenblatt sitzt.

- Der Lehrer kann den Schüler auffordern, alle Gedanken laut auszusprechen, die ihm bei der Beschäftigung mit der Aufgabe durch den Kopf gehen. »Lautes Denken« kann auch durch die Aufforderungen angeregt werden, alles zu sagen, was man gerade tut. Eine Variante der Methode des »lauten Denkens« besteht darin, mit dem Schüler gemeinsam nachträglich den Lösungsgang zu rekonstruieren und ihn möglichst viele seiner Überlegungen wiedergeben zu lassen.

Dieses Vorgehen ist vom Lehrer wenig gesteuert, da der Schüler seine Überlegungen darstellen kann, ohne daß der Lehrer - auch bei objektiv unsinnigen Strategien - korrigierend eingreift. Andererseits werden relativ hohe Ansprüche an die Verbalisierungsfähigkeiten des Schülers gestellt, so daß es auch Schüler geben wird, die nur wenig über ihre Lernschritte aussagen können. Im allgemeinen kann man diese Methode im Grundschulalter noch nicht anwenden. Diese diagnostische Methode wird auch in den Fällen versagen, in denen der Schüler blind probierend, d.h. ohne sich viel Gedanken zu machen, an die Aufgabe herangegangen ist; und in den Fällen, in denen ein Schüler einfach automatisierte Lösungsstrategien verwendet, die nicht mehr bewußt gesteuert werden. Mit solchen Schülern könnte der Lehrer eine typische Aufgabenstellung gemeinsam bearbeiten und dabei zu jedem Schritt Beschreibungen bzw. Begründungen des Vorgehens fordern, wobei nun die Vorstellungen des Lehrers eindeutig im Vordergrund stehen.

Nachfolgend zeigen wir Ihnen zur gleichen Aufgabenstellung im Mathematikunterricht die drei gerade skizzierten Diagnosemöglichkeiten in Beispielprotokollen. Im ersten Beispiel (lautes Denken bei der Aufgabenbearbeitung) läßt der Lehrer den Schüler alles aussprechen, was er sich bei der Aufgabenlösung überlegt. Im zweiten Beispiel (lautes Denken nach der Aufgabenbearbeitung) läßt sich der Lehrer vom Schüler den Lösungsweg und die verschiedenen Überlegungen dazu erklären, nachdem der Schüler selbständig die Aufgabe bearbeitet hat. Im dritten Beispiel schließlich (nachträgliche Befragung über die Aufgabenbearbeitung) geht der Lehrer gemeinsam mit dem Schüler die Aufgabenstellung und mögliche Lösungswege in einem entwickelnden Unterrichtsgespräch noch einmal durch, um gezielte Hinweise auf die Schwierigkeiten des Schülers zu erhalten.

Allen drei Beispielen liegt eine Unterrichtseinheit aus dem Mathematikunterricht einer 5. Klasse zugrunde. Es geht dabei um das Rechnen mit Zeitangaben. Folgende Aufgabe war von den Schülern zu bearbeiten:
In einem Büro beginnt die Arbeiszeit um 7.30 Uhr. Nach 2 Stunden 15 Minuten ist eine Pause von 15 Minuten.
Nach einer weiteren Arbeiszeit von 2 Stunden 15 Minuten beginnt die Mittagspause von 1 Stunde. Danach wird bis 16.15 Uhr gearbeitet. Wie lang ist die tägliche Arbeitszeit?

Diagnosemöglichkeit 1: Lautes Denken bei der Aufgabenbearbeitung

Zur Analyse der Lernstrategien setzt sich der Lehrer zu einem schwachen Rechner und fordert ihn auf, alles laut auszusprechen, was er sich bei der Bearbeitung der Aufgabe denkt. Der Lehrer stenografiert die Schüleräußerungen mit (die Verwendung eines kleinen Tonbandgerätes wäre ebenfalls möglich). Äußerungen des Schülers: »Ich rechne zuerst die Gesamtzeit aus. Ich rechne den Unterschied zwischen 7.30 und 16.15 Uhr aus; weil: Die Arbeitszeit ist die Gesamtzeit ohne Pausen. Man muß zuerst die Zeit wissen, die er insgesamt im Büro ist.« Auf seinem Blatt rechnet der Schüler: 16.15 ./. 7.30 = 8.85 »Jetzt rechne ich die Pausenzeit. 1 Stunde Mittag und 15 Minuten vormittags sind 75 Minuten. Die gehören nicht zur Arbeitszeit. Ich ziehe sie von der Arbeitszeit ab.« Auf dem Blatt rechnet der Schüler: 8.85 ./. 0.75 = 8.10 »Das Ergebnis beträgt: Die Arbeitszeit ist 8 Stunden 10 Minuten.« Bei diesem Schüler wird deutlich, daß er zwar einen passenden Lösungsweg für die Textaufgabe findet, ihm jedoch notwendige Vorkenntnisse für die Umrechnung von Zeiteinheiten fehlen: Er rechnet im Dezimal- anstatt im Sechzigersystem.

Diagnosemöglichkeit 2: Lautes Denken nach der Aufgabenbearbeitung
Ein anderer Schüler hat dieselbe Textaufgabe auf seinem Arbeitsblatt folgendermaßen berechnet:
2 Stunden 15 Minuten + 2 Stunden 15 Minuten = 4 Stunden 30 Minuten (für den Vormittag)
4 Stunden 30 Minuten × 2 = 8 Stunden 60 Minuten = 9 Stunden insgesamt.
Der Lehrer fordert diesen Schüler auf: »Erklär mir bitte, wie du bei deiner Lösung vorgegangen bist. Sag mir alles, was dir bei der Bearbeitung dieser Aufgabe durch den Kopf gegangen ist.«
Protokoll der Schülerantwort: »Ich habe zuerst die Arbeitszeit für den Vormittag ausgerechnet, die zwei Abschnitte ohne die Pause. Dann weiß ich die halbe Arbeitszeit: weil der auch am Nachmittag noch mal so viel arbeiten muß, nehme ich das Ergebnis mal 2.«

Diagnosemöglichkeit 3: Nachträgliche Befragung über die Aufgabenbearbeitung
Ein dritter Schüler hat folgende Lösung auf seinem Arbeitsblatt: 7.30 + 2.15 + 0.15 + 2.15 + 1.00 + 16.15 = 28.90. Durch die Methode des nachträglichen »lauten Denkens« erhält der

Lehrer keine weiteren Informationen über das Vorgehen des Schülers, als er aus dem Arbeitsblatt entnehmen kann, da der Schüler antwortet:»Man muß alles zusammenzählen, damit man die Arbeitszeit bekommt.«
Der Schüler hat seine verfügbaren Rechenroutinen offenbar blind angewendet, indem er alles addierte, ohne Einsicht in die Sachzusammenhänge zu gewinnen. Dem Lehrer erscheint es darum angezeigt, diese diagnostische Situation durch zusätzliches Befragen gleich in eine gezielte Förderungssituation zu verwandeln: Er versucht, den Schüler in einem ersten Schritt mit dem fehlerhaften Ergebnis zu konfrontieren, indem er fragt:»Wieviel Stunden hat ein Tag?«
Antwort des Schülers:»24 Stunden.«
Lehrer:»Vergleiche diesen Wert einmal mit deinem Ergebnis!«
Schüler:»Ja, der würde länger als einen ganzen Tag arbeiten...das kann nicht stimmen.«
In einem zweiten Schritt versucht der Lehrer dann, diesem Schüler eine Kontrollstrategie zu vermitteln:»Versuche einmal ganz grob zu überschlagen, wieviel Zeit die betreffende Person im Büro verbringt.«

4.4 Schlußbemerkung

Bei der Diagnostik von Leistungen, Leistungsunterschieden und Leistungsvoraussetzungen wurden hier nur die Anforderungen, die Maßstäbe und die Arbeitsformen der Schule berücksichtigt. Jeder Lehrer weiß aber aus Erfahrung, daß Schulleistungen nicht einfach das Ergebnis verfügbarer Fähigkeiten, unterschiedlicher Arbeitsstrategien und vorhandener Vorkenntnisse sind, sondern daß Leistungen von der Gesamtpersönlichkeit des Schülers, von der Persönlichkeitsentwicklung und von der aktuellen Lebenssituation stark beeinflußt werden. Die Gefahr erscheint uns groß, daß die Ursache aktueller Schulprobleme eines Kindes schnell oder sogar vorschnell in solchen außerschulischen Bereichen gesucht und scheinbar gefunden werden. Die damit verbundenen psychologischen und pädagogischen Schlußfolgerungen sind in der Regel schwer zu überprüfen und deshalb auch gefährlich: Daß die Erziehung zu hart oder zu weich war, daß die Eltern eines Kindes zu besorgt oder zu gleichgültig erscheinen, daß ein Kind gegenüber der Schule zu ängstlich oder zu leichtfertig eingestellt ist, daß persönliche Probleme eines Schülers seine Schulleistungen stimulieren oder behindern, sind gegensätzliche stereotype Begründungen, die man für gleiche Leistungen und Leistungsschwierigkeiten anführen kann. Sie sind Beispiele dafür, wie schnell man mit der Zuschreibung von Ursachen bei der Hand ist, wenn es um die scheinbare »Erklärung« auffälligen Verhaltens oder schlechter Schulleistungen geht. Abgesehen davon, daß solche »Erklärungen« nachträglich nicht mehr überprüft werden können bzw. nachträglich immer so formuliert werden, daß sie für den Einzelfall plausibel erscheinen, lassen sich daraus kaum Handlungsmöglichkeiten ableiten, mit denen der Lehrer in der Schule die Leistungsproblematik eines Kindes bearbeiten kann. Aus diesem Grund ist größte Zurückhaltung geboten, wenn Merkmale des kindlichen Charakters, Bedingungen seiner bisherigen Entwicklung (insbesondere der Erziehung) und Besonderheiten seiner sozialen Situation als Ursachen für beobachtbare Lernschwierigkeiten verantwortlich gemacht werden sollen. Der Blick auf solche allgemeine Ursachen darf die oben beschriebene Analyse von Leistungen, Leistungsunterschieden und Leistungsvoraussetzungen nur ergänzen, nicht aber ersetzen.

5. Möglichkeiten und Probleme der Selbstdiagnose durch Schüler

5.1 Warum werden die Möglichkeiten der Selbstdiagnose durch Schüler so selten genützt?

Es ist aus verschiedenen Gründen ein besonders elegantes Verfahren, Schüler die eigenen Leistungen und Verhaltensweisen selbst diagnostizieren zu lassen. Einmal wird der Lehrer von Beobachtungstätigkeiten entlastet und kann sich seinen didaktischen und erzieherischen Aufgaben widmen. Zum anderen bewirkt jede Selbstbeobachtung, daß die Aufmerksamkeit für das eigene Verhalten zunimmt. Das bedeutet, daß Schüler bewußter handeln, was ihre Selbstkontrollmöglichkeiten erhöht. Selbstdiagnosen bringen also von ganz allein den positiven Effekt mit sich, daß sich die Schüler dem erwünschten Verhalten annähern. Damit gehören diese Maßnahmen nicht nur in den Bereich der Diagnose, sondern lassen sich auch als Handlungsmöglichkeit gezielt nutzen (vgl. dazu Kapitel D 3). Schließlich erlauben es Selbstdiagnosen, Daten von allen Schülern zur gleichen Zeit zu sammeln, wodurch man sich schnell ein umfassendes Bild über bestimmte Vorgänge machen kann. Trotzdem nützen Lehrer selten die Möglichkeit, schulische Schwierigkeiten durch die Schüler diagnostizieren zu lassen. Das hängt mit bestimmten Argumenten zusammen, die gegen Selbstdiagnosen durch Schüler sprechen:

Argument 1: Überläßt man es den Schülern, Leistungen und Verhaltensweisen selbst zu diagnostizieren, so versuchen die Schüler bewußt, die Ergebnisse in der erwünschten Richtung abzuändern, das heißt: es sind keine verläßlichen Daten zu erwarten.

Diese Befürchtung ist teilweise berechtigt und trifft insbesondere dann zu, wenn die Schüler erwarten müssen, daß die gesammelten Daten letztendlich gegen sie selbst verwendet werden, z.b. im Sinne bestimmter unangenehmer Maßnahmen, die der Lehrer ergreifen könnte. Nach unseren Erfahrungen sind Selbstdiagnosen umgekehrt dann erstaunlich verläßlich, wenn die Schüler an der Auswahl der Handlungsmöglichkeiten beteiligt werden, sie also über den Sinn der Selbstdiagnose Bescheid wissen und ihn akzeptieren. Voraussetzungen hierfür sind ein gutes Vertrauensverhältnis zwischen Lehrer und Schülern, sowie Kooperation bei der Lösung der unterrichtlichen Schwierigkeiten. Sind diese nicht gegeben, ist von Selbstdiagnoseverfahren wenig brauchbare Information zu erwarten.

Argument 2: Selbstdiagnoseverfahren lenken die Aufmerksamkeit der Schüler vom Unterrichtsgeschehen ab, wirken störend und erschweren sinnvolles Unterrichten.

Wie alle Beobachtungsverfahren, so binden auch Selbstdiagnosen die Aufmerksamkeit. Deswegen ist vor allem bei der Einübung in diese Verfahren mit Ablenkungseffekten zu rechnen. Auf der anderen Seite ist es - sind die Verfahren einmal bekannt - den Schülern gut möglich, die Selbstbeobachtungen nebenbei durchzuführen. Die Selbstdiagnosen sind ja von vorneherein sehr einfach gehalten, so daß sie insgesamt wenig Aufmerksamkeit von den Unterrichtsinhalten abziehen. Nach unseren Erfahrungen ist auch die Befürchtung nicht zutreffend, der Unterrichtsverlauf würde durch die diagnostische Tätigkeit der Schüler beeinträchtigt. Vielmehr bemühen sich die Schüler in den meisten Fällen, das erwünschte Verhalten während der Diagnosen besonders häufig zu zeigen, also z.B. sich zu melden, keine Seitengespräche zu führen, am Platz sitzen zu bleiben, die verfügbare Lernzeit aktiv zu nützen usw. Schließlich werden Selbstdiagnosen ja nicht schuljahrbegleitend durchgeführt, sondern immer nur ganz punktuell eingesetzt, so daß selbst dann, wenn sich bestimmte Reibungspunkte ergeben, diese zeitlich begrenzt sind und in der Hoffnung in Kauf genommen werden können, daß nach erfolgreicher Problembearbeitung der Unterricht störungsärmer vonstatten geht.

Argument 3: Lehrer verlieren an Autorität, wenn sie diagnostische Aufgaben Schülern überlassen. Sie geben pädagogische Verantwortung aus den Händen und setzen sich in besonderem Maße der kritischen Beobachtung durch die Schüler aus.

In der Tat sind Selbstdiagnoseverfahren, ebenso wie Selbststeuerungs- oder Kooperationsverfahren, an bestimmte allgemeine Auffassungen von Unterricht und Erziehung gebunden. Es wird dabei als erstrebenswert erachtet, Schüler so weit wie möglich in die Planung und Durchführung von Unterricht einzubeziehen, sie insbesondere bei der Lösung unterrichtlicher Schwierigkeiten aktiv mithelfen zu lassen. Dies bringt es mit sich, daß der Lehrer Führungsfunktionen reduzieren und Kooperationsfunktionen verstärken muß. Ein derartiges Konzept wird vor allem stark lenkenden Lehrern Schwierigkeiten machen, weil es gegen verankerte Einstellungen verstößt. Unsere Erfahrungen mit Selbstdiagnosemöglichkeiten zeigen aber, daß der Lehrer keineswegs an Autorität verliert, sondern daß sich durch die kooperative Problembearbeitung das Unterrichtsklima verbessert und die gegenseitige Wertschätzung erhöht wird.

Wir glauben insgesamt, daß Selbstdiagnosemöglichkeiten zu Unrecht vernachlässigt werden. Allerdings darf auch nicht übersehen werden, daß kaum einer der Leser während seiner eigenen Schulzeit derartige Vorgehensweisen miterlebt hat, so daß sie den meisten sehr fremd erscheinen müssen. Auch werden nur ganz wenige in ihrer eigenen Ausbildung eine solche Vorgehensweise demonstriert bekommen haben. Damit fehlt der persönliche Erfahrungshintergrund und es bleibt schlecht kalkulierbar, wie der Einsatz von Selbstdiagnoseverfahren auf die Schüler und den Unterrichtsverlauf wirkt. Die oben diskutierten drei Argumente sind damit weniger als Urteile zu verstehen, die nach erfolgter Erprobung der Verfahren gefällt wurden, sondern eher als Ausdruck von Angst und Unsicherheit gegenüber einem noch unbekannten Vorgehen. Wir können an dieser Stelle allerdings auch nicht mehr tun, als jeden zu ermuntern, eines der nachfolgend beschriebenen Verfahren zu erproben, können aber zugleich versichern, daß die positiven Erfahrungen bisher weitgehend überwiegen.

345

Die einzelnen Methoden der Selbstdiagnose sind rasch aufgezählt:
(1) Mit standardisierten Fragebogen (vgl. Kapitel C 3) lassen sich
Unterrichtsdiagnosen aus Schülersicht realisieren, z.b. über Klassenklima, Mitbestimmungsmöglichkeiten, Regeleinhaltung usw.
(2) Fragebogen zur Unterrichtsdiagnose lassen sich auch selbst entwickeln, wie in Kapitel C 3 schon gezeigt wurde. Entscheidend ist
hierbei, daß die Schüler bei der Zusammenstellung, Beantwortung,
Auswertung und Interpretation der selbstentwickelten Fragebogen
beteiligt werden.
Diese beiden Möglichkeiten sollen nicht weiter ausgeführt werden,
weil es sich lediglich um inhaltliche Variationen schon besprochener
Verfahren handelt. Dagegen sollen die folgenden beiden Möglichkeiten näher diskutiert werden, weil sie nicht ganz selbstverständlich
sind:
(3) Schüler beobachten den Unterricht mit Beobachtungsbögen, z.b.
in Form minutenweiser freier Beobachtung (MFB).
(4) Schüler beobachten das eigene Verhalten mit Selbstbeobachtungsbögen.

5.2 Unterrichtsbeobachtung durch Schüler

Die minutenweise freie Beobachtung (MFB) ist ein ganz einfaches
Beobachtungsverfahren, bei dem jede Minute zwei Notizen gemacht
werden. Die erste Notiz bezieht sich auf eine Situation, die als auslösend für eine Reaktion vermutet wird (vgl. Kapitel C 2); die zweite
Notiz bezieht sich darauf, wie eine Person auf die Situation reagiert.
Es ist durchaus möglich, auch Schüler zu solchen Beobachtungsaufgaben heranzuziehen. Gibt es z.b. bei Gruppenarbeit Schwierigkeiten, kann ein Mitglied jeder Gruppe die Aufgabe erhalten, den
Gruppenprozeß zu beobachten, um mögliche Ursachen zu identifizieren. Der Unterrichtsverlauf wird dadurch kaum beeinträchtigt,
eher in positive Richtung verändert, weil die beobachteten Schüler
ein möglichst günstiges Bild abgeben wollen. Dagegen bedarf es genauer Einweisungen und auch gewisser Einübungsphasen, um im
Zeitrhythmus Notizen zu Situationen und Reaktionen zu machen.
Dazu folgendes Beispiel:

In einer 7. Hauptschulklasse traten in offenen Unterrichtsphasen
häufig Konflikte bei der Zusammenarbeit in Gruppen auf. Die Lehrerin vermutete aufgrund ihrer Beobachtungen, daß die Schüler auch

in den Arbeitsgruppen nur ihren eigenen Vorstellungen folgten und nicht aufeinander eingingen. Sie beabsichtigte, die Schüler die Schwierigkeiten selbst ergründen zu lassen, weil sie sich davon auch eine größere Wirkung versprach. Bei den nächsten Gruppenarbeiten wies sie wechselnden Mitgliedern jeder Gruppe die Rolle des Gruppenbeobachters zu. Dieser Beobachter sollte nach den Regeln der MFB jede Minute (die Lehrerin markierte die Abschnitte durch Kreidestriche an der Tafel) die hauptsächliche Tätigkeit eines Gruppenmitglieds notieren, nach Möglichkeit im Vergleich mit den Tätigkeiten der anderen Gruppenmitglieder. Die zu beobachtenden Schüler bestimmte die Lehrerin, wobei jedesmal ein anderer Schüler beobachtet werden sollte. Die Beobachtungen hatten zunächst Versuchs- und Übungscharakter. Während der Diskussion der Ergebnisse und der Schwierigkeiten wurde von der Klasse zusätzlich nach Verbesserungsmöglichkeiten für die Beobachtung gesucht. In diesen Diskussionen erkannten die Schüler bereits, daß Feststellungen wie »hört zu«,»läßt sich etwas erklären«,»hilft« usw. nur sehr selten in den Protokollen auftraten. Nach knapp zwei Wochen - in denen die Schüler keineswegs zu perfekten Beobachtern geschult worden waren - konnte die Unterrichtsbeobachtung durch Schüler abgebrochen werden, da sich sowohl deutliche Verhaltensänderungen während der Gruppenarbeit zeigten, als auch in den Diskussionen nicht mehr die Feststellung des gegenwärtigen Zustands, sondern Verbesserungsmöglichkeiten thematisiert wurden. Die Lehrerin verzichtete in den folgenden Wochen auf die Kontrolle dieser Veränderungen, da es ihr wichtiger erschien, mit den Schülern kooperatives Gruppenverhalten einzuüben.

Der folgende Beobachtungsbogen zeigt die Aufzeichnungen einer Gruppe, die zu Beginn der zweiten Beobachtungswoche im Deutschunterricht gemacht wurden; Thema:»Indirekte Rede«. In der Gruppe sollten die Schüler einen lustigen oder ärgerlichen Wortwechsel vom Wochenende erzählen. Die Gruppe sollte sich auf eine kurze Begebenheit einigen und das in wörtlicher Rede berichtete Gespräch (da sagte er:....»dann habe ich gesagt:....«) in indirekter Rede aufschreiben. Beobachtet werden sollte bis zum Beginn der schriftlichen Arbeit. Zusatzinformation: Die Gruppe bestand aus sechs Mitgliedern, eines davon beobachtete die anderen, wobei dies den Auftrag hatte, besonders auf Erika zu achten:

Erika	Zeit (Min.)	Gruppe
erzählt	1	hört zu
erzählt	2	hört zu; M. und S. reden
schreibt	3	M. erzählt; zuhören
schreibt	4	S. erzählt; zuhören
M. und Erika reden	5	reden alle
hört zu	6	Bea erzählt
schreibt	7	Bea erzählt
Erika und Bea reden	8	Birgit erzählt
hört zu	9	hören zu; reden
schreibt	10	schreibt

In verschiedener Hinsicht ist das gezeigte Beispiel eine gelungene Realisierung der Unterrichtsbeobachtung durch Schüler. Erstens werden nur kurze, überschaubare Phasen beobachtet; zum zweiten muß der Beobachter nur auf wenige Personen achten; drittens wechseln die Beobachter; viertens werden Ergebnisse und Schwierigkeiten von der ganzen Klasse diskutiert. All diese Vorsorgen verhindern, daß die Unterrichtsbeobachtung falsch aufgefaßt wird, z.b. als Kontrolle, wodurch der Beobachter in die unangenehme Rolle eines »Kontrolleurs« käme und die beobachteten Schüler negativ beeinflußt werden könnten. Solche mißliebigen Effekte treten vor allem dann auf, wenn der Lehrer - um einen Fremdbeobachter zu »sparen« - einen Schüler der Klasse dazu bestimmt, eine MFB z.b. während des Unterrichtsgespräches zu machen. Es kommt also darauf an, daß
(1) die Beobachtungsaufgaben so einfach sind, daß Schüler sie gut bewältigen können;
(2) alle Schüler in die Beobachtungstätigkeit eingewiesen werden, damit diese völlig transparent ist;
(3) demzufolge die Beobachter auch wechseln, damit keine stabilen Rollenzuschreibungen entstehen können;
(4) die Ergebnisse der Beobachtung gemeinsam diskutiert werden, so daß sich alle Schüler an der Interpretation und Lösungssuche beteiligen können (vgl. Kapitel D 3). Unterrichtsbeobachtungen durch Schüler sind also letztendlich nur im Kontext einer kooperativen Konfliktbewältigung sinnvoll!

5.3 Selbstbeobachtungsbogen

Kanfer (1977) hat ein Modell der Selbstkontrolle vorgestellt, das nach bisher vorliegenden Versuchen im pädagogischen Bereich geeignet erscheint, Schülern wichtige Voraussetzungen für selbständiges Lernen zu vermitteln. Er betont die Eigenverantwortlichkeit des Schülers für die Steuerung von Lernprozessen. Dem Lehrer kommt dabei eine unterstützende Rolle zu, die Kanfer wie folgt beschreibt:
- Der Lehrer hilft den Schülern, indem er geeignete Bedingungen für Selbststeuerung schafft und vor allem zu Beginn die Motivation der Schüler zur Verhaltensänderung fördert.
- Der Lehrer diskutiert mit den Schülern über notwendige Verhaltenskomponenten der Selbststeuerung und leitet zur Übung dieser Fertigkeiten an.
- Der Lehrer achtet verstärkt darauf, wie seine Schüler sich mit den Möglichkeiten zur Selbststeuerung auseinandersetzen, d.h. welche Bemühungen, Schwierigkeiten und Erfolge zu beobachten sind. Er unterstützt und lobt Schritte in Richtung auf zunehmende Selbständigkeit.

Steuerungsaufgaben des Lehrers wie Überwachen, Bewerten und Bekräftigen gehen nach Kanfers Modell nach und nach in die Verantwortung der Schüler über. Sie verändern sich in Richtung auf mehr Selbstbeobachtung, Selbstbewertung und Selbstbekräftigung. Bei der praktischen Umsetzung dieses Konzeptes spielen Selbstbeobachtungsverfahren, insbesondere Selbstbeobachtungsbögen, eine wichtige Rolle. Darunter versteht man einfache Notizen oder Strichlisten, wodurch Schüler das Auftreten eigener Verhaltensweisen festhalten. Da die Fähigkeiten zur Selbstbeobachtung nicht als selbstverständlich vorausgesetzt werden können, empfiehlt sich ein schrittweiser Aufbau:

Schritt 1: Im Rahmen eines Konfliktgespräches (vgl. Kapitel D 3) wird überlegt, ob Selbstbeobachtungen hilfreich sein könnten. Wurden derartige Diagnoseverfahren noch nie verwendet, so stellt der Lehrer vor, wie Selbstbeobachtung funktioniert und was sie bewirken soll. Entscheiden sich Lehrer und Klasse dafür, die Schwierigkeiten durch Selbstbeobachtungen zu diagnostizieren, so muß gemeinsam überlegt werden, welche Verhaltenweisen in die Diagnose einbezogen werden sollen. Am Ende dieser Gesprächsphase wird festgelegt:
(a) Sollen Selbstbeobachtungen gemacht werden?
(b) Wenn ja, welche Verhaltensweisen sollen beobachtet werden?

Schritt 2: Da die Aufmerksamkeit der Schüler während des ablaufenden Unterrichts nur wenig durch die Selbstbeobachtungen beeinträchtigt werden soll, müssen die zu beobachtenden Verhaltensweisen so präzise beschrieben werden, daß eindeutig protokolliert werden kann. Das heißt: Das Notieren sollte über ein Ankreuzen klar vorgegebener, genau erkennbarer und gut unterscheidbarer Verhaltensweisen nicht hinausgehen. Dazu ein Beispiel: In einem 8. Schuljahr der Hauptschule fällt dem Lehrer eine Mädchengruppe auf, die sich sehr selten meldet. Die MFB, von einer Studentin durchgeführt, bestätigt diesen Eindruck. Die an einer Verhaltensänderung sehr interessierten Mädchen erklären sich bereit, das eigene Verhalten wie folgt zu beobachten: Sie tragen in den Stundenplan einen Strich ein, wenn sie sich gemeldet haben und ein Kreuz, wenn sie auch aufgerufen worden sind. Auf diese Weise lassen sich Hypothesen darüber bilden, in welchen Fächern es den Mädchen schwerfällt, sich zu melden, und in welcher Beziehung das Aufgerufenwerden und Melden zueinander stehen. Der folgende Selbstbeobachtungsbogen zeigt die Beobachtungen einer Schülerin innerhalb einer Woche:

Selbstbeobachtungsbogen einer Schülerin des 9. Schuljahres zum Melden und Aufgerufenwerden während einer Unterrichtswoche

Montag, 17.3.1980	Dienstag, 18.	Mittwoch, 19.	Donnerstag, 20.	Freitag, 21.	Samstag, 22.
Deutsch X	HTW	schulfrei	Religion II	Englisch XXI	Mathematik II
Physik/Chemie	HTW	schulfrei	Mathematik I	Mathematik I	Mathematik I
Erdkunde I	HTW	schulfrei	Deutsch III	Erdkunde I	Kunst
Englisch X	Deutsch IIX	schulfrei	Englisch IIIXIXXI	Deutsch IX	Kunst
Sport	Mathematik IX	schulfrei	Sport	Kunst	
			Geschichte X		
			Gemein- schaftskunde II		

Zeichenerklärung:
I = ich habe mich gemeldet
X = gemeldet und drangekommen

Die Auswertungen über mehrere Wochen hinweg ergeben, daß sich die Mädchen in Englisch, Deutsch und Religion am häufigsten melden und in Mathematik am wenigsten. Von daher kann überlegt werden, was pädagogisch zu tun ist.

Die Obergrenze dessen, was ein Schüler an Selbstbeobachtung im Unterricht noch leisten kann, zeigt das folgende Beispiel: In einem anderen 9. Schuljahr einer Hauptschule ergab die MFB, daß das Lernverhalten eines Schülers vermutlich dadurch beeinträchtigt war, daß er sich von seinen Mitschülern ablenken ließ und diese wiederum selbst von der Arbeit abhielt. Das in der vorläufigen Zielanalyse formulierte angestrebte Verhalten bestand darin, sich an die Arbeitsanweisungen des Lehrers zu halten und sich zu melden.

Der Schüler erhielt dazu einen von einer Studentin ausgearbeiteten Selbstbeobachtungsbogen, bei dem er alle drei Minuten, kontrolliert durch die eigene Uhr, ankreuzen sollte, welche von vier Verhaltensweisen er in diesem Augenblick tatsächlich ausführte. Eine Kontrolle der Ankreuzungen durch die Studentin ergab, daß die Selbstbeobachtungen mit den Fremdbeobachtungen nahezu vollständig übereinstimmten. Der nachfolgende Selbstbeobachtungsbogen zeigt die Eintragungen einer exemplarisch ausgewählten Unterrichtsstunde.

Der Selbstbeobachtungsbogen aus dem ersten Beispiel ist sehr einfach, da nur zwei Verhaltensweisen protokolliert werden müssen, die zudem nicht sehr häufig sind. Dagegen ist der Selbstbeobachtungsbogen aus dem zweiten Beispiel recht komplex, da sowohl ein Zeitrhythmus vorgegeben ist, als auch vier unterschiedliche Verhaltensweisen. Dies verlangt kontinuierliche Beobachtungen, was dadurch zu rechtfertigen ist, daß der Schüler vorher nur sehr selten aufmerksam war. Durch das Führen des Selbstbeobachtungsbogens steigerten sich die Phasen seiner Aufmerksamkeit und Mitarbeit erheblich. Beide Beispiele stammen aus dem neunten Schuljahr, was darauf hinweist, daß mit zunehmendem Alter Schülern in steigendem Maße Selbstdiagnosen abverlangt werden können. Es ist aber auch möglich, bei entsprechender Vereinfachung der Beobachtungsaufgaben, bis hinunter in die Grundschule, mit Selbstbeobachtungsbogen zu arbeiten.

Ich melde mich	Ich halte mich an die Arbeitsanweisungen	Min.	Ich störe meine Mitschüler *nicht*	Ich lasse mich von meinen Mitschülern *nicht* ablenken
×	×	3	×	×
	×	3	×	×
×		3		
	×	3	×	
	×	3	×	×
		3	×	×
	×	3	×	×
		3		
	×	3	×	×
	×	3	×	×
	×	3	×	×
		3	×	
		3	×	
		3	×	
		3	×	

Alle bisher aufgeführten Beispiele zeigen, daß es keine einheitlichen Muster oder gar Vordrucke für Selbstbeobachtungsbogen gibt, sondern daß im Zuge der Problembearbeitung ein auf die speziell zu beobachtenden Verhaltensweisen abgestimmter und den Beobachtungsfähigkeiten der Schüler angepaßter Bogen jeweils ganz neu entwickelt werden muß.

Schritt 3: Um sicherzustellen, daß die Vereinbarungen wirklich verstanden worden sind, und um vorhandene Fehlinterpretationen zu korrigieren, kann man probeweise eine kurze Unterrichtssequenz durchspielen, in der die zu beobachtenden Verhaltensweisen auftreten. Eine bestimmte Schülergruppe beobachtet dabei sich selbst, während der Rest der Klasse ebenfalls auf das Verhalten dieser Gruppe achtet, d.h. eine Fremdbeobachtung vornimmt. Anschließend werden die jeweiligen Ergebnisse ausgetauscht und es wird diskutiert, ob die zu beobachtenden Verhaltensweisen genau genug definiert sind. Insgesamt läßt sich sagen, daß die Genauigkeit im Führen von Selbstbeobachtungsbogen bei Schülern (kontrolliert durch erwachsene Fremdbeobachter) recht hoch ist und deutlich über der Genauigkeit liegt, mit der Lehrer ihre eigenen Verhaltensweisen diagnostizieren (vgl. hierzu das folgende Kapitel).

Schritt 4: Die Beobachtungsergebnisse werden gemeinsam ausgewertet. In manchen Fällen ist es empfehlenswert, alle Werte in eine gemeinsame Liste einzutragen, um einen besseren Überblick zu bekommen. Dazu ein Beispiel:
Im Fall einer 7. Klasse, bei der die Selbstbeobachtung des Meldens, Dazwischenrufens und »Schwätzens« während des Unterrichtsgesprächs vereinbart worden war, wurde das Verfahren wöchentlich dreimal jeweils 20 Minuten lang im Mathematikunterricht durchgeführt. Am Ende jeder Stunde ging eine Liste in der Klasse herum, in die alle Schüler ihre Einzelergebnisse eintrugen:

Liste zur Sammlung der Ergebnisse der Schülerselbstbeobachtung:

Strichliste   Datum:.........

Dauer des Unterrichtsgesprächs: .... min

Wieviel Striche hast du dir in die jeweilige Spalte eingetragen?

Schüler	Regeleinhaltung + wenn ich etwas sagen möchte, melde ich mich	ich bin drangenommen worden	Regelverstoß − ich rufe dazwischen, wenn ich etwas weiß
1			
2			
3			
.			
.			
.			
26			
27			
28			

= ....   = ...   = ...

Regelverstoß des Lehrers: Ich nehme keine Zwischenrufe an, aber alle Schüler, die sich melden: ...... Striche

---

353

Der Lehrer addierte die Werte jeder Woche und teilte die Summe durch die Gesamtdauer (berechnet in Minuten) der Unterrichtsgespräche während der Beobachtungsabschnitte. Die resultierenden Werte wurden auf einer großen Schautafel in Diagramme eingetragen.

Schritt 5: Im Anschluß an die Selbstbeobachtung wird gemeinsam überlegt, welche Handlungsmöglichkeiten zu ergreifen sind, um die Schwierigkeiten zu lösen. Dabei zeigt sich häufig, daß kontrollierte Selbstbeobachtung und die Rückmeldung der Ergebnise an die Schüler selbst schon eine pädagogische Handlungsmöglichkeit darstellt. Das fortschreitende Geringerwerden der Probleme wird vom Lehrer und von den Schülern positiv bewertet und drückt sich in Freude über die Verhaltensänderung aus. Diese positiven Affekte können auch als Selbstverstärkung aufgefaßt werden, die ihrerseits zu neuen Anstrengungen bei der Konfliktbearbeitung motiviert. Deswegen werden Selbstbeobachtungsbogen auch gezielt als bedeutsames Element der kooperativen Verhaltensmodifikation eingesetzt, die in Kapitel D 3 ausführlicher beschrieben und diskutiert wird.

6. Möglichkeiten und Probleme der Unterrichtsdiagnose

Den meisten Lehrern erscheint der Unterricht als etwas ganz Selbstverständliches, in keiner Weise Frag-Würdiges. In Gesprächen äußern viele, daß sie sich selten gezielte Informationen über ihre eigene Arbeit beschaffen. Gelegentliche Bewertungen von Schülern oder Eltern, Leistungen in Klassenarbeiten und Zeugnisnoten werden als pauschale Hinweise auf die Qualität des eigenen Unterrichts angesehen. Die daraus resultierenden Interpretationen entsprechen sicher in manchen Fällen nicht der Wirklichkeit. So kann man sich zum Beispiel fragen, welchen Informationswert die folgenden Unterrichtsbewertungen für den betroffenen Lehrer besitzen:

- Am Elternabend bedankt sich der Sprecher des Elternbeirats für die Mühe, die sich der Lehrer im Unterricht macht. Er versichert, daß die Kinder gern in die Schule gehen und daß alle Eltern dankbar sind, gerade diesen Lehrer zu haben.

354

- Eine Grundschullehrerin erhält in der Pause einen Brief überreicht, in dem steht, wie traurig die Schüler darüber sind, daß sie ihre frühere Lehrerin nicht behalten konnten; sie versichern, wie schön und lustig der Unterricht bei ihr war, und sie beklagen, daß es bei der neuen Lehrerin so ernst, streng und langweilig sei. Am Ende bitten die Schüler die frühere Lehrerin, die Klasse doch bald wieder zu übernehmen.

- Zu einem Lehrer einer vierten Klasse kommen kurz nach dem Halbjahreszeugnis zwei Mütter und beklagen sich darüber, daß die Kinder zu wenig Hausaufgaben aufhaben, zu wenig lernen, viel weniger können als die Schüler der Parallelklasse und deshalb möglicherweise Schwierigkeiten beim Übertritt auf weiterführende Schulen bekommen.

Die drei Beispiele veranschaulichen, daß gelegentliche Urteile von Schülern, Eltern und Kollegen zwar einen gewissen Informationswert haben können, daß sie aber zu viele Zufälligkeiten, Einseitigkeiten, Ungenauigkeiten und vielleicht auch Ungerechtigkeiten enthalten, um für den Lehrer eine brauchbare Informationsquelle darzustellen. Will er seinen Unterricht objektiver beurteilen, so muß er in mehr oder minder systematischer Weise sich selbst beobachten und die Wirkungen seines Verhaltens auf die Schüler registrieren. Da die alltäglichen Unterrichtsbelastungen in der Regel hoch sind, müssen spezielle Verfahren zur Informationsbeschaffung eingesetzt werden.

Die Aufgabe ist auch noch schwierig genug. Lehrer sind im allgemeinen nicht in der Lage, in natürlicher Weise zu handeln, dieses Handeln gleichzeitig objektiv zu beobachten und seine Wirkung auf andere neutral zu registrieren. Hinzu kommt, daß sich das pädagogische Handeln nicht auf das äußerlich wahrnehmbare Verhalten reduzieren läßt, sondern vielfältige Gedanken und Gefühle enthält, die ebenfalls beachtet werden müssen. Es besteht also immer die Gefahr, daß Selbstbeobachtung zugleich Selbstrechtfertigung wird; daß wir uns so sehen, wie wir sein wollen; und daß ein (nach eigener Bewertung) problematisches Verhalten nicht als Ausdruck der eigenen Person, sondern als Folge besonderer Umstände gedeutet wird. Jede Selbstdiagnose ist solchen Verflechtungstendenzen unterworfen. Sie bedarf deshalb einer ständigen Kontrolle. Für Lehrer bieten sich dafür Schülerbefragungen, Unterrichtshospitationen für einen Kollegen und Tonbandaufzeichnungen an.

Im Vergleich zu den Schwierigkeiten, die auftreten können, wenn man einen Kollegen für die Hospitation gewinnen möchte, ist es verhältnismäßig einfach, ein Tonbandgerät aufzustellen und den Ablauf des eigenen Unterrichts aufzuzeichnen. Man hat dann die Möglichkeit, den eigenen Unterricht für sich allein anzuhören und unter verschiedenen Fragestellungen auszuwerten.

Leitfragen zur Auswertung des Tondbandprotokolls könnten z.B. lauten:
- Wie wirkt mein eigenes Verhalten nachträglich auf mich?
- Welche Unterrichtssituationen halte ich für kritisch?
- Welche Gefühle rufen die kritischen Situationen bei mir hervor?
- Welche Gedanken gehen mir beim Abhören der Unterrichtsstunde durch den Kopf?

Dazu sollen zwei Probleme erwähnt werden:
Die Konfrontation mit dem eigenen Unterricht kann für viele Lehrer fast ein Schockerlebnis darstellen, da sie entsetzt sind über ihre Sprache, ihre Reaktionen auf bestimmte Schüler, ihre fachlich-inhaltlichen Äußerungen in der Stunde, die allgemeine Unruhe usw. Auch wenn die Tonbandaufnahme gerade deshalb angefertigt worden ist, weil das eigene Handeln in schwierigen Unterichtssituationen genauer analysiert werden sollte, werden die schlimmsten Erwartungen vieler Lehrer durch den Tonbandmitschnitt oft noch übertroffen.
Zum zweiten kann die Tatsache, daß der Lehrer den Unterricht per Tonband aufzeichnet, zu zusätzlichen Konflikten zwischen Schüler und Lehrer führen, wozu vor allem mögliche Fehlinterpretationen von seiten der Schüler beitragen. Die Klasse kann die Tonbandaufnahme z.B. als verdecktes Druck- oder Machtmittel auslegen. Diese Gefahr ist am größten, wenn der Lehrer versucht, seine Absicht zu tarnen, indem er das Tonbandgerät oder das Mikrophon versteckt. Es ist günstiger, das Anliegen frei und offen mit den Schülern zu besprechen und diese über den tatsächlichen Sinn und Zweck der Aufnahme zu informieren. Eine Lehrerin berichtete von guten Erfahrungen, als sie mit dem Tonbandgerät unter dem Arm in die Klasse ging und ganz selbstverständlich mitteilte, daß sie ihren eigenen Unterricht endlich einmal anhören wolle und gespannt sei, was ihr alles dabei auffalle.
Tonbandaufzeichnungen lassen sich einfach, unauffällig und ohne Beeinträchtigung des Unterrichtsgeschehens herstellen. Dabei muß allerdings auf einige Probleme hingewiesen werden:

- Um naheliegende Verfälschungstendenzen auszuschließen, muß sich der Lehrer an das mitlaufende Tonband erst längere Zeit gewöhnen, bevor er Unterrichtsepisoden, die vorher nicht festgelegt sein dürfen, diagnostisch auswertet.

- Nebengeräusche und Unterrichtsstörungen wirken auf Band fast immer überzeichnet.

- Es ist sinnvoller, häufig kurze Unterrichtsphasen aufzunehmen als einmal oder mehrmals eine ganze Unterrichtsstunde, die später abzuhören äußerst mühsam empfunden wird.

- Nach erfolgter Auswertung sollten alle Tonbandaufnahmen wieder gelöscht werden, um möglichen Mißbrauch zu verhindern.

Tonbandaufzeichnungen können also eine brauchbare Grundlage für die Diagnose des eigenen Unterrichts sein. Wichtig ist dabei, wie bei allen Unterrichtsdiagnosen, daß jeweils verschiedene inhaltliche Gesichtspunkte berücksichtigt werden. Folgende Fragestellungen erscheinen besonders wichtig und sollen deshalb im Rahmen dieses Abschnitts besprochen werden:

(1) Diagnose des Unterrichtsklimas
(2) Diagnose des Unterrichtsstils
(3) Diagnose der Unterrichtsführung
(4) Diagnose der Unterrichtssprache
(5) Möglichkeiten und Grenzen der Selbstdiagnose des Erlebens und Verhaltens in kritischen Unterrichtssituationen.

6.1 Diagnose des Unterrichtsklimas

Wer Unterricht in verschiedenen Schulklassen und bei unterschiedlichen Lehrern beobachtet, wird schnell feststellen, daß es atmosphärische oder »klimatische« Unterschiede gibt, die sich im sozialen Verhalten, in den Lernaktivitäten, der Leistungsorientierung, den Einstellungen zur Schule und in der gesamten Stimmungslage der Schüler unmittelbar ausdrücken. Trotz der individuellen Besonderheiten erleben und verhalten sich die Schüler einer Klasse in mancher Hinsicht recht ähnlich: Es gibt Rahmenbedingungen für die Motivation der Schüler, für ihr Handeln und damit auch für die Auswirkungen des Unterrichts, z.b.

- wie der Lehrer mit seinen Schülern umgeht;
- wie die Schüler mit ihrem Lehrer und miteinander umgehen;
- inwieweit sich Schüler im Unterricht angeregt, herausgefordert, akzeptiert, bedroht, eingeschüchtert oder gedemütigt fühlen;
- ob die Schulklasse ein Klima intellektueller Anregung, ästhetischer Gestaltungsfreude und/oder sachlicher Arbeitsorientierung ausstrahlt;
- ob der Eindruck von Stumpfheit, Abhängigkeit und Bedrohung vermittelt wird;
- ob eine Atmosphäre offener Konflikte, verdeckter Aggressionen und/oder hektischer Aktivität erkennbar ist usw.

Beim Unterrichtsklima kommt es nicht so sehr darauf an, wie der Lehrer sich den Unterricht vorstellt und wie er versucht, ihn zu gestalten; entscheidend ist vielmehr, wie die Schüler den Unterricht erleben. Dabei spielen einige Merkmale des Unterrichtsgeschehens eine besondere Rolle:

- Das Zusammengehörigkeitsgefühl: In welchem Ausmaß stellt die Klasse eine Gemeinschaft dar, zu der sich die einzelnen Schüler zugehörig fühlen; oder inwieweit herrschen Cliquenbildung, Streitigkeiten zwischen Schülern oder Vereinsamung einzelner vor?

- Die Zufriedenheit mit dem Lehrer: Wird die Zusammenarbeit mit dem Lehrer positiv erlebt, der Lehrer selbst als aufgeschlossen, hilfsbereit und gerecht wahrgenommen; oder fühlen sich die Schüler überwiegend von ihrem Lehrer unterdrückt, mißverstanden, ungerecht behandelt und enttäuscht?

- Die Identifikation mit dem Unterricht: Wird der Unterricht als anregend, interessant und gewinnbringend bewertet; oder als langweilig, unwichtig und unergiebig?

- Die Leistungsanforderung: Sind die Leistungsanforderungen anspruchsvoll, aber nicht überfordernd; oder werden sie als zu leicht bzw. zu schwierig erlebt?

- Die Selbstverantwortlichkeit: Wird der Unterricht als Möglichkeit zu selbstverantwortlichem und selbständigem Lernen erfahren; oder als eine Form fremdbestimmten »Drills«?

Nach vorliegenden empirischen Untersuchungsergebnissen unterscheiden sich Schulklassen in den genannten Merkmalen sehr stark voneinander. Eine Möglichkeit, Informationen darüber einzuholen, wie die Schüler das Klassenklima erleben, bietet der folgende Fragebogen (nach Dreesmann, 1980):

Wie erleben die Schüler die Atmosphäre im Klassenzimmer?

(1) Die Anforderungen in unserem ....unterricht
sind hoch. (ja/nein)

(2) In unserem ....untericht wird wenig gestört. (Ja/nein)

(3) Unter den Schülern gibt es häufig Streit und Zank. (ja/nein)

(4) Es wird immer darauf geachtet,
daß alle den Stoff verstehen. (ja/nein)

(5) Der Lehrer läßt uns gerne neue und
andere Lösungen versuchen. (ja/nein)

(6) Schwächeren Schülern gibt der Lehrer
leichtere Aufgaben. (ja/nein)

(7) Die Schüler sind mit dem ....unterricht zufrieden. (ja/nein)

(8) Der Lehrer wird leicht ärgerlich. (ja/nein)

(9) Der Stoff in diesem Fach ist so leicht,
daß man sich nur wenig anstrengen muß. (ja/nein)

(10) Es macht für die Beurteilungen des Lehrers wenig aus,
wieviel Mühe sich ein Schüler gibt. (ja/nein)

(11) Die Schüler arbeiten im ......unterricht
konzentriert mit. (ja/nein)

(12) Der Lehrer läßt sich nicht umstimmen,
wenn die Schüler anderer Meinung sind als er. (ja/nein)

(13) Die Schüler in dieser Klasse sind alle
gute Kameraden. (ja/nein)

(14) Der Lehrer gibt uns zu schwere Hausaufgaben auf. (ja/nein)

(15) Der Unterrichtsstoff wird immer gut erklärt. (ja/nein)

(16) Wenn der Lehrer Fragen oder Aufgaben stellt,
berücksichtigt er immer, wieviel der Schüler kann. (ja/nein)

(17) Bessere Schüler gelten hier mehr
als die schlechteren Schüler. (ja/nein)

(18) Der Lehrer ist zu allen Schülern gleich freundlich. (ja/nein)

(19) Schüler mit schlechten Leistungen können sich

in diesem Fach durch Anstrengung verbessern. (ja/nein)
(20) In unserem ....unterricht
geht es sehr diszipliniert zu. (ja/nein)
(21) Wir Schüler dürfen mitbestimmen,
was im Unterricht gemacht werden soll. (ja/nein)
(22) In dieser Klasse helfen sich die
Schüler gerne gegenseitig. (ja/nein)
(23) Erst wenn alle Schüler den Stoff begriffen haben,
wird etwas Neues durchgenommen. (ja/nein)
(24) Der Lehrer erlaubt es, wenn ein guter Schüler
einem schlechteren bei einer Aufgabe hilft. (ja/nein)
(25) Man muß besser als der Durchschnitt sein,
damit man vom Lehrer gelobt und anerkannt wird. (ja/nein)
(26) Alle Schüler arbeiten im Unterricht gern mit. (ja/nein)
(27) Wenn es um Leistungen geht,
gibt es hier mehr Konkurrenz als Hilfsbereitschaft. (ja/nein)
(28) Der Lehrer lobt die Schüler,
wenn sie gute Arbeit leisten. (ja/nein)
(29) Häufig ist die Klasse so unruhig,
daß man sich nicht konzentrieren kann. (ja/nein)
(30) Im Unterricht wird nur das gemacht,
was der Lehrer bestimmt. (ja/nein)
(31) Wir sollen immer erst selbst versuchen,
eine Aufgabe zu lösen, bevor der Lehrer uns hilft. (ja/nein)
(32) Der ....unterricht macht überhaupt keine Freude. (ja/nein)
(33) Die Schüler sind dem Lehrer ziemlich gleichgültig. (ja/nein)
(34) Der Unterrichtsstoff in .... ist schwierig. (ja/nein)
(35) Manchmal weiß man im ....unterricht nicht genau,
was man zu tun hat. (ja/nein)
(36) Wenn man etwas falsch gemacht hat, wird man häufig
von den anderen Schülern gehänselt oder ausgelacht. (ja/nein)
(37) Häufig verstehen die Schüler das nicht,
was gerade durchgenommen wird. (ja/nein)
(38) Der Lehrer wird ärgerlich,
wenn die Schüler sich gegenseitig zu helfen versuchen. (ja/nein)
(39) Die Schüler haben manches daran auszusetzen,
wie unser........unterricht gemacht wird. (ja/nein)
(40) Der Lehrer ist zu den Schülern
wie ein guter Kamerad. (ja/nein)

Wenn der Fragebogen in einer Klasse eingesetzt werden soll, muß vor dem Kopieren das jeweilige Unterrichtsfach an den durch Pünktchen gekennzeichneten Stellen eingesetzt werden. Jeder Lehrer sollte die Fragen zuerst selbst beantworten, und zwar so, wie die meisten Schüler seiner Meinung nach die Situation in der Klasse beurteilen. Anschließend wird der Fragebogen von den Schülern der Klasse ausgefüllt, so daß die Vermutungen des Lehrers mit den Wahrnehmungen der Schüler verglichen werden können.

Wenn ein Lehrer erkennen muß, daß Schüler die Situation in der Klasse weniger positiv betrachten als er, wird er vielleicht zunächst versucht sein, die »Schuld« dafür den Schülern zuzuschreiben, d.h. er wird mit großer Wahrscheinlichkeit das Bedürfnis haben, sich selbst zu rechtfertigen, der Klasse zu sagen, daß alles ganz anders sei, oder den Schülern vorzuschlagen, was man ab jetzt alles anders machen könnte. Es wäre günstig, solchen verständlichen Regungen nicht gleich nachzugeben. Die Analyse der Schülerantworten zu den einzelnen Fragen wird dabei helfen, einige Probleme und vielleicht auch einige Ansatzpunkte für mögliche Verbesserungen zu identifizieren. Das Unterrichtsklima ist durch den Lehrer nicht kurzfristig manipulierbar, sondern nur langfristig zu beeinflussen. Das Wissen darüber, wie die Schüler Ihren Unterricht erleben, ist dafür eine wichtige und notwendige Voraussetzung.

6.2 Diagnose des Unterrichtsstils

In den letzten Jahrzehnten hat sich auch wissenschaftlich immer stärker bestätigen lassen, was gute Lehrer schon immer wußten: Eine spezielle Unterrichtsmethode kann nicht für alle Ziele, alle Schüler und alle Situationen gleichermaßen die beste sein! Guter Unterricht erfordert vom Lehrer die Verfügbarkeit über sehr verschiedene Methoden. Deshalb kann es auch nicht in erster Linie um die Rechtfertigung von Extrempositionen gehen - wie bis vor kurzem in der Diskussion um den Erstlese- und Erstschreibunterricht, aber auch um Methoden anderer Fächer -, sondern um die besten Kombinationen und »Mischungsformen« von verschiedenen Lehrmethoden. Eine solche variable und flexible Verwendung verschiedener Unterrichtsmethoden begünstigt nach vorliegenden Forschungsergebnissen die Motivation, Aufmerksamkeit und Lernleistung der Schüler. Lehrer als professionelle Erzieher sollten deshalb über verschiedene Möglichkeiten des Unterrichtens verfügen und das jeweils zweckmäßigste Verfahren bewußt einsetzen können.

Aus empirischen Untersuchungen ist aber auch bekannt, daß jeder Lehrer eine unverwechselbare persönliche Art hat zu unterrichten. Dies darf durch keine didaktische und psychologische Schablone abgebaut werden, weil Schüler nur so im Umgang mit dem Lehrer Unmittelbarkeit, Echtheit und persönliche Ausstrahlung erleben können. Unabhängig von dieser ganz persönlichen Eigenart lassen sich verschiedene Unterrichtsstile unterscheiden, die für das Verhalten vieler Lehrer mehr oder minder charakteristisch sind.

Zwei Unterschiede zwischen Lehrern haben sich als besonders wichtig erwiesen:
(1) Die Bevorzugung direkter Formen der Unterweisung oder die stärkere Realisierung eines offenen Unterrichts und
(2) das mehr oder minder starke Ausmaß, in dem einzelne Lehrer Verantwortung für die Leistungen (besonders für die Mißerfolge) ihrer Schüler übernehmen.

Der folgende Fragebogen hilft, die persönlichen Einstellungen zur Lernsteuerung im Unterricht zu erfassen, d.h. die Bevorzugung von Formen direkter Unterweisung im Vergleich zu Formen eines offenen Unterrichts. Überlegen Sie bitte, wie Ihr Lehrstil zu charakterisieren ist, indem Sie ankreuzen, in welchem Ausmaß die folgenden Feststellungen für Sie selbst zutreffen.

	in der Regel	gelegentlich	nie
(1) Der Unterricht verläuft so, wie ich ihn geplant habe.			
(2) Ich beteilige die Schüler an den Entscheidungen über Unterrichtsziele und Lernmethoden.			
(3) Schwierige Lerninhalte stelle ich im Unterricht selbst dar.			
(4) Die Ideen, Einfälle und Wünsche der Schüler beeinflussen meinen Unterricht.			

	in der Regel	gelegentlich	nie
(5) Ich verwende im Unterrichtsgespräch gern genau formulierte Fragen.			
(6) Ich ermuntere die Schüler, selbständig zu arbeiten.			
(7) Ich sage den Schülern genau, was sich richtig und was sie falsch gemacht haben.			
(8) Ich bestehe nicht auf dem geplanten Unterrichtsverlauf, wenn sich ein gutes Gespräch oder eine interessante Aktivität der Schüler ergibt.			
(9) Ich überprüfe ständig Kenntnisse und Leistungsfortschritte der Schüler.			
(10) Das Gefühl, daß die Schüler in meinem Unterricht zufrieden sind, ist mir sehr wichtig.			

Wenn die Feststellungen 1, 3, 5, 7 und 9 in besonderem Maße zutreffen, so werden Formen direkter Unterweisung praktiziert; gelten aber die Feststellungen 2, 4, 6, 8 und 10 stärker, so wird die Gestaltung eines offenen Unterrichts bevorzugt. Je stärker ein Lehrer zu einem der beiden Extreme neigt, umso notwendiger ist in der Regel eine bewußte Korrektur zugunsten der jeweils anderen Unterrichtsform. Das geschieht am besten im Rahmen einer gezielten Unterrichtsvorbereitung.
Natürlich ist der Unterrichtsstil nicht nur durch den Grad von Lenkung und Offenheit charakterisiert; ebenso wichtig ist das Ausmaß, in dem sich der einzelne Lehrer für die Leistungen der einzelnen Schüler verantwortlich fühlt.

Wie verantwortlich fühlen Sie sich für die Leistungen Ihrer Schüler?

	trifft zu	teils/ teils	trifft nicht zu
(1) Die Mißerfolge eines Schülers haben wenig mit den Leistungen eines Lehrers zu tun; sie hängen von ganz anderen Faktoren ab.			
(2) Es ist für die ganze Schule insgesamt wichtiger, die guten Schüler zu fördern, als den schlechten Schülern zu helfen.			
(3) Für schlechte Noten darf man nicht den Lehrer verantwortlich machen.			
(4) Viele Lehrer neigen dazu, die Bedeutung der Vererbung für die geistigen Leistungen zu unterschätzen.			
(5) Gegen uninteressierte Schüler ist auch der beste Lehrer machtlos.			
(6) Sind bei einer Klassenarbeit einige Einsen und Zweien dabei, so kann man nicht behaupten, die Aufgaben waren zu schwer, nur weil sehr viele Schüler Fünfen und Sechsen geschrieben haben.			
(7) Gute Beziehungen zwischen Lehrer und Schüler hängen mehr vom Verhalten des Schülers ab als von den Einstellungen des Lehrers.			
(8) Wenn einzelne Schüler auch nach der zweiten Erklärung noch nichts verstanden haben, muß man als Lehrer in seinem Unterricht fortfahren.			
(9) Während des Unterrichts vergewissere ich mich durch Fragen und Aufgaben, ob die Schüler den Stoff wirklich verstanden haben.			
(10) Die Arbeiten von schwachen Schülern sehe ich mir immer besonders genau an.			
(11) Ich kann Eltern leistungsschwacher Schüler recht gut sagen, wie sie ihren Kindern helfen können.			
(12) Bei der Leistungsbeurteilung berücksichtige ich nicht nur Vergleiche zwischen den Schülern sondern auch die Fortschritte des einzelnen.			
(13) Bei leistungsschwachen Schülern ist Unterstützung durch den Lehrer im allgemeinen günstiger als Strenge.			

	trifft zu	teils/ teils	trifft nicht zu
(14) Nach einem Unterrichtsabschnitt lasse ich unbenotete Testarbeiten schreiben, um zu sehen, wo die Schüler noch Lücken haben.			
(15) Bei der Stillarbeit verwende ich einen Teil meiner Zeit darauf, schwächeren Schülern zu helfen.			
(16) Im Gespräch mit Eltern leistungs- schwächeren Schüler bemühe ich mich, nicht zu klagen, sondern ihnen zu helfen.			

Die ersten acht Feststellungen geben darüber Auskunft, inwieweit sich ein Lehrer für das Verhalten, die Leistungen und die Entwicklungsfortschritte seiner Schüler verantwortlich fühlt. Die Feststellungen 9-16 beziehen sich auf das Bemühen, dem einzelnen Schüler gerecht zu werden und ihn individuell zu fördern.

Eine Reihe von Untersuchungen hat ergeben, daß die Bereitschaft zur individuellen Förderung um so größer ist, je stärker sich der Lehrer für die Erfolge und Mißerfolge seiner Schüler verantwortlich fühlt. Folgendes ist deshalb zu vermuten: Wenn die ersten acht Feststellungen mit Ihren Überzeugungen weitgehend übereinstimmen, so fühlen Sie sich für die (schlechten) Leistungen Ihrer Schüler nur wenig verantwortlich; es ist wahrscheinlich, daß die Aussagen (9) bis (16) für Sie in der Mehrzahl nicht zutreffen. Umgekehrt gilt: Je weniger die ersten acht Feststellungen Ihrer Meinung entsprechen, um so eher werden Sie den Aussagen (9) bis (16) zustimmen können. Zusammenhänge zwischen solchen Verantwortlichkeitszuschreibungen, Lehrererwartungen und pädagogischen Handlungen werden im Kapitel B 1 angesprochen; über die Möglichkeiten einer Veränderung von Erwartungen und Ursachenzuschreibungen informiert Kapitel D 1.

6.3 Diagnose der Unterrichtsführung

Unterricht ist ein kompliziertes Geschehen, wenn man berücksichtigt, daß gleichzeitig 20 bis 40 Schülern mit unterschiedlichen Interessen, Fähigkeiten, Vorkenntnissen und Befindlichkeiten sehr viel-

fältige Lerninhalte vermittelt werden sollten, und daß dies alles in einer Atmosphäre geschehen muß, die das individuelle Lernen, die Selbständigkeit der Schüler und die Zusammenarbeit in der Gruppe fördert. Um die Vielzahl der dafür notwendigen Einzelvorgänge in Gang zu setzen, zu organisieren, möglichst störungsfrei und zielgerichtet aufrechtzuerhalten und zu einem lebendigen Ganzen zu verbinden, braucht der Lehrer gewisse Techniken der Klassenführung. Erforderlich sind ähnliche Fähigkeiten wie bei der Leistung eines großen Betriebs oder eines komplizierten Apparats. Es hat sich deshalb auch bei uns in den letzten Jahren eingebürgert, diese Tätigkeiten des Lehrers als »Unterrichts-« oder »Klassenmanagement« zu bezeichnen. In diesem Zusammenhang ist ein häufig entstehendes Mißverständnis von vornherein auszuschließen: Damit wird keineswegs gesagt, daß Unterrichten in erster Linie eine Technik ist. Lehren kann als besondere Form zwischenmenschlicher Beziehungen verstanden werden oder als eine »Kunst«; doch brauchen auch Künstler zur Gestaltung ihrer Werke gewisse Techniken, so daß der amerikanische Psychologe Kounin zu Recht ausführt, daß die Techniken der Klassenführung kein Selbstzweck sind, sondern dem Lehrer jene Handlungsspielräume verschaffen sollen, die Voraussetzung für einen entspannten, kreativ gestalteten und erfolgreichen Unterricht sind. Klassenführung als Aufgabe verlangt die Anwendung einer komplizierten »Technologie«, um
- fortlaufend Lernen ohne Überdruß zu gewährleisten,
- Lernfortschritte bei den einzelnen Schülern zu ermöglichen,
- intellektuelle Herausforderungen und abwechslungsreiches Lernen anzuregen,
- einen reibungslosen, schwungvollen Unterrichtsablauf zu sichern,
- gleichzeitig ablaufende Vorgänge zu kontrollieren,
- die versteckten Zusammenhänge zwischen verschiedenen Ereignissen zu erfassen und
- pädagogische Handlungen richtig zu adressieren (Kounin, 1976, S.149).

Die folgenden Techniken der Unterrichtsführung haben sich beim Vergleich zwischen erfolgreichen und erfolglosen Lehrern als besonders wirksam erwiesen.

a) Sich selbst vervielfältigen können (»dabei sein«; »Überlappen«).
Im Klassenzimmer laufen zur gleichen Zeit so viele Vorgänge ab, daß ein Lehrer »mehrere Augen« (»Augen im Hinterkopf«) braucht, um

alles Wichtige zu registrieren und gleichzeitig darauf reagieren zu können. Beherrscht ein Lehrer diese Technik des Allgegenwärtigseins und des Vieles-zur-gleichen-Zeit-tun-Könnens nicht, so kommt es zu Fehlern in der Klassenführung, die häufig mit Störungen des Unterrichts verbunden sind.

b) *Für einen reibungslosen und schwungvollen Unterrichtsablauf sorgen (»Zügigkeit«; »Flüssigkeit«).* Schüler sind in der Regel nur dann am Unterricht interessiert, wenn eine gewisse Zielstrebigkeit im Unterrichtsablauf erkennbar ist und keine unnützen Verlangsamungen, Verzögerungen oder Leerlauf auftreten. Kounin beschreibt eine Reihe möglicher Fehler des Lehrers, die zur Entmotivierung der Schüler und zu Unterrichtsstörungen führen können: Sich ablenken lassen, Sprunghaftigkeit, Überproblematisieren von Kleinigkeiten und Zersplitterung des Unterrichts.

c) *Sich auf die Gruppe als Ganzes konzentrieren, auch wenn man sich mit einzelnen Schülern beschäftigt (»Gruppenaktivierung«; »Überprüfung«).* Kounin beobachtete, daß sich viele Lehrer lange Zeit nur mit einzelnen Schülern beschäftigen und dabei die Gruppe als Ganzes völlig aus den Augen verlieren. Oft arbeitet der Lehrer mit einem Kind, ohne vorher festzulegen, was die anderen tun sollen, und ohne deren Tätigkeit zumindest aus den »Augenwinkeln« zu verfolgen.

d) *Sorge tragen für intellektuelle Herausforderungen und für abwechslungsreiches Lernen (»Abwechslung«).* Kounin bestätigte durch seine Untersuchungen, was jeder erfahrene Lehrer weiß: Wenn die gleiche Arbeit zu lange währt, zu eintönig ist, zu uninteressant wird, beginnen Schüler oft spontan nach Variationen der jeweiligen Tätigkeit zu suchen; die Arbeitsqualität wird schlechter, die Fehlerzahl steigt, längere Pausen werden eingelegt, andere Aktivitäten aufgenommen; es kommt zu Störungen. Was kann dagegen getan werden? Kounin empfiehlt folgende Strategie: Die Attraktivität des Lernzieles, des Lerninhalts und des Lernvorganges steigern; für Abwechslung sorgen; Schülern das Erlebnis vermitteln, daß sie Lernfortschritte machen.

Insgesamt gesehen, haben sich die von Kounin ermittelten Merkmale eines effektiven Klassenmanagements gut bewährt. Untersuchungen ergaben bedeutsame Zusammenhänge zwischen guter Klassenführung durch den Lehrer auf der einen Seite und gesteigerter Mitarbeit sowie reduzierter Störungswahrscheinlichkeit bei den Schülern auf der anderen Seite.

Im folgenden wird ein Fragebogen wiedergegeben, mit dessen Hilfe erfaßt werden soll, wie die Schüler die Klassenführung des Lehrers einschätzen.
Bevor dieser Fragebogen den Schülern vorgelegt wird, sollte der Lehrer ihn selbst bearbeiten, um zu klären, wie er sich wahrnimmt.
Der Fragebogen sollte an die Schüler mit der Bitte verteilt werden, ihn so aufrichtig wie möglich auszufüllen; den Schülern sollte erlaubt sein, ihn anonym abzugeben. Das sichert nach unseren Erfahrungen am ehesten, daß man unverfälschte Einrücke der Schüler erhält.

Diagnose der Unterrichtsführung

(1) Der Lehrer nimmt oft Schüler dran, die mit einem Kuli oder etwas anderem spielen. (ja/nein)
(2) Der Lehrer bestraft immer nur die Schüler, die wirklich etwas getan haben. (ja/nein)
(3) Dieser Lehrer ist auch durch Kleinigkeiten leicht aus der Ruhe zu bringen. (ja/nein)
(4) Bei diesem Lehrer kann man während der Stunde Hausaufgaben machen, ohne daß man ermahnt wird. (ja/nein)
(5) Auch wenn der Lehrer etwas an der Tafel erklärt, merkt er, was in der Klasse vor sich geht. (ja/nein)
(6) Bei diesem Lehrer kann man schlecht abschreiben, weil er das meistens merkt. (ja/nein)
(7) Wenn der Lehrer etwas Neues durchnimmt, dann dauert das oft so lange, daß es langweilig wird. (ja/nein)
(8) Bei diesem Lehrer muß man dauernd damit rechnen, aufgerufen zu werden, auch wenn man sich nicht gemeldet hat. (ja/nein)
(9) Wenn der Lehrer etwas an die Tafel schreibt, kann man Sachen durch die Klasse werfen, ohne daß der Lehrer etwas sagt. (ja/nein)
(10) Auch wenn der Lehrer mit einem einzelnen Schüler spricht, merkt er, was die anderen machen. (ja/nein)
(11) Der Lehrer geht im Stoff so schnell vorwärts, daß viele nicht mitkommen und er es noch einmal erklären muß. (ja/nein)
(12) Auch wenn ich mich etwas ducke, muß ich damit rechnen, daß ich plötzlich drankomme. (ja/nein)
(13) Man braucht manchmal die ganze Stunde nichts zu sagen, ohne daß dies dem Lehrer auffällt. (ja/nein)
(14) Dieser Lehrer erklärt auch einfache Sachen so ausführlich, daß wir im Stoff nur langsam weiterkommen. (ja/nein)

(15) Wenn wir in einer Gruppe arbeiten, weiß der Lehrer, ob alle Gruppenmitglieder etwas zum Arbeitsergebnis beigetragen haben oder nicht. (ja/nein)

(16) Man kann ein Buch aufstellen, um dahinter mit dem Nachbarn zu sprechen, ohne daß dieser Lehrer etwas merkt. (ja/nein)

(17) Wenn der Lehrer an der Tafel beschäftigt ist, können wir allen möglichen Quatsch machen. (ja/nein)

(18) Wenn der Lehrer jemanden ermahnt, erwischt er meist den richtigen. (ja/nein)

(19) Dieser Lehrer nimmt fast immer dieselben dran. (ja/nein)

(20) Wenn ein Schüler etwas getan hat, schimpft der Lehrer ziemlich lange mit ihm (ja/nein)

(21) Dieser Lehrer hat nur wenig Ahnung davon, was in der Klasse wirklich vor sich geht. (ja/nein)

(22) Wenn der Lehrer sich mit einem einzelnen Schüler beschäftigt, müssen die anderen trotzdem aufpassen, weil sie plötzlich aufgerufen werden können. (ja/nein)

(23) Dieser Lehrer weiß ziemlich oft nicht, ob ein Schüler etwas selbst gewußt hat, oder ob es jemand vorgesagt hat. (ja/nein)

(24) Wenn jemand zum Fenster rausguckt, muß er bei diesem Lehrer damit rechnen, überraschend aufgerufen zu werden. (ja/nein)

(25) Wenn der Lehrer etwas austeilt, hält er sich damit ziemlich lange auf. (ja/nein)

(26) Dieser Lehrer achtet darauf, daß auch bei Gruppenarbeit alle Schüler mitarbeiten. (ja/nein)

(27) Man kann während der Stunde bei diesem Lehrer laut sprechen, ohne daß man ermahnt wird. (ja/nein)

(28) Der Lehrer achtet darauf, daß so ziemlich alle Schüler einmal drankommen. (ja/nein)

(29) Man hat manchmal das Gefühl, daß dieser Lehrer auch hinten Augen hat. (ja/nein)

(30) Wenn etwas vorgelesen wird, kann man ruhig etwas anderes lesen, ohne daß dieser Lehrer das merkt. (ja/nein)

(31) Hat ein Schüler die Hausaufgaben nicht gemacht, so hält sich dieser Lehrer lange mit ihm auf. (ja/nein)

(32) Der Lehrer bestraft oft die falschen Schüler, weil er nicht weiß, wer wirklich etwas getan hat. (ja/nein)

(33) Auch wenn der Lehrer an der Tafel etwas Neues erklärt, merkt er, ob jemand aufpaßt oder nicht. (ja/nein)

(nach Küpper, 1977; vgl. auch Rheinberg & Hoss, 1979)

Die Aussagen des Fragebogens sind den folgenden vier Kategorien von Kounin zuzuordnen:

Dabei sein/Überlappen. Für die Ausprägung dieses Merkmals spricht die Bejahung der folgenden Aussagen: 1,2,5,6,10,12,18,24,29,33; sowie die Verneinung der folgenden Aussagen: 4,9,16,17,21,27,30,32.

Zügigkeit/Flüssigkeit. Für die Ausprägung dieses Merkmals spricht die Verneinung der folgenden Aussagen: 3,20,25,31.

Gruppenaktivierung/Überprüfung. Für die Ausprägung dieses Merkmals spricht die Bejahung der folgenden Aussagen: 8,15,22,26,28; sowie die Verneinung der folgenden Aussagen: 13,19,23.

Abwechslung/Sachmotivierung. Für die Ausprägung dieses Merkmals spricht die Verneinung der folgenden Aussagen: 7,11,14.

Nachdem die eigene Wahrnehmung der Unterrichtsführung mit den Einschätzungen durch die Schüler verglichen wurde, kann anhand von Tonbandaufzeichnungen aus mehreren Unterrichtsstunden nachgeprüft werden, welche Probleme bei der Klassenführung tatsächlich auftreten. Die damit verbundenen Einsichten sind eine wichtige Voraussetzung für den Versuch, einzelne Strategien zu verbessern. Dafür bestehen gute Aussichten, wie amerikanische Untersuchungen mit einem entsprechenden Trainingsprogramm gezeigt haben.

6.4 Diagnose der Unterrichtssprache

Für den Erfolg des Unterrichts hat es sich als besonders wichtig erwiesen, wie verständlich ein Lehrer den Schülern Wissen vermittelt, d.h. wie »einfach« er Zusammenhänge darstellt und wie gut er auch schwierige Sachverhalte erklären kann. Viele empirische Untersuchungen belegen eindringlich, daß es zwischen verschiedenen Lehrern große Unterschiede in der Verständlichkeit ihrer Unterrichtssprache gibt, wodurch das Lernen der Schüler sehr erleichtert oder auch erschwert wird; die durchschnittlichen Leistungen einer Schulklasse - besonders die Lernfortschritte der leistungsschwächeren Schüler - bleiben hiervon unberührt.

Viele Pädagogen neigen dazu, die didaktische Qualität ihrer Darstellungen, Erklärungen und Belehrungen gar nicht bewußt wahrzunehmen, sondern ganz selbstverständlich als »gut« zu erleben. Schlechte Schülerleistungen werden unter diesen Umständen nicht mit einer unvollständigen, ungenauen, unklaren oder unverständlichen Informationsvermittlung durch den Lehrer in Verbindung gebracht, sondern ausschließlich mit mangelnder Aufmerksamkeit, fehlendem Fleiß oder geringer Begabung auf seiten der Schüler erklärt. Solche einseitigen Ursachenzuschreibungen sind sicher manchmal richtig, ebenso oft aber auch unzutreffend. Es gehört deshalb zu den Aufgaben jedes Lehrers, gelegentlich zu überprüfen, ob die Verständlichkeit und Klarheit seiner Unterrichtssprache das Lernen der Schüler erleichtert oder ob seine eigene Wissensvermittlung zur Entstehung und Aufrechterhaltung von Lern- und Leistungsschwierigkeiten beiträgt. Um die Verständlichkeit der eigenen Unterrichtssprache zu überprüfen, empfehlen wir folgende Schritte:

Erster Diagnoseschritt: Selbstbeurteilung der Unterrichtssprache. Für wie verständlich halten Sie Ihren eigenen Unterricht? Bitte beantworten Sie die folgenden Aussagen im Hinblick darauf, wie Sie sich selbst wahrnehmen.

	trifft zu	teils/ teils	trifft nicht zu
(1) Wenn ich etwas erklären will, fallen mir oft die treffenden Worte nicht ein.			
(2) Beim Erzählen komme ich gelegentlich vom Hundertsten ins Tausendste.			
(3) Wenn ich einem Fremden den Weg beschreibe, merke ich oft, daß er mich nicht gut verstehen kann.			
(4) Es fällt mir schwer, einen Sachverhalt knapp und kurz auszudrücken.			
(5) Bei der falschen Antwort eines Schülers fällt es mir meistens nicht leicht, ganz genau anzugeben, was eigentlich falsch daran ist.			

	trifft zu	teils/ teils	trifft nicht zu
(6) Im Verlauf des Unterrichts komme ich nur selten dorthin, wohin ich eigentlich wollte.			
(7) Während ich gerade etwas erkläre, fällt mir häufig ein, daß das, was ich vorher sagte, nicht ganz richtig war.			
(8) Wenn ich im Unterricht etwas erläutere, wirken viele Schüler unaufmerksam.			
(9) Bei den von mir entworfenen Arbeitsblättern fragen Schüler oft nach, was sie eigentlich tun sollen.			
(10) Manche Leute behaupten von mir, ich sei etwas umständlich.			

Je mehr der oben genannten Feststellungen nach Ihrem eigenen Eindruck auf Sie zutreffen, desto größer ist die Gefahr, daß Ihre Schüler Schwierigkeiten haben, Ihnen im Unterricht zu folgen und aus Ihrer Wissensvermittlung Gewinn zu ziehen.

Je unklarer, unpräziser, umständlicher und weitschweifiger ein Lehrer seinen Unterricht gestaltet - besonders in seinen sprachlichen Äußerungen - desto schwerer haben es Schüler, jene Inhalte zu erfassen, die sie lernen sollen. Bei Unterrichtsbeobachtungen wissen gelegentlich selbst Schulräte und Seminarleiter nicht genau, was manche Lehrer mit ihren Beschreibungen, Erklärungen und Aufgabenstellungen eigentlich meinen.

Zweiter Diagnoseschritt: Überprüfung der Unterrichtsergebnisse.
Sprechen die Leistungen der Schüler dafür, daß sie den Lernstoff richtig verstanden haben? Natürlich reicht es nicht aus, sich gelegentlich Rechenschaft darüber abzulegen, wie man die Verständlichkeit seines Unterrichts selbst beurteilt. Ergeben sich dabei Zweifel, so sollte man unbedingt überprüfen, welche Wirkungen die eigene Unterrichtssprache auf die Leistungen der Schüler hat.

Bereiten Sie für eine Ihrer nächsten Stunden einen einseitigen Unterrichtstext oder einen etwa fünfminütigen Lehrervortrag zu einem wichtigen und schwierigen Thema vor.
Legen Sie möglichst genau fest, was die Schüler aufgrund dieser Unterrichtsepisode verstehen und behalten sollen. Bitten Sie die Kinder unmittelbar im Anschluß an die Stoffdarbietung aufzuschreiben, was

sie sich gemerkt haben. Fügen Sie dieser freien Wiedergabe des Inhalts einige spezielle Fragen zur möglichst genauen Beantwortung hinzu.

Vergleichen Sie anschließend die Informationen, die von den Schülern aufgenommen und behalten wurden mit den Lernzielen, die Sie vermitteln wollten. Achten Sie dabei besonders auf unvollständige, ungenaue und unklare Berichte der Schüler. Je mehr Kinder Ihrer Klasse die gleichen oder ähnliche Fehler machen, desto größer ist die Wahrscheinlichkeit, daß Sie als Lehrer den Stoff nicht verständlich genug vermittelt haben.

Dritter Diagnoseschritt: Herauslösen von Merkmalen sprachlicher Unterrichtsgestaltung. Lassen die Unterrichtsergebnisse auf Schwierigkeiten bei der Informationsaufnahme schließen, so muß man fragen, ob die Unterrichtssprache jene Eigenschaften aufweist, die sich in wissenschaftlichen Untersuchungen als verständnisfördernd erwiesen haben.

Langer, Schulz v. Thun, Tausch und ihre Mitarbeiter gingen bei der Entwicklung des »Hamburger-Verständlichkeitskonzepts« von der alltäglichen Erfahrung aus, daß es verschiedene Texte gleichen Inhalts gibt, die mehr oder minder gut zu verstehen sind und die besser oder schlechter behalten werden. Die Ursachen dafür suchten die Wissenschaftler in der Art der Textgestaltung. Sie ermittelten vier Eigenschaften von Texten, die für das Verstehen und Behalten des Inhalts besonders wichtig sind:
- Einfachheit - Kompliziertheit
- Gegliedertheit/Ordnung - Ungegliedertheit/Zusammenhanglosigkeit
- Kürze/Prägnanz - Weitschweifigkeit
- anregende Gestaltung - langweilige Gestaltung.
Über die theoretischen Grundlagen des Konzepts, über Methoden der Diagnose und über Möglichkeiten zur Verbesserung von Texten informieren z.B. Langer, Schulz von Thun und Tausch (1974), Schulz von Thun u.a. (1973), Schulz von Thun und Götz (1976).

Einfachheit, Ordnung, Prägnanz und anregende Darstellungsformen sind die wichtigsten Merkmale gut verständlicher (schriftlicher, aber wahrscheinlich auch mündlicher) Texte. Die Anwendung und Ausgestaltung dieser vier Regeln hängt insbesondere von der Klassenstufe und damit von den Lernvoraussetzungen der Schüler ab. Mit

373

zunehmendem Alter erhöhen sich während der Kindheit der Wortschatz und die Fähigkeit zum Erfassen auch umfangreicher Sätze.
Die Schüler sind schließlich immer besser in der Lage, auch selbständig Verbindungen zwischen isolierten Informationen herzustellen.
Diese Entwicklungsfortschritte ändern aber nichts daran, daß es die Aufgabe des Lehrers auf allen Schulstufen ist, seine schriftlichen und mündlichen Äußerungen so zu gestalten, daß sie gut verständlich sind. Dafür sind die vier Verständlichkeitsmerkmale und ihre Ausgestaltung in Abhängigkeit vom Alter der Schüler und des jeweiligen Fachgebiets eine wesentliche Hilfe. Allerdings kommt nicht jedem dieser Merkmale für die Verständlichkeit eines Textes die gleiche Bedeutung zu. Während Einfachheit und Ordnung durchwegs von Bedeutung sind, dürfen die Anforderungen nach Kürze und Anregungsgehalt nicht überstrapaziert werden.

6.5 Möglichkeiten und Grenzen der Selbstdiagnose des Erlebens und Verhaltens von Lehrern in kritischen Unterrichtssituationen

Möglichkeiten der Selbstdiagnose erscheinen für den einzelnen Lehrer besonders dann eingeschränkt, wenn er sich im Klassenzimmer Problemen gegenübersieht. Es gibt kaum Verfahren, die z.b. Störungen in ihrer Vielschichtigkeit erfassen. Außerdem ist der unterrichtende Lehrer bei solchen Schwierigkeiten - vor allem wenn sie gehäuft auftreten - emotional stark belastet. Diese besondere Situation des »erhöhten emotionalen Alarmzustands« engt auch seine Wahrnehmungsfähigkeit ein.

Bei Störungen des Unterrichts ist man als Lehrer Belastungen ausgesetzt, die sich mit zunehmender negativer Erfahrung verstärken und eine Konfliktlösung langfristig behindern. Gefühle der Angst und Hilflosigkeit oder des Ärgers und der Wut können sich dabei steigern.
Im emotional ausgeglichenen Zustand hat man eher Distanz zum eigenen Erleben und Verhalten. In einer akuten Konfliktsituation ist die Fähigkeit zur angemessenen Situationswahrnehmung dagegen oft beeinträchtigt. Dies wirkt sich nicht nur negativ auf die subjektive Einschätzung von Handlungsmöglichkeiten aus, sondern auch auf das angemessene Abschätzen der Folgen des eigenen Verhaltens. Die Selbstdiagnose kann dazu verhelfen, diejenigen Gedanken und Gefühle zu erschließen, die das Handeln in kritischen Situationen

entscheidend mitbestimmen. Im folgenden gehen wir deshalb auf verschiedene Möglichkeiten und Grenzen zur Erfassung von Einstellungen, Gefühlen und Verhaltensweisen in belastenden Unterrichtssituationen ein.

Selbstdiagnose von aktuellen Einstellungen und Erwartungen. Da die aktuellen Einstellungen und Erwartungen sehr weitreichende Einflüsse haben, ist es besonders wichtig, daß man Zugang zu ihnen bekommt. Untersuchungen haben gezeigt, daß Lehrer sich selbst - vor allem in Konfliktsituationen - anders einschätzen als die beteiligten Schüler: Die Selbsteinschätzung der Lehrer war wesentlich positiver als die Einschätzung durch die Schüler. Insbesondere hatten die Lehrer häufiger den Eindruck, bei allen Konfliktregelungen um soziale Integration bemüht zu sein.

Welche Einstellungen haben Sie in bezug auf sich selbst als Lehrer? Sie besitzen sicher Vermutungen darüber, wie Sie auf Ihre Schüler in spezifischen Konfliktsituationen im Unterricht wirken.
Stellen Sie sich bitte Situationen vor, in denen Sie immer wieder in Konflikt mit einer bestimmten Klasse geraten. Vergegenwärtigen Sie sich die konkrete Unterrichtssituation bzw. den Konflikt in dieser Klasse so gut wie möglich.
Verändern Sie nach einiger Zeit Ihre Perspektive und versuchen Sie in die Rolle und Wahrnehmungen der betroffenen Schüler zu schlüpfen.
Lassen Sie sich dafür so lange Zeit, bis Sie das Gefühl haben, etwas für Sie Wichtiges entdeckt zu haben; beenden Sie dann die Vorstellung und halten Sie die Erfahrung schriftlich fest:

(1) Was würde ich als Schüler evtl. gut an mir als Lehrer finden?
(2) Was würde mich als Schüler evtl. an mir als Lehrer stören?
(3) Welche meiner typischen Verhaltensweisen in Konfliktsituationen halte ich selbst für pädagogisch ungünstig?
(4) Welche aktuellen Einstellungen, Erwartungen und Gefühle sind es, die mich in Konfliktsituationen häufig in einer Weise reagieren lassen, die ich nachträglich für pädagogisch ungünstig halte?

Selbstdiagnose gefühlsmäßiger Erfahrungen und Eindrücke. Zur Diagnose Ihrer Gefühle in schwierigen Unterrichtssituationen ist es günstig, wenn Sie sich wiederum eine solche Situation möglichst bildhaft ins Gedächtnis rufen, wobei es eher unwichtig ist, ob es sich um kollektive Störungen, Verweigerung der Mitarbeit einer Klasse oder um andere Probleme handelt.

Wichtig zur Selbsterfahrung ist, daß Sie sich eine ganz bestimmte Situation vorstellen, in der Sie sich nicht wohl fühlten, eher niedergeschlagen und hilflos, vielleicht auch verärgert und wütend waren. Wann ist dies zum letztenmal aufgetreten? Was war los? Vergegenwärtigen Sie sich das Bild vor »Ihrem geistigen Auge«.

Achten Sie auf Ihre Empfindungen und körperlichen Anspannungen. Denken Sie auch an die Wahrnehmung eigener Gefühle. Bedenken Sie, daß das Wissen um Ihre Gefühle einen ersten Schritt zum angemessenen Umgang damit darstellt. Halten Sie die Selbstbeobachtung ihres gefühlsmäßigen Zustands in der folgenden Adjektivliste fest (in Abänderung des »Emotionalitätsinventars« von Ullrich de Muynck und Ullrich, 1976). Überlegen Sie dazu, wie Sie sich in der vorgestellten Unterrichtssituation fühlten, und kreuzen Sie dann die zutreffenden Zahlen an. Es empfiehlt sich, zuerst die in jeder Zeile entgegengesetzt formulierten Bezeichnungen für Gefühle zu lesen und dann die Antwort dem eigenen Zustand entsprechend einzustufen.

Beachten Sie, daß in jeder Zeile positive und negative Gefühle stehen und kreuzen Sie für jede Zeile nur eine Zahl an.

Wenn Sie sich in der Unterrichtssituation, in die Sie sich hineinversetzt haben, sehr angespannt fühlten, kreuzen sie die 1 an:
gespannt X 2 3 4 5 6 entspannt
Wenn Sie sich eher gespannt als entspannt fühlten, müßten Sie die 3 ankreuzen:
gespannt 1 2 X 4 5 6 entspannt.

In der vorgestellten Unterrichtssituation fühle ich mich vorwiegend....

	sehr	deutlich	eher		eher	deutlich	sehr	
gespannt	1	2	3		4	5	6	entspannt
locker	1	2	3		4	5	6	steif
gehemmt	1	2	3		4	5	6	frei
verschlossen	1	2	3		4	5	6	offen
zögernd	1	2	3		4	5	6	spontan
unruhig	1	2	3		4	5	6	ruhig
wohl	1	2	3		4	5	6	unwohl
überempfindlich	1	2	3		4	5	6	unempfindlich
friedlich	1	2	3		4	5	6	aggressiv
gelassen	1	2	3		4	5	6	wütend
gereizt	1	2	3		4	5	6	ausgeglichen
unsicher	1	2	3		4	5	6	sicher
ausgeliefert	1	2	3		4	5	6	geschützt
hilflos	1	2	3		4	5	6	souverän
pessimistisch	1	2	3		4	5	6	optimistisch
zufrieden	1	2	3		4	5	6	unzufrieden

Nachdem Sie Ihre Befindlichkeit bei allen Adjektivpaaren vermerkt haben, können Sie die angekreuzten Zahlen durch eine Linie miteinander verbinden. Diese Maßnahme zur Selbstdiagnostik sollten Sie mehrmals anwenden; anschließend können Sie alle Kurven, die Sie erhalten haben, in eine einzige Liste übertragen. Die überlagerten Kurven geben Ihnen eine Rückmeldung über Ihre typischen emotionalen Reaktionen bei Konflikten in der Klasse.

Solche Tendenzen zeigen sich seltener bei Gefühlen des Ärgers, sondern vor allem bei Gefühlen der Angst und der Unsicherheit. Brück (1978) beschreibt z.b. wie die Konfrontation mit Schülern immer wieder Ärger und/oder Unsicherheit hervorruft und wie einzelne Lehrer durch ihr Bemühen, diese Gefühle zu unterdrücken, bisweilen zu höchst problematischen Reaktionsformen und Überreaktionen greifen.

Achten Sie auf Ihre Gefühle, die Sie im schulischen Alltag erleben. Registrieren Sie auch unangenehme Körperempfindungen, wie z.b. Druck in der Magengegend, Kopfschmerzen, Anspannung und ähnliches. Diese Signale sollten Sie veranlassen, genauer auf Ihre Gedanken und Gefühle und die jeweils damit zusammenhängenden Situationen zu achten: Sind z.b. immer bestimmte Schüler daran beteiligt; ruft bereits der Gedanke an eine bestimmte Klasse Unbehagen und Ärger hervor? Die Gefühle können nämlich in bestimmten Situationen oder gegenüber bestimmten Schülern erheblich variieren. Die (nachträgliche)

Selbstdiagnose solcher unterschiedlicher Wahrnehmungen, Einstellungen und Gefühle ist eine wichtige Voraussetzung für erwünschte Veränderungen des pädagogischen Handelns beim einzelnen Lehrer.

Selbstdiagnose des Verhaltens. Zwar kann man sich nachträglich durch intensives Vorstellen der jeweiligen Handlungssituation gewisse Aufschlüsse über die eigenen Erlebnisse und Verhaltensmuster verschaffen, doch muß man dabei mit vielen Erinnerungsfehlern und Selbsttäuschungen rechnen. Zur Ergänzung nachträglicher Unterrichtsdiagnosen sind deshalb aktuelle Selbstbeobachtungen während des Unterrichts nützlich. Sie können sich natürlich nicht auf die besonders kritischen Situationen beziehen, weil diese die gesamte Aufmerksamkeit des Lehrers beanspruchen. Systematische Versuche des Beobachtens und Registrierens ausgewählter eigener Verhaltensweisen sollten deshalb in mehr oder minder entlasteten Unterrichtsphasen stattfinden. Dabei kann sich die Beobachtung auf sehr unterschiedliche Verhaltensmerkmale richten. Beispiele dafür sind
- das Unterbrechen von Schülerantworten durch Zwischenbemerkungen;
- das Ersetzen oder Ergänzen von Lehrerfragen durch halbe Antwortsätze, die von den Schülern (oft im Chor) nur vervollständigt werden müssen;
- besonders lange Unterrichtsmonologe des Lehrers;
- der Lehrer wendet sich einzelnen Schülern oder Schülergruppen in der Klasse unterschiedlich häufig zu (z.B. Beachtung, Aufrufe, Hilfen, Kontrollen, Lob usw.);
- durch bestimmte Verhaltensweisen einzelner Schüler läßt sich der Lehrer immer wieder gegen seinen Willen provozieren und reagiert darauf mit Ärger und impulsivem Verhalten;
- Häufigkeit folgenloser Ermahnungen und Drohungen (auch gegenüber bestimmten Schülern).

Welche persönlichen Verhaltensweisen ein Lehrer bei sich selbst beobachtet, hängt davon ab, welche Probleme seines Unterrichts er identifiziert hat und welche er genauer analysieren will. Wichtig ist dabei, daß er bereits über bestimmte Annahmen verfügt, inwieweit sein eigenes Verhalten das Entstehen oder Aufrechterhalten der Probleme begünstigen könnte. Diese Vermutungen bilden nämlich die Kategorien der Selbstbeobachtung; d.h. durch sie wird festgelegt, worauf der Lehrer seine Aufmerksamkeit richten muß. Um die Er-

gebnisse seiner Beobachtungen zu registrieren, ist ein Selbstbeobachtungsbogen unbedingt erforderlich, in dem bereits während des
Unterrichts (möglichst bald nach dem beobachteten Verhalten) die
Informationen festgehalten werden können. Dabei drängt sich die
Frage auf, ob eine solche schriftliche Fixierung wirklich notwendig
ist, oder ob die Beobachtungen nicht auch nach dem Unterricht notiert werden könnten. Untersuchungen haben gezeigt, daß solche
nachträglichen Aufzeichnungen extrem unzuverlässig sind, wenn es
darum geht, die Häufigkeit eines bestimmten Lehrerverhaltens zu
erfassen. Sowohl pauschale Schätzungen als auch Versuche des nachträglichen Erinnerns an einzelne Situationen haben sich als sehr feh-
leranfällig erwiesen. Will man auf Fremdbeobachtung verzichten,
bleibt also nichts anderes übrig, als das eigene Verhalten bereits während des Unterrichts zu registrieren, während einer Tätigkeit also,
die den Lehrer stark beansprucht und belastet. Aus diesem Grund
müssen Selbstbeobachtungsbogen besonders einfach sein; das heißt
sie dürfen jeweils nur eine einzige genau bezeichnete Kategorie enthalten und keinen Zeitrhythmus für die Beobachtungen vorgeben.
Die Aufgabe des Lehrers darf lediglich darin bestehen, immer dann,
wenn ihm das kritische Verhalten bei sich selbst aufgefallen ist, einen
Strich auf den am Pult deponierten Bogen zu machen.
Trotz dieser scheinbar einfachen Aufgabe berichten viele Lehrer,
daß es für sie extrem schwierig war, während des Unterrichts an die
Selbstbeobachtungsaufgabe zu denken und die entsprechenden Verhaltensweisen zu notieren. Man darf deshalb auch nur grobe, in der
Regel aber brauchbare Ergebnistendenzen erwarten. Es zeigt sich
nämlich, daß die Informationen auf dem Selbstbeobachtungsbogen
der meisten Lehrer nicht sehr zuverlässig sind (weniger zuverlässig
jedenfalls als vergleichbare Selbstbeobachtungen von Schülern).
Die meisten Lehrer hatten bei Kontrolluntersuchungen für das kritische Verhalten weniger Striche notiert als ein im Unterricht anwe-
sender Fremdbeobachter. Das war in Konfliktsituationen besonders
ausgeprägt der Fall.
Auf der anderen Seite ergab sich zugleich eine starke verhaltensän-
dernde Wirkung der Selbstbeobachtungen: Allein durch die Selbstbeobachtung änderte sich in vielen Fällen das Verhalten des Lehrers
im Sinne einer Zunahme erwünschter Verhaltensweisen. Darin äußert sich eine gewisse Doppelgesichtigkeit der Selbstdiagnose durch
Lehrer: Als diagnostische Methoden ist die Selbstbeobachtung unzuverlässig und ergänzungsbedürftig, als Mittel zur Veränderung des
pädagogischen Verhaltens stellt sie eine günstige Bedingung dar.

D Pädagogische Handlungsmöglichkeiten und Veränderungsmöglichkeiten pädagogischen Handelns

1. Notwendige Veränderungen im pädagogischen Handeln des Lehrers

Wenn von der Überwindung unterrichtlicher Probleme oder gar von der Lösung pädagogischer Konflikte gesprochen wird, so denkt man in erster Linie an Maßnahmen zur Beeinflussung der Schüler. Das ist in den meisten Fällen auch notwendig und wichtig. Viele Untersuchungen belegen aber, daß auch Lehrer durch bestimmte Einstellungen und Verhaltensweisen zur Entstehung, Aufrechterhaltung oder gar Eskalation unterrichtlicher Probleme beitragen. Es erscheint deshalb zweckmäßig, den Abschnitt über pädagogische Handlungsmöglichkeiten mit der Beschreibung einiger Möglichkeiten zur Verbesserung des pädagogischen Handelns von Lehrern zu beginnen.

Auch wenn das Verhalten eines Lehrers von der jeweiligen Klasse und der spezifischen Unterrichtssituation maßgeblich beeinflußt wird, so gibt es doch keinen Zweifel daran, daß sich Lehrer recht allgemein danach unterscheiden lassen, ob sie eher einen guten oder einen schlechten Unterricht halten, ob sie unter unterschiedlichen Bedingungen im Durchschnitt erfolgreich oder nicht erfolgreich sind, ob sie viele oder wenig Probleme in ihrem Unterricht haben. Diese Erfahrungen werden durch die Resultate von empirischen Studien bestätigt.

Differenzen in der pädagogichen Wirksamkeit werden in populären aber auch in wissenschaftlichen Publikationen oft mit der »Persönlichkeit« des Lehrers in Zusammenhang gebracht. Es gibt deshalb eine große Anzahl von Versuchen, die Persönlichkeitseigenschaften des idealen Lehrers aufzulisten. Das gelang allerdings nur mit sehr mäßigem Erfolg, wenn man die methodische Zuverlässigkeit, die theoretische Gültigkeit und die praktische Nützlichkeit dieser Bemühungen genauer betrachtet. Natürlich ist es trivial, daß sich die intellektuellen Fähigkeiten eines Lehrers, sein fachliches Wissen, die sprachliche Gestaltungskraft, die kommunikativen Kompetenzen, das pädagogische Engagement, die Selbstsicherheit und Selbstkontrolle oder die persönliche Ausstrahlung und Überzeugungskraft auch auf seinen Unterricht und damit auf das Verhalten der Schüler auswirken müssen, doch scheinen verschiedene Konstellationen von Persönlichkeitsmerkmalen gleichermaßen günstige Voraussetzungen für guten und erfolgreichen Unterricht darzustellen. Es hat sich deshalb wissenschaftlich wie praktisch als Vorteil erwiesen, weniger auf die stabilen Persönlichkeitseigenschaften des Lehrers zu achten als auf die in Grenzen beeinfluß- und veränderbaren Merkmale seines pädagogischen Handelns. Gute und schlechte Lehrer unterscheiden sich offenkundig weniger durch ihre Persönlichkeit als durch ihr Verhalten. Das zeigt sich z.b. sehr deutlich in den Untersuchungsergebnissen von Kounin (1976), auf die bereits kurz eingegangen wurde (Kapitel C 6).

Wie aber soll man das pädagogische Handeln eines Lehrers verändern? Welche Aspekte sind bedeutsam und zugleich beeinflußbar? Soll man sehr elementare Verhaltensweisen, wie z.b. das Formulieren von Fragen, Arbeitsanweisungen und Rückmeldungen üben oder soll man sich auf komplexere Verhaltensmuster konzentrieren? Solche sehr typische Fragestellungen enthalten fast immer eine falsche Alternative. Zwar hat sich der selbstkontrollierte Aufbau komplexer pädagogischer Handlungsmöglichkeiten als besonders effektiv erwiesen, doch kann es für einen Lehrer im Einzelfall durchaus sinnvoll sein, z.b. ungeschickte sprachliche Gewohnheiten gezielt und spezifisch abzubauen. Allgemeiner ausgedrückt: Auch für die Veränderung des Lehrerverhaltens gibt es keine allgemein gültigen Regeln, sondern nur spezielle Programme aufgrund sorgfältiger Unterrichtsdiagnosen. Beachtet werden sollte dabei:

- das Ausdrucksverhalten des Lehrers, z.B. Stimmlage, Gestik, Mimik usw., weil vor allem extreme Varianten auf Schüler irritierend oder belustigend wirken könnten;

- das zweckrationale didaktische Handeln des Lehrers, d.h. alle Verhaltensweisen, die auf die Erreichung der Unterrichtsziele gerichtet sind (z.B. souveräne Beherrschung des Lehrstoffs, Klarheit der Lernziele, Vorbereitung des Unterrichts, Vermittlung der Lehrinhalte, Steuerung der Aufmerksamkeit und der Lernaktivität auf Seiten der Schüler, Überprüfung des Gelernten, systematische Nachhilfe bei Lernschwierigkeiten usw.);

- das kommunikative Handeln des Lehrers, d.h. die Formen und Inhalte sozialer Interaktionen mit der Klasse, mit Gruppen von Schülern und mit einzelnen Kindern (z.b. Ziele und Erwartungen in der Lehrer-Schüler-Interaktion, Vermeidung von Problemen und Konflikten, Stimulierung und Bekräftigung der Schüler, Eingehen auf einzelne Kinder, Verhalten in Konfliktsituationen, Reaktionen auf nicht-akzeptables Schülerverhalten, Handlungsmöglichkeiten nach eigenem Fehlverhalten usw.)

Selbstverständlich können im Rahmen dieses Kapitels nicht alle Möglichkeiten zur Veränderung solch unterschiedlicher Aspekte des pädagogischen Handelns besprochen werden. Wir beschränken uns hier exemplarisch auf zwei Fragestellungen: (1) auf Möglichkeiten der Veränderung pädagogisch ungünstiger Lehrererwartungen und (2) auf Möglichkeiten zu einer verbesserten Selbstkontrolle des Lehrerverhaltens. Während Erwartungen zentrale kognitive Bedingungen des Handelns darstellen und deshalb für die Gestaltung des schulischen Alltags besonders wichtig sind, ist die Möglichkeit einer verbesserten Selbstkontrolle des Verhaltens (besonders in schwierigen oder problematischen Situationen) eine notwendige Voraussetzung für individuell geplante und selbstgesteuerte Bemühungen des einzelnen Lehrers um kontinuierliche Verbesserungen seines pädagogischen Handelns.

1.1 Möglichkeiten der Veränderung pädagogisch ungünstiger Erwartungen des Lehrers

Es wurde bereits mehrfach beschrieben, wie pädagogische Ziele im Alltagshandeln des Lehrers als Absichten, Erwartungen und Bewertungen zum Ausdruck kommen. Den Lehrererwartungen kommt dabei eine Schlüsselrolle zu.

- Durch seine Erwartungen leistet der Lehrer - wie jeder andere Mensch auch - eine gedankliche Vorwegnahme von zukünftigen Ereignissen, um sich rechtzeitig einstellen und angemessen darauf reagieren zu können.

- Erwartungen sind aber nicht nur gedankliche Vorwegnahmen zukünftiger Ereignisse, sondern auch mit gefühlsmäßigen Bewertungen verbunden. Wir erwarten z.b. von einem gefährdeten Schüler nicht nur, daß er eine einfache Prüfungsaufgabe löst, sondern wir erhoffen es auch und befürchten vielleicht zugleich, daß er versagt.

- Erwartungen vermitteln uns ein Bild darüber, was andere wahrscheinlich tun werden, wie sie sich vermutlich verhalten, was sie leisten können, wie sie auf bestimmte Schwierigkeiten reagieren dürften.

- Erwartungen vermitteln uns aber auch ein vorweggenommenes Bild über uns selbst; z.b. wie wir bei anderen »ankommen«, was wir zu leisten imstande sind, welche Anerkennung oder Ablehnung wir finden werden.

- Erwartungen sind deshalb so wichtig, weil wir sie nicht nur »im Kopf« haben, sondern weil durch sie auch unser Handeln beeinflußt wird: Wir verhalten uns z.b. einem Schüler gegenüber freundlich und zugewandt, weil wir erwarten, daß es richtig, günstig oder wirkungsvoll ist. Erweisen sich solche Erwartungen als falsch, so werden wir unsicher, suchen nach Erklärungen oder reagieren enttäuscht.

- Auf der anderen Seite können Menschen aus unseren Handlungen erschließen, was wir von Ihnen erwarten, was wir ihnen z.b. zutrauen und was nicht. Dementsprechend verhalten sie sich vielleicht, strengen sich z.b. mehr an oder werden mutlos. So wurde bereits erwähnt, daß Schüler aus einem Tadel für eine nicht sehr gute Leistung bei einer mittelschweren Aufgabe entnehmen können, daß der Lehrer eigentlich mehr von ihnen erwartet hat, weil er ihnen größere Fähigkeiten zuschreibt als in den Leistungen zum Ausdruck kommt. Ein solcher Tadel könnte also als Ermutigung und Ansporn wirken. Umgekehrt wäre es möglich, daß ein anderer Schüler aus dem Lob für eine befriedigende Leistung bei einer einfachen Aufgabe erschließt, daß der Lehrer ihm nur sehr geringe Leistungsfähigkeiten zuschreibt. Ein solches Lob könnte also in scheinbar paradoxer Weise auf seiten der Schüler Gefühle und Reaktionen wie bei einem Mißerfolgserlebnis auslösen.

Mit diesen wenigen Hinweisen sollte noch einmal auf die Bedeutung von Erwartungen für das menschliche Handeln aufmerksam gemacht werden. Jeder kann das in seinem Alltag erfahren und erkunden. Insofern stellen Lehrererwartungen nur einen Sonderfall dar. Sie erweisen sich allerdings als besonders wichtig, weil Schüler dadurch stärker beeinflußt werden und in höherem Maße davon abhängig sind als Erwachsene.

Wirkungsvolle Unterrichtsarbeit setzt voraus, daß Lehrer realistische und positive Erwartungen über ihre Schüler und über ihre eigene Wirkungsmöglichkeit aufgebaut haben. Umgekehrt: Viele pädagogische Bemühungen scheitern, viele problematische Erziehungseinflüsse werden wirksam, viele Schulkonflikte entstehen, weil das Handeln der Pädagogen von falschen oder ungünstigen Erwartungen geleitet wird.

Zwar könnte die radikale Annahme wiederlegt werden, daß sich Kinder durchwegs so verhalten und entwickeln, wie die Umwelt es von ihnen erwartet (Brophy, 1983), doch gibt es genügend Gründe dafür, als erstes »Spezialthema« aus dem Bereich pädagogischer Handlungsmöglichkeiten die Veränderung von Lehrererwartungen vorzusehen. Dabei werden wir uns im folgenden auf leistungsbezogene Erwartungen beschränken.

a) Selbstdiagnose von Erwartungen. Um Erwartungen zu verändern, muß man sie zuerst kennen. Das erscheint auf den ersten Blick vergleichsweise einfach zu sein. Fragt man einen Lehrer, welche Leistungen er von einem bestimmten Schüler erwartet, so ist er fast immer in der Lage, relativ schnelle und meist auch selbstgewisse Antworten zu geben: »Hoffnungslos schlecht« oder »uneingeschränkt gut« oder »muß sich anstrengen, seinen Stand zu halten« oder »könnte besser sein, wenn er fleißiger wäre« usw.

Die meisten Lehrer orientieren ihr didaktisches Handeln auch an solchen pauschalen Erwartungen. Günstige pädagogische Handlungsspielräume werden dadurch allerdings nicht immer erschlossen. Dazu bedarf es nämlich in der Regel differenzierterer Erwartungen.

Der erste Schritt für deren Aufbau ist die Diagnose der schülerbezogenen Erwartungen durch den Lehrer. Folgende vier Fragen müssen in diesem Zusammenhang gestellt werden:

(1) Wie spezifisch sind die Erwartungen? Erwartungen, daß Schüler gute, schlechte oder mittelmäßige Leistungen erzielen, sind zu pauschal, um das didaktische Handeln des Lehrers steuern zu können. Will man überprüfen, ob Leistungserwartungen spezifisch genug sind, so braucht man in der Klasse lediglich eine Arbeit mit Aufgaben

unterschiedlicher Schwierigkeit schreiben zu lassen. Der Lehrer muß vor der Korrektur für einzelne Schüler Anzahl und Art falscher und guter Lösungen vorhersagen. Jeder kann auf diese Weise sehr schnell feststellen, ob er nicht nur den durchschnittlichen Leistungsstand eines Schülers, sondern auch dessen Leistungsprofil einschätzen kann. Die meisten Lehrer können bei einigen Schülern relativ differenzierte Urteile abgeben, bei anderen dagegen nur sehr pauschale.

(2) Wie realistisch sind die Erwartungen? Mit der Überprüfung der vom Lehrer erwarteten Leistungen durch die von den Schülern erzielten Leistungen erhält man einen genauen Eindruck, wie realistisch und präzise die Leistungsschätzungen eigentlich sind. Erweisen sich die Erwartungen gegenüber einzelnen Schülern als zu niedrig, so muß befürchtet werden, daß er diese Kinder im Unterricht unterfordert; zu hohe Erwartungen führen oft zu Überforderungen auf seiten der Schüler und oft zu späteren Enttäuschungen beim Lehrer.

(3) Wie flexibel sind die Erwartungen? Aus Untersuchungen wissen wir, daß viele Lehrer davon überzeugt sind, Schulleistungen seien das Ergebnis unveränderbarer Fähigkeiten und der schwer beeinflußbaren Bereitschaft, sich beim Lernen anzustrengen. Dem steht das vielfach belegte Forschungsergebnis gegenüber, daß die Leistungen jedes Schülers verbessert werden können, wenn man von seinen individuellen Lernvoraussetzungen ausgeht und effektive Lehrmethoden benutzt. Starre Erwartungen über Leistungsunterschiede zwischen Schülern und gegenüber einem konstanten Leistungsstand einzelner Schüler beeinträchtigen deshalb die engagierte und gezielte pädagogische Förderung dieser Kinder durch ihre Lehrer.
Um die Flexibilität der eigenen Erwartungen zu überprüfen, empfiehlt es sich, Leistungsvorhersagen für zwei Arten von Schülerarbeiten zu machen: Welche Vorhersagen über bestimmte Schülerleistungen machen Sie als Lehrer, wenn Sie Fragen stellen, die im Unterricht kaum vorbereitet worden sind; welche Leistungsvorhersagen machen sie bei Schülerarbeiten nach einer besonders intensiven Vorbereitung im Unterricht? Nur durch solche Vergleiche können Sie erfahren, was durch Ihren Unterricht tatsächlich bewirkt wird und inwieweit Ihre Erwartungen solche Verbesserungsmöglichkeiten der Schülerleistungen berücksichtigen.

(4) Wie wirksam sind Erwartungen? Untersuchungen haben ergeben, daß der einzelne Schüler und seine Klassenkameraden recht gut über

die Leistungserwartungen der Lehrer Bescheid wissen. Sie sind ziemlich genau darüber orientiert, was der Lehrer einem bestimmten Schüler zutraut und was nicht. Solche Informationen entnehmen die Kinder dem Verhalten des Lehrers: Oft spricht er ganz deutlich aus, was er erwartet; in anderen Fällen drückt er es indirekt aus, indem er dem einzelnen Schüler leichtere oder schwerere Aufgaben gibt; oder er gibt seine Erwartungen dadurch zu erkennen, daß er die Leistungen der Schüler bewertet und sich dabei enttäuscht oder erfreut zeigt. Das Wissen der Schüler über das, was der Lehrer von ihnen erwartet, kann je nachdem ermutigend oder entmutigend wirken.

b) Unterscheidung zwischen günstigen und ungünstigen Erwartungen. In den vorausgegangenen Abschnitten wurde gelegentlich von pädagogisch günstigen und ungünstigen Lehrererwartungen gesprochen. Wie aber kann man entscheiden, welche Erwartungen pädagogisch nützlich und welche eventuell schädlich sind? Das Kriterium für diese Entscheidung muß darauf ausgerichtet sein, inwieweit das erwartungsgeleitete Handeln des Lehrers zur Motivierung, Orientierung, Unterstützung und damit zur Förderung der Schüler beiträgt.

Wissenschaftliche Untersuchungsergebnisse und praktische Erfahrungen stimmen darin überein, daß sich pädagogisch günstige Lehrererwartungen durch folgende Merkmale auszeichnen.

- *Realistisches Anspruchsniveau.* Die im Verhalten des Lehrers zum Ausdruck kommenden Erwartungen signalisieren dem Schüler jene Leistungen, die er nach Meinung des Lehrers erreichen sollte. Dementsprechend dürfen die Anforderungen weder zu gering noch zu hoch sein. Erwartungen enthalten dann einen positiv-realistischen Leistungsstandard, wenn sie »dosiert« gerade so weit oberhalb des jeweils erreichten Leistungsniveaus liegen, daß der Schüler den Eindruck gewinnen kann, die gesetzten Ansprüche bei entsprechender Anstrengung auch tatsächlich erreichen zu können. Solche Anspruchsniveausetzungen enthalten starke motivationale Anreize.

- *Günstiges Erklärungsmuster für Erfolg und Mißerfolg.* Sind Erwartungen zugleich realistisch und anspruchsvoll, so weisen sie auch ein günstiges Erklärungsmuster für Erfolge und Mißerfolge auf. Der Schüler erfährt nämlich aus dem Verhalten des Lehrers, daß dieser seine Erfolge auf ausreichende Fähigkeiten und entsprechende Anstrengung zurückführt; Mißerfolge dagegen durch mangelnde Anstrengung trotz ausreichender Fähigkeit erklärt. Um es noch einmal zu betonen: Voraussetzung für diese pädagogisch günstige Art von Erklärungen ist, daß das Anspruchsniveau realistisch gesetzt wurde, d.h. von den jeweiligen individuellen Lernvoraussetzungen abgeleitet ist.

Eine solche »zweckmäßige«, instrumentelle Erklärung von Mißerfolg muß selbstverständlich durch ein günstiges »Klassenklima« ergänzt werden, in dem der Schüler wahrnimmt, daß er wegen Mißerfolg nicht verlacht wird, nicht seinen persönlichen Status und die Anerkennung innerhalb und außerhalb der Klasse verliert, sondern die Erfahrung macht, daß Mitschüler und Lehrer ihm behilflich sind, Mißerfolge zu überwinden.

- *Beachtung individueller Lernfortschritte.* Lehrererwartungen sollten sich stärker auf individuelle Leistungssteigerungen und weniger auf Leistungsvergleiche zwischen verschiedenen Schülern richten. Darauf wird im nächsten Abschnitt ausführlich eingegangen.

- *Unterrichtliche Einflußmöglichkeiten.* Lehrererwartungen sind besonders dann pädagogisch hilfreich, wenn der in ihnen zum Ausdruck kommende Leistungsanspruch durch Einflußmöglichkeiten des Unterrichts von vornherein einbezieht; d.h. es ist wichtig, sowohl die eigenen Möglichkeiten als auch die schulischen Rahmenbedingungen zu berücksichtigen.

c) Methoden zur Veränderung pädagogisch ungünstiger Lehrererwartungen. Mit der Charakterisierung pädagogisch günstiger Lehrererwartungen ergeben sich zugleich Hinweise darauf, welche ungünstigen Erwartungen verändert werden sollten. Um es noch einmal zu wiederholen: Erwartungen sind besonders dann pädagogisch ungünstig, wenn sie
- nicht realistisch sind, d.h. dazu führen, daß Schülern zu wenig oder zu viel zugetraut wird;
- keine Ziele erschließen, die ein Schüler unter gewissen Anstrengungen und mit Hilfe des Lehrers erreichen kann,
- davon ausgehen, daß schlechte Leistungen ausschließlich auf mangelnde Fähigkeiten zurückzuführen sind;
- nicht an der spezifischen Lernfähigkeit und am konkreten Kenntnisstand eines Schülers orientiert sind;
- nicht erlauben, Lernfortschritte sensibel zu registrieren;
- sich nicht auf Leistungen richten, für deren Zustandekommen sich der Lehrer zumindest teilweise mitverantwortlich fühlt.

387

In solchen Fällen erscheint es nützlich, wenn sich Lehrer bemühen, ihre Erwartungen und Einstellungen gezielt zu verändern. Gelingt das, so werden sich automatisch auch die Wahrnehmungen didaktischer Situationen und die pädagogischen Handlungen in erwünschter Weise mitverändern. Für eine solche selbstgesteuerte Veränderung von Erwartungen gibt es einige Regeln, die sich in der Praxis bewährt haben:

(1) Die Aufmerksamkeit auf die eigenen Erwartungen richten. Die Selbstdiagnose von Erwartungen, d.h. der Versuch, sich eigener Erwartungen und ihrer Wirkungen auf andere bewußt zu werden, ist zugleich der erste Schritt zu ihrer Veränderung. Da es immer schwierig ist, sich selbst »in den Kopf« zu schauen, darf man sich am Anfang nicht zu viel vornehmen. Es empfiehlt sich, schrittweise folgendermaßen vorzugehen:

- die eigenen Erwartungen in Form von Vorhersagen der Schülerleistungen bei schriftlichen Arbeiten zum Ausdruck bringen und anschließend anhand der erzielten Ergebnisse überprüfen, wobei Erwartungsvorhersage und Überprüfung der Leistungen nicht für die gesamte Klasse, sondern nur für einzelne Schüler leistbar ist (vgl. den vorhergehenden Abschnitt über Selbstdiagnose).

- Vorhersagen der Schülerleistungen in schriftlichen Arbeiten, bei denen der Schwierigkeitsgrad der Aufgaben absichtlich stark variiert wird;

- Vorhersage der Schülerleistungen bei schriftlichen Arbeiten, deren Inhalt zuvor besonders intensiv im Unterricht behandelt wurde - oder noch besser: im individualisierten Förderunterricht;

- während des mündlichen Unterrichts ein Tonband mitlaufen lassen und anschließend feststellen, wie oft ein bestimmter Schüler aufgerufen wurde, welche Schwierigkeitsgrade die eigenen Fragen hatte, wie die Antworten ausfielen und welche Reaktionen man darauf zeigte. Aufgrund solcher Analysen kann man die dem Handeln zugrunde liegenden Erwartungen relativ zuverlässig erschließen;

- schlechte Leistungen von Schülern zum Anlaß einer gut vorbereiteten individuellen Förderung nehmen und gleichzeitig Vorhersagen über den dadurch erreichbaren Leistungsfortschritt machen; anschließend sollten diese Prognosen anhand der Leistungsergebnisse überprüft werden.

(2) Veränderung ungünstiger Erklärungen von Schulleistungen. Wer glaubt, schlechte Schulleistungen seien ausschließlich die Folge fehlender Fähigkeiten, wird individuelle Leistungsverbesserungen und pädagogische Leistungsförderung praktisch für unmöglich halten. Geht man jedoch von den konkreten Leistungsvoraussetzungen eines Schülers aus, so kann man fehlende Lernfortschritte durch mangelnde Anstrengung des Schülers und/oder ungenügende didaktische Hilfen des Lehrers erklären. Diese Erfahrung muß immer wieder gemacht werden, wenn man den starren Zusammenhang von ungünstigen Leistungserklärungen und schädlichen Leistungserwartungen aufbrechen will. Das ist deshalb so wichtig, weil es Belege dafür gibt, daß es für Schüler außerordentlich motivierend ist, wenn der Lehrer ihnen zutraut, was sie tatsächlich erreichen können, wenn er sie dabei unterstützt und das Erreichen des gesetzten, nicht zu weit gespannten Zieles genügend bekräftigt.

Gerade bei der Veränderung ungünstiger subjektiver (Ursachen-) Erklärungen von Leistungen und Leistungsschwierigkeiten ist es natürlich nicht ausreichend, daß der Lehrer ab und zu einmal die Erfahrung sammelt, daß jeder Schüler Fortschritte macht, wenn er sich anstrengt und pädagogische Hilfen erhält. Es bedarf vielmehr ungezählter täglicher Bemühungen, um die ursprüngliche Erklärung der Leistungsschwierigkeiten durch Fähigkeitsmangel zu verändern, und somit über eine Änderung der eigenen Erwartungen zu einer positiven pädagogischen Gesamthaltung zu gelangen.

Die ursprüngliche Erklärung (Fähigkeitsmangel) kann natürlich beim Vergleich der Leistungen eines Schülers mit denen anderer Schüler in der Klasse durchaus zutreffend sein, sie gilt aber nicht im Hinblick auf die Erklärung der Leistungsfortschritte bei den schwachen Schülern.

(3) Veränderung von Bewertungsmaßstäben bei der Leistungsbeurteilung. Je ausschließlicher soziale Bezugssysteme bei der Leistungsbeurteilung (d.h. Vergleiche zwischen verschiedenen Schülern und mit dem Klassendurchschnitt) vorherrschen, desto eher neigen Lehrer dazu, Leistungsunterschiede vorwiegend durch Fähigkeitsunter-

389

schiede zu erklären, und desto fester ist ihre Erwartung, daß schlechte Schüler sich nicht wesentlich verbessern können. Es hat sich deshalb als günstig erwiesen, Trainingsprograme durchzuführen, um Lehrer mit der Verwendung eines individuellen Bezugssystems (Vergleich der jetzigen mit den vorhergehenden Leistungen eines einzelnen Schülers) vertraut zu machen (vgl. Rheinberg, Krug, Lübbermann & Landscheid, 1980). Eine praktische Realisierungsmöglichkeit im Klassenzimmer ist »Das rote Punkt«-System, das im Kapitel D 2 beschrieben wird.

(4) Auf erwartungswidrige Ergebnisse achten. Alle Lehrer erleben während des Schulalltags vielfältige Überraschungen, sei es, daß Schüler bessere oder schlechtere Leistungen erzielen als sie vermuteten. Die Beobachtung solcher erwartungswidrigen Leistungen bietet eine gute Chance, eigene ungenaue Erwartungen zu korrigieren. Leider geschieht das nicht sehr oft, weil sich die meisten Lehrer erwartungswidrige Leistungen so erklären, daß ihre ursprünglichen Erwartungen nicht verändert werden müssen, sondern daß »Glück«, »Pech«, »Zufall« usw. im Spiel sind. Durch solche Erklärungen werden vor allem schwächere Schüler entmutigt, denn kleine Leistungsfortschritte werden ihnen selten als Ergebnisse verbesserter Kenntnisse oder gesteigerter Anstrengungen zugeschrieben. Da es sich bei der Erklärung erwartungswidriger Leistungen um einen eingeschliffenen Mechanismus handelt, muß man versuchen, diesen zu unterbrechen.

(5) Erwartungsgeleitetes eigenes Verhalten kontrollieren. Zwar beeinflussen schülerbezogene Erwartungen und Einstellungen das Verhalten des Lehrers, doch darf man nicht annehmen, daß Erwartungsänderungen in jedem Fall und automatisch auch zu den gewünschten Veränderungen des pädagogischen Handelns führen. Gewohnheiten und routinisierte Verhaltensabläufe erweisen sich oft als besonders resistent gegenüber »kognitiven« Veränderungsbemühungen. Es ist deshalb zweckmäßig und manchmal auch notwendig, Versuche zur Veränderung von Erwartungen durch systematische Kontrollen des eigenen Verhaltens zu unterstützen. Das gilt besonders dann, wenn ein Lehrer verschiedene Schüler über längere Zeitspannen hinweg zugleich behandelt und wenn nach seinem eigenen Eindruck damit Diskriminierungen einzelner Kinder verbunden sind.

Da das Bewußtmachen solcher Verhaltenseinseitigkeiten und das

Bemühen um Erwartungsänderungen meist nicht ausreichen, um ein Verhalten zu verändern, braucht der Lehrer Hinweise zur Selbstkontrolle. Mit Hilfe dieser Techniken soll seine Aufmerksamkeit während des Unterrichtens immer wieder auf die Interaktionen mit dem Schüler gelenkt werden, ohne dadurch den Fortgang des Unterrichts zu gefährden oder die Lernziele zu beeinträchtigen. Damit dies gelingen kann, müssen die Selbstkontroll-Techniken zwei Anforderungen erfüllen:
- sie müssen sehr einfach sein;
- der Einsatz darf kaum Aufwand erfordern.

Bei komplizierten Selbstkontroll-Verfahren wird der Lehrer zu stark beim Unterrichten behindert; aufwendige Techniken werden in der Anspannung des Unterrichts nicht eingesetzt, weil sich der Lehrer kräftemäßig überfordert fühlt. Im folgenden werden zwei einfache Kontrolltechniken beschrieben.

»*Münzendrehen*«. Mit der Technik »Münzendrehen« soll vermieden werden, daß der Lehrer im Unterricht Schüler einseitig wahrnimmt und/oder sie entgegen seiner Absicht einseitig behandelt. Zuerst wählt der Lehrer, z.b. aufgrund von Beobachtungen oder Gesprächen, einen Bereich aus, in dem er einseitig wahrnimmt oder sich einseitig verhält, z.b. wenn er
- bei der Erarbeitung von Unterrichtsinhalten gute und rege Schüler bevorzugt;
- bei Unterrichtsstörungen übersensibel auf einzelne Schüler oder Gruppen von Schülern reagiert;
- eine bestimmte Seite in seinem Klassenzimmer bevorzugt aufruft; nach einer Untersuchung von Wiesenhütter (1961) scheint dies in der Regel die rechte Seite zu sein.
Ist der Bereich ausgewählt, so muß der Lehrer festlegen, wie er sich künftig verhalten will, d.h. eine Zielbestimmung vornehmen.

Ziele im Bereich des Aufrufens könnten sein, Jungen und Mädchen, vorne und hinten sitzende Schüler, die linke wie die rechte Seite, gute und schlechte Schüler, auffällige und unauffällige Schüler gleichermaßen am Unterricht zu beteiligen. Im Bereich der Unterrichtsstörungen könnten Ziele lauten: Bei Unruhe in der Klasse nicht immer die gleichen Schüler ansprechen; bei Störungen, die nur von einer bestimmten Gruppe auszugehen scheinen, auch auf andere Gruppen achten, usw.

Ist das Ziel bestimmt, so nimmt der Lehrer eine Münze, z.B. ein 10-Pfennig-Stück oder irgendeinen anderen Gegenstand (Radiergummme, Schlüssel, Plakette u.ä.), der gedreht und beschriftet werden kann. Die Münze wird auf beiden Seiten mit Papier beklebt, damit auf der einen Seite z.b.»L«, auf der anderen»R« (L = linke Seite, R = rechte Seite) u.ä. markiert werden kann. Im Unterricht nimmt der Lehrer die Münze in die linke Hand und dreht sie immer dann, wenn er einen Schüler aufgerufen hat: Er beginnt z.b. mit»R«, dreht die Münze und ruft»L« auf und macht dies immer abwechselnd; so wird sichergestellt, daß er gleich viele Schüler der linken und der rechten Seite, oder gleich viele Jungen und Mädchen, leistungsgute und leistungsschwache Schüler usw. aufruft. Bei Unterrichtsstörungen kann der Lehrer ähnlich vorgehen und dadurch vermeiden, daß Schüler, zu denen er ohnehin eine belastete Beziehung hat, mehr als andere Schüler ermahnt oder bestraft werden.

Die Wirkungsweise dieses Verfahrens ist sehr effektiv: Die unauffällig in der Hand gehaltene Münze erinnert den Lehrer beim Umschauen im Klassenzimmer, beim Ermahnen oder beim Ansprechen von Schülern daran, daß er abwechseln will. Das bedeutet, daß er auffällige Schülerverhaltensweisen übergehen und nach solchen Schülern schauen muß, die sonst weniger in den Vordergrund der Störungen oder der Leistungen treten. Wahrnehmung und Verhalten des Lehrers werden also durch die Münze kontrolliert; sie erinnert ihn praktisch an bestimmte beabsichtigte Verhaltensweisen.

Lehrer, die mit dem»Münzendrehen« bekannt gemacht wurden, wenden häufig ein, daß sie sich außerordentlich kindisch oder komisch vorkämen, eine solche Münze oder einen anderen Gegenstand in der Hand zu halten. Es genüge doch schon, sich die Verhaltenseinseitigkeiten bewußt zu machen. Andere Lehrer befürchten, die Münze in der Hand sei hinderlich und beeinträchtige beim Unterrichten. Dritte meinen, man könne doch nicht in jeder Stunde zu drehen anfangen. Eine vierte Gruppe hat Angst davor, daß Schüler entdecken, daß der Lehrer»irgend etwas Komisches mit seiner linken Hand macht« und ihn darauf ansprechen.

Diese Einwände sind als Bedenken aufzufassen, die fast jeder Lehrer in dieser oder ähnlicher Form hat, bevor er das»Münzendrehen« zum erstenmal ausprobiert hat. Die Einwände können nur durch konkrete, positive Erfahrungen ausgeräumt werden. Lehrer, die das

»Münzendrehen« tatsächlich ausprobiert haben, berichten von erstaunlichen Erfahrungen:
- Die Münze behindere im allgemeinen nicht und sei dann nicht lästig, wenn man maximal pro Tag in einer ausgewählten Stunde damit arbeite.
- Daß man sich albern vorkommt, legt sich rasch, vor allem dann, wenn man merkt, welche und wie viele Schülerverhaltensweisen bisher übersehen oder einseitig wahrgenommen worden sind.

So bemerkte eine Lehrerin durch das »Münzendrehen«, daß ein von ihr bisher als mitarbeitsschwach angesehener Schüler in einer sechsten Hauptschulklasse recht häufig »den Arm oben« hatte, allerdings oftmals dann, wenn auch viele andere Kinder sich meldeten. Als sie ihn dann vermehrt aufzurufen begann, stellte sie erstaunt fest, daß er recht brauchbare Beiträge lieferte. Allein durch das häufigere Aufrufen besserte sich die Lehrer-Schüler-Beziehung erheblich und wird mittlerweile von beiden Seiten als sehr positiv empfunden, während die Lehrerin den Schüler zuvor eher ablehnte.

- Die Lehrer berichten übereinstimmend, sie würden im Beachten und Behandeln der Schüler aufmerksamer sein, d.h. viele Verhaltensweisen, die sie bisher übersehen hätten, deutlicher wahrnehmen und dadurch manche bisher auffälligen Verhaltensweisen als nicht mehr so gravierend bewerten.
- Auf der anderen Seite wird ebenfalls übereinstimmend festgestellt, daß es nicht immer möglich ist abzuwechseln, insbesondere nicht bei schwierigen Stellen im Erarbeitungsgespräch sowie bei bestimmten Störungen des Unterrichtsverlaufs. Diese zweite Erfahrung steht nicht im Widerspruch zum Sinn des »Münzendrehens«, weil ein Zweck schon erreicht ist, wenn der Lehrer prüft, ob er im Moment einseitig wahrnimmt. Das entsprechende pädagogische Handeln kann in begründeten Fällen auch entfallen. Eine weitere Übereinstimmung bei den Erfahrungsberichten bezieht sich auf die Zeit vor dem Handeln. Diese wird durch das »Münzendrehen« länger, weil der Lehrer ja nicht mehr spontan - und damit oft einseitig - reagiert, sondern sich selbst zwingt, im Klassenzimmer nach Schülern zu schauen, die er z.b. noch nicht aufgerufen hat, die gerade unruhig sind usw. Der Lehrer erlebt sich dabei als bewußter beim Unterrichten und hat den Eindruck, daß er negative Gefühle besser kontrollieren kann.
Der »Verhaltenszähler«. Damit soll erreicht werden, daß der Lehrer

bestimmte ungünstige Verhaltensweisen weniger häufig bzw. daß er günstige Verhaltenweisen häufiger zeigt. Zuerst wählt der Lehrer aufgrund von Beobachtungen oder Gesprächen eine Verhaltensweise aus, die er weniger häufig zeigen will, z.b. Schüler ironisch herabsetzen, ermahnen, anschreien, bestrafen, ignorieren usw.; oder eine Verhaltensweise, die er häufiger zeigen will, z.b. Schülern Rückmeldung geben, freundlich um etwas bitten, loben usw. Ist die Verhaltensweise bestimmt, so besorgt sich der Lehrer ein Gerät zum Zählen. Am günstigsten, wenn auch nicht am billigsten, ist ein kleines Zählgerät, wie es z.b. an Tonband- oder Kassettengeräten zu finden ist, das von einigen Firmen auch einzeln als reiner Zähler angeboten wird. Durch Drücken einer Taste geht das Zählwerk dabei jedes Mal um eine Zahl weiter. Solche Zähler passen gut in die Hand, sind allerdings so groß, daß sie auf jeden Fall von den Schülern bemerkt werde. Gegenüber einem Selbstkontrollbogen hat der Verhaltenszähler den Vorteil, daß er ständig in der linken Hand gehalten werden kann, so daß das lästige Notieren entfällt.

Will der Lehrer mit dieser Technik beginnen, so muß er zunächst die Schüler darüber informieren, daß er sich in einer bestimmten Verhaltensweise ändern möchte. Er erklärt die Wirkungsweise des Zählers und gibt ihn gegebenenfalls auch den Schülern in die Hand zum Ausprobieren, so daß das folgende Geschehen für alle voll durchsichtig ist; damit kann die Ablenkung während des Unterrichts gering gehalten werden.

Die Wirksamkeit des »Verhaltenszählers« hängt damit zusammen, daß der Lehrer gespannt ist, wie oft er ein positives Verhalten erreicht bzw. wie oft er noch das negative Verhalten zeigt. Dies wirkt als außerordentlich starke Verhaltenskontrolle und spornt ihn an. Besonders günstig ist, wenn aufgrund einer vorangegangenen Beobachtungsphase ein Zahlenwert vorliegt, an dem man messen kann, ob schon ein Fortschritt erreicht wurde. Die ständig auf dem Zähler sichtbare momentane Zahl zeigt dem Lehrer, z.B. nach der Hälfte der Stunde, daß er noch einiges tun muß oder daß er das Ziel schon erreicht hat, und beeinflußt somit auch das aktuelle Verhalten.

Aus der Sicht des Lehrers bewirkt der Verhaltenszähler, daß er vor dem Aussprechen einer Aufforderung oder Ermahnung bewußt entscheidet, ob diese notwendig ist. Dadurch wird - wie auch beim »Münzendrehen« - die Zeit vor dem Handeln etwas länger, wodurch impulsive Eingriffe verringert werden. Gegen den »Verhaltenszähler« werden spontan ähnliche Einwände wie gegen das »Münzendrehen« genannt, wobei hinzukommt, daß der Verhaltenszähler teurer, schwieriger zu beschaffen und auffälliger in der Handhabung ist. Für Lehrer mit einer besonders hohen Veränderungsmotivation kann diese Technik trotzdem empfohlen werden, weil sie sehr wirksam ist, d.h. zu raschen Verbesserungen der Lehrer-Schüler-Beziehungen führt, da der Lehrer sichtbar zeigt, was er zur Lösung des Konflikts beitragen will. Das kann auch die Schüler zu entsprechenden Verhaltensänderungen motivieren.

1.2 Möglichkeiten zu einer verbesserten Selbstkontrolle des Lehrerverhaltens

Lehrer erwerben in der eigenen Schulzeit durch Beobachtung, im Studium durch Lehrversuche und im Schuldienst durch ihre positiven und negativen Erfahrungen eine große Auswahl von Handlungsmöglichkeiten. Demzufolge könnte man vermuten, daß sie beim Unterrichten - je nach Beschaffenheit der Situation - unter diesen Möglichkeiten entsprechend auswählen, die Handlungsalternativen situationsspezifisch abwandeln oder auf ganz neue Weise, so wie es eben die Situation erfordert, miteinander kombinieren. Allerdings zeigen empirische Untersuchungen im Klassenzimmer, bei denen das rasche Reagieren von Lehrern auf auffällige Unterrichtsstörungen und Schülerleistungen beobachtet wird, daß die Prozesse der Handlungsauswahl nicht so selbstverständlich ablaufen, wie vermutet werden kann.

Befragt man Lehrer unmittelbar nach der beobachteten Stunde zu einer Situation, an die sie sich noch gut erinnern, so ergibt sich häufig folgendes Bild: Der Lehrer kann sehr detailliert schildern, was ihm bei der Wahrnehmung der Situation durch den Kopf ging. Dagegen sind die Berichte über die Auswahl der Handlungsmöglichkeiten sehr kurz. In vielen Fällen berichten die befragten Lehrer, daß sie keine Alternativen überlegt hätten, sondern es für sie »klar« gewesen sei, daß sie in dieser einen Weise reagieren mußten. Wiederholte Unterrichtsbeobachtungen bei jedem der Lehrer erbrachten eine hohe Stabilität und Vorhersagbarkeit der Reaktionen auf bestimmte Reizbedingungen, d.h. zwischen der auslösenden Situation und der Handlung konnten »eingefahrene« Reaktionsmuster gefunden werden. Das gilt besonders für sozial gespannte und den Lehrer emotional betreffende Unterrichtsepisoden.

Nur bei einem sehr kleinen Teil der Situationen berichteten Lehrer vom Abwägen zwischen zwei und mehreren Alternativen; in seltenen Fällen kam es auch vor, daß das Schülerverhalten auf eine bisher noch nicht gezeigte Weise beantwortet wurde, die sich für den Lehrer spontan aus der Situation ergab.

a) Techniken zur Unterbrechung (ungünstiger) eingeschliffener Situations-Reaktionsketten. Situations-Reaktions-Ketten haben sich im Laufe der Zeit herausgebildet und sind Teile der jeweils charakteristischen Berufsroutine des Lehrers geworden. In der raschen Abfolge der unterrichtlichen Tätigkeiten behält der Lehrer dadurch seine Handlungssicherheit, daß er auf wiederkehrende Situationen in ähnlicher bzw. gewohnter Weise reagiert. Sein Verhalten gleicht dem eines aufmerksamen Autofahrers, der die Verkehrslage sorgfältig abschätzt, bei gefährlichen oder günstigen Situationen aber blitzschnell weiß, was zu tun ist und nicht lange überlegen muß. Die unentbehrliche Berufsroutine bringt auf der anderen Seite die Gefahr mit sich, daß bestimmte Arten von Situationen in immer gleicher Weise mit ungünstigen, unwirksamen oder gar den Unterrichtszielen entgegenwirkenden Reaktionen beantwortet werden.

Wenn ein Lehrer durch Selbst- oder Fremdbeobachtungen bestimmte feste Reaktionsmuster bei sich entdeckt, so genügt es nicht, daß er »einsieht«, was er »falsch« gemacht hat. Die Wahrscheinlichkeit ist groß, daß er in der nächsten Situation in gleicher Weise reagiert, weil die Wahrnehmung der Situation mit der Handlung ohne bewußte Zwischenstation verbunden ist und er erst nach dem Handeln erkennt, daß er wieder entgegen seinem Vorsatz oder seiner pädagogischen Absicht gehandelt hat. Eine Unterbrechung der Situations-Reaktions-Kette gelingt nur dann, wenn eine bewußte »Station« zwischen Wahrnehmung der Situation und Handlung eingeschoben wird. Im folgenden werden einige Möglichkeiten dargestellt, die sich bewährt haben, um typische, ungünstige Reaktionsmuster zu unterbrechen.

(1) Das »innere« Sprechen von Stop-Befehlen. Sobald der Lehrer die kritische Situation wahrnimmt, versucht er, sich einen »Stop-Befehl« zu geben, um die entdeckte ungünstige Verhaltensweise nicht zu zeigen, d.h. er sagt z.B. zu sich: »Jetzt nicht ermahnen!«, »Jetzt nicht schreien!«, »Jetzt nicht unpünktlich sein!«»Jetzt nicht drauflos re-

den!« usw. Damit die Stop-Befehle in der konkreten Situation auch verfügbar sind, müssen sie immer wieder eingeübt werden. Besonders in freiwilligen Lehrergruppen lassen sich diese kritischen Situationen leicht simulieren und die Stop-Befehle mit Alternativreaktionen einüben.

Ein Physiklehrer hat die Schwierigkeit, Fragen so zu stellen, daß seine Schüler diese gleich verstehen. Er neigt deshalb stark dazu, eine Frage umzuformulieren, wenn nicht unmittelbar nach der Frage gleich »Meldungen kommen«. Er wird unsicher und stellt eine Frage nach der anderen. Die Schüler, die vielleicht nur etwas Zeit zum Überlegen bei der ersten Frage gebraucht hätten, wissen nicht, auf welche Frage sie antworten sollen. Bei dem Lehrer wird der Stop-Befehl »Jetzt nichts mehr sagen!« in direktem Anschluß an die jeweils erste gestellte Frage eingeübt. Solange der Lehrer seine Unsicherheit unter Kontrolle hat, helfen ihm diese Stop-Befehle tatsächlich: Die Schüler können oft schon auf die erste Frage etwas sagen, auch wenn diese nicht sehr günstig gestellt ist. Sobald der Lehrer aber unsicher ist, neigt er wieder zum bisherigen Verhalten.

An diesem Beispiel wird deutlich, daß ein Stop-Befehl nur der erste Schritt in einer Verhaltensänderung ist, da der erwähnte Lehrer z.b. darüber hinaus lernen muß, klarere Fragen zu stellen, um nicht stets auf neue Verständnisschwierigkeiten bei seinen Schülern zu stoßen.

(2) Das »äußere« Sprechen von Stop-Befehlen. Sobald die kritische Situation auftaucht, versucht der Lehrer diese zu verbalisieren. Als besonders günstig hat sich erwiesen, wenn der Lehrer den Schülern gleich mitteilt, was er jetzt nicht tun will, also seinen Stop-Befehl laut ausspricht.

Eine Lehrerin erteilt fachfremd Geographieunterricht. Sie fühlt sich dabei sehr unsicher. Wenn sie von Schülern etwas gefragt wird und nicht genau Bescheid weiß, neigt sie dazu, sehr weit auszuholen und lange Monologe zu halten, ohne auf die Frage näher einzugehen. Von den Schülern wird ihr Unterricht deshalb als »langweilig« und sie selbst als »etwas überheblich« eingeschätzt. Bei dieser Lehrerin wird eingeübt, auf Schülerfragen zunächst eine eigene Situationswahrnehmung zu verbalisieren: Fühlt sie sich überfragt oder weiß sie keine Antwort, so soll sie das laut äußern, z.b. in der Form: »Hier fühle ich mich überfragt« oder »Hier weiß ich leider nicht Bescheid.«

Zusätzlich soll sie den Stop-Befehl auch laut aussprechen, z.B.: »Deshalb möchte ich mich hierüber nicht lange auslassen.« Nachdem sich die Lehrerin hierzu zum ersten Mal durchgerungen hatte, was erst nach einigen Tagen der Fall war, half ihr das Verbalisieren von Situationswahrnehmungen und Stop-Befehl sehr. Sie kann ihre Monologe einschränken, die Fragen zurückstellen und diese später (nach Vorbereitung) selbst oder (nach Auftragsprinzip) durch Schüler klären.

Vermutlich war dieses Verhalten der Lehrerin erfolgreich, weil die Schüler merkten, daß die Lehrerin bemüht war, die auftretenden Fragen zu klären und sich zunehmend besser in den Stoff einzuarbeiten. Ein ständiges »Da weiß ich nicht Bescheid«, ohne daß die Fragen geklärt sind oder der Unterricht gut vorbereitet ist, führt dagegen eher zu ungünstigen Auswirkungen.

(3) Eingeschobene Handlungen als Stop-Befehle. Sobald die kritische Situation auftaucht, versucht der Lehrer, bewußt eine vorgeplante Handlung einzuschieben, um zu verhindern, daß er die übliche Reaktion zeigt.

In einem Fall ging der Lehrer immer dann zum Pult und notierte einen Strich, wenn er spürte, daß Ärger in ihm aufkam. Das ermöglichte es ihm oft, danach ruhig zu reagieren, anstatt zu ermahnen oder zu strafen.

Eine Lehrerin des 5. Hauptschuljahres neigte dazu, Schüler immer dann an den Haaren zu zupfen oder am Ohr zu ziehen, wenn diese eine Arbeitsanweisung oder eine Aufforderung verweigerten. Ihr wurde vorgeschlagen, sich in den kritischen Situationen rasch vom Schüler wegzudrehen und sich einige Schritte zu entfernen. Dadurch wurde es ihr möglich, ihr ungünstiges Verhalten weniger häufig als vorher zu zeigen.

Sehr originell fanden wir die »eingeschobene« Handlung eines Vaters, die er in einem Elterntraining berichtete: Immer dann, wenn sein Sohn ihn in Wut brachte und er dazu neigte, ihn zu schlagen, ging er ins Schlafzimmer, öffnete den Schrank und betrachtete ein Bild, das er sich dort aufgehängt hatte, auf dem ein Kind abgebildet war, das eine Ohrfeige erhielt. Das half dem Vater offenbar, selbst nicht in gleicher Weise zu reagieren.

Zwar ist es für Lehrer nicht möglich, das Klassenzimmer zu verlassen und in einen anderen Raum zu gehen, aber das Beispiel kann zeigen, daß beliebige Formen »eingeschobener« Handlungen denkbar sind und auch wirksam sein können.

b) Möglichkeiten und Grenzen der Selbstkontrolle des Verhaltens in emotional belasteten Situationen. In Unterrichtssituationen, die durch starke emotionale Erregung des Lehrers gekennzeichnet sind, wird es schwerfallen, einen automatisierten Handlungsablauf zu unterbrechen, d.h. die bisher genannten drei Formen von Stop-Befehlen werden nicht ausreichen, um die Handlung zu »stoppen«. In solchen Situationen können Wut und Ärger des Lehrers, z.B. wegen ständiger Störungen eines bestimmten Schülers, so stark werden, daß er im Affekt Maßnahmen ergreift, die die Lehrer-Schüler-Beziehung belasten und den Konflikt unter Umtänden noch verschärfen können. Andere wichtige Gefühle sind Resignation und Hilflosigkeit auf seiten des Lehrers, die dazu führen, daß er notwendige pädagogische Bemühungen aufgibt, z.b. nicht mehr eingreift, nicht handelt, und auf diese Weise den Konflikt eher stabilisiert.

Hat jedoch ein Lehrer allein oder in einer Trainingsgruppe ein Verfahren zur Entspannung gelernt, so besitzt er die grundsätzliche Möglichkeit, diese auch für sein Verhalten im Unterricht nutzbar zu machen.

Gefühle sollten nach Möglichkeit dann kontrolliert werden, wenn sich erweist, daß der Lehrer bei aufkommenden Ärgergefühlen solche Verhaltensweisen zeigt, die die Lehrer-Schüler-Interaktion zusätzlich belasten. Besonders deutlich wird dieser Sachverhalt, wenn der Lehrer über konstruktive Verhaltensweisen oder Einsichten in Konfliktsituationen verfügt, in der Situation selbst aber »kurzschlußartig« reagiert.

Im 6. Schuljahr einer Hauptschule kommt im Fach Textiles Werken die Fachlehrerin mit Nicole nicht zurecht. Nicole befolgt die Anweisungen der Lehrerin erst nach mehrmaliger Aufforderung und dann recht ungenau, verhält sich sehr laut und ist häufig in Auseinandersetzungen mit ihren Mitschülerinnen verwickelt. Dabei fallen Schimpfworte, und es kommt auch zu kleineren Tätlichkeiten. Die Fachlehrerin weiß, daß Nicoles Eltern sehr streng sind und ihre Tochter bestrafen, sobald sie erfahren, daß diese in der Schule nega-

tiv aufgefallen ist. Von daher neigt die Lehrerin dazu, der Schülerin anzudrohen, sie würde einen Brief an die Eltern schreiben, falls Nicole nicht sofort....usw. Dies ist schon mehrmals geschehen, wodurch sich aber das schulische Verhalten von Nicole nicht besserte, sondern sich lediglich die Beziehung zwischen der Lehrerin und der Schülerin verschlechterte.
Auf der anderen Seite weiß die Fachlehrerin, daß Nicole auf freundliches, konsequentes Bitten hin positiv reagiert. Gerade das fällt ihr aber bei Nicole schwer, weil schon zahlreiche Konflikte vorausgegangen sind. Gehen Störungen von dem Mädchen aus oder kommt es zu aggressiven Handlungen, wird die Lehrerin rasch wütend und droht an, die Eltern zu informieren. Bei anderen Schülerinnen, die selten an Störungen beteiligt sind, bringt sie es dagegen fertig, wiederholt freundlich um Einhaltung der vereinbarten Regeln zu bitten. Die Lehrerin hat deshalb den Wunsch, den eigenen Ärger zu kontrollieren, unter anderem auch deshalb, weil sie es für falsch hält, sich schriftlich an Nicoles Eltern zu wenden oder auch nur damit zu drohen.

In diesem Beispiel könnte die Lehrerin ihr Problem dadurch zu lösen versuchen, daß sie mit Nicole ein Konfliktgespräch führt, wobei sie zu beschreiben hätte, welche Gefühle das Verhalten von Nicole in ihr auslöst, wie der Ärger schließlich so groß wird, daß es zur Androhung des Briefes an die Eltern kommt und wie unzufrieden die Lehrerin mit ihrem eigenen Verhalten ist. Durch Techniken ermunternden Zuhörens könnte sie Nicole eventuell dazu bringen, die eigene Sichtweise zu beschreiben, und unter Umständen können für den künftigen Unterricht bereits Vereinbarungen zur Änderung der belastenden Situationen getroffen werden.

Die Fachlehrerin versuchte dies tatsächlich und berichtete anschließend, daß ein sehr gutes und von beiden Seiten offen geführtes Gespräch zustande kam. Zwar wurde kein fester Vertrag geschlossen und auch keine Verhaltensmodifikation mit der Schülerin vereinbart, aber die Lehrerin bekundete die feste Absicht, statt permanent zu drohen, die Schülerin um angemessenes Verhalten im Unterricht zu bitten, und Nicole wollte diesen Bitten rascher nachkommen. Diese Absprache machte Nicole nicht zu einer »braven« Schülerin. Ihre Verhaltensweisen sind aber nicht mehr so auffällig, und der Lehrerin gelingt es häufiger, Nicole freundlich zu bitten oder aufzufordern, etwas zu tun oder zu unterlassen.

Es ist nützlich, sich mit Entspannungstechniken zu beruhigen, wenn Ärgergefühle zu Handlungen verleiten können, die man eigentlich lieber vermeiden möchte. Die Mitteilung von Gefühlen ist dagegen angezeigt, wenn die Beziehung zwischen Lehrern und Schülern geklärt werden soll. Diese beiden Aspekte stehen keineswegs im Widerspruch zueinander, sondern können sich sinnvoll ergänzen. So kann es einem Lehrer gelingen, den Schülern seinen Ärger mitzuteilen, wenn er sich mit Entspannungstechniken so weit beruhigt hat, daß er statt zu schreien »Ich-Botschaften« formulieren kann. Ist der Lehrer dagegen von Ärgergefühlen »überflutet«, fällt es ihm schwer, dem Schüler seine Gefühle mitzuteilen und eine Thematisierung des Konflikts zu beginnen, weil er es gewohnt ist, im Ärger zu drohen und zu strafen. Wie kann man es sich erklären, derartige Gewohnheiten (wie im Ärger zu schreien, zu drohen, zu strafen usw.) auch dann zu zeigen, wenn man sie gerne vermeiden möchte?

Offenbar werden die gedanklichen Prozesse bei der Situationswahrnehmung und der Handlungsauswahl dadurch verkürzt, daß man eine Situation bereits häufig erlebt, beurteilt und in ihr gehandelt hat. Es ist jetzt nicht mehr notwendig, alles von Grund auf neu durchzudenken, sondern man kann sich an den Ergebnissen seines vorangegangenen Handelns orientieren. So kommt es, daß am Ende dieses Lernprozesses eine blitzschnell getroffene Einschätzung der Situation steht, die mit einer bestimmten Handlung verbunden wird. Daraus ergibt sich der Vorteil, spontan und impulsiv, also rasch, reagieren zu können. Die Prozesse der Situationswahrnehmung und Handlungsauswahl werden von Gefühlen begleitet, die bei den blitzartigen Abläufen auch »automatisiert« auftreten, d.h. zunächst der bewußten Kontrolle entzogen sind. Weil die innerlichen Abläufe zeitlich zu eng zusammengezogen werden, ist das subjektive Erleben der Vorgänge in der Regel verkürzt auf

- das gleichzeitige »Sehen« eines Verhaltens und dessen »Bewerten«, z.B. auch »aggressiv« oder »provokativ«, wobei einem nicht bewußt ist, daß das Gesehene auch ganz anders interpretiert werden könnte;

- langsam oder auch schnell aufsteigenden Ärger, der mit dem ersten Bemerken des Verhaltens spürbar wird und die Wahrnehmung und Bewertung der Situation stark beeinflußt;

- das spontane Ausführen einer Reaktion, wobei alternative Handlungsmöglichkeiten nicht mehr in Betracht gezogen werden. Die Reaktion kann dabei so schnell erfolgen, daß man etwas sagt oder tut, was man eigentlich gar nicht beabsichtigt.

Eine Änderung solcher Verhaltensweisen ist nur möglich, wenn man lernt, die eigenen Gefühle bewußt wahrzunehmen und diese subjektiven Anteile bei der Situationseinschätzung mit zu berücksichtigen. Dabei sollen die Gefühle keineswegs zum Verschwinden gebracht werden. Es geht lediglich um eine Verringerung ihrer Intensität, da z.b. sehr intensiv empfundener Ärger konstruktives Lehrerverhalten verhindert.

Gefühle sind eng mit körperlichen Reaktionen verbunden. Wir fühlen die »Wut im Bauch«, es treibt uns die Zornesröte ins Gesicht, die Muskeln spannen sich an, das Herz schlägt schneller; bei Angst oder Streß kann es uns den Hals zuschnüren, die Sprache verschlagen, den Appetit nehmen usw. Werden diese körperlichen Veränderungen wahrgenommen, z.b. der schnellere Herzschlag, die unangenehme Empfindung in der Magengegend, vermehrtes Schwitzen, kann es zu einem sich wechselseitig »hochschaukelnden« Kreisprozeß kommen: Das Bemerken der körperlichen Anzeichen auf die Belastungssituation verstärkt z.b. das Ärgergefühl; dies verursacht eine weitere Steigerung der körperlichen Reaktionen, z.b. noch stärkere Anspannung, noch heftigeres Herzklopfen, so daß sich leicht eine »Kettenreaktion« ausbilden kann.

Ziel der Selbstkontrolle muß es sein, diesen negativen Automatismen eine positive Reaktion entgegenzusetzen: Gelingt es, z.b. durch Entspannung, die körperlichen Vorgänge zu normalisieren, so wird die Beruhigung der Atmung und des Herzschlags auch zu einer psychisch-geistigen Entspannung und zu größerer Ausgeglichenheit führen. Durch die Erfahrung, sich in einer schwierigen Situation kontrollieren zu können, gewinnt man neue Sicherheit, kann die Situation besser wahrnehmen und hat mehr Mut, eine Handlungsmöglichkeit auszuprobieren. Viele psychologische Methoden und psychotherapeutische Verfahren haben deshalb Entspannungstechniken als einen wichtigen Baustein in ihr Behandlungskonzept aufgenommen. Entspannung kann zu größerer körperlicher Ruhe und psychischer Ausgeglichenheit führen; sie kann helfen, Hektik und Belastung abzubauen. Psychische Ausgeglichenheit und innere Ruhe unterstützen wiederum Bemühungen um eine verbesserte Konzentration und Arbeitsfähigkeit und motivieren zur aktiven Gestaltung der persönlichen Situation und zur Lösung aktueller Probleme.

Entspannung kann auch eine wichtige Voraussetzung für die Wiedergewinnung von mehr oder verbesserter Selbstkontrolle sein. Sie wird häufig therapeutisch bei der Behandlung von Ängsten, Verkrampfungen, Einschlafstörungen usw. eingesetzt. Für die Bewältigung schwerer persönlicher Krisen und von Konflikten im zwischenmenschlichen Bereich ist ein solches Entspannungstraining aber nicht ausreichend. Hier sind andere Hilfen zur Problemlösung zusätzlich erforderlich.

Für unsere Fragestellung bedeutet dies, daß eine belastende Unterrichtssituation (z.b. ein Lehrer-Schüler-Konflikt) durch Entspannung allein nicht gelöst werden kann. Vielmehr muß der Konflikt mit Hilfe »diagnostischer Fertigkeiten« analysiert und eine passende Handlungsmöglichkeit erprobt werden, z.b. ein Konfliktgespräch, die kooperative Verhaltensmodifikation, Begrenzen und Bekräftigen, Stärkung des Durchsetzungsvermögens usw. Wer sich allein auf die Entspannungstechnik verläßt und hofft, daß sich ein Konflikt dadurch löst, wird oft die Erfahrung machen, daß das Problem weiterhin besteht oder sich sogar noch verstärkt. Der Einsatz von Entspannungsverfahren ist deshalb selten bereits die optimale Lösung des Problems; er schafft aber die Voraussetzung für eine angemessene Wahrnehmung des Konflikts und für wirksame pädagogische Handlungsformen als Alternativen zu den bisherigen Verhaltensautomatismen.

Schrittweiser Erwerb von Entspannungsfertigkeiten. Für den Lehrer ist es wichtig, sich während des Unterrichts in schwierigen Situationen zu entspannen. Dies setzt zunächst voraus, daß die Fähigkeit zum Entspannen zuvor in zahlreichen längeren Übungsphasen erworben wurde. Ein brauchbares Programm dafür (vgl. Schlottke & Wahl, 1983) beginnt mit einer Übungsdauer von 30 Minuten. Auf einer Tonkassette befindet sich eine übungsgerecht gesprochene Entspannungsinstruktion.

Die Entspannungsanweisung hat folgende Schwerpunkte: (1) Entspannung der Muskeln durch gezieltes Anspannen, Entspannen und Achten auf die spürbaren Unterschiede; (2) ruhiges Atmen, (insbesondere Bauchatmen); (3) Erzeugen angenehmer Vorstellungen und Gedanken; (4) die Verwendung von Signalwörtern wie z.B. »ruhig«, »gelassen«, die später - beim Einsatz unter Realbedingungen - zum Auslöser der Entspannung werden sollen. Die Wirkungsweise dieser Elemente beruht auf den Zusammenhängen zwischen Gefühl und Verhalten: Rufen Ärger oder Angst eine Anspannung der Muskeln, ein rascheres Atmen, einen höheren Herzschlag und insgesamt unangenehme Vorstellungen hervor, so lassen sich die Gefühle beeinflussen, wenn man eben diese Abläufe umkehrt: Die Muskeln werden entspannt, Atem und Herzschlag verlangsamt und insgesamt angenehme Vorstellungen hervorgerufen. Ärger oder Angst aber sind unvereinbar mit Entspannung und Ruhe.

Auf der Tonkassette befindet sich eine zweite, kürzere Entspannungsinstruktion. Sie dauert nicht mehr 30 Minuten wie die erste Form (Langform), sondern nur noch 20 Minuten. Durch regelmäßiges, möglichst tägliches Üben gelingt es, die Entspannung in kürzerer Zeit herbeizuführen. Schließlich befindet sich eine dritte Entspannungsinstruktion auf der Kassette, die nur noch 5 Minuten dauert (Kurzform). Am Ende werden noch Hinweise gegeben, wie man diese 5-Minuten-Entspannung weiter bis auf wenige Sekunden verkürzen kann, damit sie im schulischen Alltag einsetzbar wird.

Die vorgeschlagenen Entspannungstechniken können zu drei verschiedenen Zeitpunkten eingesetzt werden:

- *Entspannung nach der belastenden Situation.* Am einfachsten kann Entspannung nach einer belastenden Situation herbeigeführt werden: Haben Sie sich am Vormittag sehr geärgert, so können Sie sich am Nachmittag oder Abend in einen ruhigen Raum zurückziehen und die Entspannungsübungen durchführen. Die Übungen werden um so erfolgreicher ablaufen, je konzentrierter und aufnahmefähiger Sie sind.

- *Entspannung vor der belastenden Situation.* Aus Ihrer eigenen Erfahrung werden Sie wissen, daß Belastungen nicht nur nachträglich empfunden werden, sondern auch schon vor einer befürchteten Krisensituation. Viele Lehrer denken z.B. bei der Vorbereitung ihres Unterrichts mit Schrecken daran, daß sie wieder in eine bestimmte Klasse müssen oder mit bestimmten Schülern zusammentreffen. In diesen Fällen dürfte es hilfreich sein, sich vor dem Eintritt in die

404

schwierige Situation, etwa am Abend davor, zu entspannen. Dabei kann man damit beginnen, sich die belastende Situation vorzustellen und anschließend die Entspannung einzuleiten. Durch diese Form der Auseinandersetzung mit Befürchtungen und Ängsten, vielleicht auch mit angestautem Ärger, wird es leichter möglich, geeignete pädagogische Handlungsformen mit mehr Mut auszuprobieren und z.B. aggressives Schülerverhalten ruhig zu beantworten.

- *Entspannung während der belastenden Situation.* Die Vorteile der Entspannungsübungen vor und nach der belastenden Situation sind groß: Man hat genügend Zeit, kann sich zurückziehen und steht nicht unter dem Druck, gleich eine passende Lösung zur Hand haben zu müssen. Sollte die Entspannung mißlingen, so kann in aller Ruhe zu einem späteren Zeitpunkt ein zweiter Versuch unter Zuhilfenahme der Tonkassette unternommen werden.

Alle diese Möglichkeiten entfallen, wenn Sie in der Belastungssituation selbst Ihre Gefühle konrollieren wollen. Sie haben dann sehr wenig Zeit, stehen unter dem Druck, eine angemessene Reaktion zeigen zu müssen, können sich nicht zurückziehen, und es ist keine von außen kommende Entspannungsinstruktion vorhanden.

Diese Gegenüberstellung zeigt, mit welchen Schwierigkeiten Sie bei einer Entspannung in der belastenden Situation rechnen müssen. Deshalb kann es gar nicht das Ziel sein, zu einer so tiefen Entspannung zu kommen, wie dies zu Hause möglich ist. Es soll lediglich erreicht werden, aufkommenden Ärger frühzeitig wahrzunehmen und sich mit der erlernten Entspannungstechnik so weit zu beruhigen, daß man sich tatsächlich wie beabsichtigt verhalten kann. Dabei ist es sehr wichtig, die gewünschte Reaktion schon zu Hause auszuwählen und einzuüben, so daß man während des Unterrichts nicht lange nach einer Lösung suchen muß. Das zeigt wiederum, daß diagnostische Fertigkeiten, Entspannungstechniken und pädagogische Handlungsmöglichkeiten eng zusammengehören, sich also ergänzen und nicht ersetzen.

Erfahrungsgemäß sind die im Unterricht erlebten Gefühle manchmal so stark, daß auch Entspannungsbemühungen keinen Erfolg zeigen. Man ist richtig »in Fahrt« und die Signalwörter - »ruhig«, »entspannt«, »gelassen« usw. - genügen nicht mehr. In einem solchen Fall ist es wichtig, besonders auf zwei Dinge zu achten: (1) Eine genaue

Diagnose der belastenden Situationen und Umstände, in denen man ärgerlich oder wütend wird (z.B. provokative Zwischenrufe, passives oder verweigerndes Schülerverhalten), kann helfen, eine solche Situation frühzeitig zu erkennen. (2) In der Situation ist es für den Lehrer wichtig, sofort auf seine eigenen Empfindungen zu achten. Stellt er fest, daß er sich zu verspannen beginnt, kann er schon sehr früh versuchen, sich (wieder) zu beruhigen.

Faßt man die Erfahrungen mit dem von Schlottke und Wahl (1983) entwickelten Entspannungstraining zusammen, so zeigt sich, daß es Lehrern nicht nur nach und vor, sondern auch während einer unterrichtlichen Belastungssituation möglich ist, sich gezielt zu beruhigen. Diese Form der Selbstkontrolle erweist sich allerdings als schwierig und setzt viel Übung mit dem 5-Minuten-Trainingsprogramm und mit den noch kürzeren Formen der Entspannungsübungen voraus. In vielen Fällen berichten die Lehrer unter starken Unterrichtsbelastungen nur von Teilerfolgen ihrer Entspannungsbemühungen.

Ein Lehrerstudent berichtete z.b., wie es ihm in einer musikpraktischen Prüfung erging: Er brachte es fertig, ruhig in die Prüfung zu gehen und den ersten Prüfungsteil einigermaßen gelassen zu überstehen. Die Selbstinstruktion, ruhig zu bleiben, die er sich ständig gab, war aber im zweiten Teil der Prüfung nicht mehr wirksam, so daß er sich als sehr unsicher erlebte.

Interessant ist auch der Bericht eines Lehrers, der es fertigbrachte, sich in einer sehr aggressiven Klasse jeweils zu Beginn der Stunde zu beruhigen, die Schüler konsequent zu begrenzen und zu bekräftigen, so wie er dies in der Trainingsgruppe eingeübt hatte. Je weiter die Stunde fortschritt, desto größer wurde aber seine Anspannung. Von einem bestimmten Punkt an fiel er dann in seine früheren Verhaltensweisen zurück, d.h. er schimpfte, strafte und stellte Schüler vor die Tür. Allerdings gelang es ihm im Lauf der Zeit, diesen Punkt immer weiter hinauszuschieben, wobei ihm auch zugute kam, daß das Begrenzen und Bekräftigen die Klasse ruhiger und weniger streitsüchtig machte.

2. Pädagogische Handlungsmöglichkeiten, um auf Schüler einzuwirken

Lösungen für unterrichtliche Schwierigkeiten sind nicht nur darin zu suchen, daß der Lehrer sich ändert (vgl. D 1) oder daß Lehrer und Schüler bei der Problembearbeitung kooperieren (vgl. D 3), sondern auch darin, daß der Lehrer die Schüler durch Führung, Fremdkontrolle und Fremdsteuerung beeinflußt. Die Handlungsmöglichkeiten des Lehrers, um auf Schüler einzuwirken, sind äußerst vielfältig. Dies hängt auch damit zusammen, daß in unseren Schulen eindeutig am häufigsten Konflikte auf diese Weise beantwortet werden. Auch in der Lehrerausbildung werden bei schulpraktischen Versuchen ebenso wie in Vorlesungen viele solcher Fremdsteuerungsmethoden vermittelt und erworben. Man kann also davon ausgehen, daß die meisten Lehrer ein recht umfassendes Wissen darüber haben, wie Schüler in problematischen Situationen »anzupacken« sind. Bei Störungen des Unterrichtsverlaufs wird häufig aufgefordert, ermahnt, gedroht, bloßgestellt, kritisiert und gestraft; Schüler werden umgesetzt; in kurzen Gesprächen werden Schüler »zur Einsicht gebracht«; in vielen Schulordnungen gibt es sogenannte »Maßnahmenkataloge«, die im Durchschnitt zehn bis fünfzehn abgestufte Maßnahmen enthalten, angefangen von Verwarnungen, Einträgen und Arrest, bis hin zu Verweisen durch den Rektor, zeitweiligen oder endgültigen Schulausschluß. Im Bereich unzureichender Leistungen versuchen Lehrer, durch Lob zu unterstützen, ausführlich zu erklären, zu korrigieren, zu helfen, aber auch zu kritisieren und zu tadeln (vgl. Wahl, Schlee, Krauth & Mureck, 1983, S.185 ff). Eine systematische Diskussion all dieser Fremdsteuerungsmethoden ist hier nicht beabsichtigt, da situative Umstände, die Beschaffenheit der Lehrer-Schüler-Beziehung und die Art des Problems bewirken, daß die genannten Maßnahmen teilweise zum Erfolg, teilweise aber auch zu einer Verschärfung des Konfliktes führen. Handlungsmöglichkeiten sollten demnach, entsprechend der Strategie des Hypothesenbildens und -prüfens, sehr genau auf den individuellen Fall abgestimmt sein. An drei Beispielen soll gezeigt werden, wie Methoden der Fremdsteuerung auszuwählen sind. Dabei muß aber beachtet werden, daß diese Methoden langfristig nur dann legitim sind, wenn es das übergreifende Ziel des Lehrers ist, seine Schüler zunehmend zur Selbststeuerung zu befähigen und die Methoden der Fremdsteuerung schrittweise zu reduzieren.

2.1 Wie kann der Lehrer die notwendigen Voraussetzungen für einen störungsarmen Unterricht schaffen?

Es sind oftmals nicht die herausgehobenen Störungen wie aggressives oder provokatives Schülerverhalten, die Lehrern zu schaffen machen, sondern ganz alltägliche Verhaltensweisen. Dazu gehört die Unruhe in der Klasse, bedingt durch Schülergespräche, Ausborgen von Arbeitsmaterialien, Tätigkeiten wie Spielen oder Malen, das Necken anderer Schüler, das Gehen zum Papierkorb, Fenster oder Wasserhahn. Diese Aktivitäten können sich zu einem beträchtlichen Geräuschpegel aufsummieren, der es den Schülern schwer macht, konzentriert Aufgaben zu lösen und der bei Unterrichtsgesprächen die akustische Verständlichkeit des Gesprochenen beeinträchtigt. In besonderem Maße ist dafür der Fachunterricht anfällig, vor allem dann, wenn der Fachlehrer in der betreffenden Klasse nur wenige Stunden gibt. In vielen Fällen gilt auch, daß der Unterricht am Nachmittag oder am späten Vormittag stärker durch Unruhe beeinträchtigt ist als die ersten Unterrichtsstunden. Schließlich scheinen auch solche Fächer von Unruhe besonders betroffen zu sein, in denen viel erarbeitende Unterrichtsgespräche geführt oder die von den Schülern als »Erholung« von strengen Leistungsnormen aufgefaßt werden. Allerdings geben diese Aussagen nur einige allgemeine Tendenzen wieder; im Einzelfall müssen die Ursachen der Unruhe, die völlig verschieden sein können, mit den im Kapitel C beschriebenen Methoden diagnostiziert werden.

Eine Lehrerin hatte in den ersten Dienstwochen in einem 5. Hauptschuljahr im Deutschunterricht das Problem, daß sie die zum Unterrichten erforderliche Ruhe nicht herstellen konnte. Verhaltensbeobachtungen ergaben, daß die Klasse schon zu Beginn der jeweiligen Stunden sehr unruhig war und daß sich die Unruhe im Verlauf der jeweiligen Stunde noch steigerte. Die Phasen, in denen die Ruhe so beschaffen war, daß die Lehrerin nicht eingreifen mußte, betrugen zu Beginn der Stunde etwa 2 Minuten, am Ende der Stunde etwa eine halbe Minute. Das Eingreifen der Lehrerin bestand darin, daß sie die Schüler immer wieder bat, ruhig zu sein und dies auch begründete, z.B. damit: »Wenn ihr so laut seid, dann könnt ihr nicht hören, was Martina sagt!« oder »Klaus möchte uns etwas sagen!« oder »Bitte seid jetzt ruhig, damit ihr versteht, was ihr tun sollt!« Genauere Diagnosen ergaben, daß es kaum Phasen gab, in denen tatsächlich alle Schüler ruhig waren. Die Lehrerin wartete auch das Eintreten vollständiger Ruhe gar nicht ab, sondern setzte den Unterricht fort, sobald die Unruhe deutlich zurückgegangen war. So wurde u.a. die Hypothese formuliert, daß in dieser Klasse die Unruhe auch deshalb so groß ist, weil das erwünschte Verhalten nicht mit genügender Konsequenz herbeigeführt wird, sondern schon weiterunterrichtet wird, bevor alle Schüler der Aufforderung der Lehrerin nachgekommen sind.

Vergleichbare Beobachtungen konnten wir in zahlreichen Klassen machen. Die jeweiligen Lehrer schafften es zwar immer wieder, sich gegenüber besonders auffälligen Unruheherden durchzusetzen und auch extreme Geräuschpegel deutlich zu verringern. Kaum einer machte sich aber die Mühe, darauf zu achten, ob sämtliche Schüler der Klasse wirklich das erwünschte Verhalten zeigten. Vielmehr wurde häufig versucht, mit etwas erhobener Stimme die verbleibende Unruhe zu übertönen. So waren, aus der Sicht des Beobachters, Phasen »wohltuender Ruhe« sehr selten. Allerdings empfand nicht nur der Beobachter die Unruhe belastend, sondern in vielen Fällen beklagten sich die Schüler auch darüber. Am stärksten in ihrem Wohlbefinden schienen aber die Lehrer beeinrächtigt zu sein, bei denen Verstimmtheits- und Ärgergefühle auftraten, in manchen Fällen auch Resignation. Manche Lehrer fühlten sich richtiggehend erschöpft, wenn sie derartige Unterrichtsstunden hinter sich hatten. Diese begleitenden Emotionen brachten es dann mit sich, daß mit zunehmendem Fortgang des Unterrichts negative Sanktionen häufiger wurden, die aber meist nur eine kurzfristige Verringerung der Unruhe mit sich brachten. Unsere Interpretationen dieser Abläufe gehen dahin, daß einerseits Lehrer glauben, nicht »die Zeit zu haben«, unruhiges Verhalten im Klassenzimmer konsequenter zu beantworten, sondern schon bei abnehmender Unruhe den Unterricht fortsetzen; daß andererseits die Schüler mitbekommen, daß ein gewisser Unruhepegel zugelassen ist und die Eingriffe des Lehrers meist nur wenige Schüler betreffen und zwar solche, die sich aus dieser allgemeinen Unruhe noch herausheben. Wir schließen daraus, daß störende Unruhe nur dann wirksam verringert werden kann, wenn der Lehrer ein sehr konsequentes Verhalten zeigt, wenn sich jeder einzelne Schüler angesprochen fühlt und bei jedem Eingriff des Lehrers das erwünschte Verhalten zeigt. Wie ist dies in eine Handlungsmöglichkeit umzusetzen?

Bevor diese Frage beantwortet wird, sollen einige mögliche Mißverständnisse ausgeräumt werden. Wie alle Verfahren der Fremdsteuerung, so steht auch das nachfolgend beschriebene »Begrenzen und Bekräftigen« in der Gefahr, als Disziplinierungsmittel mißbraucht zu werden. Es ist deshalb in jedem einzelnen Fall zu prüfen, ob die damit angestrebten Ziele auch legitimiert werden können. Beispielsweise sind Klagen der Schüler über zu große Unruhe, starker Ärger oder Erschöpfung des Lehrers wichtige Anzeichen dafür, daß »begrenzt und bekräftigt« werden sollte. In manchen Fällen ist die Unruhe in der Klasse aber Ursache einer Überforderung der Schüler durch zu langausgedehnte Unterrichtsgespräche, durch schlecht geplanten Unterricht usw. Es wäre hier gefährlich, durch »Begrenzen und Bekräftigen« didaktische Schwächen ausgleichen zu wollen. Umgekehrt kann Unruhe in der Klasse auch ein Oberflächensymptom für gestörte Beziehungen zwischen Lehrer und Schülern sein. Hier wären dann Konfliktgespräche weitaus angebrachter als bloßes »Begrenzen und Bekräftigen«. Dadurch wird noch einmal betont, daß die nachfolgend beschriebene Handlungsmöglichkeit nur unter ganz bestimmten Voraussetzungen eingesetzt werden sollte.

Die Handlungsmöglichkeit »Begrenzen und Bekräftigen« stellt den Versuch dar, unerwünschtes Schülerverhalten im Klassenzimmer zu vermindern und erwünschtes Schülerverhalten häufiger auftreten zu lassen. Dies soll durch sehr konsequentes Lehrerverhalten erreicht werden. Konsequent heißt dabei aber nicht, daß der Lehrer droht oder straft. Solche Verhaltensweisen werden von Schülern als Angriffe auf das eigene Selbstwertgefühl aufgefaßt und dementsprechend nicht nur oft mit trotzigen Verhaltensweisen beantwortet, sondern auch langfristig mit einer emotionalen Ablehnung des drohenden oder strafenden Lehrers. Derartige Beeinträchtigungen der Lehrer-Schüler-Beziehungen verschärfen in der Regel die Probleme. Es geht also darum, auf eine Art und Weise konsequent zu sein, die von den Schülern akzeptiert werden kann. Dies kann wie folgt geschehen:

(1) Freundlicher Ton. Das Ansprechen der Klasse, einer Gruppe oder eines einzelnen Schülers soll zwar bestimmt, aber dennoch freundlich geschehen. Schüler können dann besser annehmen, was der Lehrer von Ihnen an Verhaltensweisen wünscht.

(2) Anordnungen als Bitten formulieren. Die Wertschätzung des Lehrers für den Schüler soll sich auch in der gewählten Form ausdrücken, z.B. »Bitte, setze Dich an Deinen Platz!«»Bitte lege das Spielzeug

410

weg!«»Bitte schaut jetzt alle zu mir!«usw. Auf diese Weise kann der Lehrer zeigen, daß er den Schüler akzeptiert, obwohl er im Augenblick eine Verhaltensänderung herbeiführen möchte.

(3) Möglichst frühzeitiges Eingreifen. Unerwünschte Verhaltensweisen sollen dann angesprochen werden, wenn sie gerade erst aufgetreten sind. Je rascher ein Schüler angesprochen wird, nachdem er z.b. ein Gespräch begonnen oder sich in eine Neckerei eingelassen hat, desto leichter kann er diese unerwünschte Aktivität auch beenden. Umgekehrt ist der Lehrer gefühlsmäßig noch nicht verstimmt, weil die Störung ja eben erst begonnen hat. Er kann also, ohne Ärger krampfhaft unterdrücken zu müssen, noch freundlich reagieren. Frühzeitiges Ansprechen ist damit leicht realisierbar und führt rasch zum Erfolg.

(4) Definierte Toleranzgrenzen. Für Lehrer und Schüler sollte eindeutig geklärt sein, welche Verhaltensweisen erlaubt und welche nicht erlaubt sind. Dies kann durch Regelvereinbarungen geschehen (vgl. D 3). Es ist unbefriedigend und führt letztendlich zur Steigerung des unerwünschten Verhaltens, wenn der Lehrer an einem Tag mehr duldet, weil er gut aufgelegt ist, und am anderen Tag auf ähnliches Verhalten gereizt reagiert. Die meisten der von uns beobachteten Lehrer hatten eine zu hohe Toleranzgrenze, d.h. sie ließen zu viel an unerwünschten Verhaltensweisen zu, was zu gewisser dauerhafter Unruhe in der Klasse führte. Die Eingriffe erfolgten immer dann, wenn die Toleranzgrenze weit überschritten und der Lehrer schon recht ärgerlich war. In einigen Fällen waren Lehrer aber auch überempfindlich für minimalste Unterbrechungen.

(5) Häufiges Eingreifen. Sobald die definierte Toleranzgrenze überschritten ist, greift der Lehrer auf die oben genannte Weise ein: frühzeitig, freundlich, in Form einer Bitte. Er hofft also nicht darauf, daß das Schülerverhalten von alleine wieder verschwindet, sondern spricht es unmittelbar nach dem Auftreten an. Dies führt anfangs zu häufigem Eingreifen, weil wirklich jedes Schülerverhalten, das den definierten Regeln widerspricht, beantwortet wird. Es gibt also keinen Aufschub und vor allem keine Ausnahmen. Für die Schüler erscheint das Lehrerverhalten sehr konsequent; sie unterlassen die Regelverstöße erfahrungsgemäß recht rasch, so daß der Lehrer immer seltener eingreifen muß. Umgekehrt ist für die meisten Lehrer das anfangs häufige Eingreifen sehr ungewohnt. Sie befürchten, im Stoff

411

nicht voranzukommen und das Unterrichtsgeschehen durch das häufige Eingreifen zu »zerhacken«. Der rasch eintretende Erfolg erlaubt aber langfristig ein wesentlich effektiveres Unterrichten und Lernen, so daß im Endeffekt die verfügbare Lehrzeit deutlich höher ist.

(6) Auf alle Schüler achten. Bittet der Lehrer z.b. darum, ruhig zu sein, nicht mehr zu spielen, am Platz zu sitzen, alles wegzulegen oder zu ihm hinzuschauen, so darf er sich nicht damit begnügen, daß ein Großteil der Schüler seiner Aufforderung nachkommt, sondern er muß genau beobachten, ob alle Schüler dies tun. Durch Ansprechen einzelner Schüler erreicht er dann, daß diese ebenfalls der Bitte nachkommen. Anfangs ist dieses Vorgehen für den Lehrer sehr kräftezehrend; langfristig führt es aber dazu, daß der erwünschte Zustand sehr rasch eintritt.

(7) Den erwünschten Zustand bekräftigen. Sind alle Schüler am Platz oder schauen alle zum Lehrer, dann fährt dieser nicht gleich im Unterricht fort, sondern drückt aus, daß der erwünschte Zustand erreicht ist. Dies geschieht durch Mimik, Gestik, Tonfall oder einer zu erkennnenden Bemerkung, so daß die Schüler für ihr Verhalten bekräftigt werden, z.B.:»Ja, jetzt ist es so ruhig, daß ich Euch die Aufgabe erklären kann!«»Prima, jetzt können wir weiterarbeiten!« War das»Begrenzen«, also das freundliche, bestimmte, frühzeitige Bitten der Schüler um angemessenes Verhalten besonders langwierig, wie es etwa zu Unterrichtsbeginn oder bei Wechseln der Sozialform von Gruppen- oder Einzelarbeit zu Unterrichtsgespräch der Fall ist, so kann sich der Lehrer ausdrücklich bedanken für die Bemühungen der Schüler, seiner Bitte nachzukommen, z.b.: »Vielen Dank, daß ihr so schnell alles weggelegt habt, jetzt kann ich euch einige Hinweise geben, bevor ihr weiterarbeitet!« Auch dadurch wird deutlich, daß er die Schüler wertschätzt und diese empfinden den Dank des Lehrers positiv.

Die Handlungsmöglichkeit»Begrenzen und Bekräftigen« beruht also auf frühzeitigen, freundlichen Bitten, durch die ohne Ausnahme alle Schüler angesprochen werden, bis der erwünschte Zustand erreicht ist (»Begrenzen«). Dieser wird den Schülern dann dadurch positiv bewußt gemacht, daß der Lehrer anerkennend mitteilt, daß das erwünschte Verhalten von allen gezeigt wird (»Bekräftigen«). In vielen Fällen mag es Lehrer geben, die ein vergleichbares Konzept bisher schon in ihrem Unterricht praktizieren. Häufig ergeben sich aber folgende Unterschiede zum alltäglichen Lehrerverhalten: der Lehrer ist freundlicher, gleichmäßiger, akzeptierender; er ist konsequenter; er greift (anfangs) deutlich häufiger und früher ein; er gibt nicht auf, bevor nicht alle Schüler der Bitte nachgekommen sind; er macht den erwünschten Zustand bewußt und bekräftigt ihn. Zweifelsohne ist es richtig, daß einige Elemente dieser Handlungsmöglichkeit bei fast allen Lehrern zu finden sind. Unserer Erfahrung nach ist aber entscheidend, daß die vollständige Handlungsmöglichkeit realisiert wird. Werden nur einzelne Teile verwirklicht, so erfolgt das »Begrenzen« nicht konsequent genug und das »Bekräftigen« wird entweder ganz weggelassen oder zu selten gezeigt.

Welche Befürchtungen haben nun Lehrer, wenn sie diese Handlungsmöglichkeit praktizieren wollen und welche positiven Erfahrungen lassen sich demgegenüber berichten? Erstens befürchten manche Lehrer, »Begrenzen und Bekräftigen« könnte von den Schülern negativ aufgefaßt und als »autoritäres« Lehrerverhalten bewertet werden. Schülerbefragungen in Klassen, in denen diese Handlungsmöglichkeit länger erprobt wurde, ergaben aber, daß die Schüler sehr deutlich zwischen herabsetzenden, drohenden, ironischen Aufforderungen und freundlichen, wenn auch konsequenten Bitten unterscheiden können. »Begrenzen und Bekräftigen« wirkt sich auf die Beziehungen zwischen Lehrer und Schülern keineswegs negativ aus.

Zweitens wird eingewendet, Lehrer seien doch »auch nur Menschen« und könnten nicht ständig freundlich sein. Es sei vielmehr wichtig, daß Lehrer ihre wahren Gefühle den Schülern mitteilten. Dies ist sicher oft richtig, weswegen wir auch vorschlagen, Gefühle z.B. in Form von Ich-Botschaften zu verbalisieren (vgl. D 3). Dennoch halten wir es für erstrebenswert, die Aufforderungen so akzeptierend wie möglich zu formulieren, auch wenn es manche Situationen gibt, in denen dies nicht gelingt. Gerade das frühzeitige Bitten erlaubt es, noch ohne Ärger zu agieren. Drittens wird moniert, wegen Zeit- und Stoffdruck könne der Lehrer Zeit und Kraft für »Begrenzen und Bekräftigen« nicht aufbringen. Dies halten wir für eine folgenschwere Fehleinschätzung. Gerade weil viele Lehrer den anfänglichen Aufwand konsequenten »Begrenzens« scheuen, arbeiten sie das ganze Schuljahr über gegen Unruhe an. Das erfordert insgesamt mehr Zeit und Kraft und erschwert auch das Lernen. Daß »Begrenzen und Bekräftigen« eine hochwirksame Handlungsmöglichkeit ist, zeigt u.a. auch ein über vierzehn Wochen angesetzter Selbstversuch,

413

den einer der Autoren in einem 7. Schuljahr der Hauptschule im Fachunterricht durchführte, wobei er pro Woche vier Stunden in der betreffenden Klasse unterrichtete. Es erwies sich zwar als sehr anstrengend, die sieben oben aufgeführten Punkte immer zu verwirklichen, doch nach anfangs recht häufigen Eingriffen waren etwa ab der dritten Unterrichtswoche kaum noch Störungen durch Unruhe zu registrieren, so daß die effektive Lernzeit deutlich höher war als zu Beginn. Die Schüler empfanden sowohl den freundlichen Ton als auch das »Bekräftigen« als angenehm und bemühten sich, das erwünschte Verhalten zu zeigen. Auch andere Lehrer berichteten, daß »Begrenzen und Bekräftigen« sehr rasch Verbesserungen erbringt. Allerdings zeigte sich auch immer wieder, daß einige Lehrer - obwohl sie beim Einüben der Handlungsmöglichkeit im Rollenspiel mit einer Lehrergruppe alle Phasen des »Begrenzens und Bekräftigens« realisiert hatten - im Klassenzimmer auf einige Elemente verzichteten. Entsprechend war auch der Erfolg der Maßnahme geringer.

Die Wirkungsweise des »Begrenzens und Bekräftigens« kann durch psychologische Lerntheorien erklärt werden. Jedes nichterwünschte Verhalten wird unmittelbar nach seinem Auftreten blockiert; gleichzeitig wird durch eine Bekräftigungsstrategie das erwünschte Verhalten aufgebaut. Es handelt sich also um eine Verhaltensmodifikation. Die Verhaltensänderung wird durch »Einsicht« unterstützt, die z.B. dadurch zustandekommt, daß über notwendige Regeln gesprochen wird. Hauptsächlich wird die Verhaltensänderung aber durch Gewöhnung herbeigeführt, also durch Automatisierung des erwünschten Verhaltens. Wer derartige Verhaltensmodifikationen im Klassenzimmer bedenklich findet, sollte folgendes berücksichtigen:
(1) Wie in Kapitel D 3.4 näher ausgeführt, arbeitet auch der ermahnende und strafende Lehrer nach Prinzipien der Verhaltensmodifikation, ohne daß ihm das bewußt ist. Er unterdrückt unerwünschtes Verhalten durch negative Konsequenzen. Allerdings tut er dies in der Regel nicht konsequent, wodurch das unerwünschte Verhalten nur unvollständig oder gar nicht »gelöscht« wird. Daß Ermahnungen und Strafen zu »Einsicht« beim Schüler führen, kann ohnehin leicht als Schutzbehauptung erkannt werden. Das alltägliche Lehrerverhalten bei Störungen läßt sich demnach als unvollständige, mit negativen Konsequenzen operierende Verhaltensmodifikation auffassen.
(2) Menschen sind prinzipiell nicht so rational handelnde Wesen, daß sie all das tun, was vernünftig wäre. Es ist deshalb notwendig, bestimmte Gewohnheiten einzuüben.

(3)»Begrenzen und Bekräftigen« ist ja nicht die einzige Handlungsmöglichkeit des Lehrers, sondern steht neben Formen wie Konfliktgespräch, Regelvereinbarung, kooperativer Verhaltensmodifikation oder Selbstkontrollverfahren. Es soll auch nur dort »begrenzt und bekräftigt« werden, wo es um den Erwerb von Gewohnheiten geht, die Grundlage und Voraussetzung dafür sind, daß der Unterricht störungsarm verlaufen kann. Beispielsweise ist es unmittelbar einsichtig, daß anspruchsvolle Interaktionsformen gar nicht realisiert werden können, wenn die Schüler nicht zuhören, sondern sich unkontrolliert unterhalten oder Nebenbeschäftigungen ausführen. Insofern besteht zwischen Techniken und Verhaltensmodifikation und Formen anspruchsvoller Lehrer-Schüler-Interaktion kein Widerspruch, sondern die Gewöhnungsverfahren haben dienende Funktion: sie sollen eine befriedigende Kommunikation erst ermöglichen!

Verhaltensmodifikation im Sinne einer »Fremdmodifikation« (d.h. der Lehrer verändert das Schülerverhalten) ist nicht nur bei bestimmten Störungen des Unterrichtsverlaufes angezeigt, sondern auch dann, wenn eine kooperative Konfliktbearbeitung nicht möglich erscheint. Hat der Lehrer nach der Diagnose z.b. eines Außenseiterproblems die begründete Hypothese, die Rolle des betreffenden Schülers würde sich noch verschärfen, wenn gemeinsam mit der Klasse über das Problem gesprochen wird, so muß er nach anderen Wegen suchen, um den Schüler wieder mehr in den Klassenverband zu integrieren. In einem anderen Fall kann es sein, daß sich z.b. die Ängstlichkeit eines Schülers verstärkt, wenn er erfährt, für wie ängstlich ihn Lehrer oder Eltern halten, bzw. wie intensiv sie sich bemühen, um seine Ängstlichkeit zu reduzieren. Immer dann, wenn offene Formen der Konfliktbearbeitung die Schwierigkeiten vermehren, sollten zunächst »verdeckte« Handlungsmöglichkeiten vorgezogen werden. Hier ist manchmal eine Verhaltensmodifikation sinnvoll. In beiden Beispielen kann der Lehrer systematisch versuchen, solche Verhaltensweisen der Schüler konsequent durch Zuwendung oder Lob zu verstärken, die dem Problemverhalten entgegengesetzt sind. Dies ist im Einzelfall ein sehr schwieriger Vorgang, weil er präzise Diagnosen des Problemverhaltens und eine genaue Kenntnis verschiedener Methoden zum Aufbau und Abbau von Verhalten voraussetzt. Wir empfehlen deshalb, Verhaltensmodifikationen dieser Art nur unter Anleitung eines Beratungslehrers oder eines Schulpsychologen, mindestens aber nach gründlicher Durcharbeitung der einschlägigen Literatur vorzunehmen (z.B. Lorenz, Molzahn & Teegen,

1976; Belschner, Hoffmann, Schott & Schulze, 1976, 1980; Rost, Grunow & Oechsle, 1975).

2.2 Wie kann der Lehrer die Anstrengungsbereitschaft von Schülern erhöhen?

Geht man davon aus, daß geringe Anstrengungsbereitschaft u.a. dadurch bedingt sein kann, daß der Schüler die eigenen Fähigkeiten in einem Fach sehr gering einschätzt und deshalb keine Erfolgschancen sieht, so kann nur durch langfristige Maßnahmen etwas geändert werden. Fähigkeitskonzepte sind - wie bereits mehrfach erwähnt - Produkte einer langen Lerngeschichte und besitzen hohe Stabilität. Hieran etwas ändern zu wollen, erscheint sehr aufwendig und nur in begrenztem Maße möglich. Das Problem besteht also darin, eine Handlungsmöglichkeit zu finden, die für den Lehrer ohne große Vorbereitung durchführbar und zugleich über eine lange Zeit anwendbar ist. Angeregt durch wissenschaftliche Untersuchungen (z.B. Rheinberg, 1979), haben wir eine Handlungsmöglichkeit entwickelt und im Unterrichtsalltag erprobt. Es hat sich gezeigt, daß der Aufwand, bei entsprechender Beteiligung der Schüler, sehr gering ist und die Schüler zum Teil selbst darauf drängen, daß diese Maßnahme in gewissen Abständen immer wieder durchgeführt wird. Inhaltlich geht es darum, daß die Schüler - in Form eines Spiels, genannt »Der rote Punkt« - ihren Lernfortschritt in einem beliebigen Fach selbst feststellen können und nicht für die absolut erreichte Leistung bekräftigt werden, sondern für ihren individuellen Lernfortschritt. Damit haben alle Schüler die gleichen Chancen, beim Spiel gut abzuschneiden, so daß sich die Fähigkeitskonzepte der schwachen Schüler im Laufe der Zeit verändern können. Dieses Spiel stellt nur eine von vielen Möglichkeiten dar, die Lernmotivierung zu steigern und die Anstrengungsbereitschaft zu erhöhen. Allerdings ist es nicht möglich, alle diese Handlungsmöglichkeiten ausführlich zu beschreiben. Wir geben deshalb einen Überblick zu den wichtigsten Maßnahmen und beschreiben dann das Spiel »Der rote Punkt« so detailliert, daß es selbständig erprobt werden kann.

a) Didaktisch-methodische Maßnahmen zur Erhöhung der Lernmotivation. Ergeben die diagnostischen Verfahren, daß die Schüler die Gestaltung des Unterrichts als »langweilig« empfinden, so können

416

eine höhere Lernmotivierung und höhere Anstrengungsbereitschaft durch mindestens drei Maßnahmen erreicht werden:

- *Klares Nennen des Stundenziels:* Schüler strengen sich an, wenn die Ergebnisse des Lernens für sie bedeutsam sind und günstige Folgen nach sich ziehen. Der Lehrer kann erreichen, daß diesbezügliche Erwartungen gebildet werden, wenn er zu Beginn der Stunde ganz kurz den geplanten Unterrichtsverlauf skizziert und genau angibt, was die Schüler nach der Stunde besser können sollen als vorher. Dazu sollten einige wenige Stichworte an die Tafel geschrieben werde. Über den Sinn und die Effektivität dieser Maßnahme besteht allerdings unter Lehrern und Wissenschaftlern keine einhellige Meinung. Sicher reicht diese Maßnahme allein nicht aus, um den Unterricht interessant zu gestalten.

- *Gruppieren und Individualisieren:* Schüler strengen sich vor allem dann an, wenn sie die Aufgaben weder als besonders einfach noch als besonders schwierig empfinden. Da eine Aufgabe, die allen Schülern gestellt wird, bei den großen Leistungsunterschieden innerhalb einer Klasse oder eines Kurses nur für einen Bruchteil der Schüler den idealen Schwierigkeitsgrad aufweist, wird seit langem eine Gruppierung nach Aufgabenschwierigkeiten bzw. eine Individualisierung empfohlen (vgl. z.B. Heckhausen, 1968). Die Verwirklichung ist jedoch ungemein schwierig, da sie vom Lehrer vermehrte Vorbereitung und ein hohes Geschick in der Unterrichtsführung verlangt.

- *Für Abwechslung sorgen:* Schüler strengen sich dann an, wenn die Unterrichtsgestaltung abwechslungsreich ist und die Art der Stoffvermittlung ihre Neugierde weckt. Diese mehr didaktisch-methodischen Aspekte spielen in der Lehreraus- und -weiterbildung im allgemeinen eine große Rolle, so daß wir hier nicht ausführlich darauf einzugehen brauchen.

b) Verbesserung des Klassenklimas. Ergeben die diagnostischen Maßnahmen, daß Schüler die Beziehung zum Lehrer oder zu den Mitschülern als problematisch erleben und deshalb wenig bereit sind, sich im Unterricht anzustrengen, dann sind Versuche zur Verbesserung des Klassenklimas angezeigt (vgl. Becker, Clemens-Lodde & Köhl, 1980). Sehr häufig tritt dieses Problem auf, wenn ein Lehrer nur wenige Stunden Fachunterricht in einer Klasse erteilt, deshalb Mühe hat, die Namen der Schüler zu behalten und eine positive Beziehung zu ihnen aufzubauen. Die in der Literatur vorgeschlagenen

Maßnahmen zur Verbesserung des Klassenklimas sind vielfältig und reichen von einer eingestreuten Spielstunde bis hin zu Wandertag und Klassenfest. Einen wesentlichen Beitrag können auch ausführliche Gespräche mit einzelnen Schülern leisten. Durch ein verbessertes Klassenklima kann der Anreiz eines Unterrichtsfachs für die Schüler erhöht und damit auch ihre Anstrengungsbereitschaft günstig beeinflußt werden.

c) Motivänderungsprogramme. Mittlerweile gibt es eine Reihe von sehr intensiven und langfristig angelegten Programmen, durch die die Furcht vor Mißerfolg vermindert und die Hoffnung auf Erfolg erhöht werden sollen. Ein Nachteil all dieser Programme besteht darin, daß der Lehrer zu ihrer Durchführung sehr viel Vorbereitung und Zeit investieren muß. So erstreckt sich das Motivänderungsprogramm von de Charms (1969) über ungefähr 30 Wochen; beim Trainingsprogramm von Krug (1976) war ein Beobachter während eines Zeitraums von acht Wochen erforderlich; zudem sind zahlreiche Motivänderungsprogramme nur in einer bestimmten, d.h. weitgehend offenen, Unterrichtsgestaltung durchführbar. Dagegen ist das nachfolgend beschriebene »naturwüchsige« Motivänderungsprogramm, wie Rheinberg (1980) es nennt, wenig aufwendig. Es verspricht bei denjenigen Schülern Erfolg, die sich deshalb nicht anstrengen, weil sie kein Vertrauen in die eigenen Fähigkeiten haben (vgl. Kapitel B 5). Offenbar haben sie oft die Erfahrung machen müssen, daß auch mit großer Anstrengung die erwünschten Ergebnisse nicht zu erreichen waren. Deshalb verringern sie ihre Anstrengung auf ein Mindestmaß. Weniger erfolgversprechend ist das Motivänderungsprogramm hingegen bei solchen Schülern, deren Interessen im außerschulischen Bereich liegen oder die aus anderen Gründen, z.B. einer belasteten Beziehung zu Lehrer oder Mitschülern, Anstrengungen vermeiden.

Das Motivänderungsprogramm »Der rote Punkt« beruht auf Überlegungen zur sozialen und individuellen Bezugsnorm. Bei der sozialen Bezugsnorm geht der Lehrer wie mehrfach erwähnt vom »Klassendurchschnitt« aus: Leistungen, die diese Norm übertreffen, sind »gut« und erhalten eine Bekräftigung. Bei der individuellen Bezugsnorm orientiert sich der Lehrer am bisherigen Leistungsstand jedes einzelnen Schülers: Er vergleicht die derzeitigen Leistungen des Schülers mit den früheren: wenn dieser etwas dazugelernt hat, wird er gelobt.

Die soziale Bezugsnorm spielt im Schulalltag eine große Rolle, vor allem bei der Notengebung, so daß man auf sie zwar nicht verzichten, wohl aber zur Ergänzung den individuellen Maßstab hinzuziehen kann. Dies ist notwendig, weil die ausschließliche oder hauptsächliche Verwendung der sozialen Bezugsnorm bestimmte Auswirkungen auf das Fähigkeitskonzept eines Schülers hat: Schüler, die in einem Schulfach über dem Durchschnitt liegen, bilden in der Regel ein Konzept hoher Fähigkeit für dieses Fach aus; während Schüler mit unterdurchschnittlichen Leistungen hierfür ein geringes Konzept eigener Fähigkeiten entwickeln. Das Fähigkeitskonzept kann nun wiederum entscheidenden Einfluß auf die Anstrengungsbereitschaft haben. Da sich im Laufe eines Schuljahres verhältnismäßig selten wesentliche Leistungsveränderungen ergeben, werden Schüler in ihren Rollen als »gute« oder »schlechte« Schüler festgelegt. Dies führt zu relativ stabilen Ursachenerklärungen und damit auch zu relativ stabilen Fähigkeitskonzepten. Insgesamt ist die soziale Bezugsnorm besonders nachteilig für solche Schüler, deren Leistungen über lange Zeit weit unterhalb des Klassendurchschnitts liegen und die trotz großer Bemühungen den Anschluß nicht schaffen und deshalb resignieren bzw. die schulischen Anforderungen nur noch der Form nach, d.h. möglichst schnell und nur oberflächlich erledigen. Ein Unterricht, der die individuelle Bezugsnorm betont, gleicht einem Motivänderungsprogramm, weil folgende Aspekte berücksichtigt sind:

- *Zielsetzung und Aufgabenstellung.* Die Aufgabenstellung richtet sich nach dem Leistungsstand des einzelnen Schülers. Dadurch kann sich ein individuell angemessenes Anspruchsniveau herausbilden.

- *Affekte bei Erfolg und Mißerfolg.* Geht man davon aus, daß jeder Schüler im Laufe des Schuljahrs dazulernt, so ergeben sich viele Möglichkeiten, den Schüler für seine Fortschritte zu bekräftigen, so daß er häufiger Freude und Zufriedenheit als Ärger und Beschämung empfinden kann.

- *Ursachenerklärung.* Es werden günstige Muster der Ursachenerklärung nahegelegt: Nicht stabile Faktoren wie Fähigkeiten, sondern veränderliche Faktoren, insbesondere Interesse und Anstrengungsbereitschaft, werden betont. Damit läßt sich vermeiden, daß ausbleibender Lernzuwachs mit mangelnder Fähigkeit gleichgesetzt wird.

- *Persönliche Wirksamkeit.* Der Schüler erlebt, daß er selbst »Verursacher« seines Lernzuwachses ist, d.h. mit seinem Handeln kann er bewirken, daß er etwas dazulernt. Er gewinnt dadurch die Überzeugung, daß er bei hoher Anstrengungsbereitschaft einen großen und bei geringer Anstrengungsbereitschaft einen kleinen Lernzuwachs erzielt.

Das Spiel »Der rote Punkt« fügt diese vier Elemente zu einer einfachen Handlungsmöglichkeit zusammen. Jeder Schüler erhält zunächst eine Karteikarte, auf der sich rechts oben ein roter Punkt befindet. Hier wird eine Zahl eingetragen, die den persönlichen Lernzuwachs angibt. Außerdem stehen auf der Karte der Name des Schülers, das Datum, die Lösungen der gestellten Aufgaben und die jeweils erreichten Punkte. Zuerst wird die Ausgangsleistung gemessen. Dazu definiert der Lehrer Aufgaben zu einem bestimmten Stoffgebiet, z.B. Sprunghöhen im Sport, Rechenaufgaben, Rechtschreibübungen, Vokabeln usw. Für jede dieser Aufgaben legt er eine bestimmte Punktzahl fest; leichte Aufgaben erreichen wenige, schwere Aufgaben viele Punkte. Vor Beginn der ersten Leistungsmessung erklärt der Lehrer den Schülern den Zweck des Spiels und führt dann die Leistungsmessung durch. Er wertet die Aufgaben aus, identifiziert Kenntnislücken, schließt diese in den folgenden Unterrichtsstunden durch regulären Unterricht und führt gegen Ende der Unterrichtseinheit die gleiche Leistungsmessung noch einmal durch, wobei er in die Rechenaufgaben ähnliche Zahlen einsetzt, vergleichbar schwere Vokabeln auswählt usw. Da einige Schüler erfahrungsgemäß schon bei der ersten Leistungsmessung die volle Punktzahl erreicht haben, fügt der Lehrer noch einige besonders schwierige Aufgaben hinzu, damit auch diese Schüler die Chance haben, sich zu verbessern. Die Leistungsergebnisse beider Messungen, die sich auf Vorder- und Rückseite der Karteikarte befinden, werden miteinander verglichen, das heißt die erste Gesamtpunktzahl wird von der zweiten abgezogen. Die resultierende Punktzahl wird in den roten Punkt eingetragen. Ist ein Lernfortschritt zu verzeichnen, so ist diese Zahl positiv.

Nachdem die Schüler eine Eintragungen selbst gemacht haben, sammelt der Lehrer die Karteikarten ein. Er ordnet sie nach der Größe der Zahlen, die im roten Punkt stehen und gibt bekannt, wer positive Lernfortschritte erzielt hat. Bei denjenigen Schülern, die keinen Fortschritt oder gar schlechtere Leistungen als am Anfang erzielt haben, ist im Einzelfall nachzuprüfen, wie dies zustande gekommen ist.

Es kann z.B. sein, daß die Schüler beim ersten Mal »schummeln« und die Lösungen beim Nachbarn abschreiben, beim zweiten Mal dagegen nicht. Nach unserer Erfahrung treten solche Effekte bei mehrfacher Durchführung des Spiels immer seltener auf. Aussicht auf den größten Lernfortschritt haben Schüler mit einer relativ schlechten Ausgangsleistung; d.h. ein bisher »schlechter« Schüler kann ein bedeutendes Erfolgserlebnis haben und Anerkennung von Lehrer und Mitschülern erfahren. Die Möglichkeit, bei diesem Spiel gut abzuschneiden, kann zu vermehrter Anstrengung motivieren.

Das Spiel »Der rote Punkt« kann in all den Fächern angewendet werde, in denen Lernfortschritte überhaupt auf irgendeine Art und Weise meßbar sind. Das dürfte in fast allen Fächern der Fall sein. Die beiden Messungen sollen in relativ kurzem Abstand und völlig unabhängig von der Notengebung erfolgen, da bei diesem Spiel der individuelle Maßstab, bei der Notengebung dagegen der soziale Maßstab entscheidend ist. Die schwierigste Arbeit für den Lehrer besteht darin, die Aufgaben zusammenzustellen und die Punktzahlen zuzuordnen. Allerdings sind Lehrer an solche Tätigkeiten durch die üblichen Tests und Klassenarbeiten gewöhnt. Die übrige Arbeit leisten die Schüler selbst.

Bei der Zusammenstellung der Aufgaben und bei der Zuordnung der Punktzahlen können für den Lehrer Probleme auftreten, da er sich beim Einschätzen des Schwierigkeitsgrades einer Aufgabe irren kann, auch wenn er die Klasse und den Stoff sehr gut zu kennen meint. Dies kann die positiven Effekte des »roten Punkts« gefährden. Zum Beispiel soll der Lehrer beim Messen der Ausgangs- und Endleistung vergleichbar schwere Aufgaben stellen. Verschätzt er sich hierbei, indem er die zweite Arbeit (Endleistung) versehentlich erheblich schwerer macht als die erste Arbeit (Ausgangsleistung), erzielen die Schüler geringe oder negative Punktzahlen und können den Eindruck gewinnen, sie hätten wenig oder gar nichts dazugelernt, wodurch die Anstrengungsbereitschaft eher abnehmen kann. Für den Lehrer ist es deshalb empfehlenswert, die beiden Messungen möglichst ähnlich zu gestalten, z.B. indem er den gleichen Text, aber andere Zahlen verwendet o.ä.

Das Spiel »Der rote Punkt« wurde als Maßnahme zur Motivänderung nicht nur von einem der Autoren über 14 Wochen hinweg in einem 7. Hauptschuljahr erprobt, sondern auch von vielen anderen Lehrern angewendet. Dabei zeigt sich, daß die anfängliche Skepsis der Lehrer recht rasch weicht. Denn einmal beurteilen die Schüler selbst das Spiel als sehr positiv, weil es frei von Zensurendruck ist und ihnen Spaß macht. Zum anderen zeigen sich, insbesondere bei schwächeren Schülern, sehr rasch Steigerungen in der Anstrengungsbereitschaft. Einige Lehrer berichten auch, daß die Arbeit mit dem »roten Punkt« in gewisser Weise ihren Unterricht verändert habe, da sie bereits zu Beginn einer neuen Unterrichtseinheit genauer als zuvor überlegen, welche Inhalte die Schüler am Ende der Einheit beherrschen sollten. Während der Lernphase selbst können die Lehrer dann stärker als vorher von den Kenntnislücken der Schüler ausgehen, können dort verstärkt ihre Bemühungen ansetzen, wo die Schüler noch wenig leisten und solche Inhalte schnell abhandeln, bei denen schon gute Vorkenntnisse da sind. Dies macht den ganzen Unterricht wesentlich effektiver. Die Erfahrungen dieser Lehrer gehen auch dahin, daß ein bis zwei Erprobungsdurchgänge nötig sind, bis der Lehrer selbst die Fertigkeit besitzt, entsprechende Aufgaben entwerfen zu können. Es zeigt sich also ein gewisser Zusammenhang zwischen Motivänderung, Schließen von Kenntnislücken und didaktischem Gesamtkonzept.

2.3 Wie soll der Lehrer mit verschiedenen Arten von Lernschwierigkeiten umgehen?

Viele engagierte Lehrer fühlen sich durch Bücher und Zeitschriftenaufsätze zum Thema »Leistungsschwierigkeiten« verunsichert und belastet, aber auch mit ihren Problemen alleingelassen, weil Wissenschaftler gelegentlich den Eindruck erwecken, mit etwas gutem Willen und persönlicher Anstrengung müßten sich eigentlich alle Lernschwierigkeiten in der Klasse entweder vermeiden oder überwinden lassen.
Solche Behauptungen finden in den vorliegenden Ergebnissen solider empirischer Forschung keine ausreichende Stütze. Gesichert scheinen demgegenüber folgende Annahmen:

- Aufgrund der sehr unterschiedlichen Lernvoraussetzungen altersgleicher Kinder muß es bei verbindlichen Lehrplänen in Jahrgangs-

klassen bei einem Teil der Schüler fast notwendigerweise zu Lern- und Leistungsschwierigkeiten kommen.
- Diese Schwierigkeiten können durch die Art des Unterrichts abgemildert oder verstärkt werden.
- Obwohl leistungsschwache Kinder besonderer pädagogischer Förderung bedürfen, profitieren sie vom üblichen Unterricht relativ wenig (vor allem weniger als die leistungstüchtigen Schüler), weil er auf ihre Lern- und Leistungsvoraussetzungen im allgemeinen nicht genügend abgestimmt ist.
- Bei Kindern mit leichten Lernschwierigkeiten bestehen für den Lehrer günstige Möglichkeiten, im Rahmen seines Unterrichts pädagogisch zu helfen; bei umfangreichen, gravierenden und weit zurückreichenden Leistungsschwierigkeiten sind die Erfolgsaussichten pädagogischer Maßnahmen innerhalb des Unterrichts sehr begrenzt.
- Die pädagogischen Hilfen für leistungsschwache Kinder können nicht das Ziel haben, die Leistungsunterschiede zwischen den Schülern einer Klasse drastisch zu verringern. Das könnte nur auf Kosten einer ausreichenden Förderung leistungstüchtiger Schüler geschehen. Die wichtigste Aufgabe besteht vielmehr darin, auch Kindern mit Leistungsproblemen einen Sockel wichtiger Kenntnisse und Leistungen zu vermitteln, um ihre Chancen für die weitere Schullaufbahn, so gut wie möglich, zu erhalten.
- Bei der Förderung lernschwacher Kinder ist die Zusammenarbeit zwischen dem Lehrer und den Eltern besonders wichtig.

Da Erscheinungsbild, Ursachen und Folgen von Lernschwierigkeiten völlig unterschiedlich sein können, soll zunächst eine Ordnungshilfe angeboten werde. Die folgende Tabelle gibt einen Überblick über wahrscheinliche Zusammenhänge zwischen Arten von Leistungsschwierigkeiten, ihren möglichen Ursachen, vermutlichen Auswirkungen und erwägenswerten pädagogischen Maßnahmen.

Die tabellarische Übersicht macht deutlich, daß eine differenzierte und genaue Diagnose der Leistungsausfälle und Lernschwierigkeiten eine notwendige Voraussetzung für erfolgversprechendes pädagogisches Handeln ist. Einfach ausgedrückt: Man muß wissen, wie umfangreich die Kenntnislücken sind, die geschlossen werden sollen, und wie groß die Leistungsschwierigkeiten sind, die überwunden werden müssen. Diese Diagnose der Lern- und Leistungsprobleme erlaubt zugleich eine erste Abschätzung des erforderlichen pädagogischen Aufwandes, um ein erwünschtes Bildungsziel zu erreichen,

Art der Lern-schwierigkeit	mögliche Ursachen	wahrscheinliche Folgen	erwägenswerte päd-agogische Maßnahmen
– umschriebene, nicht zu schwere Lern- und Leistungs-schwierigkeiten	– geringe Anstrengung – unterdurchschnitt-liche Fähigkeiten – mangelnde Vor-kenntnisse	– effektive Beteiligung am Unterricht ist noch möglich, aber erschwert – Gefahr zunehmender Kenntnis- und Vorkenntnislücken – Gefahr des Verlu-stes der Lernmotiva-tion	– Hilfen im Unterricht – Förderunterricht – Mithilfe der Eltern – Beratung des Schü-lers
– plötzlich abfallende oder schwankende Leistungen	– persönliche Pro-bleme – fehlende Lernmoti-vation – latente Krankheiten	– größer werdende Schulschwierig-keiten – Entwicklung von Verhaltensstörungen	– gezielte persönliche Hilfe nach Ursa-chendiagnose – Beratung der Eltern (u. U. eine Erzie-hungsberatungsstel-len zu konsultieren) – Lernhilfen, um die Entstehung von Kenntnislücken zu vermeiden oder zu begrenzen
– schwere und langfri-stige Lernschwierig-keiten	– geringe Anstrengung (bei mittleren bis guten Fähig-keiten) – ineffektives Arbeits-verhalten – große Anstrengung bei niedrigen Fähig-keiten – mangelnde intellek-tuelle Fähigkeiten (bei geringer An-strengung)	– Vergrößerung der Schulschwierig-keiten – gravierende Schul-schwierigkeiten – Überforderung – Verhaltensprobleme	– Klassenwiederho-lung – Schulwechsel – Beratung der Eltern – Beeinflussung der Lernmotivation – Klassenwiederho-lung – Schulwechsel – Beratung der Eltern (realistische Bil-dungserwartungen) – permanente didakti-sche Förderung des Schülers

oder führt zu der stets vorläufigen Hypothese, daß bestimmte Lern-ziele in einer überschaubaren Zeit auch bei größter Anstrengung nicht erreichbar sein werden.

Um die Erfolgsaussichten pädagogischer Maßnahmen besser beur-teilen zu können, ist es vor allem bei plötzlich auftretenden und/oder sehr schweren Lernschwierigkeiten notwendig, nach den Ursachen zu fragen. Sind es mangelnde intellektuelle Fähigkeiten, die das Ler-nen eines Kindes im Vergleich zu seinen Mitschülern permanent er-schweren, so daß allmählich immer größere Kenntnislücken entste-hen? Oder sind im Einzelfall die Denk- und Lernfähigkeiten ver-gleichsweise gut und die Lernschwierigkeiten vor allem auf fehlende Lernmotivation, ungünstiges Arbeitsverhalten und/oder persönliche

Schwierigkeiten eines Schülers zurückzuführen? Auf diese Fragen gibt es keine endgültigen und sicheren Antworten für den Lehrer, sondern stets nur plausible Vermutungen aufgrund vielfältiger Beobachtungen. Diese begründeten Vermutungen bedürfen deshalb einer ständigen Überprüfung. Das professionelle Wissen über die Unmöglichkeit eindeutiger Ursachenerklärungen steht oft im Widerspruch zu den subjektiven Überzeugungen des Lehrers, wodurch und wie die Leistungsprobleme bei einem Kind zu erklären sind. Wenn also eine sichere Ursachendiagnose nicht möglich ist, müssen auch alle darauf aufbauenden pädagogischen Maßnahmen als Versuche angesehen werden, deren Auswirkungen ständig zu beobachten sind. Das ist vergleichsweise einfach, wenn es sich um Lernhilfen im regulären Unterricht oder im Rahmen eines Förderprogramms handelt. Die Möglichkeiten des Lehrers, durch seinen Unterricht zu helfen, sind jedoch bei schweren Lernstörungen begrenzt. Geht es z.B. um die Lösung persönlicher Probleme eines Kindes oder um notwendige Entscheidungen über Klassenwiederholungen, Schulwechsel, Nachhilfeunterricht usw., so ist die Zusammenarbeit mit den Eltern erforderlich. So einfach und selbstverständlich diese Forderung klingt, so schwierig ist sie in manchen Fällen zu verwirklichen. Meistens geht es in Informations- und Beratungsgesprächen darum, Eltern für die Probleme ihres Kindes zu sensibilisieren, unrealistische Bildungserwartungen zu korrigieren, die Möglichkeiten häuslicher Lernhilfen zu erkunden und die Notwendigkeit bestimmter Entscheidungen über den weiteren Bildungsweg zu erörtern. In welcher Form und mit welchem Ergebnis solche Gespräche geführt werden können, hängt nicht nur von der Kompetenz, dem Geschick und dem Einfühlungsvermögen des Lehrers ab, sondern auch von der Persönlichkeit der Eltern und ihren Einstellungen gegenüber dem eigenen Kind.

Nach diesen einführenden Überlegungen möchten wir nun einige Beispiele für Handlungsmöglichkeiten vorstellen und diskutieren, nämlich (1) das Schließen von Kenntnislücken; (2) Mitschüler als Helfer und (3) Förder- bzw. Nachhilfeunterricht (vgl. ergänzend Kapitel B 7).

(1) Schließen von Kenntnislücken. Die nachfolgenden Ausführungen basieren auf einer Differenzierung und Individualisierung des Unterrichts. Dadurch sollen leistungsschwächere Schüler gezielt, d.h. entsprechend ihrer Kenntnislücken, gefördert werden. Nun gibt es wahrscheinlich keinen Lehrer, der das Prinzip der Differenzierung

nicht kennt und nicht auch einige Möglichkeiten der Anwendung beschreiben könnte. Trotzdem werden solche Verfahren in Schulklassen verhältnismäßig selten eingesetzt. Natürlich bringen Differenzierungsmaßnahmen zusätzlichen Arbeitsaufwand und zum Teil auch organisatorische Probleme mit sich. Diese zusätzlichen Belastungen werden aber aufgewogen, wenn es dem Lehrer erspart bleibt, ständig Mißerfolge seiner pädagogischen Maßnahmen zur Förderung leistungsschwacher Schüler zu erleben. Im folgenden geht es um die Frage, wie ein Lehrer Unterrichtszeit, die zur Förderung leistungsschwacher Schüler zur Verfügung gestellt wird, effektiv nutzen kann. Anderson und Jones (1981) nennen drei Bereiche von Lerndefiziten, zu deren Beseitigung sie spezifische Hinweise geben:
- fehlendes Faktenwissen,
- mangelndes Verständnis für den Zusammenhang bestimmter Sachverhalte, Konzepte und Begriffe,
- unzureichende Beherrschung von Verhaltensweisen, z.B. beim Lösen von Problemen.

Die Basis aller kognitiven Leistungen ist ein bestimmtes Wissen über Sachverhalte. Die Vermittlung sollte sich an den folgenden Schritten orientieren:

- Darbietung des Sachverhalts und Klärung, inwiefern die Kenntnisse dieser Fakten für die Schüler von Bedeutung sind. Wenn z.b. in einer Förderstunde der Gebrauch der indirekten Rede mit schwächeren Schülern geübt werden soll, ist es wenig zweckmäßig, einen großen Teil der ohnehin knappen Zeit für zusätzliche Maßnahmen aufzuwenden, um mit den Schülern z.b. Unterschiede zwischen direkter und indirekter Rede zu erarbeiten; dies dürfte im normalen Unterricht ohne großen Aufwand geschehen sein. Es ist am besten, wenn der Lehrer sehr präzise erklärt, worum es geht, und die Methode dann an einem Beispiel demonstriert.

- Aktivierung des vorhandenen Wissens, das für den Erwerb neuer Kenntnisse wichtig ist, wobei den Schülern der Zusammenhang verdeutlicht werden sollte. Um am vorigen Beispiel anzuknüpfen: Man könnte für den Gebrauch des Konjunktivs in der indirekten Rede bei der Formulierung von Wünschen anknüpfen.

- Unterstützung des Einprägens bzw. Behaltens, z.B. durch »Eselsbrücken« oder Diagramme und Anregungen zur selbständigen Ver-

arbeitung durch Wiederholen in eigenen Worten. Herausarbeiten von Kernpunkten oder durch kurze Zusammenfassungen.
- Anbieten von Möglichkeiten zur Wiederholung, z.B. durch Aufforderung zur nochmaligen Wiedergabe.
- Anwendung des Wissens auf andere Sachverhalte oder sinnvolle Verallgemeinerungen.

Das Verständnis von Zusammenhängen ist oft gleichbedeutend mit dem Verständnis entsprechender übergeordneter Begriffe, Regeln usw. Die Vermittlung sollte über folgende Schritte erfolgen:
- Darbietung der wichtigsten »kritischen« Merkmale für die Bestimmung des Begriffs, der Regel usw.;
- Aufzeigen der Beziehung zu ähnlichen, bereits bekannten Konzepten, Zusammenhängen usw.;
- Unterscheidung von Abgrenzungen der Konzepte voneinander anhand »kritischer« Merkmale und passender Beispiele;
- Darbietung von Gegenbeispielen und Erklärungen, warum diese Beispiele den Sachverhalt nicht treffen, und nochmaliges Herausarbeiten der bedeutsamen Kennzeichen.

Die Lösung von Problemen hängt häufig davon ab, ob der Schüler über bestimmte Lösungsverfahren, d.h. über eine zielgerichtete Reihe von Denkoperationen und Handlungen verfügt.
Die Vermittlung entsprechender Verfahrensweisen sollte über die folgenden Schritte erfolgen:
- Herausstellen des Ziels und Darstellung der einzelnen Schritte zur Zielerreichung;
- Aufzeigen, wie die Strategie im einzelnen aussieht und angewandt wird;
- Darbietung einer Reihe von Situationen oder Problemen, bei denen die Strategie angewandt werden kann;
- Vorgabe von kontrollierbaren Anwendungsmöglichkeiten: Zur Unterstützung können Flußdiagramme oder Checklisten gegeben werden, anhand derer die Schüler selbst das Vorgehen überprüfen können.

(2) Mitschüler als Helfer. Leistungsschwache Schüler bedürfen vielfach einer individuellen Hilfe bzw. Förderung, da sie aufgrund mangelnder Vorkenntnisse, langsamen Arbeitstempos, kurzer Konzentrationsphasen und ungenügender Aufmerksamkeitssteuerung nicht

in der Lage sind, dem Unterricht angemessen zu folgen. Auch Gruppenarbeit im herkömmlichen Sinn ist für solche Schüler wenig hilfreich, da sie meist mehr oder weniger geduldete Mitläufer bleiben. Nur in Ausnahmefällen steht dem Lehrer jemand zu Seite, der die leistungsschwachen Schüler individuell betreut (z.B. ein pädagogischer Assistent). Das sogenannte »Helfersystem«, das früher in ein- oder zweiklassigen Schulen eine selbstverständliche Form der Unterrichtsorganisation darstellte, erhält deshalb zunehmende Bedeutung. Der Grundgedanke dieses Verfahrens besteht darin, daß sich ein Schüler mit Lernschwierigkeiten von einem besseren Schüler helfen läßt. Welche Voraussetzungen bzw. Bedingungen müssen erfüllt sein, damit dieses System funktioniert? Der Erfolg dieses Schülerorientierten Lernens hängt vor allem

- von der positiven Beziehung der beiden Partner ab, d.h. der leistungsschwächere Schüler muß den anderen in seiner Helferrolle akzeptieren, und der Helfer muß bereit sein, den Mitschüler auch emotional zu unterstützen;
- von der Bereitschaft des leistungsstärkeren Schülers ab, sich mit dem Stoff so intensiv auseinanderzusetzen, daß er über das notwendige Wissen verfügt, um dem schwächeren Schüler Sachverhalte angemessen erklären zu können.

Gerade der zweite Punkt verdeutlicht, daß im Helfersystem nicht nur einseitig der leistungsschwächere Schüler gefördert wird, sondern daß auch der helfende Schüler davon profitiert, da er sein Wissen dabei vertiefen kann. Damit der schwächere Schüler wirksam unterstützt wird und die Hilfe nicht nur im »Vormachen« bzw. »Nachmachen« besteht, sollten bestimmte Spielregeln für die Interaktion gelten:

- Vom Lehrer muß eine klare Arbeisanweisung gegeben werden, die genau festlegt, was getan und erreicht werden soll. Es reicht z.B. nicht aus, dem Helfer nach einer Grammatikübung zu sagen, er soll mit dem Partner Fehler suchen und verbessern. Der Auftrag an die Helfer muß etwa lauten: »Laß dir von deinem Partner alle Sätze vorlesen, bei denen er nicht sicher ist, ob sie richtig in die indirekte Rede umgewandelt wurden.« Der Partner soll dann bei jedem Satz angeben, an welche andere Möglichkeit er gedacht hat.

- Die Aufgabenbearbeitung soll so aussehen, daß der schwächere Schüler die Initiative ergreift: Er soll einfache Aufgaben ausführen, einen Lösungsweg vorschlagen und begründen sowie gezielt nach fehlenden Informationen fragen. Der Partner soll Fehler erkennen und sofort auf Korrekturen drängen, er soll Rückmeldung geben, Lösungswege mitsteuern, Alternativen vorschlagen (und begründen) sowie notwendige Informationen bzw. Strategien vermitteln.

- Die Erfolgskontrolle soll durch den leistungsstärkeren Schüler erfolgen, z.B. durch Abfragen oder Korrektur von Übungsbeispielen.

Abschließend sei noch darauf hingewiesen, daß diese Art der Partnerarbeit nicht nur im Hinblick auf die erwünschte Leistungssteigerung beurteilt werden darf, sondern auch als Möglichkeit zum Erlernen kooperativen Arbeitens gesehen werden muß.

(3) Förder- und Nachhilfeunterricht. Wenn die üblichen Leistungsdifferenzierungen im Unterricht nicht ausreichen, bieten sich Nachhilfe bzw. Förderung in bestimmten Stoffen innerhalb oder außerhalb der Schulorganisation als kompensatorische und/oder remediale Förderungsmöglichkeiten an. Erfolgversprechend sind solche Maßnahmen nur, wenn die Lücken bzw. Fähigkeitsmängel eines Schülers auch im Hinblick auf ein herabgesetztes Zielniveau nicht zu groß sind. Die besondere Stärke von Nachhilfemaßnahmen liegt in der Möglichkeit, ganz spezifische Förderung aufgrund einer gründlichen Diagnostik bieten zu können. Spezielle Schwierigkeiten eines Schülers können im Klassenverband oder in Leistungskursen mit größerer Schülerzahl nur selten hinreichend berücksichtigt werden. Wegen der Spezifität der Fördermaßnahmen, die darüber hinaus fachlich differenziert dargestellt werden müßten, können hier nur allgemeine Prinzipien, die sich bei Nachhilfemaßnahmen mit leistungsschwachen Schülern bewährt haben, vermittelt werden (vgl. Biehler, 1978).

Nichts ist für generell leistungsschwache Schüler bei Förderungsmaßnahmen so wichtig wie Erfolgserlebnisse. Andererseits sind gerade diese Schüler wegen mangelnder Voraussetzungen und aufgrund ihrer Mißerfolgserwartungen häufiger als andere in der Gefahr, Leistungsversagen zu erleben. Im Förder- oder Nachhilfeunterricht sollte daher jeder Schüler individuelle Aufgaben bekommen, so daß die Ergebnisse nur mit früheren eigenen Lösungen, nicht aber mit denen der anderen Schüler verglichen werden können. Da aber Leistung gefördert werden muß, wenn der Lernfortschritt gefördert werden soll, lassen sich Mißerfolge nicht völlig ausschließen, wobei es wichtig ist, diese dann gegenüber den erfolgreich bewältigten Anforderungen zu relativieren. Ebenso wichtig ist es, daß sie Zuwendung und Wertschätzung von einer respektierten Person erfahren. Neben den Bemühungen, eine positive Lehrer-Schüler-Beziehung aufzubauen, ist der persönliche Erfolg entscheidend für die Entwicklung eines positiven Selbstwertgefühls.

Die Anforderungen für leistungsschwache Schüler sollten zunächst einfach, dann zunehmend komplexer gestaltet werden. Günstig ist es, wenn die Lernaufgaben nur aus wenigen und auch bekannten Elementen zusammengesetzt sind. Anstelle einer umfassenden, wenn auch gut gegliederten Aufgabe sollten besser mehrere kurze, auch im Bewältigungszeitraum überschaubare Aufgaben gestellt werden. Dies ist sowohl für die Anforderungen an die Aufmerksamkeit des Schülers günstiger als auch für Möglichkeiten zu positiver Rückmeldung von Erfolgen. Bei Lernversagern muß großer Wert auf ausreichendes Üben gelegt werden. Das Prinzip des »Überlernens« vermittelt besondere Sicherheit, d.h. der Lerninhalt wird über den Zeitpunkt hinaus, an dem eine bestimmte Fertigkeit erstmals sicher zur Verfügung steht, weiter geübt. Der Schüler erlebt dann - im Unterschied zu bisherigen Erfahrungen - daß ihm früher Gelerntes immer müheloser zur Verfügung steht. Wenn umfangreichere Aufgaben gelöst oder mehrere Schritte bei der Bearbeitung eines Arbeitsblattes eingehalten werden müssen, hat es sich bewährt, den Schülern zusätzliche Strukturierungshilfen zu geben, da schrittweise gegliederte Anweisungen erfahrungsgemäß häufig überlesen werden. Zusätzliche Fragen, die der Reihe nach beantwortet werden müssen, sind günstiger, weil sich der Schüler dabei den zu bearbeitenden Problembereich in allen Aspekten erschließen kann. Grundlage für Erfolgsrückmeldungen ist die Kontrolle des Lernfortschritts. Man sollte bei leistungsschwachen Schülern im Hinblick auf die Förderung ihrer Selbsteinschätzung besonders darauf achten, daß Möglichkeiten der Selbstkontrolle der eigenen Leistungen bestehen. Allgemein wird empfohlen, den Schülern die Aufzeichnung von bearbeiteten Aufgaben, Punktzahlen, Benotungen usw. selbst zu überlassen, wobei allerdings nicht nur schwache Leistungen protokolliert werden sollen.

Allein diese drei Beispiele, herausgegriffen aus der Vielfalt von Handlungsmöglichkeiten, wie sie auch in der oben angeführten Tabelle zu finden sind, sezten erhebliche Veränderungen in der Unterrichtsorganisation voraus. Es bedarf also spezieller Maßnahmen des Lehrers und individueller didaktischer Arrangements, jeweils beruhend auf Diagnosen der Lernschwierigkeit. Dies stellt an den Lehrer erhebliche Anforderungen bei Unterrichtsvorbereitung und Unterrichtsdurchführung. Viele Lehrer scheuen verständlicherweise einen derartigen Mehraufwand, müssen sich dann aber auch damit abfinden, daß Lernschwierigkeiten in ihrer Klasse bestehen bleiben.

Wir haben in diesem Kapitel versucht, aus der großen Menge von pädagogischen Fremdsteuerungsmethoden drei verschiedene Handlungsmöglichkeiten beispielhaft herauszugreifen. Dabei sollte gezeigt werden, wie jede Handlungsmöglichkeit auf bestimmte Schwierigkeiten zugeschnitten ist und dort auch erfolgreich wirkt, während sie sich für andere Probleme nicht eignet. Entscheidend ist also, eine gründliche Analyse der Vehaltens- und Lernschwierigkeiten zu leisten und erst danach Handlungsmöglichkeiten auszuwählen.

3 Veränderung der pädagogischen Situation durch gemeinsames Handeln von Lehrern und Schülern

3.1 Schwierigkeiten im Umgang mit Konflikten

In Übereinstimmung mit weitverbreiteten negativen Einstellungen gegenüber sozialen Konflikten vermeiden es sehr viele Lehrer, Konflikte in der Klasse offen auszutragen. Es beginnt häufig schon mit der Art und Weise, in der widersprüchliche Meinungen und Vorstellungen von Lehrer und Schülern, aber auch zwischen den Schülern behandelt werden. Neue Lösungen findet man am wahrscheinlichsten, wenn man die widerstreitenden Sichtweisen und ihre Grundlagen analysiert. Im Gegensatz dazu fühlen sich die meisten Lehrer und Schüler viel wohler, wenn Meinungsverschiedenheiten möglichst rasch durch nachdrückliches »Überzeugen« von der einen Seite und/ oder im Grunde nicht überzeugtes »Nachgeben« von der anderen Seite beigelegt werden können. Schlechte Kompromisse, d.h. vordergründige Konfliktbeseitigung ohne die Hintergründe unterschiedlicher Standpunkte zu klären, lösen Probleme häufig nur kurzfristig.

Oft ist der Lehrer in Schulkonflikten selbst Partei. Seine Vorschläge und seine eigenen Verhaltensweisen werden von den Schülern deshalb nicht immer neutral wahrgenommen und aufgegriffen, sondern als seine persönlichen Strategien in der Auseinandersetzung mit der Klasse erlebt. Im Fall des akuten Konflikts sind nur wenige Schüler in der Lage, Maßnahmen des Lehrers als Versuche zur Klärung der Situation aufzufassen. Kontroversen und Auseinandersetzungen werden nämlich nicht selten unter einer Orientierung des »Gewinnens« oder »Verlierens« ausgetragen. Statt daß man wechselseitig versucht, unterschiedliche Sichtweisen, Interessen, Pläne genauer kennenzulernen und zu verstehen, ist man viel eher bereit, nach Möglichkeiten zu suchen, den »Sieg« des anderen zu verhindern und die eigenen Ansichten durchzusetzen. Niemand will gerne verlieren und sich von anderen dominieren lassen. Dies gilt natürlich auch für Lehrer. Wenn es dem Lehrer im Konfliktfall vor allem darum zu tun ist, den Schülern nicht »nachgeben« zu müssen, wird auch er nur die Gesichtspunkte einer Kontroverse aufgreifen, die ihn in seiner Position unterstützen und ihm helfen, die Argumente der Schüler abzulehnen. Johnson und Johnson (1975) verwiesen darauf, daß die Ergebnisse von »Sieg-oder-Niederlage«-Situationen voraussagbar sind. Sieger bestreiten die Berechtigung anderer Interessen als ihrer eigenen und berücksichtigen auch nur eigene Bedürfnisse. Die Unterlegenen sind dann einerseits wenig motiviert, Lösungen mit auszuführen, auch wenn sie ihnen in der Auseinandersetzung schließlich zugestimmt haben, andererseits beginnen sie die Sieger oft abzulehnen. Weitere Konflikte sind dadurch vorprogrammiert.

Konflikte, die das Verhältnis zwischen Lehrern und Schülern stören, sind wie die meisten Störungen in den Beziehungen zwischen Personen mit starken Gefühlen verbunden. Lehrer und Schüler fühlen sich oft sehr persönlich betroffen. Sie reagieren aus dieser emotionalen Betroffenheit heraus sehr spontan. Gerade unter Berücksichtigung der engen Verhaltensspielräume, die in der Schule gegeben sind, wird die Suche nach konstruktiven Maßnahmen behindert.

Lehrer zögern häufig sehr lange, ehe sie Schwierigkeiten mit ihren Schülern als ein Problem aufgreifen, das gemeinsam bearbeitet werden muß. Solange sie sich mit ihren Unterrichtszielen und Vorhaben nur mehr oder weniger beeinträchtigt, nicht aber bedroht fühlen, suchen sie meist noch nicht nach alternativen Handlungsmöglichkeiten. Im Stadium der Handlungserschwerung durch einen Konflikt

(Kommer & Röhrle, 1981) geben Lehrer sich mit ihren subjektiven Situationsauffassungen zufrieden; sie fühlen sich nicht besonders unsicher und kommen selten auf den Gedanken, nach anderen Sichtweisen zu fragen oder gar ihre Wahrnehmung der Situation als eine Perspektive zu betrachten, die übeprüft werden müßte. Darum wenden Lehrer die ihnen geläufigen Handlungsmöglichkeiten auch ganz selbstverständlich an. Erst wenn sich im Stadium der Handlungsbeeinträchtigung dann Störungen summieren, suchen Lehrer intensiver nach anderen Bewältigungsmöglichkeiten. Die Maßnahmen, die sie in dieser zugespitzten Situation ergreifen, beeinträchtigen jedoch häufig den eigenen Handlungsspielraum. So verzichten Lehrer beispielsweise auf Unterrichtsformen, wie Gruppenunterricht, die erfahrungsgemäß mit Störungen verbunden sind, sie stellen manche Unterrichtsziele zurück, z.b. das Einüben von Diskussionstechniken, die ihnen unter den beeinträchtigten Bedingungen jetzt nicht mehr realisierbar erscheinen. Im Stadium der Krise schließlich, das oft durch massive Störungen gekennzeichnet ist, wird lehrplanmäßiger Unterricht nicht mehr durchführbar. Nun muß der Konflikt vorrangig bearbeitet werden; dann aber ist es für den Lehrer wegen der bereits genannten Bedingungen meist schon zu spät für konstruktive Lösungen, die er aus eigener Kraft zusammen mit der Klasse finden und realisieren müßte.

Als Konsequenz aus diesen Überlegungen ist festzuhalten, daß Lehrer Kompetenzen benötigen, die es ihnen ermöglichen, Konflikte gemeinsam mit ihren Schülern zu lösen. Konflikte kommen nicht »aus dem Nichts«, sondern stellen Endpunkte längerer Entwicklungen dar, in denen sich Spannungen zwischen Lehrern und Schülern aufbauen. Es erscheint besonders wichtig, daß Lehrer solche Entwicklungen rechtzeitig erkennen, ehe die Situation zu zugespitzt ist, daß Lehrer und Schüler als Konfliktparteien nicht mehr gemeinsam, ohne Hilfe von außen, handeln können. Im folgenden stellen wir Handlungsmöglichkeiten zur gemeinsamen Bearbeitung von Schulkonflikten vor. Die Hinweise dürfen nicht als Rezepte aufgefaßt werden. Man muß im Einzelfall die besonderen Bedingungen der Klasse genau berücksichtigen. Im einzelnen geht es um
- das einleitende Ansprechen von Konflikten;
- das Gespräch zur Entwicklung von Konfliktlösungen;
- das gemeinsame Bemühen um Verhaltensänderungen.

3.2 Das einleitende Ansprechen von Konflikten

Wie gerade ausgeführt wurde, sind die Möglichkeiten des einzelnen Lehrers zur Veränderung einer Situation beschränkt, wenn erst einmal Konflikte so massiv auftreten, daß gemeinsames Handeln mit der Klasse unmöglich wird. Ist das in gravierender Weise der Fall, so ist es zweckmäßig, möglichst bald einen Beratungslehrer oder Schulpsychologen um Hilfe zu bitten. Damit es jedoch gar nicht so weit kommt, sollten Lehrer und Schüler gemeinsam versuchen, Konflikte schon in einem möglichst frühen Entstehungsstadium anzusprechen.

Sicherlich muß der Lehrer in vielen Fällen abwägen, ob es günstig ist, den unterrichtlichen Konflikt zu thematisieren. Dies ist vor allem dann problematisch, wenn die Gefahr besteht, daß Schüler durch das Thematisieren noch stärker in eine negative Rolle gedrängt werden. So ist es bei bestimmten Formen von Außenseiterproblemen oder bestimmten Formen sozialer Ängste manchmal besser, eine Verhaltensänderung ohne Wissen der Schüler herbeizuführen. Dies sind aber Ausnahmen. Die im Unterricht hauptsächlich auftauchenden Probleme lassen sich in der Regel dadurch bearbeiten, daß man sie zum Gegenstand der Interaktion zwischen Schüler und Lehrer, oder Klasse und Lehrer macht.

Gute Erfahrungen, einen Konflikt zu thematisieren und damit zum Gegenstand des Unterrichts zu machen, wurden mit den von Thomas Gordon (1977) empfohlenen Ich-Botschaften und Verständnisäußerungen gemacht, die allerdings nur unter folgenden Voraussetzungen bewirken, daß sich Schüler an einer offenen Form der Konfliktbewältigung beteiligen:

- Genügend Zeit: Um das angesprochene Problem befriedigend zu bearbeiten, sollte der Lehrer bereit sein, genügend Zeit (manchmal zwei bis drei Unterrichtsstunden) dafür zu investieren.

- Kooperationsbereitschaft: Der Lehrer muß grundsätzlich bereit sein, den Konflikt kooperativ mit den Schülern zu lösen. Manche Lehrer thematisieren Konflikte und haben die Lösung schon fest vor Augen. Sie benützen Ich-Botschaften und Verständnisäußerungen auch nur zum Herstellen eines gewünschten Verhaltens oder als verdeckte Aufforderung; dies wird von Schülern meist rasch erkannt, und die Botschaft bewirkt nicht mehr als eine übliche Ermahnung,

Aufforderung oder Bitte. Das offene Thematisieren eines Problems sollte auch nicht zu einer Beeinflussung im Sinne von »Seht doch bitte ein, daß ihr euch so nicht verhalten könnt!« verfälscht werden.

- Berücksichtigung der institutionellen Grenzen: Trotz der grundsätzlichen Bereitschaft, Konflikte kooperativ zu lösen, steht der Lehrer im Schulalltag immer wieder Problemen gegenüber, deren Lösung außerhalb der Möglichkeiten von Lehrern und Schülern liegen, z.B. bei per Erlaß vorgegebenen Regelungen.

- Bewußter Einsatz: Zu häufig benutzte Ich-Botschaften und Verständnisäußerungen, vor allem ohne nachfolgende kooperative Lösungssuche lassen diesen wichtigen »Problemlöseweg« unwirksam werden.

Wenn diese Punkte berücksichtigt werden, können Ich-Botschaften und Verständnisäußerungen zu einer Klärung unterrichtlicher Konflikte beitragen.

Bei Ich-Botschaften versucht der Lehrer, die eigene Perspektive zu verbalisieren: Er nennt unverfälscht seine Absichten und Empfindungen; er gibt zu verstehen, daß er noch keine Lösung sieht, aber bemüht ist, eine Lösung zu finden. Alle Äußerungen, die die genannten Punkte beinhalten, können als Ich-Botschaften aufgefaßt werden. Dazu ein Beispiel: Eine Lehrerin bemerkt, daß ihr die Unruhe im Klassenzimmer immer mehr zu schaffen macht. Es kostet sie ihre ganze Selbstbeherrschung, nicht ständig zu schreien, sondern immer wieder um Ruhe zu bitten und zu ermahnen. Mit ihr wurde vereinbart, in einer relativ ruhigen Phase sinngemäß folgende Ich-Botschaft zu senden und den Konflikt im Anschluß daran zu thematisieren: »In unserer Klasse ist es oft sehr laut. Ich merke, daß mir das immer mehr zu schaffen macht. Oft ärgere ich mich so, daß ich euch anbrülle. Oft beherrsche ich mich und bitte und ermahne euch. Ich suche jetzt nach einer besseren Lösung. Vielleicht könnt ihr mir dabei helfen.« Zwei Dinge fallen hier auf: Zum einen ist es für viele Lehrer ungewöhnlich, ihre Gedanken und Gefühle in dieser Weise »preiszugeben«, zum anderen klingen Ich-Botschaften, wenn sie schriftlich notiert werden, eher künstlich, gestelzt und unnatürlich. Damit sind zugleich die beiden wesentlichen Einwände gegen diese Handlungsmöglichkeit beschrieben.

Hat ein Lehrer noch nie mit Ich-Botschaften gearbeitet, wird die Klasse, die Gruppe oder der einzelne Schüler beim ersten Mal recht überrascht über das veränderte Lehrerverhalten sein. Schüler verhalten sich in solchen Fällen zunächst abwartend, um festzustellen, ob das veränderte Verhalten »echt« ist und ob es andauert. Wenn ja, dann sind sie nach unseren Erfahrungen bald bereit, ebenfalls die eigene Perspektive zu verbalisieren.

Die Künstlichkeit, die eine schriftlich fixierte Ich-Botschaft kennzeichnet, entfällt im konkreten Fall im Klassenzimmer, da der Lehrer solche Dinge ohnehin nur glaubhaft sagen kann, wenn er seine ganz persönliche Wortwahl, Stimmführung, Mimik und Gestik verwendet. Trotzdem lassen sich Ich-Botschaften nicht nur üben, sondern müssen sogar vorgeplant werden. Allzu rasch verwandeln sie sich nämlich in Anklagen, Vorwürfe, Angriffe oder Herabsetzungen und drehen damit die angestrebte Wirkung um. Es empfiehlt sich, im privaten Bereich oder in einer informellen Arbeitsgruppe mit Ich-Botschaften zu beginnen und sie erst dann, wenn man mit ihnen umgehen kann, im Klassenzimmer zu verwenden.

Bei Verständnisäußerungen versucht der Lehrer, die fremde Perspektive zu verbalisieren: Er gibt zu verstehen, daß er ernsthaft bemüht ist, sich in die Lage des Konfliktpartners hineinzuversetzen. Dabei formuliert er die Botschaft so, daß der andere den bei ihm vermuteten Empfindungen leicht wiedersprechen, sie korrigieren, ergänzen oder bestätigen kann. Die Verständnisäußerung soll den Konfliktpartner dazu ermutigen, die eigene Perspektive aufzudecken, so daß sich dann beide Sichtweisen des Konflikts gegenüberstehen und mit den Lösungsversuchen begonnen werden kann. In der Regel werden deshalb Ich-Botschaften und Verständnisäußerungen miteinander verbunden. Auch dazu ein Beispiel: Im 6. Hauptschuljahr plant der Lehrer zu Beginn der Deutschstunde ein Spiel ein, um die Schüler für den Unterrichtsgegenstand zu interessieren. Das Spiel ist interessant und die Schüler sind sehr aktiv. Danach will der Lehrer die wesentlichen Sachverhalte im Unterrichtsgespräch herausarbeiten, aber die Schüler sind noch beim Spiel, reden durcheinander, lachen, führen Zweiergespräche usw., so daß eine geregelte Besprechung nicht möglich ist. Der Lehrer versucht, das Problem so zu thematisieren: »Wir haben gerade ein Spiel gemacht, das euch offenbar sehr interessiert hat! Ihr seid noch so angeregt, daß ihr für das Thema, das ich mit euch durchnehmen will, noch kein Interesse habt. Das >Umschalten< fällt euch deshalb sehr schwer.«

Das in Verständnisäußerungen vom Lehrer vermittelte Verstehen des Schülerverhaltens könnte unter Umständen den Eindruck erwecken, als sei der Konflikt durch ein Nachgeben gelöst. Dies ist ein Mißverständnis. Vielmehr soll erreicht werden,daß die Schüler ihre Perspektive verbalisieren und daß dann - im Vergleich zwischen Lehrer- und Schülerperspektive - nach Lösungen gesucht wird. Nach einigen Stellungnahmen der Schüler kann der Lehrer eine Ich-Botschaft »senden« und zur Problemlösung auffordern, wie es in der Fortsetzung des oben begonnenen Beispiels gezeigt wird: »Ich freue mich auf der einen Seite, daß euch das Spiel so stark angeregt hat. Auf der anderen Seite möchte ich das vorbereitete Thema mit euch durchnehmen, und ich bin schon ziemlich ungeduldig. Ich suche jetzt nach einer Lösung für das Problem. Vielleicht könnt ihr mir dabei helfen.«

Ist der Lehrer beim anschließenden Konfliktgespräch tatsächlich bereit, auch andere Lösungen als seine eigenen zuzulassen - d.h. in gewissem Maße vom Vorgeplanten abzuweichen, ohne völlig nachzugeben -, so kann er damit rechnen, daß seine Verständnisäußerungen als »echt« aufgefaßt werden und die Schüler künftig die Äußerungen als Verbalisierungsanlaß für die eigene Perspektive annehmen werden. Dies bestätigen zahlreiche Erprobungen im Schulalltag, wobei sich herausstellte, daß eine solche Konfliktthematisierung auch schon für die Grundschule geeignet ist.

Es kann vorkommen, daß es Lehrern zeitweilig schwerfällt, sich in die Lage der Schüler zu versetzen und die Situation aus deren Perspektive wahrzunehmen. In einem solchen Fall wirken Verständnisäußerungen häufig unecht und gekünstelt, weil Stimmführung, Mimik und Gestik das Gegenteil der formulierten Verständnisäußerungen ausdrücken. Werden Verständnisäußerungen ohne Verständnis für den Schüler formuliert, wirken sie als »Straßensperren« der Kommunikation und unterbinden das Thematisieren von Konflikten, anstatt es zu fördern (vgl. Gordon, 1977). Auf Verständnisäußerungen sollte man deshalb verzichten, wenn die Bereitschaft vom eigenen Standpunkt abzuweichen nicht tatsächlich gegeben ist. Auch Verständnisäußerungen bedürfen der Übung, damit sie nicht wie verdeckte Aufforderungen klingen oder als ein Signal der Resignation verstanden werden.

3.3 Konfliktthematisierung im Rollenspiel

Das Rollenspiel stellt eine konstruierte Lernsituation dar, in der soziale Erfahrungen gemacht werden können: Es handelt sich zwar um eine künstliche Spielsituation, die Erfahrungen aus dem Spiel können jedoch - zumindest zum Teil - in die Ernstsituation übernommen werden. Während die Handlungen in der Alltagssituation unwiderruflich sind, kann eine Situation im Rollenspiel mehrmals wiederholt werden. Dabei können die Schüler unterschiedliche Lösungsmöglichkeiten vorschlagen, selbst ausprobieren und sich die erfolgreichste aneignen; außerdem lernen sie die besonderen Schwierigkeiten der Situation genauer zu erfassen. Darüber hinaus kann der »Rollenspieler« nicht nur sein eigenes Handeln erproben, er kann auch die Wirkung seines Verhaltens auf die Mitspieler und die Beobachter erfahren. Vergangenes kann aufgegriffen werden, um Zusammenhänge nachempfinden und Geschehnisse besser einordnen zu können. Für den Perspektivenwechsel im Rollenspiel sollen den Schülern keine vom Lehrer erfundenen Ausdrucksweisen, Teilrollen oder etwa vollständig ausgearbeitete Darstellungsmöglichkeiten vorgegeben werden. Es geht nicht um ein perfektes Schauspiel wie im Theater, vielmehr soll den Schülern deutlich werden, daß über diese spielerische Form eine Verständigung möglich ist; dadurch kann ihr Sinn für bestimmte Verhaltensweisen geschärft und ihre Fähigkeit, andere zu beobachten, verbessert werden.

Nicht nur Vergangenes kann auf diese Weise durchgespielt werden, sondern auch Zukünftiges. Es ist möglich, erwartete Verhaltensprobleme einer bevorstehenden Ernstsituation im Spiel vorwegzunehmen. Das Rollenspiel kann in gewisser Weise auch diagnostische Funktionen übernehmen, es ist aber vor allem geeignet, angemessene Handlungsmöglichkeiten zu erproben und zu üben. In diesem Fall wird das Rollenspiel zu einer Art »Instrument« zur Einübung von effektivem und angemessenem Sozialverhalten.

Worauf beruht die Wirkung des Rollenspiels? Jemand, der im Spiel eine Rolle übernimmt, die seiner bisherigen Lebens- und Denkweise entgegensteht, und damit vor anderen »neue« Argumente vertritt, kann seine Sichtweise ändern, weil die alten Argumente quasi unberücksichtigt bleiben und damit als Stütze bisheriger Rechtfertigungen entfallen. Ein weiterer Vorteil liegt darin, daß man im Rollenspiel die Chance hat, andere, bisher nicht bekannte oder geübte Verhaltensweisen zu beobachten und einzuüben. Die Bedeutung der Identifizierung mit bestimmten sozialen Rollen wird von vielen Autoren betont. Wie sich ein Mensch selbst sieht, hängt nach dieser Auffassung stark davon ab, welches Verhaltensrepertoire ihm zur Verfügung steht und welche Rollen er im Laufe seiner Entwicklung gelernt hat.

Wie kann man als Lehrer den Ablauf eines Rollenspiels strukturieren?
Für die Planung und den Ablauf in Rollenspielen in der Schule bietet sich folgendes Schema an:

Phasen	Aktivitäten
(1) Aufwärmphase	– Problembestimmung – Erläuterung des Problems – Einführung mit Hilfe einer Geschichte – Beschreibung der Ausgangssituation im Rollenspiel – Erklärung des Rollenspiels
(2) Auswahl der Rollenspieler	– Analyse der zu spielenden Rollen – Wer spielt welche Rolle?
(3) Aufbau der Szene	– Festlegung eines Handlungsrahmens – Die Rollenspieler nehmen ihre Positionen ein – Die Rollenspieler stellen sich auf die Rollenspielsituationen und auf die jeweiligen Rollen ein
(4) Instruktion der Beobachter	– Welche Aufgaben übernehmen die Zuschauer? – Beobachtungsschwerpunkte werden festgelegt
(5) Beginn des Rollenspiels	– Das Startzeichen zum Rollenspiel geben – Für den Fortgang des Rollenspiels sorgen – Das Rollenspiel beenden
(6) Diskussion	– Rückblick auf den Ablauf des Geschehens im Rollenspiel – Wo waren die Schlüsselstellen? – Wo können bei der Wiederholung andere Akzente gesetzt und alternative Verhaltensweisen gezeigt werden?
(7) Wiederholung	– Festlegung der Rollenabänderungen – Vorschläge für Abläufe bzw. für Verhaltensalternativen – Erneutes Rollenspiel
(8) Diskussion	vgl. Punkt (6)
(9) Erfahrungsaustausch und Transfer	– Verknüpfung der Problemsituation im Rollenspiel mit Alltagserfahrungen und bekannten Problemen – Erläuterung allgemeiner Verhaltensprinzipien

Eines darf der Lehrer nicht, wenn er Schüler seine eigene Rolle spielen läßt, damit die Klasse unterschiedliche Perspektiven besser erschließen kann: Er sollte nicht selbst etwas vorspielen. Die Schüler sollen Erfahrungen sammeln, wie sie eine Szene am besten für sich gestalten. Wenn mehrere Kinder sich an der gleichen Rollenspielszene versuchen, können z.B. Vergleiche gezogen werden, welche der

439

Darstellungen den Problemfall am treffendsten wiedergibt. An dieser Stelle kann dann der Lehrer seine Sichtweise mit in die Diskussion einbringen.

(1) Es hat sich bewährt, bei der Einführung des Rollenspiels von einer Problemgeschichte auszugehen. Diese Geschichte liest der Lehrer bis zu einem entscheidenden, problematischen Punkt vor. Die Geschichte ist so angelegt, daß eine Rollenspielsituation damit praktisch vorstrukturiert wird; sie sollte dem zu thematisierenden Problembereich entnommen sein, so daß eine Identifizierung mit dem Problem ohne weiteres ermöglicht wird. Die Zuhörer werden aufgefordert zu überlegen, wie die Handelnden in der Geschichte ihr Problem lösen könnten. Das kann die Schüler anregen und ihre Aufmerksamkeit wecken. Gegebenenfalls können noch weitere Hilfsmittel eingesetzt werde, z.b. bestimmte »Schlüsselfragen« (vgl. Punkt 7 dieser Zusammenstellung).

(2) Wenn es zum Rollenspiel kommt, ist es wichtig, diejenigen Schülerinnen und Schüler auszuwählen, die sich mit einer Person in der Problemgeschichte identifizieren und sich in die Rolle einfühlen können. Eventuell muß der Lehrer dazu Anregungen geben: »Was für ein Mensch ist... in der Geschichte?«, »Wie denkt, fühlt, handelt er?« usw. Wichtig ist es, auf die Ideen der Kinder einzugehen, die dann auf mögliche Konsequenzen bzw. auf ihre Durchführbarkeit hin untersucht werden können.

(3) Für den Aufbau der Rollenspielszene sind mehrere gezielte Hinweise notwendig. Zu denken ist z.b. an die Festlegung der äußeren Bedingungen (Dauer, Umfang) oder an die Beschreibung der Rollenspielsituation (Rahmen, in dem sich die Handlung abspielt). Die Rollenspieler sollten sich vorab kurz einigen, wie sie vorgehen wollen. Spontane Ideen der Schüler sind den Anweisungen des Lehrers vorzuziehen. Er sollte die Schüler allerdings darin unterstützen, sich in die Situation einzuführen, indem er z.b. fragt: »Wo findet das statt?«, »Wie sieht der Ort aus?«, »Was machst du, wenn du....?«

(4) Die Zuschauer können verschiedene Aufgaben wahrnehmen: Entweder sollen alle beurteilen, wie realistisch das Rollenspiel verläuft; oder eine Gruppe übernimmt diese Aufgabe, und eine andere achtet eventuell auf die Gefühle der Rollenspieler, während sich eine dritte Gruppe weitere Lösungsstrategien ausdenken könnte.

(5) Die Phasen des Rollenspiels selbst werden in ihrem Gelingen entscheidend davon beeinflußt, wie gut der Lehrer sie vorgeplant hat und wie sensibel er gegebenenfalls eingreift. Es sind vor allem mögliche unklare Situationen, die ein Eingreifen des Lehrers notwendig machen:
- es herrscht Unklarheit darüber, was genau abläuft;
- jemand kann seine Rolle nicht weiterspielen;
- ein Rollenspieler ist emotional stark betroffen;
- das Rollenspiel hat längst sein Ziel erreicht, die Aktionen der Rollenspieler bringen nichts Neues mehr usw.
In diesen Fällen sollte der Lehrer das Rollenspiel unterbrechen bzw. beenden.

(6) Für das Gespräch im Anschluß an das Rollenspiel sind drei Bereiche wichtig:
- Was haben die Rollenspieler erlebt? Wie haben sie sich gefühlt?
- Was ist abgelaufen? Was haben die Zuschauer beobachtet?
- Welche Konsequenzen ergeben sich durch das Verhalten der Rollenspieler? Welche Alternativen im Verhalten sind möglich?

(7) Weil und Joyce (1978) benennen zusammenfassend folgende Schlüsselfragen für einzelne Phasen:

Phase	Schlüsselfrage
Zur Aufwärmphase:	– Wie lautet das Problem? – Was geschieht hier? – Wie empfinden die Personen der Handlung das Problem? – Was können sie für die Lösung des Problems tun? – Welche Alternativen stehen dabei zur Verfügung?
Zur Auswahl der Rollenspieler:	– Wer sind die Leute in der Geschichte? – Wie sehen sie aus? – Was ist . . . für ein Mensch? – Wer könnte den . . . spielen? – Was machst du als . . .? – Warum?
Zum Aufbau der Szene:	– Was glaubt ihr, was jetzt geschehen wird? – Wo geschieht es? – Warum?
Zur Instruktion der Zuschauer:	– Wie haben die Personen der Handlung wohl gefühlt? – Wie haben sie ihre Gefühle gezeigt? – Was hat . . . getan, um es zu bekommen? – Könnte das wirklich passieren? – Warum? – Gibt es andere Wege, das Problem zu lösen?
Zur Diskussion nach dem ersten Rollenspiel:	– Ist jeder damit einverstanden, daß das Problem auf diese Weise gelöst wurde?

Phase	Schlüsselfrage
Zur Diskussion nach dem zweiten Rollenspiel:	– Wo waren die beiden Rollenspiele gleich, wo verschieden? – Wie fühlte sich … (Hauptperson)? – Wie fühlte(n) sich … (weitere Personen)? – Welche Konsequenzen hat das erste Rollenspiel? – Welche das zweite? – Welche der alternativen Lösungsmöglichkeiten sagt am meisten zu? – Warum? – Warum nicht?
Zum Erfahrungs- austausch und Transfer:	– Hattest du einmal ähnliche Probleme? – Wie war das? – Wie hast du dein Problem gelöst? – Wie verhält sich dein Problem zum Problem in der Problemgeschichte? – Was hast du durch das Rollenspiel gelernt? – Was kannst du auf dein Problem übertragen?

Zusammenfassend kann man für das Rollenspiel folgende Prinzipien formulieren:

- Alles, was von den Schülerinnen und Schülern an Verhalten gezeigt und geäußert wird, soll in einer nicht wertenden Art und Weise akzeptiert werden.
- Die Schüler sollen eine Problemsituation unter verschiedenen Aspekten betrachten, miteinander vergleichen und alternativen Sichtweisen gegenüberstellen können.
- Das Bewußtsein der Schüler für ihre eigene Perspektive und ihre eigenen Gefühle soll gefördert werden, indem ihre Äußerungen mit anderen Worten umschrieben und zusammengefaßt werden.
- Am Rollenkonzept soll verdeutlicht werden, daß Rollen in sehr verschiedener Weise gespielt werden können.
- Es soll betont werden, daß es verschiedene Handlungsmöglichkeiten gibt, um ein Problem zu lösen.

3.4 Konfliktgespräch zur Entwicklung von Lösungen

Das einleitende Ansprechen des Konfliktes stellt nur den ersten Schritt auf dem Weg zu einer gemeinsamen Konfliktlösung dar. Bei einem unterrichtlichen Konflikt, der oft auch die sozialen Beziehungen zwischen Lehrern und Schülern betrifft, kommt es auf kooperative Lösungen an. Genauer gesagt: Es kommt nicht nur auf die Lösung als Ergebnis einer gemeinsamen Auseinandersetzung mit dem Konflikt an, sondern besonders bedeutsam ist der Weg, auf dem Lehrer und Klasse zu einer Lösung gekommen sind. Da Lehrer eher darin geübt sind, den Schülern Sachverhalte, Sichtweisen, Fertigkeiten usw. zu vermitteln, fällt es ihnen in Konfliktsituationen meist schwer, mit den Schülern gemeinsam die Situation zu analysieren und für alle

Beteiligten akzeptable Handlungsmöglichkeiten zu entwickeln. Für Gespräche zur Konfliktlösung empfiehlt es sich daher, eine bestimmte Schrittfolge einzuhalten, die sicherstellen soll, daß Lehrer und Schüler ihre Vorstellungen ausdrücken und zu einer Übereinkunft für künftiges Verhalten kommen können.

Erster Schritt: Das einleitende Ansprechen des Konflikts. Das Vorgehen bei diesem Schritt wurde bereits in Abschnitt 3.2 dargestellt. Insgesamt kommt es weniger darauf an, welche Möglichkeiten der Lehrer zum einleitenden Ansprechen des Konflikts verwendet; wichtiger ist vielmehr, daß er diese Phase vorüberlegt und stets berücksichtigt, wie schwer es ist, in einem großen Gesprächskreis Meinungen zu äußern.

Nach unseren Erfahrungen entscheidet sich meist schon beim einleitenden Ansprechen, ob ein Konfliktgespräch »erfolgreich« verläuft: Wenn es hier gelingt, die Schüler zu einem offenen Meinungsaustausch zu bewegen, sind die Lösungssuche und das Festlegen der Lösungen meist sehr einfach; wenn es dagegen nicht gelingt, ein Gespräch in Gang zu setzen, werden die folgenden Phasen lustlos absolviert und die gefundene Lösung wird von den Schülern nicht ausreichend unterstützt. Aufgrund dieser Erfahrungen schlagen wir vor, dem Ansprechen eines Konfliktes ganz besondere Aufmerksamkeit zu widmen. Günstig ist eine Vorbereitung von schriftlichen Stichworten, mit denen der Lehrer festhält, was er zu Beginn sagen will.

Zweiter Schritt: Lösungsvorschläge der Schüler sammeln. Dabei ist es wichtig, auch die Schüler dazu anzuhalten, zunächst einmal einander zuzuhören und Lösungsvorschläge nicht gleich durch Kritik oder besondere Zustimmung zu kommentieren. Es ist in diesem Abschnitt des Konfliktgesprächs bedeutsam, daß alle Beteiligten ihre Vorstellungen und Lösungsvorschläge in das Gespräch einbringen können. Durch vorschnelle Kommentare könnte die Gruppe leicht auf einen Vorschlag festgelegt werden und dadurch von der Diskussion alternativer Möglichkeiten abgehalten werden. So kommt es häufig zu Vereinbarungen, denen im Grunde doch nicht alle zustimmen können - und an die sich dann auch nicht alle Beteiligten halten.

Dritter Schritt: Bewertung der Vorschläge. Erst in diesem Schritt sollen die gesammelten Lösungsvorschläge überprüft werden, ob sie tatsächlich geeignet erscheinen, Ursachen des Konflikts zu beseitigen, ob sie praktikabel sind, ob sie nicht vielleicht Anlaß zu neuen Schwierigkeiten geben könnten.

Vierter Schritt: Entscheidung. Lehrer und Klasse müssen sich nun gemeinsam für einen der Vorschläge entscheiden.

Fünfter Schritt: Überlegungen zur Realisierung. Der Entschluß, künftig mit einer schwierigen Situation in anderer Weise als bisher umzugehen, beseitigt noch nicht die alten Gewohnheiten. Es ist daher notwendig, zusätzliche Vereinbarungen zu treffen. Durch diese Vereinbarungen soll sichergestellt werden, daß alle die gefundenen Lösungen auch tatsächlich beachten und sich im Unterrichtsalltag danach richten.

Um konkrete Veränderungen zu erreichen, muß der Lehrer dafür sorgen, daß auch am Tag nach der Besprechung noch ganz klar festliegt, was vereinbart wurde. Das Erinnerungsvermögen kann nämlich dadurch beeinträchtigt werden, daß jeder für sich noch einmal den Konflikt und die Lösung überlegt und bei distanzierter Betrachtung eventuell zu anderen Ergebnissen kommt. Günstig ist es deshalb, wenn die vereinbarte Lösung schriftlich festgehalten wird, z.b. in Form einer Liste, die enthält, wer etwas tun muß, was er tun muß und bis wann es geschehen soll. Außerdem kann eine Erinnerungshilfe, z.B. ein Zeichen, eine Eintragung im Terminkalender, das Beauftragen eines Schülers usw., sicherstellen, daß die Tätigkeiten, die zur Konfliktlösung gehören, auch ausgeführt werden. Ebenso ist es vorteilhaft, nach einiger Zeit, z.B. nach einer Woche, noch einmal darüber zu sprechen, ob sich die gefundene Lösung bewährt hat.

Im folgenden ist das Protokoll eines Gesprächs zur Konfliktlösung abgedruckt, das in einer Klasse des 7. Schülerjahrgangs in dieser Weise durchgeführt worden ist. Aus der Perspektive des Lehrers gesehen ging es dabei um die Unpünktlichkeit der Schüler nach der großen Pause. Der Unterricht konnte immer erst mit erheblicher Verspätung beginnen, worüber der Lehrer zunehmend verärgert war und entsprechend ungehalten mit Schülern umging. Die Beziehungen zwischen dem Lehrer und seiner Klasse wurden dadurch belastet.

Während der Pause hat der Lehrer das Klassenzimmer für ein Kreisgespräch vorbereitet. Die ersten Schüler kommen einige Zeit nach dem Läuten mit Bemerkungen herein wie »was ist denn da passiert?«

444

»Was ist denn heute los?« Der Lehrer informiert die Schüler:»Wir wollen heute über die Situation nach der Pause reden. Setzt euch bitte gleich hier irgendwo auf die Stühle.«

(1) Das einleitende Ansprechen des Konflikts. Man wartet gemeinsam auf die anderen Schüler. Nachdem dann endlich alle da sind, beginnt der Lehrer zunächst mit einer Verständnisäußerung zur augenblicklichen Situation:»Ihr habt euch schon gewundert, wieso wir hier im Kreis sitzen und nicht wie sonst an den Tischen.« Er fährt mit einer Ich-Botschaft fort, in der er seine Sicht des Problems ausdrückt: »Und zwar kommt es daher, daß ich in letzter Zeit Probleme habe, nach der großen Pause. Ihr kommt immer recht spät und in sehr großen Abständen. Die einen raufen noch, die andern singen, laufen umher; bis ich dann anfangen kann dauert das immer ziemlich lang. Und wenn ich dann einmal die Ruhe hergestellt habe, dann kommt noch einer.« Die Schüler lachen, der Lehrer fährt fort mit einer Ich-Botschaft, durch die er seine Betroffenheit über die Situation ausdrücken will:»Sehr schnell ist dann wieder die Unruhe da, die andern lachen über die, die zu spät kommen. Es ist dann ziemlich schwierig für mich, die Unruhe zu beseitigen, wieder Ruhe herzustellen. Das alles macht mir ziemlich viel zu schaffen und ich merke, wie ich immer ärgerlicher mit euch umgehe.« Daran schließt sich nun die Frage »was können wir tun?« Der Lehrer möchte damit zur gemeinsamen Konfliktbearbeitung auffordern:»Deswegen möchte ich heute mit euch über die ganze Sache sprechen; ich möchte gern, daß wir miteinander schauen, wie wir das lösen können. Erzählt doch, wie ihr das seht und ob ihr Vorschläge habt.«

(2) Lösungsvorschläge der Schüler sammeln. Das Gespräch geht nun in den zweiten Abschnitt über, in dem Lösungsvorschläge der Schüler gesammelt werden. Zunächst reden die Schüler untereinander bis sich eine Schülerin meldet und der Lehrer ihr durch Zeichen das Wort gibt:»Vielleicht könnten wir alle schon zwei bis drei Minuten vor Stundenbeginn am Eingang warten, uns alle am Eingang treffen...« Dieser Vorschlag führt zu Protesten der Klasse:»Oh, wie in der 1. Klasse.«»Vielleicht auch noch die Hand geben!« Das Mädchen, das den Vorschlag gemacht hat entgegnet darauf aufgebracht: »Was sollen wir denn sonst machen? Das ist doch die einfachste Lösung«. Hier greift nun der Lehrer ein, damit die Diskussion sich nicht auf einen einzigen Vorschlag festlegt. Er sagt »Hören wir uns doch zuerst einmal an, was uns alles an Lösungsvorschlägen einfällt. Über

die Vorschläge reden, Einwände machen, eine Lösung aussuchen, die uns gefällt, das können wir dann hinterher.«

Inzwischen haben sich weitere Schüler gemeldet. Sie bringen noch keine Lösungsvorschläge, sondern untersuchen die Gründe für Verspätungen nach der Pause. Ihre Argumente sind vor allem, daß die Pause zu kurz sei; wenn man sich etwas zu essen kaufen möchte, muß man lange warten, bis man bei Milch- und Brezelverkauf an der Reihe ist; daß man auch in Ruhe essen möchte; daß man sich auch mit den anderen unterhalten will usw. Ein Schüler meint dazu zusammenfassend:»Wenn's geht, sollen wir pünktlich zurückkommen. Aber wenn's geht, soll man uns auch pünktlich rauslassen...« Damit hat er wohl ein entscheidendes Argument gefunden, wie die zustimmenden Rufe und das Lachen im Gesprächskreis zeigen. Der Lehrer meint darauf zögernd:»Du meinst, ich soll...« Die Schüler stimmen ihm sofort zu:»Ja oder wer sonst vor der Pause unterrichtet, soll uns zeitig rauslassen.« Dies ist ein Punkt, der die Schüler sehr stark betrifft, so daß an ein kommentarloses Vorschlägesammeln im Augenblick nicht zu denken ist. Weitere Wortmeldungen in dieser Phase: »Ich finde auch, daß die Pause zu kurz ist.«»Das Gemeinste ist, daß manche Lehrer einen runterschicken zum Brezeln kaufen für sich.«

Nun versucht der Lehrer wieder Ordnung in den Ablauf zu bringen: »Ich habe den Eindruck, daß für viele die Pause zu kurz ist. Und ihr habt festgestellt, daß ihr oft nicht pünktlich in die Pause gelassen werdet. Die Lehrer machen zu lange Unterricht.« Ein Schüler bestätigt dies:»Ja, da werden noch die Hausaufgaben angesagt, was man noch alles tun soll.«

»Bis man runtergeht, bis man was geholt hat und wieder raufkommt....« Der Lehrer hält nun den ersten Vorschlag der Klasse für die Konfliktlösung fest:»Also, ein erster Vorschlag wäre: Ich laß euch ganz pünktlich in die Pause, mit dem Gongschlag. Aber: wie geht es dann weiter? Ihr ärgert euch, wenn ihr nicht rauskommt; ich, wenn ihr nicht zurückkommt. Manuela hat gesagt, sie will sich was zu essen kaufen, sie muß lange in der Schlange stellen, sie möchte schließlich auch noch essen, und dann möchte man sich auch was erzählen.«

Die Schüler bringen weiterführende Vorschläge:»Wenn wir nach dem ersten Gong gleich gehen, es gongt ja zweimal, dann müßten wir doch recht zurückkommen.«

Ein anderer Schüler baut diesen Vorschlag aus:»Man hört den Gong nicht gut; er ist zu leise. Und dann darf man noch gar nicht gleich ins

Schulhaus zurück. Aber wenn wir halt beim zweiten Gong gleich los-
gehen, das wäre eine Möglichkeit.« Ein anderer Schüler sieht ein zusätzliches Problem: »Aber wenn man dann oben ist, bis der Lehrer
fertig ist, das dauert auch ein paar Minuten; dann heißt es wieder, daß
wir schuld sind, wenn es nicht losgeht, weil wir in der Zwischenzeit
quatschen.«
Der Lehrer arbeitet den Vorschlag, der in dieser Bemerkung steckt,
genauer heraus: »Also das heißt: der Lehrer muß da sein, er muß
schon vorne stehen.« Daß er damit die Meinung der Schüler genau
wiedergibt, bestätigt die geschlossene Zustimmung der Klasse. Daraufhin macht der Lehrer seinerseits einen Vorschlag: »Ihr müßt aber
auch gleich auf den Platz gehen, auch gleich da sein.« Auch das findet
die Zustimmung der Klasse. Daraufhin faßt der Lehrer zusammen:
»Jetzt haben wir zwei Vorschläge: ich lasse euch wirklich pünktlich in
die Pause. Ihr geht beim ersten Gong gleich los. Dann müßtet ihr eigentlich zum Stundenbeginn im Klassenzimmer sein.«

(3) Bewertung der Vorschläge und (4) Entscheidung. Wie dieses Ge-
sprächsprotokoll zeigt, ist es nicht möglich und nötig, sich auf jeden
Fall an die vorgeschlagene Schrittfolge zu halten. Der Konflikt war in
diesem Fall auch nicht so schwerwiegend, daß Lehrer und Schüler
von der Chance hätten Gebrauch machen müssen, die der vorgeschlagene Schritt (2) gewährleisten soll, zunächst unabhängig voneinander und ohne Kritik oder Wertung die eigenen Lösungsmöglichkeiten darzustellen. Im Gespräch konnten die Standpunkte ange-
nähert und gleichzeitig eine Übereinkunft für die diskutierten Vorschläge gefunden werden.

Wäre keine Einigung erzielt worden, dann hätte der Lehrer die Vor-
und Nachteile der einzelnen Vorschläge eingehend von Befürwor-
tern und Gegnern untersuchen lassen müssen. Zur Entscheidung
über eine akzeptable Lösung wäre es bei umstrittenen Alternativen
unbedingt notwendig gewesen, einen Konsens in der Klasse herbeizuführen. Abstimmungen über Lösungsvorschläge erscheinen zur
Behebung des Lehrer-Schüler-Konflikts wenig geeignet, weil es bei
Abstimmungen immer auch eine Verlierergruppe gibt. Die unterlegenen Schüler würden dann möglicherweise die Realisierung der
Vorschläge behindern. Übereinkunft muß nicht bedeuten, daß als
Ergebnis einer Diskussion alle Beteiligten einem Vorschlag voll und
ganz zustimmen. Es erscheint ausreichend, wenn wenigstens alle bereit sind, es zunächst einmal mit einem Vorschlag zu versuchen. Die-

se Bereitschaft, sich auf einen Lösungsvorschlag versuchsweise einzulassen, muß allerdings erreicht werden, wenn das ganze Verfahren
Erfolg versprechen soll.

Im hier beschriebenen Beispiel hielten die Schüler die Vereinbarung,
die der Lehrer als Ergebnis zusammengefaßt hatte, vor allem aufgrund der wechselseitigen Verpflichtung für akzeptabel.

(5) Überlegungen zur Realisierung. Der Lehrer schlägt zusätzlich vor:
»Damit wir uns wirklich an diese Vorschläge halten können, habe ich
mir ein Hilfsmittel ausgedacht und gleich vorbereitet. Teilt doch einmal bitte diese Blätter aus.« Nachdem alle Schüler das Blatt in der
Hand halten fährt der Lehrer fort: »Also der Sinn dieses Bogens ist
schnell erklärt: Jeder, der nicht später als eine Minute nach dem
zweiten Gong im Klassenzimmer ist und an seinem Platz sitzt, bekommt von mir ein grünes Klebeetikett, so einen Aufkleber. Das Etikett kann dann bei dem jeweiligen Tag auf den Bogen aufkleben, wer
rechtzeitig aus der Pause zurück war. Wer zu spät kommt, kriegt kei-
nes. Jetzt können wir uns noch überlegen, was wir mit diesen Punkten
machen können, wenn wir eine bestimmte Anzahl von Punkten haben.« Dies wird im weiteren Verlauf des Gesprächs diskutiert. Abschließend faßt der Lehrer dann die Ergebnisse zusammen, die das
Gespräch gebracht hat.

Das Fallbeispiel zeigt, daß es in einem Konfliktgespräch ausreicht,
wenn die Prinzipien verwirklicht werden, die in der formalen Schrittfolge festgelegt sind. Die Abfolge dieser Schritte braucht dabei nicht
immer starr eingehalten zu werden. Darüber hinaus ist der Hinweis
wichtig, daß nicht alle diese Schritte in einem einzigen Gespräch nötig oder manchmal auch möglich sind. Es ist günstiger, nach einem
dieser Schritte abzubrechen, das Gespräch zu vertagen, wenn es sich
festzufahren oder vielleicht zum Selbstzweck zu werden droht. So
kann es ausreichen, zunächst einmal im Schritt (1), der Problemde-
finition, eine gemeinsame Sicht des Konflikts herzustellen. Das Gespräch kann mit dem Auftrag an alle Beteiligten enden, sich bis zur
Fortsetzung Lösungen zu überlegen, mit denen sie einverstanden
sein können.

Lehrer, die gegenüber Gesprächsformen zur Konfliktbearbeitung
generell zurückhaltend sind, können auch schriftliche Möglichkeiten
einsetzen: Verschiedene Schülergruppen können freie Stellungnah-

448

men zum Konflikt mit dicken Filzschreibern auf großen Papierstük-
ken niederschreiben; dabei ist es günstig, wenn sich die Schüler nach
eigenem Wunsch zu Gruppen zusammenschließen, um ihre Meinungen dann gemeinsam auf einer sogenannten »Wandzeitung« zu notieren.
Sind diese »Wandzeitungen« fertig, können die Schüler im Klassenzimmer umhergehen und schauen, was die anderen Gruppen geschrieben und aufgehängt haben. Auf dieser Grundlage kommt meist
eine sehr lebendige Diskussion im großen Kreis zustande.

Ist der Lehrer weniger an der Meinung ganzer Gruppen, sondern
mehr an der des einzelnen Schülers interessiert, kann er auch Meinungskärtchen ausgeben: Auf kleinen Zetteln in verschiedenen Far-
ben soll von jedem Schüler z.b. notiert werden, wie er den Konflikt
im Moment sieht (erstes Kärtchen), welche Lösung er vorschlägt
(zweites Kärtchen) usw. Diese Meinungskärtchen werden dann ausgezählt; die so gewonnenen »Ergebnisse« können zur Lösungsfin-
dung im größeren Gesprächskreis beitragen.

3.5 Möglichkeiten gemeinsamen Handelns

a) Regelvereinbarung als Konfliktmanagement. Erfahrungsgemäß
reicht es zur Veränderung einer problematischen Unterrichtssituation nicht aus, wenn sich Lehrer und Schüler lediglich auf gemeinsame neue Handlungsmöglichkeiten einigen. Zumindest sind solche
Entschlüsse immer in Gefahr, durch die Macht alter, schlechter Gewohnheiten bald wieder außer Kraft gesetzt zu werden. Es hat sich
daher bewährt, vereinbarte Konfliktlösungen als klare Verhaltensregeln für Lehrer und Schüler zu formulieren und in einem »Vertrag«
festzulegen, der auch Kontrollen der Regeleinhaltung vorsieht.

Für die Vereinbarung von Regeln erscheint uns eine Anregung wichtig, die einer vorherrschenden Tendenz eher gegenläufig ist: Man
sollte es statt mit mehr und immer differenzierteren Regeln mit weniger, dafür aber besseren Regeln versuchen! Damit ist dann auch z.T.
das Problem gelöst, wie man die Einhaltung der Regeln überwachen
kann. Viele, aber schlecht kontrollierbare Regeln bringen vermutlich
schlechtere Ergebnisse als wenige Regeln, die gut kontrolliert werden können. Außerdem signalisiert die Beschränkung des Regelsy-
stems den Schülern wahrscheinlich, daß man ihnen Vertrauen in ihre
Selbstverantwortlichkeit entgegenbringt.

Im folgenden wollen wir auf die wichtigsten Grundsätze zur Aufstellung und Kontrolle von Regeln eingehen:

Das Aufstellen von Regeln: Im Schulalltag läßt sich beobachten, daß manche Lehrer mit wenigen Regeln auskommen, die von Schülern meist beachtet werden, während andere sich mit zahlreichen Regeln »umgeben«, gegen die immer wieder verstoßen wird. Regelverletzungen lassen sich natürlich nie ganz vermeiden. Das Aufstellen von Regeln wird effektiver, wenn bestimmte Grundsätze, die sich schon in vielen Klassen bewährt haben, beobachtet werden:

Grundsatz 1: Beteiligen Sie die Schüler! Beispielsweise legten wir den Schülern einen Fragebogen vor, um ihre Stellungnahmen zu erfassen. Die darin formulierten Themen ergaben sich aus der Unterrichtsbeobachtung und beziehen sich auf Regeln, deren Einführung uns in dieser Klasse wichtig erschien.
Die Auswertung erfolgte gemeinsam mit den Schülern. In unserem Fall fanden wir bei fast allen Schülern gleiche Vorlieben bzw. Ablehnungen. Im folgenden geben wir den Fragebogen wieder:

Du kennst sicher einige Spiele, und du weißt, daß es für jedes Spiel bestimmte Spielregeln gibt. Ein Fußballspiel ist nur möglich, wenn alle Spieler sich an die Regeln halten. Wer eine Spielregel verletzt, wird vom Schiedsrichter ermahnt.
Auch für das Lernen in der Klasse gibt es Spielregeln zwischen Lehrern und Schülern. Eine solche Regel heißt z.b.: Wer etwas sagen will, der meldet sich und wird dann vom Lehrer aufgerufen.

Kreuze nun an, ob du folgende Regeln gut oder nicht gut findest:

	finde ich gut	finde ich nicht gut
Unterhaltungen mit dem Nachbarn im Unterricht sind erlaubt.		
Im Unterricht besteht Eßverbot für Lehrer und Schüler.		
Im Unterricht bleibt jeder auf seinem Platz sitzen.		
Wenn ein Mitschüler was sagt, hören die anderen zu.		

450

Wer etwas sagen möchte, meldet sich.		
Alle sollen die nötigen Bücher und Hefte für den Unterricht dabei haben.		
Alle Schüler sollen im Unterricht am Platz sitzen, ohne sich zu bewegen.		
Gegenseitiges Stoßen und Schlagen ist im Klassenraum nicht erlaubt.		
Die Lehrerin soll den Untericht pünktlich beginnen und beenden.		

Welche weiteren Regeln für deine Klasse wünschst du dir noch?

Grundsatz 2: Beschränken Sie sich auf wenige Regeln! Wenige Regeln sind leichter zu beachten als viele, die schnell an Wirkung verlieren. Eine große Zahl von Regeln schränkt den Handlungsspielraum der Schüler zu stark ein und fordert sie dadurch häufig zu Regelüberschreitungen heraus.

Grundsatz 3: Beschränken Sie sich auf bedeutsame Regeln! Regeln sollen notwendig oder zumindest zweckmäßig sein. Ihre Aufstellung läßt sich nur durch wichtige Gründe rechtfertigen, die auch die Schüler einsehen können.

Grundsatz 4: Achten Sie auf Überprüfbarkeit und Durchsetzbarkeit der Regeln! Regeln, die weder überprüfbar noch durchsetzbar sind, werden weniger ernst genommen und entwerten damit auch andere Vereinbarungen zwischen Lehrer und Schülern.

Grundsatz 5: Wählen Sie altersgemäße, einprägsame Formulierungen! Schüler beachten Regeln eher, wenn sie sie mühelos verstehen und im Gedächtnis behalten können. Besonders günstig wirkt sich aus, wenn die Schüler die Regeln selbst formulieren.

Grundsatz 6: Wählen sie positive Formulierungen! Die positive Formulierung einer Regel legt ihre Beachtung nahe, während eine als Verbot formulierte Regel stärker zur Übertretung und zum Austesten der Folgen provoziert.

451

Haben Schüler und Lehrer ein Regelsystem gemeinsam erstellt, so hat es damit allerdings noch nicht die gewünschte Verbindlichkeit. Wünsche reichen zur Einhaltung dieser Regeln nicht aus, sondern es bedarf bestimmter regel- bzw. normensichernder Maßnahmen:

- In regelmäßigen Abständen stattfindende Gespräche über die gemeinsam formulierten Vehaltensnormen sind besonders bei häufigen Regelverletzungen günstig. Diskussionen über Sinn und Zweck der Normen zeigen ihre Bedeutung für das Zusammenleben auf. Dabei wird die Bereitschaft der Schüler zur Einhaltung der Regeln bestärkt, und der Lehrer bekommt Hinweise darauf, welche Regeln eventuell verändert werden müssen.

- Durch strukturelle Veränderungen in der Klasse (z.B. Gruppenbildung) kann für die Schüler ein zusätzlicher Anreiz zur Einhaltung der Regeln geschaffen werden.

- Günstig ist es, wenn Kontroll- und Belohnungsfunktionen zunehmend auf die Klasse selbst übergehen. Je besser dies gelingt, um so eher zeigen sich die Schüler selbst mitverantwortlich, d.h., sie regen sich gegenseitig zur Einhaltung der Regeln an statt zur »Sabotage« oder heimlichen Umgehung.

b) Kooperative Verhaltensmodifikation. Ein wichtiges Element dauerhafter Verhaltensänderungen in problematischen Schulsituationen besteht darin, einen Anreiz für erwünschtes Verhalten zu schaffen. Die Maßnahmen setzen also an den Konsequenzen an, die ein Verhalten hat. Werden die Schüler an der Planung und Durchführung einer Veränderung von Verhaltensweisen möglichst weitgehend beteiligt, kann man dieses Vorgehen als »kooperative Verhaltensmodifikation« bezeichnen. Der Begriff »kooperative Verhaltensmodifikation« wurde von Redlich und Schley (1978, 1980) eingeführt. Was bedeutet er? Aus einem Konfliktgespräch kann der Wunsch des Lehrers und der Schüler hervorgehen, das erwünschte neue Vehalten systematisch aufzubauen und einzuüben. Dieser Sonderfall der kooperativen Konfliktbearbeitung ist dann die kooperative Verhaltensmodifikation. Techniken der Bekräftigung mit Techniken des Konfliktgesprächs sind bei dieser Handlungsform eng verbunden, wobei der Ausgangspunkt stets das Konfliktgespräch ist: Die Schüler können ihre Sichtweise artikulieren und ihre Bereitschaft für eine kooperative Bearbeitung des Konflikts entwickeln. Der Lehrer kann den

Schülern bei der Suche nach einer brauchbaren Lösung die Nützlichkeit einer kooperativen Verhaltensmodifikation erläutern und mit ihnen eine Einigung darüber herbeiführen, ob diese Technik angewendet werden soll oder ob eine andere Lösung sinnvoller erscheint.

Ziele und Techniken der kooperativen Verhaltensmodifikation. Das Ziel einer Vehaltensmodifikation besteht darin, erwünschtes Verhalten häufiger auftreten zu lassen; zugleich soll das unerwünschte Verhalten weniger häufig auftreten. In unserem Zusammenhang heißt dies, daß unerwünschtes Lehrer- oder Schülerverhalten seltener als bisher auftritt und statt dessen konstruktive, erwünschte Verhaltenweisen gezeigt werden. Natürlich ist es oft schwierig, unterrichtliche Verhaltensweisen in die beiden Kategorien »erwünscht« und »unerwünscht« einzuordnen. Kritisiert ein Lehrer einen Schüler z.B. zu Unrecht oder in einer verletzenden Art und Weise, so ist es unter Umständen wünschenswerter, wenn der Schüler versucht, sich zu behaupten und seine Selbstachtung zu erhalten, statt sich zurückzuziehen und das unangemessene Lehrerverhalten zu erdulden. Deshalb sollte die Festlegung dessen, was »erwünscht« und »unerwünscht« ist, alle möglichen Reaktionen einschließen. Nur wenn Lehrer und Schüler an der Definition des anzustrebenden Verhaltens beteiligt sind, wird aus der bloßen Fremdbeeinflussung eine kooperative Verhaltensmodifikation. Einigen sich beide Seiten in einem ersten Schritt auf bestimmte »wünschenswerte« Verhaltensweisen sowohl für den Lehrer als auch für den Schüler, können auch die übrigen Schritte einer Verhaltensmodifikation gemeinsam angegangen werden: Die Schüler können durch das Führen von Beobachtungsbogen an der Diagnose problematischen Verhaltens beteiligt werden; ebenso können sie an der zeitlichen Planung der Verhaltensmodifikation, an der Auswahl der Verfahren usw. mitwirken.

Die Techniken einer derart systematisierten Verhaltensänderung sind insbesondere:
- die Anreize für erwünschtes Verhalten zu erhöhen;
- die Aufmerksamkeit auf erwünschtes und unerwünschtes Verhalten zu lenken, so daß eine bessere Selbstkontrolle möglich wird.

Unterschiede zwischen alltäglichem Lehrerverhalten und der kooperativen Verhaltensmodifikation. Gehen wir von einem Beispiel aus: In einem 5. Schuljahr der Hauptschule ist es sehr laut. Die Schüler führen viele Seitengespräche. Der Lehrer ermahnt diejenigen Schüler, die sprechen. Wenn dies nichts hilft, schreibt er den Namen des Schülers an die Tafel. Im Verlauf der Stunde stehen immer mehr Namen an der Tafel. Wird ein Schüler wiederholt beim Sprechen ertappt, so erhält er einen Strich hinter seinen Namen. Sind drei Striche erreicht, bekommt er als Strafaufgabe eine Heftseite Schönschreiben.

Die »subjektive Theorie« des Lehrers zur Beseitigung der Unruhe in der Klasse kann folgendermaßen zusammengefaßt werden: Wird ein Schüler beim Sprechen ertappt, so soll die Ermahnung unangenehm sein und ihn zur Mitarbeit anregen. Reicht dies nicht aus, werden durch unangenehmere Maßnahmen, nämlich Strafstriche und schließlich zusätzliche Arbeiten, die negativen Folgen so lange gesteigert, bis der Schüler aus Furcht vor ihnen das Sprechen unterläßt. Auch andere Lehrer haben eine vergleichbare »Theorie«, in der unterstellt wird, daß eine Steigerung bestimmter Maßnahmen - tadelnder Blick, Ermahnung, Drohung, Strafe - die negativen Folgen auf ein unerwünschtes Schülerverhalten erhöht, bis dieses aufhört bzw. beendet wird.

Wahrscheinlich kommt kein Lehrer ohne das Ergreifen solcher Maßnahmen aus. Deshalb ist es für jeden Lehrer interessant, die Unterschiede zwischen der Bestrafung und einer kooperativen Verhaltensmodifikation kennenzulernen. Zuerst fällt auf, daß der Lehrer im vorigen Beispiel Ruhe und Mitarbeit als selbstverständlich ansieht und nur auf störendes Verhalten reagiert. Führt ein Schüler keine Seitengespräche, sondern schaut zum Lehrer, erfährt er dafür weder eine angenehme noch eine unangenehme Konsequenz. Erst wenn er ein Seitengespräch beginnt und dabei auffällt, reagiert der Lehrer. Der Lehrer ist also im Schulalltag hauptsächlich damit beschäftigt, unerwünschtes Verhalten zu beenden, während das übliche positive Verhalten nicht beachtet wird; positiv bekräftigt wird allenfalls herausragende Mitarbeit. Im Gegensatz dazu wird bei der kooperativen Verhaltensmodifikation das für selbstverständlich gehaltene positive Verhalten beachtet - z.B. nicht sprechen, zum Lehrer schauen - und in Form von Strichen in einem Selbstbeobachtungsbogen oder in Form eines Punktesystems aufgezeichnet. Die Richtung der Wahrnehmung ist also entgegengesetzt: Im Mittelpunkt steht die Beachtung des erwünschten Verhaltens.

Beim genauen Hinsehen fällt auf, daß der Lehrer im vorangegangenen Beispiel mit Ermahnungen und Strafen ebenfalls eine Verhaltensmodifikation durchführt: Er versucht, so häufig wie möglich auf unerwünschtes Verhalten eine unangenehme Konsequenz folgen zu lassen. Es handelt sich dabei um die Gewöhnung (Dressur) an bestimmte Verhaltensvorschriften durch den Einsatz unangenehmer Konsequenzen. Im Gegensatz dazu versucht die kooperative Verhaltensmodifikation, so häufig wie möglich auf erwünschtes Verhalten eine positive Konsequenz folgen zu lassen; darin besteht auch eine Gewöhnung an bestimmte Verhaltensvorschriften, allerdings durch Belohnung erwünschten Verhaltens.

Der Lehrer im vorigen Beispiel hat seiner Klasse zwar mitgeteilt, welches Verhalten er von ihr erwartet; er hat aber - wie es für fast alle Lehrer völlig selbstverständlich ist - nicht gefragt, ob die Schüler damit einverstanden sind, bei störendem Verhalten ermahnt zu werden. Lehrer verfügen über das Privileg, ermahnen zu können, eine Zustimmung der Schüler ist nicht erforderlich. Dies gilt auch für alle Steigerungen der Ermahnung, bis zur Bestrafung.
Im Gegensatz dazu wird bei der kooperativen Verhaltensmodifikation versucht, gemeinsam festzulegen, welches Verhalten für Lehrer und Schüler angestrebt werden soll. Die Maßnahmen (Bekräftigungen) werden gemeinsam ausgewählt. Die Schüler haben grundsätzlich die Möglichkeit, die Verhaltensmodifikation als solche abzulehnen. Der Lehrer gibt bei diesem Vorgehen Macht ab, die ihm von seiner Rolle her zusteht, und fällt die Entscheidungen unter möglichst großer Beteiligung der Schüler. Einigen sich alle Beteiligten auf eine kooperative Verhaltensmodifikation, so entscheiden sie sich zwar ebenfalls für ein System der Gewöhnung (Dressur), allerdings tun sie dies bewußt.

Warum Verhaltensmodifikation und nicht »Lernen durch Einsicht«?
Der vorausgegangene Vergleich macht deutlich, wie sehr in unseren Schulen mit Gewöhnung (Dressur) gearbeitet wird. Die kooperative Verhaltensmodifikation versucht, die Gewöhnung durchschaubarer und angenehmer zu machen, verzichtet aber nicht auf sie. Dem Menschenbild, das uns allen vorschwebt, wäre es aber weitaus angemessener, auf »Dressurmethoden« zu verzichten und das erwünschte Verhalten statt dessen durch gemeinsames Erarbeiten von Regeln und durch Einsicht in die Notwendigkeit dieser Regeln ohne Zwang (Strafsysteme) und ohne künstlichen Anreiz (Bekräftigungssysteme) zu erreichen.

Die Erfahrung zeigt jedoch, daß das Bewußtmachen einer Regel zwar in wenigen günstigen Fällen zu einer Verhaltensänderung führt, der bloße Vorsatz jedoch oft nicht ausreicht. Dies gilt nicht nur für Schüler, deren Fähigkeit zur Selbstkontrolle geringer ist als bei Erwachsenen, dies gilt für jeden von uns.

Zwar ist es einsichtig, pünktlich im Klassenzimmer sein zu müssen. Trotzdem reicht diese Einsicht nicht dazu aus, daß alle Lehrer pünktlich ihren Unterricht beginnen. Gleiches gilt für das Korrigieren von Klassenarbeiten: Die Einsicht, diese rasch zurückzugeben, ist zwar vorhanden, trotzdem bleiben die Hefte in vielen Fällen lange unbearbeitet liegen. Verstärkt gilt dies auch für die Unterrichtsvorbereitung. Die Einsicht ist unbestritten, daß ein gut vorbereiteter Unterricht viele Schwierigkeiten erspart. Trotzdem reicht diese nicht aus, um alle Lehrer zu einer ausführlichen täglichen Unterrichtsvorbereitung zu veranlassen. Sobald aber Maßnahmen der Fremdkontrolle oder Anreize da sind, ist mancher plötzlich in der Lage, das erwünschte Verhalten zu zeigen: So erwartet der Schulleiter an einigen Schulen seine Lehrer schon an der Schultür, um die Pünktlichkeit zu kontrollieren; müssen Noten abgegeben werden, sind Klassenarbeiten schnell korrigiert; sind Unterrichtsbesuche angekündigt, wird der Unterricht ausführlich vorbereitet.

Offenbar müssen wir das optimistische Menschenbild, das wir von uns selbst haben, etwas einschränken: Viele Verhaltensweisen erwerben wir nur dadurch, daß wir sie systematisch und konsequent einüben. Die Einsicht ist hierbei zwar eine wichtige Voraussetzung, denn ohne sie würden wir uns sträuben und widersetzen, aber sie reicht nicht aus. Es scheint notwendig, den guten Vorsatz durch Anreize und Kontrollen zu unterstützen.

Optimal sind möglichst positive Anreize und die Kontrolle durch denjenigen, der verändert werden soll. Die kooperative Verhaltensmodifikation versucht, den Wunsch nach einer Verhaltensänderung durch positive Anreize und Selbstkontrollverfahren zu unterstützen.

Aufbau einer kooperativen Verhaltensmodifikation. Da die kooperative Verhaltensmodifikation eine Handlungsmöglichkeit ist, bei der Techniken des Konfliktgesprächs mit Bekräftigungs- und Selbstkontrollverfahren verbunden werden, muß man die Schritte des Konfliktgesprächs erweitern:

Unter günstigen räumlichen und zeitlichen Voraussetzungen thematisiert der Lehrer das Problem. Er benützt Ich-Botschaften zum Darstellen der eigenen Perspektive und zeigt Verständnis für die möglichen Sichtweisen der Schüler. Haben sich Lehrer und Schüler schließlich auf eine kooperative Verhaltensmodifikation geeinigt, so planen sie gemeinsam das weitere Vorgehen. Dazu gehören folgende Schritte, die ausführlich und in vielen Fallbeispielen bei Redlich und Schley (1978, 1980) beschrieben sind und die wir hier auf das Beispiel des aggressiven Verhaltens übertragen wollen:

Schritt 1: Die Diagnose des bisherigen Verhaltens von Lehrer und Schülern. Das als aggressiv bezeichnete Schülerverhalten soll zahlenmäßig möglichst genau erfaßt werden. Ist ein Fremdbeobachter zu gewinnen, kann die Beobachtung mit einem Beobachtungsbogen erfolgen. Wenn dies nicht der Fall ist, können Selbstbeobachtungsbogen für Schüler und Lehrer hilfreich sein, vor allem wenn diese gemeinsam entworfen werden. Ebenso ist denkbar, daß der Lehrer - mit Wissen und Einverständnis der Schüler - Beobachtungen in relevanten Situationen (BIRS) anstellt oder daß er geübt ist, das beobachtbare eigene und fremde Verhalten in die Folge Situation - Verhalten - Konsequenz zu zerlegen (vgl. Kapitel C 2).

In den Fallbeispielen bei Redlich und Schley werden in der Regel Selbstbeobachtungsbogen für Schüler verwendet, weil diese ohne Fremdbeobachter einsetzbar sind und zugleich zu einer ersten Kontrolle des gezeigten aggressiven Verhaltens anregen. Erfahrungsgemäß ergeben sich oft schon beachtliche Verminderungen des aggressiven Verhaltens durch Anwendung diagnostischer Verfahren, weil Lehrer und Schüler aufmerksamer auf die problematischen Verhaltensweisen achten und bereits motiviert sind, erwünschtes Verhalten zu zeigen bzw. unerwünschtes zu unterlassen. Dazu ein Beispiel:

In einem 8. Schuljahr der Hauptschule gehen die Schüler sehr aggressiv miteinander um. Es kommt zwar während des Unterrichts nur zu sprachlichen Herabsetzungen und Beschimpfungen; vor und nach dem Unterricht aber, vor allem in den Pausen, treten auch folgende körperliche Aggressionen auf: Werfen mit Kreidestücken, Werfen mit dem nassen Schwamm, Spritzen mit Wasser, Ringen auf dem Fußboden, Boxen oder Schlagen mit den Fäusten.
In einem ersten Schritt beschreibt der Lehrer in einer Ich-Botschaft

die unangenehmen Gefühle, die er beim Betreten der Klasse hat, wenn die Schüler durcheinanderlaufen, raufen usw. Die Schüler lassen sich auf die Konfliktthematisierung ein. Dabei zeigt sich, daß die Klasse in viele Gruppen zersplittert ist, die sich nicht leiden mögen. Ein Großteil der Schüler, vor allem die Mädchen, ist an einer Verminderung des aggressiven Verhaltens interessiert; deshalb wird der Vorschlag des Lehrers, eine kooperative Verhaltensmodifikation zu versuchen, rasch angenommen. Da kein Fremdbeobachter verfügbar ist, werden die wichtigsten aggressiven Handlungen der Schüler auf einem Selbstbeobachtungsbogen notiert; der Lehrer notiert parallel dazu seine Reaktionen. Vorläufig sollen die Beobachtungen eine Woche lang täglich durchgeführt werden, und zwar während der großen Pause und der daran anschließenden Zeit im Klassenzimmer.

Die folgende Aufstellung zeigt die Beobachtungsergebnisse des Lehrers und eines Schülers während des vereinbarten Zeitraums.

Selbstbeobachtungsbogen für Schüler		9. 11.	10. 11.	11. 11.	12. 11.	13. 11.	14. 11.	Summe
In der **Pause**	Ich habe geschlagen oder gerauft	I				I		2
	Ich bin geschlagen worden	I	II			I		4
Im **Klassenzimmer**	Ich habe etwas geworfen			I				1
	Ich habe mit Wasser gespritzt		II		II			4
	Ich bin beworfen worden		I					1
	Ich bin besprizt worden		I		III			4
	Ich habe geschlagen oder gerauft							0
	Ich bin geschlagen worden	I						1

Selbstbeobachtungsbogen für Lehrer		9. 11.	10. 11.	11. 11.	12. 11.	13. 11.	14. 11.	Summe
Im **Klassenzimmer**	Ich habe laut gerufen	x	x	x	x	x	x	6
	Ich habe zwei Schüler getrennt	x	x	x				3
	Ich habe ermahnt	x	x	x	x	x	x	6
	Ich habe gestraft	x						1

Die ursprüngliche Absicht des Lehrers, sein eigenes Verhalten zahlenmäßig zu erfassen, erweist sich als undurchführbar, weil die Anzahl der Eingriffe zu hoch ist. Deshalb beschränkt er sich darauf, ein Kreuz auf dem Selbstbeobachtungsbogen einzutragen, wenn das betreffende Verhalten mindestens einmal pro Stunde aufgetreten ist. Die bisherige Diagnose zeigt, daß einige Jungen in hohem Maß an aggressiven Handlungen beteiligt sind und daß sich die Aggressionen auffallend oft gegen die Mädchen der Klasse richten. Während der Beobachtungswoche verringert sich das aggressive Verhalten, so daß der Lehrer zwar noch immer laut rufen und ermahnen muß, aber zunehmend darauf verzichten kann, raufende Schüler zu trennen und Strafen auszuteilen. Trotzdem bleibt ein erhebliches Ausmaß aggressiven Verhaltens, vor allem bei einzelnen Schülern, bestehen.

Schritt 2: Definition des erwünschten Verhaltens. Im zweiten Schritt wird klar definiert, welches Lehrer- und Schülerverhalten als erwünscht bzw. unerwünscht gelten soll. Allgemeine Verhaltensziele, z.B. »nicht aggressiv sein«, können genauer formuliert werde, indem »sprachliche« und »körperliche» Aggressionen unterschieden und auch diese noch genauer bestimmt werden, z.b.»nicht schlagen«, »nicht werfen« oder »nicht beschimpfen«, »nicht beleidigen«. Auch positive Verhaltensziele sollten genannt werden, z.b.»ruhig am Platz sitzen, wenn der Lehrer das Klassenzimmer betritt«.

Als erstes Teilziel einigen sich Lehrer und Schüler darauf, das aggressive Verhalten im Klassenzimmer nach der großen Pause zu vermindern. Als unerwünschtes Verhalten werden die Handlungen bezeichnet, die auf dem oben angeführten Selbstbeobachtungsbogen genannt sind.
Als erwünschtes Verhalten gelten: »Ruhig am Platz sein, wenn der Lehrer das Klassenzimmer betritt«. In vergleichbarer Weise wird für den Lehrer festgelegt, wie er sich verhalten bzw. nicht verhalten soll. Erwünscht ist, daß er mit dem Pausenzeichen in der Klasse ist und freundlich um Ruhe bittet.

Schritt 3: Den Anreiz für erwünschtes Verhalten erhöhen. Neben dem Anreiz für erwünschtes Verhalten, der durch die gemeinsame Zielsetzung entsteht, empfiehlt es sich, einen zusätzlichen Anreiz zu schaffen. Dieser sollte am besten in einer begehrenswerten Aktivität für den oder die betreffenden Schüler bestehen: z.B. eine Spielstunde, eine Bastelstunde, ein Ausflug, ein Film, ein Fest veranstalten usw. Um eifersüchtige Reaktionen bei der kooperativen Verhaltensmodifikation zu vermeiden, hat es sich bewährt, daß der oder die betreffenden Schüler eine begehrenswerte Aktivität für die ganze Klasse erringen können. Materielle Anreize wie Süßigkeiten, Spielzeug

459

oder Malstifte scheinen dagegen für die Schule weniger geeignet zu sein.

Weiter in unserem Beispiel: Da der Lehrer eine Ursache für die zahlreichen körperlichen Aggressionen in der Zersplitterung der Klasse sieht, schlägt er als Anreiz ein Fest mit der ganzen Klasse vor, das an einem Nachmittag im Klassenzimmer stattfinden soll, sobald das Ziel erreicht ist. Da die Klasse schon neidisch auf ein Fest der Parallelklasse ist, wird dieser Vorschlag begeistert aufgenommen.

Schritt 4: Die Selbstkontrolle erhöhen. Ergänzend zu dem erhöhten Anreiz für erwünschtes Verhalten sollte auch überlegt werden, wie das erwünschte Verhalten durch einfache Selbstkontrollaufgaben weiter ansteigen und das unerwünschte Verhalten weiter sinken kann. In der Regel empfiehlt es sich, daß Lehrer und Schüler mit Selbstbeobachtungsbogen arbeiten.

Schritt 5: Genaue zahlenmäßige und zeitliche Planung. Es ist genau festzulgen, wie lange die Verhaltensmodifikation dauern soll. In der Regel empfiehlt sich eine Einführungswoche, in der die Abmachungen ausprobiert und gegebenenfalls abgeändert werden. Daran schließt sich entweder ein definierter Zeitraum von etwa vier Wochen (täglich eine Unterrichtsstunde) an, oder das Ziel wird auf das Erreichen einer bestimmten Punktzahl festgesetzt: Erhält z.b. jeder Schüler, der ein erwünschtes Verhalten zeigt oder ein unerwünschtes unterläßt, einen Punkt, so kann man die Intervention bis zu einer bestimmten Punktzahl pro Schüler, besser noch bis zu einer bestimmten Punktzahl für die ganze Klasse andauern lassen. Dabei muß allerdings mit den Schülern gemeinsam abgeschätzt werden, wie lange die Intervention bei gutem Bemühen der Schüler wohl dauern wird. Ist der Anreiz zu rasch zu erreichen, so ist die Gewöhnungszeit zu kurz und das Verhalten nicht lange genug eingeübt; ist der Anreiz erst sehr spät zu erreichen, verliert er seine Attraktivität. An den Ergebnissen der ersten und zweiten Woche ist demnach abzuschätzen, wie gut die Planung ist. Häufig sind kleinere Änderungen des zeitlichen und zahlenmäßigen Plans notwendig, die wiederum mit den Schülern abgesprochen werden sollten.

In unserem Beispielfall wurde festgelegt, daß jeder Schüler, der zu Unterrichtsbeginn nach der großen Pause ruhig auf seinem Platz sitzt, jeweils einen Punkt erhalten soll. Bei 29 Schülern und durchschnittlich fünf Unterrichtstagen wären also nach vier Wochen maximal 580 Punkte erreichbar. Da nicht damit zu rechnen ist, daß alle Schüler sofort und ständig das erwünschte Verhalten zeigen, wird das anzustrebende Ziel auf 500 Punkte festgesetzt. Sollte diese Punktzahl in vier Wochen nicht erreicht werde, so wird das Programm entsprechend verlängert. Parallel dazu soll der Selbstbeobachtungsbogen geführt werden. Außerdem wird vereinbart, daß unerwünschtes Verhalten zwar ebenfalls notiert wird, daß es dafür aber keinen Punktabzug geben soll. Auch der Lehrer füllt den Selbstbeobachtungsbogen regelmäßig aus.

Schritt 6: Laufende Erfolgsüberprüfung und zugehörige Konfliktgespräche. Nach unseren Erfahrungen sind Schüler wie Lehrer stark am Erfolg des Programms interessiert, sobald sie sich darauf eingelassen haben. Es kann allerdings zu Problemen kommen, wenn die Punktzahlen ungünstig angesetzt oder die Verhaltensweisen unklar definiert sind, wenn die Selbstbeobachtungsbogen nicht pünktlich geführt oder getroffene Vereinbarungen nicht eingehalten werden usw. Bei Schwierigkeiten sollte deshalb ganz kurz mit den Schülern gemeinsam überlegt werden, wie man weiter verfährt. Geeignet hierfür sind die Techniken des Konfliktgesprächs.

In unserem Fall zeigen sich rasch zwei Probleme. Einmal fällt es dem Lehrer verhältnismäßig schwer, mit dem Klingelzeichen im Klassenzimmer zu sein, da es in der großen Pause häufig zu interessanten Gesprächen zwischen den Kollegen kommt, während sie gemeinsam Kaffee trinken. Schon vor dem Klingelzeichen das Gespräch abzubrechen, aufzustehen und in das entfernte Nebengebäude zu gehen, um pünktlich dort zu sein, ist für den Lehrer vor allem dienstags und freitags besonders schwierig, da er an diesen Tagen immer erst spät im Lehrerzimmer eintrifft. Pünktlich sein hieße für ihn, auf die Pause im Lehrerzimmer an diesen beiden Tagen zu verzichten und sich gleich auf den Weg ins Nebengebäude zu machen. Auf die Schüler wirkt sich das Warten auf den Lehrer ungünstig aus, weil ihnen dann das vereinbarte erwünschte Verhalten, nämlich ruhig am Platz zu sitzen, besonders schwer fällt.

Das zweite Problem besteht im Nachlassen der Selbstkontrolle. Ab der zweiten Woche werden die Striche für unerwünschtes Verhalten immer seltener eingetragen. Der Lehrer, der ein Nachlassen der Begeisterung deutlich spürt, leitet eine Konfliktthematisierung ein. Die Schüler halten ihm daraufhin vor, daß es schwer sei, das Programm durchzuführen, wenn er sich selbst nicht konsequent daran hält und häufig zu spät kommt. Lehrer und Schüler einigen sich darauf, die unerwünschten Verhaltensweisen noch eine weitere Woche lang sorgfältig zu protokollieren. Außerdem bekundet der Lehrer den Vorsatz, stärker als bisher auf eigene Pünktlichkeit bedacht zu sein.

Schritt 7: Abschluß des Programms. Am Ende des Programms thematisiert der Lehrer Planung, Verlauf und Erfolg der Bemühungen und läßt darüber entscheiden, ob es in anderer Form weitergeführt oder vorerst beendet werden soll. Erreichen Schüler und Lehrer die gesteckten Ziele teilweise oder ganz, besteht in aller Regel der Wunsch, das Programm fortzusetzen oder auf ein anderes Verhalten zu übertragen. Diese Erfahrungen machten wir in der Grundschule ebenso wie in der Hauptschule. Werden die gesteckten Ziele dagegen erst sehr spät oder gar nicht erreicht, so haben Lehrer und Schüler meist wenig Lust, das Verfahren ein zweites Mal zu versuchen.

Problematisch ist es, wenn Erfolg oder Mißerfolg nicht so eindeutig festzustellen sind. So kann es z.b. sein, daß die kooperative Verhaltensmodifikation aus Zeitgründen zu früh abgebrochen wird. Ebenso können durch Krankheit, Dienstprüfungen usw. Verzögerungen oder Unterbrechungen des Programms entstehen, die den Erfolg in Frage stellen. Auch private Überlastungen des Lehrers z.b. durch Hausbau, Umzug, Partnerprobleme, Überforderung oder Übermüdung, können zu einer Beeinträchtigung der Erfolge führen. So ist oft schwierig zu entscheiden, ob das Programm selbst wenig wirksam ist oder ob es durch besondere Bedingungen beeinträchtigt wird.

Bei unserem Beispiel ergab sich folgendes: Trotz der beschriebenen Probleme und einiger Unterrichtsausfälle wird am Montag der sechsten Woche der 500. Punkt erreicht. Zwei Wochen später wird das gemeinsam vorbereitete Klassenfest veranstaltet. Zu Beginn sind die verschiedenen Schülergruppen isoliert voneinander. Die Stimmung ist zurückhaltend. Im weiteren Verlauf vermischen sich aber die Gruppen und am Ende herrscht ausgelassene Stimmung. Das wirkt sich günstig auf die Beziehungen der Schüler untereinander aus. Die Klasse wünscht sich ein zweites Fest, so daß Lehrer und Schüler übereinkommen, erneut 500 Punkte zu sammeln. Dafür wird der Bereich der Einzelarbeit ausgewählt.
Durch die kooperative Verhaltensmodifikation gehen die aggressiven Handlungen der Schüler stark zurück, auch wenn sie immer noch vereinzelt vorkommen. Das erwünschte Verhalten, nach der großen

Pause ruhig am Platz zu sitzen, bleibt ebenso erhalten, wie die Pünktlichkeit des Lehrers, der dienstags und freitags darauf verzichtet, das Lehrerzimmer in der großen Pause aufzusuchen.

Bewertung der kooperativen Verhaltensmodifikation. Die kooperative Verhaltensmodifikation ist eine recht erfolgversprechende, aber auch sehr aufwendige Handlungsmöglichkeit. Sie eignet sich besonders zur Minderung aggressiven und störenden und zum parallelen Aufbau sozialen Verhaltens, sofern ein genügend langer Interventionszeitraum von etwa vier bis sechs Wochen gewählt wird. Verständlicherweise wagen sich Lehrer nur dann an die kooperative Verhaltensmodifikation heran, wenn sie entweder einen Berater zur Seite haben (z.B. in Fortbildungsveranstaltungen, in denen diese Handlungsmöglichkeit vermittelt wird) oder wenn sie hochmotiviert sind, neue Techniken auszuprobieren. Eine solche Motivation kann entweder daher kommen, daß ein großer Teil des Unterrichtsalltags gut bewältigt wird und Kraft übrig bleibt, etwas Neues zu versuchen, oder daß ein starker Problemdruck besteht, der die Erprobung neuer Handlungsmöglichkeiten erforderlich macht. Günstig ist es in beiden Fällen, sich anhand der entsprechenden Literatur (Redlich & Schley, 1978, 1980) noch genauer zu informieren. Soll schließlich eine kooperative Verhaltensmodifikation erprobt werden, so ist besonders zu beachten, daß bei der Planung des Programms die Kooperation mit den Schülern z.B. bei der Festsetzung der Bekräftigungen und Selbstbeobachtungen, nicht zu kurz kommt, denn sonst wird aus der kooperativen Verhaltensmodifikation unversehens eine Fremdmodifikation.

Die kooperative Verhaltensmodifikation ist natürlich weder ein Allheilmittel noch ein Patentrezept zur Lösung aller möglichen problematischen Situationen in Schulklassen. Diese Einschränkung gilt für alle in diesem Band angebotenen pädagogischen Handlungsmöglichkeiten. Entscheidend ist stets, daß der einzelne Lehrer aufgrund einer sorgfältigen Problemanalyse und einer gründlichen Diagnose begründete Entscheidungen für sein pädagogisch-psychologisches Handeln trifft. Dabei sollen aufwendige Modifikationsprogramme die Ausnahme sein und nur bei gravierenden Schwierigkeiten geplant werden; sie können in vielen Fällen von Anfang an und sie müssen nach einer gewissen Zeit unter allen Umständen durch systematische Veränderungen der alltäglichen Unterrichtssituation im Klassenzimmer ersetzt werden. Ziel dieses Buches war es, dafür möglichst vielfältige Anregungen zu geben.

Literatur

Anderson, L.W. & Jones, B.F.: Designing instructional strategies which faciliate learning for mastery. Educational Psychologist (1981) 16, 121-138

Bäuerle, S. & Kury, H.: Zur Beliebtheit bei Lehrern. Unterrichtswissenschaft (1978) 4, 348-357

Bandura, A.: Sozial-kognitive Lerntheorie. Stuttgart: Klett, 1979a

Bandura, A.: Aggression - eine sozial-lerntheoretische Analyse. Stuttgart: Klett, 1979b

Becker, G.E., Clemens-Lodde, B. & Köhl, K.: Unterrichtssituationen. Ein Trainingsbuch für Lehrer und Ausbilder. Weinheim: Beltz, 1980[2]

Becker, G.E., Dietrich, B. & Kaier, E.: Konfliktbewältigung im Unterricht. Bad Heilbrunn: Klinkhardt, 1982[3]

Becker, G.E., Huber, G.L., Mandl, H., Wahl. D. & Weinert, F.E.: Konzeptionsrahmen für das Fernsehkolleg Schülerprobleme - Lehrerprobleme. In: S.Rotering-Steinberg (Hrsg.), Fernsehkolleg Schülerprobleme - Lehrerprobleme. Tübingen: DIFF, 1981

Beisenherz, G. & Feil, C.: Lehrer zwischen Alltagsproblemen und pädagogischem Auftrag. Die Deutsche Schule (1982) 74, 305-317

Belschner, W.: Das Lernen aggressiven Verhaltens. In: H. Selg (Hrsg.), Zur Aggression verdammt? Stuttgart: Kohlhammer, 1978

Belschner, W.: Verhaltenstherapie in Erziehung und Unterricht. Unter Mitarbeit von Dross, M., Hoffmann, M. & Schott, F. Bd.1: Grundlagen, 1976[4]; Bd.2: Anwendung, 1980. Stuttgart: Kohlhammer

Berkowitz, L. & LePage, A.: Waffen als aggressionsauslösende Reize. In: A. Schmidt-Mummendey & H.D. Schmidt (Hrsg.), Aggressives Verhalten. München: Juventa, 1976, 131-146

Berliner, D. et al.: Protocolls on group process. San Francisco: Far West Laboratory for Educational Research and Development, 1972

Biehler, R.F.: Psychology applied to teaching. Boston: Houghton Mifflin, 1978

Bloom, B.S.: Individuelle Unterschiede in der Schulleistung: ein überholtes Problem? In: W. Edelstein & D. Hopf (Hrsg.), Bedingungen des Bildungsprozesses. Stuttgart: Klett, 1973, 251-270

Bommert, H.: Grundlagen der Gesprächspsychotherapie. Stuttgart: Kohlhammer, 1977

Brem, J.W.: A theory of psychological reactance. New York: Academic Press, 1966

Brickenkamp, R.: Test d2 - Aufmerksamkeits-Belastungs-Test (Handanweisung) 7.Aufl. Göttingen: Hogrefe, 1978

Bromme, R.: Das Denken von Lehrern bei der Unterrichtsvorbereitung. Eine empirische Untersuchung zu kognitiven Prozessen von Mathematiklehrern. Weinheim: Beltz, 1981

Brophy, J.E.: Research on the self-fulfilling prophecy and teacher expectations. Journal of Educational Psychology (1983) 75, 631-661

Brophy, J.E. & Good, T.L.: Die Lehrer-Schüler-Interaktion. München: Urban & Schwarzenberg, 1976

Brück, H.: Die Angst des Lehrers vor seinem Schüler. Reinbek: Rowohlt, 1978

Brugger, A.: Störungen des Unterrichtsverlaufs durch einen auffälligen Schüler. Weingarten: Pädagogische Hochschule, 1980, unveröff. Examensarbeit

Cattell, R.B. & Weiss, R.H.: Grundintelligenztest CFT1, CFT2 und CFT3 (Handanweisung). Braunschweig: Westermann, 1972

Coleman, J. C.: Friendship and the peer group in adolescence. In: Adelson (Ed.), Handbook of adolescent psychology. New York: Wiley, 1980, 408-431

Copeland, D.W.: Teaching/learning behaviors and the demands of classroom environment: An observational study. Paper presented at the Annual Meeting of the AERA. San Francisco, 1979

Dann, H.-D., Humpert, W., Krause, F. & Tennstädt, K.-Ch. (Hrsg.): Analyse und Modifikation subjektiver Theorien von Lehrern. - Ergebnisse und Perspektiven eines Kolloquiums. Konstanz: Universität, Zentrum I, Bildungsforschung, Forschungsbericht 43, 1982

DeCharms, R.: Origins, pawns, and educational practice. In: G.S.Lesser (Hrsg.), Psychology and the educational process. New York, 1969

DeCharms, R.: Enhancing motivation. Change in the classroom. New York: Irvington, 1976

Dollard, J., Doob, L.W., Miller, N.E., Mowrer, O.H. & Sears, R.S.: Frustration und Aggression. Weinheim: Beltz, 1970

Doyle, W.: How do teaching effects occur? North Texas State University, R & D, Report Nr. 4101

Doyle, W. & Ponder, G.A.: The practicality ethic in teacher decision making. Interchange (1977/78) 8, 1-12

Dreesmann, H.: Unterrichtsklima als Bedingung für Lernmotivation. Unterrichtswissenschaft (1980) 8, 247-251

Düker, H. & Lienert, G.A.: Konzentrations-Leistungs-Test K-L-T. Göttingen: Hogrefe, 1965

Eigler, G.: Die Rückkehr des Lehrers. In: H. Wollenweber (Hrsg.), Schule im Brennpunkt. Paderborn: F.Schöningh Verlag, 1983, 326-346

Elbing, E.: Das Soziogramm der Schulklasse. München: Reinhardt, 1975

Elliot, J.: Developing hypotheses about classrooms from teachers' practical constructs: An account of the work of the Ford Teaching Project. Interchange (1976/77) 7, 2-22

Fend, H.: Schulklima: Soziale Einflußprozesse in der Schule. Weinheim: Beltz, 1977

Fend, H.: Theorie der Schule. Weinheim: Beltz, 1980

Fippinger, F.: Allgemeiner Schulleistungstest für 4.Klassen - AST4 (Beiheft mit Anleitung und Normtabellen). Weinheim: Beltz, 1978

Frey, D., Wicklund, R.A. & Scheier, M.F.: Die Theorie der objektiven Selbstaufmerksamkeit. In: D. Frey (Hrsg.), Kognitive Theorien der Sozialpsychologie. Bern: Huber, 1980

Fürntratt, E.: Angst und instrumentelle Aggression. Weinheim: Beltz, 1974

Ginder, A.: Vergleich der wissenschaftlich-psychologischen und naiv-psychologischen Analyse von Verhaltensstörungen in der Schule. Weingarten: Pädagogische Hochschule, 1978, unveröff. Examensarbeit

Groeben, N. & Scheele, B.: Argumente für eine Psychologie des reflexiven Subjekts. Darmstadt: Steinkopff, 1977

Groeben, N. & Scheele, B.: Einige Sprachregelungsvorschläge für die Erforschung subjektiver Theorien. In: H.-D. Dann, W. Humpert, F. Krause & K.-Ch. Tennstädt (Hrsg.), Analyse und Modifikation subjektiver Theorien von Lehrern. - Ergebnisse und Perspektiven eines Kolloquiums. Konstanz: Universität, Zentrum I, Bildungsforschung, Forschungsbericht 43, 1982, 13-39

Guthke, J.: Zur Diagnose der intellektuellen Lernfähigkeit. Stuttgart: Klett, 1977

Hanke, B., Huber, G.L. & Mandl, H.: Aggressiv und unaufmerksam. Weinheim: Beltz, 1978[2]

Haussmann, W.: Diagnose von Leistungs- und Lernschwierigkeiten eines Geschwisterpaares und der Versuch ihrer Bewältigung.

Weingarten: Pädagogische Hochschule, 1980, unveröff. Examensarbeit

Heckhausen, H.: Förderung der Lernmotivierung und der intellektuellen Tüchtigkeiten. In: H. Roth (Hrsg.), Begabung und Lernen. Stuttgart: Klett, 198012, 193-228

Heckhausen, H.: Motivation und Handeln. Berlin: Springer, 1980

Heckhausen, H. & Rheinberg, F.: Lernmotivation im Unterricht, erneut betrachtet. Unterrichtswissenschaft (1980) 8, 7-47

Heller, K., Gaedike, A.K. & Weinläder, H.: Kognitiver Fähigkeits-Test (Beiheft). Weinheim: Beltz, 1976

Höhn, E.: Der schlechte Schüler. München: Piper, 1980

Höhn, E.: Das Soziogramm. Die Erfassung von Gruppenstrukturen. Göttingen: Hogrefe, 1976[4]

Hofer, M.: Entwurf einer Heuristik für eine theoretisch geleitete Lehrer- und Erzieherbildung. Heidelberg: Psychologisches Institut, 1977, Diskussionspapier Nr. 10 der Berichte aus dem Psychologischen Institut der Universität

Hofer, M., Simons, H., Weinert, F.E. & Zielinski, W.: Kognitive Bedingungen individualisierenden Verhaltens von Lehrern. Abschlußbericht für die Deutsche Forschungsgemeinschaft, Bonn, 1979

Horn, W.: Leistungsprüfsystem - LPS (Handanweisung). Göttingen: Hogrefe, 1962

Ingenkamp, K. (Hrsg.): Die Fragwürdigkeit der Zensurengebung. Weinheim: Beltz, 1971

Johnson, D. W.: Student-student-interaction: The neglected variable in education. Educational Researcher (1981) 10, 5−10

Johnson, D.W. & Johnson, F.P.: Joining together: Group theory and group skills. Englewood-Cliffs: Prentice-Hall, 1975

Johnson, L.V. & Bany, M.A.: Steuerung von Lerngruppen. Weinheim: Beltz, 1975

Jopt, U.-J.: Warum manche Schüler »faul« sind: Die attributionstheoretische Vernünftigkeit schulischen Anstrengungsverzichts. Zeitschrift für Entwicklungspsychologie und Pädagogische Psychologie (1978) 4, 315-327

Kanfer, F.H.: Selbstmanagement-Methoden. In: F.H. Kanfer & A.P. Goldstein (Hrsg.), Möglichkeiten der Verhaltensänderung. München: Urban & Schwarzenberg, 1977, 350-406

Keck, B.: Kausalattribuierung von Deutschzensuren durch Lehrer und Schüler. Eine empirische Untersuchung an der GHS Aichstätten. Examensarbeit für die 2. Dienstprüfung. Tübingen, 1977

Kifer, E.: Relationships between academic achievement and personality characteristics - a quasi longitudinal study. American Educational Research Journal (1975) 12, 191-210

Köttl, K. & Saur, J.: Der Einfluß des sozialen Klimas von Schulklassen auf das Lehrerverhalten. Psychologie in Erziehung und Unterricht (1980) 27, 267-277

Kopp, M.: Die Auffassung von Unterrichtssituationen aus Schüler- und Lehrerperspektive. Eine empirische Untersuchung zu handlungsleitenden Kognitionen von Lehrern und Schülern. Tübingen: Psychologisches Institut, unveröff. Diplomarbeit, 1980

Kossow, H.J.: Therapie der Lese-Rechtschreibschwäche. Berlin: Deutscher Verlag der Wissenschaft, 1972

Kounin, J.S.: Techniken der Klassenführung. Stuttgart: Klett, 1976

Krug, S.: Förderung und Änderung des Leistungsmotivs: Theoretische Grundlagen und deren Anwendung. In: H.-D. Schmalt & W.-U. Meyer (Hrsg.), Leistungsmotivation und Verhalten. Stuttgart: Klett, 1976, 221-247

Küpper, R.: Entwicklung und Erprobung eines Schülerfragebogens für Erfassung Kounin'scher Dimensionen im Lehrerverhalten. Bochum: Psychologisches Institut der Ruhr-Universität 1977, Diplomarbeit

Kunkel, G., Mattern, S. & Selle, E.W.: Selbstkonzept und nicht-kognitive Bedingungen erwartungswidriger Schulleistungen. Heidelberg: Psychologisches Institut der Universität, 1971, unveröff. Diplomarbeit

Langer, J., Schulz von Thun, F. & Tausch, R.: Verständlichkeit in Schulen, Verwaltung, Politik, Wissenschaft - mit einem Selbsttrainingsprogramm zur Darstellung von Lehr- und Informationstexten. München: Reinhardt, 1974

Lazarus, R.S.: Streß und Streßbewältigung - ein Paradigma. In: S.H. Filipp (Hrsg.), Kritische Lebensereignisse. München: Urban & Schwarzenberg, 1981, 198-232

Lorenz, K.: Das sogenannte Böse. München: dtv, 1974

Lorenz, R., Molzahn, R. & Teegen, F.: Verhaltensänderung in der Schule. Systematisches Anleitungsprogramm für Lehrer. Reinbek: Rowohlt, 1976

Lüscher, K.: Gewalt im Fernsehen - Gewalt des Fernsehens. In: F. Neidhardt, F. Sack, Th. Würtensberger, K. Lüscher & H. Thiersch (Hrsg.), Aggressivität und Gewalt in unserer Gesellschaft. München: Juventa, 1973, 83-104

Merz, J.: Berufszufriedenheit von Lehrern. Weinheim: Beltz, 1979

Metz, M.H.: Teacher's adjustment to students' behavior: Some implications for the process of desegregation. Paper presented at the Annual Meeting of the AERA. Toronto, 1978

Moyer, K.E.: Experimentelle Grundlagen eines physiologischen Modells aggressiven Verhaltens. In: A. Schmidt-Mummendey & H.D. Schmidt (Hrsg.), Aggressives Verhalten. München: Juventa, 19764, 25-57

Peterson, P.L. & Clark, C.M.: Teachers' reports of their cognitive processes during teaching. American Educational Research Journal, 1978, 555-565

Petillon, H.: Der unbeliebte Schüler. Braunschweig: Westermann, 1978

Petillon, H.: Soziale Beziehungen in Schulklassen. Weinheim: Beltz, 1980

Redlich, A. & Schley, W.: Kooperative Verhaltensmodifikation im Unterricht. Weinheim: Beltz, 19812

Rheinberg, F.: Der Lehrer als diagnostische Instanz. In: K.J. Klauer & A. Reinartz (Hrsg.), Handbuch der Sonderpädagogik, Bd.9: Sonderpädagogik in allgemeinen Schulen. Berlin: Mahold, 1978, 21-30

Rheinberg, F.: Leistungsbewertung und Lernmotivation. Göttingen: Hogrefe, 1979

Rheinberg, F.: Zweck und Tätigkeit. Motivationspsychologische Analysen zur Handlungsveranlassung. Bochum: Universität, Habilitationsschrift, 1982

Rheinberg, F. & Hoss, J.: Störung und Mitarbeit im Unterricht. Zeitschrift für Entwicklungspsychologie und Pädagogische Psychologie (1979) 11, 244-249

Rheinberg, F., Krug, S., Lübbermann, E. & Landscheid, K.: Beeinflussung der Leistungsbewertung im Unterricht: Motivationale Auswirkungen eines Interventionsversuchs. Unterrichtswissenschaft (1980) 8, 48-60

Rosenthal, R. & Jacobson, L.: Pygmalion im Unterricht. Weinheim: Beltz, 1976[3]

Rosenthal, R.: Der Pygmalion-Effekt lebt. Psychologie heute (1975) 18-21, 76-77

Rost, D.H., Grunow, P. & Oechsle, D. (Hrsg.): Pädagogische Verhaltensmodifikation. Weinheim: Beltz, 1975

Sander, E.: Lernstörungen. Ursachen, Prophylaxe, Einzelfallhilfe. Stuttgart: Kohlhammer, 1981

Schachter, S. & Singer, J.E.: Cognitive, social and physiological determinants of emotional state. Psychological Review (1962) 69, 379-399

Scheele, B.: Selbstkontrolle als kognitive Interventionsstrategie. Weinheim: Verlag Chemie, 1981

Scheerer-Neumann, G.: Intervention bei Lese-Rechtschreibschwäche. Bochum: Kamp, 1978

Schlottke, P. & Wahl, D.: Streß und Entspannung im Unterricht. Trainingshilfen für Lehrer (mit Tonkassette).München: Max Hueber Verlag, 1983

Schmalt, H.-D. & Meyer, W.-U. (Hrsg.): Leistungsmotivation und Verhalten. Stuttgart: Klett, 1976

Schmidbauer, W.: Die sogenannte Aggression. Hamburg: Hoffmann & Campe, 1972

Schmidt, H.: Legasthenie: Kluft zwischen Theorie und Praxis. Psychologie in Erziehung und Unterricht (1979) 26, 95-101

Schulz von Thun, F. & Götz, W.: Mathematik verständlich erklären. München: Urban & Schwarzenberg, 1976

Schulz von Thun, F., Langer, J. & Tausch, R.: Trainingsprogramm für Pädagogen zur Förderung der Verständlichkeit bei der Wissensvermittlung. 2. Aufl. Kiel: Landesverband der Volkshochschulen Schleswig-Holstein, 1973

Schulze, C.: Praktische Hinweise für die Therapie von Verhaltensproblemen. In: W. Belschner (Hrsg.), Verhaltenstherapie in Erziehung und Unterricht, Band 1 u. 2. Stuttgart: Kohlhammer, 1980, 180-190

Schwarzer, Ch.: Gestörte Lernprozesse. Weinheim: Beltz, 1980

Schwarzer, R.: Streß, Angst und Hilflosigkeit. Stuttgart: Kohlhammer, 1981

Selg, H.: Soziale Interaktionsformen II: Schüler-Schüler-Interaktion. In: B. Minsel & W.K. Roth (Hrsg.), Soziale Interaktion in der Schule. München: Urban & Schwarzenberg, 1978, 110-122

Seligman, M.E.: Erlernte Hilflosigkeit. München: Urban & Schwarzenberg, 1979

Shaftel, F.R., Shaftel, G. & Weinmann, W.: Rollenspiel als soziales Entscheidungstraining. München: Reinhardt, 1973

Silberman, H.: Behavioral expression of teachers' attitudes toward elementary school students. Journal of Educational Psychology (1969) 60, 402-407

Simons, H.: Fähigkeits- und Kenntnisunterschiede zwischen Schulen. Funkkolleg Pädagogische Psychologie. Teil IV: Lehren und Instruktionsoptimierung. Weinheim: Beltz, 1976, 27-68

Simons, H., Weinert, F.E. & Ahrens, H.-J.: Untersuchungen zur differential-diagnostischen Analyse von Rechenleistungen. Zeitschrift für Entwicklungspsychologie und Pädagogische Psychologie (1975) 7, 153-169

Stecher, G.: Untersuchung zur Erfassung subjektiver psychologischer Theorien von angehenden Lehrern über aggressives Schülerverhalten mit Hilfe einer Struktur-Lege-Technik. Weingarten: Pädagogische Hochschule, 1983, unveröff. Examensarbeit

Treiber, B.: Qualifizierung und Chancenausgleich in Schulklassen. Teil I und II. Frankfurt/Main: P. Lang, 1980

Treiber, B., Weinert, F.E. & Groeben, N.: Unterrichtsqualität, Leistungsniveau von Schulklassen und individueller Lernfortschritt. Zeitschrift für Pädagogik (1982) 27, 563-576

Ullrich de Muynck, R. & Ullrich, R.: Das Assertiveness-Trainings-Programm ATP: Einübung von Selbstvertrauen und sozialer Kompetenz, Teil I-IV. München: Pfeiffer, 1976

Valtin, R., Jung, U.O. & Scheerer-Neumann, G.: Legasthenie in Wissenschaft und Unterricht. Darmstadt: Wissenschaftliche Buchgesellschaft, 1981

Verres, R. & Sobez, I.: Ärger, Aggression und soziale Kompetenz. Zur konstruktiven Veränderung destruktiven Verhaltens. Stuttgart: Klett, 1980

Vogt, K.: Der pädagogische Umgang mit mangelnder Affektsteuerung: Fallstudie einer Hauptschülerin. Weingarten: Pädagogische Hochschule, 1980, unveröff. Examensarbeit

Wagner, A., Maier, S., Uttendorfer-Marek, R.: Unterrichtsprogramme. Reinbek: Rowohlt, 1981

Wahl, D.: Naive Verhaltenstheorien von Lehrern. Weingarten: Pädagogische Hochschule, 1976, Projektbericht Nr.1

Wahl, D.: Handlungsvalidierung. In: G.L. Huber & H. Mandl (Hrsg.), Verbalisierungsmethoden. Anwendungsmöglichkeiten in Erziehungswissenschaft und pädagogischer Psychologie. Weinheim: Beltz, 1982

Wahl, D., Schlee, J., Krauth, J. & Mureck, J.: Naive Verhaltenstheorie von Lehrern. - Abschlußbericht eines Forschungsvorhabens zur Rekonstruktion und Validierung subjektiver psychologischer Theorien. Oldenburg: Universität, Zentrum für pädagogische Berufspraxis, 1983

Weidenmann, B.: Lehrerangst. Ein Versuch, Emotionen aus der Tätigkeit zu begreifen. München: Ehrenwirth, 1978

Weil, M. & Joyce, B.: Social models of teaching. Englewood Cliffs:

Prentice-Hall, 1978

Weiner, B.: Theorien der Motivation. Stuttgart: Klett, 1976

Weinert, F.E., Knopf, M. & Storch, Ch.: Erwartungsbildung bei Lehrern. In: M. Hofer (Hrsg.), Informationsverarbeitung und Entscheidungsverhalten von Lehrern. Weinheim: Beltz, 1981, 159-191

Wicklund, R.A.: Objective self-awareness. In: L. Berkowitz (Hrsg.), Advances in Experimental Social Psychology (Vol.8). New York: Academic Press, 1975

Wicklund, R.A. & Brem, J.W.: Perspectives on cognitive dissonance. Hillsdale: Erlbaum, 1976

Wicklund, R.A. & Frey, D.: Self-awareness theory: When the self makes a difference. In: D.M. Wegner & R.R. Vallacher (Hrsg.), The Self in Social Psychology. New York: Oxford University Press, 1980

Wieczerkowski, W., Nickel, H., Janorski, A., Fittkau, B. & Rauer, W.: Angstfragebogen für Schüler (Handanweisung). 4.Aufl., Göttingen: Hogrefe, 1979

Wiesenhütter, U.: Das Drankommen der Schüler im Unterricht. München: Reinhardt, 1961 (Beiheft 17 von »Schule und Psychologie«)

Zielinski, W.: Die Beurteilung von Schülerleistungen. In: F.E. Weinert, C.F. Graumann, H. Heckhausen & M. Hofer (Hrsg.), Pädagogische Psychologie, Teil VI: Lehren und Instruktionsoptimierung. Weinheim: Beltz, 1976, 155-177

Zielinski, W.: Lernschwierigkeiten. Verursachungsbedingungen, Diagnose, Behandlungsansätze. Stuttgart: Kohlhammer, 1980

Personenregister

Sachwortregister

477

478